JN320177

The Struggle for Culture

文化と闘争

東宝争議1946-1948

井上雅雄

新曜社

作品の質とは、こちらの思い通りになるようなものではない。〝作家〟が傑作を生むのは、知らずに、意志に反して生むのである。…傑作は自分から、金儲けのためのやっつけ仕事だと思っている作品から、自然に生じてくるものなのだ。…といっても、私はなにも、傑作が低俗な儲け主義のアイディアからしか生まれないなどという、極論を振り廻しているわけではない。傑作は、作り手の心の高揚があってはじめて生まれるのである。

――ジャン・ルノワール（一九四七／一九七七）

大衆娯楽作品が非難されるのは、それが高級なものになりそこねているからではなく、真に具体的でも人間的でもないからである。大衆的で高級でない芸術が固有にもつことができる人生の質や反応の様式あるいは生活の知恵と成熟の根は、高級芸術とは別の意味で独自の価値を有している。

――リチャード・ホガート（一九五七／一九七四）

実に東宝争議こそは日本文化史上に於ける「二月革命」であった。

――吉村公三郎（一九四九）

文化と闘争――東宝争議一九四六-一九四八　＊目次

装幀――難波園子

凡例

一、原則として、第一次資料の引用については、仮名遣いは原文のままに、旧字体は常用漢字に改めた。
二、引用した第一次資料の典拠は、本文において（頁数がある場合はそれも）（　）をもって表示した。
三、第一次資料を含む引用文献の刊行年の表示は、西暦に統一した。但し、引用文中の暦年表示は原文のままである。
四、引用文中の（　）は原著者の、〔　〕は引用内容を補った引用者のものである。
五、映画など芸術作品の制作は、今日では「制作」として表記されるが、本書が扱っている当時は「製作」が一般的であり、本書でもそれにしたがい「製作」という表記で統一する。

序章　課題と方法
――なぜ東宝争議なのか

一　問題の所在

この研究は、一九四六年から一九四八年にかけて東宝株式会社で発生した三次にわたる労働争議を対象として、労使の主張によって構成される争点を中心にその実態を明らかにすることを企図している。このことを通して、映画という文化生産における経済と芸術の対立・相剋の内実を実証的に明らかにすること、これが本書の目的である。

周知のように、映画は黎明期を除けば、巨額の資本投下を前提として企業的組織のもとに創出される文化財であるから、そこには興行的採算を重視する経営側と作品の芸術的昇華に賭する演出家等との間に、文化生産の価値序列をめぐる緊張・相剋が潜在している。個々の演出家たちが創り出した芸術的作品でありながら同時に映画企業にとっては大衆消費財として商品でもあるという映画の基本的な性格は、製作に投下した資本の多寡にかかわらずその販売価格＝入場料がほぼ均一であり、内容によって観客動員数――興行収入が著しく異なるというその特異な商品特性とあいまって、この文化生産の営みに価値序列をめぐる緊張・対立を不可避的に内在させてきた。こうした映画という文化生産に不可避の興行的価値と芸術的価値をめぐる対立が、日本の映画史上はっきりと顕在化したのが、東宝争議であった。「来なかったのは軍艦だけ」として知られる東宝争議は、労働組合運動史の上では、GHQによる占領政策の転換を明示するとともに、その後に到来するレッド・パージの先取りをなすものとして知られているが、本書は、この争議のそのような労働組合運動史上の位置を確かめ、あるいはそこでの意義について解明することと自体を目的とするものではない。労働争議を対象に占領政策の転換を解き明かそうとするのならば、一九四七年の国鉄を中心とした二・一ゼネラル・ストライキの挫折を取り上げるほうがより適切であり、またレッド・パージの先取りというのならば、早期に組合の赤色分子の追放が試みられ、第二組合が発生して敗北した読売争議のほうがより重要な先行事例として取り上げられるべきであろう。東宝争議（第三次争議）は、当時においては異例に長期にわたる大争議ではあったけれど、如上の意味での歴史を画する争議とはいいがたい。

私がこの争議を研究対象として取り上げるのは、およそそのような狭義の労働運動史的観点からする関心によるのではない。本書で東宝争議をあえて研究の対象として取り上げるのは、経営者と芸術家との映画作品の製作をめぐる軋轢・対立を、文化生産が不可避的にはらむ経済と文化の相剋というコンテクストにおいてとらえようという問題関心による。そしてなぜ東宝争議なのかと問うのならば、繰り返すまでもなく労働争議という極度に緊張した社会関係の下で、はじめてこの対立が鋭く顕在化したからであって、それが東宝争議にほかならない。

したがって、本書は、東宝争議を対象としてその実態を深く分析しようとする試みではあるけれど、しかし組合組織や組合財政など通常の労働争議研究に不可避の諸論点について満遍なく解明するということ自体は意識的に避けている。この研究で焦点をあわせたのは、この争議がいかなる争点をめぐって闘われたか――すなわち争議の争点に凝縮された、かの対立の内実について、経営側と労働側の政策選択とそれを支えた双方の意識と行動様式の特質の解明によって具体的に明らかにすることである。むろん争議の生成を規定した労働組合の企業経営に対する規制の制度的条件と実態、あるいは争議において労使双方が採用した戦術の内容などは、争議分析としては当然に解明されなければならないが、しかしそれはあくまでもこの課題を究明するための基本要件としてである。

その上で、私が本書においてとくに注意を払う必要があると考えたのは、労使双方の、とりわけても労働側の意思決定＝行動選択を規定した内的・外的条件の解明である。プロデューサー、演出家、脚本家を含む労働側の思考と行動の固有のあり方を規定する諸契機が、多次元に伏在しているという認識を前提として、その契機を予断なく掘り起こし、その相互連関に留意しつつそれを整序・序列化することによって、闘いを結び、困難な争議を生きた人々の心的状況と行動的特質に接近していこうというのである。

経済と文化という各々固有の律動原理をもつ社会動力が、映画という文化生産の場において、労働争議を媒介に交錯・拮抗する相の実態を、戦後直後の時代背景のうちに描き出そうとする本書の試みは、誤解をおそれずにいえば、映画の芸術的価値の解明である作品分析やそれを生み出した演出家の映像思想・映像文法の解読である作家論によって多くを占められてきた既存の映画研究に対して、映画の文化社会学的・文化経済学的アプローチをなすものとして位置づけることができよう。(1)

二　先行研究

争議当事者と関係者による回想録や証言を除けば、これまで東宝争議を対象とした学術的な研究は、三つある。第一に取り上げるべきは、東條由紀彦「東宝争議（一九四八）―『生産復興』と『産別型団結』の終焉―」（一九九二）（および劉隼・東條由紀彦「東宝争議（一九四八年）の再検討―戦後日本における経営ヘゲモニーの形成過程―」（一九九八））である。この研究は、独自の仮説的歴史認識を基礎に、「戦後『危機』下での「〈資本のヘゲモニー〉と〈対抗的ヘゲモニー〉という二つのヘゲモニーの交錯状況のなかでの、〈産別型団結〉とその展開が持っていた役割と特質とを明らかにすること」（東條由紀彦　一九九一　一二三頁）を目的としたものである。そこから明らかにされたことは、第一に、組合は「〈労働〉の完全な制御にもとづき、〈生産〉を『直接的に支配』しかねない」（圏点原文）ほどに強力な規制力を経営におよぼしていたが、しかしその規制力は「〈営業〉局面には及んで」おらず、「このことが彼らの闘争力の、究極の制約の一つとなった。」（一五〇頁）ということ、第二に、組合は「『民族文化』を内容とする『生産復興を担う』ことをシンボルとし、そこに自己の正当性の確信を見出し、『結集体』としての彼らの凝集力の基軸を求めていた」（一四六頁）が、他方「経営側にとっても、自分たちこそが

『生産復興』の担い手であり、組合側こそそれを破壊しようとするものであることをアピールして行くことは基本的なモチーフだった」（一四七頁）から、「『生産復興』のシンボルこそが、両者の接点だった」（一四八頁）ということ、そして第三に、組合の「生産復興」の「内容」としての「民族文化」という「シンボル」は、争議の過程において「国民的同意」が「急速に〔経営側のシンボルである〕『赤色追放』としての『生産復興』に向かっていた」ために、それに抗して自ら国民的合意を作り出す回路を築きえなかったという意味で「『窓』がな」（一五三頁）いものであり、「何故あの時代の日本でそれ〔＝民族文化〕がヘゲモニーを担いうると考えられたのか、現在のわれわれには少し理解しづらい」（一五四頁）ものであったということ、以上である。なお、劉隼・東條由紀彦（一九九八）は、争議の後期の過程についていくぶん立ち入って分析されている点を除けば、分析枠組と基本的論点については以上と同一であり、したがって東條論文の系とみなすべきであって、ここでは改めて取り上げることはしない。

この東條の論稿は、氏独自のコンセプチュアルな仮説に引きつけた争議像の創出という点では、示唆するものがないわけではないが、しかし少なからぬ難点を有することは否定しがたい。すなわちこの論稿が明らかにした論点のうち、第一の、組合の経営規制力が強かったという点については、それが「生産を直接的に支配しかねない」ほどのものであったかどうかは議論の余地があるけれど、それを除けば本書においても充分に確かめられるところであるが、しかしそれが、「営業局面には及んで」いなかったというのは、明らかに間違いである。営業本部は、自社契約館や他社の契約館に作品を売り込むセールスマンを統率する配給部と全国の支社およびその管轄下の直営館・契約館の従業員を統括する興行部とによって構成され、前者の配給部はその主要部分が第一次の組合分裂によって日映演（日本映画演劇労働組合）から離脱し第二組合を形成したために、そこへの組合の影響力は限定的であったけれど、映画興行の最前線を担う興行部は最後まで組合に踏みとどまって闘ったのであって、組合の統制力はそこを充分にカバーしていた。本書で立ち入るように、組合が争議中困難な状況にありながらも幾度も興行ストを打つことができたのは、その証左である。第二の、組合が「生産復興」を強く唱えていたという点については、当時の産別会議の方針からいっても組合の実際の行動からみても疑いないが、しかし経営側については、彼らが「生産復興」をアピールしていたとはとうていいいがたい。この論稿で経営側が「生産復興」を唱えていた論拠として挙げられている、組合による二ヵ月の撮影所占拠に対する会社側の「忍耐」（一四七頁）は、およそ「生産復興」をアピールするためのものなどではなく、早期にこの問題を処理することが可能だとする経営陣の、結果的には誤った判断によるものであって、氏の解釈には大きな飛躍がある。そして第三の、生産復興の内容をなす「民族文化」という「シンボル」には、「窓」がなく、「何故ヘゲモニーを担いうると考えられたのか」「理解しづらい」という点についても、本書で立ち入って検討するように、ここでいわれている「民族文化」とは外国映画の流入・拡大に対して日本映画を守れということ、外国資本による日本の文化の侵食に対する抵抗というコンテクストにおいて唱えられたものであって、氏の理解はこうした事実の基本認識の不備によるものだといってよい。

以上のようなこの論稿の問題点は、時間的な制約もあってか筆者自らが整理した資料――後述するように、それはまた本書が主として依拠する資料でもあるが――の丹念な読み込みに欠けることによるのであって、端的に事実の解釈以前の、事実そのものの認識不足や誤解に基づくものが少なくない。しかも映画産業における争議という特殊な条件に対する考慮が充分なされていないことも、その過剰なまでの仮説の提示との落差を際立たせることとなったことは否みがたい。

第二に取り上げるべき研究は、平野共余子『天皇と接吻――アメリカ占領下の日本映画検閲』（一九九八）、Hirano, K., *Mr. Smith Goes To Tokyo : Japanese Cinema Under the American Occupation 1945-1952*, 1992. である。この作品は、「アメリカ占領下の日本映画検閲」という日本語版の副題が示すように、主としてGHQ資料に基づいて日本映画に対する占領軍の政策と日本側の対応について明らかにしたものであり、占領期における日本映画とその産業の包括的な分析として、とくに英語版は労作の名に値する。東宝争議に関しては英語版よりも日本語版のほうがやや詳しく、二つの章を割り当てており、具体的には東宝における組合の結成から第一次第二次争議を経て第三次争議の発生にいたる経緯を辿った上で、一九四八年八月一九日の東京地裁による撮影所に対する仮処分の執行を間に挟み、その前（第一六章）と後（第一七章）とに分けて第三次争議の経過を描いている。そこでの特徴は、第三次争議の事実経過を丹念に描いたところにあり、GHQ資料によってそれまで知られていなかった事実をいくつか掘り起こした点は注目されるが、しかし分析的というよりも圧倒的に叙述的なその性格に規定されて、新たな争議像の構築やこの争議の日本映画史上の意義を問うという点からすれば、不足感の多いことは否みがたい。しかも事実誤認による断定も看過できない。例えば、争議決着の態様がそれであり、この点については本書でも立ち入って明らかにするように不確定な部分が少なくないが、この論稿では最初に組合側から主要組合員の自主退職を大量解雇の撤回と引き換えに会社側に「提案」し、そのためにあらかじめ組合が「一八名の自主退職者のリストを用意していた」が、「会社側がもう少し人数を増やすようにと要求したため」「亀井文夫と岩崎昶の二名がそのリストに追加された」（平野共余子　一九九八　三五一頁）とされている。しかし本書で立ち入るように、自主退職者リストを作成したのは組合ではなく会社なのであって、それは両者のビヘイヴィアの特質をあらわすものとして誤認してはならない点であった。

第三に取り上げなければならない研究は、佐藤忠男『日本映画史第二巻』（一九九五）である。この戦後日本における映画研究のパイオニアの手による作品は、その該博な知識に裏打ちされた、通史というにはいささか重い「日本映画史」の一環として、戦後映画産業における労働組合の結成と東宝争議について頁を割き、争議の経過とその映画史上の意義について触れている。そこでは、第一に、戦後、映画人が組合運動を担うことで、自覚無自覚のうちにその戦争責任を「浄化」（一九三頁）しようとしたということ、第二に、そのためにも会社から与えられた作品企画によるのではなく、「自分の意志で作ったものだと言えるような主体性を持ちたい、という気持」が、「組合運動の大きな底流となった」（一九四頁）ということ、そして第三に、組合の「活動家たちからどう言われても、多くの作家たちは容易に単純な思想宣伝映画に走ることはなく、しかも〔その作品は〕相当に充実した作品が多」く、そのことが「一般の組合員の正義となり士気を昂めた。」（二〇六頁）ということ、の諸点が明らかにされた。この論稿は、叙述が充分に整理されているとはいいがたいが、作家の映画製作での「主体性」を確保したいという希求が、東宝争議を貫く赤い糸であったと指摘したその一点において、これまでの争議像を塗り替える迫真力をもつものであった。しかし、こうした重要な指摘にもかかわらず、なおこの論稿に少なからず不満が残るのは、この重大な指摘を論拠として裏づける充分なエヴィデンスが不足しているために、それがいわば著者の想念に基づく仮説という域を出ていないことによる。

以上のように、既存の先行研究はその各々が一定の示唆的な内容を含んではいるものの、しかし看過しえない難点を有するものであり、日本映画史における東宝争議像の再構築という点からすれば、なお多くの欠落を残したままであるといってよい(2)。ただ、そのなかでも、佐藤忠男の指摘は私の研究にとっては直截に示唆的なものであって、あえて極言するならば、それは、本書が氏の一行の指摘＝仮説を全頁にわたって実証的に検証するという性格さえ一面では帯びるほどのものであるといってもよい。

三　研究方法と資料

私は、以上のような東宝争議研究の現状を踏まえて、アクターたちの思考と行動とが描き出す軌跡を、その内的論理とともに探ることによって、この争議像を争点を軸に再構成・再定義しようと試みた。その際、私は争議当事者の会社と組合双方の内部文書である第一次資料をベースに、争議を担ったアクターたちの回想録と証言によってそれを補強しつつ、何よりも事実を厳密に確定し(3)、その上でその意味するところを解読することに努めたが、その過程において処理を迫られた、研究にとって最も基礎的な問題について触れておこう。一つは、事実の確定という基本的な作業にかかわる問題であり、具体的には原資料にも部分的に認められるが、争議を担った当事者たちの回想や証言の内容が異なり、少なからず食い違っているということである。このことは、ある意味で当然のことではある。争議の当事者たちにとって、自らが経験し見聞した事柄が、一定の価値判断のもとに部分認識・部分意識として記憶の束の一部を形成し、時間の経過によって記憶の底に沈殿・固着する以上、その経験と見聞そのものが当事者各自によって異なるのはむろんのこと、各々にとって経験・見聞に対する価値判断・価値序列が異なるのは避けられないからである。しかも降り注ぐ時間の圧倒的な浸蝕のもと、個々人の内部での原経験・原見聞の忘却と変容と変成がある。私は、資料と多様な証言・回想を重ね合わせながら、それら証言・回想を含む資料批判の上に、何が事実なのか、何が真のストーリーなのかを可能な限り確定しようと試みたけれど、問題によっては不確実性を完全に払拭することができないものも残らざるをえなかった。それは、この種の研究に不可避の困難として、そのつど明示するが、存命中の数少ない争議当事者への聴き取り調査は、時間的制約に加え、そうした偏差をさらに拡大させかねないという危惧からあえて行なうことを断念した。

いま一つは、研究の基本的性格にかかわることとして、分析的であることのむつかしさについてである。いかなる研究であれ、叙述的な構成に対比される意味で分析的であることは研究の本質的な要件をなすが、そのためには事実の確定のみならず、その事実が意味するところのものをどのように解釈＝分析するか、が当然に問われなければならない。むろんここにいう事実も、著者の価値判断・価値序列のもとに再構成された事実であって、そこに分析的視点が織り込まれていることはいうまでもないのであるが、しかしそれとは厳密に弁別された意味での事実の解釈について、それが論理整合的・合理的であることの基準は、必ずしも明確ではない。しかも歴史研究の場合、事実そのものの確定に傾注するあまり、事実の解釈＝分析に不徹底さを残すおそれが、つねにつきまとう。私は、事実の拡大解釈や事実に対する過大な意味付与は、それによってたとえ独自の歴史像を構成することができるとしても、不作為の誤謬を冒しかねないという危惧から、できるだけ避けたいと考えた。したがって、本書で試みようとする方法は、過度に分析的であることを自己抑制し、叙述的でありながら分析的であるような、いわば境界的な方法であり、それはすぐれて模索的なものであるといってよい。とはいえ、むろん思わざる針小棒大の過誤を冒しているおそれがないわけではない。

以上の、この研究を進めるにあたって私が直面した問題は、歴史研究としてはきわめてプリミティヴな性格のものである。が、あえてこの点について本書での処理の仕方を明らかにし、その是非の判断を読者に委ねたいと考える。

その上で、本書が依拠した第一次資料の性格について、簡単に触れておこう。

第一は、東京大学社会科学研究所が組織した一連の戦後労働実態調査の過程で収集された資料であるが、とくにその中心をなすものは、一九七九年同研究所を中心に組織された労働争議史研究会において山本潔・東條由紀彦が中心となって整理した会社側・組合側双方の文書・機関紙等の第一次資料である。その一部は、『東宝争議（一九四八）資料』（東京大学社会科学研究所資料第一一集　一九八六）、『東宝争議（一九四八）資料〔其の二〕』（東京大学社会科学研究所資料第一四集　一九八九）として編集・公刊されているが、本書では可能な限り原資料を利用している。本書が依拠した第一次資料のメイン・ボディがこれである。これに加えて、川田侃が同じく東京大学社会科学研究所の戦後初期労働争議事例調査の一環として第三次東宝争議中とその直後に収集した資料も、量的にはかなり限定されたものではあるが、利用した。また同じく東大社研が一九七二年頃共同研究である「戦後改革」研究の一環として宮森繁所蔵資料をコピーしたものがあり、それも利用した[4]。これらのうち東大社研に残っている川田収集資料以外は、現在いずれも埼玉大学共生社会研究センターに保存されている。

第二は、東宝のカメラマン宮島義勇が遺した個人所蔵資料である。これは、一九八〇年代半ばから『キネマ旬報』に長期にわたって連載され、その後宮島義勇『「天皇」と呼ばれた男―撮影監督宮島義勇の昭和回想録』（二〇〇二）として公刊された氏の回想録を編集した映画史家山口猛から入手したものである。これは、東大社研資料がカバーしていない共産党関係資料をはじめ、組合内部の会議資料や組合幹部に直接手渡された会社側の丸秘資料などが含まれている。この資料がなければ、この争議について不明な箇所がさらに多く残ったであろうという意味で、有用であった。この資料は、いずれ整理して埼玉大学共生社会研究センターに寄贈したいと考えている。

第三は、東宝の美術監督久保一雄が遺した「日記」である。これは、その御子息久保治男氏を通してコピーを入手したものであるが、分量としては決して多くはないものの、争議当事者の臨場感溢れる証人の記録として、貴重である。

そして最後に、ＧＨＱ／ＳＣＡＰが作成した資料である。周知のように、ＧＨＱは占領下新聞・放送・映画・演劇等マス・メディアについて占領目的に適合的か否かを基準として検閲を行なったが、その担当部署ＣＣＤ（Civil Censorship Detachment　民間検閲支隊）は、メディア関係各社の情報の収集や現況分析、出版物の翻訳など内部資料を作成し、またＣＣＤに先立つ検閲部署であるＣＩＥ（Civil Information and Education Section　民間情報教育局）も、教育関係を別として、映画製作各社に提出させた作品の英文シノプシスなど検閲上の資料を多く残している。東宝争議に関しても、ＣＣＤは第三次争議での会社の政策と組合の対応についての情報収集と分析、関係新聞記事・雑誌論文の収集・翻訳あるいは組合の電話通話記録までさまざまな資料を収集し、また自ら作成している。とくにその映画担当者である日系二世ウォルター・Ｙ・ミハタ（ＷＹＭ）は、そのリエゾン（渉外担当）である東宝の会社側管理者オオタ・クニオらを通して東宝内部の情報を細かく入手することによって、争議の実情を正確に把握しようと試みている。ただ、ＧＨＱの残した資料は上記の会社側・組合側の第一次資料に比べれば、総じて第二次的な性格は否めず、したがって本書では、ＧＨＱの状況認識とその判断・評価を示す担当者が記した分析・記録のメモ――その多くはＣＣＤ文書である――を中心に利用する。アメリカ国立公文書館に所蔵されているその資料は、現在国立国会図書館においてマイクロフィルムで見ることができるので、それに依拠した。

以上のほかに、その量は多くはないが、法政大学大原社会問題研究所が所蔵する産別会議資料の一部として日映演関係資料があり、それも利用した(5)。

第一章　第一次争議

第一節　会社と労働組合

(1)会社の淵源

製作から配給・興行までを単一組織として担う東宝株式会社が設立されたのは、戦前の大手映画企業のなかでは最も遅く戦時下の一九四三年のことである。それは、もともとは映画製作を目的として設立されたわけではない二つの製作会社と、映画の興行を事業目的の一つとして織り込んだ興行会社との合併によって成立するというやや特異な経緯を有している。前者の製作会社のうち株式会社写真化学研究所（Photo Chemical Laboratory：ＰＣＬ）は、写真の感光乳剤と現像用薬品の研究・開発および映画フィルムの現像を目的として、一九三〇年植村泰二によって設立された匿名組合写真化学研究所と、トーキー録音装置の製作・販売および貸しスタジオでのトーキー録音を目的に、一九三一年登坂秀興を代表として設立された匿名組合国産トーキー社とが、一九三二年に合併してできたものである。その役員には、植村泰二の父である大日本麦酒重役植村澄三郎の手を介して有力財界人が名を連ね、事業内容は「映画事業者作品ノ撮影、録音ノ請負ヲ為スヲ以テ業務ノ本則トシ」（「起業目論見書」東寶映画株式会社一九四二　八頁）自らは映画の製作、配給、興行はしないとされた。それは、当時、映画は「まだまだ水商売とされ、真面目な実業家の手を出すべき事業とは考へられてゐなかった」（同）からである。

が、トーキー映画の録音契約を結んでいた日活が、重役陣の内紛によってウェスタン・エレクトリック社の録音システムとの提携に切り替えてしまったことから、それを見込んで新設したトーキー用のスタジオと付属施設の遊休化を避けるために、森岩雄を介して急遽「社是として禁じられてゐた映画製作に手を出す」（同一〇頁）こととなった。大日本麦酒との提携作品である『ほろよひ人生』（木村荘十二）など二本の映画製作の経験を経た後、写真化学研究所は、一九三三年ピー・シー・エル映画製作所を設立して映画製作をそこに委ね、そこからのスタジオ賃貸料をもって自らはしばらく技術開発に専念する。

一方、いま一つの製作会社である「ゼー・オー（J・O　米国録音システムのJENKINSと大沢の頭文字）スタヂオ」は、カメラや自動車などの輸入商社であった京都の大沢商会が、同じく日活の京都撮影所に販売する目的をもって輸入したトーキー映画用撮影機材一式がその内紛によって販売の道を断たれたのを機に、一九三二年自ら賃貸用のトーキースタジオを建設するとともに、太秦発声映画株式会社を設立してトーキー映画の製作に乗り出したところに淵源する。ゼー・オーは、映画製作の実際の経験と輸入外国映画の日本語版の製作とによってひとまず経営を軌道に乗せ、一九三四年に大沢商会から独立した後、『百万人の合唱』などの音楽映画や大阪毎日新聞と提携した『大毎ニュース』などニュース映画の製作、あるいは東和商事の川喜多長政を介してアーノルド・ファンクと伊丹万作監督の『新しい土』を製作するなど一定の発展を遂げる。

このようにPCL、ゼー・オーいずれにとっても日活との業務提携が破綻したがために、当初予定していなかった映画製作に手を染めることになったということは、その後この両社が東宝として成長し日活の強力なライバルとなったばかりではなく、戦時下一時日活を自らの管理下に置くこととなったという戦前期映画産業の経緯を顧慮すれば、興味深い。

他方、後者の興行会社である東京宝塚劇場は、阪神急行電鉄を基盤に宝塚少女歌劇団を主宰する小林一三が、少女歌劇の東京での常打ち劇場として東京宝塚劇場を建設し、それに日比谷映画劇場や日本劇場さらには帝国劇場を手に入れて有楽町一帯にアミューズメント・センターをつくるという構想のもとに一九三二年に設立したものである。宝塚としては、これらの劇場を新設あるいは買収した以上、そこに継続的に上映するべき映画を安定的に確保しなければならない。しかし「小林翁の如き実業家が興行界に乗り出してきたのに怖れをいだいた他の業者が、どうして自分の作品を小林翁に提供する道理はない。松竹にしても、日活にしても、その他もろもろの映画業者はいずれも警戒し、反対の態度をとった」（森岩雄　一九七五　一六〇頁）。その間、本格的に映画製作に乗り出したPCL映画製作所とゼー・オー・スタヂオは、いずれもその作品を東京宝塚劇場とその系列館で上映していたが、宝塚としてはこれら二社の作品と外国映画だけでは上映本数が足りないことは明らかであり、また製作の側であるPCLやゼー・オーとしても作品を宝塚系列の劇場にかけるだけではむろん館数不足であったから他社系列館にも併映を開拓していたとはいえ、自社系列網樹立の必要性を強く感じていた。

かくて、これら三社の思惑が一致して一九三六年、まず三社の出資により東宝映画配給株式会社が設立され、全国市場を対象とした配給網の構築と映画館の系列化に乗り出すこととなった。また同年十一月この配給会社と二つの製作会社を統括するピー・シー・エル総本社がつくられた。この東宝＝PCLブロックの誕生は、日活・松竹・新興キネマ・大都映画の既存四社にとって大きな脅威をなすものであり、彼らはいわゆる四社（後に六社）協定をもって自社系列館での東宝系映画の上映を排斥する挙に出たから、東宝側は一層自社配給網確立の必要に迫られることとなった。時あたかも、日中戦争への突入を契機に施行された臨時資金調整法が、映画など不要不急産業に対する融資抑制を通してその事業の拡大や新会社の設立を抑制するとの見通しのもと、東宝は事業強化のために小林一三の示唆にしたがって、一九三七年、製作二社と配給会社およびPCL総本社を合併して東宝映画株式会社を設立する。そしてこの東宝映画は一九四一年、臨戦体制下映画事業の整理統合の政府方針を受けて、それまで小さいながら『小島の春』（豊田四郎）などユニークな文芸作品を作っていた系列会社東京発声映画、宝塚少女歌劇団の一部門であった宝塚映画および南旺映画を吸収した上で、一九四三年東京宝塚劇場と組織統合し、製作・配給・興行を一貫して取り扱う東宝株式会社（社長大沢善夫）を設立して戦後に至る。

(2)経営の特質

以上のようないささか複雑な経緯を辿って創設された東宝の企業経営面での最大の特徴は、製作・配給いずれの部門においても予算管理を導入したことにある。「従来映画事業は非常に不安定なもので、たとひその予算、決算を敢行しても到底その正確な運行を期しがたい特異な性質のものと考へられて来たのであるが、しかし当社は敢然これを断行する決意を以って事に当った。その結果、(中略)一本一本についてみれば、多少予算額の変動はあるが、一期を通算してみると大体において理想に近い数字で収まった」(前掲、東寶映画株式会社 四六頁)という。これは、ハリウッドの映画製作事情に精通していた森岩雄によって、すでにPCLの撮影所経営において実践されていたことを継承したものである。[1] また、配給の予算管理については「映画毎に、また配給所毎に、セールスマン毎に、配給収入予算を決め、これを各関係者の責任額として、その実現を帰する方法」(同四八頁)であり、端的にいえば部署ごとに予算に基づくノルマを課し、その達成を義務づけたというものである。このように変動著しい映画製作と配給の両面において予算制度を導入したところが、東宝の企業経営における最大の特徴であった。

その上で、製作の管理面での特徴として注目すべきは、予算管理と密接不可分の関係にあるが、わが国の映画企業ではじめて本格的にプロデューサー・システムを採用したことである。それまでの映画企業では、撮影所長ないし監督が事実上プロデューサー的役割を担うのが通例であったが、東宝は作品の企画から完成まで一切の実務的責任を負う独立の業務主体として、PCLでの製作主任制度を発展させたプロデューサー制を新設するとともに、それまで助監督が行なっていた進行スケジュール管理を含む製作現場の運営実務を、新たに設けた製作係に委譲して分離し、助監督をもっぱら演出にかかわる仕事に専念させた。[2]

他方、作品配給＝賃貸方法において注目すべき試みは、いわゆる四社協定による東宝作品のボイコットに抗して編み出された、興行館との新たな契約方法である。通常、四社側と上映館とのフィルム賃貸契約は、製作会社が興行館に月極めで毎週作品を定期的に供給する一ヵ月単位のブラインド・ブッキング方式が中心であり、その月極め賃貸料は、あらかじめ会社が作品内容とは関係なくフィルムの長さを基準に経験的に決めていた。ただし、その場合、封切賃貸料が最も高く、その後日を降るにしたがって低下していくが、月極め賃貸料は、「会社の格で著しい相違」があり、一九二八年当時で「最高一、五〇〇円から最低一〇〇円」までであった（石巻良夫　一九二八　三一四頁）。またこの通常のフィルム賃貸料とは別に、超特作品などと称する大作には特料という特別料金を加算して徴収するのが慣行であった。このような賃貸方式は、製作会社が確実に収入を得られる反面、映画館の側にとっては毎月作品は確実に提供されるものの、作品そのものの選択の自由がないために、興行成績が期待できそうにもない作品も上映しなければならないというリスクを負うことになる。[3] このような「配給者側から云へば有利な方法であるが、興行者にとっては随分割の悪る《ママ》い」（同）方式に対して、新たに映画館の興行収入の一定割合を賃貸料とする歩合貸付の方法が編み出された。が、その割合は「二割五分位から始まり、多いのは五割」と高く、しかもそれ以外に「最低保証金を取り、上り高が如何に少くとも会社の収入は保証金以下に下ることはないやうにしている」（同）というのが実態であったから、興行館の側のメリットは減殺された。

以上のように興行館側にとって著しく不利なフィルム賃貸方式に対して、東宝が採用した方法は、その地域の人口、映画館数、入場料金等を勘案した上で、一作品当たりの製作費、間接費、本社経費、株主配当を含めたコストに興行価値を加えて作品単価を算出し、これを個々の映画館の立地条件に合わせて一作品ごとに賃貸料を算定し契約するという、いわゆるフリーブッキング方式であった。この方法は、前パラマウント映画日本支社支配人佐生正三郎の手によって編み出されたものであり（田中純一郎　一九八〇a　二五二頁）、これによって彼は「配給の神様」（岡田晋　一九六七　二七〇頁）などといわれるようになるのであるが、この、製作側には煩瑣であるけれど興行館側にとっては合理的な契約方式は、結局は既存四社の契約館を東宝ブロックが切り崩していく発条となる。実際にも、「東宝作品ボイコット声明から半年とたたぬ八月、各地の映画館は続々と東宝側に帰依し、配給系統館二〇〇館に達した。その背後には作品の大衆性だけではなく、一本の料金を原価計算によってはっきりと割り出し、さらに相手映画館の条件に合わせて配給料を決定するという近代的な自由配給制が、なんでも押しつける四社の古い配給方法に対して勝利を占める原動力となった」（同）のである。東宝の契約館数（直営・系列館を含む）が急速に増大し、すでに一九三八年時点で四二三館と既存四社〔平均四六六館〕〔吉岡重三郎　一九三八　二〇七頁〕に充分に伍することになったのは当然というべきであろう。

戦後、東宝は他社に比べればいくぶん軽微だったとはいえ、戦時下での罹災による被害からこれら直営・系列および契約館を早期に復旧させ、一九四六年七月末時点において取引館八六三館（うち直営館七三館）と全国の常設館の六九％という圧倒的なシェアを有することになる〔時事通信社　一九四七　一〇四頁〕のは、その戦前来の蓄積によるものであった。

⑶経営文化

以上のような企業経営の特質に加えて、この会社の近代性を象徴するものとして、PCL時代から引き継いだ自由主義的気風と左翼への寛容さという企業文化についても触れておく必要がある。日活から移籍した山本嘉次郎は、PCLがもっていた雰囲気を「極端な自由主義と左翼小児病のチャンポン」と特徴づけ、「PCLを創立した〔中略〕指導層は、皆いずれもアメリカ、ヨーロッパで学び、生活をしてきた人々である。いい意味での自由主義を身につけていた。だから他の会社の重役のように、変なカミシモを着けていない。従業員と対等に話し合う。セットに来て、仕事の調子を一緒になって心配する。土曜日にはいつもみなと野球をする。〔中略〕だから撮影所へゆくことが楽しくてならなかった。仕事のない人々も、みな撮影所へやってきた。こんな自由な、のびのびとした場所は、どこにもなかったからであった」〔山本嘉次郎　一九六五　一四六～一四七頁〕と述べている。あるいは助監督として採用された黒澤明も「P・C・Lは既成の映画会社には無い、新鮮な若々しい気風があった。〔中略〕夢の工場にふさわしい場所であった」〔黒澤明　一九八四　一七四～一七五頁〕と述懐し、子役として松竹から移籍した高峰秀子も「映画の製作手順はほとんど松竹と変わりがないのに、東宝の場合はなんとなく、どことなく、はっきり、ひと味違っていた。〔中略〕俳優もスタッフも、だれかれの区別なくみんなが平等に一本のクギであった。〔中略〕私は東宝に移って、はじめて映画という仕事の、一見チャランポランに見えて、底知れない深さ、楽しさ、苦しさをスタッフの真剣な表情の中から教わった」（高峰秀子　一九七六a　一七四～一七五頁）と語っている。東宝のリベラルな経営風土・企業文化がうかがわれよう。

また左翼に寛容な土壌についていえば、もともとPCLには大村英之助という共産党系の人物（伊藤武郎によれば、「植村〔泰二〕の従兄弟、〔戦前の共産党一斉検挙〕で三年食って、出てきて親戚が相談して映画〔東宝〕に閉じ込めた」（伊藤武郎　一九八六b　八九頁）という。）がすでに在籍しており、また映画会社としてははじめて演出志望者の採用には大学卒業を条件とし、他の職種も縁故ではなく公募を基本としていたという背景があったが、より直接的にはPCLが貸しスタジオをしていた頃「築地小劇場系やプロキノ系（左翼映画）の木村荘十二監督、脚本の松崎啓二君、俳優の丸山定夫、嵯峨善兵君等々が相寄ってPCLのスタジオを借り、〝河向うの青春〟という左翼映画を製作した。しかし、それは二、三の映画館で上映されただけで、全然大赤字となってしまった。したがって、録音費もスタジオ費も払えない。すっかりPCLに借金を作ってしまった。その後、PCLが自主製作を始めるに当たって、まさか人質でもあるまいが、多少そうした因縁もあって、まずこの人々を入れて第一作を作らせることにした。それが〝ほろよい人生〟」（前掲、山本嘉次郎　一四八頁）である。その結果「撮影所はまるでマルキシズムの道場みたいな様相を呈してしまった。」（山本嘉次郎　一九六八　三三一頁）といわれるほど左翼的な映画人が在籍するようになる。経営者の合理主義的精神と後発企業としてのスタッフの不足、そして以上のような経緯のもと東宝には左翼的な人々が比較的多く入ることになる。それが東宝争議として戦後火を噴く培養基の一つをなすことは、留意しておくべきであろう。

このような独自の企業文化を短時日のうちに築きあげた東宝が、しかし戦時体制のもと急速に軍部に接近し、他社に比してより積極的に戦意高揚映画を製作していったことは、歴史の皮肉というほかはない。亀井文夫は、「東宝にはリベラリズムの伝統があった。〔中略〕有力なプロデューサーの森岩雄は、与謝野晶子の『君死にたまうことなかれ』の精神で育った人だから、『専門的な政治家は、汚職や疑惑で国に被害を与えるが、軍人はもっとひどい被害を与える。彼らに政治を渡してはいけない』といっていた」（亀井文夫　一九八九　二三頁）と述べているが、また森自身、後年「私はたかだか無力なリベラリストに過ぎず、いわゆる反戦の旗をかかげる進歩主義者ではないから、さして固苦しい反対をしたわけではない」（前掲、森岩雄　一六五頁）と告白しているが、しかし実際は、そのような微温的な対応に終わったわけではない。「森岩雄は、そのころ、東宝撮影所員に向かって『東宝は陸海軍の捷利に社運の趨勢を委ねている。いわば軍と一心同体だ』とまで言いきった」（廣澤栄　一九八六　一七〇頁）といわれるほど積極的に軍部との結びつきを強めていく。それが、たとえ「六社同盟によって圧迫され、孤立した苦い経験から、今こそ他社を抜いて優位に立ちたいという宿願」（同一六九頁）によるものであったにせよ、また独自の作風によって観客をとらえていた日活や松竹に比べ、際立った特色を打ち出せないままに娯楽作品に傾斜していったという市場事情があったにせよ、そこに文化生産企業としての東宝のリベラリズムの限界がはっきりと露呈していたことは否みがたい(4)。戦後、社長の大沢善夫をはじめとする東宝経営陣の多くが、占領軍による公職追放の指名を受けたゆえんである。

以上に検討してきたように、戦前、東宝が試みた一連の新たな製作・配給制度の採用は、一言でいえば映画企業として旧弊を打破し、近代的経営管理の導入を企図したものであり、それは既存の映画企業にはおよそみられなかった企業経営の大胆な革新を意味するものにほかならなかった。戦前期日本映画産業を長きにわたって特徴づけてきた過度の投機性や低俗性は、一面では量産型複製文化産業として〝夢〟を紡ぎ売る産業――いわば〝虚〟業としての映画の性格に源泉するものであったが、そのなかで東宝の果たした役割は、いわば〝虚〟業を〝実〟業たらしめようとする試みということができよう。すでに世界市場にその巨歩を大きく踏み出したハリウッドが、明確な目的意識をもって産業の近代化を図っていたことは、戦前最後の市場参入を試みたこの企業に、充分な教育機会を与えることとなった。大正年間にプリンストン大学を卒業した大沢善夫をはじめ植村泰三や森岩雄など東宝の中心的な担い手たちが、アメリカの映画事情に精通していたことが、この企業の経営の基本方向を決定づけることになったのであるが、彼らは、森岩雄を除けば、もともとこの業界とは無縁の出自であり、そのことが、この業界に新規参入した異種として旧弊ともいうべき既存の慣行やしきたりにとらわれることなく、独自の経営スタイル――映画産業における近代的経営の構築を可能としたのであった。「P.C.L＝東宝の出現は産業としての日本映画の近代化のひとつの里程標であった。」（佐藤忠男　一九九五　三九四頁）とされるゆえんである。

⑷労働組合の結成

東宝に全社を糾合した単一の労働組合が結成されたのは、一九四六年二月一六日のことである。これに至る過程にはおよそ二つの組合結成の動きが存在した。一つは、映画製作の現場である撮影所によるものである。一九四五年十月中旬、撮影所渉外係であった山田典吾を中心に情報収集や打ち合わせが行なわれて、組合結成準備委員会が作られた後、撮影所総務課の辻恭平が山本嘉次郎、竹井諒などの有力候補が辞退した後を受けて準備委員長となり、同年十二月五日、撮影所第五ステージで結成大会が行なわれたのがそれである。大会では、役員人事、規約、組織、当面の要求などが討議され決定された。委員長に篠勝三、副委員長に山田典吾、書記長に安恵重遠が就任し、賃上げと臨時手当を中心とした要求は、これら一連の動きを見守っていた会社側との交渉において比較的容易に獲得された。この撮影所での組合結成は、社内においては最も早かったが、それは、篠を除きすでに日本共産党に入っていた山田、安恵らが中心となったところからみて、GHQによる労働組合の結成促進という当時の時代状況とりわけIDS（情報領布部、後にCIE（民間情報教育局）に改組）の映画演劇課長デヴィット・コンデによる慫慂《しょうよう》を背景としながらも、共産党の意向の反映を無視できない（宮島義勇　二〇〇二　一四八頁）。

他方、いま一つの組合結成の動きは、社長の呼びかけに呼応したものである。一九四五年十一月五日、会社の創立記念日に大沢善夫社長は全従業員を集め、会社の今後の経営方針を明らかにするとともに、①労働組合の結成を奨励する、②日本の最高の給与を保証する、③福利厚生施設を完備する、という三つの「公約」（伊藤雅一　一九六五　一七頁）を発表する。この社長の意向に基づき、米本正総務課長を中心に組合結成の要請を受けた部課長クラスが会合を重ねて、本社、営業部、演劇部などで結成準備委員会がつくられる。その間、会社側から総務・経理など一部の部署の部課長と秘書については組合員ではなく会社側の利益代表者としたいとの意向が示され、組合員範囲からはずされるが、当初このように部課長ら中間管理職が中心となって組合を結成しようとする動きは、当時の日本の状況においては、かなり一般的な現象であり、東宝の場合、一部を除き部長クラスが組合籍を離れるのは、翌一九四六年の六月になってからである。

以上の二つの組合結成の動きが、一九四六年に一つに収斂される。一九四六年一月末、すでに結成されていた撮影所の組合が中心となり、各部署でつくられていた準備委員会との間で連絡会議がもたれたのを皮切りに、その後集中的に組合規約や役員人事、組織構成について会合を重ね、二月一四日には東宝従業員組合の結成大会が開かれる。大会では組織と役員の構成に関して配給部の伊藤雅一を中心とした議論のやり取りがあったが、それはいずれも退けられて、組織構成としては、本社、営業部、演劇部、撮影所、北海道、中部、関西、九州の各支部となり、役員には委員長に伊藤武郎、副委員長に上原鎮雄、堀場伸世、後藤進、書記長に宮島義勇が就任した[7]（東宝従業員組合書記局「メガフォン」号外　一九四六年二月二〇日）。

このような東宝における組合結成の動きを背後で支えていたのは、ほぼ同時期に進行した企業横断的な組合組織としての全映（全日本映画従業員組合同盟）の結成の動きであった。東宝従組に先んじて、斯界で最も早く一九四五年十一月九日に結成された松竹大船撮影所の従業員組合が中心となり、ニュース映画社も含む映画企業全体を網羅した産業別の組合結成の動きが台頭し、その結成準備会が十一月二〇日と二七日に開催される。そこでは新たに生まれつつあった各社の撮影所の組合との連携のもとに、規約や組織構成などについて議論が重ねられたが、その焦点は、産業別「単一組合の結成か、連合会の結成か」であり、確かに「単一組合が、従業員にとって、有利であり、理想であることは、全員の認めるところであった。しかし、組合経験の浅い映画人にとっては、先づ、その所属組合を充分に固めることが先決であり」、「いきなり〔の〕単一組合の結成は、各組合員の所属組合そのものへの関心薄を招来する恐れ」があり、「結論として連合形式を採ることに決定、しかも、将来可及的速かに、単一組合の結成を申し合わせ」（青山敏夫　一九四六　三〇頁）ることとなった。こうした合意のもと、その結成大会が開かれたのは、一九四六年一月一三日であった（前掲、時事通信社編　一六四頁、田中純一郎　一九八〇b　二二〇〜二二三頁）。八木保太郎を委員長に、岡本潤、徳大寺伸を副委員長に、坂斎小一郎を書記長に据え、中央委員には山本嘉次郎、三浦光雄、河野秋武、須田鐘太等が就任するなど当然にも職種と企業を超えた役員陣容であった（前掲、青山敏夫　三一頁）。これが日映演（日本映画演劇労働組合）の前身である。が、注意すべきは、この段階ではこの組織は映画企業のなかの撮影所を中心とした組合の連合体であって、そこには演劇部門は含まれていないことである。先（注6）に触れたように、東宝従組の演劇部門に属する網倉志郎らが組合幹部に強く働きかけることによって、全国組織のなかに演劇部門が組み込まれることになるのは、四月二八日に結成された日映演によってである。

第二節　第一次争議

(1) 争議の経過

結成された東宝従組は、直ちに第一次要求として、①労働組合、②団体交渉権、③罷業権、④会社内での組合活動の自由、⑤経営・企画への組合の参画などの承認を含む一八項目を会社に提出するとともに、続けて給与の増額と臨時給与の支給を求めた第二次要求を提出する。このうち第二次要求の給与の増額問題は若干修正されて妥結したが、第一次要求の一八項目については、①〜③が認められただけで、他は今後の交渉に委ねられた（「メガフォン」号外第二号　一九四六年三月五日」）。さらに組合は、三月一四日、会社との交渉の席上、現行給与の大幅な不均衡を解消するべく、新たに「最低給料」の設定と独自の算定方式を織り込んだ給与改訂に関する一二項目の第三次要求を提出するが、森岩雄、大橋武雄、増谷麟など経営の実務を熟知していた重役たちが、折からの占領軍通達による公職追放に該当するおそれがあるとして役員を辞任したこともあって、交渉は難航し、二二日未明に決裂する。

かくして組合は三月二三日、東京地区臨時大会の「今日から、此の時から生産を、経営を、全従業員の手で管理するのだ」（「メガフォン」号外第六号　一九四六年三月二四日）との闘争宣言を発表し、「本二三日ヲ以テ全面的経営管理ニ入ルコトヲ決議セリ」との「通告文」（東宝従業員組合「第二回大会議事録」一九四六年三月二三日）を大沢社長に手渡して、争議に入る。三月二四日の日劇での映画無料公開を皮切りに、争議は逐次、関西、中部、九州の各支部へと拡大し、各地の主要直営館において同じく無料公開に入る。その間、組合は、井関種雄営業部長ら部課長を中心とする経営管理委員会を組織して経営の実際を担いながら会社との交渉を続け、結局ほぼ要求通りの給与の増額と経営協議会の設置等を内容とする「覚書」を獲得し、四月六日の臨時大会での闘争打ち切り宣言をもって、争議は一応終結する[9]（「メガフォン」号外第一〇号　一九四六年四月一一日）。

ただし、その後も、経営協議会の規約と団体協約の締結をめぐって交渉が重ねられ、「会社は組合の経営参加を認め、経営協議会を常設し会社経営の全般にわたり大綱を取決めること」、「従業員の雇入、解雇、異動、任免及び賞罰については組合の承認を経ること」（「メガフォン」号外第一二号　一九四六年四月二七日）などの強力な組合規制を含む組合案をもとにした団体協約と経営協議会規約に合意したうえで、労使が正式に妥結書に調印したのは五月二日のことであった（「メガフォン」第二号　一九四六年五月二〇日　四頁）。

(2) 争議の特質

後に第一次争議と呼ばれることになるこの争議について注目すべき第一の特徴は、それが賃金交渉の決裂を直接の契機としながら、組合がストライキではなく、いわゆる「生産管理」すなわち「撮影所は生産管理に、本社は経営管理に、各劇場は収入管理に」（前掲「メガフォン」号外第六号）という争議戦術を採ったことである。なにゆえに生まれたばかりの組合が、ストライキではなく生産管理という手段をあえて採ったのか。当時頻発した生産管理闘争は、日本共産党の呼びかけに応じた人民政府樹立のための一環という独自の政治的意味合いを含む事例ももちろんあったが、その多くは、戦後混乱期のインフレの昂進に乗じた所有資材の闇市場への横流しなど企業経営者の作為・不作為による生産サボタージュに抗して、生産の主体である労働者が生活を維持するために自ら生産を再開するという性格が強かった。が、東宝の場合には、当時の電力や物資の不足を背景に、フィルムをはじめ撮影資材の調達難などによる一時的な製作の停滞はあったものの、経営者による意図的な生産サボタージュはなかったから、組合が要求を通すために会社に打撃を与えるということであれば、ストライキという通常の争議手段で充分であった。にもかかわらず、あえてこの組合が生産管理を採用した理由は、次の点にある。

争議ノ戦術トシテノストライキヤサボタージュハ正当デアル〔…〕ダガ敗戦後ノ現在ノ社界《ママ》情勢ニアッテハ事情ガ違フ。現在、映画、演劇ノ生産ヲ低下サセ、公開ヲ不充分ニサセテハナラヌ。映画、演劇ハワレワレ従業員自身ノ自主的ナ意志ト努力ニヨッテ質的ニモ量的ニモ向上発展サセルコトガデキルノダシ、ソレヲヤラネバナラヌ。社界全体ニ従業員ノ実力ヲ認メテ貰ハナケレバナラナイノダ（「メガフォン」号外第七号　一九四六年三月二八日）。

すなわち、ストライキによって映画・演劇の製作・配給・興行を中止することは、会社側にとって打撃となるのは当然であるが、それればかりではなく、戦後直後の物資の乏しいなかほとんど唯一の娯楽手段として、その鑑賞を待ち望んでいる観客に直接迷惑をかけ、ダメージを与えることになるのは避けがたい。したがって、会社には確実に打撃を与えながらも、しかし観客には迷惑をかけず、逆に喜ばれる戦術として、「生産管理」「無料公開」方式が採られたのであった。しかもこの戦術は、会社側の業務運営を排して労働者自らがそれを担うことであるから、生産・興行の主体としての自分たちの「実力」を社会的に認知させるという効果をも期待することができるものであった。そこには、自らの作品を享受する消費者＝観客を、闘争の局面においても意識せざるをえない大衆文化財としての映画産業に固有の制約条件を前提に、むしろそれを逆手にとって、生産・興行の主体としての自己を社会的に刻印しようという組合の意思があらわれている。

その上で留意すべきは、生産管理に代表される企業経営全般にわたる労働者自主管理が、短期間であったにもかかわらず、いわゆる「経営の民主化」を可能とし、企業経営のありようを根本から変革していく契機となることによって、「その後のわれわれの映画作りの基礎になっていった」（土屋精之　一九七九　三九頁）ということである。

後に触れる映画製作の基本をなす企画についての審議会が、組合によって創設され、それが争議後も再編されて引き継がれていくのは、その代表的な例にほかならない。期間は短かったが、その密度は充分に濃いというこの争議の特徴を、それは端的にあらわすものであった。

この争議の注目すべき第二の特徴は、争議のプロセスにおける会社側の対応を通して顕在化した経営者の労使関係についての理念と組合認識である。主要な重役たちの辞任によって直接組合との交渉の矢面に立った大沢善夫社長は、紳士的な態度を持しながら、組合の要求の多くに応えていったのであるが、そのプロセスを通して経営者としての独自の理念を披瀝するとともに組合に対する自己認識を固める。その一つは、争議に入った直後の三月二四日に出された「社員諸君ニ告グ」という文書に見られる。

大沢はいう。「会社ハ今日迄従業員組合ノ健全ナル発達ト社員ノ経済生活ノ安定ヲ念願シテ、去ル十二月以来救急金或ハ臨時給与等凡ユル方法ト手段ヲ尽シテ社員諸君ノ要求ヲ満ス努力ヲ続ケテ来タ。今回給与制度ノ全面的改正ニ当タッテモ会社ハ最大限度ヲ超エル程度ニ迄組合側ノ希望ヲ取入レテ、現在ノ一般社会水準ト比較シテ遥ニ優位ナ制度ヲ立案シテ之ヲ組合側ニ提示シ其ノ同意ヲ求メタノデアル。」それも「社員諸君ノ生活ノ安定ト向上ヲ計ル事ガ現在会社経営ノ第一義的重要事ト考ガエタカラデアル。」実際にも、組合との「意見ノ一致ヲ見ナイ点ハ賞与ノ問題ヲ除ケバ総給与額カラ見レバ僅カ一、二割」に過ぎない。にもかかわらず「組合ガ飽迄要求スル部分ハソノ適正ノ埒ヲ超エタモノ」であって、容認できるものではない。それゆえ「社員ノ大部分ガ其ノ冷静ナル思慮分別ヲ持ッテ会社案ヲ詳細ニ検討サレルナラバ会社案ガ極メテ進歩的ナ民主主義的精神ノ下ニ作ラレタ適正ナル給与案デアルコトニ気付カレル事ト信ズル。」とした上で、大沢は従業員に訴える。「東宝社員諸君ヨ、私ハ穏健健《ママ》実ナ大多数ノ社員諸君ガ小《ママ》数ノ破壊的且ツ闘争的ナ扇動者ニ誤ラレル事ナク経営者ヲ信頼シ東宝年来ノ伝統ト真面目ヲ擁立シテ当社本来ノ目的ナル芸能文化ノ進歩向上ニ、全会社ノ一致協力シタ新ナル努力ヲ捧ゲル日ノ一日モ速ニ復活スルコトヲ切望シテ止マナイモノデアル。」（大沢善夫「社員諸君ニ告グ」一九四六年三月二四日）。

以上の社長の訴えは、一つには、社員の生活の「安定と向上」が「会社経営の第一義的重要事」だとする認識をもとに、最大限譲歩できる金額をその根拠とともに提示し、その「詳細」な検討による納得を社員の「思慮分別」に期待するというところからも明らかなように、大沢自身の労使関係思想をよくあらわしている。それは、端的にいえば、労働組合の存在を当然のこととして前提し、労使双方の主張の充分な説明・展開の上に互いの納得のいく妥協点を求める、いわゆる近代的労使関係の基本的枠組みを承認する考え方だといってよい。組合運動の激発を前にして、多かれ少なかれあわて、うろたえ、抵抗した経営者の多い戦後直後期の日本の経営環境のなかでは、この大沢の対応は充分に注目に値する。しかしいま一つには、この文書そのものが社員全体に宛てているように、組合のなかの「少数の破壊的且つ闘争的な扇動者」を選り分け、それらを社員一般から切り離すことによって、社員に対し組合に潜在するある種の影に注意を喚起していることである。

が、この社長の組合についての認識は、この文書が出された時点においては、いささかの誤解があるというべきであろう。後に、初めて組合の分裂を試みる営業本部配給部の伊藤雅一が、本部常任委員として三月二三日の東京地区臨時大会において闘争突入の賛成演説をしているように（前掲、伊藤雅一　二五～二六頁）、組合の方針は圧倒的に組合員に支持されている。むろんこの闘争を共産党が支援していたことは明白であるが[10]、そして既述のように組合指導部のなかに共産党員がいたことは疑いないが、しかしこの時点では彼ら組合指導部と一般従業員との間に無視しえない亀裂が生じていたという痕跡はない。むしろ佐生正三郎営業担当重役が、地方支部を中心に組合の切り崩しを「執拗」（前掲、宮島義勇　一七〇頁）に試みていたというのが実態であった。大沢社長の組合認識は、少なくともこの争議の初発の時点では、共産党による組合指導への介入についていくぶん過大な評価があるというべきであろう。

大沢社長の組合認識をあらわすいま一つの文書は、同年四月六日の争議決着の時点で出された「争議終了に際し、再び社員諸君に告ぐ」である。そこで彼は次のように述べている。

> 当社に従業員組合が結成されて今日まで三ヵ月余りの短日月に組合幹部が、よく精励して組合活動を推進した努力には敬意に価するものがある。しかしながら更に翻って従業員組合の過去三ヵ月の活動経過を顧ると、未だ幾多の反省改良を必要とする点を発見するのである。殊に最大の欠陥は、従業員の総意、又は大多数の従業員の意志が正確に組合活動に反映することなく、少数の熱中せる活動家の言動が、すべてを圧倒する傾向が強かった。殊に、闘争委員の態度行動には、いわゆる非民主的ファッショを憶《ママ》わすものさえ窺われた。抑抑《ママ》労働組合は、民主主義精神に背馳して存在すべきものではなく、従って個人の自由意志を尊重することが、その基本観念でなくてはならぬ。故に組合運動においては、組合員個々の意志が自由に発表せられ、その行動の自由が保証せらるることこそ、労働組合の大憲章でなければならぬ。又、組合を代表する役員、委員の権限が、曖昧であり、指導力・統制力に欠けていた事は、交渉を極めて非効率的にした。会社は交渉の半ばにおいて組合を動かしている真の勢力は、社員の総意、又は大多数の意志ではなく、その背後にこれを操る少数の別の団体が存在するのではないかと、疑ったことがしばしばあった。又、折角円滑に進行していた交渉委員の努力を妨害して、直ちに闘争的手段に訴えるの挙に出る戦法を採った事については、納得し難い無理押を感じさせられた。〔中略〕組合はその権利を主張するのは当然であるが、その反面の果すべき義務責任を自覚すべきであって、それがためには一層の修練と訓練とが必要である（大沢善夫「争議終了に際し、再び社員諸君に告ぐ」一九四六年四月六日　前掲、伊藤雅一　二八〜二九頁により再引用）。

ここには、第一に、多数の組合員の意見によるというよりも、闘争委員など一部の活動家の意思によって組合活動が引きずられる傾向が認められ、組合運営に民主主義が欠如しているということ、にもかかわらず第二に、組合役員らの権限が不明確で「指導力・統制力」に欠けていたがために、交渉の「非能率」を招いたという意味で組合のリーダーシップが欠如していること、さらに第三に、それらを規定づけている要因として、「背後にこれを操る少数の別の団体」の存在に対する疑惑が拭い切れないこと、そして最後に、これらは総じて「義務責任」の欠如に表現される労働組合としての未熟さに起因するがために、組合には「一層の修練と訓練」が必要であること、以上が指摘されている。

端的にいえば、これは経営者からする組合の組織運営に対する、ほとんど内政干渉ともいうべき立ち入った批判である。が、この批判には、厳密にいえば、整合性に欠ける部分がないわけではない。仮に大沢がいうように組合幹部のリーダーシップが欠けていたならば、一般組合員を率いて闘いを勝利に導くことなどはできなかったであろうし、また外部団体の影響力も役員層のリーダーシップがなければおよぼしようがなかったはずだからである。とはいえ、結成したばかりの組合のはじめての争議であるから、そこに団体交渉の形式をはじめ、組合の指導性の動揺や一般組合員に対する統制力の欠如など組織運営上の混乱があったであろうことは否定できず[11]、組合民主主義を体した代表制に基づく整然とした交渉を期待していた大沢としては、その未熟な組合運営の仕方に不満が堆積したであろうことは想像にかたくない[12]。この文書は、したがって当時の日本の経営者としては「進歩的」に過ぎるがゆえの大沢の不満のあらわれといってよいのであるが、にもかかわらずその示唆するところは看過できない。それは、ほかならないすでに争議初発の文書にもあらわれていた共産党の動きに対する強い危惧の念が喚起するものである。

すなわち、この争議において注目すべき第三の特徴は、濃淡の差はあれ組合の運営において共産党の影響力を完全には排除できないという点である。当時、共産党は、戦時下ファシズムの嵐に抗して反戦姿勢を貫いた唯一の政党という政治的・社会的正当性をもって、日本の民主主義的再建の主体的担い手として独自の位置を占めていたから、同じく民主主義の担い手たるべく陸続と誕生した労働組合が、その大きな影響力を無視できなかったのは、当然のことであった。東宝においては、すでに戦前からその影響が認められたが、しかし戦後新たに共産党が社内に細胞組織をつくったのは、宮島義勇（撮影）が入党してからであって[13]（前掲、宮島義勇 一六八頁）、共産党がこの第一次争議の過程を通して組合運営に影響を与えたとしても、この後の争議におけるそれと比べるならば、なお限定されたものであったといってよい[14]。が、むしろ留意すべきは、この争議の勝利的帰結が、共産党の力を一般組合員にはっきりと認識させ、伊藤武郎や今井正など芸術家を含む入党者の増大をもたらしてその影響力拡大の契機をなしたという点である。その後に拡がる共産党の影響力の根を扶植したという点において、この争議は無視しえない意味をもつものであった[15]。

その上で、この組合の組織運営上の問題として看過してはならないことは、大沢も指摘していたその秘密主義的・非民主主義的性格にあり、この特徴がすでにこの争議において顕在化していたことである。常任委員としてこの争議に深く関与していた撮影所総務課の辻恭平は、後年次のように述懐している。

その〔一九四六年六月〕少しまえに、組合が関東労協〔関東地方労働組合協議会〕に入っていることを知った。私は五月、世田谷の飯米獲得人民大会に参加したくらい組合内外の集りには欠かさず出ているし、常任委員でもあるのに、こんな重要な件を事前に知らなかったことについて、首脳部をなじったことがある。この種の件は職場に流さないで執行していたらしく、一般組合員はまた、それらに対して認識が薄かったといえる（辻恭平　一九七四　三頁）。

「関東労協」は、一九四六年一月に結成された共産党の影響力の強い関東地方の組合の地域組織であるが、辻の推定によれば、東宝撮影所従組が、争議に入る前に、関東労協が結成された一月時点ですでに加盟していたという(同)。実際にも、争議二日目のかの日劇無料公開の日に、他の支援労組や共産党幹部伊藤律とともに関東労協の代表はその場で「激励演説」をしている（前掲「メガフォン」号外第七号)。また争議終結後、経営協議会規約と団体協約の締結交渉が続けられた際に、関東労協の矢野修が組合側の応援として交渉に立会い、これに対して会社は東大教授末弘厳太郎を立会人として出席させている（前掲「メガフォン」号外第一三号)。辻がいうように、関東労協への加盟が組合執行部の一部の判断で行なわれたとするならば、そこに共産党の影響による組合運営の問題点を垣間見ることは誤りではないであろう。辻が後の第二次争議で組合分裂の群れに加わっていくのは、こうしたことと無関係ではない。

以上、第一次争議の特徴について簡潔に検討してきた。そこから明らかなように、この争議は、従業員にとっても経営者にとってもはじめての経験として、東宝における組合側優位の労使関係の基本的枠組みを作り出すとともに、そこでの労使双方の自己像を自覚無自覚のうちに塑形せしめた、という点でその後の労使関係の前提をなすことになったといってよい。[16] その上で、この争議には、すぐれて敗戦直後的な色彩が込められていることも、確認しておくべきであろう。「敗戦で、世の中がすっかり変っちゃって、だけどその挫折感からなかなか抜け出せなくて、なにを目標にして生きて行ったらいいかわからなかった。それがそのストライキということで、これだ、って思ってとび込んで行った」（男沢浩　一九八〇　二一頁）というように、価値体系の崩壊を自我の危機として生きざるをえなかったこの時代の人びとに固有の、空洞化しつつある精神に確かな拠り所を与えたという意味において、この争議は、戦後直後のカオスに生きる人びとの精神の基本条件たりえたのである。

(3)生産管理

1　生産管理の根拠

すでに触れたように、組合は、この争議で生産管理をその闘争手段として採用したが、それは観客に直接迷惑をかけないで会社側に打撃を与える方法として編み出されたものであった。しかしこのことは、興行部門により多く当てはまるのであって、製作現場での生産管理については、むしろ映画という特定の文化財の生産に自らの企画や内容を織り込み、すぐれた作品を創り出したいという作家たちの希求に根ざすものであった。このことは、組合がこの争議を通して獲得した経営協議会の意義について、「資本家は映画演劇を金もうけの道具にして来たし、今だって、全くその通りだ。映画演劇の興行資本家は、未だに下劣な見世物師根性から抜け出してはいない。当りさえすれば、もうかりさへすれば、どんなことでもしかねない輩が充満している。〔中略〕人民のための映画演劇を低劣な見世物から、真に世界的な芸術作品に高めるためにこそ、われわれは積極的に製作、経営の全般に亘って参加しなければならぬのである。」と述べ、その実体的裏づけを「われわれは短期間ながら東宝企業の全面的な経営管理を闘って来た。われわれの経営への力量が資本家諸君に対し決して劣るものでないことは既に実証されている」（前掲、「メガフォン」第二号　一九四六年五月二〇日　三頁）と争議中の生産管理に置いているところからも明らかであろう。そして労働条件の改善の闘いも「単なる経済闘争」なのではなく、すぐれた映画をつくる「文化闘争」（同二頁）の一環という文脈に位置づけられていた。

2　生産管理の評価

それでは、争議中の生産管理による成果は、実際どのようなものであったのか。争議中、撮影所では組合による生産管理委員会が組織され、それによって新たに創設された企画審議会のもとに『明日を創る人々』という作品が、わずか一〇日間という短時日で製作された。山本嘉次郎と山形雄策の共同脚本、山本嘉次郎、黒澤明、関川秀雄三名の共同監督によるこの作品は、しかし「労働争議の宣伝映画」（前掲、田中純一郎　一九八〇b　二三九頁）などと評され、その結果は「芸術的にも興行的にも成功した作品とは言え」ないというのが実態であった。会社の製作担当責任者である藤本真澄は、争議後、自由映画人集団と日映演の共催で開催された「全国映画芸術家会議」（一九四六年六月二九〜三〇日）において、この点に関し次のように述べている。

今日の日本の現実と積極的に取組んだ『緑の故郷』『明日を創る人々』の二本も芸術的にも興行的にも成功した作品とは言えません。『明日を創る人々』は東宝が生産管理中、組合員の自主的な企画により、一〇日間の短期間をもって製作した記念すべき作品であります。作家の題材に対するよき意図にも拘らず、この作品は作家の芸術的燃焼度の不足のためか、その政治的意図が露出し、作品としては先に述べました通り、決して成功ではありませんが、この作品の芸術的な、興行的な失敗はわれわれに貴重な経験を与えてくれました。私はこの作品は東宝撮影所が意識的にも芸術的にも成長するための脱皮作用的意義を持つ作品だと考へて居りますのでこの作品を製作した事を決して失敗だとは考へて居りません（「特輯全国映画芸術家会議・報告」〔一九四六〕における藤本真澄の報告　六頁）。

組合共催の会議のために微妙な言い回しながら、藤本はこの作品が「芸術的にも興行的にも成功」しなかったことを明らかにしている(17)。この作品が、映画「館の支配人が突掛って、どうして〔観客の〕入らなかった写真〔＝映画〕を作ったかと言っ」て会社に迫る（同「会議」におけるプロデューサー田中友幸の発言　一〇頁）というような、興行の現場からの強い批判にさらされることになったのもゆえなしとしない。実際にも、表1－1に明らかなように、この作品は、争議中も含めこの時期に公開された作品の興行成績のなかでは、最も悪い。

では、なにゆえにこのように失敗したのか。プロデューサー田中友幸の発言はこの点を示唆している。

表１－１　東宝作品の興行成績

作品名	１館週平均入場者数（人）	『歌へ太陽』を100とした指数
東京五人男	43,577	157
幸運の仲間	30,824	111
麗人	30,632	110
民衆の敵	30,564	110
俺もお前も	28,809	104
歌へ太陽	27,748	100
檜舞台	27,288	98
陽気な女	26,767	96
緑の故郷	20,646	75
浦島太郎の後裔	17,756	64
明日を創る人々	16,345	52

注）札幌、東京、大阪、神戸、福岡の全国主要直営８館の数値
出所）「特輯全国映画芸術家会議：報告」（1946）８頁

生産管理中に短い準備期間で約一〇日間の間に脚本を拵へまして、実際の撮影日数は一一日、その間の事情で実際的には作品の無理が出来て《ママ》をります。ああいふ政治的思想性を生の儘に出したことに大きな原因があると思ひます。つまりああいふ作品を作ってはいけないのではなく、あれを燃焼して作ったら宜いと思ひます。〔中略〕組合とか、争議のものを生に出すといけない。又われわれの争議の宣伝映画ぢゃないかといふことが、

実際に響いてゐるのぢゃないかと思ひます。〔中略〕内容を生の儘芸術化せず、燃焼し切れないで出したことが問題だと思ひます。一〇日間で演出者に努力して戴いたことが、大きな原因ぢゃないかと思ひます（同一〇頁）。

また自ら脚本を書き監督した山本嘉次郎は、同じ席上、その作品の意図とともに失敗の原因を次のように分析している。

東宝の組合が生産管理中にあの企画をやった。その企画をやった重要な目的はメーデーを記念するといふ目的が多分に含まれてゐた訳です。それの具体的な問題として組織労働者に向けるよりも、寧ろ未組織労働者、或は大衆にメーデーといふ意義を伝へるといふことを企画の目的にしたのです。その線に沿って企画し、脚本も書き、演出もした訳なのですが、その組織化された人、即ちその意識を持った人と、組織化されない〔、〕意識を持たない人との割切れが付かないで、そこで混乱してゐた儘、時間の余裕のない作品が出来てしまったといふところに、どっちつかずの映画が出来たのぢゃないか、そこに大きな失敗の理由があるのぢゃないかと私は思ひます（同）。

要するに「政治的思想性」を「生の儘芸術化せず、燃焼し切れないで出した」こと、しかも「企画の目的」に沿ったテーマについての焦点の絞り方が足りず、「どっちつかず」のままに製作に入ってしまったこと、そしてそれらを規定した要因として「時間の余裕のない」まま短期間に仕上げたことが原因だというのである。それでは、時間に余裕があったならば、テーマを「芸術化」し「燃焼」しえたのであろうか。ことはそれほど単純ではなかった。藤本真澄の次の発言は、重要である。

政治的意図を持った映画――此処で云うアイディア映画八本の作品に就いて一貫して言へる失敗は、作家が未だ政治的意図を充分に消化し、肉体化して居りませんため、思想が遊離し、芸術作品として不満足な結果しか得て居ない事であります。長い戦争中の思想的な混乱や、終戦後の精神的虚脱状態が、かうした結果を生んだ一つの理由でもありませうが、なんと言っても多くのプロデューサー、脚本家、演出家に真の思想的な基盤が欠如して居たため、未だ真の民主主義的観点が身について居ないことによるのであります。言い代へれば、真の民主主義的映画を創るに足る作家の思想的母胎が完全に自己革命を完遂して居ないのであります。作品を創る製作者や作家が真の民主主義者たり得ずして、秀れた民主主義映画が出来るわけはないと考へます[18]（同五頁）。

すなわち、戦時下での「思想的な混乱」や戦後の「精神的虚脱状態」のもとで、「真の思想的基盤の欠如」「思想的」な「自己革命」の未達成が、作品の不調を規定づけているというのである。より直截的にいえば、「昨日まで戦争映画を撮って今日途端に民主主義映画を作る」ことが、「簡単に出来る人と、出来ない人がある」（藤本発言同九頁）としても、真にそのようなことが可能なのか、あるいはそれでよいのか、という文化を創造する営みに固有の困難な問題が、ここで問われていたのである。しかも留意すべきは、これまでの議論は、作品の不調を作家の思想的な未成熟に帰着させているが、しかし、たとえ思想の「自己革命」ができたとしても、あるいは民主主義思想が「肉体化」されたとしても、そのことによって直ちにすぐれた作品ができるとは限らないということである。思想を「肉体化」し「消化」しえたとしても、その上で、それを「生の儘」に表現するのではなく、それを「芸術的」に「燃焼」しうる独自の回路＝表現を創出しなければならないからである。改めて指摘するまでもなく、新たな時代の思想を肉体化した上で、独自のテクスト、独自の形式、独自の技法に支えられた独自の映像の創造こそが、作家各人の個性を刻み込み、作品を芸術たらしめる条件にほかならない。この会議での議論が、そこにまで踏み込んではいないことは看過してはならない。

が、問題はそこにとどまらない。この作品は、組合が新たに設けた企画審議会という作品企画の検討・審議機関における議論を経てつくられたものであるから、その機構の存在意義すなわち「芸術における自主管理」の意味もまた問われなければならない。企画審議会は、製作者（プロデューサー）、脚本家、演出家に組合の代表数名によって構成され、映画の企画と脚本の審議・検討を目的として争議中に組合によって創設された組織であり、争議後はこれに会社側から藤本真澄など製作責任者が加わって、組合による経営参加機構の一環として重要な役割を果たしていく(19)。

それでは、なぜこの企画の自主管理組織が充分に機能しなかったのか。この点についても藤本真澄の発言は、重要である。

企画審議会をパスしたと云う事は組合の代表が参加致して居ります以上、組合としても、その企画なり脚本を容認した事になるのでありますが、実際に於ては企画審議会に於て多少の難点のある作品もパス致して居りますため、現在に於ては組合員としては不満足な作品も出来て居るのであります。今日、何故、さうした事が起きて居るか、――組合員の全的に満足しない作品が何故作られて居るかと考へて見ますと、会社が月三本の作品を発表するためには、主演俳優が不足して居りますため、外部の俳優を短期契約致し作品を製作致すため、充分の満足な企画が得られないのに、期日に追はれ、又それに代わる代案がないため、不本意なものが企画審議会に上程され審議会に於ても事情が判って居るので止むを得ずパスさせて居るのであります。これが今日、多くの組合員の不満な作品の輩出して居る最大の理由であります。結論として云へば、企画の貧困と云う事になりますが、〔中略〕企画の貧困ばかりではないと考へます。企画が必ずしも良いとは限らないにしても、企画の意図を完全に芸術的に表現した脚本の少ない事も事実であります。脚本の貧困――〔中略〕秀れた脚本が潤沢でない事は事実であります（同七頁）。

すなわち、時間的な制約のもとで、映画製作の最も基本をなす「企画」そのもの、そして企画を具体化する「脚本」そのものが、そもそも「貧困」であるというところに、この組織が充分に機能しえなかった理由があるというのである。このことは、作品を生み出す前提条件である製作者や脚本家、監督の想像力／創造力が欠如していることを意味するものであり、これはまた敗戦直後に特有の思想的困難と無縁でないことは、想像にかたくない。自主管理組織が充分に機能するには、この重大な問題にひとまず内的に折り合いをつけるに足る時間が必要であったというべきであろう。

かくして、生産管理のもと製作の自由を獲得したにもかかわらず、その担い手たちが、その条件を充分に生かしきれずに失敗し、むしろ逆にそのことによって映画という文化財の生産にはらまれる思想と創造の問題が、時代状況を色濃く反映したこの争議において鋭く顕在化したことは、記憶にとどめておく必要があろう。

第三節　日映演

(1)日映演の結成

一九四六年四月二八日、全映を母体に、懸案であった映画・演劇労働組合の産業別単一組織として、日本映画演劇労働組合（日映演）が結成される。委員長は空席にして書記長に八木保太郎が、その代理に坂斎小一郎が就任した。①「生活権を守る」②「労働条件を良くする」③「企業組織を徹底的に民主化する」④「民主主義的な秀れた映画演劇を創り出す」⑤「日本民主主義革命を成しとげる」ことを目的に「あくまで闘ふ」（前掲「メガフォン」第二号　一頁）という「綱領」を掲げたこの組合は、その第五項目の「民主主義革命」やその「組合規約」における「組合員の積極的な経営参加によって、企業の民主化をはかり、働くものの自主的な生産復興を行い、民主的な映画演劇文化の建設によって民主主義革命をおしすすめ、日本民族の平和と幸福を達成する」という「目的」第八項の表現、あるいは結成大会における共産党書記長徳田球一の「民主主義政府樹立以外に真の芸術の生まれる道はな

表１－２　日映演東宝支部組織構成（1946年９月）（単位：人）

所属分会	組合員数	執行委員
本社	330	5（3）
営業	760	10（6）
演劇	1,260	15（8）
食産	454	7（4）
撮影所	1,290	17（7）
関西	708	10（1）
中部	387	6（0）
九州	246	4（0）
北海道	181	4（0）
計	5,615	78（29）

注）（　）内は、執行委員のうち常任執行委員の数
出所）日映演東宝支部機関紙「メガフォン」号外第１号 1946年９月１日により作成

い。芸術の発展には政治闘争が必要だ」との「演説」（同）に明らかなように、共産党の影響を色濃く受けている[20]。その組織構成員約一万八〇〇〇名のうち東宝は五、六〇〇名と半分以上を占め、松竹（二、七四〇名）、大映（一、〇〇〇名）、日映（四〇〇名）など他を圧倒している（時事通信社編　一九四七　一六四頁）。日映演における東宝の存在の大きさが知られるが、日映演の成立に伴い各社の組合は支部へ、その各部門は分会へと組織変更を行なった。

(2)組合の再編成

東宝の場合は、従業員組合大会を開いて一度それを解散した上で、新たに日映演東宝支部として再組織され、毎月の賃金交渉をはじめ組合の日常活動に入っていく。その間、組合は撮影所が所在する世田ヶ谷区（そこはまた徳田球一の選挙基盤でもあった）の区民が宮城内に侵入した〝米よこせ区民大会〟（五月一二日および一四日）やその後のいわゆる〝食糧メーデー〟（五月一九日）にも積極的に参加するなど政治的色彩を帯びた活動をも活発化させるが、こうした動きは、組合員の一部に反発を呼び起こすことになる。

例えば「飢餓ハ食糧メーデーヤ会合デ突破出来ナイ。幹部ノ売名ダ即時辞任セヨ。人民戦線ヤ民主戦線ハ政党ノタメダ。組合員ノ利益ヲハカル為ノ労働組合ダ。一考セヨ」（日本映画演劇労組東宝撮影所分会版「メガフォン」第一号　一九四六年六月二〇日）という組合機関紙への投書がそれであるが、組合はこれに対して、「この人は組合員の利益をはかるためにこそ組合が食糧メーデーに参加したり民主戦線に積極的に参加せねばならないといふ事をまだわかっておらぬらしい」とし、食糧問題一つ取っても社内だけで解決できる問題でない以上、「政治的な運動とな

らないわけにはゆかないのだ」（同）と応答している。経済闘争が不可避的に政治闘争へと結びつかざるをえないというこの論理は、日映演そのものの論理として、その後も維持されていくが、それが組合員の一部に強い反発を喚起し、結局組合分裂の一因にまでなっていくことは、注意しておく必要があろう。[21] 再編成された東宝組合の組織構成は、表1－2のごとくである。

撮影所と演劇分会が各々一、〇〇〇名を超えて最も大きく、これに営業分会と関西分会の七〇〇名が続いているが、会社の多角経営を映して社員食堂やレストランなどの食産分会も四五〇名と無視できない規模であることがわかる。これ以降、組合は毎月の賃金交渉をはじめとする組合活動を通して、日映演の拠点組合として会社および他支部に対してその影響力を着実に強めていくことになる。

第二章　第二次争議

第一節　争議の経過

⑴産別会議の結成

一九四六年八月一九日〜二一日までの三日間、産別会議（日本産業別労働組合会議）の結成大会が開かれ、二一単産（単一産業別組合）一六三万人を結集した産業別組合組織が発足する（産別会議史料整理委員会編　一九五八　一二七頁）。日映演は、すでにその前身である全映の時代から産別会議準備会に炭鉱労組など他の五つの組合とともに参加していたが、その六月の結成準備会を経て組織拡大したこの結成大会にも積極的に参加し、執行委員に八木保太郎を送りこむなど、そこで中心的な役割を果たす[1]。産別会議は、その内部で金曜会と名づけられた共産党の中央フラクション会議が週一回開催されるなど「共産党が果たした役割は大き」（前掲、宮島義勇　一八三頁）く、その強い影響力のもとに置かれていた[2]。折から、日本経済の再建を目的に、企業整備・人員合理化が公共部門をはじめ民間企業で本格化し、それに抗して産別会議は傘下組合にゼネラル・ストライキを含む大規模な闘争を組織することを決定した。国鉄総連合が激しい内部討議を経て、九月一五日を期してゼネスト突入を計画したのも、その一環であったが、しかし九月一日に当局が整理案を撤回したためにそれは回避される。

が、こうした上部団体の動きは、国鉄ゼネストをはじめとする産別会議の共同闘争にいかに連帯し参加するかという課題を、東宝をはじめ日映演の傘下組合に突きつけることになる。東宝支部は九月一日臨時大会を開催し、産別会議事務局長による挨拶や共産党野坂参三の「諸君の希望される時には、何時でも共産党は出来るだけの援助をさせて戴くつもりである」（「メガフォン」（日映演東宝支部機関紙）号外第一号　一九四六年九月六日）との激励演説などを得て、産別会議を支える日映演の最大支部として生活手当九〇〇円（一八歳未満の非独立生計者は七〇〇円）、家族手当一人二〇〇円等の経済要求をもって秋の日映演共同闘争に入ることを決議し、九月一〇日会社に要求書を提出した。組合は、この交渉が不調に終わった場合を想定して、第一次争議の時と同じくまずは「経営管理」戦術で対抗しようと「経営管理委員会」を組織する。(3) が、後に第二次争議と呼ばれる産別十月闘争と連動したこの闘いは、組合分裂をふくむ曲折に満ちた展開を余儀なくされることになる。

　第二次争議の特徴は、およそ三つある。第一は、産業別の統一的な団体協約の締結を争点として、産別会議の十月闘争と連帯し、日映演の共同闘争に参加した劇映画三社の組合のうち、大映と松竹は比較的早く妥結をみたのに対し、東宝の場合は、社長の慎重にして理念追求的な対応姿勢のために、妥結するまでに五二日もの長い時間を要するという異例に長期の闘争となったことである。第二は、組合内部において、この闘争をめぐって意見対立が顕在化した結果、前後二回におよぶ組合分裂をきたし、新たに二つの組合が東宝内につくられたことである。そして第三は、この争議を通して獲得した労働協約を基礎として、組合の経営に対する規制力が飛躍的に強化され、その後の労使関係を律する基本的な方向が制度的に枠づけられるとともに、組合員の共産党への加入が増大し、その組合運動に対する影響力が格段に強まったことである。以下、その各々について検討するが、とくに第一の争点については、事実経過の確定を含め、やや立ち入ってみてみることにしよう。

(2) 争議の経過

1　第一期

　一九四六年九月一四日、組合は執行部内での討議を経て、国鉄が翌一五日予定通りゼネストに入った場合それに連帯してストに入ることを決め、支部の臨時大会を召集したが、「速急《ママ》に召集された為支部大会とはなり得ず、東京地区大会」として、「支部機関の決定の線に沿って国鉄ゼネ・ストとの共同ストライキを決議」（産別会議日映演東宝支部闘争委員会「われわれは九月一五日の共同ストライキを何故打切ったか」E・E・T第五号　一九四六年九月一九日）し、その旨を会社に通告した。(4) しかし実際には国鉄ゼネストが中止されたので、連帯ストに入ることはなかった。

他方、会社は、同じ九月一四日、同一〇日付の組合の給与引上げ要求に対して回答を示したが、組合がこれを拒否したため、組合の青年婦人部の意見を聴取した上で、改めて九月一七日「若い人々の生活の実情を再考慮し」（東宝株式会社「経営協議会議事録」第一七回　一九四六年九月一七日）た上積み回答を組合に提示する。しかし、組合は、この回答への返事を一九日にほしいとする会社の要請を拒否して、組合側の最終回答期日を九月二五日にすることを主張し、会社も結局これを承諾した。この組合による返答日の引き伸ばしは、それまでの賃金交渉の例からみても純粋に組合内部での会社回答の検討に要する時間としてはあまりにも長いものであって、その背景には、日映演が産別会議の共同闘争を念頭に、産別傘下組合の流動的な闘争状況を見据えながら、それへの参加の時機をうかがっていたという事情が横たわっていた。

実際にも、組合は回答を得た翌一八日にも会社に対して経営協議会の開催を要求し、「昨一七日の会社回答修正によって一応結着した事態の如くであるが、組合内においては未だ会社回答説明が充分に尽されて居らず諒解し難い点があるといふ理由の下に質疑応答」（同　第一八回　一九四六年九月一八日）を繰り返し、さらに社長不在を承知の上で、九月二一日にも経営協議会の開催を求め、「社長不在のため会社側は社長代行田辺社長として組合側との質疑応答に当ったが何等従来よりも発展した結論を見るに至らず」（同　第一九回　一九四六年九月二一日）というように、時間を稼いでいるような感を否めない状態であった。

その間、日映演は、九月二三日の拡大常任中央委員会において産別会議共同闘争への参加のための闘争方針につき、「広汎ナ共同闘争ヲ遂行スルタメニ、要求項目ヲ整備シ、団体協約ノ締結等ノ諸要求ヲ追加シテ闘争ヲ行フ。闘争ノ基本方向ヲゼネストト決定シ、コレヲ各支部各分会ニテッテイセシメルコト。ナオ、追加要求ノ整備ハ書記局ガコレニ当リ、至急発表スルコト。」「各支部ノ最終回答受領日ヲ十月一日トシテ統一的ニ回答ヲ受ケルコト」（日映演書記局「第一九回拡大常任中央委員会議事録」一九四六年九月二三日）を決定するとともに、翌二四日、「従業員の給与、労働条件を含めた諸種の問題、映画演劇の質的向上、生産復興の問題等その何れも映画演劇従業員の代表機関と資本家側代表機関との協議・協約なくしては大きな全体的立場からの公正、合理的な解決は出来得ない」として、日映演と各社との間での団体交渉権の承認と団体協約の締結を中心内容とする「追加要求」（日映演拡大常任中央委員会「九月闘争に関する統一せる追加要求条項」一九四六年九月二四日）八項目を決定し、直ちに各社との交渉に入るように指示した。

かくして東宝支部は、給与引き上げ問題の会社回答に対する組合返答日の九月二五日、「一七日付会社回答案は最后的なるものと認め得ず」、したがって「本日支部大会において吾々は断固組合原案を支持し更に別紙新要求を併せて要求する」（産別会議加盟日映演東宝支部書記長嵯峨善兵「回答書」一九四六年九月二五日）として、日映演の方針に基づき、新たに「（一）東宝株式会社は日本映画演劇労働組合との団体交渉権を承認すること（二）東宝株式会社は日本映画演劇労働組合との間に団体協約を締結すること、但し、団体協約の内容については、既に締結せるものをこれに当てる（三）完全雇用の実現　現に失業中の海外帰還者及び一般映画演劇従業員を全体的な立場から各企業に吸収し、合理的に配置転換を行ふこと」（産別会議加盟日映演東宝支部書記長嵯峨善兵「要求書」一九四六年九月二五日）など八項目にわたる要求書を提出し、十月一日の回答を求めた。このうち第八項の要求は、日映演との団体交渉の対象相手として企業の側の産業別団体「仮称映画演劇製作興行連合会」の設置を求めるものであったが、それに対応するように第三項以下の要求は映画演劇業界全体として処理しなければならない内容であった。

組合によるこの新たな要求の根幹をなすものは、産業別の統一労働協約の締結であり、それは、既述のように日映演の方針とそれを規定づけている産別会議の方針に基づくものであったが、しかしこれを突きつけられた会社にとっては、きわめて唐突なものであった。会社は、九月二八日、直ちに「一、九月一七日付会社ノ回答ヲ以テ最後的ナルモノトス、一、九月二五日付新要求ハ其根本原則ニ於テ承認シ難シ」（「回答書」一九四六年九月二八日）と回答して、給与問題についてはこれを最終回答とし、新要求についてはそれを全面的に拒否した。松竹、大映の各社も同様にこの新要求については拒否する態度に出た。

これを踏まえて、日映演は十月五日大会を開催し、十月一五日までに回答を得られない場合にはゼネストに入る、との執行部提案を、議論の末、出席代議員三五一名中、賛成三四一、反対九、無効一、欠席六五の圧倒的多数で可決する[5]（日映演中央闘争委員会「ゼネスト闘争日報」第一号　一九四六年十月四日）とともに、「我等の生活権を確保し映画演劇を質的に発展させるための道はただ一つ日本映画演劇労働組合の旗のもと、打って一丸となり統一要求を掲げこれを貫徹するために最後まで闘う以外にはない」との「ゼネスト闘争宣言」を発表する（同）。このゼネストに対する投票結果のうち、反対票は東宝支部の配給部が中心であり、また欠席による棄権の多くは、松竹と大映の地方支部を中心としたものであった（前掲、宮島義勇　一九五頁）。そして東宝配給部分会はこの結果を受けて同じ十月五日、直ちに四七名をもって組合を脱退し、新たに第二組合を結成することになる。東宝の最初の組合分裂であるが、これについては後に改めて検討する。

このゼネスト決議を支えとして日映演は、八木保太郎、山本嘉次郎などからなる中央交渉団を組織し、十月一一日午前、東宝森常務、午後、大映永田副社長、一二日午前、松竹城戸副社長、同日午後、東宝大沢社長などとの個別交渉に入ったものの、「資本家側」は「産別会議からの脱退」を求め、「一部裏切り分子」や「非労働者的日和見分子の動きを過大に評価」（「ゼネスト闘争日報」第八号　一九四六年十月一四日）するなど、結局交渉は不調に終わる。他方、先の東宝の組合分裂の影響もあって松竹の本社分会もスト反対の声明を出し、ゼネストの足並みは乱れることになるが、これを踏まえて、東宝、松竹、大映の各社は連名にて「全日本産別会議の運動が明らかに政治闘争化し、民主人民政府樹立を目的とするまでに飛躍したる実状につき、三社従業員組合中に、産別会議に加盟せる日映演労組に対し、苦々しき不満と不信を抱き脱退を声明する者続出する現在、三社はかかる混乱せる現状に鑑み日映演とは協議を行ひ難し」（「映画演劇ゼネスト経過」『キネマ旬報』第九号　一九四六年十二月二五日号）との声明書を発表して、三社結束して日映演の要求を全面的に拒否したのである。

このような状況を踏まえて、十月一二日、来る一五日のゼネスト決行を前にして東宝支部は給与問題及び統一要求について会社との交渉をもつ。組合は、給与問題については組合大会で態度を決める予定であったが、「時間的に無理があって一四日午前に大会を開いて統一要求と切り離さない形で返事が出来る」と述べ、それに対し大沢社長は「理由はわかった。結論として会社案を受諾しないことも判った。会社としては止むを得ぬ事態として、本日をもって九月一七日付会社回答を白紙にもどす」（日映演労組東宝支部「交渉経過記録」第一回　一九四六年十月一二日　一〜二頁）と答えた上で、統一要求について労使間に次のような議論が交わされた。

社長「去る七日改めて提出された組合の統一三条項については一昨十日、劇映画三社首脳が集まってその取扱方法を協議したが、たまたま同日の新聞紙上に現われた産別声明にも見られる如く、産別が政治運動化へ発展して行くことに伴って、日映演でも劇映画三社従業員中に脱退声明をしてゐる者があり、事態は混乱状態に陥ってゐると見られるので、この状態では日映演と交渉出来ないことに〔三社で〕意見の一致をみた。」

（ここで〔会社から〕三社共同の回答文が朗読される。）

組合「われわれは混乱状態とは思はない。何時の時代でも反対者が一人もなくなることは出来ないので、それにセールスマンはもともとストライキに参加するには困難がある。産別〔会議加盟〕の問題については加入する場合に短期間であったため、その意義を普及することをしなかったのがまづ《ママ》かったので、全組合員の投票によって反対意見が強ければ脱退することも考へられるが、現在産別〔会議〕が政治運動をするからわれわれの属してゐる日映演が政治運動をすることにはならないではないか。さういふ意味で会社回答は満足ではない。われわれは会社回答をもらはないことにするから会社の方でももう一度よく考へて戴きたい。」

社長「三社とも若干考へ方に相違はあるが、東宝の考へ方は日映演の今の状態では話にならぬとする。セールスマン脱退などの問題は何といっても日映演のお家騒動で、統一要求の前半の性格も日映演としての政治活動への関連性如何が大きな問題としてわれわれに映るのである。産別はこの頃方針が変って政治運動をするのか、それとも君達も予め産別が仮面を捨て、政治運動をすることを承知して加盟してゐたのか、とにかくこの問題は一日二日を争う問題ではないから、社員の投票によるなりなんなりして日映演の性格がはっきりした時、もう少し整理したその時期がくれば何時でも東宝としては話し合ふ。」

組合「今のような産別を出ればよいのか。」

社長「いやさうではない。性格さへはっきりすればよい。いづれにせよ交渉しなければならない時が来れば交渉に応ずる。」

組合「産別は拘束力も何もないのにおかしいではないか。」

社長「加盟してゐれば強い指導力を受ける。十月一〇日声明が紙上に現れてから現に社会的に大きな渦を巻き起こしてゐる。」

〔中略〕

社長「要は日映演が業界をよくしやうといふ建設的な意図がなければならないと思ふ。私の希んでゐる性格といふのはそれなんだ。それが君達の近頃の要求の出し方その他は、少なくとも事業家をして、さうした信頼の念を起こさせるやうなものではないではないか。洋画の攻勢に対してもわれわれは充分考へなければならない。この際、君達は一方にゼネストを掲げて脅しながら信頼を旨とする協約が出来ると本気で考へてゐるのだらうか。これでは業界は勿論、君達にとっても自殺行為ではないか。出なほすべきだ。とにかく日映演は業界が信頼感をもって話合へる様な団体になることが前提条件である。それなくしては建設的意図をもった契約は無理である。組合もそのやうに努力して欲しいし、われわれ業界同志もさうなるやうに尽力はする。根本は産別が変化して来てゐることにかかってゐるが、一応白紙にもどってやり直しては如何〔が〕か。とりあえず〔松竹本社分会がスト不参加を決議している以上〕松竹の去就がはっきりするまで待つことも必要である。」

組合「その回答文はうけとらぬことにしてもらふ。」（同一一〜七頁）

ここから、社長は、一つには、産別会議の性格変化とくに政治運動への強い傾斜とその影響力の日映演への浸透、いま一つには、分裂派の発生など従業員意思の代表機関としての日映演への信頼性の揺らぎ、そして最後に、それらを含め日映演が「業界をよくしやうといふ建設的な意図」があるのか否か、その存在の目的を問うて未だ協約問題等について話し合う基盤ができていないと主張しているのに対して、組合は、産別会議への加盟は拙速であったことを認め、その可否を組合員に問う意思がないわけではないと釈明してはいるものの、社長を説得しうる有力な論理自体は展開できていないことが看取される。すなわち会社側が拘泥する組合運動の政治的色彩を払拭しうるに足る根拠を、組合が提示できなかったことが、交渉を不調に終わらせた最大の原因なのであるが、しかしむしろ注意すべきは、ここで組合が、産業別の統一的な団体協約の必要性を、充分な理論的根拠をもって主張できていないという点である。組合指導部として、このことの意義を社長に説得しうるほどには、自ら充分にその労使関係的意味内容を理解し、我がものとはしえてはおらず、産別会議の方針の直截的な適用という域をなお出ていないことが、はしなくも露呈したという意味で、このゼネスト直前の交渉の決裂は、労使の真の力関係を示すものというべきであろう。

2　第二期

この間、十月一二日に日映演青婦人大会がゼネスト決議を、一三日に大映多摩川撮影所がスト決議を、ただし同配給部はスト回避、一四日に松竹支部大会で大船と下加茂撮影所がストを決議したが、同大阪分会、千土地分会が欠席したため、結局松竹支部大会は流会となる（「ゼネスト闘争日報」第九号　一九四六年十月一五日、前掲、宮島義勇　一九六頁）など、各社支部のあわただしい動きのなかで、東宝支部は一四日有楽座にて組合大会を開催し、再度スト参加の是非を問うこととなった。その結果は、賛成二、五四二、反対二九二、無効五八、態度保留（関西分会）七四一（同）となり、賛成が過半数を制してゼネスト突入が可決された。日映演各組合のこうした動きが明らかとなると、各社経営陣は組合に交渉の再開を申し入れ、一四日午後六時より松竹本社において日映演山本嘉次郎らの交渉団と東宝大沢、松竹城戸、大映永田との中央交渉がもたれた（前掲、宮島義勇　一九七頁）が、しかしそれはスト回避のための会談にしか過ぎず、「結局正式交渉は纏らず、総ては一五日以後に持ち越されることになった。」[6]（前掲「映画演劇ゼネスト経過」『キネマ旬報』　四一頁）。かくして、日映演中央本部は「交渉で解決点を見出さうと今日まで努力してきたが、会社側は単一組合に交渉の機会さへ与へず、全く解決が不可能となった」（同）との「闘争声明」を発表して、ゼネスト決行の指令を出した。十月一五日、東宝と松竹がまずストに入り、一八日には大映が加わった。その間、二〇日には日映演主催の「グランド・ページェント『芸術復興祭』」（「ゼネスト闘争日報」第一三号　一九四六年十月二一日）が、後楽園にて組合員とその家族を中心に二万人の観衆を集めて開催され、士気の昂揚と闘争資金の確保に寄与するが、交渉のほうは、一九日、会社側が「一、日映演労組の綱領に対する再検討　二、産別離脱問題を組合員の総意によって決定すること　三、日映演労組の改組を実施すること」（同）の三点を要求したのに対し、組合交渉団側が「これらの問題は資本家側の容かいすべきものではない」として「回答を拒絶した」（日映演東宝支部闘争委員会「闘争日報」第二〇号　一九四六年十月二〇日）ために、暗礁に乗り上げる。が、二一日、東宝網倉、松竹浅尾、大映土井ら組合代表を含む三社六名の従業員代表と経営側三社との交渉の結果、従業員代表は会社ならびに日映演双方に対して、次の四項目の申し入れを行ない、正式交渉に入ることを要請した。

一　日映演はその基本的な方向が日本映画演劇の復興発展にある事を明確にしその為めには会社側との協力を惜しまぬこと。随って日映演は現在の社会機構内において労働組合法の範囲で勤労者の生活権擁護並びに労働条件改善を目的とする従業員の自主的組織であること。

二　日映演は現在その組織及運営を検討しつつあり従って劇映画三社の従業員が中心となって積極的に参加し業界全従業員の建設的な団体となるやうにすること。

三　その第一歩として、今回の争議を解決すべき日映演の交渉委員は劇映画三社の従業員が中心となるやう選出すること。
四　産別〔会議〕の問題は組合員の総意に基き自主的且つ民主的に解決すること。
（東宝支部闘争委員会「闘争日報」第二三号　一九四六年十月二二日）

すなわちこれは、日映演が業界の「復興発展」のために「会社側との協力を惜しまぬ」こと、および産別会議加盟問題は組合内部で「自主的・民主的に」処理すべき問題であることを明確にし、その限りで組合側会社側双方に一定の譲歩を促すことによって、会社との交渉のための土俵作りを狙ったものであった。日映演は、この申し入れに対しその「各項はすべて同意で現にその方針をとってゐる。然し今回の交渉経過に鑑みこのやうな文書の形式で両者が確認し合うことは両者共に組合の自主性を忘却するの愚を犯すことになるが故に敢て避けたし」（同）との八木保太郎書記長名の回答をもって、この申し入れを受け入れ、直ちに会社側に交渉を申し入れた。

ところで、この第二次争議における組合の要求の中心は、当初は先にみた会社と日映演との間での団体交渉権の確立と団体協約の締結であったが、その後、日映演は東宝内部の配給部の分裂や松竹本社の分裂など争議中に生じた新たな事態を踏まえて、統一要求のなかに、新たに「会社は組合以外のどんな労働組合をも認めず、而も会社従業員は組合員でなければならない。従って組合を除名されたものは従業員であることは出来ない。但し事業の性質上組合が認めたものはその限りではない」（東宝支部闘争書記局「統一要求交渉の基本案」一九四六年十月二四日、「ゼネスト闘争日報」号外　一九四六年十月二六日）という、いわゆるクローズド・ショップ条項を団体協約に盛りこむように指示した。これが各社経営側の抵抗を一層強めることになった重要な要因であった。

十月二四日、従業員代表の呼びかけに端を発して再開された日映演と各社代表との中央交渉は、しかし「会社側の意見なかなか纏らず」「会社側の不統一を暴露し」たものの、「結論」的には会社側が「日映演を認めてやるから即時ストライキを中止せよ。ストライキを中止しない内は日映演の性格に疑義があるから交渉をしない」「交渉委員各位に対してはその誠意を認める」（日映演東宝支部闘争委員会「臨時通報　我が道を行く」悲憤号外　一九四六年十月二五日）という内容であり、結局何ら積極的な成果をみないままに終わった。しかし、この交渉で留意すべきは、劇映画三社の間で意見の相違が顕在化したことであり、この事実を踏まえて日映演中央闘争委員会と組合の交渉団は、ストによる影響度が各社によって異なるため、各社ごとの「個別交渉」（前掲、宮島義勇　二〇〇頁）に入ったほうが解決が早いとの点で意見が一致する。これは、組合自らが掲げた産業別統一闘争戦術の自己否定にほかならないが、闘争資金はむろんのこと賃金不払いという闘いを支える経済的条件が不充分なもとでは、いかなるかたちであれ、交渉の再開によって解決の糸口を探りたいという組合側の希求をあらわしている。[7]が、それはまた経営側のほうにもいえることであって、ストライキによる映画・演劇の興行停止は、たとえ映画のストックはあっても、それを上映することができず、また演劇の場合はそもそも複製芸術ではなく、役者たちのライブでの上演という時間芸術である以上、ストック自体が成り立たないという厳しい経済的制約条件のもとに置かれていた。ここに、製品在庫の販売や同業他社からの製品購入による販売などによって、ストライキによる生産の停止を当座最小限にカバーしうる製造業とは異なる、サービス産業としての映画演劇＝文化生産に固有の制約があった。上映館・上演館を早く開けたいという経営側の希求もまた、組合側の希求に劣らず強かったゆえんである。

こうして翌十月二五日、日映演各支部は自社経営陣に経営協議会の開催を一斉に申し入れる。これにいち早く応答したのが大映であった。同日午前と午後二回にわたる経協の席上、組合は永田副社長から、①日映演の性格はよく了解した、②統一要求は「最も進歩的」な内容であり、「永田個人としては全面的に承認する」が、他社に対する「面目」もあるので、「東宝・松竹へ積極的に働きかけ正式交渉に入るよう極力説得する」、③他二社が「現在の態度を固持するなら大映は単独にても協約する用意がある」（「ゼネスト闘争日報」第一七号　一九四六年十月二六日）との言質を取る。[8]これを基礎に大映では組合が永田と精力的に交渉を重ね、三一日に経済要求を含む統一要求の全面的獲得に成功し、午後三時の覚書の調印をもってストを解除する（同　第二三号　一九四六年十一月一日）。この大映による妥結の影響は大きく、一貫して強硬姿勢を堅持していた松竹を動かすことになる。

すなわち大映の妥結の報を受けた直後、松竹では、その日の午後四時半から交渉がはじまり、組合は、まず団体交渉権を獲得し（同）、翌十一月一日には経済問題についての要求を達成する（同　第二四号　一九四六年十一月二日）。しかしクローズド・ショップ条項については、本社分会の脱退問題が絡んでいるために容易に進展せず、結局この問題だけはスト打切り後三週間以内に再度話し合うとの合意をもって、組合は十一月六日それ以外のすべての要求を獲得し、ひとまずスト態勢を解くこととなった（同　第二九号　一九四六年十一月八日）。

これら劇映画三社のうち二社の組合が、おおむねその要求を達成してストライキを解除したにもかかわらず、東宝の交渉は、しかし容易には進展しなかった。その最大の理由は、配給部の分裂派の勢いが拡大していることを基礎に、クローズド・ショップ条項を締結する条件が崩れているからであった[9]が、それに加えて大沢社長のこの問題に対する独自の対応姿勢があった。

すでに十月初め、大沢は組合が経済要求を提出した後、新たに日映演との団体交渉権の確立とクローズド・ショップを含まない団体協約の締結を付加要求した時点で、自らの名をもって「この新規要求は四、五日の短期間にては充分検討出来兼ねる問題であるが是れを今回の給与問題に搦め慌てて提出して来たのである。事態がここに至った上は組合の真の要求目的が必ずしも給与問題の貫徹だけではなく、組合の健全なる発達を阻む力に迷はされたものと判断し会社は組合の反省、覚醒を促すと共に大方諸賢の御批判を仰ぎ度いと考へる」（大沢善夫「東宝従組の新要求に関する経過事情」一九四六年十月、日付なし）との意図のもと、組合の要求とそれに対する会社の回答を詳細に記した文書を発表して、自己の意思を表明していたが、その後クローズド・ショップ条項の締結を求める組合の再度の新要求に対しても、十月二〇日付で「私には組合がどうして今回の『ストライキ』に入ったかよく理由が判らない」として、次にその一部を引くに値する長文の文書を発表して従業員にその再考を促していた。

〔…〕殊に私が更に判らないことは交渉委員の中心人物とも謂う可き伊藤、山田、堀場、網蔵《ママ》の四氏が十四日夜十時過ぎ迄私の住居へ来られて種々と最後の打開の努力を払はれたのであるが、其四人は少く共私には真剣に「ストライキ」を避けたい気持で努力されて居る様に印象づけられた。然るに是等の人々の努力も全然認められず遮二無二争議突入を決議した執行委員とか闘争委員の人々は何を考へ、何の理由で、又何を目的で「ストライキ」に入ったのか、誠に不可解な話である。又十四日の午前有楽座で開かれた従業員大会における無記名投票も何の議題に対しての投票であったのかを明確に返答出来る人が無いのはどうしたことなのか。社員諸君すらも一体何の目的で今回の「ストライキ」に突入したのかが判って居るのかどうか。「ストライキ」は労働組合のもつ最大最強の武器である。同時にそれは又最後の手段であって、容易に濫用される可きものであってはならない事は云う迄もない。会社と労組に意見の不一致を見た場合、まづ凡ゆる手段と方法を尽して其平和的解決に努力すべきであり、斯る凡ゆる努力が失敗に終った後において打つべき最後の手であるべきだ。然るに今回の東宝争議の如く差し迫った理由もなく寧ろ逆に問題が解決の軌道に乗りかけて居る状態を無視して迄「ストライキ」に押し入ったのは、全く「ストライキ」の為の「ストライキ」に入ったのか、それ共政治的ゼネストの一聯として外部的理由でストに参加したのか、其何れとしか考へられない。果して東宝社員は「ストライキ」のもつ深酷《ママ》なる意義と其齎らす重大なる影響をよく認識し、充分熟慮の上今回の「ストライキ」を支持して居るのかどうか、私は大きい疑ひをもつのである。〔中略〕

仮に組合は以上の様な〔多大な経済的〕犠牲を総て覚悟の上でストを決行したとすれば果して組合は今回のストに依って何を獲得せんとして居るのか。〔…〕会社は原則論として単一組合を認めないとは言って居ない。併し現在の日映演は業界全体を抱含し、且つ正しく代表する団体では無く、僅かに其の一部分のみを代表する少数指導者に依って運営されて居る機関に過ぎない。而もその指導理念は強く左翼的で、会社の企業権、経営権を否認する態度が窺はれ、その戦法は極端な闘争主義である。日映演が逸速く産別会議に加盟したのも、斯る性格を裏書して居るものである。日映演の産別加盟に就ては各社従業員中にも痛烈な批判が行はれて居り、現に東宝に組合脱退組が出来たのも松竹従組の一部が産別加盟反対の決議をしたのも、総て最近の産別運動が著しく政治闘争化して、正しい労働運動の域を超へて、現内閣打倒、民主人民政府樹立等を標榜する政治運動に迄発展するに至った事に対する強い批判とその産別の指導理念に引きづられて居る日映演の在り方に対する強い反対の表現に他ならない。会社は日映演が組織、人事を整備、更新し、産別加盟問題を民主的方法に依り再検討〔を〕なし、其の上会社の企業権を否定する如き思想を放擲し、建設的協調精神に基く真の業界従業員の単一組合の資格を具備するに至るならば、何時にても交渉を開始する用意ある事を表明してゐるのである。

〔中略〕

結局今回のストは目前の問題であった臨時生活手当や日映演問題そのものが本格的な原因ではなく、本年春以来東宝従組を引きづって来た少数指導者の持ってゐる闘争主義と闘争戦術が積り重って遂に発火点に達し、それが爆発したと見るのが一番穿った見方では無からうか。若し然りとするならば今回の「ストライキ」は組合の在り方の本質的問題を解決するのでない限り、容易に解決点が見出し難いのではないかと考へられる。

〔中略〕

東宝のような会社は会社自体の組立から言っても又経営者の性格から見ても極めて民主的に構成されてゐる会社であって、其の上今日迄は財政的にも恵まれて来たから、会社としては組合の発展に出来る丈け協力し、従業員の経済生活の安定に最大の努力を払って来た筈である。過去一年間の会社の対組合接渉《ママ》において、左程組合側から不平不満を云はれる筈はない訳である。然るに組合は事毎に強烈な闘争意識を煽る手段に訴へ、会社を「敵」と称し、経営者を悪党呼ばわりなし、会社と社員の間に強いて対立的階級意識を植込んで離間を計り社内撹乱の戦法に出て居る事は、〔…〕会社としてもこの侭では放置出来ぬ域に迄達して来た。〔中略〕

われわれは我が国がアメリカに依って占領されて居ると云う事実を忘れてはならない。今後日本経済の再建は必然的にアメリカ式方式に依って進められることは云ふ迄もない。然らば、われわれの事業も民主主義的資本主義形態の下における自由企業として発展して行くべきは当然である。アメリカの勢力が日本に存在する限りは、日本に社会革命が起り共産社会が出来る可能性はない。何故ならばアメリカ進駐軍の政策は日本に健全な平和的産業を発展させ、日本人一般の生活水準を引上げ生活を安定させ豊かにすることに依って、日本に共産主義の蔓こる余地を与へないと云うことを根本方針にして居る様に聞いて居る。新生日本は若し日本人がアメリカの政策に協力して、真面目に働き努力さへするならば必ずや新しい繁栄と発展を克ち得るのである。若しそれを徒らに破壊撹乱主義に依って掻き乱すならば、それ丈け日本の回復が遅れ、日本人の苦しみが長引き深刻となるのではなからうか。我国の労働運動もこの限界点の見定めが必要である。〔中略〕

原因不明瞭のストであるから、又どんなことで是れが終るのか私には見当がつかない。然し少く共私は、今度の争議を無意味に終らしたくない。争議は謂はば事業の病気であって何日〔＝いつ〕かは悪い部分を完全に癒して再び健康な姿で活躍を始める日が来るのであるが、東宝の場合今回は相当思ひ切った治療を必要とするのではなからうかと思って居る。われわれの健全な姿と云うのは会社と従業員が一つとなって明るい働きよい楽しい職場を作って、映画演劇の製作興行に全力を傾倒して、我国芸能文化の向上と云ふ大きい「パブリック・サービス」を果すことである。この目的を達成することは又従業員の経済生活の安定を計り、労働条件の改善を充すことをも意味するのである。われわれは今回こそはこの目的の達成を阻む一切の障害を排除せなければ、東宝会社の今後の発展と隆盛は期し難い（大沢社長「東宝ストライキに対する私の感想」一九四六年十月二〇日）。

この社長文書は、第一に、今回のストライキがいかなる理由いかなる目的をもって企てられたのか――その合理的根拠の希薄さを批判しながら、それが「組合を引きづって来た少数指導者」の「闘争主義」によるものであり、それは、結局のところ、この組合が加盟している日映演とその上部団体産別会議の「強く左翼的で、会社の企業権、経営権を否認する」がごとき「極端な闘争主義」と、「現内閣打倒、民主人民政府樹立等を標榜する政治運動に迄発展するに至った」その「指導理念」に基づくものであること、しかし第二に、アメリカの占領下にある今日、「日本経済の再建」は「アメリカ式方式」すなわち「民主主義的資本主義形態」によるほかはなく、「社会革命」による「共産社会」の実現の「可能性はない」以上、「新生日本」の建設の努力を「徒らに破壊撹乱主義に依って掻き乱すならば、それ丈け日本の回復が遅れ、日本人の苦しみが長引き深刻となる」がゆえに、「労働運動もこの限界点の見定めが必要」であること、そして第三に、もともと「争議は謂はば事業の病気」であって、いずれ「悪い部分」を治癒して「健康な姿」に戻る時が来るが、しかし「東宝の場合今回は相当思ひ切った治療を必要とする」のであって、今回のストは「組合の在り方の本質的問題を解決するのでない限り、容易に解決点が見出し難い」性格のものと考えられること、の諸点を明らかにしている。

すなわち、ここには、労働組合の存在を企業経営の当然の前提としながらも、その活動を政治運動とは切り離し、個別企業の処理しうる経済的問題の枠内に限定しようとする労使関係観、アメリカの占領政策の意図を過大にでも過小にでもなく解読するその時代認識、そして「事業の病気」とする労働争議の基本性格についての理解をもとに、多少の時間的したがって経済的犠牲を払ってでも労使関係の基本的枠組みを抜本的に再構築しようとする強い意志、の諸点において理念追求型経営者としての大沢の像が、鮮やかに息づいている。しかもそれが、「東宝の様な会社は会社自体の組立から言っても又経営者の性格から見ても極めて民主的に構成されてゐる」との強い自己意識に裏打ちされたものであったことは、注目に値する。独自の自由主義的価値観に基づくこの大沢の労使関係思想と時代意識は、当時の労働攻勢の激浪のなかで主張された経済同友会の大塚万丈のいわゆる「修正資本主義」などからすれば、なお常識的・微温的ではあるけれど、しかし当時の日本の経営風土のなかでは、合理的理性に支えられた独自の光彩を放つものといってよい。第三次争議の渦中において、岩崎昶が「当時の大沢善夫社長以下の重役たちは、日本の企業家としてはもっとも進歩的な人たちであった。」（岩崎昶　一九四八a　一八〇頁）と高く評価したゆえんである。大沢の、以上のような理念追求型の経営者像こそ、大映、松竹のプラクティカルな対応とは異なって、東宝において、この争議を容易には解決の緒につかせなかった重要な要因だったのである。

十月二六日、組合は、大映が解決の方向を示すなか、スト中の賃金を含む十月分給与全額の支払いを求めて「月給よこせ闘争」を組織し、デモ隊を控えさせての夜十時までの長時間にわたる社長を除く重役交渉の結果、「明日中に交渉委員の希望に沿って解決する様全面的に努力する」との「回答」（「闘争日報」第二八号　一九四六年十月二七日）を得たが、翌二七日に再開された交渉では、社長の既定方針通りスト直前まで、つまりスト中を除いた「会社案給与の半額」の支給という会社回答により、交渉は再び振り出しに戻るかたちとなった。この「会社の態度豹変」に、組合側は「憤激し一時一同呆然となり、次いで俄かに騒然とな」る（日映演東宝支部「交渉経過記録」一九四六年十月二七日　三頁）が、直ちに他の関係重役全員の出席と回答の再考を強く迫って、交渉はいくどか休憩となり、結局「拾月分給与の仮払金として九月分給与と同額を支払うこと」「但し」「拾月拾五日付を以って通告せる給与に関する会社の根本方針に変更なきことを付言す」との「覚書」（同六～七頁）をもって、十月の給与問題はひとまず決着する。ここに、大沢社長のノーワーク・ノーペイの方針は、「交渉委員とデモ隊と一丸となってのこの団結の威力」（「闘争日報」第二九号　一九四六年十月二七日后《ママ》九（時））の前に、実質的に崩されることとなった。

しかし、本題である団体協約の締結交渉はなかなか再開されず、十一月七日には伊藤武郎、堀場伸世、嵯峨善兵の交渉委員が社長を訪れて交渉再開を求める。これに対して社長は「一、団体協約に就ては少くとも向ふ六ヶ月位は争議をしないでもすむ様な協約内容を両者が納得して作り上げたい、二、経済要求に就ては日本一の給料を与へたいと思ってゐる。然し能率に重点を置いた給与制度にしたいが最低賃金は確保したい。この具体案を練ってゐる為で決して交渉を態態遅延させてゐるのではない。まだしっかり案が出来ないから二、三日待って貰いたい」と応答し、組合側の「一日一日と交渉を遅らせることはまづい。組合員は交渉による問題解決を切望してゐる」との要求に「それでは二、三日と云はず出来る丈け早く交渉を再開しやう」（東宝支部闘争委員会「特報」一九四六年十一月七日）と述べるが、その後も容易には交渉は再開されないままであり、正式に再開されたのは、十一月も半ばを過ぎた一八日からであった。

それは、大沢自らが納得のいく労働協約を作るために、アメリカの自動車メーカーの労働協約やGHQ経済科学局の資料を参考に研究していたからであるが、他方、組合側も伊藤武郎が同じような資料を参考にして、日映演の共通の団体協約案とは別の全四三条よりなる詳細な団体協約書（草案）を策定していた[10]。その組合案には、第一条のクローズド・ショップ条項に加えて、第二条に日映演とのみ「団体交渉ヲ行イ団体協約ヲ結ブ」という唯一交渉団体規定が、また特定組合員の場合、就業時間中の組合業務の「随時」の従事、一般組合員のそれは会社への「届出」だけでよいとする組合活動の自由の規定（第四条）が盛り込まれ、賃金については同一労働同一賃金を志向しながらも「最低生活費ヲ保証シタルウエ能率技能ニ応ズル」（第七条）「生産性ニモトヅ」く（第八条）という能力給体系であることが特徴であった。しかも組合員の「解雇」については組合の「承認」（第二一条）を、「任免・異動・賞罰ナド」については組合の「同意」（第二六条）を要件とする人事面の規制を織り込むなど、きわめて強い組合の権利主張がその基調を貫いていた。

3　第三期

この間、交渉が再開されるまでの間、十一月一三日には大河内伝次郎のスト反対声明が出され、また一七日には撮影所分会での総会が分裂派の顕在化によって流会となり、大河内らのいわゆる「十人の旗の会」を中心とする大量の組合脱退が行なわれるなど、組合側の内部体制にとって重大な局面を迎え、それが交渉に無視しえない影響を与えることになるが、それについては後に立ち入って考察する。十一月一八日から再開された交渉は、初日は主として組合の「経済要求、統一要求の整理確認」と「脱退派の取扱い」についての会社の意向、および今後の進め方の確認（「ゼネスト闘争日報」第三八号　一九四六年十一月一九日）など手続き的な話し合いに終わり、本格的な交渉は翌一九日からであった。組合は、その日会社側の団体協約案の骨子の説明を受けるとともに、社長が「日映演ノ団体交渉権ヲ大多数従業員ガ未ダ認メテイルカドウカ分ラナイカラ之ノ確証ヲ得タイ」と要求したのを受けて、「十一月一日頃脱退者ヲ含ンダ所ノ従業員大会ニ於テ投票ニヨリ決定スル」（「闘争日報」第四九号　一九四六年十一月一九日午後十時）と応答する。次いで、二〇日は、会社側から「相互に協約原案を文書で取り交わした上交渉したい」（同　第五〇号　一九四六年十一月二〇日午後十一時）との要請を受けて、双方の原案交換後、交渉に入るもののなかなか進展しなかった。その理由は、一つには、会社が既存の部課長制を廃して新たに職区制を導入するという全く新しい職制機構の再編案を提出してきたからであり、いま一つには、既存の第二組合に加えて第三の組合がいままさに組織されつつある以上、クローズド・ショップ制は認められないと会社が主張したからである。組合は、前者については、「吾々が既に獲得してゐる権利を再び奪回しようと試みてゐる」（同　第五一号　一九四六年十一月二一日）と反発し、後者については「①二つの御用組合は暫定的に〔クローズド・ショップ条項の〕除外例として認めるが但しクローズド・ショップの協約は日映演とのみ結ぶ　②御用組合及脱退派をこの際完全に日映演に復帰せしめて単一組合を整え協約を結ぶ　③右のいづれも認めないならば組合は会社案に屈服するより寧ろ統一要求を白紙にかへして近き将来再び闘争に立ちあくまで初志を貫徹するが如何？」と応答するが、会社は「クローズドの問題はストに入ってから提出されたものであるから、もって研究したい」（同　第五二号　一九四六年十一月二二日午前八時）と態度を留保し、双方とも容易には妥協の方途を見いだせなかった。

　とくに、クローズド・ショップ条項については「三つの組合を全部平等に取り扱いたいとの観点からこれら三つの組合に夫々クローズド・ユニオン《ママ》を結びたい」（「ゼネスト闘争日報」第四二号　一九四六年十一月二三日）とする会社側の強い抵抗を受けて何度も押し戻しを繰り返したが、青婦人部のデモを含む強い圧力のもと交渉六日目の十一月二三日、組合は、「会社利益代表者」と「現在組合に屈せざる従業員」を除外して「会社は従業員を雇入れる際は二週間以内に組合に加入することを条件にしなければならない」（「闘争日報」第五五号　一九四六年十一月二四日午前二時）というユニオン・ショップ条項と唯一交渉団体規定を獲得する。すなわち、組合は、はじめから組合員を雇う厳格なクローズド・ショップ制に代えて、雇入れは自由であるが、雇用後一定の期間ののち組合に加入することを条件とするユニオン・ショップ制をもって、妥協したのである。それは、クローズド・ショップ締結の条件が組合分裂によって失われていただけではなく、組合自身伊藤武郎ら一部の幹部を除けば、全体にはクローズド・ショップの意味はもとより、それとユニオン・ショップとのちがいさえも充分に理解していない[11]という現実を踏まえたものであったが、これに加えてすぐれて映画製作上の観点からする会社側の強い抵抗があったことは留意すべきであろう。

　すなわち会社は「今は出来るだけ傑れ、且つ有望な才能を外部から引き入れることが、日本映画の民主化のためにも大切な時期である。頑なクローズド・ショップ万能主義は日本映画を動脈硬化乃至発育不良に陥らせる恐れが多分にある」（森岩雄発言「毎日新聞」一九四六年十一月二五日）と主張していた。むろん組合はこれに対して「働く者の利益を守る最低の線であり〔…〕凡ての有能な作家・技術家たちに、その門戸を閉づるものではない。あくまでも扉を開いて内外に偉大な芸術家を待つ制度である」（「ゼネスト闘争日報」第四六号　一九四六年十一月二七日）と反論はしたものの、しかしそれは組合の論理でこそあれ文化生産の発展を自ら縛るものだとする森のリアリズムには抗すべくもなかったことは否めない。

しかし交渉はこれで決着したわけではない。組合によれば、会社が「①経営権の範囲を拡大してゐる ②罷業破りを認めないと云ふ組合案を拒否してゐる ③組合活動の自由を縮減せんとしてゐる」（「闘争日報」第五八号　一九四六年十一月二八日午後六時）からであった。が、結局十一月二九日午後から翌三〇日朝にかけての集団的圧力と「演出家、プロデューサー、脚本家全員が交渉室にかけつけ、脱退派の反動性を暴露し、このようなことでいい作品が出来るかとつめ寄」った結果、「社長も遂に兜をぬぎ」（同　第六〇号　一九四六年十一月三〇日午前十時）まず九〜十一月の給与の支払いと争議費用の会社負担、および話し合いがつくまでの組合脱退者の撮影所入所の拒否を含む脱退派処分の組合への一任など、一〇項目の「『ストライキ』打切リニ関スル覚書」を承認し、次いで最後までもめた人事権や組合活動の自由についての組合原案を承認するに至る。ただし、会社提案の「職区制」についでは「労働強化をしひ、又組合の力を分散させる」とする組合の抵抗によってスト解除後、「経協で決定する」（「ゼネスト闘争日報」第四八号　一九四六年十二月一日）こととなった。

かくして十二月三日、組合は臨時大会を開催し、出席者三、四〇〇名、投票総数三、一六九、団体協約（草案）承認二、七三三、不承認三五、承認保留三八七、無効一四、棄権二三一によりこの新しい団体協約を承認し（「闘争日報」第六三号　一九四六年十二月九日午後三時）、正式調印の後の十二月四日「遂ひに全面的に要求を貫徹して勝利の矛を収めた」との「ストライキ打切声明書」を発表してストを解除した。スト突入以来五二日目であった。なお、組合は臨時大会における団体協約の「承認可決ニヨッテ」「東宝支部組合員ノ大多数ガ」日映演に「ソノ団体交渉権ヲ委任スル意思ヲ有スルモノト認メ得ル」（同）との文書を会社に提出し、先に会社と約束した日映演への団体交渉権の委譲が組合員の全員投票によって承認されたことを報告した。

第二節　団体協約

(1)協約の内容

東宝の第二次争議は、基本的に組合の勝利に終わったが、そこで獲得された労働協約は、組合側の主張だけが一方的に通ったものではない。クローズド・ショップからユニオン・ショップ条項への転換や争議後経営協議会で合意された「職区制」の導入など大沢自身の強い意志が盛り込まれてもいる。実際、大沢は後に「従来のような組合一方的なものではなく会社、組合双方の権利と義務を認め合った」内容であり、末弘厳太郎も「日本の労働運動の団体交渉発達の上に一つの模範となる」（「東宝新団体協約に関するラヂオ放送記録」一九四六年十二月二六日（木）午後六時ＡＫ第一放送「経営の時間――末弘博士を囲む『労働組合法』に関する座談会からの抜すい」東宝株式会社　一九四七　三二一～三二三頁）と評価している。

では、具体的にどのような内容となったのか。以下、全五五条におよぶ「団体協約書」（一九四七年一月一日　東宝株式会社大沢善夫　日映演東宝支部書記長嵯峨善兵　日映演書記長八木保太郎）のうち争点となっていた項目に限ってみてみよう。まず①第一条では、「会社の従業員は組合員でなければならないことを会社は承認する。従って会社は従業員を雇入れるときには一ヶ月以内に組合に加入することを条件としなければならない」と規定されている。すでに触れたように、これはユニオン・ショップ条項であるが、争議中妥結した組合加入期間が、その後の交渉によって「二週間」から「一ヶ月」に伸ばされている。この条項の除外規定として、会社利益代表者等のほか「昭和二十一年十二月七日現在組合に属さない従業員」が明記され、いわゆる第二、第三組合の組合員を除いていることが特徴である。すなわち完全なユニオン・ショップ制ではない。それは「一応形はユニオン・ショップとするが、現実処理として当分は日映演組合員でない従業員のある事を認めさせ、将来組合間の合同団結が実現した暁に、実際のユニオン・ショップが成立するといふ形式を採ることとして相互に妥協した」（「特に論議の的となった諸点」前掲、東宝株式会社　一九四七　二二頁）結果である。

また②唯一交渉団体規定については、第二条において「会社は組合が映画・演劇の業務に従事する勤労者を包含する全国単一の組合であることを承認し、この組合とのみ団体交渉を行い団体協約を結ぶ」と規定され、形においては組合の主張が全面的に盛り込まれているが、しかし実際には三つの組合が並存している以上、この規定は、ここでも「三組合の合同が実現した暁において」「その組合を唯一の交渉団体として承認する」（同）という内容の「覚書」によって制約されている。さらに③組合活動の自由については、会社はそれを原則的に「認め」た上で、具体的には就業時間中「特定の組合員（組合機関にあげられた委員）が必要な組合事務に従事する場合は職区責任者の諒解を得る。」（第四条の（イ））一般組合員の場合は、同じく職区責任者の「承認」（同（ハ））を得るとして上長の許可を条件としている。その狙いは、それまで「組合が『組合活動の自由』を盾にとって職場会議、何々会議、又はデモ等のため、職場と業務を放棄してゐた状態は全く目に余るものがあった」ことから「一般組合員で会社責任者の承認がなくて、就業時間中に組合活動のために、職場を離れたものは、欠勤と看做して給与の一部を減額すること」（前掲「特に論議の的となった諸点」東宝株式会社　一九四七年　二二頁）にあった。その意味において、この条項は組合側の主張を退け、会社側の意志が貫かれたものとなっている。

その上で、④組合原案にはなかった「経営権」が明記されたことが注目される。すなわち第九条において「会社の経営はすべて会社の責任で行われることを組合は確認する。従って映画・演劇の製作、配給及び興行、並びに会社の運営は会社の権限で行われることを組合は認める」と規定されており、この点は会社の主張が全面的に盛り込まれた。また⑤給与については、その基本をなす「本給」について「各人の技能に応じて合理的に査定することを原則とし、年齢、男女の別による差別をつけず、最低月額を四〇〇円とする」（第一三条）と最低賃金を保障した上で、賃金決定について従業員の能力査定が規定された。これは「平等の不公平を矯正し、最低給が社会的水準を下らないことを目標とすると同時に、能力差、勤勉度に応じて当然生ずべき等差をつける」会社の「狙い」(「特に論議となった諸点」前掲、東宝株式会社 二三頁)が、年齢や男女差別を排する組合の考え方とほぼ合致したことによるが、その背景には、例えばカメラや美術などの技術者に典型的なように、助手と一人前の技術者とでは技倆・能力の差が歴然としているというこの業界に特徴的な技能構造が存在したことは留意すべきであろう。

他方、⑥雇入・解雇については「組合は雇入、解雇に関する最後の権限を会社が保有することを認める」(第二九条)が、「雇入については組合の同意」(第三〇条)、「解雇」については「組合の承認」(第三一条)が必要であると規定された。これは、会社によれば、その「行使に当たっては組合と協議し、その同意又は承認を求める」が、「会社は組合の同意承認がなくとも実行する場合がある」。しかし「その場合、会社の措置に組合が不満ならば組合は団体交渉手続によって会社に抗議を云い対抗することが出来る」(同 前掲、東宝株式会社 二四頁)ということを含意しているとはいえ、会社の人事権が組合によって強い制約を受けていることは明白である。それはまた「人事の任免、異動の権限は会社にあるが、その都度組合の同意を得る」(第三七条)という条項とともに、会社が組合の強い人事権への制約を、制度上承認したものとして重要である。さらに⑦経営協議会については「会社は組合が生産復興並びに事業の民主化に必要な範囲内で経営に参画することを認める」(第三九条)、「経営協議会は各職区別、各部別、及び本社に設ける。すべて会社と組合との問題は、職区協議会から順次上部機関に有機的に取り次がれる」(第四〇条)とされており、機能の一定の限定と紛争処理手続きの役割を担わせるかたちで、職場から全社レベルまで各段階の経営参加機構として経営協議会の設置が明記されたことが、注目される。

そして最後に、⑧職場管理機構としてのいわゆる「職区制」であるが、協約は第三五条において「会社は各職区に職区責任者、同補佐、及び作業時間記録係をおく」と規定しており、組合が会社の管理組織の変更について同意したことがわかる。作業時間記録係はこの種の業種ではきわめて異例であり、これは大沢が参考としたアメリカ自動車企業の協約事例を踏襲したものといってよい。この職区制は、同じくアメリカの製造業を範として、従来の部課係制を廃し、部を仕事場単位に職区(ショップの日本語的移し変え)に分割した上で、「一つの職区には原則として会社側代表者として『職場責任者』（Shop Foreman）及びその『補佐』を置き、組合員から選出される組合側代表『職場組長』（Shop Steward）とが配置され、この両人が常に密接に連繋し、会社組合間の紛争は先ず職区内で敏速に解決するように組合の組織と会社の行政組織の表裏一体化」（同 前掲、東宝株式会社 二七頁）を図ろうとするものであった。

これは、大沢のアイディアに組合が同意したものであり、経営内での労使紛争処理への大沢の熱意がうかがわれる。しかし、会社組合間での紛争が社内機関で処理されない場合、「労働委員会」への提訴か「第三者の和解調停」に訴えるという会社側の主張は、組合側が「日本の労働運動の発達の段階が未熟であるから適当な第三者を得ることは困難であり、徒に期間を延ばす結果にもなる事を恐れて今の所時期尚早」（「東宝の団体協約についての対談会」一九四七年二月二日（日）午後六時ＡＫ第一放送「勤労者の時間」における伊藤武郎発言 前掲 東宝株式会社 四五頁）だとして強く反対したために、協約には盛り込まれなかった。これは、共産党が「第三者」機関を「政府」が「労働調整法、労働休戦案、治安閣僚会議等ヲモッテ、ワレワレヲ威圧」する一環としてとらえ、「労働委員会ヲ頼ヨリニスル」ことに強い懐疑を抱き、それは「ムシロ無イ方ガヨイ」（「拡大水曜会議事録」一九四六年七月三一日における共産党本部委員Ｋ・Ｉの発言）と強く反対していたことによる。もっとも、第五章で立ち入って検討するように、この協約締結から一年余り後、第三次争議に際して会社を労組法違反として都労委に提訴し、「第三者」機関を会社に先駆けて活用するのは、組合であった。なお、この協約の有効期間は「昭和二十二年十二月三十一日まで」とされ「期間満了二（カ）月前に会社又は組合のいづれからも改訂の意志表示がないときは、自動的に一年間延長される」（第五四条）という一年間の自動延長条項が「付則」として付されていた。第三次争議が、この協約の改訂交渉の決裂を契機としてはじまることは、後に検討するとおりである。

(2) 協約の意味

以上に検討してきたように、この新しい団体協約は、全体的に会社が組合側の強い発言権を制度的に認容したところに最大の特徴があるが、同時に会社の経営権と人事権を基本的に承認するなど組合にとっても一定の譲歩を含んでいることも明らかである。これは、組合によれば「現在われわれは会社の経営権と云ふものを充分に認めていこうといふ見解に立っています。即ち会社の経営はすべて会社の責任において行われるべきであると云ふこと、したがって会社の経営や人事の権利も最後的には会社が持ってゐるといふ考へ方です。むしろそれらの責任を組合が負ふことは不利な事だといふ見解です。経営協議会の性格も経営参加の機関と考えるよりはむしろ日常的な団体交渉の機関として、経営の民主化と生産復興の立場から利用していくといふ考え方です」（前掲、「東宝の団体協約についての対談会」における伊藤武郎発言、東宝株式会社　四二頁）というように、経営側組合側各々がその権限と責任を明確に限定した上で、団体交渉によって発言権を行使しようという近代的労使関係の理念に立つものといってよい。すなわちこの当時一般的であった争議時における経営権の簒奪を内容とする労働者自主管理＝「生産管理」の、平時におけるその転態としての、経営権の制約を内容とする「経営協議会」は、経営責任を分有せざるをえないがゆえに、労働側には「不利」だとして、協約には文言として盛り込まれているにもかかわらず、組合の意図としては否定し、責任を直接分有しない団体交渉的機能に限定しようというのである。

これは、経営への参画を通ずる経営権の制約を事実上「経営の民主化」の内実として主張してきた組合思想の、注目すべき転換といわなければならない。その背後には、敗戦から一年半、次第に立ち直りつつあった日本企業が自己の経営権の奪還を自覚的に追求し、政府もまた「生産管理」に象徴される組合による経営権の簒奪の試みを非合法とするなど、日本経済の再建にともなう労働組合をめぐる環境条件の急速な変化があったが、より直接的には、次の二つの事情がこの伊藤の発言に影響を与えていたと思われる。一つは、生産管理戦術を政府が公式に否定した「社会秩序保持に関する政府声明」（一九四六年六月一三日）後、政府の諮問を受けて中央労働委員会が作成した「経営協議会指針」（七月一七日）が、「経営協議会は産業民主化の精神に基き労働者として事業の経営に参画せしめるため使用者と労働組合との協議によって設けられる常設の機関である。単なる懇談会若しくは諮問機関と異り使用者を代表する委員と労働者を代表する委員とが平等の立場にたって協議するのであって、その結果決定された事項についてはは当事者双方ともその実現を図るべき義務を負う。」（中央労働委員会　一九四六　一七〇頁）と規定したように、経営協議会での決定に組合も「義務を負う」ということが明記されていたこと、いま一つは、東宝の団体協約締結交渉中の一九四六年十一月一日に発表された産別会議の「団体協約基準案」が、「経営協議会」の性格について「単なる諮問機関」では「経営民主化を実現することはできない」としながらも、経営協議会で決定したことを「団体協約と同じ効力を有するもの」と規定することは「組合の自主性民主性をそこなうものであり、幹部の妥協に導きやすい。」と否定的な「主要意見」を付して、組合が経営意思決定に責任を負うことに批判的であったこと（全日本産業別労働組合会議　一九四六　一三三頁）、これらの事情が、伊藤をして経営協議会への積極的なコミットを控えさせる発言となったといってよいであろう。

とはいえ、いかに組合の意図として経営協議会を実質的に団体交渉機能に限定しようとも、その実際の運用が経営行動を強く規制し、実質的に経営権を制約することになる可能性は否定できないのであって、その後のこの組合の経営協議会における発言と行動が、そのようなものとして機能することは、行論において漸次明らかとなろう。さらにまた協約そのものには明記されていないが、第一次争議において創設された「企画審議会」が、そこでの決定の最終権限＝責任が会社側に存することを前提に、部別経営協議会（＝撮影所経営協議会）の専門部会として存続したことは、作品企画に対する組合の発言権を制度的に担保するものとしてきわめて重要な意味をもつことになる。その上で留意しておくべきは、先の産別会議の「団体協約基準案」について、「産別会議の場合占領軍がいろいろアメリカの協約資料を提供したし、それもＣＩＯ（産業別組合会議）の系統のものが多」（全国労働委員会連絡協議会事務局編（一九六六）における吾妻光俊発言　一一九頁）く、「ＧＨＱはクライスラーの協約をモデル協約だといって産別あたりに示していましたよ。それを中労委の部長だった馬淵君がコピーして東京会館か何かに示唆し、その協約が出来たという話も聞いております。」（「同」における三藤正発言　一一九～一二〇頁）というように、産別会議の協約基準案がＧＨＱの提供した資料によるものであり、後に東宝に労務担当重役として乗り込み協約改訂案を作成する馬淵威雄がそのＧＨＱ資料をコピーして東宝系宴会場東京会館の協約作成に供したということ、また先の中労委の「経営協議会指針」が末弘厳太郎の作成したものであり、それは「末弘先生らしい思想が出ていますね。非常にハッキリと経営参加思想が出ている」（「同」における三藤正発言　一二五頁）といわれたものであった、ということである。後に、東宝の第三次争議にかかわることになる馬淵と末弘が協約基準案や経協指針など創成期の労働法制の実体化にコミットしていたことは、興味深い。

第二次争議の最大の争点であった団体協約の締結は、およそ以上のような経緯と内容によって決着する。それが、組合の規制力を制度的に担保するものとして第三次争議生成の一条件を構成することになることは、あらかじめ留意しておくべき事柄である。

第三節　組合分裂

⑴第一次分裂

第二次争議は、東宝のその後の労使関係の展開を規定していくことになる二つの組合分裂を引き起こしている。最初に組合分裂が企てられたのは、本社営業本部内の配給部においてであった。もともと映画・演劇企業は一般の製造業などとは大きく異なる独自の職種・職能を多くかかえており、映画の製作現場である撮影所一つを取ってもみても、プロデューサー、演出家、脚本家のいわゆる芸術家層とその助手、撮影、美術、照明、録音などの技術者とその助手、衣裳、美裳、結髪、装置などを担当する大道具・小道具、そしてスターから大部屋詰めまでを包含する俳優、さらにこれに総務、経理等の事務部門といった多彩な職種・職能、多様な部署が存在する。全社的にみるとこれに演劇の製作・興行部門を加えた上で、本社には東京を含む主要都市で映画の売込みを担う配給部と東京を含む各支社従業員や直営館勤務の従業員を統括する興行部とを傘下に擁する営業本部そして全社を統括する事務機構が付け加わる。しかも東宝には劇場の売店やレストランを経営する食産部まであった。したがってこれだけ多様な職種や部門があれば、それぞれに従業員の利害関心も異なり、組合活動に求めるものや参加の度合いが相違するのは不可避であるというべきであって、これらの多様な人びとを同一の組合組織にかかえること自体に、いささかの無理があったといえなくもない。

むろん職種ごとないし産業ごとのブルーカラーだけの組織という欧米に一般的な組織形態とは異なって、炭鉱など一部の業種を除けば、ホワイトカラーをも包摂する工職混合組合として出立した戦後日本の労働組合は、たとえ製造業であってもそのうちにある種の利害関心の相違を内包していたことは、否めない。争議の長期化の中で、経営基盤の弱体化が雇用の安定性を損なうことになると危惧する組合員が、会社の意思を体しながら組合分裂を企てるという動きは、戦後日本の労働組合運動を貫く顕著な特徴であるが、映画企業の場合はその職種の多様性・多岐性を映して従業員の利害関心のちがいは、その比ではないことに留意する必要がある。

配給部は、基本的には各地の映画館主に東宝映画を直接売り込むセールスマンをかかえ、彼らを統括する部署であるが、最初の組合分裂を企てる伊藤雅一は、当初その職場から選出された組合委員として、従業員組合が結成される際、配給部の単独支部案を主張した。が、当時の会社組織において配給部は興行部とともに営業本部を構成していたから、その主張は退けられた。しかしその後、組合が日映演を組織し、産別会議に加入するなど共産党による影響力が強まっていくにつれて、彼は組合執行部への反発を次第に強めていく。例えば、給与問題について「労働者として毎日の労働を再生産するに必要なカロリーから割出した所要生活費を要求すべきだ」（高橋（営業））という意見に対して、「そうぢゃないと思ふ。（給与の）欠配は会社の責任ではなくて、政府の責任を問ふべきであらう。われわれは東宝の労働者だから会社のことも考へて行かなければいけない」（日映演東宝支部書記局「支部常任執行委員会議事録」一九四六年八月一三日　七〜八頁）と述べて、他とはっきりと対立している。賃上げ要求は、労働者の生活の必要からだけではなく、会社の経営状態をも考慮に入れるべきだという日本の賃上げ闘争において、その後繰り返しあらわれる議論の型が、すでにここにはみられる。そればかりではない。伊藤（雅）は、当時会社から出された営業本部の機構改革とそれに伴う人事異動に対する組合の対応についても、「この問題に関し組合の従来の在り方、動かし方は職場の声を無視して一部分会幹部が独断的にしかも多数決とゆう《ママ》形でなされて来た。之は反民主的である。今の組合の在り方は正しくない。これは批判さるべきであって、配給部としては非常に不満であり、批判さるべきである。〔会社〕機構の民主化の外に組合の民主化の問題をとり上げて貰いたい。また今度の人事で組合が弱体化すると言はれてゐるが、そのようなことはなく又組合の活動分子が地方へ行けば地方の組合活動が活発となるのである」（同一八～一九頁）と述べて、執行部の組合運営のあり方を厳しく批判している。明らかに組合内部にはっきりと亀裂が走っていることが看取できよう。

とくに伊藤が批判を強めていく契機となったのは、組合がその活動を経済的要求に限定せず、人民民主政府の樹立という政治的領域にまで踏み込んでいったことにあった。後年、伊藤は「アメリカの占領政策が、今後の日本を定めてゆくであろうことは明らか」な以上、「日本のソビエト化（共産主義化）は断じてあり得ない。」したがって「労働組合はあくまで政治闘争と切り離し、組合活動は政治的にも、経済的にも自主的なもので、労働条件の維持、改善及び社会的地位の確立を期するものでなければならない。」にもかかわらず「日映演及び東宝支部というものは全く共産党の指導下にあって、企業の育成などは全く度外視して、挙げて人民政府樹立という党指令実現にむかってかりたてていた。」「私は〔…〕機会あるごとに中央委員会及び日映演常任委員会で『労働組合運動を政治的運動から切り離すべきである』と主張したが、常にマジョリティ・ルールの討議方法ために抹殺される始末であった」（前掲、伊藤雅一　四一～四二頁）と述べている。この主張にはいささか誇張された共産党による組合指導への明白な思想的反発があり、また多分に大沢社長の時代認識と共通するものもあるけれど、明らかに大沢と異なっていることは、よい映画を作り出したいとする日映演を支え、大沢も共有していたエートスが見られないということである。その限り、すぐれてイデオロギー的反発が特徴的であった。

伊藤が組合分裂の意思を固め、自らそのための行動を起こすのは、産別会議が結成された一九四六年八月末のことである。彼は、日映演が九月一五日に予定されていた国鉄のゼネストに呼応して連帯ストに入る計画を練っていたことを踏まえて、同じ配給部の武田俊一とともにまず所属部署の上司にあたる佐生営業本部長と浜崎関東営業所長に連絡を取り、その許諾のもと、浜崎の友人から資金を借り入れ、配給部を中心に仲間を集めて組合分裂のために具体的に動き出す。その際留意すべきは、組合分裂という行動を起こすにあたって会社側の身分保証を得たいとして、佐生営業本部長に主要メンバー数名が会い、「万一にも身体傷害などの不祥の事態が生じた時は、会社が全責任を負ってこれを引受ける」（同四五〜四六頁）との言質を取って行動を起こしたことである。組合分裂の動機自体は内発的であるけれど、その行動を具体化するにあたって活動資金と雇用の両面で会社側の援助・保証を得たという点において、彼らの行動に自立性が欠けていることは否みがたい。大沢社長が、この伊藤らの分裂行動に積極的にかかわっていたという明白な形跡はないが、これらの重役からの情報を得て事実上それを黙認していたであろうことは想像にかたくない。大沢自身、すでに触れた自らの文書において、従業員のなかの「良識」ある層に、繰り返し自己の主張の正当性と日映演の不当性を訴えていたからである。[12]

九月の国鉄のゼネストは回避されたが、日映演による団体協約締結の追加統一要求は、その提出の仕方の唐突さとともに組合の強硬姿勢が組合員のなかに強い反発を喚起し、これに勢いを得て伊藤らの分裂に向けての動きは、加速する。産別十月闘争に呼応した日映演のゼネスト決議が、十月五日の臨時大会で可決されたことを受けて、同じ日、伊藤らは「今次の経済要求は、国鉄ゼネスト参加を契機として微妙に第二の目的たる政治闘争とからみ始め、当業務支部分会においては一回の完全なる民主的職場会も有たず、次から次へと組合指導者の一方的なる意志によって運ばれて行った。」「しかもゼネスト決議の寸前に至って、全く事後報告的職場会によって重大なる意味を含む新要求なるものを追加し、ゼネストへ誘導して行ったのである。われわれはかくのごときは断じて〔容認〕出来ない。」「われわれは他団体の指示に依って行動すること、及び政治運動の具に供されることを欲するものではない。われわれはあく迄も自主的かつ民主的な組合活動を欲するものである。」「依ってここにわれわれは決然組合脱退を声明して自ら正しいと信ずる道を歩むものである。」（関東営業所配給部全員等「脱退声明書」一九四六年十月五日　同五一頁）との声明文を発表し、組合を脱退するに至る。[13]伊藤らの脱退は、その後組合の指導の仕方に反発をいだいていた組合員を刺激し、関西、九州、北海道等の支社の一部がこれに同調して次第に数を増していく。

組合はそうした動きに対して、当初は脱退派を慰撫して組合に戻るように説得を試みるが、それが無理だとわかると、「分裂主義者と言ひ、分派的行動と言ふのは、この大多数の意志によって決められた事を歪めて解釈して勝手に振舞ったり、利己的な言動をすることを謂ふのであって、さういふ連中は団体的な組織活動の面からみても、瞭《ママ》らかに卑劣で背信的な行為だと非難されても仕方はない。組合の分裂主義は明らかに労働者の利益を裏切り、人間的な正しい立場に立ち得ないばかりでなく、その行為は直ちに資本家共の利益を代弁する憎むべき階級的裏切行為である」（「ゼネスト闘争日報」第四号　一九四六年十月九日）と激しい批判へと転ずる。しかし、脱退派の動きを止めることはできず、結局彼らの力を限局することに傾注することになる。伊藤は、戦前の共産党転向者として名高い三田村四郎や小堀甚二、また当時東宝に先駆けて争議に入り、組合分裂の後敗北した読売争議の、その分裂の立役者、第二組合委員長渡辺文太郎らとの交流があり、「随分何かと世話になった」（前掲、伊藤雅一　六〇頁）と述べているが、その点からみても彼がはっきりとした思想的立場を固めていたことは疑いなく、組合による復帰の呼びかけに応じうるような基盤はなかったといってよい。

　伊藤らは、十月二六日「現組合の一党一派的民主ファッ《ママ》ショ及び観念的指導方針を排撃し、われわれ一人一人の責任と自覚において真に正しき組合デモクラシーを確立するために！　平和的かつ建設的なる映画演劇事業の復興発展に積極的に参加するために！」「東宝従業員組合結成準備会を結成」（関東東宝従業員組合結成同志会等「宣言」一九四六年十月二六日　同五九頁）した後、十一月一一日に関西支社において組合結成大会を開催し、新たな組合を正式に発足させた。日映演によれば、脱退派は「六〇〇名」（日映演東宝支部闘争委員会「声明」十一月五日午後三時仲沢スポークスマン発表）、結成大会の出席者は「二〇〇名」（「闘争日報」第四三号　一九四六年十一月一三日午後一時発行）であった。こうして会社に二つの組合が並立することとなったが、留意すべきは、すでに示唆したように、会社側がこの第二組合の勢力の拡大を積極的に支援したことである。すなわち日映演によれば、「那波常務が各地の脱退派に『クミアヒカイセイニドリョクセラレヨナハ』と電報したり」「佐藤正省氏は那波常務の代理と称し『同志会に入会せぬ者はかく首する』と東北各地の劇場を廻ったり、また会社側佐生（営業）担当が同志会をあやつるのに第二会社の重要なポストを餌にしてゐる」（前掲「声明」および「ゼネスト闘争日報」第二八号　一九四六年十一月六日）ということである。[14]

そればかりではない。会社は、東宝従業員組合の初代委員長であった篠勝三ら部長クラスが中心となり撮影所の分裂を企図して自ら伊藤に接触してくるなど、積極的に分裂工作を進めていく（前掲、伊藤雅一　六〇頁）。[15] 組合の最大拠点である撮影所の分裂はこうした状況のもとで行なわれることになる。

(2) 第二次分裂

配給部による組合分裂が組合員に与えた影響は、日映演がそれを激しく攻撃したところからも明らかなように、きわめて大きかった。第二次争議におけるストライキの長期化のもと、配給部の分裂が組合員に潜在していた執行部への反感を刺激し、はっきりと顕在化させたからである。撮影所は、組合の勢力が最も強いにもかかわらず、既述のように多様な職種を包含して利害もまた複雑に交錯していたが、そこでの分裂の特徴は、第一に、スター俳優大河内伝次郎らいわゆる「十人の旗の会」によって企てられたところにある。彼は、一九四六年十一月一三日、「御願い」と題する文章を公表してストライキに反対する意思を表明するとともに、その意見に賛同する者を募る一方、同じく組合に対する批判を強めて積極的に動きはじめていた監督の渡辺邦男、プロデューサーの青柳信雄らと連携をとって組織的に行動することになる。大河内は自己の意見を公表する前に、あらかじめ懇意にしていた日映演東宝支部の委員長伊藤武郎に会って、その意思を伝えている。

たぶん、十月一二日の夜だったと思います。あの頃はワラ半紙しかなかったのに、大河内伝次郎が奉書紙に墨痕あざやかに書いた巻き物をもって、深夜豪雨をついてわが家の戸をたたきました。たしかに会社がなければ映画はつくれない。たとえ映画がつくれても、その映画を配給してりっぱな映画館にかけなきゃならない。なおかつ新聞に高い広告をだして宣伝しなきゃ、だれも観にこない。それが映画というものです。だから、大河内伝次郎さんはいいます。現実的なことは、会社あってのわれわれだ、経済要求さえとおれば充分だ、政治闘争は不要ではないか、と。彼が持参した巻き物は、それらを書いた一〇か条ほどにわたる呼びかけ文です。大河内さんいわく、明日からもう争議をやめようということを、私はみんなにいおうと思うんだ。私いわく、いま突然にそういわれてもしょうがない、お考えどおりにやりなさい。いまさらなにもいうことはありません。そういって別れました。これはまるで「クーデター」のような出来事でした[16]（前掲、伊藤武郎 一九八六a 一一五頁）。

この伊藤武郎の証言は、当該の日が十月一二日ではなく、ストライキに入って一ヵ月近く経った十一月一二日の記憶違いではあるが、大河内の企図をあざやかに描写している。その大河内が草した「御願い」は、次のような内容であった。

これは私一個人の御相談です。左記をお読み下さって御返事を頂きたいと思います。
一、今回のゼネストは始めから反対であった。一、ストにはいらず話合ってほしかった。一、はいった時は驚いたが一週間もすれば形《ママ》が付くだろうと思って見守っていた。一、すると経済問題は通って政治的な問題が、引掛かっていると聞いて腹が立った。われわれは経済問題が通れば今この時代はそれでいいと思う。一、ストが永引くに従って益々不安と不快の念が多くなり、そのうちに闇夜に何か正体を視たような気がする。一、今となっては致し方なく強圧的な命令に引きずられて出勤している。一、反対なことをいえば組合から除名されそうだ、ナグラレそうだから我慢して黙っている。一、このままでおさまっても今となっては昔の東宝とは違った不愉快なさつえい《ママ》じょ仕事場になりそうだ。一、片寄った独裁政治的制圧的な組合は軍国時代の苦い経験でもうコリゴリだ。一、各人の自由と人格を尊重し合う真に民主主義的な楽しく仕事の出来る組合を渇望している。一、ストがもうこれ以上永引けば東宝将来の発展に過誤を印し、ひいては製作はもちろんわれわれの生活にも大きく響いて来そうだ。一、一刻もストを解いてともかくも働きたい。一、働いて先づ安心して給与を得たい。一、われわれは国家再建途上の貴重なる日時を働くことに因って、敗戦のこの苦しき世の中にせめて大衆に楽しめるよき映画を製作して、国民大衆を慰安し、相共に心明るく生きたいと念願する。

以上大略に判り易く書き連ねてみました。組合員の中にこうした気持を持ちながら、悩んでいる人々がありはしないでしょうか。若しあったら姓名だけでも結構ですから知らして頂きたい。そして同憂相携えて相愛の精神を以って、最善の努力をしてみようではありませんか。

十人の旗の会会員　大河内伝次郎

神奈川県川崎市稲田登戸栄町一九一四

（前掲、伊藤雅一　六六〜六七頁により再引用）

この呼びかけ文には、スターだけではなく組合員のなかに多かれ少なかれ潜在していた組合の指導の仕方とその行動に対する強い反発の感情が、ストレートに表現されている。政治的行動の忌避、「独裁政治的制圧的な組合」への嫌悪感、ストによる「東宝将来の発展」と自己の「生活」へのマイナスの影響に対する危惧などは、組合員の少なからぬ層に共有されるものであった[17]。大河内のいわゆる「十人の旗の会」の一〇人とは、彼のほかに、長谷川一夫、藤田進、黒川弥太郎、原節子、山田五十鈴、高峰秀子、入江たか子、花井蘭子、山根寿子[18]であり、いずれも当時の東宝を代表する看板スターたちであった。「これだけ集まればかなりの影響力を持つだろうと考えるのは当たり前だった」（前掲、宮島義勇　二〇九頁）が、しかし実際には、彼らの「意志が統一していたとは言え」ず「義理や事後承認の人もいた」（同）という。

十一月一三日、大河内伝次郎はかねてからの予定どおり右の「御願い」を俳優をはじめ組合員に郵送し、その同調者を募る。その反響がいかに大きかったかは、組合が翌日直ちにその行動に対する批判を公表したところからも明らかであろう。組合はいう。

大河内氏は組合の要求が理解出来ないと云うことが〔今回の行動の〕何よりの原因である。それは氏の生活から来るので、氏が何十万の財産家で今も会社から月々何万の収入を得てゐる人であることが凡てを物語って居る。利潤追求に狂奔した企業家と点の甘い観客からチラホヤされた前時代的スター観念の中に育ち未だにそれが抜けきれない気負ひと単純な正義観と封建的任侠心がその様な行動をとらせる第二の原因である。時代の大きな転換と歴史の必然的方向を見失ひ今尚会社も従業員も大河内氏外若干名のスターのためにのみあるかの如き迷夢から脱し切れない悲哀のあらはれでもある。これ等の事が大河内氏をして組合の要求を宿命的に理解させない理由なのである。かくの如き狭隘な世界観の人大河内氏を利用したのが会社である。大河内氏自身は自己の信念のために凡ゆる利害打算を捨てて行動してゐると確信してゐるのだが、会社はさうした大河内氏をそっくりそのまま利用してかかる行動をとらしめ組合の団結力を切り崩さんとしてゐるのである。十人のスターが組合に対する不信任を投げつけることに依って、組合を揺せしめ、これに追従するであらう若干の俳優諸君をあてにして組合を切崩さうと考へてゐるのが会社の策謀なのである。大河内氏が如何に善意を以って建設的な組合をつくるために行動されようとする意図があるにしても結果はその逆なものとなって表はれるのである。〔…〕日映演とスターとの関係については組合は既に割り切れてゐる。団体交渉に依らなくとも、個人の力で独力で企業家と契約を結ぶ丈けの技量を有する人々は敢て組合にとどまる必要はないのであるが、スターの場合には逐次その可能性が認められる時期まで来たのである。終戦から今日までの経済は、スターを含めての働く者の権利の獲得と労働条件の団体交渉による向上を必要としたのである。もし仮に十人のスターとその追従者が組合も脱退し会社を離れたとしても打撃を蒙るのは組合ではなく会社である。会社がもしこの人達を使嗾して反逆行為をとらせ、映画従業員全体の反感をを喚起する結果になったら損失を受けるものは会社と御本人であって組合にとっては痛くも痒くもないことだ。〔…〕これからスターたり得る人は今までの様に国民の僅か二〇％足らずの観客層のスターではなく他の八〇％の人民のスターたり得る人でなければならない。〔…〕大河内氏も亦得難い俳優の一人である事は云うまでもない。唯氏に切望して止まない事は組合をどうしやうと考へることよりもむしろそんな事は不閑《マ》焉《マ》で自分自らを新時代に即して、真実を見る目を失はず、不断にその技量の研磨に専念されることである（「闘争日報」号外「スターと組合―大河内氏のとった今回の行動について」一九四六年十一月一四日后《ママ》二時発行）。

組合によるこの大河内批判に特徴的なことは、大河内の行動の原因をスターという特権的な地位からする組合の要求への無理解に帰すことによって、組合運営の仕方や政治的行動への傾斜など大河内が指摘した組合批判にほとんど全く答えていないということである。そればかりではない。たとえスターたちが組合を離れても「組合にとっては痛くも痒くもない」として、むしろ俳優としては「組合をどうしやうと考へることよりも」「不断に技量の研磨に専念されること」が肝要だと述べることによって、事実上組合に対する批判を封じていることは看過できない。分裂派に与して日映演と袂を分った筈見恒夫が、「労働者の戦線たる組合運動の分裂は、私のやうな、ともすれば、中立的立場に寄りたがる人間から見ても感心出来ることではない。しかしその責は脱退した側だけでなく、脱退させた方においても反省して見なくてはならない。」「私は日映演さん下の東宝支部の人々が、映画勤労者の生活改善のために、映画の生産復興のために果敢に闘争したさまを、目のあたり〔に〕見てゐる。同時に、脱退派といはれた第三組合の人々が、愛する日本映画のためによく頑張り通したことを知ってゐる。」（筈見恒夫　一九四七a　二九七頁）と述べたことは、この意味において示唆的であるといわなければならない。

第二次分裂に特徴的な第二の点は、この組合分裂が当初は必ずしも分裂を企図したものではなく、組合に反省を求めるという性格のものであったにもかかわらず、結果として分裂せざるをえなくなったという不幸な経緯を辿ったことである。すなわち大河内の動きとほぼ時を同じくして監督の渡辺邦男は、組合の方針や運営の仕方に批判を強めて独自に動きはじめていたが、それが配給部の伊藤雅一らと偶然ながら出会うことによって、この伊藤を介して渡辺と大河内とが連繫することになる。しかし留意すべきは、大河内も渡辺も組合の方針やその行動に批判を強めていたとはいえ、それはあくまでも組合内部での批判であり、「組合のやり方を反省させること」（渡辺邦男・伊藤武郎（一九五七）における渡辺発言　四三頁）であって、組合分裂を直ちに企図したものではなかったということである。実際にも、伊藤雅一は、大河内声明後渡辺邦男を訪ねた際、撮影所内でも組合に対する「反発は燎原の火のごとく燃えあがろうとしている」と述べて「渡辺監督は〔…〕『組合内部からの民主化を図り、役員を代えるのだ』と、意気軒昂であった。その当時は脱退、新組合結成など夢にも考えては、いないようであった」（前掲、伊藤雅一　七〇頁）と記している。しかも伊藤（雅）とは異なって、渡辺に特徴的なことは、経営側とは全く関係なく自立的に組合批判の運動を起こしている点である。すなわち「経営者側からも積極的に〔組合批判の〕運動がはじまった。そこで私は、われわれの目的は組合のやり方を反省させることである、経営者側とは無関係にやるべきだと主張した。経営者に話したら、その手先として衝かれる。どうしても独立した形でやろう、というので十数回も手弁当で集まった」（前掲、渡辺・伊藤（一九五七）における渡辺発言　四三頁）というのである。同じく組合批判派ではあっても、伊藤（雅）らとは、その精神と方法において決定的なちがいがあるというべきであろう。

しかし、この渡辺や大河内ら組合批判派が結局組合分裂へと走らざるをえなくなった契機となったのが、有名な十一月一七日の午後から翌一八日の明け方にかけて開催された撮影所分会の臨時大会であった。この大会が開催された直接の原因は、その前日の撮影所での職場集会にある。一六日の昼に開かれた職場集会が終わろうとした時、大河内伝次郎が書記局のマイクを取り上げて、スト中止の演説をはじめ、続いて渡辺邦男が「日映演脱退、現組合執行部の総退陣」（前掲、宮島義勇　二一〇頁）を要求する演説を行なって組合員にその主張を直接訴えたが、さらにその後反対派が組合事務所に押しかけて、執行部の退陣と組合事務所の明け渡しを要求したために、翌日撮影所の組合臨時大会を開いて決着をつけることとなったのである。その間、助監督の古沢憲吾らが日劇に置かれていた東宝支部書記局と撮影所分会との間の連絡を絶つために、電話交換室に押し入って強引に電話線を切るという事件があり、これが翌日の大会の席上暴露されて、反対派は窮地に立つことになる。

十一月一七日午後一時から第五ステージにおいて開かれた撮影所の臨時組合大会[19]は、その後の運動を決定づける歴史的な意味をもつことになるが、その特徴は、組合側と反対派の長時間にわたる議論の末、一度は組合のもと、ともに闘って行く方向を確認したにもかかわらず、その直後の宮島義勇による動議を契機に、結局反対派が分裂行動をとらざるをえない事態に追い込まれた、という曲折を辿ったことである。当日、山田典吾の司会による簡単な経過報告の後、議長に組合側伊藤武郎、副議長に反対派安藤五郎〔製作進行〕の各々が「四〇票の差」〔伊藤武郎一九八六a 一一六頁〕によって選出されて、夕方から具体的に議事に入る。[20] まず大河内伝次郎の組合批判を皮切りに反対派による激しい組合批判が続き、それに対する組合側の反批判が行なわれ、こうした批判と反批判の応酬が深夜十二時頃まで続いた後、議長は、それまでの討議を踏まえて、現執行部の責任で分会役員を改選すること、およびストを可及的速やかに解決することの二点に議論を集約して、これを議場で確認した。伊藤武郎は一九八〇年に次のように述べている。

議事が始まったのが夕方の五時頃。で議長席に安藤君と二人でついて、議長就任の挨拶をぼくがやった。議長に信任されたからには一生懸命やらしてもらうが、皆さんも議長の権限を尊重してほしいと一本釘をうち、団結の大切なこと、組合員あっての組合、組合あっての日映演、産別だ、この分会が分裂したら何もない、てなことで、今日の大会を要請した側の、今まで組合幹部が運営してきたやり方に対する意見、不平不満なんでもいいからどんどん発言して、一方的にしゃべっていい、とね。そうだな二時間以上、もうないかもうないかと念を押してとことん云わせて、さてそれでは今までの発言に対する反対意見を述べて貰いますということになった。〔中略〕役員より一般〔組合員〕の発言が多かった。そのことが強い説得力をもった。議長はまとめに入り、スト続行を可決した。夜中の一時頃だった。まとめはこうだった。どこまでも分裂させないこと。今の意見を全部参考にして、現在の分会の責任において役員の改選をやる、そしてストは可及的速やかに妥結する、ということにした訳だ。それで、賛成の方っていうと、大多数がワアッと挙手した。もう分裂なんて必要なくなっちゃったんだよ。分裂がすーっとどこかへいっちゃった〔伊藤武郎 一九八〇 八二〜八三頁〕。

ここで留意すべきは、「分会闘争委員はあくまでも分裂を防止するために努力し、遂に総辞任を表明するに至った。」(「ゼネスト闘争日報」第三八号　一九四六年十一月一九日)あるいは「組合現幹部は、大衆の信頼を問ふため総辞職を申し出た」(日映演東宝支部撮影所分会闘争委員会「東宝撮影所に起った分裂事件」一九四六年十一月二八日)という事実である。明らかに組合は、反対派の意見を容れて、役員の辞任を提案し、そのことが承認されたのであって、この点に関する限り、議長伊藤武郎の柔軟な対応姿勢が看取される[21]。

しかしその後、このような議論の取りまとめに危機感を抱いた組合の影の指導者、宮島義勇が、緊急動議として発言を求め、大会の成立要件について疑義を提出する。組合規約によれば、組合員の五分の一の要求によって大会は開催されるが、前日の反対派による大会開催要求はその数を満たしてはいないのではないか、また同じく規約によれば、大会の開催は撮影所組合員全員に知らせなければならないが、前日撮影所にいなかった組合員に対してそのことが正確に通知されたのかどうか、というのがその主旨であった。そしてこの宮島の発言とその後の、古沢憲吾らによる大会前日の電話線の切断という事実の暴露によって、渡辺監督ら反対派の気勢は殺がれ、結局大会は流会となる[22]。そして宮島の再度の発言によって、大会は久保一雄(美術)を議長とする拡大統制委員会に切り替えられ、渡辺邦男が後に「人民裁判」と名づけた反対派の行動に対する激しい責任追及と糾弾をもって、この集会は終わる。かくて反対派は、執行部の交代とストの中止という当初の意図を打ち砕かれ、集会後ダビング・ルームの試写室に集まり、組合脱退の意思を固めることとなったのである[23][24]。

十一月二〇日、組合反対派は、「スト突入以後、われわれの自由にして自主的なる良心と自覚において、争議の円満なる妥結を念願し努力して参りましたが」、「彼等首脳部はわれわれのこの切なる声を採用せず、かえって組合の独裁的全体主義的組織を強化し加えて極左的一党一派主義を強制せんとするに到りました。自由にして自主的活動の続けられる組合であったならば、決して分裂を謀り脱退を行うものではありません。しかしわれわれは、組合がこのままの状態で推移せば争議妥結後といえども今後映画製作の上にも真のデモクラシーの確立は全く不可能なことはもちろん、今後の日本映画の健全なる発展を阻害するものであることを強く指摘出来るものであります。われわれは意を決し、ここに産別加盟日本映画演劇労働組合東宝支部撮影所分会と袂別し、脱退を声明するものである。」（前掲、伊藤雅一　七八〜七九頁）との、市川崑の執筆にかかるといわれる「脱退声明書」を発表して正式に組合からの離脱を表明し、十一月二二日、四二三名を糾合して村山絢二を委員長とする東宝撮影所従業員組合を結成することとなった（「ゼネスト闘争日報」第四四号　一九四六年十一月二五日）。後に新東宝として東宝から独立して映画製作に入ることになる分裂派の、新たな出立である。

以上のように、宮島の発言をきっかけとして臨時大会が流れ、反対派に対する糾弾集会と化した拡大統制委員会が、彼らを脱退に追いやったことは、結果としてひとまず組合の純化をもたらしたが、しかしその一方で、反対派の排斥が組合にその行動に対する内省の契機を失わせることとなった、ということは留意しておくべきであろう。

脱退派は、第三組合として会社に対して団体協約の締結と撮影所での仕事の再開を要求する。が、日映演の強硬な姿勢に押されて唯一交渉団体規定を含む団体協約を締結した会社は、当然にも容易にそれには応ずることができなかった。しかもその協約には、「第三組合は第一組合と大同団結するまで撮影所で就業させない」との「覚書」も付されていたから、脱退派の会社に対する怒りと失望は大きかった。[25] 結局、会社は日映演と結んだ団体協約と同じ内容の協約を第三組合とも締結するとともに、彼らに第二撮影所（旧東京発声撮影所）を貸し出し、これを翌一九四七年三月二〇日、東宝が全額出資し、製作費も東宝が負担する新東宝製作所（取締役竹井諒など）として株式会社化することによって、脱退派の要求に応答することとなった。[26] 同一資本のもとに二つの映画製作会社が並立するというまことに変則的な事態は、経済効率などの面で大きな問題をはらむとともに、その後、新東宝が独自の経営意思をもって行動することによって両社間の抗争にまで発展する厄介な問題となるのであるが、それは、強靭な労働組合の存在を前にして、組合の対立・分岐を経営の内部問題として処理しうる明確にして強力な経営政策の欠如と経営者の過度な近代性ゆえの負の所産というべきものであった。

(3) 分裂要因

組合が「撮影所クーデター」(「ゼネスト闘争日報」第三八号　一九四六年十一月一九日)と名づけたこの分裂に加わったのは、スターをはじめとする俳優や若干の演出家(渡辺邦男、斉藤寅次郎、阿部豊、中川信夫など)とその助手、カメラ、美術などの技術者および道具など現場のスタッフならびに管理職をはじめとする事務部門の従業員であるが、この大会後しばらくは、それら分裂派に走った者に対する組合による〝奪回〟の試みが繰り広げられる。組合側の説得によって組合に戻る者や第三組合を離れる者もいたが、[27] しかしその大勢は変わることはなかった。彼らが組合を脱退し、新たな組織をつくった理由は、むろん一義的ではない。まずは、脱退理由について組合が行なった分析をみておこう。組合によれば「脱退派の構成分子」は、およそ五つに大別される。

一　自己の生活を擁護するのに組合結成をそれほど必要としない。従って組合運動に冷淡な高級階級、所謂Aクラス・スター連。(その取巻きがこれに続く、この世界には未だに封建的な主従感の如きものが存在して居る、これらのスターについて居ればどっちに転んでも間違ひはあるまいといふ打算で動いた無自覚大衆である。)

二　事務系の部課長級。これらはその職場の性質から会社重役並びにマネージメント・スタッフとの関係が濃く、従ってそれらの切り崩しの手が最も容易に成功した連中である。(その各配下がこれにつづく、第一項の大衆とほぼ性質を同じくする盲従の徒輩である。)

三　反共思想の信奉者。組合幹部の多数を共産主義者と断じ、これを撲滅せんと策しつつあった国粋主義者。(これに所謂〝赤〟嫌ひといふ連中が続く。)

四　長引いたストライキに嫌気がさし、生活も苦しくなって来たし、何でもいいから一日も早くストライキを止めて仕事にかかりたいと思って居た連中。

五　その他はどっちともつかず事態の認識さえ持たなかった者で、その場に居合はせた為に行きがかりで入ってしまった連中や組合が出来てから撮影所の雰囲気がウルホヒ《ママ》を失って不愉快になったとこぼす連中とか、組合幹部の個人に対する反感とか甚だしきに至っては、あんな奴が幹部として〝売り出し〟て居るのが気に喰はぬと云ふ滑稽なる嫉妬感で動いた者とか、等々である（日映演東宝支部撮影所分会闘争委員会「脱退派に関する声明」一九四六年十一月二八日）。

組合は、このように脱退派をおよそ五つに類型化した上で、「この構成を一見して直ちに感じられるのは、第四項の一部を除いて他はすべて『感情的』なものであるといふ特徴である」として、その例に「共産党を叩き出せ」という脱退派の主張を取り上げて、「これが組合の取り扱ふべき問題でないと言ふことを理解するのにそれ程明敏な頭を必要とするとは思はれない。これは各自がその信念に於いて自由にやるべき事である。それにこれを組合の問題に移入させる事は、彼等が組合を責めた『組合がその本分たる経済闘争から逸脱して政治闘争の領域へ越境して居る』といふ題目を我れ自らの手で犯す事になるのである。」（同）と批判している。組合から共産党の影響力を取り除けという反対派の主張は、それ自体政治的領域の問題であるから「政治闘争をやめ経済闘争に限れ」という彼らのいま一つの主張と矛盾することになり、自家撞着をきたしているというのである。これは、反対派の主張を逆手にとっての批判なのであるが、しかし詭弁に近いこの批判の仕方や脱退派の動機をほとんどすべて「感情的」なものだとする強引な説明に、むしろ組合自身の切実さと焦りを読み取ることはさほど無理ではない。

そしてこうした組合の切実さと焦燥は、次のような脱退派批判と彼らに対する心情吐露に、より端的に看て取れる。

彼等はおそらくあの時この「脱退」といふことの意義の重さを意識しなかったのではなからうか。例へ彼等がこれに関して百ヶ言の弁解の辞を用意しようとも、この「脱退」が明らかなる「裏切行為」であると言ふ「事実」は如何にしても打ち消すことは出来ないのである。事は東宝撮影所の仲間を裏切ったといふ如きしかく簡単なるものではないのである。道義的に言へば、これは全世界の労働者の信義に背いた行動なのである。〔中略〕組合は彼等の「脱退」を己の病気として悩んで居る。「脱退」したのは彼等であった。然し「脱退」されたのは〝組合〟からである。彼等は組合の肉体の一部であった。肉体の一部がちぎれ去ることはその肉体に苦痛を与へる。組合はその苦痛の故に彼等を憎み乍ら、離脱して行った同血に対する本能的な愛着を断ち切ることが出来ずに悩んで居るのである。そしてこの悩みは、離脱した血液の中に於いても同じであろうと信ずる（同）。

組合が、最大拠点である撮影所での大規模分裂という事態に対して、「全世界の労働者の信義に背いた行動」として憤るとともに、「離脱して行った同血に対する本能的な愛着を断ち切ることが出来」ないと深く困惑し、動揺している様相が明らかであろう。その上で、分裂派への批判の仕方や原因の解釈を別にすれば、組合が類型化した五つの分裂派のタイプ分け自体は、次元の異なる要因を混在させてはいるものの、当然のことながら正鵠を射ている。以下ではこれらも視野に収めながら、組合分裂の要因とそれに基づく分裂のタイプについて改めて検討しておこう。

何よりも第一の要因は、配給部を中心とした第一次の組合分裂と撮影所を中心とした第二次分裂とに共通する特徴でもあるが、すでに触れた職種・職能のちがいに基づく利害の差異・対立である。とくに第二次分裂は、多様な職種・職能を包含する撮影所で起こったものであったから、その利害関心のちがいも顕著であり、それは何よりもスターたちの離反に象徴されている。彼らは、大河内伝次郎に代表されるようなスターとしての独自の地位からする誇りやある種の特権意識を抱いていることが多かったが、組合結成後はプラカードをもってデモ行進をさせられたり、組合主催のページェントで役を割り当てられたりすることによって、組合の宣伝に利用されていると考え、その誇りや特権意識を傷つけられたと感じた者が少なくない[28]。彼らが組合批判を強めていくのは、まずはそうした独自の地位に基づく強い自己意識による。そして中堅以下大部屋俳優にいたる俳優たちが、こうしたスターの行動に追随するのは、そのことによる利害得失を考量したものとみてよいであろう。

しかしより重要なことは、スターたちにとってその独自の地位からする経営側への交渉力の強さが、労働組合の行動原理とは必ずしも整合しないということである。彼らは、そのキャリアと技倆と人気に基づいて出演料と年間出演本数をあらかじめ決めて会社と契約を交わす「契約者」であったから、仮に会社が提示する契約条件に不満があるならば、自ら会社と交渉して条件を引き上げるか、他社に転ずることによって要求を満たすという行動選択が可能であった。このように単独で会社と交渉のできる彼らにとって、個人交渉力の弱さを労働者の連帯という集合的な社会的力をもって補い、団体交渉によって要求を貫こうとする労働組合の原理は、基本的に異質なものである(29)。労働組合とは対極的な原理に依拠して行動選択が可能なスターは、それゆえに経営協調的な組合であっても必ずしも相容れない性格を潜在するが、いわんや経営対抗的なそれに強い違和感を抱くのは、避けがたい。したがって仮に後者の組合に同調することがあったとしても、それは組合への思想的な共鳴によるところが少なくない。そしてこの個人交渉力という点に着目するならば、監督などの芸術家やカメラマンなどの技術者もまたスターたちと同質の性格をもっていることは否定できない。にもかかわらず、彼らの有力な層が組合にとどまったのは、戦前来の東宝映画を自らが主体として担ってきたという主流意識や思想的な共鳴によるだけではなく、後述する芸術的自由の希求のゆえでもあった。もっとも、ハリウッドなどにおいて彼らが各々職能別組合として組織されているのは、犯罪シンジケートをも巻き込む長きにわたる経営側との厳しく激しい対立という歴史的背景を基礎に、そのキャリアと技倆の独自性・卓越性を集団的交渉力の発条とする組織原理への共鳴による(Bordwell, D., Staiger, J. and Thompson, K.(1985)ch.24, Balio, T.(1993)ch.4, Sklar, R.(1975/1995下)第一〇章、Nielsen, M. and Mailes, G.(1995))。

組合分裂の第二の要因は、リーダー層による組合の運営と指導のあり方そしてそれと密接にかかわる共産党の影響力の強さである。東宝が早期に日映演の拠点組合となったのは、共産党の影響力によるところが少なくなかったが、この第二次争議のプロセスにおいて、その力は拡大・深化する。それは、争議前の「七〇余名」から争議後の「一一〇数名」(山形雄策 一九四八 一頁)へと増大した党員数に端的にあらわれているが、この党員の増大とそれにともなう彼らの職場での影響力の高まりが、日映演のクローズド・ショップ条項の獲得を軸とするやや強引な統一協約闘争を支える一方で、組合員のなかに強い反発を呼び起こすことになる。とくに留意すべきは、共産党の影響を受けた組合運営のあり方が、組合員の自由な発言を抑制する側面があったということである。この点について、伊藤武郎との対談における渡辺邦男の率直な指摘は興味深い。

渡辺「〔中略〕その頃〔一九四六年十月頃〕俳優部の三階であなたと話し合ったことがある。その時あなたは、確かに組合の方にも行き過ぎはありますと言った。〔…〕」
伊藤「分裂するのは無理もないということは一杯ありましたね。」
渡辺「分裂する方が無理がないということですね。結局は時の流れでたいへんな反動が来た。技術部などは、共産党でなければ使わない、といった。東宝という名で電報が来る。行って見るとデモにでるという。極端に言ってぼくたちの目から見ると、だいぶ無政府状態なんだ。それとも一つやり切れなかったのは、言論を実にうまく封じてしまう。それはこういうことではないか、と言うとたちまち反動と来る。これが私には一番こたえた。何かというとあいつは遅れているときめつける。自由だ、といっても少しも自由ではない。」[30]
（前掲、渡辺邦男・伊藤武郎　一九五七　四〇～四一頁）

分裂派だけではない。撮影所のなかでも最も強固な共産党の拠点であった撮影部の小松浩の証言は、この点で逸することができない。

共産党に入っていた人達は、会合とか〔撮影部の〕助手会の会議では発言も活発でしたが、党に入っていない人達は仲々発言出来ませんでした。例えば何か発言すると発言を押さえられたり、発言に対して多勢でこてんぱんにやられましたから、しまいには誰も発言しなくなってしまいました。ですから当然仕事の編成についても、あらかじめ決めてあって、助手会に案として出されても、型式的には討議して決定されるのですが案通り決まるのが常でした。ですから面白くなかった事は事実で、ある何人かの人達は、会社にも出て来なくなりました。当然そのような人達は新東宝に行ってしまいました（小松浩　一九七八　三五頁）。

ここには、当時、一般組合員の「発言が押さえられたり」「こてんぱんにやられた」りすることによって、共産党員が職場を事実上支配している様子が語られている。が、それればかりではない。党員になることによって仕事に就くことができるという、入党と経済的利害とが直接結びついていたことは一層重大であった。再び小松浩のいうところを聞こう。

「助手は何よりも先ず早くカメラマンになりたいという気持ちが強かったし、又カメラマンになるために勉強もしましたし、競争もはげしいものがありました。又、カメラマンの助手に対する影響力が大変強かったですから、一応助手会というものがありましたが、助手の利益というより先に個々のカメラマンとの結びつきの方が強かったわけです。〔中略〕このような撮影部の状況の中で、終戦後組合が出来て、組合活動が活発になって来ても、理屈は解っていても、組合活動より早くカメラマンになりたいという気持から、で、早くカメラマンになるには共産党に入った方が得だと、打算的な考え方で入党した助手も大分いたようです。それというのは、新東宝との分裂の時に、一番熱心に入党をすすめた人が、いち早く党をやめて新東宝へ行ったという人も何人かいましたから……。」

〔聞き手〕「共産党員でないと仕事につけなかったという話をききましたけれど、事実だったのですか。」

「それは確か一部にはあったように思われます。助手会のなかでは、調子の良い人たちとか、仕事が余り出来ない助手さん達でいち早く共産党に入っていた人達も多かったものですから、そのような人達に対して不信感を持っていましたから、いくら〔入党を〕誘われても〔僕は〕抵抗した方でした。」（前掲、小松浩　一九七

八　二二三〜二二四頁）

助手によるカメラマンへの昇進競争の激しいなかで、技倆よりも党員であることのほうが仕事に就くことができるより確実で最短の方法であるのならば、共産党入党へのインセンティヴが強くならざるをえないのは当然であろう。この証言から、そのような組合員によるにわか党員増大の様子が浮かび上がる。戦後黎明期の組合運動に避けがたい組織強化の必要性とそのための共産党の影響力の強化が不可避であったとしても、民主主義の担い手を標榜する共産党がいまや新たな権威と化し、自由な「言論」を抑圧したのみならず、昇進による仕事の配分までコントロールしてしまったことは、一般組合員の失望と反発を喚起し、重大な分裂要因となったことは否みがたいというべきであろう。古沢憲吾のような明確な反共思想の持ち主ばかりではなく、そういう思想とは無縁の一般組合員が離れていったゆえんが示唆される。

東宝細胞の責任者山形雄策〔脚本〕は、当時、共産党に対する脱退派の批判に対して次のように弁明している。

今度の脱退派の云い分は、大体一、共産党は組合をのっとって赤化してゐる　二、共産党は映画を独占し、独裁しようとして居る　三、共産党は怖しい存在だ、と言った様な理由で、組合と共産党とを全く混同した意見です。併し共産党に対してこうした考へ方をする方が他にもあるかもしれません。是は、一つは組合内の共産党の活動が行き過ぎた為にこんな感じを与へたのであり、共産党の撮影所細胞は今后こうした誤りを犯さないように努力して居ます。〔中略〕共産党細胞は撮影所の民主化、映画の民主的発展のために先頭に立って闘うことを誓って居ります。皆さんは党員であるとはっきり云って活動してゐる従業員をおそろしい人間だとお思ひですか？　彼等の云ふ共産党の綱領や政策が怖ろしいものだとお思ひですか？　支配階級は日本共産党の成立以来共産党を孤立させるために、共産党は怖ろしいものだと民衆に吹きこんで居たのです。現在脱退派の云ひ分もこうした永年の観念の結果だと思ひます。〔中略〕組合が労働者の利益を真に守らうとすれば必ず共産党の綱領や政策が労働者及び全勤労者の利益を言ひ表はしたもので組合の真の味方であることが解って来ると思ひます(共産党員・山形雄策「共産党撮影所細胞の立場」前掲「メガフォン」一九四六年十一月二九日)。

ここでは、共産党員による「活動の」「行き過ぎ」は認めつつも、脱退派の「云ひ分」は、「共産党を孤立させるため」の「支配階級」の政策によって培われた「共産党は怖ろしい」という「永年の観念の結果」なのであって、むしろ党の綱領と政策は労働者の利益を体現したものである、ともっぱら党の正当性を主張するばかりで、自ら認めた「行き過ぎ」の原因の究明やその結果による組合へのマイナスの影響などについては、まったく触れられていない。内省の欠如は否みがたいというべきであろう(31)。

分裂要因として第三に指摘すべきは、先に触れた組合による原因の類型化においても指摘されていたが、生活の窮迫度の高まりからストライキを早く打ち切って仕事を再開してほしいという組合員の経済的な要求である。ストライキに入りすでに一ヵ月余りが経過し、組合が強く要求して最終的には獲得したとはいえ、荒れ狂うインフレのもと食糧をはじめ生活物資の不足が深刻化するなかで、一時的であれ賃金の停止措置が日々の生活を直撃する一般事務部門や大部屋俳優あるいは現場スタッフにとって、この要求はとくに切実なものがあった。他方、会社側にとっても一年のなかで最も稼ぎ時である正月興行をひと月半後に控え、それに間に合わせるためにできるだけ早く撮影に入りたい、というこれもまた切実な要求があった。ストを切り上げて早く仕事を再開したいという一点において、これらの従業員と会社の利害は一致する。組合分裂後、脱退派と組んだ会社による撮影再開の企てが頻出し、それを組合がことごとく潰すのも(32)、そしてその後、すでに述べたように、会社が脱退派にそれまで使っていなかった第二撮影所を貸し与えて、組合の盤居する第一撮影所とは別に映画製作に入らせるのも、その端的なあらわれである。

こうした経済的理由による組合離脱は、現場スタッフや下級俳優などにとくに多かったとはいえ、むろんそれだけではない。戦前ハリウッドから戻ってPCLに入り、戦後直後、アメリカ戦略爆撃調査団の依頼を受けて被爆地などを撮影した（工藤美代子　一九八五）第一級のカメラマン、ハリー三村こと三村明も分裂派に加わった一人であった。彼は、著名な戦争映画『ハワイ・マレー沖海戦』（山本嘉次郎）などを含む作品で長年コンビを組み、組合に戻るように説得しに来た山本嘉次郎に、次のようにその理由を告白したという。

山さんの意見は、理論としては、よく判る。が、考えて下さい。私はいま、自他共に許す日本有数のカメラマンということになっている。いまここで、老後のための備えをしなくてはならない時期である。この時期を逸したら私の老後は惨めなものになる。ところが現在東宝には、戦後引揚げて来たものを加えて四十数人のカメラマンがいる。しかもその中には最尖鋭の共産党員もいて、若い党員たちと気をそろえて、われわれベテランに仕事をさせまいとしている。東宝ではいま、年間二十本くらいしか作らない。それを四十数人のカメラマンで争い、そして職場会議のイニシアティブをとった党員カメラマンに仕事を独占されてしまっている。私は生きんがために新東宝に行く決心をしたのです（前掲、山本嘉次郎　一九六五　二八四頁）。

山本嘉次郎はこれを聞いて、「日本一のカメラマン一家の住むこの部屋は、戦災を受けたとはいえ、タタミは破れ壁は崩れ廊下の板は腐って大きな穴が開いていた。私は無言のままハリーの手をとって訣別の握手をしたのであった。」（同）と記している。

三村の告白には、共産党員の発言力の高まりによって、仕事を奪われ、老後の備えのためにやむなく脱退派に行かざるをえなかった名カメラマンの苦衷が滲んでいる。経済的な理由ではあるが、それが共産党の影響力の強さと結びついているところに、問題の深刻さがうかがわれよう。

以上にあげた三つの分裂要因は、それぞれが独立しているのではなく相互に密接に関連し、場合によっては重なり合っているが、重要なことは、いずれも共産党の強い影響力の存在が、その背後に横たわっているということである。スターの特権的な地位からする離脱も、組合運営の仕方も、そして経済的理由によるものも、共産党員がもしその影響力をかく行使しなかったならば、そのものとしては顕在化しなかったか、あるいは分裂に至るほどに深刻化しなかった可能性を否定できないからである。実際にも、東宝を書記長徳田球一の選挙基盤である世田谷区の拠点としようとする第一次争議後の党中央本部による強力な働きかけもあって、この第二次争議を経た一九四七年三月時点での撮影所の党員数は、「一〇〇名をはるかに突破」し、青年共産同盟員「八〇名」、「アカハタ」購読者数は「三七五」名（細胞指導部「細胞回報」第三号　一九四七年三月七日）にのぼるなど、その実勢は大きく増大する。第二次争議後、映画の企画立案プロセスに参加し、その後第三次争議で解雇対象者となる共産党員岩崎昶が、「大スターを含む四〇〇名余の脱退者を出したのも、複雑な内部事情は介在していたにもせよ、急進主義の戦術に責めなしとしない」（岩崎昶　一九六一　二三六頁）と述べたことは、この意味で充分に重いといわなければならない。そしてそれほどの影響力を共産党がもちえたのは、敗戦による価値体系の崩壊という戦後直後期の日本社会に特有の精神的条件のもと、唯一の反戦政党としての誇りを背景に、それが民主主義の中心的担い手として自己の正統性を社会に顕示していたからにほかならないが、このことは当時、とりわけ知識層や作家など文化の担い手たちに与えた共産党の圧倒的な影響力を想起すれば充分に理解できるであろう[33]。

こうして、第二次争議は、組合分裂という運動面からすれば大きな代償を払って勝利したのであるが、しかしむろん組合分裂がネガティヴな意味ばかりをもっていたというわけではない。分裂後「ネチネチと意地悪するヤツとかスターにべったりの太鼓持ちみたいなのは新東宝へ行っちゃったんでうんと風通しがよくなった」（城田孝子・廣澤榮　一九八六　二六〇頁）というように、職場の内部環境という点においては、むしろ民主化が進んだという積極的な効果を有する側面があったことは看過すべきではない[34][35]。

第三章　組合規制

第一節　企画審議会

(1) 構造

第二次争議によって獲得した団体協約を制度的枠組みとして、組合は会社の経営政策に対してその発言権を強力に行使していくが、実はこの労働協約を獲得する以前からすでに組合の発言力は強く、またその対象領域は広く多岐にわたっていた。したがって第二次争議において組合が手に入れた労働協約は、一面ではそれまで実態としてなされてきた組合の発言権の行使を、協約という公式の経営内法規で追認あるいは拡大するという意味をもつものであった。以下では、組合による経営規制の実態について、第二次争議以前も含め特徴的なものについて具体的に検討する。

まず何よりも映画製作の根幹をなす作品企画の決定に対する組合規制からみてみよう。作品の企画に対して組合が発言力を行使することができる場は、企画審議会である。この組織は、第一章で述べたように、第一次争議の生産管理中に組合が「企画の民主化」（組合文書「企画審議会改革案要綱（草案）」日付なし）のために独自に創設した機関であるが、争議後会社側の正式な組織として引き継がれ、「撮影所長が最後的決定権」を有する「企画及び脚本映画化の最高審議機関」（同）として位置づけられた。具体的には、この機関は「組合の総意を企画並に半期或いは（四半期）のレパートリーに反映し企画を民主的に審議決定すること」を「目的」に、会社側代表者として

「製作責任者他若干名」、職能代表として「演出、文芸、企画若干名」、そして組合側代表として「組合総意に依り選出される組合代表若干名」をもって構成され、「議長は芸文職区長」があたり、「月二回定例」を、それ以外に「議長が必要と認めた場合には臨時に」開催できるというものであった（組合文書「企画審議会（草案）」日付なし）。

しかし、実際には会社の正式な機関として再編成されて以降、次第にこの目的どおりには機能しなくなり、あらかじめ撮影に入る作品を経営側が事実上決めた上で、審議会がそれを形式的に追認するという審議会機能の形骸化が強まったために、組合はその改革を要求して組織の機能の回復を実現する。すなわち

最近、全員の出席率悪く審議は形式化し、大部分の脚本は、企画審議会に提出される以前に、撮影開始予定が決定されるに到り、従って低調な作品もお義理的審議に依って通過され、現場では此の脚本を受取ることに頗る不満を持ち乍らも、企画審議会を通過したと云う理由で不問に付する等の好ましからぬ現象が頻々として起るに到った。是では企画審議会は企画の民主化と作品向上と云う目的と機〔会〕を果たすことが出来ない。われわれ映画従業員は単に経済生活の向上のみでなく、自分達の製作し生育する作品の向上の為にも闘はなければならない。又、作品の向上が、われわれの経済的要求を獲得する為にも重要な関係を持つことを考へ、われわれの要求に依って設立された企画審議会が、その目的と機能を十分に発揮出来る様に改革しようではないか（前掲「企画審議会改革案要綱（草案）」）。

というのである。改革の要点は、審議会の「目的」と「権限」とにあり、前者は、「映画企画及び脚本の質的向上の為、その企画を民主化し、その脚本の映画化を民主的に決定すること」、そしてそのために「審議の規準は企画及び脚本の民主主義的内容を確保すること、並びにその芸術的価値を水準以下に低下させないこと」（同）にあった。他方、後者については、「企画審議会の決定を経ない作品は、現実の撮影予定に這入ることが出来ない。企画審議会の決定に対する最高決議権は撮影所長にあるが、企画審議会は反動的又は低劣な企画及び脚本に対して拒

否権を持つ。又、撮影所長が拒否した企画或ひは脚本に於ても、企画審議会が進歩的、良心的並びに芸術的と認めた場合は、再推薦する権利を持つ」。さらに「所長の決済を経て具体的に映画化の行程に移された脚本に対して、作家及び従業員側に反対ある時は、監督及び脚本家は各々の代表を通じ、従業員は組合機関を通じ、企画審議会に抗議することが出来る」。その上で、「企画審議会は、完成された映画が、審議された脚本を内容的に歪曲し、或ひはその芸術的価値を低下させないかを、監視し批判する義務を持つ」とともに、もし「完成された映画が以上の理由で著しく低劣な場合は、抗議する権利を保有する」（同）というものであった。

すなわち、企画と脚本の「民主主義的内容」と「芸術的価値」を確保するために、審議会の審議・決定を経ない作品は「撮影に這入る」ことはできず、「反動的又は低劣な」企画・脚本については審議会が「拒否権」をもち、あるいはたとえ所長「決済」のもと製作行程に入っている作品であっても、演出家や脚本家、組合が審議会に「抗議」することができ、しかも映画完成後であってもそれを「監視」「批判」し「抗議する」権利をもつ、というのであるから、演出家や脚本家、組合側代表者の意思が、強く反映される内容になったことは疑いない。組合は「民主主義的内容」と「芸術的価値」という当時の映画製作に携わる者なら誰もが否定できない目標を掲げて、その発言力の大幅な強化を、映画製作の根幹をなす作品企画の意思決定において可能とする制度的な条件を改めて獲得したのである。

他方、この企画審議会の設置に後れてではあるが、一九四六年七月、組合の提案によって「各作品の具体的作業プラン、スタッフの編成、其他製作進行上の具体的問題を協議する」（東宝撮影所「経営協議会議事録」第一回 一九四六年七月一日）ために、「会社側　金指〔撮影所〕所長　製作部長　各〔製作〕担任、従業員側　演出　撮影　美術　照明　録音　音楽　演出助手　スクリプター　編集　現像　進行担当　会計　第二撮影所より各一名」（同）をもって構成される「製作協議会」が設置された。また製作技術上の問題の調整と処理のために撮影等技術の担当者によって構成される「技術協議会」も設置された。いずれも、それまで製作現場において会社業務として処理されていたものを、組合員が参加した正式な協議・決定機関として組織化し、フォーマライズしたものであり、それが、組合が要求して会社が認めるという組合主導のもとに行なわれたところに、組合の発言力の強さがあらわれている。

なお、一九四七年末、企画審議会は、後述するように当該年の製作本数が少なかったことから製作体制上の問題点を解決するために、組合による改革案に即して三たび改編が計画され、新たに設けられる「生産会議」のもとに「企画立案委員会」として組み込まれる予定であった（「拡大企画審議会議事録」第二七・二九回　一九四七年十二月二五日）が、この機構再編が正式に実施されないうちに新経営陣による大量解雇がはじまり、第三次争議に入っていくことによって、結局それは果たされないままに終わる。

(2) 実態

それでは、企画審議会の実際の運営実態はどのようなものであったのか。当然にも、そこでは作品企画の審議が中心として行なわれていたが、しかしそれにとどまらず、企画の基本的方針や企画のスケデュールにかかわる問題点の検討など、製作の実務的・技術的な問題を除く多岐にわたる問題が取り上げられ議論されている。あらかじめ企画が具体化されるプロセスに触れておけば、作品の企画案は、はじめにプロデューサー会議で討議された上で企画審議会に提出され、この審議会をパスした作品については、管理部門と製作部門の職区長により構成されるP・L会議において製作スケデュールが作成され、そのスケデュールが製作協議会の場で調整されて具体化される、という手順を踏むのが通例であった（東宝撮影所「企画審議会議事録」第九回　一九四七年八月六日）。以下、審議会の運営実態について、主要な議題を中心として具体的にみてみよう。

1　作品企画の審議の手続きと作品の基本的な方向づけおよび演出家の役割について

浅野（組合）「会社が企画を立てて来た道順がオールマイティであり、現在のコースをわれわれは意識しないでいるけれど最良のものであるかどうか。会社は企画審議会を自主的にやれる機関と考へるかどうか。」
藤本（会社）「今までの討論から、会社は企画が未成熟であっても、これからは相談を持ち出すやう、積極的にその方向をとりたいと思ふ。〔後略〕」
藤本「三二期前期の作品は芸術至上主義的、娯楽的偏向に陥ってゐると云われるかも知れない。新宿文化の討論会〔＝「第二回全国映画芸術家会議」のこと〕では、東宝の作品は真面目でいいけれど娯楽性がうすいという発言があった。会社は芸術家のイニシヤティヴをあくまでも尊重したい。こういうことから私は今後の東宝映画の企画を次の様に考えて行きたい。今まで映画はアイデア〔＝芸術的〕とエスケープ〔＝娯楽〕の二元的方法があるかの様に考えられ、その対立が常識であった。今まではそういう方法で製作されて来たが、私はアイデアとエスケープを如何に統一して行くか、具体的実践の段階に入ったと考えるし、だんだん統一して来たと思はれる。此の思想が三一期後期企画の根本理念である。」
（『新馬鹿時代』その他により企画意図説明）
宮島（組合）「芸術家の仕事の割り振り〔に〕ついてどう考えるか。芸術家に仕事の波もあらうし、積極的な意思のあるときやらないときもある。組合は芸術家の生活擁護の立場から関心を有する。」
藤本「プロデューサー、芸術家のオリヂナリティはあくまで尊重することは根本方針であり、仕事の波、意志によってやられるであらう。会社は機械的機会均等主義ではいけないと思ふし、二つの立場（オリヂナリティ、生活擁護）のもみ合ひから決って来る。」
宮島「勿論オリヂナリティは認める。次の企画は此の点も考えて欲しいということだ。」
山形〔文芸〕「プロデューサー会議と企画審議会の関係がはっきりしていない。プロデューサーのオリヂナリティがあるというが、『吉本〔興行との提携〕作品』『青い山脈』〔今井正〕の場合は相当期間を経ているにも拘らず今まで発表がなかった。企画の民主化ということについては、会社、組合、芸術家共に充分討議して行くことだ。」

藤本「企画はプロデューサーを通していくことが望ましい。」
宮島「組合としては窓口をプロデューサー丈けにして行くことは問題である。出来得れば、企画審議会を窓口にすることが望ましい。然し決定権は会社にあることを認める。では具体的にどうするか。組合にもその案はない。此の次にでも、会社、作家、組合共に案を持ちより協議したいと思う。」
（窓口問題について質疑応答。企画があったら審議会書記局に通すことにして欲しいと会社から希望があった。）（東宝撮影所「企画審議会議事録」第一〇回　一九四七年八月一二日）

ここでは、会社側を代表して製作責任者藤本真澄が、次期企画の作品内容の基本的方向として、芸術的・民主主義的ないわゆる「アイデア」作品と娯楽本位のいわゆる「エスケープ」作品のいずれにも偏重するのではなく、両者の統合された作品が望ましいとの認識を示し、それに即した企画案を提出し説明したのに対して、組合からははっきりとした反対は出なかった。これは、組合が影響力を強めてからの作品群が、総じて政治的・芸術的な作品が多く、極端に娯楽性の少ないものであったという作品の傾向については組合も認めざるをえず、それが両者の性格をあわせもった作品が必要だとする会社提案に、組合が反対しなかった理由であったと思われる。

ここでのいま一つの主題は、企画案の提出・検討の手続きについてである。プロデューサー会議を窓口とした既存の企画案の提出の仕方では、作品がすでにそこで実質的に絞り込まれてしまうために、「企画の民主化」という点からは問題であり、今後はたとえ充分成熟していない企画であっても、直接企画審議会の場に提出して検討すべきではないか、という組合に対して、会社側はおそらく興行面や製作コストなど広い視野から検討できるという理由からであろう、「プロデューサーを通すことが望ましい」として折り合わない。が、結局会社側が「企画があったら審議会書記局」に提出するように、と提案し、以後この点については議論の俎上に上っていないから、審議会書記局に出されたものをプロデューサーが事前にみることを条件として、事実上プロデューサー会議から企画審議会に企画提出先を変更することによって、この問題は処理されることになったとみてよい。組合の意見が貫かれたのである。

なお、組合が演出家の「生活擁護の立場」から演出家に対する仕事の割り振りについて質問を出しているが、これは組合が強く支持する新人監督が中堅・大家の監督に比べ必ずしも充分に演出機会を得ていないのではないか、という組合の認識によるものである。が、これに対して会社が、単純な「機械的機会均等主義」ではなく、監督の「意志」を前提に、その「オリヂナリティと生活擁護」を勘案しながら決めると応答していることは興味深い。「機械的機会均等主義」を否定して組合を牽制した会社が、「オリヂナリティ」だけではなく「生活擁護」をも考慮するとして組合の要望も織り込んだところに組合の影響力を認めることができるからである。

2　製作企画処理の不手際に関して

藤本「第三七〔第三一期の間違い〕期（一九四七年七月～一九四八年一月）作品は『新馬鹿時代』〔前篇〕『同』〔後篇〕〔山本嘉次郎〕『春のめざめ』〔成瀬巳喜男〕『女優』〔衣笠貞之助〕『面影』〔五所平之助〕『我が愛は山の彼方に』〔豊田四郎〕で、『狸紳士登場』〔小田基義〕『第二の人生』〔関川秀雄〕を加えても八本しか製作出来ない。会社（P）としては半期一〇～一二本製作して行きたい意向で、一〇本をねらうとしても八本であって二本不足している。ステージ、電休日〔電力不足による一斉配電休止日〕等の問題もあるから、L〔製作〕の立場からは作品にもっと伸縮性をもたせて欲しいとの要望があった。Pとしては、経営上から考へて作品を質的に落さず、量の向上のために具体的な案を企画審議会に出したい。現在『新馬鹿オープン《ママ》〔＝時代〕』ロケ・オープン等の活用を考えて、黒澤〔明〕、植草〔圭之助〕氏協同で準備し、年内にかかりたい意向をもっている。又『女優』の舞台セット使用も考えられる。これを加えても今期は九本である。来期完成作品についても『雲は天才である』『青い山脈』『国鉄もの』『人生の弾痕』等具体的なレパートリーを発表したい。」

組合　「会社は企画の経営的処理の拙づさを自己批判しなければならない。会社は常に期日、電休日などをリードする様な形をとること、常に計画性をもち、発展的に考えを行って欲しい。」（東宝撮影所「企画審議会議事録」第一三回　一九四七年九月一六日）

『深夜の饗宴』（担当、本木〔荘二郎プロデューサー〕（不在））

山本嘉〔次郎〕、ストーリー朗読。（＊松浦脚本により筋の組直し、テーマを持ちこんだもの。）

浅野〔組合〕「正月ものとして製作するには既に相当日数がつまっている。これが製作協議会にわたった場合、製作困難が問題になるだろう。」

山本「その点は種々考慮しているから心配ないと思う。」

山形「問題は正月ものがいつもせっぱつまって出されて来る。どうしてこういう事が毎年の如く繰返されなければならないのか。」

藤本「前から考へていなかったわけではない。『エンタツ、アチャコもの』を予定していたが吉本〔興行〕の事情で正月ものとしては駄目になった。現在の混乱は会社の失敗である。」

浅野「プロデューサーの製作処理方法の欠陥が指摘されなければならない。（松浦プランと山本プラン）此の両プランにはっきり線をひいてもらって差支えないと思う。」

藤本「プロデューサーと相談してはっきりしたい。」

山本「最初からタッチして居ればこういうくいちがいはなかったと思う。」（同　第一六回　一九四七年十月一九日）

これら二つの事例は、いずれも経営側の作品企画の処理の不手際が組合によって批判されている事例である。前者の場合は、藤本真澄が一九四七年後期の作品の不足理由を、電力不足による配電休止日やステージ不足などの物的条件に求めるとともに、企画の不足という最も基本的な要件の欠如を示唆したのに対して、組合がそのような物的条件の不足をあらかじめ織り込んで対応すべきだとして会社側の不手際を追及していることが、特徴的である。また後者の事例は、正月映画の製作企画が遅れて提出されたことに対して、組合が毎年のようなこうした切迫した出し方に不満を募らせ、会社の「製作処理方法の欠陥」を厳しく指摘している。いずれも会社の製作企画についての計画性の不足ないし欠如を組合が批判するという内容であるが、しかしだからといって、ここには組合としてあらかじめ計画の立案そのもののプロセスに発言をおよぼすという視点はみられない。あくまでも会社の責任追及に終わっており、次善の策を提案するというような積極的な対応がみられないのは、それが経営側の専管事項だという認識によるものであろう。

3　第三一期のレパートリー編成と作品の基本的方向性について

藤本「一九四七年七月から来年一月までのレパートリーを正式に審議して欲しい。

一、①新馬鹿時代（前篇）②新馬鹿時代（後篇）③春の目覚め　④女優　⑤我が愛は山の彼方に　⑥第二の人生　⑦面影　⑧酔いどれ天使　⑨春の饗宴　以上で今期一〇本計画のうち九本である。大泉〔製作所〕で製作しようと考えてゐる『狸紳士登場』が加われば一〇本となる。

二、企画は製作との連関に於て考えられなければならない。これは今後に残された重大な問題であるが、今までは企画の不足から、出来たものから入れて行くという方法がやむを得ずとられていた。又最初は小さなスケールを想定して仕事にかかっても、製作進行中にスケールが大きくなって行ったものもある（春のめざめの如き）。今後は小スケールを含めて計画性をもたせてレパートリーを編成して行きたい。

三、会社としては政治的な意味と一本当りの製作コストを引き下げるために、この際大泉スタジオで『狸紳士登場』を製作したいと思う。」

山形「レパートリー編成については、組合としても生産復興計画の一環として考えていることである。小スケールのものも此の質的な水準が問題になると思う。」
藤本「小スケールのものも質的に落さないものを作って行きたい。」
山形「会社の計画性、脚本家の不足、企画、演出、文芸家のコンビの問題等、今後に残された問題が多々ある。此の問題は慎重に研究されていかなければならない。」

＊三一期レパートリーに対する批判

亀井〔文夫―演出〕「演技者との懇談会で三一期は商業的な方向へ移行しているという意見があった。」
岩崎〔昶―企画〕「此の期は危機突破的偏向から若干商業主義との妥協が強くなっていると思う。後退してゐるのは事実である。」
藤本「『素晴らしき日曜日』〔黒澤明〕から『酔いどれ天使』〔黒澤明〕に発展したのは進歩だと思う。討論会等で〔出された〕『東宝の作品は真面目だけれど面白くない』という大衆の批判に対する反省も行わなければならない。『新馬鹿時代』は方向としては間違ってはいないと思う。必ずしも後退しているとは考えない。」
岩崎「『真面目だけれど面白くない』という大衆の批判は一般に強いと思うが、東宝作品が一歩進んで面白くなっているか、後退して面白くなっているか、それを深く反省しなければならない。」
山形「昨年生産管理後『明日を創る人々』から一連の作品をつくり、それに続いてエスケープ〔映画〕ばかり製作して失敗した。そしてストライキ後作品水準が上昇したが、今度は商業主義と妥協し後退したと考える。かつて、一方で国策映画をとり、その一方で『アチャラカもの』を製作していた時代に再び移行する可能性がある。」
岩崎「製作責任者としては、こうした妥協に行かざるを得ないだらうと思うが、芸術家の創意を会社の企画組織との間に、どういうように折り合いをつけて行くか、会社の企画性が重要である。」

亀井「例えば『面影』〔五所平之助〕に近代精神があるかというように、一般的に作品について点数をとり平均したら今期は商業主義に移行していると感ずるのではないか。」
山形「来期のレパートリーを審議する場合、今期レパートリーを徹底的に検討しなければならない。」
松崎「〔啓二―製作〕亀井氏は堕落した商業主義と言われるが、商業主義とは何であらうか。プロデューサーとしては更にあたる映画を作りたいし、芸術的な欲望を満足させたい意味でもっとゼイタクを言ひたい。」
亀井「より観客を動員し、より儲かる映画に毫も反対するものでない。商業主義の実体は、タイハイ、煽情等観客の弱い面え甘へて行く傾向であると思う。」
議長「此の問題はいつも立ち消えになっていたが、企画課としては雑誌をつくり活発に討議して行きたい。三一期レパートリーについては三二期レパートリー編成の際、批判の機会をもって徹底的に検討したい。」

（同　第一九回　一九四七年十一月九日）

ここでは、先に議論となった第三一期のレパートリー編成として、ひとまず一〇本整う見通しがついたこと、そしてこのような事態は基本的には企画の不足によるものであるが、他方、実際に製作に入ってから当初計画より「スケールが大きくなって行ったものもある」という製作計画の粗さの問題もあるので、今後は「計画性をもたせて」編成していきたいとする藤本真澄の説明に対して、山形雄策は「会社の計画性、脚本家の不足、企画、演出、文芸家のコンビの問題」など、より包括的に問題点を指摘し、それについて「慎重に研究」する必要性を強調していることが注目される。

いま一つの主題は、より本質的な問題である作品内容に関するものであり、三一期のレパートリーが「商業主義」に傾いているとの亀井文夫、岩崎昶〔組合の要請により企画に参加〕および山形雄策の批判に対して、藤本が「真面目だけれど面白くない」という「大衆」の声に対応する必要があり、「必ずしも後退しているとは考えない」と応答している。その上で注目すべきは、岩崎の発言――一定の「妥協」はせざるをえないとしても、「芸術家の創意を会社の企画組織との間に、どういうように折り合いをつけて行くか、会社の企画性が重要である」という発言であり、芸術をいかにビジネスとして成り立たせしめるか、芸術と経済の両立という映画に固有の厄介な問題を、作品企画の問題として提起している点が重要である。そしてこれに呼応するように、亀井の商業主義批判に応えてプロデューサーの松崎啓二が「商業主義とは何であらうか。プロデューサーとしては更にあたる映画を作りたいし、芸術的な欲望を満足させたい意味でもっとゼイタクを言ひたい」と、「あたる」かつ「芸術的な」作品を、と述べていることは、組合による商業主義批判の一面性を突くことによって、岩崎のいう「折り合い」の問題を主体的に受け止めた発言として逸することができない。

その上で、これを受けて亀井文夫が、「より観客を動員し、より儲かる映画に毫も反対するものでない。商業主義の実体は、タイハイ、煽情等観客の弱い面え甘へて行く傾向である」と述べ、商業主義を大衆の劣情に訴える類いの作品傾向と特定することによって、健全な娯楽性ともいうべき内容を含んだ「儲かる映画」を否定しているわけではないと述べていることはさらに興味深い。東宝の作品企画の少なさも、一つには、当時業界が向かっていた「煽情」的傾向はむろんのこと、娯楽一辺倒の作品もまた完全には肯《が》んじえないとする作家やプロデューサーたちの芸術的志向性（および政治的志向性）の強さによるものでもあったことは、充分に留意する必要がある。

かくして〝大衆芸術〟としての映画を、いかに内容豊かに作り出していくか、このほとんど命題ともいうべき課題が、多かれ少なかれ企画委員たちを深くとらえており、そのことがこのテーマを審議会の公式な議論の俎上に上らせたということは強調しておくべきであろう。後に、経営陣の交代と経営危機の深化を背景として、製作本数の増大が取り上げられた際、この問題は再びやや異なった文脈で議論されることになるが、それは後に立ち入って検討する。

最後に、審議会の最も主要な議題である企画内容の審議の実態について、三つの企画案を例に取ってみておこう。

4　作品企画の審議

『北海の人』（〔製作〕担当）田中〔友幸〕（脚本）黒澤〔明〕（演出）谷口〔千吉〕

（谷口）　本読み

北海のニシン漁場に働く季節労働者とその網元とのカットウ《ママ》を描く

。（スケール）一ステージ　約二五日　ロケ　三〇日　実景ロケ　一四〜二〇日　他に特殊技術

。一月二〇日頃からロケハン　三月一五日から本隊ロケ　此れ以前に二〇日位実景ロケ

。（配役予定）鉄—三船敏郎　ジャコ萬—月形龍之介又は小沢栄太郎　九兵エ《ママ》—進藤栄太郎　宗太郎—藤原鶏太　ユキ—浜田百合子　教会の少女—若山セツ子

。八〇〇〇ft以内　改訂を考えている

（意見）

谷口「スタッフとして改訂につき次のことを考えている。一、全般にけづること　二、九兵エの締めくくりをもっとはっきりしたい。それには漁季を終って帰る労働者に金を払うまでのドン欲な九兵エと長男鉄との対立がもっと描かれなければならないと思う。三、鉄のヒューマニズムを色濃く押し出したい。」

亀井「古い労働形態の上に鎮座している網元九兵エをどう批判するかが問題である。徹底的に批判すべきではないか。」

宮森〔美術〕「鉄が岩見重太郎的なヒーローとしてしか描かれていないのではないかと思う。大学のニシンをとりに行くのだと云う歯の浮くような台詞は考える余地がある。」

亀井「あれでいいのではないかと思う。生産しても後の分配の問題がある。」

山形「詰る所は九兵エの血の涙の流させ方だと思う。」

滝沢〔英輔—演出〕「全般に単的《ママ》な処理が必要だと思う。」

（題名について）

北海の人、ジャコ萬と鉄、北海の密猟者、北海の狼等がスタッフの間で考えられている。

（結論）

三二期レパートリーとして計画生産遂行のために、費用、日数、処理について二、三日中にぎりぎり可能な確定的プランを作る。（「一九四八年企画審議会議事録」第一回　一九四八年一月一〇日）

ここでは、後に『ジャコ萬と鉄』として公開された谷口千吉監督作品の製作スケデュールと内容の検討が行なわれているが、議論の焦点は、網元九兵衛と息子鉄の社会的性格をいかに造型するかについてである。が、この段階ではなお充分に議論が詰まってはいかず、むしろ「三二期レパートリー」として確実に完成させるために製作スケデュールの遅滞なき進行が要請されることによって、内容の詰めは、谷口とともに脚本を書いた黒澤明に事実上委ねられていった様子がうかがわれる。

『女の一生』（製作）担当）井手〔俊郎〕（脚本）水木〔洋子〕八住〔利雄〕（演出）亀井
（井手）本読み
（梗概）修平と洋子は印刷の労働者だ。二人は愛していた。恋愛そして結婚。二人の夢は美しく彩られていた。修平は母（たき）一人子一人の生活であった。洋子は父（源蔵）と弟の生活であった。修平はたきの反対を押しきって洋子と結婚した。洋子は結婚の日源蔵から「結婚したら心も体も夫にささげるのだ。女はいつでも我慢するんだ」と云われた。二人は工場に働きつつ夢を生かそうとした。だが、修平を独占しようといふたきは、何かと洋子に辛くあたった。生活はかたい壁にぶつかった。たきの洋子に対する圧力は世に云う嫁いぢめの形でなされる。労働者にとって仕事は命であった。家庭の生活は苦しかった。たきは修平に離婚しろと迫っていた。咲子は古くからこの工場で働く労働者で赤ちゃんがいた。咲子が生活の担い手であった。虐げられた女性の職場での労働は苦しいことであった。ついに咲子の赤ちゃんは工場で死んでしまう。洋子は妊娠していた。転換した職場での洋子には激しい労働であった。ある日洋子は倒れる。

たきの家―今日新しい生命が生れる。工場の同僚がお祝いに押しかける。たきはにこにこして応接する。工場の育児施設を組合の力でかちとった。お母さんは赤ちゃんを連れて乳飲ませに来たらいいという。たきには溢れるような喜びであった。

。新人第一回脚本　今日から八住氏が手を入れる。

。意見

関川〔秀雄―演出〕「面白い。修平の取扱い方をもっとはっきりしたらいい。」

米山〔製作〕「たきの心の変化が大切だ。」

江口〔企画〕「単なる嫁いびりの形ではいけないと思う。」

佐々木〔会社〕「解決がまだ浅薄ではないかと思う。一般的ないぢめ方のために具体性がない。たきの心機一転は孫の出産に強く結びつけたらと思う。自動鋳造機の据付けは労働者に時間を与へる方向に発展して欲しい。育児施設その他は一歩一歩獲得されて来た理想であるというように持って行くことがいい。克明であることは長所だが、もう少しカット出来ないか。」

伊藤〔武郎―製作〕「前半と後半が分裂している。前半からはああいう結末になるとは思へない。」

亀井「恋愛―結婚―その壁を破って発展。この三段階に於ける愛情の育って行く形を計画した。修平と洋子が同志愛にたかまって行くモメントが、まだシナリオに出ていない。現在それを考へているが、まだアイデアが決定していない。たきの変化には労働者のたきの目には見えないけれどその圧力によってひきづられて行く形を意図した。『女の一生』という題名は、明治を生きて来た古いタイプの女タキ、大正を生きて来た咲子、そして新しい時代を生きる洋子、この三代の女からのものだ。共稼ぎということについて。労働者は自分の仕事そのものに対しては断ちきれない愛情をもっている。仕事と生活は切りはなせなくなっている。

そのことを強く裏づけるために、工場の持主を高利貸に設定しようと考えている。」
。結論　本日の希望を考慮して、脚本改訂。（同　第四回　一九四八年一月一四日）

この『女の一生』は、水木洋子の第一回執筆脚本（それに八住利雄が手を入れたので共同脚本となる）をドキュメンタリストとして名高い亀井文夫が監督した作品であり、修平の母親たきと嫁洋子との確執とその和解を縦軸に、修平と洋子が勤める印刷会社での新鋭機械の導入による合理化問題を横軸に展開される。ここでの議論の焦点は、たきと洋子との確執が子供の誕生を契機に緩和されていくプロセスについて、その必然性が説得的に描かれていないというところにある。とくに注目すべきは、経営側の製作責任者佐々木が「解決がまだ浅薄ではないか」といい、プロデューサーの伊藤武郎が「前半と後半が分裂している。前半からはああいう結末になるとは思へない」と述べているそのストーリー展開の無理についてである。亀井は、これに対して「たきの変化には労働者のたきの目には見えないけれどその圧力によってひきづられて行く形を意図した」と答えているが、しかしここで問われていたことは、「たきの目には見えない」労働者の「圧力」が、どのように「たきの変化」をもたらしたのか、どのようにたきが「圧力によってひきづられて行」ったのか、その「変化」、その「ひきづられ」方を、いかに描こうとしているのか、についてであった。が、ここではこうした点についての説明が充分に行なわれてはいないことに、留意すべきであろう。

他方、佐々木が「自動鋳造機の据付け」を合理化問題としてばかり描くのではなく、「労働者に時間を与える方向」つまり作業の軽減という視点も盛り込んでほしいとして、新鋭設備の導入のポジティヴな側面を描くことも求めたのは、経営側からの視点とはいえ、興味深い。こうして以上の意見をもとに脚本は改訂されることになった。(1)

『白い野獣』（仮題）（製作）担当本木（荘二郎）（原作）田村泰次郎（脚本演出）成瀬巳喜男
　構想、ストーリー　田村氏と打合せ中

企画案紹介（本木）

。中流以下の家庭の娘たちは終戦後の経済的な圧迫と性の解放から闇の女と紙一重の危険な状態にある。生活的なリアリズムを通じて、現在の親たち、娘たちへの警鐘にしようとするもの。

。油っこいどぎついもの、田村氏のもっているいいものを受取り、肉体こそ思想であるという田村氏の考え方、結論に持って行く気ではない。

（意見）

。ただ紙一重であるということではなくてそれから飛躍して性のモラルまで発展して欲しい。

準備確認（東宝撮影所「企画審議会議事録」第二〇回　一九四七年十一月一四日）

『白い野獣』
製作　田中友幸　脚本　西亀元貞　成瀬巳喜男　演出　成瀬巳喜男
田中「。朝映〔朝日映画〕で『家なき天使』『授業料』をやった西亀元貞氏が脚本を書き、第二稿は十二月に出来た。私達としては出来るだけいいものをと、成瀬さんとの協力で稿を重ね、今日審議するものは第五稿である。題名は最初『夜の人形』で始めたが、本木プロ〔デューサー〕と相談して、『白い野獣』にかえた。
。スケール（セット三〇日　ロケ　一〇日以内　第一次企画予算三九〇万円）
。配役は山村〔聰〕、三浦〔光子〕を予定、女医はこの撮影所にいない。他は全部この撮影所の演技者でいけると思う。（河野〔組合〕質問、出来るだけ撮影所専属俳優を調査すること）
。七、五〇〇尺
（田中）　本読み
（製作意図）
闇の女の存在は、大きな社会問題でありながら、たいていの場合、単に現象的に、あるいは興味本位にとりあつかわれている傾向はないだらうか。『白い野獣』は、闇の女の肉体的敗北を描いて、この問題の解決に一つの暗示を与えようとするものである。

（梗概）

　啓子はマリといっしょに、闇の女の収容所「白百合寮」に収容された。白百合寮の寮長泉は、闇の女は社会の欠陥から生まれたものであると考え、まじめにはたらくことに喜びを感じさせることが、彼女達を更正させる道であると信じて、規律ある作業をさせると同時に、自由を与え、人間的な取りあつかいをしていた。啓子は自分の体は汚れていないと信じている女だった。はじめ、啓子は事務員のとりあつかいにはもちろん、寮長に対しても反抗的であった。ある日、婦人風紀委員の一行が白百合寮を視察にきた。風紀委員の高圧的な精神訓話の中途で、啓子は傍若無人に哄笑したあげく、風紀委員の面前で、世の中の男をののしった。風紀委員は、泉の補導方針を難詰した。しかし泉は彼女の信念をまげなかった。啓子を「姉さん」と呼んでいたマリが妊娠しているとわかった時も、泉はマリをいたわり、はげましてやった。

　啓子は、日がたつにつれて、泉の大きな愛情に眼《ママ》ざめていった。そしてはじめから啓子に好意を示した美ぼうの女医中原と泉を結びつけて考えるようになった。ある夜、啓子は泉の悪口をいった玉枝とつかみあいのけんかをした。このため、翌日の外出は中止になったが、中原は夜おそくとんで来て、傷の手当をしながら、やさしく啓子をいたわった。啓子は、おとなしく作業に服するようになった。突然、病魔におかされていた玉枝は、気が狂い、精神病院に送られて死んでしまった。

　白百合寮には、規律ある静かな日がつづいた。やがて、啓子も病毒のために目をおかされはじめていることを知った。泉の存在によって、泉の愛情によって眼《ママ》ざめてきた啓子は、はじめて肉体の敗北を信じなければならなかった。マリがあたたかい愛情に身まもられて、すこやかに男の子を生んだ。夜、啓子はどん底にたたきのめされていた。啓子の眼は見えなくなるだらう。しかし、どん底にたたきのめされた時、はじめて啓子の更生のスタートが切られたと云えよう。眠られぬ啓子が、窓の外に眼を向けたとき、マリを見舞ってきた泉と中原が暁の寮庭で幸すくない人たちのための努力を誓っていた。
。意見
河野〔組合〕「啓子を救う手段としては、まだ安易でないだらうか。病気になることによって救われて行くことでなく、例えば恋愛を通して――救って行く方がもっと感動を与えるのではないだらうか。」
田中〔友幸〕「啓子という女が、過渡期的な現象の中でどういうふうに直って行くか――肉体の敗北と愛情への復帰、それによって精神の可能〔性〕を知り、新しい発展へのモメントを暗示しようとした。その暗示までは行っていると思うが。」
藤本「新東宝では『悲しき抵抗』大泉・吉本プロは『肉体の門』松竹京都は『夜の女たち』東横は『春婦』というように、今年は各社ともパンパンものをとりあげる。東宝でやるのは正しい健康な角度でやりたい。『白い野獣』の角度はどうか。そういうことで問題にしたらいいと思う。」
亀井「此の作品には善意の精神がある。」
藤本「結末に於て、作者の根拠が揺らいでいると思ふが。」
成瀬「最初は啓子を自殺させたが、自殺は検閲で思わしくないので、こういうふうにしたが、まだはっきりしていない。」
山形「啓子がもっと追はれないと意図が出て来ないのではないか。もっと啓子中心に描かれていいのではないかと思う。」
望月〔衛　資料調査―オブザーバー〕「啓子を母性愛で解決してしまっている。もっと大きな事件で解決されたらいい。北條民雄『命の初夜』性病版――なにか離れ小島の話という気がする。」
宮森「『第二の人生』でやった失敗を繰返さないことを望みたい。やるんだったら一刻も早く製作に入れることが必要である。」
亀井「作者は実に人間的な態度で、救えるものなら何とかして救おうとしていると思ふ。」

田中「救うという萌芽を見せるところまでは来たと思う。」

亀井「離れ小島という感じ。これが私には面白かった。日本政府のする社会事業というものはお座なりである。然しその中で働いている人々は情熱をもってやっている。所謂社会事業と人間的事業の対立が非常に面白いと思った。」

佐々木「作者は救えるなら救おうとして真面目に追求して行った。それでも救えない人があった。作者が最後まで救おうとしているのは啓子である。作者が啓子をどういうふうに救おうとするか。これがドタン場であるが、その解決が私にはまだ納得出来ない。啓子のあやまった考えというものが概念的なものでは駄目だ。解決まで来る間の啓子の言葉が、本心をかくしているセリフではないかと思える。啓子の精神的変化が描かれ足りない。もう少しイプセンの戯曲的な色彩を欲しい。もう少し作者の透徹した眼を希望したい。もう一度読まして欲しい。真面目ないい作品だと思う。」

菊池〔記録―オブザーバー〕「この観客は若い人たちだと思う。この観客に対しては社会的欠陥をえぐるだけでなく、正しい恋愛観、貞操観の暗示を欲しい。女医中原は啓子に追求されて、はぐらかしているが、もっと科学者であっていいのではないか。」

成瀬「最初の稿では女医がつめたかった。直してあたたかみが出て来たが、科学的な点がぼけて来た。」

宮森「是非作るべき映画である。」

藤本「今日のいろいろの意見を参考として改訂するのだが、三二期レパートリ〔ー〕に入れることはいいか。」

宮森「早速製作を開始する準備をして欲しい。」

――三二期レパートリーの一つに入れることに決定――

田中「スタッフ（演出助手）川西（美術）平川透徹（撮影）玉井正夫（録音）三上長七郎（照明）島百味で、準備を平行し、三月三日セット入りに間に合わせたい。」（「一九四八年拡大企画審議会議事録」第六回　一九四八年二月一一日）

ここでは、すぐれて戦後的社会状況を映し出す「闇の女」の更生施設を舞台として、彼女たちの人生の挫折と再生をテーマとした成瀬巳喜男監督予定作品『白い野獣』が取り上げられ、検討されている。すでに十一月の審議会において、田村泰次郎原作でありながら「田村氏のもっているいいものを受取り、肉体こそ思想であるという田村氏の考え方、結論に持っていく気ではない」として企画案が紹介されてから三ヵ月を経過し、当初の構想を大きく変えて再び提出されたものである。十二月の第二稿を経てすでに第五稿まで改訂され、一定の水準に達してはいるものの、「もっと啓子中心に描かれていいのではないか」（山形）というようにストーリー展開においてなお焦点が充分絞られていない嫌いがあり、そのことが多くの議論を喚起している。

「離れ小島の話」（望月）のような一種の社会的に孤立した場を舞台として、そこで「政府のする社会事業」でありながら、それとは異なる「人間的な事業」（亀井）として営まれる試みが「非常に面白い」（同）と評価される一方で、ストーリーの核になる「作者が啓子をどういうふうに救おうとするか」（佐々木）その「ドタン場」（同）が充分に説得的に描かれておらず、また「啓子の精神的変化が描かれ足りない」（同）がために、「その解決が私にはまだ納得できない」（同）という不満を呼び起こしている。

しかも想定される若い観客層に対して、「社会的欠陥をえぐるだけでなく、正しい恋愛観、貞操観の暗示を欲しい」（菊池）というような別種の次元の要望も加えられている。とはいえ、「真面目ないい作品だ」（佐々木）「是非作るべき映画である」（宮森）というように、総じてテーマそのものに対する評価は高く、結局改訂を前提に三二期のレパートリーとして組み込むことが決められた。

(3)評価

以上にやや立ち入って検討してきたように、企画審議会は作品内容の検討を中心に作品企画の基本的方向づけや製作スケデュールの検討なども含む企画の根幹をなす事柄について、経営側、組合側、各職能の代表が議論し、決定権限は会社にあるとはいうものの、実際には各代表の合意のもとに意思決定する機関として機能していた。そこから明らかとなった注目すべきことの一つは、演出家や脚本家たちの作品解読力は当然として、むしろ会社側の製作責任者として出席していた藤本と佐々木の作品を評価する鑑識眼の高さについてである。彼らは、作品が有する芸術的燃焼度を、脚本家のプロット形象力、時代状況、観客の選好、経済的採算などを充分に考慮しながら評価することができるプロであった。その時々の時代状況が生み出す独自の空気を背景に、人びとの意識・心情・願望に触れる作品を、いかに採算ラインに乗るものとして芸術的に造型していくかを問われ続けてきたのが彼ら映画製作のラインの管理者であるのならば、企画の絶対数の不足などの不手際は無視できないものの、作品企画の決定におけるその眼識の確かさは貴重であるというべきであろう。

企画審議会について、いま一つ注目すべき点は、組合代表はいうまでもないが、各職能の代表もまた全員が組合員であり、したがって組合の発言力の強さが企画決定に大きな影響を与えたということである。とくに拡大審議会の場合には、各職場からオブザーバーとして多くの組合員が出席したから勢い組合の発言力は強くならざるをえなかった。もっとも、これまでの検討では、資料の制約から組合の発言力の強さがストレートにあらわれている場面は多くはない。しかし演出家たちの述懐は、むしろ組合によって自らの芸術的意図が抑圧されたという深刻な事実を明らかにしている。

この点について、よく知られている二つのエピソードを取り上げておこう。最も著名なものは、第一次と第二次争議の間につくられた黒澤明の『我が青春に悔いなし』であり、これは久板栄二郎の脚本が企画審議会によって変更を余儀なくされたものである。黒澤は述べている。

第一次のストライキの勝利の結果、従業員組合は強力になり、共産党員の数もふえ、彼等の作品に対する発言力も強くなり、脚本審議会〔企画審議会のこと〕が生まれた。『我が青春に悔いなし』の脚本は、その第一稿を脚本審議会の意向で変更を余儀なくされて、書き直した第二稿にもとづいて作られたものだ。それは、内容の是非に関するものではなく、たまたま、類似した題材の脚本が審議会に提出されていたからだ。しかし、私には、その二つの脚本は、類似しているどころか、全く異質のものに思われた。その結果は、映画化すれば一層判然として、全く違う傾向の二つの映画が出来る、と思った。そして、その私の考えを審議会の席上で述べたが、容れられなかった。後日、出来上がった二つの作品を見た脚本審議会の連中が云った。君の云った通りだ、これなら、君に第一稿のまま撮らせればよかった、と。無責任極まる話だ。久板君（栄二郎）の第一稿は、素晴らしい脚本だったのに、こういう無責任な人の手で葬られたのは、今考えても残念だ（黒澤明　一九九〇　二七六〜二七七頁）。

ここにいう「類似した題材の脚本」とは、ゾルゲ事件を扱った楠田清の第一回監督作品であり、楠田は共産党員であった。黒澤が強く抵抗したにもかかわらず、脚本の変更を余儀なくされ、改変できないという久板栄二郎に無理を承知で書き直させたのが『我が青春に悔いなし』である。

いま一度黒澤の語るところを聞こう。

『我が青春に悔いなし』これについては言いたいことがある。実は、これは映画になったのよりもっといい本があったんです。ゾルゲ事件の尾崎（秀実）をモデルにしたいい本を、久板（栄二郎）さんが書いて下さったんです。立派な本だった。ところが、当時、楠田（清）君の撮る作品と似ているということになってね。僕はシナリオ審査委員会で、いわばつるし上げの形になったんだ。つまり新人の出発を妨げるのか、というようなことなんだね。もちろん僕にはそんな気持はない。たとえ題材は同じようなものでも出来上ったものは作家の個性によって必ずちがうものになるんだ、それが作品じゃないか、僕はむろんこれで楠田君よりいい作品を作りたいとは思っているが、というようなことを言ったんだがね。そこがサワったとみえて、結局脚本の後半を変えてしまうことになった。釈然としなかったね、どうも。久板さんが直せないと言うのを、無理やり頼んで、ああいう本に直してもらって……（黒澤明　一九七〇　一一六頁）。

他方、今井正もまた第三次争議で撮影が一時中断したが、争議後に完成して大ヒットした『青い山脈』の企画を黒澤の無念さがよく伝わってくる。[2]

審議会でパスさせるのに、組合の無理解と闘わなければならなかった。

あのころの争議団、組合側というかな、僕は完全に考えは同じじゃなかったんだね。僕はすぐに共産党に入党したけど、随分違うんだよ、僕自身の考え方がね。まず最初に組合ができたころだけど、『青い山脈』というのがある。そのころ組合側代表者と、会社側が半数ずつ出て企画会議というのをやるわけね。『青い山脈』を通すか通さないかという話になる。そうすると組合側は大反対するわけね。そんな石坂洋次郎なんてプチブル作家が書いた、それでブルジョア新聞の朝日新聞に載った小説を何でやらなければならないんだと。そうすると藤本（真澄）が会社側を代表して、これは日本の民衆の民主主義の目覚めを書いているんだ。男と女が一緒に歩くなんていうことはそれまでないわけよ。いいじゃないか、これから生まれかわる日本を描くシャシンなんだからといったら、そんなくだらない、ってなことといってやるわけよ。それでも、結局藤本が随分頑張ったな。じゃ、撮ったらいいだろう、他のシャシンの邪魔をしないように東宝のステージを一つだけそのためにやろう。そこで撮ればいいという。それでやっと組合側のお許しをいただいたというわけなんだ。その当時東宝なんかはエノケンとかロッパのシャシンしか撮らないのよ、ほとんどが。そういうときに、『青い山脈』みたいに本当の日本人が目覚めてくる話は必要であると僕は思っているわけよ。つまり組合が大反対なわけね。そういうことからして、今井正なんていうのはだらしないじゃないかということになっていた。大変組合側からは白い目で見られている（今井正　一九八六　二〇九〜二一〇頁）。

同じ共産党員である今井の組合に対するアンビヴァレントな気持が、よく吐露されている。実際にも、企画審議会において藤本真澄は、組合による『青い山脈』批判に対して「『青い山脈』〔の映画化権〕を買うについては不見識でなかったと考える。三〇数回読んで慎重を期した」（東宝撮影所「企画審議会議事録」第一〇回　一九四七年八月一二日）と反論し、その後も小国英雄の脚本が石坂洋次郎の原作と異なることから石坂がクレームをつけるなどの問題が出てきたこともあり、「原作者と演出者との問題はどうなるか、プロデューサーとしての見解態度如何」（同　第一二回　一九四七年九月二日）と組合に問われて、担当プロデューサー井手俊郎は「今井氏のもので行きたいと思う」（同）と答えたのに対して、組合は「演出者と作者とねってもっとねらいをはっきりすること」（同）とテーマと狙いの明確化をさらに求めている。そしてその後も、小国から脚色の狙いとテーマの説明を受けて組合は、今度は「脚本自身の問題より、あの〔原作の〕まま映画にしないとしたら、石坂氏との話し合ひをはっきりする必要がある。この処理ははっきりして置いて欲しい」（同　第一三回　一九四七年九月一六日）と述べ、これに会社が「作者との話し合いはついている。小国、今井氏が石坂氏と会って映画的に自由に改作する承認は得た」（同）と答えたのに対し、「今後も製作の進行とにらみ合わせて、石坂氏との問題をはっきりして行って欲しい」（同）と念を押している。(3)

同じ共産党員でありながら、組合を代表する委員には今井の映像作家としての感性と想像力を理解する能力・器量および作品がもつテーマの先進性や感覚的な斬新さについての理解が不足していたというべきであろう。

他方、監督以外でも企画審議会での組合の発言力の強さを指摘する者は少なくない。『青い山脈』で今井を強く支持し、経営側代表としてこの審議会にほぼ恒常的に参加していた製作責任者藤本真澄は、「映画を製作するにしても組合との企画委員会をパスしなければ製作は出来ず、映画製作の実権は組合に握られたと言っても過言ではない。会社がこうした映画をつくりたいと提案すると、かねて〔共産党〕細胞で検討し決めたとおりに順番に発言して会社案に反対し、企画は決定に至らない。途中で何も知らずに入って行って、うかつに会社案に賛成の発言でもしようものなら組合員の中の共産党の細胞の怒声をあび、沈黙させられる始末である。脚本の植草圭之助が発言し、会社の意見に賛成したので多数の細胞からつるし上げを食ったことを今でも覚えている。」（尾崎秀樹編　一九八一　一九〇頁）と述べている。そればかりではない。組合側の要請で作品の企画立案に参加した岩崎昶でさえも、「老練なシナリオライターが骨身をけずって書いたシナリオを入社二年目のスクリプターの若い女の子がコテンコテンにやっつけてしまうということが日常的に起った。芸術家の経験や才能に対しての当然の尊敬というものが職能代表や組合代表の気のつよい青年たちには欠けていた」（岩崎昶　一九五八ａ　一三九〜一四〇頁）と述べていたことは象徴的である。

むろん組合の指導部のなかには、「製作の主体を芸術家が持っていいのではないか。映画製作の大きなパーセンテージは芸術家がもっている。〔中略〕この撮影所では芸術家個人の考え方により、著しく反動的でない限り企画の相当な幅があっていいと思う。」（「拡大企画審議会議事録」第二六回　一九四七年十二月一九日における伊藤武郎発言）というような芸術家尊重の考え方があったが、しかし他方では「映画も芸術であるとしたら、組合指導者は芸術に対して、実に『体が固かった』のである。マルクス・レーニン主義の原則は、必ずしもシナリオの原則と合うとは言えない。私の記憶では、委員会の合議によってシナリオがよくなったと思われたことは、一度もなかった」（八住利雄　一九八八ｂ　七九頁）というのが、企画審議会に参加した練達の脚本家八住利雄の感想であった。(4) この八住の感想には多少の誇張があるとしても、このように感じざるをえないほどに企画審議会における組合の発言力が強かったことは、留意しておくべきであろう。

こうして、多くの作家たちにとって、自らの内的欲求に基づく作品を作りたいという願いを実現するためには、ただに会社に抵抗するだけではなく、自己を会社から守ってくれるはずの組合にも時として抵抗しなければならなかった。文化生産における芸術家の自由――〝創造の自由〟を実体化することのむつかしさが認められよう。しかし看過してならないことは、たとえ組合の発言力が強く、作家がそれに抵抗せざるをえない局面があったとしても、それは作家が自らの欲する作品企画を取り上げて、自由にその意図と目的とを説明できる場があってはじめて可能であったということである。会社の方針や作家各人の力と実績とによってむろんちがいは多少あったけれど、総じて「日本の映画は、映画会社の重役室のテーブルの上ですべてのプランが決定され、シナリオ・ライターも、監督も、その他のすべての技術家も、なんの芸術的意欲も発言権も認められず、天下り的にきめられた企画をおしつけられて、奴隷のように唯々諾々と映画を作らされていた」のであって、そうしたなかで、唯一「東宝第一撮影所」だけが「民主的な製作の機構が作られていた。」（岩崎昶　一九五八b　一七九〜一八〇頁）のであってみれば、「製作に参加する全員がすべて同位的に発言する」「あやまった形式主義」（同一七九頁）あるいは組合側委員の時とした暴走は、揺籃期の「民主的機構」が不可避的にかかえる学習過程ともいうべきものであって、企画審議会の存在意義そのものを否定する根拠にはいささかもならない。

企画審議会が、利益のためならば、占領軍による検閲の枠内で大衆迎合的な低俗作品をもつくろうとする当時の業界の動きに会社が乗ることを阻んだ、その抑制機能ばかりではなく、少なからぬ曲折があったにせよ、多様な意見の率直な表出・交換によって演出家や脚本家の作品創造の意図をより明確化させ、企画の一層の精緻化を迫り、あるいは彼らの視野狭窄や思わざる過誤を正すことによって、彼らの想像力を刺激しつつ作品形象の錬化に資したことは、充分に評価されなければならない。とりわけ第二次争議終結直後は、会社が第三組合に対する処遇問題等争議の後処理や大沢社長等経営陣の退任などに忙殺されていたこともあって、企画審議会は事実上経営側の参加なしに組合の自主的機関として機能しており、そこでは「毎日、十数時間ぶっつづけに企画、製作会議を開いた。会社側ヌキの、まるで臨時政府的な自由のあふれた日々」（植草圭之助　一九八五　一〇〇頁）を委員たちは享受し、そこから『四つの恋の物語』『戦争と平和』『銀嶺の果て』『素晴らしき日曜日』の四本の企画が最終的に残り、映画化されることになる。組合脱退派への対抗意識にも促されて、これらの作品は相対的に高い質を保ち、企画審議会が有する積極的側面をあらわすものであった。演出家や脚本家にとっていささかアンビヴァレントな思いがあったにせよ、企画審議会がもった固有の積極的意味を否定してはならないゆえんである。

ところで第二次争議終結後、組合の経営に対する発言力は格段に強化されるが、それとともに映画製作の効率性が問われることとなった。一九四七年七月、前年に引き続き開かれた「第二回全国映画芸術家会議」において、藤本真澄は「東宝の製作については、重大な問題がある。それは能率の問題である。数の上では、この一年間に、東宝は、二一本しか作っていない。これは大映三一本、松竹二八本、という生産にくらべて、能率が低下していることを示している。」それは「製作スタッフの計画性の不足ということもあるが、それ以上に、技術者の練度の不足と、撮影所の設備、器材の消耗と、故障とによる労働効率の低下が、最大の原因である。」(「第二回全国映画芸術家会議」(一九四七)における藤本真澄発言　一三〇～一三一頁)と述べている。前年と同じく自由映画人集団主催の会議ということもあって、ここでは技術者の能力不足と器材・設備など物的条件の劣化に主たる原因が求められ、注意深く組合の規制には触れられていないが、しかし後に第三次争議において会社側が人員整理の最大の根拠を、組合規制による効率の低下に置いているところからも明らかなように、製作効率の低下については、物的制約要因とともに組合規制の問題も看過できない。

すぐ後に触れる、労働時間規制などはその端的な例であるが、注意すべきは、それとともに作家たちに固有の芸術的執念を組合が事実上追認したという側面があったことである。例えば、松井須磨子と島村抱月の恋愛を扱った山田五十鈴主演、衣笠貞之助監督の『女優』の撮影について、藤本真澄が製作協議会の場で「会社に通告なしのとり直しが多く、スケヂュールが組まれては会社としては困る。会社として警告を発したが、統制をして行きたいと思っている」(東宝撮影所「製作協議会議事録」第二九回　一九四七年十一月八日)と組合に注意を喚起したのは、そうした事情を裏づけている。(5) そしてより直截的には、一九四七年の少ない製作本数の現状を踏まえて、「芸術家の尊重は度を越してはいけない。今年度組合は芸術家との分裂をさけるために尊重しすぎたきらいはなかったか」(「拡大企画審議会議事録」第二七・二九回　一九四七年十二月二五日における山田典吾発言)と問う会社側管理者に対し、「組合は決して芸術家を甘えさせなかった。組合は質的確保のために、一つの橋頭堡獲得のためにやったのだ。質的な成功は明らかにプラスであった。プラスの点はこれからも確保されるであろう。マイナスの点があったことは認めるが、マイナスの点はこれからどんどん切り捨てて行ける可能性がある。質の向上は明〔ら〕かに来年度の跳躍台になった。」(「同」における宮島義勇発言)と応答しているところからも明らかなように、組合は監督の実際の製作活動に対して一定の規制を加えつつも、しかし会社との関係においては、監督たちを守る役割を果たしていたことは看過してはならない。

第二節　職場規制

(1)労働時間規制

組合の発言力は、右にみた作品企画におよんでいるところからも示唆されるように、賃金や労働時間など通常の労働条件だけではなく、人事関係の事柄にいたるまでその領域はかなり広い範囲におよんでいた。とくに労働者にとって基本をなす賃金については、戦後直後期の壊滅的な経済状況を反映して食糧をはじめとする深刻な物不足が激しいインフレーションをもたらしたから、賃上げ交渉が毎月行なわれ、組合は後追いながら前月比大幅プラスの賃上げを着実に獲得している。経営危機が深刻化する一九四七年の夏以降は、賃金交渉も難航し賃上げ幅も大きく落込むなかで組合は前月並みを確保することに傾注するが、その実態については経営危機の深化を検討する第四章で触れよう。ここでは、組合が第二次争議以降その発言力をおよぼした重要な領域として、労働時間と人事事項の規制について検討する。

最初に労働時間についてみてみよう。改めていうまでもなく、映画の製作は、監督、俳優を中心とはしながらも、撮影・美術から小道具までさまざまな職能の専門家による集合的な協同作業であり、しかも屋内の撮影ばかりではなく、野外のロケ撮影も必要であるから、天候等にも左右されるという複雑な条件のもとに置かれている。その上、封切日をあらかじめ設定し、そこから逆算して撮影・音入れ・編集といった製作スケデュールが決められるために、天候などによってロケ撮影が遅れると他の作業が深夜にならざるをえないこともしばしばであった。こうした映画製作の物理的・人的条件からすれば、そこに法定労働時間を遵守させることがいかに困難かは、想像にかたくない。しかし、すでに第一次争議において昼休み一時間を含む拘束八時間、実労働時間七時間制を獲得した組合は、このように業界できわめてむつかしいといわれていた映画製作の現場での労働時間規制を厳格に実施しようと試みる。ここでは、『おスミの持参金』（滝沢英輔）の撮影における池部良と『女優』（衣笠貞之助）の撮影における山田五十鈴の証言によってその一端をみてみよう。

撮影は順調というか、穏やかというか、澱みなく進行してはいたが、組合員であるスタッフの表情は膠着していて、昼食時間前、十一時五五分、夕方、就労終了時前の四時四五分になると、何がなんでも、まず照明灯が切られ、真っ暗になった中で、撮影部がカメラに覆いを掛けたり、三脚を畳んで帰り仕度をする。労働時間の厳守という労使間に依る民主主義に基づいた協定に従ってのことだそうだが、「僕はおスミが好きだよ」という台詞をしゃべろうとしている途中で、五分前が来ると、極めて冷淡に、ライトが消え、スタッフはステージの外に出て行ってしまう。残るのは監督と俳優だけ。「僕はおス」で、ライトが消えると「ミが好きだよ」は、休み時間の後か、翌日に撮影される。「ミが好きだよ」から、演らされたら、どうも感情移入が出来ない。台詞の頭から、撮り直してくれませんかと頼むと、時間とフィルムが無駄だからと助監督に押し切られ、泣く泣く「ミが好きだよ」から始まるカットを撮ったのを覚えている（池部良　一九九六　五七〜五八頁）。

『女優』の撮影がおこなわれたのは、組合活動がさかんになったときで、たとえば五時になると、たとえ一カットのこっていてもライトをきって皆帰ってしまう、スタッフ会議がしょっちゅうやられて、一日の実撮影時間は二、三時間しかなく、『女優』を完成するのに半年近くかかった、というようなことからも、当時の組合のうごきを知ることができるのです（山田五十鈴　一九五三　一二〇頁）。

いささかの誇張もあるであろうが、ここから組合による硬直的な労働時間規制の一端が、看て取れる。とはいえ、こうした労働時間規制がすべての製作現場で厳格に試みられたとは必ずしもいいがたい。一九四七年の製作作品は、後に触れるが、総じてそれ以前の作品に比べて撮影日数が多くかかり、「能率の低下の結果、どうしても労働強化が避けにくくなっている。『地下街二十四時間』『音楽五人男』ことに『戦争と平和』では記録的な超過労働をやらざるを得なかった」（前掲「第二回全国映画芸術家会議」における藤本真澄発言　一三〇頁）というのが、いま一つの実態でもあったからである。実際、『新馬鹿時代』（山本嘉次郎）の製作での超過労働について「ペナルティ」の支給を求める組合に対して、会社は「『新馬鹿時代』の一日一六時間以上の労働に関しては、『戦争と平和』の時と同一方法で行いたい」（東宝撮影所「経営協議会議事録」第四七回　一九四七年十月二四日）と応答し、超過勤務手当を支払うことを約束している。組合による労働時間規制が、撮影等の具体的な進捗状況によって少なからず柔軟な対応を余儀なくされたことは、否みがたい。

(2) 人事規制

次に、人事関係事項についての組合規制を具体例によってみてみよう。

1　池部良の新東宝映画への出演問題

島崎藤村原作の『破戒』の映画化を新東宝が企画し、その主役に池部良を充てたいので貸してほしいとの申し入れに対し、会社は了承したものの、組合は当初の前向きな姿勢を検討の結果、転換して拒否する。が、この企画がその後取り止められたために問題とはならなかった事例。

会社「昨日、新東宝より池部良を『破戒』出演の為に借りたいといふ正式申入れがあった。破戒を行ふ事は森田製作担当が諒解済みであるから諒解願いたい。」

組合「池部良を新東宝に出演させる事は異議はないが、われわれの作品スケジュールを遅らせてまで池部を借《ママ》すわけにはゆかない。組合はこの問題を十分に審議する。」（東宝撮影所「経営協議会議事録」第四一回　一

九四七年九月一九日）

組合　「『破戒』問題については組合としては、東宝、新東宝の合同製作といふ事になったら協力はするが、それ以外では協力できない。」

会社　「破戒は新東宝では都合によって行はなくなったらしい。」（同　第四七回　一九四七年十月二四日）

〔ちなみに、『破戒』は、同じく池部良主演で松竹で撮影されることとなった。〕

2　デザイナーの新東宝への貸し出し問題

新東宝による東宝所属デザイナー二名の貸出しの申入れに対し、組合が職場の意向を重視して対応した事例。

組合「新東宝より斉藤〔寅次郎〕、渡辺〔邦男〕両作品のデザイナーとして北〔辰〕、小川両氏を起用したい旨の申入れを前回経協で聞いたが、組合は美術課の職場会の意向を重視し、この意向のまとまり次第回答する。なほ、他の各職場では新東宝より指名された人を借《ママ》すといふ事ではなく、撮影所の作業状態とにらみ合わせて作業に従事して居ない人でも推薦の形で借《ママ》したいといふ機運が強い。組合も今後かかる問題に対しては、この様な態度でのぞむ事にする。」（同）

3　山本嘉次郎監督のプロデューサー兼任などについて

山本嘉次郎監督のプロデューサーを兼任したいという意向を受けて、会社が組合に了解を求めた案件。

会社　「山本嘉次郎演出作品を『女優』の舞台を利用して作る事に企画審議会で決定してゐるが、このプロデューサーを山本氏に依頼したい。これは現在のプロデューサー制度を変革する意味ではない。尚、当作品のプロデューサ《ママ》・アシスタントを渉外の菅氏に兼任で担当せしめたい。」

組合「機関に諮って回答したい。」（同　第四六回　一九四七年十月一八日）
組合「組合は大体承認であるが、何故プロデューサーを山本氏にしたかをお聞きしたい。」
会社「作品を早く上げたいといふ事と、一つの試みとして行いたい。」
組合「山本氏はプロデューサー兼任を前々から希望しているので演出者全体の意見は別に異論はないが、一本作ってみて、若し作品の質が落ちる様な事があるなら、その点を批判し、又、非常に悪い場合は今後中止しなくてはならないといふ考へである。」
組合「プロデューサー・アシスタントとして菅氏を起用した理由を聞きたい。」
会社「菅氏は前々からプロデューサーを希望しており、有能な人と思はれるので起用した。企画課の職場では菅氏がプロデューサー・アシスタントになる事に関しては異議はないから渉外課から転籍して欲しい希望を持っている。」
会社「当分、席は渉外課におき、この作品に限りアシスタントをやって貰いたい。転籍は今後の問題にしておきたい。」（同　第四七回　一九四七年十月二四日）

4　職区長への昇任人事について

第七職区長に営業部の役付き担当者を推薦したいとする会社の申し出に対して、組合が検討すると応答した事例。

会社「第七職区長に会社としては現在営業担当付の岩垣保章氏を推薦する。推薦理由は経理のエキスパートであり、配給、興行両会計に精通して居り積極的な製作会計を行うために適任である。審議の上回答してもらいたい。」
組合「審議するが、営業部経協で承認されたか。又徂徠氏のように対外的のこと（映連等）もやるのかどうか。」

会社「営業部経協にはまだかけられていないと思う。対外的には余り適当の人でないと考えるから、他の人にやって貰う予定である。」（同　四九回　一九四七年十一月七日）

5　組合活動について

大山郁夫の帰国歓迎大会および組合大会への組合員の参加について、会社が基本的に承認した事例

組合「大山郁夫氏歓迎大会が（十一月）一五日、日比谷で行はれるが、この大会に撮影所より文化部ブラス・バンド三名とコーラス隊一一名の参加を承認してほしい。参加氏名は後でお知らせする。」
会社「各職区長に届出、その承諾を得て欲しい。」
組合「総会に組合員の参加について会社の方針をお聞したい。」
会社「業務にさしさわりない者の全員参加を認める。詳細は製作協議会で決定してもらいたい。」（同　第五一回　一九四七年十一月一四日）

以上にみてきたように、昇任人事はむろんのこと俳優の貸し出しから監督のプロデューサー兼務まで多様な人事事項について、事実上組合側の承認を必要としている一方で、勤務時間内での組合活動については職場長の承認を前提に組合の要求を会社が基本的に認めるなど、組合の発言力の強さは際立っている。

以上に加えて、一九四六年七月、「C級〔俳優の〕B級〔俳優〕への昇進並にC級の配役に対する出演料支払の可否を査定する専門委員会」（東宝撮影所「経営協議会」第二回　一九四六年七月一八日）として「演技者査定委員会」が組合の提案によって設けられ、また同年六月から実施された公募採用の新人俳優いわゆるニューフェイスに対する教育・養成機関である「教育委員会を拡充して、ニューフェイスのみならず既成演技者の再教育まで一貫した方針を樹立し得る不偏且つ権威あるものたらしむべきこと」（同）が組合によって提案され、承認されていることも

組合の発言力の高さをあらわすものとして逸することができない。

最後に、組合の規制にかかわるいま一つのよく知られているエピソードに触れておこう。東宝は、すでに触れたように、戦後、俳優不足を補うため一九四六年六月から新人の一般公募を〝ニューフェイス〟の募集としてはじめたが、その審査委員会にも労働組合から委員が入っていた。後に多くの黒澤映画の主役として起用されることになる三船敏郎は、そのニューフェイスに応募した一人であり、(6)彼の採用をめぐって組合側委員の反対とそれに対する黒澤の意見とが衝突したことは、よく知られている。黒澤は、次のようにその時の情景を描いている。


私は、昼食もそこそこに、試験場へ行ってみたが、そのドアを開けてぎょっとした。若い男が荒れ狂っているのだ。それは、生け捕られた猛獣が暴れているような凄まじい姿で、暫く私は、立ち竦んだまま動けなかった。しかし、その男は、本当に怒っているのではなく、演技の課題として与えられた、怒りの表現を実演して見せていたのである。その演技を終えた若い男は、ふて腐れたような態度で椅子に掛けて、勝手にしろと云わんばかりに、審査委員を睨め廻した。私には、その態度がテレかくしの仕草だとよく解ったが、審査員の半ばは、それを不遜な態度と受取った様子だった。私は、その男に不思議な魅力を感じて、審査の結果が気がかりだったので、セット撮影を早めに切り上げて、審査委員会の部屋を覗きに行った。その若い男は、山〔本嘉次郎〕さんが極力推しているにもかかわらず、投票の結果落第ときまった。私は思わず、ちょっと待ってくれ、と大きな声を出した。

審査委員会は、監督、キャメラマン、プロデューサー、俳優による映画製作の専門家と労働組合の代表者達で構成されていたが、その両者の人数は同数であった。当時、労働組合の勢力が強く、何事にも組合の代表が顔を出し、決議はすべて投票による事になっていたが、俳優の審査や選考までそれを適用するのは、行過ぎだ。いや、行過ぎも程々にしろ、と私は腹に据えかねたので、待ったを掛けたのである。俳優の素質を見極め、その将来性を判断するためには、専門家の才能と経験がいる。俳優を選考するのに、俳優に関して専門家の一票も門外漢の一票も同じ一票だと考えるのは、宝石の鑑定は、宝石商にやらせても、八百屋にやらせても同じだ、と考えるに等しい。少くとも、俳優の選考に関しては、その道の専門家の一票は、その道には素人の一票に比べて、三票或いは五票に価すると考えて投票の計算をやり直してもらいたい、と私は強く主張した。審査委員会は騒然となった。反民主主義、監督専制主義だと叫ぶ者もいた。しかし、映画製作畑の委員は、すべて私の提案に手をあげたし、うなずく労組の代表もいた。結局、審査委員長の山さんが、問題の若い男の俳優としての素質と将来性について、監督として責任を持つと発言したので、その問題の男は危いところで及第した。この問題の若い男が三船である（前掲、黒澤明　一九九〇　二九五〜二九七頁）。

黒澤は、組合が強い発言力をところかまわず行使する、その「行過ぎ」が「専門家の一票も門外漢の一票も同じ一票」だとする悪平等を結果しているというのである。この黒澤の組合批判は、文化生産において組合規制が硬直的に実施されるならば、いかにネガティヴな影響をおよぼすことになるか、を照らし出して貴重である。

第三節　生産復興闘争

(1)日映演の闘争方針

組合による経営への発言と規制は、上に検討したように多岐にわたる経営事項におよんでいるが、注目すべきは、そうした規制の異なる文脈での発現として、組合が生産のイニシアティヴを取ろうとする試みが行なわれたことである。当時、既存の社会・政治体制の崩壊と経済的破綻というすぐれて戦後直後の時代状況を背景として、産別会議主導のもと労働組合自らが自己を生産の主体として位置づけて積極的に経済再建に乗り出すという運動がさまざまに試みられ、産別会議の有力組合である日映演も、したがって東宝の組合もまたその試みに深くコミットすることになる。それは、経済危機下での組合による経営規制の特異なあらわれというべきものであった。

日映演は、結成以来労働者の労働条件の引き上げに加えて、経営側の生産サボタージュなどに抗する労働者の手による経済再建（およびその隠された意図としては、それを「現内閣を打倒し、民主政権を確立」する運動へと「組織する」（「拡大水曜会議事録」一九四七年一月二二日）という生産管理闘争後の産別会議の方針を踏まえて、労働者自身の主体的な取り組みによる映画演劇産業の復興を重要な運動課題として掲げた。すなわち「侵略戦争の破滅の結果、当然起った社会経済の諸条件の影響を受け、映画演劇の生産は崩壊の危機に直面してゐる」にもかかわらず、「映画演劇企業資本家は依然として利潤追求のみに汲々として、生産復興に毫も尽力せぬのみかその利潤を他へ投資し、或ひは買弁化する等益々生産を破壊にみちびかんとする徴がある」との認識を前提に、それゆえに「われわれ映画演劇の勤労者は、全産業の組織労働者及び進歩的文化団体と総力を結集し、自主的に且つ全精力を傾けて阻むものを排除して生産復興の実を挙げ、映画と演劇の質と量とを向上させて、勤労者の労働条件を確保すると共に全勤労者のための映画演劇を提供することに依り、全人民の民主化と文化向上を計り、祖国再興へ力を添えなければなら」ず、そのためには観客の組織化や「高率入場税」、フィルム課税の「撤廃」（映画演劇生産復興準備委員会「映画演劇生産復興指導綱領」一九四六年十二月五日）などが必要だというのである。

この生産復興の試みは、戦後の経済的崩壊を背景に製造業を中心として、はじめは自然発生的にその後は自覚的に取り組まれた当時の労働運動の展開方向のいわば映画演劇版ではあったけれど、政府による産業序列が遊技場などと同列の丙種とされて極端に低く、にもかかわらず高率の入場税のもと入場料が低く統制されていたことは、フィルムなど撮影資材の深刻な不足とともに当時の業界にとっては、切実な現実的問題であった。実際、戦時中から毎年引き上げられてきた入場税は、一九四七年四月からはさらに一律一〇割に引き上げられ、最高五円の入場料が、五円の入場税を加えて一〇円となるなど業界を直撃しており（『キネマ旬報業界特報』第二号一九四七年六月十一日一頁）、この点からも生産復興闘争の必要性が叫ばれていた。これに応答して東宝の組合では、生産復興会議を組織し「映画の文化的使命［と］当面の課題の究明」「外国映画と対抗でき得る丈の日本映画の特質的あり方」あるいは「極端な商業主義への闘争のための組織」の確立などを図るとともに「能率分科会」などの新たな機関の設置を会社に求めていくことを決める（東宝撮影所分会「生産復興会議の方針と組織」日付なし。ただし、組合の他の文書の所在からみて一九四六年十二月のものと思われる）。が、総じて一九四六年の段階では日映演全体として生産復興闘争は充分に取り組まれることなく、この試みは掛け声倒れに終わる。それは高率入場税や外国映画の増大など映画産業の置かれていた状況自体は厳しかったけれど、市場に作品さえ送り出せば娯楽に飢えた人びとにともかくも迎えられるという特異な市場環境にあったからである。とはいえ、投下した資本が確実に回収されるとは限らない映画産業にあって、輸入外国映画への依存や不動産など他分野への投資等映画製作からの資本逃避の衝動は、経営者をつねに襲っていたから、労働者による生産復興闘争の必要性はいささかも減ずることはなかった。にもかかわらず、東宝を除けば、日映演全体としてはこの闘争への取り組みは、低調をきわめる。

実際にも、日映演はその後自ら「この一年間闘争方針の中に、いつも生産復興をとりあげてきた。それにもかかわらず、その成果がわりあいに少なかったのはなぜであろうか。」と問い、「一部の組合員は生産復興の重要さを知っていた。しかし大部分の組合員の間では、職場における日常的な身近な問題として、理解されなかった。幹部もまたこの問題を組合員一人一人の問題として発展させる方法がまずかった。そのために、この闘争が本当に下からの大衆的な闘争として高まらず成果は少なかった」と分析し、その上で「しかしどこの職場にも生産復興のために取り上げられなければならない問題が山のようにあるはずである。いまこそ全組合員が一人のこらず生産復興闘争を自分のものとして強力にとりあげないならば、映画演劇産業はますますゆきづまり、ついにはわれわれの生活を破めつさせることになる」（日映演）第二回中央委員会「われわれの生活安定　起せ！　生産復興」日付なし　ただし第二回中央委員会は一九四七年七月一五日開催）と改めて生産復興闘争に取り組むように呼びかけている。しかし、ここでは「資本家階級の生産復興は、金もうけのため」であるのに対し、自分達のそれは「働く者の生活安定のため」（同）だというちがいを強調してはいるものの、なおこの呼びかけが抽象的であり、何が、どのように問題であり、いかに闘うべきなのか、について具体的な方向を提示しえておらず、リアリティに欠けていることは、否定できない。日映演は、その後の第二回拡大中央委員会において「生産復興を中心とする当面の闘争方針」を決めるが、しかしそれもまた「最低賃金獲得」、「悪税テッパイ」、「企業整備」反対、「労働協約改訂」闘争（日映演書記局「生産復興を中心とする当面の闘争方針（草案）」一九四七年九月一五日）を主な内容とする総花的なものであり、生産復興固有の闘いについては、なお具体性に乏しいままであった。

以上を踏まえて、日映演は、改めて一九四七年十一月二三日「生産復興闘争の当面の運動方針」を提起するに至る。それは、全体としてはなお網羅性を免れてはいないものの、個別の闘争方針についてはそれ以前に比べある程度具体的な内容となっており、次のように自らの業界動向に関する基本認識と闘争方向を示している。

日映演は、まず経営側が当時過度経済力集中排除法に基づく企業分割の動きをみせていたことを背景として、それに反対するべく「企業整備反対闘争」を「生産復興闘争」として組織化するように提起し、「映画演劇資本家のとろうとしていることは、企業の分散化であり、外国映画の上映による買弁資本家への道であり、その結果は、日本の映画、演劇文化を衰退させ、労働者の首切りを行うものである」から、「これに断固反対」し、逆に「企業の集中化を促進し、生産力を高め映画演劇を高度な産業に発展せしめる」必要がある、とする。そして「映画演劇の生産復興闘争の中心的課題は質の向上であ」り、「われわれは資本家のとりつつある質を犠牲とした量第一主義に反対し質の確保の闘争を開始しなければならない」というのである。

また「入場税撤廃闘争は従来よりの孤立した闘争を是正し、全労働者、農民、中小工業者に課せられている、大衆課税〔勤労所得税、事業所所得税等〕反対闘争の一環としてとり上げる」とし、他方、「映画演劇は勤労階級にとって唯一の大衆的文化財であり、しかも全国一千万余の固定観客は、その大半が現在の日本映画に失望している」現状を踏まえ、映画の「質の確保」に努めながら、「彼等を有力な支持者にすることが、日本の映画、演劇を没落から救う第一条件であ」り、そのためには「観客組織（映画演劇消費組合というもの）を組織することが必要である」という。その上で「季節的な性格から恒常的なものとなってきた」「電力危機」を打破するために、「電産労組が掲げている電気事業の社会化」闘争に「協力する」とともに、「大企業に重点的に大量の電力を供給している」現在の「電力配分に反対し、電力の適正配分のための電力よこせ〔傍点原文〕闘争を各支部において各地域において組織する必要がある」というのである（「日映演」常任中央委員会・闘争準備委員会合同委員会案「生産復興闘争の当面の運動方針」一九四七年十一月二三日　二〜八頁）。

すなわちここでは、映画演劇産業が置かれている厳しい現状を踏まえ、①企業の分散化と外国映画への過度の依存の排斥、②映画の質の向上、③入場税撤廃運動の拡大、④観客組織の創出、⑤電力配分の適正化、について各々闘いが提起されている。このうち①②④の闘いは、業界内部で対応しうる問題であるが、③の入場税撤廃や⑤の電力配分の適正化などは政府の経済・財政政策に対する闘いとして政治的性格を帯びざるをえない点は留意しておくべきであろう。その上で注目すべきは、自らの生活と雇用を守るという観点からではあるが、コストのかかる自社製作を縮小して外国映画の輸入・上映による興行収入に依存していこうとする経営側の姿勢を「買弁資本」化として排し、日本映画を守り、拡大するためにその質を向上させるとともに観客組織をつくって市場の拡大を図ろうという方向が打ち出されていることである。日映演東京支部臨時大会（日映演は一九四六年に産業別組合という性格をより強めるために組織の再編成を行ない、支部組織をそれまでの企業単位から地方単位に変更した。その結果、各企業の組合組織は地方支部の分会となった）で掲げられた「民族文化としての日本の映画・日本の演劇を守れ！」（日映演東京支部教育宣伝部「映演労働者」速報第四号　一九四八年一月一二日）というスローガンは、何よりもこのような外国映画への過度の依存による日本映画の「衰退」という自国文化の危機と労働者生活の危機に対する抵抗を内実とするものであった[7]。そしてこのような生産復興闘争の性格づけは、すでに述べたように生産管理闘争が事実上逼塞《ひっそく》させられた後の、労働者の手による産業再建という産別会議の闘争方針に基づくものであったが、より基底的には、日本共産党の闘争方針に基礎を置くものであった。この点を検証するために日映演の共産党グループが草した内部文書をみておこう。

資本家は低賃金政策と大量首切りによって産業復興を行おうとし、労働者は、勤労大衆の生活の安定と完全雇用によらなければ今日の経済的危機を脱することは出来ないと主張する。〔中略〕前者は、資本主義をもう一度よみがえらせようとする強行《ママ》手段であり、後者は歴史的必然としての社会主義への方向である。〔中略〕映画演劇は、単に利潤追求のための興行資本家の頭に描いているような企業ではないと云うことである。如何なることがあっても、今日以下に企業を縮小させるとか、投げ出させるとか、質を低下させるとかするものと闘わなければならないということである。映画演劇は今日では民族の文化を培養する最大の武器となった。〔中略〕資本家が若し、外〔国映〕画のみで商売する方が、日本映画を製作するより有利だと考えて、その方向をとろうとするとすれば、民族は自身の映画文化を失うことになる。自己の文化を失い、外国文化を代位させることは、はっきりと植民地化することであって最も憂うべきことである。かかる傾向とも闘わなければならない。〔中略〕入場税は、政府が文化を抑圧する、大衆課税であるから勤労所得税と共に反対するのである。もし映画演劇が文化的価値をもたないか、又はその反対のものであるならば税撤廃を要求する資格はないのである。〔中略〕われわれの立場からも生産復興の闘争の一つの課題である。しかしこの闘争は非常に困難な、深く広い課題を含んでいる。まず、すべての映画演劇が文化的価値をもたなければならない。そして人民大衆の世論が、ほんとに悪税であることを知り、その声が澎湃と起されなければならない。〔中略〕まず組織的に世論を起さねばならない。何を以って組織に訴えるか？　作品である。一作一作を通じて、実際に映画演劇の文化的価値を示していかなければならない。作品ほど力強い証拠はないのである。〔中略〕文化的価値とは何か。それは人民のためになるものと云うことが出来る。娯楽性は最も重要な要素であるが、それも勤労人民の労働の再生産に役立つものでなければならない。不健康な劣情をそそる作品は再生産には役立たない。労働階級の階級的自覚を妨げるような作品、彼等をねむり込ませるような作品も極めて有害である。われわれは彼等のために映画演劇を作ることを根本的態度としなければならない。それが出来てはじめて入場税の撤廃は可能になるだろう（水曜会指導部「われわれの産業復興とは何か？――日映演の当面する活動方針（テーゼ）に対する基

礎的分析」一九四七年九月一〇日　三〜一一頁)。

ここで指摘すべきは、第一に、外国映画への過度の依存は日本が「自身の映画文化を失」い「植民地化すること」であるとして、それへの闘いを文化的植民地化に対する反対闘争と位置づけていること、第二に、入場税撤廃闘争を「文化を抑圧する大衆課税」への闘いと位置づけ、そのためには「作品」の「文化的価値」を大衆に訴えていかなければならないが、その「文化的価値」とは「娯楽性を最も重要な要素」としながらも「人民のためになるもの」「勤労人民の労働の再生産に役立つもの」と規定していること、の二点である。前者の外国映画の排斥理由に、雇用と生活の維持ばかりではなく文化の植民地化を防ぐという観点が自覚的に打ち出されことは、自国文化、民族文化の防衛という視点を前面化するものであり、他方、後者の映画の文化的価値を働く人びとに役立つものと明確に規定したことは、映画の「質」＝作品内容の評価規準を打ち出したものとみることができる。

とりわけ、映画の文化的価値を「人民のためになるもの」と規定したことは、作品に一定の方向性を与えることによって扇情的な大衆迎合的作品の濫作に歯止めをかける意味はもつものの、他方では高度に芸術的な作品をも排斥してしまう可能性を払拭できないという点で、作品の内容を狭めかねない危うさをもつ(8)。この点からみるならば、岩崎昶が北川冬彦との映画批評家の戦争責任にかかわる論争において、「私は、映画批評を、一つ一つの映画にそれが日本の民主主義化に役立つか役立たないかというものさしを短気に公式的にあてがうことだ、と考えている人たちにはもちろん同感できない。芸術というものは政治的宣伝ポスターではない。もっと広いものである。もっとゆたかな、もっと高い、もっと複雑なものである」(岩崎昶　一九四八c　一八八頁)と述べていたことは、注目に値する。いうまでもない。映画がその断面を切り取り描く人間の生活、人びとの人生は、「もっと広く」「もっと高く」「もっと複雑」で、そして「もっとゆたかな」ものだからである。映画は「政治的宣伝ポスターではない。」「もっとゆたかな」「もっと複雑なもの」であるという共産党員岩崎昶のこの「ゆたかな」映画観が、日映演の中枢をなす党員映画人に真に共有されていたかどうかは、疑いなしとしない。が、いずれにせよ、これら党員映画人による生産復興闘争の基本的考え方が、外国映画への過度の依存の排斥についてはそのままに、「人民のためになる」映画については「映画の質の確保」という抽象的な表現で日映演の闘争方針に織り込まれたことは、疑いのないところであろう。

(2) 生産復興闘争（I）

1 生産復興会議──一九四六年

東宝の組合は、日映演の拠点組合としてすでに日映演が生産復興闘争を提唱した当初から撮影所を中心に生産復興会議を組織し、生産を阻害している原因と業界動向について分析と議論を重ねていた。とくに第二次争議の只中の一九四六年十一月初めに数回にわたってもたれた集中的な討議は、組合が自らの置かれている状況をどのように認識し、それにいかに立ち向かおうとしているかを示すものとして興味深いが、しかしその後の撮影所の組合分裂と争議終結による製作再開とによって議論は途絶し、再び生産復興会議が開かれたのは、そのほとんど一年後の経営危機が深刻化した一九四七年十二月のことであった。ここでは、こうした状況の変化に留意しながらこの二つの時期の議論を跡づけることによって、組合にとって何がどのように問題として認識され、それにいかに対応しようとしていたのかを明らかにしよう。

まず、最初の試みの一九四六年十一月三日から数日間、撮影所で精力的に開かれた生産復興会議についてであるが、そこでの議論の中心的な論点は、（一）日本映画の危機（二）東宝撮影所の生産低下（三）外国映画の「攻勢」であり、会議ではこれら各々の原因の分析とそれに対する対応策が検討された。まず第一の日本映画の危機がいかなる原因で生じたか、については、①戦争による「直接の損害」②「日本経済の危機によるもの」（インフレーションなど）③「他の産業の生産減退によるもの」（生産サボなど）④「映画資本の生産サボによるもの」⑤「外画侵入によるもの」⑥「映画産業の機構から来るもの」などが丸山章治（教育映画）によって指摘され（「第二回生産復興会議委員会」〔一九四六年〕十一月四日）、これに基づいて意見が交わされた。

すなわち戦争の被害については、「常設館の損害を調査」し「その復旧を図る」とともに「〔常設館の〕従業員の素質を向上させること」（山本）が必要であると指摘され、またインフレに関連しては「戦争前では一本の製作費が三十万円かかったのが、現在では百万円かかってゐる。しかも三十万円時代の作品の上りを〔＝興行収入〕得ようとすれば、三百万円の製作費を計上しなくてはならぬ。故に百万円の製作費によって製作してゐる現在の作品は、インフレーションによって実質的に低下している」（山本、安藤）（「第三回生産復興会議委員会」十一月五日（午前））と、インフレのために製作費の高騰にもかかわらず戦前水準の実質製作費の水準を維持できない事情が明らかにされた。さらに他の産業の生産減退については「生産器機材は〔中略〕戦時中の焼失損害、破損のため、生産出来るものも、富士フィルムの五割減等の例に示される如く、生産は極度に低下してゐる。又それら資本家は貿易再開の暁には国産品に対する輸入品の圧迫を考慮して、生産をサボタージュする傾向が顕著である。此の際、モウケ主義〔傍点原文〕を追求すれば外国依存となり日本の植民地化は必至と見られるのである。ここで日映演の力により、国内生産を支持し、これに国内資本を投ずる様にし、ブローカー資本を利せしめないことが必要である。」（玉井）（同（午後））と輸入依存の打破が訴えられ、映画資本の生産サボタージュに関しては「映画産業の投機性等に原因し、映画資本家はその資本を安定させんがため映画生産部門に多くの資本をかけるより、むしろ営業その他の不動産の買付け方面に資本を流動させると云ふ『資本の逃避』『資本の買弁化』の現象が顕著になって来た。特に東宝はその得意とする多角経営により、土地建物への投資、地方映画館の買収方面への資本の動きが活発となり、兎角製作部面各種機械、施設の改善などはオロ《ママ》ソカになる傾向が大である」（発言者不明）（同）と経営側による映画製作からの資本逃避を危惧する声があがった。

　さらに映画産業の機構に由来するものとして、「日本映画界に封建的な面が多いと云うことは、その発生が興行本位の点より発生してゐると云うことに依る。従ってその方向に適合する機構が生まれて来た。之等が民主主義映画の発展とか、作家の自主性と云うものの阻害となってゐる。従来製作部門は常に単なる利潤追求を目的とした営業配級《ママ》〔＝配給〕部門よりの制約を受けて来た。此の際、製作部門の自主性を持つ機構の確立を計らねばならない」（発言者不明）（同）と興行資本として生成・発展してきた映画産業に固有の事情が、製作の自立性、「作家の自主性」を阻んできた要因として指摘され、その克服が課題として自覚的に取り上げられたことも無視できない。

第二の東宝撮影所の生産低下については、その原因として①会社の機構再編による現場の混乱、②会社の設備投資の不足による機械設備の老朽化と効率の低下、③組合による硬直的な七時間労働制の適用による現場の混乱、の三点が丸山章治によって指摘された。

すなわち「①機構改革が現場がその型の生産軌道にのる暇なく次々に変へられたため、生産意欲が低下し、又機構それ自体の不完全さがあった。②会社側の生産設備に対する投資なきため、器具資材が破損低下し、正規の能率をあげ得ない。③〔中略〕七時間労働制が機械的に解訳《ママ》〔＝解釈〕され、其の運営が円滑を欠いたと同時に、従業員の生産意欲が低下し、時間の不励行と云う結果を招いた。七時間労働制は労働強化を避ける制度として、その本質を充分認識し、今後適切なる運営法を以て操作すべきである」（同）というのである。これに対して「機構がぐらつくのは、会社が資本の逃避を機構の改革に変へてごまかそうとした〔からである〕。作品が労働階級の支持を得て居ないため、生産意欲が減退してゐる。」（楠田）「時間の励行は、労働者の製作の自主制《ママ》を認識することによって為されるのではないか」（代田）「七時間労働制を機械的に考へず、スタッフ会議を開いてその運営法を定めて極めて成功した」（黒澤）「七時間労働制は開始時刻が九時であれば、九時が同時にシュートすることである事を各自知る可きである」（杉江）「七時間労働制を考慮に入れたスケジュールの立て方をしなければならぬ」（矢口）（同）などの意見が出された。

このように、楠田のように会社の責任を一方的に追及するだけではなく、組合が勝ち取った七時間労働制を硬直的に運用したために生産の低下をきたしている、という矛盾にもまた眼が向けられ、黒澤のようにこれをスタッフの間で議論して柔軟に適用することで「極めて成功した」という事例が明らかにされたことは、生産復興を自らの責任で担うという自覚を実体化したものといってよい。

第三の外国映画の攻勢については、当面する最大の懸案事項として組合はその実態把握と対応策とを迫られ、議論も次のように多岐にわたっている。

「洋画の攻勢は本年〔一九四六年〕六月から三ヶ月間の次の如き概略統計によっても明らかである。日本映画　一五〇（プリント数）　六千万円（興行収入）洋画　五〇（プリント数）　四千万円（興行収入）〔○〕其してこの様な数字は次第にその数を増して、日本映画が圧倒される危険性が考へられる。斯くの如き状態は結局資本家にまかせてゐた結果であって、前のやうなやり方を積極的に改革しない限り進展は有り得ない。それにはわれわれの日映演の力を強力にして、われわれに有利な団体協約を結びこちらから強力にプランを提唱し、積極的に押し進めて行かなければならぬ」（山本嘉次郎）

「つまり資本家が買弁化する傾向があり、資本の逃避を行ってゐるために、映画製作のための資本が映画の再生産のために正確に使はれてゐないことである」（久保一雄）

「戦争によって破壊された映画館、進駐軍に譲渡した映画館又は地方の映画館が洋画専門に転向してゐる今日、日本映画の観客層が一向に増してゐないことが問題である。洋画に転向した傾向は日本映画の力が弱まってゐて、魅力が失はれてゐることが原因であり、洋画の攻勢とは思へない。現代のセントラルでは、本格的な攻勢はとり得ないから、昔のやうに八社〔外国映画の日本支社〕が攻勢を取ったとすると、日本映画はひとたまりもないと思ふ。この問題は今から考へておかなければならない。そのためにも日本映画の技術の低下は充

分に検討されなければならない」（筈見恒夫）（「第一回生産復興会議委員会議事抄録」（一九四六年）十一月三日）
「外画の侵入により、生産の少いフィルムが一部外画のプリントにさかれ、外画と競争せんが為更に生産コストの引下げ及び外画の収入が為替関係で国内にストップされるため、外国資本の国内マーケットへの投資が考へられ、亦国内資本の買弁化が促進される傾向が大である」（発言者不明）
「興行の歩合については外画が天引五分であるに対し東宝映画は五分五厘から六分位であるため、外画を上映する方が常設館にとっては有利なのではないか」（山本）
「外画の上映が行はれることにより、映画会社に於ては興行収入より営業収入の方が良いと云う様な現象を生じてきた。即ち常設館は外画を上映すると云う事を希望する様になり、亦資本家は製作部門より営業方面により多くの資本をかけると云う様な傾向になって来た」（清川）
「アメリカの投資により上海に世界第六の大映画劇場が建てられる事になった。やがて我国にも外国資本に依り丸の内辺に一億数千万円の劇場が出来る可能性がある」（山本）
「天然色映画その他の優秀なる米国の輸入によりモノクローム映画すら完成してゐない日本映画は、技術的危機に直面する」（玉井）
「日本映画の生産の量を向上すると共に、日本独自の美を追求した日本映画の質の向上を計らねばならない」（久保）
「従って、外画侵入に関する対策として、一、新しき映画市場の開拓、映画観客層の拡大　二、日本映画の質的向上（日本美の探求、技術的向上、製作ヒの向上）　三、日本映画の生産量の向上（即ち生産拡充によって外画進出に対抗するのが現在最も妥当である）」（「第三回生産復興会議委員会」十一月五日（午後））
以上のように、外国映画の攻勢の原因は、日本映画の質と技術の低さ、観客数の停滞、映画資本の買弁化、常設館にとっての洋画興行歩合の有利性に求められ、これへの対応策として日本映画の質の向上、観客層の拡大、製作量の増大の必要性が強調されたのである。外国映画の攻勢を被害者的観点からではなく、日本映画に突きつけられた自己の問題としてとらえ、その質的向上・量的増大を図ろうとする方向が打ち出されたことは、生産復興の主体意識をあらわすものとして貴重である。そしてこの外国映画の「侵入」への「対抗」姿勢は、後に第三次争議において「民族文化を守れ」というスローガンとして、定式化されることになる。

以上に加えて、東宝内部の問題として議論されたのは、撮影や美術などの技術者を中心とした人材育成の問題であり、そこには戦争のもたらした負の影響が影を落している。すなわち「人材は戦死その他の損失に依るよりも、新人登用の道が阻害されたことが多い。生産復興は各職場に於ける新人の登用に俟つこと大なり。」（筈見）「新興資本に対する既存資本の圧迫の結果、それらによって登用される可き新人の道が阻害され、従業員を保守的ならしめ、更に一切の新人から希望を失はしめた。」（松崎）「戦時中、天然色映画、新しい現像、撮影、録音法などの技術研究が中断されたため、技術精神の低下と成って、ＯＢと新人との間に実力の差が生ずる結果となった。各部門に於ける新人のための研究機関、登用機関を設けるべきである。」（山本、野村）（同（午前））というのである。

戦時下、新しい技術研究が途絶したなかで新人への教育訓練がおろそかにされたために、新人とベテラン技術者とのスキル格差が開き、それが新人の登用を阻む要因となったとの指摘は、重要である。が、それにもまして重要なことは、今井正の「新人の養成に『賃労働と資本』などの本ばかり読ませてゐるらしいが、現場の仕事を技術的にもっと研究され〔せ〕て、七時間制の問題も映画産業の特殊性に適合するやう、正しい批判を持って運営されたい」（同）という発言である。新人への教育が組合運動のための教育に偏しておろそかになっているのではないか、新人教育本来の現場の技術的なトレーニングをきちんと行なってほしいという今井のこの勇気ある発言は、映画創造を主体的に担おうとする作家の希求に裏打ちされた本質的な組合批判として注目に値する。

以上の撮影所で重ねられた議論について、その主要な論点を営業や演劇など他部署の組合員に伝え、各々の職域・職能からする意見を徴して闘争の方向を確定するために、一九四六年十一月九日、総勢六二名の出席者によって生産復興会議が開催された。そこでは、主に撮影所と営業部との間で意見が交わされたが、その主題は、㈠製作本数の低下に対する対応策、㈡観客の組織化を含む市場の拡大策、および㈢撮影所の作品企画の方針についてであった。

第一の作品本数の問題については、「作家ノ原稿用紙デアル」「撮影所用フィルム」に「二十割ノ税」(「別冊 生産復興協議会議事録」一九四六年十一月九日、以下同じ)が課せられた上に、そのフィルム自体の「生産ガアガラナイ」ために製作本数が少なくならざるをえないとする撮影所メンバーに対して、営業側からは「作品不足ヲ外画デ補フノハ常識デアル。然シ外画上映ハ五〇%ノ収益ヲ『セントラル』ニ持ッテ行カレル為ニ如何シテモ新版物再上映デ穴ウメシタイ。其レデモ何トカ月三本ダケハ撮影所ニ要求シタイ」と求められ、これに撮影所側が「一週間交替ノ上映形式ガイケナイノデハナイカ。『ロングラン』ヲスルコトハ可能カ」と問うたのにたいし、営業は「『ロングラン』ハ出来ナイコトハナイガ『ポジフィルム』ガ不足シテイル」と応答し、結局フィルムの供給不足が生産の最大のネックであるということが、共通に認識された。その上で富士フィルムの「組合ヲ通ジテ増産ヲハカルベク運動スル」こと、および「フィルム生産原料タル石炭等ノ配給ヲ円滑ナラシメル為、他産業ノ組合ト手ヲツナグ」ことが確認された。この議論において留意すべきは、営業側が自社作品の不足を外国映画で補うことは「常識」であり、だからこそ製作本数を増やしてほしいと、映画の上映に穴を開けられない営業サイドとしての当然の意見を述べ、外国映画の排斥だけを考えている製作サイドとはまた異なった視点が、打ち出されていることである。

第二の市場拡大については、先ず現行の都市中心の配給システムの問題点が営業サイドより指摘された。すなわち「現在ノ配給形態デハ収入ノ良イ場所ヲ写真ガ上辷リシテユクノデ農村へハ新シイ写真ガマワラナイ為ニ農村デハ『ベース』ノ傷ンダ音ノ悪イ雨ノ降ル写真シカ見ラレナイノデ評判ガ悪イ。ダガ農村へ直接都会ヲ通ジナイ作品ガ廻ルノデハ農村ノ人々ハ見ニ来ナイ。都会ノ評判ヲ必要トスルノデハナイダラウカ」と。これに対し「各都市ヲ中心トシテ配給ノ『サークル』ヲ形成スルコトニヨッテ上辷リヲシナイデ写真ガ末端マデ廻ルコトガ出来ル」という意見が出るが、同じく営業から「現状デハヤハリ『ポジ』不足ニヨル『プリント』不足ガ其レヲ困難ニスル」「現在ノ『プリント』数ヲ二倍半ニスレバ全国ニフィルムガ行キワタル。フィルムノ生命ハ約四ヶ月五百回デアル」「農山漁村ニ良イ映画演劇ヲ見セルコトハ絶体《ママ》ニ必要デアル」などの意見が出され、結局この問題については「移動映写」のために映写機の増産の可能性を探ることと他産業各工場における遊休映写機の所在調査および他産業の組合を通ずる映画上映を追求することが確認された。

第三の作品企画については、営業部はその商品としての価値を厳しく評価する独自の視点を日常の販売業務のなかから培っており、その観点から批判・要望が出された。すなわち「現在ノ所デハ撮影所ノ方針ト末端配給トノ間ニ相当ノ『ギャップ』ガアル様ダ。其ノ為ニ『セールスマン』ガ苦労スル」「モット芸術家トシテノ自主性ヲ以テ骨ダラケノ作品ヲツクラナイ様ニシテ欲シイ」との営業の厳しい注文に対し、撮影所側は「作品ハ目的意識的デナケレバナラヌ」と応答し、また「撮影所ノ企画ヲ認識シテイナイ」と述べる営業に「営業面ハ従来ノ経験ノミニタヨッテイルカラデハナイカ」と撮影所が反論したのに対して、営業が「決シテソウデハナイガ現実ノ大衆ヲ忘レナイデ欲シイ」と観客である「大衆」の観点を強調していることが注目される。

その上で、より具体的に作品内容に関する議論では、営業が「『我が青春〔に悔いなし〕』程度ナラ売レル。アア云フモノガモウ二三本出タラ東宝ノ作品トシテノホコリガ持テルデアロウ。ワレワレハ収入ダケアレバ其レデ良イノデハナイ。作品ニ対スルホコリハ失ワナイ」あるいは「現在ノ観客ニ対シテハ『スターヴァリュー』ヨリハ『ストーリー』ノ方ガ強イ」と述べ、単に儲かるというだけではなく、誇りをもって売ることができる良質の作品、「スターヴァリュー」によってではなく「ストーリー」によって売れる作品の製作を求めたことが重要である。これに対し、撮影所が「ダガ斯カル新作品ト交互ニ新版物ノ旧作品ガ系統モナク出ルノワ困ル。モット選ブ時ニ注意シテ欲シイ」と、せっかく良質の新作品を送り出しても、その効果を同時上映として組み合わせる旧作が減殺してしまうことへの危惧を表明しているが、しかしそれはあくまでも撮影所の側の観点というべきであろう。これに加えて、営業として「映画題名」をよくしてほしいことや「児童ガ肉体ヲ以テ受ケトレル」「夢ノアル」児童映画の製作を求めたことも販売の最前線にいるスタッフたちの臨場感あふれる現実認識として興味深い。以上を踏まえてこの復興会議が、「製作スタッフが営業配給面ニ於ケル作品ノ動向ニ無関心スギタ。」今後は、「モット撮影所ト営業部門ノ連絡ガ必要デアル」と結論づけたことは、当然というべきであろう。

以上の数回にわたる集中的な議論を踏まえて、組合は一九四六年十一月一二日第七回生産復興会議において「ストライキ直後具体的ニ生産復興策トシテ建テルベキ緊急ヲ要スル事柄ノ草案ヲ創ル委員会」として「臨時企画対策委員会」を設置し、生産復興に具体的に取り組むことを決定した(「第七回生産復興委員会議事抄録」〔一九四六年〕十一月一二日)。すでにみた会社も加わった作品企画の検討組織「企画審議会」は、この「臨時企画対策委員会」の機能が吸収されたものにほかならない。

以上の検討から明らかなように、生産復興会議は業界が置かれている厳しい状況に対する危機感に裏打ちされ、映画製作の展開を阻んでいる原因を探り、その打開策を模索しようという組合の主体的な取り組みであった。この試みが、同じ組織に属しながら職種・職能のちがいによって差異が生まれざるをえない組合員の映画の製作と販売・興行をめぐる認識・意識・要求を、率直な議論による相互理解を通してできるだけ均し、その差異を狭めることに資する効果をもったことは看過してはならない。とくに、製作側ばかりではなく営業サイドもまた作品の内容を重視し、「誇り」をもって映画館に売り込める良質の作品を強く求めていたことは、映画という人びとにとって最も身近な文化財を興行の最前線で担う者たちの、それゆえに結びえたリアルな観客像＝大衆像に基づく要求として、充分注目に値するものであった。

かくして、この生産復興会議の議論は、その直後に起こった組合分裂によって東宝を去ることになるプロデューサーの筈見恒夫や岸松雄らも参加した忌憚のない内容であり、翌年末に開催されたものと比べても遜色のない内容であったといえよう。

2　生産復興芸術家会議

先の生産復興会議開催後、組合の分裂とその後の新東宝の創設ならびに占領軍による公職追放指名を予定した大沢社長以下森岩雄など主要経営役員の退任と田邊加多丸（小林一三の異母弟）の社長就任による経営陣の大幅な再編成を経て、一九四七年の春以降、組合は第二次争議によって中断していた映画製作に精力的に取り組む。が、後に立ち入って検討するが、新東宝との間での撮影機材等の分割もあって製作日数の増加とコスト高が避けられず、しかも製作本数が少ないために上映収入が製作コストを充分にカバーできないままに、経営の危機が叫ばれる事態に推転する。あたかも同年七月末の上半期決算は、約一、一〇〇万円の赤字となり、その累積債務は七、六〇〇万円に上った。第二組合である全映演東宝支部は、同年六月四日、田邊社長宛に「具申書」を提出し、「今や、吾々の生活は東宝企業の危殆と共にこの八月を頂点として崩壊寸前に向ひつつある」との認識を前提に、「吾々の生活を東宝企業と共に危機に追ひ込むものの、よって来る根因は凡て第一製作部」の「己れの一方の製作態度をほしいままにしてゐる」「あり方」その「製作効率」の低さにあり、そうである以上「この状態を続けて行くことの不可能なること」は明らかであって、「今日にして断乎たる処置に出でざれば、危機脱出の方途なし」として、日映演への「断乎たる処置」（全国映画演劇労働組合東宝支部、田邊加多丸社長宛て「具申書」一九四七年六月四日）を会社に要求する。[9] そして彼らもまた「われわれの生産復興運動を捲き起こそうではないか」（前掲、伊藤雅一　一九六〇　一一五頁）とその組合員に呼びかけたのである。

こうした状況を前提に、日映演の組合は同年十月、本社、撮影所、営業部など部門ごとに生産復興対策をまとめて発表し、十二月には生産復興に関する芸術家会議を踏まえて、会社側をも招聘して一〇〇名規模の生産復興会議を開催する。これは経営危機に直面した組合が、自ら主導してその打開の方途を探ろうとする試みであった。以下では、こうした経営危機に促迫された組合による生産復興に向けての再度の取り組みについて検討してみよう。

表３－１　製作指数比較表

	昭和 13 年	昭和 22 年
人員数	1083 人	1155 人
ステージ数	7	5
電力	77 万 kwh	（推定）50 万 kwh
カメラ	5	5
平均撮影日数	46.2	91.6
1 本当り平均休日日数	0	21
1 日平均労働時間	13	9.5
1 本当り総カット数	600	600
1 日平均カット数	13	8
撮影本数	41 本	12 本

注）1）1 日平均労働時間は推定値
　　2）昭和 13 年の撮影本数 41 本には東亜映画作品 1 本を含む
出所）日映演東宝分会「生産復興対策委員会案」（1947 年 10 月）

①　生産復興対策委員会案

一九四七年十月、組合は「生産復興対策委員会案」なる文書を公表し、「われわれの手に依るわれわれの生産復興対策を樹立し、日本映画の発展を、日本文化の擁護を」（日映演東宝分会「生産復興対策委員会案」七頁）図るために、本社、撮影所、営業、演劇、食産、日映（＝東宝傘下ニュース映画社の日本映画社）、教育映画の各分会による取り組みの現状と今後の課題について明らかにした。そのうちとくに三つの分会によって提起された取り組み課題が注目される。まず本社分会は、新作・旧作映画の上映による「上映収入」、外国映画の上映による「映画興行収入」および演劇公演による「演劇収入」の各収支目標値を掲げ、それを実現するために「製作能率の向上」を図る必要性を強調している（同六頁）。とくに映画製作本数については、ひと月当り撮影所二本、新東宝一・五本、他社買入れ一本と明示し、合わせて「月一〇、六〇〇、〇〇〇〔円〕の利益を必要とする」（同）と具体的な数値目標を掲げたことが特徴的である。

次に、撮影所分会は、「日本映画の発展」「日本文化の擁護」のために「作品の質と量」を確保しなければならないとして、「質獲得のために」は「一　生産復興会議の確立、二　芸術家の尊重と生活擁護、三　作品の文化価値批判の確立、四　民主的有能作家の登用、五　新人芸術家の養成、六　技能技術教育の実施、七　民主的文化団体との積極的交流並新文化団体への組織援助」（同七頁）が必要であり、また量については「作品の質と量が画然と一線を画されるものではない」以上、「量を数学的指数計算に重点をおき、質を量の枠内に閉ぢ《ママ》込めることは危険であり、相関的一応の基準として考へねばならない」と、質抜きの量はありえず、質を維持しながら量を確保するべきだとする。そしてそのためには「資材機材の計画的重点的な整備」や電力・フィルムなどの「資源の確保」「年次企画の計画」「新東宝」の生産復興会議への参加（同八～九頁）などが必要だというのであるが、むしろ注目すべきは、表3－1のような昭和一三年と二二年現在との「製作〔実態〕指数」の比較表を掲げたことである。これは電休日、労働時間、ステージ杯数のファクターが隘路の主要な原因である」（同九頁）とし、「機材資材」の「根本的整備計画」「第三第四両ステージの再整備」「電力」の「フル使用」そして「労働規律を守ることによって二〇本製作の可能〔性〕を有する」（同一〇頁）と述べている。

しかしながら、戦前に比べ戦後の場合、従業員数がやや多く、平均撮影日数がほとんど二倍にもかかわらず一本当りの総カット数が六〇〇と同じで、一日平均カット数が戦前の一三カットに対して戦後は八カットと戦後のほうがはるかに少ないのは、製作効率が戦前に比べ大幅に落ちているからにほかならない[10]。その結果、製作本数は戦前四一本に対し戦後は一二本と三分の一以下にとどまっている。撮影所分会は、その原因を「電休日、労働時間〔の減少〕」、ステージ杯数〔の減少〕」に求めているが、むろんそれは無視できない要因だとしても、制約された条件のなかで作業効率を上げるという努力に少なからぬ限界があったことは、否みがたいであろう。この製作実績の比較表は、組合自らが撮影所の非効率性を数値で照らし出したという点で興味深い。撮影所分会はこのことも踏まえてか、条件が整えば年間「二〇本製作」できるとしているが、しかしそれをどのように実現するか、その条件の提示にはなお具体性が欠けている。

これに対して営業分会は、きわめて包括的な業務改革の必要性を打ち出し、とくに市場の拡大の方策を具体的に提案しているのが特徴的である。すなわち「労務面」では「マネジカルスタッフの再編成、職区制の再検討、全般的人事刷新強化、組合間の紛議排除・統一強化、賃金体系の確立」、「経理面」では「金融面に於ける予算実施の厳守、責任確立、経理調査事務の強化、冗費の削減、重点的に資金調達を計ること」（同一一頁）とした上で、自らの「業務面」については、「収入の増強」のために具体的に七点にわたって改革の必要性を訴えている。㈠「マーケットの拡張」‥「未開拓な市場の開発」のために「非劇場運動、一六㎜映写、巡回映写」などを展開する必要があるが、それを効果的にするためには「従来の地方的ボス興行者の無計画営利本位の上映に委せず《ママ》当社の資本、配給興行網を有効に活用」（同一二頁）すること、また「直営館の（興行）成績に見る如く今ひとたびのと戦争と平和が共に多くの観客をとらへたことは、同作品の質的な面に負うこと多し。優秀映画出現の為に最大限な生産資本の投下、配給部門の積極的な努力が要請さる。」（二）「直営館の獲得増設」‥「大劇場」だけではなく「所謂二流館」をも直営館にすることによって地方の「文化水準の引上げに寄与すると同時に映画労働者の地位向上が推進せられる」（同一五〜一六頁）。（三）「興行形態の改革」‥「従来の画一的一週間興行の打破、優秀作品の十日間興行、二週三週ロングラン等の敢行、モーニングショウ、ミッドナイトショウ等国民経済の好転に際しては実施」すること（同一六頁）。（四）「フィルムの生産分配の合理化、民主化の促進」（五）「悪税テッパイ引上げ絶対反対」（同）（六）「入場料査定の適正化」（同一七頁）（七）「電力問題対策として（劇場に）特殊施設（＝蓄電池）の整備」（同）がそれである。

以上の諸点の改革の必要性を指摘した上で、営業分会は、「結語」として「興行の成果に就ては絶対に作品の質に左右せらるることを強調して撮影所に於て前記十日間、二週間興行可能の優秀なる作品が生産され得れば敢へて本数を揃へることを強要するものではない」（同一七頁）と述べ、ここでも営業分会は「絶対に作品の質」「十日間、二週間興行可能な優秀なる作品」こそが「興行の成果」を決めるのであって、単に量を多くすればよいわけではないと強調していることは、注目してよい。優れた作品は興行的にもペイするという視点が製作側のみならず営業にも共有されたことは、芸術性と興行性との関係をトレードオフとしてのみとらえてはならないことを示唆するものとして、その意味は大きい。

② 生産復興芸術家会議

以上の各分会＝職場別の生産復興対策の公表を踏まえて、一九四七年十二月一日、プロデューサー、演出家、脚本家、技術者等いわゆる芸術家たちによって「第一回生産復興芸術家会議」が開かれる。そこでの議論の中心は、その直前の十一月に生じた渡辺銕蔵の取締役就任など重役陣の一部交代の意味をどうとらえるかを前提に、映画の創造主体である芸術家としていかに製作上の隘路を打破し、作品の量の増大を図るかであった。以下、いささか煩瑣ながらその主要な議論を跡づけることによって、芸術家たちの生産復興に対する対応姿勢について立ち入って検討してみよう。

会議の冒頭、プロデューサーで日映演委員長でもある伊藤武郎による「われわれが噂に聞き、情報として掴んだ東宝企業内の、いわゆる重役クーデターは、金融資本の入り込みと小林一三系の興行中心主義への移行を物語る。われわれは製作中心の考え方を、マネヂカル・スタッフをかかえて田辺社長に押して行った。それが一夜にしてクーデターは田辺を豹変せしめた。小林一派は生産部門を切り離し、劇場経営中心の欲にかたまった。その後マネヂカル・スタッフは重役に対し意見を具申してある程度われわれの考え方へと取戻しはしたが、所謂焦土戦術の危機をはらんでいる。今後のわれわれの闘争は、焦土戦術との闘いである。電力の危機はいよいよ深刻化して行く。フィルムは来年三月に一尺も製作されないのではないかと悲観視される。このつもりつもった悪条件の中で、われわれの生産復興闘争は如何に展開されなければならないか——真剣の討論から引き出して行きたい。」(「第一回生産復興芸術家会議の記録」一九四七年十二月一日　二~三頁)との問題提起を受けて次のような議論が交わされた。

黒澤〔演出〕「会社は分離案を肚の中で考えているなら、その会社の分離に対する方針を決めるべきである。」
亀井〔演出〕「製作中心の会社であるから、量の確保も問題にしなければならない。」
渡辺〔教育映画〕「量の確保が出来なくなったとき、知らず知らずのうちに分割される危険性がある。各分会の意見は、或る程度の量を作ってくれれば、全面的に製作中心に協力する。分離にはあくまで反対として闘うと云っている。」
宇佐美〔演出助手〕「質を確保し、量を如何に復興して行くか考えられねばならない。」
黒澤「資本家の考えていることが間違っている。その間違いと徹底的に闘争すべきである。」

木村〔編集・資料〕「〔東宝分会〕連合会共闘では、大衆にこびる作品製作に対しては撮影所としてあくまで反対し、それは確認された。量の確保には一、ロング・ランの打てるものの製作　二、見ごたえするショートを研究製作〔すること〕が考えられる。」

伊藤「営業分会は撮影所分会を支持している。本社演劇は撮影所のリードに不満を感じている傾向がある。労働者の連帯ということより、彼等の仕事の歴史のたての感情が強い。」

亀井「〔会社を〕分離することはつぶすことだ。分離は首切りである。金融資本家に儲かる映画を作らせることになる。」

宇佐美「追いつめられた面で消極的にやるのでなくて、はっきりした闘争目標を立てたらどうか。」

亀井「積極的にやって行かねばジリ貧になる。」

中井〔撮影〕「女優〔衣笠貞之助〕二八本プリントのうち一〇本外注になった。技術者としては忍びないことである。」

伊藤「質と量の問題で問題になることである。技術の問題は別として、気持としては沢山プリントすることを願っている。映画の価値は観客の数が決定する。商売上の意味でなくて、本数をあげて気勢を揚げたい気持である。プリントを減らすか、封切日を延ばすか、この二つになる。封切日をのばしたら営業の組合員が理論で分っても、心の中で不満をもつ。撮影所は一応尺数に於て質をまもった。」

亀井「本数を増加することには中井氏も賛成であると思う。質を落さず量を殖やす積極策を考えるべきだ。」

宮森〔美術〕「現像効率を如何にあげるか。あげるためにはどうするか。これは全体討議の問題になる。」

丸山〔教育映画〕「この中心は戦線統一をみださない立場をまもって、妥協しなければならないと考える。」

仲沢〔撮影〕「此の意見を入れて、技術委員会の問題にしたい。」

――技術委員会一任決定――

黒澤「戦線統一も積極的な形でとりあげることだ。一応引受けるが、その付帯的条件がこれからの積極攻勢の主体となるべきだ。」

仲沢「技術委員会できめられたものは、全組合員の力で闘いとらなければならない。自家発電然り、現像場然り。」

黒澤「映画の社会性を世に問わねばならないと思う。そういう闘争の面も出て来る。」（同三〜六頁）

以上の議論では、経営陣の一部交代「いわゆる重役クーデター」が、会社主導権の「小林一三系の興行中心主義への移行」と「生産部門」の「切り離し」（伊藤）を意味するならば、それには「徹底的に闘争すべきである」（黒澤）という点が確認されたが、そのためにも映画の「質を確保し、量を如何に復興して行くか」（宇佐美）が問われざるをえない。「映画の価値は観客の数が決定する」（伊藤）以上、「質を落さず量を殖やす積極策」（亀井）また「現像能率を如何にあげるか」（宮森）が問題となる。結局、これは技術委員会で検討すべき問題としてひとまず処理されたが、その際、黒澤明が自家発電等の問題に関連して「映画の社会性を世に問」う必要性を強調したことは、映画の社会的価値、その影響の波及度を知らせしめる必要性を指摘したものとして興味深い。

議論は、この後、払底する電力の問題に関して「自家発電は今年の夏に既に技術委員会案を会社に提出しながら、会社は今まで〔何も〕しなかった」（宮森）という発言を受けて、「自家発電獲得のための闘争、その他電力獲得のための闘争について組合側の案をはっきりもつ必要がある」（山形〔脚本〕）「会社が発電装置をつくらないなら、デモを組織すればいい。組合が闘争を具体的に組織すれば、吾々は先頭に立って闘う気だ」（滝沢〔演出〕）（同六〜七頁）との意見が出たが、それ以上に議論は進展せず、むしろより直接的な「三二期レパートリー編成」について、その条件をいかに作り出すかを中心に詰めた議論が展開される。

今井〔演出〕「大作でなくつ《ママ》とも小品でいいものが出来るのではないか。『うぐいす』とか『暢気眼鏡』の例がある。大と小を織りまぜて量の確保も可能だと思う。」

亀井「黒澤氏がよく云っている意見だが、大作主義となって来たためにここを先途に演出者が作品に向かっている。」

今井「豊田〔四郎―演出〕氏の意見だが、演出者に大と小二作を受け持たせたらどうかと云うのがある。質を確保〔しようと〕することで、演出者はねばりにねばっているのではないか。」

楠田〔演出〕「芸術家の数にも限りがある。助監督の登用を考えられたい。」

浅野〔演出助手〕「助監督に年二本の機会をつくると云うことが約束されているが、今まで両方に具体的な積極的な動きがなかった。」

五所〔平之助―演出〕「年一本では足らないと思っている。われわれはもっともっと作り、勉強したい。」

宇佐美「演出家の頭の中では三〇本出来る能力がある。現状は一八本である。演出家と演出助手を含めてもっと量が考えられる。」

木村「労働条件がとりあげられることが望ましい。現に動きつつあるプロセスの問題に於て、生産復興をとりあげて欲しい。」

亀井「質、量共に向上して行くためにはどうして行かなければならないか、芸術家が生産条件獲得のために闘争に入って行かなければならないと思う。」

伊藤「こうすれば生産復興が出来るんだと芸術家から出して貰うことが必要だ。芸術家同志の連絡を密にし、作品に対する緻密なプランをたて、芸術家が積極的な意見を出すことが必要である。芸術家会議がイニシヤ《ママ》をとるようになったらいいと思う。」

山形〔脚本〕「原案だけでは駄目である。原案をつくってどう押して行くか、どうしたら出来るか、そこまでやることが必要である。」

浅野「今まで芸術家が生産復興にイニシヤをとっていなかったと思う。芸術家が警鐘乱打して行くことが必要だ。」

山形「芸術家がこの事態をどう解決して行くか。組合はこういうときになると受身になっている。芸術家の考えを従業員がどう納得し、実行するか。これが危機打開である。」
宇佐美「芸術家から具体案が出て欲しいと云うことである。」
山形「製作協議会に於てもスケヂュールの構成能力がない。企画審議会、プロデューサー会議にも能力がない。技術協議会然り。従業員の焦点は芸術家にある。」
亀井「芸術家のイニシヤによる生産復興計画が樹てられなければならない。」
谷口〔演出〕「芸術家同志での話し合いが大切だ。三二期プランを具体的に洗って話し〔合っ〕て、約束し得るプランをねって見る必要がある。」
伊藤「こうなると機構の問題になって来る。誰にレパートリーをやらすか——今まで企画審議会も製作協議会もやらなかった。その能力もなかった。誰がやっていたか——藤本〔真澄〕一人がやっていた。全面的なことを考えていたのは藤本であった。それではどう云う機構でやって行くか——この機関へどう民主的に意見を反映して行くか。プロデューサーはどうあらねばならないか等である。」
山形「今までのように惰性的にやっていたのでは駄目である。計画生産が真剣に考えられねばならない。」
伊藤「労働強化させたのはプロデューサーと演出者だ。」
亀井「プロデューサーが相互に考えていなかったからだ。」
関川〔演出〕「現場のことも考えて欲しい。一〇〇％に個人の能力を発揮していない。現場がこのままではいけないと思う。お互いの持っている能力の再検討も必要だ。」
伊藤「労働規律、労働意欲を鼓舞して行くのに芸術家が中心になって行くのが必要ではないか。」
亀井「プロデューサー会議が総合計画を樹てる際に、相互の意見、すべての意見を尊重してやったらどうか。」
山形「今の限りではプロデューサーの仕事は会社的な仕事である。プロデューサーを会社に渡したら会社的な作品に移行する。質の問題で組合はプロデューサーの身分をまだはっきりし〔＝させ〕ていないのだと思う。亀井案では根本的な解決は出来ない。」

浅野「プロデューサーが会社の請負の形で処理するというのが欠点である。亀井のプロデューサー会議案は、請負の基礎の上にたった原案をつくることになると思う。」

伊藤「プロデューサーが会社側になったからと云って、質を落そうとは考えていない。会社を組合と同じ立場で主張出来るように育てることだ。」

山形「そうは云えない。会社へ行ったら利害関係がはっきりする。此の線ははっきりしなければいけない。」

谷口「組合員の演出者に対する感想をざっくばらんに聞きたい。」

山形「戦国時代、乱立時代だという言葉を聞いている。凡そ計画とは離れている。」

浅野「組合員は自分とこの芸術家に〔＝を〕無限に信頼している。ストライキ以後の第一組合の歴史を愛している。それを打開しなければならない意味で、戦国とか乱立と云う表現があると思う。」

進藤〔演技〕「割拠時代ということを云っている。作品勝負だと云う内在的な意識が原因しているのではないか。」

滝沢〔演出〕「一ヶ月程前の芸術家会議で、無駄をやらないやう申し合わせした。こういう機運は演出家自体にもある。」

伊藤「今までの意見をまとめて見ると、一 計画生産を遂行すること 二 量の確保にはお互いに守るべき能力の範囲内での工夫が現在は必要である 三 全組合員の気持を一つにまとめて行く 四 プロデューサーにどういう機能を果させるかの再検討 五 藤本氏を当面の責任者とした可否 六 労働規律、労働意欲は芸術家が中心になって構成して行く 七 よりよい労働条件を獲得すること 八 積極政策を採用して行く——社会性の主張、自家発電その他 である。」（同七〜一三頁）

みられるように、ここでの議論の中心は、作品の質を落さずに量を確保していくためには何が必要で、どのような条件を整えなければならないか、にあるが、その場合「芸術家が積極的な意見を出すことが必要」（伊藤）「芸術家がこの事態をどう解決して行くか」（山形）「芸術家から具体案が出て欲しい」（宇佐美）「従業員の焦点は芸術家にある」（山形）というように、芸術家とくに演出家が生産復興にいかにかかわり、どのように具体的な「危機打開」（山形）の方途をつくりだすか——要するに「芸術家のイニシヤによる生産復興計画が樹てられなければならない」（亀井）ということが焦点となっている。しかし直ちに演出家によって有効な危機打開策が打ち出されるわけもなく、むしろこうした観点も織り込みながら、具体的には企画のレパートリーの立て方とともにその主体たるべきプロデューサーのあり方が問われることになる。すなわち職務としては「会社的な仕事」（山形）をしながら、身分は組合に属するというプロデューサーの仕事の内容と身分との間の整合性が問われることになるが、組合としては「プロデューサーを会社に渡したら会社的な作品に移行する（＝なってしまう）」（同）として、プロデューサーの組合員身分はそれまで通り確保する方向を確認しただけで議論はとどまっている。したがってプロデューサーの位置づけは、次にみるこの芸術家会議後に開かれた拡大企画審議会で再び問題となるが、この会議でとくに注目すべきは、演出家に対する一般組合員の評価について「組合員は自分とこの芸術家に（＝を）無限に信頼している。ストライキ以後の第一組合の歴史を愛している」と指摘された点であり、そうした微温的な雰囲気を「打開しなければならない意味で、戦国とか乱立と云う表現」（浅野）を使って、競い合う土壌＝職場の活性化を図ろうとしていることである。

かくして、この芸術家会議は、伊藤が八項目に集約したように当面する課題について各人の意見交換による相互理解を軸に、作品の量の確保とそのための「計画生産」という方向は示しえたものの、それをどのように具体化していくか——経営危機の克服にかかわるより具体的に有効な方策については打ち出されないままに終わったといってよい。しかも留意すべきは、「一〇〇％に個人の能力を発揮していない。現場がこのままではいけないと思う」（関川）「労働規律、労働意欲を鼓舞して行くのに、芸術家が中心になって行くのが必要ではないか」（伊藤）という発言に端的に表現されているように、「現場」の組合員の労働規律の弛緩が顕在化しているという事実である。強靭な組合が、それゆえに抱え込まざるをえない組合員の労働規律の弛緩＝職場における管理の弱体化は、いつの時代にも強い組合にとって厄介な問題の一つであるが、この組合にあってはその処理を、作品ごとの作業組織の管理主体である「芸術家」に委ねたことは、むろんそれによる効果を期待してのこととはいえ、組合自らが処理すべき課題を回避するものとして看過できない。とくに党員の増大によって共産党の影響力が大きく高まっているもとで、彼らを規律づけ、水路づけていくべき党員でもある組合執行部の取った対応としては、無責任の誹りを免れがたいというべきであろう。

(3) 生産復興闘争（Ⅱ）

1　拡大企画審議会

右にみた芸術家会議の後、生産復興とともに当面する危機をいかに乗り切るかとの観点から、企画・製作上の隘路の打破を目的に企画審議会が通常の枠を超えた拡大会議として、各職能の代表四〇数名から二〇数名の規模をもって十二月五日から同月末まで八回にわたり開催された。会社側出席者は森田製作担当役員の下で映画製作の第一線の責任者として現場を統括していた藤本真澄を含む三名で、他はすべて組合員であったが、岩崎昶が組合のオブザーバー的位置づけで出席した点が特徴である。

そこでの主題は、通常のレパートリーの内容の検討を除けば、およそ三つに分けられる。第一は、いかにして製作効率を上げ作品本数を増やすか、その対応策であり、第二は、芸術家会議でも議論となったプロデューサーの位置づけ＝帰属についてであり、そして第三は、組合の要求している新たな経営参加機構としての生産復興会議の設置についてである。まず第一の点からみていけば、第一回の拡大企画審議会の冒頭、会社側を代表して藤本真澄が東宝作品に要した電力とフィルムの使用状況につき他社と比較したデータを提示し、例えばフィルムについては松松竹作品に比較して使用ネガフィルムが多いにもかかわらず、NG比率が高く無駄が多いこと、また一九四六年の宝、松竹、大映三社合わせた八六本の「総製作費」三億六、〇〇〇万円のうち東宝のそれは一億四、七〇〇万円で四一％を占めるにもかかわらず、三社の「上映総収入」一〇億七、八五〇万円のうち東宝のそれが二億七、八五〇万円と全体の二六・四％にとどまっており、三社平均を一〇〇とした指数でみれば、東宝は製作費では一九〇・四と三社平均のほとんど二倍にのぼるのに対して、収入においては平均をわずかに上回る一一六・八でしかない、など他社に比する非効率な製作状況を明らかにした（東宝撮影所「拡大企画審議会議事録」第二二回　一九四七年十二月五日九〜一一頁）。そして「経済力集中排除法の摘要《ママ》にからんで、映画製作の危険率を回避して、撮影所を分離し興行中心で行こうという考え方が重役の一部にはあると思う。撮影所としては勿論現在の形が望ましいし、そのように重役に進言している。第二組合としては、興行館をある程度もった配給会社として独立しようという運動があるようである」（同一一頁）と経営陣と第二組合による映画製作からの撤退の動きに言及した上で、「この撮影所ではどうしても月二本製作される必要がある」と経営内部の分割の動きを牽制するためにも作品本数の引き上げが必要であるとの認識を示した。

これに対して「いまの質的水準を落さず、量を増加することが〔組合でも〕真剣に考えられている」（亀井　一二頁）と組合側も作品本数の増加には基本的に同意するが、その具体化に際しては、「計画生産をやるからには　一、会社と〔＝の〕責任はどうか　二、プロデューサー全体としてのまとまりをどうするか　三、プロデューサーのポジション　職能はどうか　四、従業員が如何に納得し協力するか」（山形　一三頁）などの問題を処理しなければならず、とくに「組合との協力の形は、組合の経営への参加がもっと緊密にならなければならない。現在の諮問機関化されている〔企画審議会の〕状態は、従業員が積極的に計画生産に参加できる形が〔＝に〕改善される〔必要がある〕」。機構がはっきり考えられなければならない。〔…〕組合は構想しているが〔会社で〕生産復興会議が作らるべきときだと思う。」（同一四頁）「会社側とか組合側だとか言っている時期ではない。強力な参謀本部が必要である。」（亀井　一四頁）と、組合は経営側に協力するには、会社が組合のより積極的な経営参加を認め、そのための機構として労使が参加し決定する「生産復興会議」などの「参謀本部」の設置を要求する。すなわち作品本数の引上げは、プロデューサーの帰属問題の処理や新たな経営参加機構の設置と不可分である、というのが組合側の基本的態度であり、その後の審議会でも、藤本が「月二本あげるには、大体〔撮影総日数〕四五日実数平均三〇日のセット撮影」で「三班セット三班ロケ」を前提に、「製作費一本平均八〇〇万円」（同　第二三回　一九四七年十二月八日　一五頁）程度にとどめる必要があるという会社案を提示するものの、「従業員がプランを如何に納得し、生産復興の実をあげて行くか、そのための強力な組織が必要だ。まず機構が問題にされるべきだ。」（山本薩〔演出〕同）とする組合側の態度は変らなかった。が、参加機構の問題に一定の方向性が示された後の段階においては、具体的な作品レパートリーの決定とかかわらせて「月二本の製作」について一定の合意がなされる。ただし、それを現実のものとしていくのに必要な「昼間二班、夜間一班撮影」のうち夜間については「労働基準法の問題もあるので、会社としても尚研究しなければならない」（藤本「拡大企画審議会議事録」第二五回　一九四七年十二月一五日　二三頁）こと、また「第三・第四ステージの復活、自家発電装置の緊急なる設置」（同二五頁）などの諸問題が解決される必要があることが確認された。

　第二のプロデューサーの位置づけをめぐる問題については、藤本が「プロデューサーについては、製作責任者を助けるプロデューサーを必要とするとの考え方から、会社側になって欲しいと〔これまでも〕提案してゐた。」（同一六頁）とプロデューサー身分の会社への帰属を求めたのに対し、伊藤武郎が「吾々は質のいい映画をもっと多く作らせろと要求している。そのために資金を、電力を、フィルムを、資材をドンドン出せと要求している。これが生産復興の要求であり、これを完遂するためにマネージメントも共に闘うことを要求した。」「問題の一切は民主的な映画産業の復興である。」「会社との線は新重役と進歩的マネージメントの間にひかれる」（同一七頁）と、まず現場を管理するマネジメント・スタッフを新重役陣から切り離すべきだとの認識を示す。これを受けて、岩崎昶が「プロデューサーは会社側に立つべき人間である。プロデューサーがスタッフの労働条件を設定する立場にあること。会社側内枠に立っての経済的な立場にあることから、組合員である現状は矛盾を含んでいる。会社側も組合側も復興のための協力には意見が一致している。その一致に立って協力する綜合的な場合《ママ》がなかった。統一されていなかった。〔…〕現在経営側の弱体は少数では乗り切ることが出来ない。此の意味で、経営側を強化する必要がある。」「会社側に立つことは資本家の走狗に化すことではない。資本家の手先になるならば、それはもうプロデューサーとしての資格がないと思う。今や資本家と経営者側との間に明確な線を引くべきである」として、そのために「一、生産復興会議を設けること、二、経営側、組合、芸術家を含めた企画立案会を作ること、三、企画権は会社側にあるとしても審議権は企画審議会にあるというように企画審議会を性格づける」（同一七頁）こと、およびプロデューサーの会社側への帰属について機構改革を前提に、「経営側」＝マネジメントの強化という観点からそれを認めるように問題提起した。

この岩崎によるプロデューサーの位置づけについて、藤本は「同感である」と賛意をあらわすが、組合側からは「プロデューサーの今日の姿は、企画、脚本、現場管理の三つの立場をもっている。プロデューサーは此の三段階を成しとげるテクニックをもっている芸術家であると思う。岩崎氏の先程の意見に納得出来ないところがある」（浅野）あるいは「芸術家会議での結論も、芸術的な点で、会社へやれないということであった」（山形　一八頁）などの反論が出され、これに岩崎が「私の意見は原則論的に割り切っての上であり、基本的には間違っていないと思う。演出者はより演出技術が強く、プロデューサーは管理の点が強くなっている。会社と組合の中間的立場は不合理ではないかと思う。そのためプロデューサー協会が出来てもいい。それを通じての団結権の行使という特殊な形があっていい。」と応答してプロデューサーの職能的自立をも視野に収めた発言をする。その上で、藤本が「プロデューサーの責任の範囲は作品の期日、長さ、予算に対するものだ」とプロデューサーを性格づけたのに対し、岩崎は「物質的な面と共に、芸術的責任もある」とその芸術面での管理責任を強調するが、藤本が「勿論そうであるが、マニーチェッカーとしての責任は大きい。マニーチェッカーとしての性格、芸術的なタレント、ショーマン・シップ等をもつことがプロデューサーには必要ではないかと思う」（同）とプロデューサーの財務面での管理責任を強調したのが特徴的である。

これを踏まえて伊藤武郎が「今まで企画審議会、製作協議会に一応承諾を求める形になっていたものの、一方では計画されたものがどんどん進められた。こういう形ではなくて、充分監視出来る企画製作をひっくるめたやや専門化された機関が必要である。プロデューサーは原案をたぐるグループにする。この二つの機関の合議制により運営していくという案である。」（一九頁）と新たにつくられるべき経営参加機構の性格をプロデューサーの位置づけにかかわらせて述べたのに対し、藤本が「企画、製作相互に有機的な関係ある会議をもつ。その前にプロデューサーを中心とし、芸術家が参加した企画会議をもつことはどうか」と提案するが、これに対しては宮森繁が「芸術家は組合員である。芸術家はあくまで会社に対立させた形にすることが必要であって、企画会議がもたれることは、その後の会議で芸術家と組合に一線を引くことになる」（同）と反対し、結局この会議でもプロデューサーの位置づけや新たな機構の具体的な内容については合意に至らないままに終わる。

第三の機構改革の問題については、藤本が組合の再三要求する新たな参加機構に対する会社案として、「職区長、製作責任者及び製作者、全芸術家、職能代表、組合代表、組合《ママ》」を構成メンバーとし、「経営協議会直属の機関で、今まで〔の〕企画審議会、製作協議会の機能を含めて生産に関する一切の審議決定をする」「生産復興委員会」および「企画審議にこたえ得る企画にコンクリートするための機関」として「企画立案委員会」を提示する（「拡大企画審議会議事録」第二四回　一九四七年十二月一三日　二二頁）。この提案は、作品企画の審議・検討と製作の実務的な問題を処理する機関を「生産復興委員会」として一本化し、それに事実上先行する企画構想のための独立組織として新たに「企画立案委員会」を設けたところに特徴がある。したがって当然にも後者の委員会の性格について意見が交わされる。

滝沢〔演出〕・宮森　「企画審議委員会的な企画をプールする専門委員会の様な性格を持っているのか。」

坂上〔会社〕「企画をクリエートする機関が欲しいという意味で考えられ、企画懇談会的な性格だと思う。」

岩崎　「企画立案委員会が、生産復興委員会の外側になければならないという根拠はない。中へ入っていてもかまわない。企画のプールが活動的なものにならなければ、映画製作も活発化しない。製作のノウズイは此所になければならない。」
宮森「懇談会的な組織では曖昧である。又、この組織は会社側の意志如何によっては芸術家と労働者の間に一線を画すという懸念があるのではないか。」
岩崎「今の企画審議会でもそういうことになる危険性はあると思う。芸術家がアルバイト〔＝労働〕を無視してやったらそういうことになる。然し東宝の芸術家は芸術とアルバイトの二重性を既に体得している。そういう意識をもっておれば組織はこうでもいいと思う。」
宮森「芸術家をバック・アップする力はどちらになるか。そこが問題だと思う。」
岩崎「そういう対立の危険性はないと思う。現在は会社新重役との間にはっきりした一線があって、企画のブレーンは此方側にある。新重役攻勢の波が、製作責任者を含んで押しよせたとき、組み直してもいいのではないか。」
宮森「組合の考へる共同闘争はマネージメントを混同した共同戦線ではなく、会社マネージメントをつついて製作本位にして行く事で、それによって共同戦線をとり得ると思っている。」
伊藤「芸術家と労働者の対立という考え方の根もとが間違っている。映画を誰がどういう役割を果して製作して行くか、製作の主体を芸術家が持っていいのではないか。映画製作の大きなパーセンテージは芸術家がもっている。芸術家と労働者の階級性云々とは考えなくて、この撮影所では芸術家個人の考え方により、著しく反動的でない限り企画に相当な幅があっていいと思う。いざ労働になったときの芸術家の機能権限、労働者のそれが明確にされることが望ましい。企画立案委員会の形態を当分持って見たらいい。」
岩崎「芸術家労働者の対立だと機械的に切って考えてはいけない。行はれる議論は個人の考え方の相違に基くものであって、こういうことは、企画審議会の中でも行われる。企画のプールが出来たとしても企画の幅に対する理解力と芸術家の創意に対する尊敬で、対立が表面に出て来ることはない。」（「拡大企画審議会議事録」第二六回　一九四七年十二月一九日　二六頁）

図３－１　新経営参加機構（組合案）

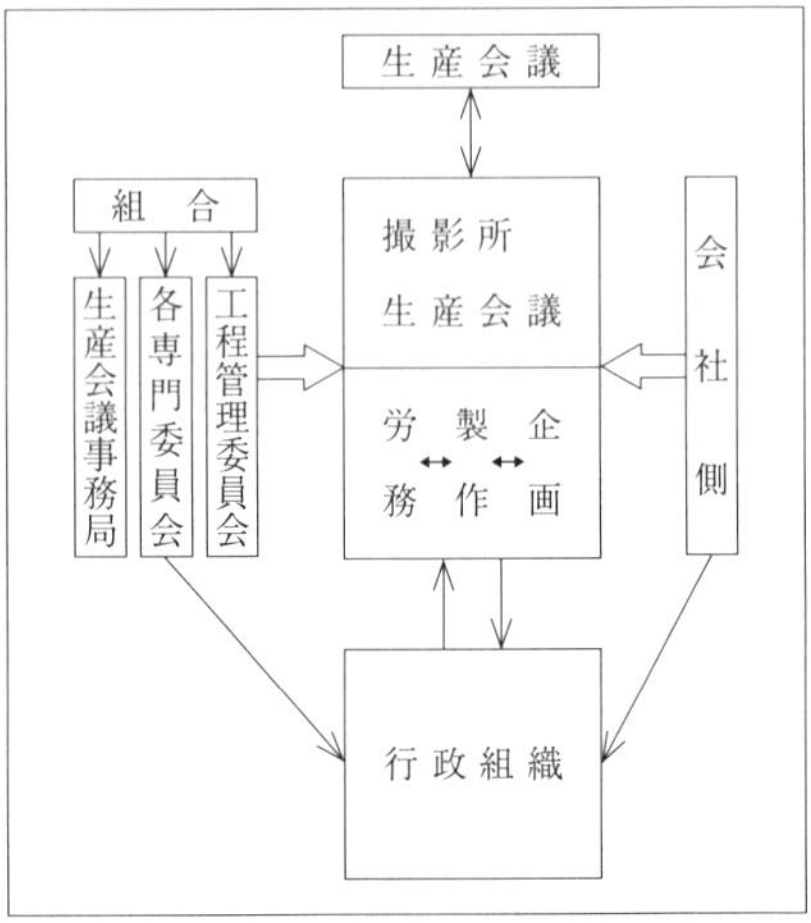

出所）「東宝撮影所拡大企画審議会議事録」第27・29回（1947年12月31日）

右から、岩崎は、当初は企画立案委員会を生産復興委員会とは別に設けることに懐疑的であったが、宮森がこの委員会を芸術家と労働者とを分断する危険性があると批判したために、事実上その設置を認める方向に転換し、また伊藤が、重役だけではなくマネジメント・スタッフまでも敵に置き、その上で芸術家と労働者との「共同戦線」が成り立つとする宮森の硬直的な主張を厳しく批判して企画立案委員会の設置を認めた経緯が、看取される。しかしこれをもって会社案が合意されたわけではない。組合はその後この会社案を持ち帰って検討した後、最終的には一九四七年十二月三一日の第二九回拡大企画審議会において図３－１のような組合案を提示する。

この組織の特徴は、それまでの経営協議会の代わりに新たに全社レベルの生産会議を設置し、その下の部別経営協議会の代わりに撮影所生産会議を設け、その統括のもとに企画・製作・労務の専門委員会が置かれて各々企画審議・製作管理・労務処理を担当し、さらにそのもとに製作課や企画課など事務的業務を担う会社組織を行政組織として位置づけたことである。「今までの経営協議会は企画、Ｐ・Ｌ会議、製作と切りはなされていた。今度の企画、製作、労務が緊密な連絡に於て三位一体に運営されなければならない」（宮森　同二八頁）というのがその理由であった。しかし同時に組合は「生産会議は組合にとっては闘争機関である。経営の責任は会社にある。」（同二九頁）という態度を堅持する。「生産組織で決定されたものが行政組織に下されたとき、組合の責任も大きい」（藤本　同三〇頁）という会社に対して、「行政組織の中では従業員としての責任になる。組合に責任はない。」（木村〔編集・資料〕同）と生産会議での決定に対する組合の責任をかわす。作品企画や製作行程の検討などにさまざまに発言し決定には参加するけれど、経営の責任は分有しないというのが組合の基本的スタンスであった。他方、それまで議論となっていた会社提案の企画立案委員会の設置については、「組合としては企画審議会との二重組織をさけたい」とし「行政機構として行われることが望ましい」（宮森　同二九頁）と既存の方式を選択し、会社側の提案を拒否する。これに対しては、植草圭之助が「一般組合員からの募集シナリオ、例えば演出助手シナリオは、何処へ出されるか」（同三〇頁）と質したが、宮森は「行政組織、現在では企画課である。」（同）と答え、会社提案の企画立案委員会は最終的に否定されることとなった。

それは「二重組織」による企画審議会の弱体化を危惧した組合の選択ではあったが、しかしこうした組合の態度は、それまでの議論にみられた会社案に対する岩崎や伊藤などの柔軟な姿勢が一掃され、組合が従来主張してきた経営協議会をより組合の参加度の強い生産会議に置き換え、しかもそこでの責任の分有は拒否してそれを「闘争機関」として位置づけるという強硬なものであり、組合内部で宮森や山形ら強硬派が岩崎・伊藤ら柔軟派を押さえ込んだ結果であることを示唆するものである。そしてそれはまた同じく組合を支える共産党員でありながら、その内部には岩崎・伊藤に象徴されるいわばより芸術志向的な柔軟な層と、宮森・山形に代表されるいわばより政治的ないし原則主義的な硬派とが存在し、問題と局面によって会社への対応の差異が顕在化することを示すものでもあった。結局、この新たな組織についての組合案を、藤本ら会社側はひとまず受け容れる。それは、組合案を藤本らが納得したからというよりも、むしろ経営危機の深化を前に新経営陣や第二組合が映画製作の切り離しをも視野に入れた経営再建策を構想しはじめている状況のもと、作品本数の増大とコストの切下げによって映画製作の実体を維持したいとする、製作の現場管理者としての独自の価値判断によるものであったと推測される。

以上のように、一九四七年十二月の初めからその末まで計八回にわたって開催された拡大企画審議会は、月間二本の作品製作と生産復興についての新たな組織について一応の合意をみたものの、プロデューサーの帰属問題については未決のままに終わる。が、藤本真澄らマネジメント・スタッフと組合との間で以上の合意がひとまず出来上がった一九四七年末は、また渡辺銕蔵を社長とする経営陣の全面的な交代が行なわれた時期であり、それに引き続く組合と会社との労働協約改訂交渉が翌年三月末に最終的に決裂し、会社による人員整理の通告を契機に第三次争議に突入することによって、結局この拡大企画審議会での合意は実現されることのないままに終わることになる。その経緯を検討する前に、同じくこの拡大企画審議会と並行して十二月半ばに開催された大規模な生産復興会議についで検討しておかねばならない。

2 生産復興会議——一九四七年

組合は一九四七年十二月一六日と一七日の二日間にわたって、組合側（関係外部組合を含む）、会社側、職能代表合わせて約一〇〇名を糾合した大規模な生産復興会議を開催する。それは、会社側が組合主催の会議に参加するという点においても、また関係外部組合も参加するその規模の大きさと討議時間の長さという点においても異例のものであった。

会議は、まず伊藤武郎日映演委員長による「国際及〔び〕国内情勢と映画演劇界の現状について」と題する問題提起からはじまったが、伊藤はそのなかで「企業を守るということは、企業として、組合として日映演としての利己主義を〔=とは〕はっきりわりきり〔=区別し〕、大きな労働階級の利害にむすびつい〔=け〕て解決してゆくことである。映画演劇産業の拠点を全体として守らなければならない。拠点すなわち東宝を守ることは、映画演劇を守ることである。」（日映演東宝分会連合会「生産復興会議議事録（第一回）」一九四七年十二月一六日・一七日　五頁）と、会社の経営危機と十一月末の重役陣の一部交代による製作部門の切り離しなどの蠢動を踏まえて、東宝という企業を守ることが日本の映画演劇を守ることだとする大胆な認識を示し、映画創造の拠点である東宝の、企業としての存続を組合として追求する必要性を強調した。その後、富士フィルム労組花尾副委員長による「フィルム事情について」、電産今井中央執行委員による「電力事情について」、さらに全財徳島副委員長による「入場税及び大衆課税について」の報告とそれに基づく質疑応答が行なわれ、フィルム不足についてはその最大のネックである電力不足を改善するために共同闘争を組織すること、電力についてはその配分の民主化のための運動を組織すること、入場税等についてはその引下げ・撤廃を観客を巻き込んで運動化することなどが各々確認された。

二日目は、「病気のため出席でき」（同二五頁）ない田邊社長の代理として、会社側を代表して野坂三郎撮影所支配人が、主に二ヵ月前に発表した「会社側生産復興に対する案」について説明をしたが、その際「会社の発表した時と現在では二ヶ月もたち、会社の考へ方も変ってきた。生産復興は会社が一方的にやれないことは勿論である。生産復興闘争の対象が変ってきた。私達（野坂）の考へ方とマネーヂメントの考え方は変ってない。マネジカルスタッフ〔＝マネジメント・スタッフ〕は、資本と労働との間に立つ一つのテコみたいなものである。私達は組合と一緒になって資本に対立しなければならなくなった。目標は同じである。マネカルと労働者は一体とならなければならない。対象は他のもの即ち金融資本にある。野坂の考え方は組合と同じである」（同二五〜二六頁）と述べる。組合主催の会議とはいえ、明らかに組合寄りのこの発言は、重役の一部交代後の会社経営陣と野坂を含む中間管理職――彼らのいう「マネジカルスタッフ」との間に、経営のあり方をめぐって齟齬が潜在していることを示唆するものとして、留意に値する。

その後の議論は、したがって野坂の説明した会社の再建プランとともにこうした「マネジカルスタッフ」の位置づけについて質疑応答が繰り返されることになる。典型的には次のごとくである。

才記（中部〔分会〕）「マネカルが資本家から追いつめられているから組合と共同闘争をするといふことについて。」
野坂「労働を無視した生産復興はありえないことは当然である。重役の改変によって、マネカルの考え方も変っている。」
宮森「この会社のプランは、無能ぶりを示したものであって、緊急対策について如何に考へているか。」
安恵「具体的なものをわれわれは要求しているのである。」
野坂「具体的なものについてはこの会議の性格の理解、解訳《ママ》〔解釈〕が充分でなかったからである。会社の二ヶ月も前の古いものによって討議することは、若干無意味であるともいへる。」
才記「会社は生産復興の目的について野坂氏が冒頭実に立派な説明をされたが、それと自立経済体制といふことは、少しおかしいのではないか。又文化的価値について、如何に判断するか。」
藤本（撮影所〔製作責任者〕）「文化的価値については会社も組合も同じ考へ方であると思ふ。」
野坂「文化的価値を金で換算してゆくことはむつかしい。高い金を使って製作し、それが原価を消却《ママ》〔償却〕出来なくても文化財として何か残るような場合がある。これは質と量との問題ともなってきて簡単に結論の出せないむづかしい問題だと思ふ。」
議長〔二日目　伊藤武郎〕「金に換算できない社会的価値として残るものがあると思ふ。これは今後大いに研究してゆかねばならない問題である。」
高橋「生産復興で一番むづかしい点は、組合が二つあるといふ現実だと思う。この点につき如何に考へているか。」
野坂「その通りであると思う。然しこれは中〔央経営〕協〔議会〕にゆずるべき問題だと思う。」
議長「組合が二つあるといふことは生産復興に大いに障害になることは自明の理である。今まで論じられたことを、整理すると、今までマネカル〔会社側製作〕担当〔責任者＝藤本、森田〕をも含む〕の生産復興の考へ方は随分変化し、闘う相手も変ってきた。そして労働条件を第一におかねばならない。生産技術の向上、整備計画等全体としての生産復興を考へ、赤字克服は生産復興の目標でなく達成する一つの手段である。そして東宝が日本映画演劇の先頭にたって闘ってゆく。以上のことはマネカルとして正しいことと思ひ、それでゆきたいと思っている。そしてこの考へ方で社長や重役をひきずってゆくようにできればよいと思う。」
亀井「生産復興について今まで述べられたように、真に日本映画演劇を立派なものにしようとする労働者的立場と、なんでもよいから儲かればよいという資本家的方向がある。そしてマネカルも担当もこの二つの間にはさまって非常に動揺している。或る時は労働者側に来、或る時は資本家側に立つ。マネカルはこの二つの緩衝地帯に立ってはならない。組合のイニシヤによって、いかにマネカルも担当もわれわれの陣営にひき入れるかにある。これは組合の自主性の問題である。」（同二九〜三〇頁）

ここでは、それまで会社側の利益を体して行動してきたラインの管理者が、経営陣の一部交代によって、映画製作を軸として会社を存続させていくためには、それまでとは異なり新経営陣から相対的に自立的に動かざるをえないと判断している事情が浮き彫りにされている。が、そうした彼らの態度は組合にとっては微妙な性格をもつものであった。というのも、職制機構上管理職として経営側に位置づけられながら、実体として組合と行動をともにするということが実際に可能なのか、またたとえ可能だとしてもその行動は具体的にどのようなものになるのか、しかも新経営陣の経営方針が未だはっきりと示されていないこの段階では、この問題はなお不確実性を免れなかったからである。その上で、撮影所支配人野坂三郎が組合から映画の「文化的価値」について問われて、「文化的価値を金で換算してゆくことはむつかしい。高い金を使って製作し、それが原価を消〔＝償〕却できなくても文化財として何か残るような場合がある」と応答したことは、文化の生産に携わる経営サイドの一つの見識をあらわすものとして銘記するに値する。二日目の議長をつとめた伊藤武郎がこの見解を追認したことは当然といえよう。

この後、会議は山崎委員より「組合側生産復興対策」として、電力事情、入場税引上げの影響、フィルム事情、融資序列など当面する課題の現状とそれへの対応策が詳細に報告されたが、とくに注目すべき指摘は次の四点にまとめられる。第一に、逼迫する電力供給のために「撮影所では一週間フルに作業活動に従事することは、及びもつか」ず、「夕刻より翌朝にかけて作業することが多い」「最近の強行撮影」によって、「労働条件は極度に悪化、能率は低下、現状のままでは質の向上も量の確得《ママ》も不可能」な状況にあり、また「全国興行場平均一週間の内三日間は休電を余儀なくせられ」（同三二頁）る事態にあること、第二に、一九四七年九月の入場税引上げによる「入場料金倍額引上げ」の影響を、「全国直営館」における「八月と九月の一日平均入場人員の比較」においてみれば、最小が「九州支社の一割六分減」、最高が「北海道支社の四割八分の減少」、「以下関西支社二割三分、関東二割四分、中部支社の二割七分の減少」となり、これは「明らかに適正なる映画演劇の、製作への還元資金の回転を不能ならしめ」「日本映画演劇の拡大再生産を阻害するもの」（三四頁）にほかならないこと、第三に、フィルムについてもその割当て不足のために「質の向上も量の確保も非常に困難」な状況にあり、「十二月の割当を試みにみると、ネガ六三、五二九尺、サウンド六二、五一〇尺であり」「月三本の（新東宝含めて）予算で行くと、ネガ一本当り平均二一、一四三尺、サウンド二〇、八三三尺であって、仕上り一本平均七、五〇〇尺、許容率二・九と云う非常に制約された条件をもって芸術的にも興行的にも優秀なる作品を作らねばならない」。また配給部門においても「ポヂフィルムの配給が少ない為に、各支社の割当本数も限定し、マーケットの拡張に支障を来して」おり、実際にも「過去のプリント用フィルム配給実績の一ヶ月平均四七一、三六九尺」に対して、「使用量七一二、七五六尺で差引不足二四一、三八七尺」（三五頁）というのが実情である。しかも「終戦后簇出した大小の〔映画〕製作業者のため、限られた資材が益々不足をつげ」るという「憂ふべき現象」（三六頁）がこれに付け加わっているということ、そして第四に、「映画演劇産業が、待合料理屋並び《ママ》の不急産業所謂丙種の取扱ひを受け」ており、その結果「融資制限令に依り、ノーマルなルートで金融機関より融資を受けることが出来」ず、この「金融面の隘路が製作資金の枯渇の上塗りをし」、それゆえ「目先の利益のみを追求し」、「民族文化の破壊をあへて辞さない暴挙に出んとする」企業や「赤字部門の切捨てをカクサクし、益々われわれ労働者の生活を不安に追いこまんとする」（同）企ても出ていること、以上である。

その上で、山崎は「撮影所の製作コストの抑制もわれわれ労働者に依る自主的な、合理的な能率増進に依り、之を解決する自信」があり、もし「電力事情を政治的に、技術的例へば、自家発電装置等に依り、一〇〇パーセント好転することにより、製作日数一〇〇〔日〕かかるものは、七〇日間位に短縮することが出来る」のであり、「この日数の短縮はとりもなおさず間接費の減少」をもたらし、「現在間接費平均八〇、〇〇〇円」を前提とすれば、「三〇〔日〕間の短縮は、二四〇万円の削減となる」。「労賃の総額の低下と労働時間の延長を企図する能率増進コストの切下げは、資本家の能率を高めるのみで、勢ひわれわれが資本家の犠牲になる惧れがあり」「其の結果は、労働規律が頽廃し、労働戦線は分裂し、とても生産復興など空念仏に終る」（三八頁）ことになると述べ、労働条件の低下によるのではなく「合理的」「技術的」な「能率増進」による製作コストの引き下げを提案した。労働条件の引き下げ自体は認めないとはいえ、また「労働者に依る自主的な、合理的な能率増進」の具体的な内容が不明確であるとはいえ、組合自らがコスト削減の方法に言及したことは、業績悪化の打開に対する組合の意気込みをあらわすものとして、注目すべきであろう。

この報告の後、組合は各部門の対応策について具体的に説明を行なう過程で金融対策に言及し、「傍系会社への貸付金残の取立、及今後の貸付融資に対する調節を要求したい」として、「殖産会社に対し二、〇九〇、〇〇〇円、東宝食堂に対し四、四二一、〇〇〇円、日比谷土地建物一、六一八、〇〇〇余円等、其の他こまかい数字を挙げると相当のコゲツキ金額にな」り、しかも「尚且つ殖産会社、東宝食堂、東宝書店等、其の他に毎月一五〇万円以上からの資金が融資されている」という事実を明らかにした上で、「われわれ〔は〕映画演劇の生産復興へのためならば凡ゆる犠牲も甘受したいが、資本家経営者のためにする目的を以て映画演劇本来の分野に於て必要以上の犠牲を強いられることは、絶対反対」（四〇頁）であると述べ、さらに東宝が業務提携を結び資金援助を行なっているニュース映画社の日映についても「今日迄五〇〇万円からの業務提携金額以上の融資がなされているわけであり、又現在日映がいる建物も、既に東宝に於て同盟通信社より五五〇万円で買収済であるが、此の間の交渉取引というものが非常にアマイものであって、会社側の経営者的手腕を疑わざるを得ないものがあ」（四一頁）ると、厳しく経営側の対応を批判した。

後に第三次争議において争点の一つとなる経営赤字の原因の一斑が、こうした「傍系会社」への融資の「コゲツキ」や「提携金額以上の融資」にもあるとするならば、組合がその「取立」てと「調節」を要求し、また「会社側の経営者的手腕を疑わざるを得ない」と批判したことは、看過してはならない。したがって、組合の報告に基づく議論において、組合側委員から「今まで赤字だ赤字だと叫ばれている。確かに赤字には違ひないが、そういう方面に金が流れている。」（中尾）「映画は今まで儲かっていた。入場料金は〔映画の〕再生産に注ぎこまれなければならないのに逆にそれが横流れし重役の為にするような方法に使はれている。これとはテッテイ《ママ》的に闘わねばならない」（山崎）という意見が出てくるのは、当然というべきであろう。他方、日映については「ニュース映画の社会性といふ面よりしてわれわれは同じ産業に働く者として理解ある立場より考へて頂きたい」（小西）という要望が組合側から出たのは、日映も当初は日映演の傘下組合として、東宝による支援後は東宝の一分会を構成しているところから、必然的なものであった。なお、組合はこの報告の際、中央経営協議会レベルの経営トップと組合トップとで構成する「中央生産復興会議」の設置を求めて十一月二五日付けのその改訂「規約草案」を提示し、会社側出席者もおおむねそれには賛意を表明した。

この後、「演劇生産復興」および「営業部生産復興」が各々報告されたが、双方から「職区制をひいたため製作部門が一貫してない。混乱や不正が行はれ易いような組織にあった。」（会社側網倉　四七頁）「職区制は再検討しなければならない。部課長制は長年続いた。それにも欠点はあるが又長所もある。事務系統に於ては部課長制がよいと思ふ」（組合側山崎　五一頁）というように、かつて大沢社長が敷いた職区制について、組織の効率化との関連で改変を求める意見が相次いだのが特徴的である。その上で指摘すべきは、第一に、「演劇は製作と営業との外に、付随的事業が非常に多い。演劇に直接関係のないものが多すぎる。今みたいに赤字のなかった時はそれらがくっついているのがよかった」（網倉　同）が、今日ではそうではない。「特に重要なのは機構の民主化である。演劇部の傍系的存在である演芸会社、音楽協会等の性格をはっきりしなければならない」（会社側間島　四九頁）というように、演劇部門においても赤字の原因の一つが「傍系的」会社の存在にあることが示されたこと、第二に、「経理面に於て冗費の節約も大いにしなければならない。われわれが見てもむだが随分ある」（組合側山崎　同）というように、営業部においてもまた「冗費」が無視できないほどのものであることが明らかにされたこと、そして第三に、「われわれ営業部の者の〔いう〕質といふことは、芸術的に又立派であると共に多数の人達に見てもらへるようなものを言ふのである。如何にいい作品と云へども多数の人に見てもらへないのではいい作品とは言へないと思ふ。それといい作品がつくられてもポツンポツンと出たのではだめであって、現在の状態では続けて出してもらはないことにはなんにもならない。」「そうでないとマーケットが荒され、ひいては縮少《ママ》生産の方へと否応なしに進まざるを得ない」（同五二〜五三頁）というように、営業部分会の年来の主張である、多くの人に見てもらえる良質の作品を継続的に送り出してほしいという要望が改めて提出されたが、他方で「撮影所の製作方針は正しいが、それをそのままあてはめて興行するのはなかなかむづかしい。新しい民主化に役立つ写真はもっと高度な〔営業〕プランがたてられなければならない。撮影所と営業の進歩的人達とで話し合ってみなければならない」（会社側営業波多野　六〇頁）というように、良質の作品が興行的に売れるとは限らないという現実の営業の「むづかしさ」が改めて指摘されたこと、以上である。

　このような議論を踏まえて「撮影所生産復興」について、伊藤武郎が「質は絶対的なものである。凡ゆる点は質にかかっている。それと量ももっともっと沢山作らなければならない。このにらみ合せが重要なのである。われわれとしてはもっと沢山作らせるよう要求したい。」「今後大小を含めて月二本作ってゆきたい。そしてストックを持てるような状態にしたい。各部と計画的な緊密な打合せの下にやりたい」（五六頁）と述べ、組合の側から積極的に作品本数を増やす意向を表明した。ただし、これに対しては宮森委員が「労働強化の上にたった生産復興を考えてはいけない」（五七頁）、あるいは「われわれは〔労働〕基準法を犯してはならない。そういふ生産復興はあり得ない」（五八頁）と釘を刺し、労働条件のいささかの低下をも排する強硬な態度をみせたのが特徴的である。その上でここでの議論においては、第一に、「技術の向上を大いにとりあげて頂きたい。技術の向上は生産復興に絶対に重要なことである。今までは封建的徒弟制で結ばれていたが、今後は民主的な組織に於て学んでゆく。そういふ方向に於て考へてもらいたい」（会社側山田　五八頁）と、経営側が技術者訓練の伝統的なあり方について変革を求めたこと、第二に、同じく経営側が「新東宝からは業務協定の改廃を要求してきた」が、「われわれとしては業務協定の線で如何にコントロールするかである」（会社側森田　五九頁）と述べたところから明らかなように、新東宝による会社独立の要求が顕在化したこと、の二点が留意されるべきであろう。また、これに加えて亀井文夫が「最後に一言言わしてもらいたい」として、「観客動員といふことも唯徒らなる沢山の人を集めて見せるといふことだけでなく、見る人の鑑賞能力を昂めてゆかねばならない。映画の見方を充分啓蒙し、そういふ方向からも映画の質と量とを考へてゆかねばならない」（六四頁）と、観客の「鑑賞能力」の向上のための「啓蒙」の必要性に言及したことは、それまでの議論には欠落していた映画の観客論を提起したものとして重要である。

以上にやや立ち入って検討してきたように、二日間におよぶこの会議は、組合のみならず経営側管理職をも巻き込んで東宝の映画演劇の製作と販売がかかえている問題点を摘出し、その克服の方途をさまざまに模索したものであったが、それはまた事実上経営危機の原因を探り、その打開策を検討するという性格を帯びたものでもあった。そしてこの観点からいうならば、東宝の経営上の問題点がひとり撮影所の製作本数の少なさにあるばかりではなく、非効率で経営透明度の低い各種傍系会社の存在など部署ごとに少なからぬ赤字生成要因をかかえていることにもあり、そこに本格的なメスを入れることなくしては、業績の改善もまた望みえないということを労使が共通に認識したことは、大きな意味をもつものであった。また映画興行の最前線を担う営業部から「良質の作品の継続的生産」こそが多くの観客を惹きつけるのであって、逆に多くの人びとを惹きつけることができなければ必ずしもよい作品とはいえない、という従来からの作品観が示され、さらに経営側営業担当者からも民主化に役立つ作品が必ずしも興行的に成り立つとは限らず、そのような作品の販売には「高度な〔営業〕プラン」が必要であると説かれたことは、作品の芸術的質・社会的価値と興行的価値の問題が内在するむつかしさ、奥行きの深さを示唆するものであった。

他方、撮影所の組合側から製作本数を月二本に増大させる必要が説かれたことが注目されるが、それに対し一部から生産復興は労働条件の引き下げを随伴しないかたちで行なうべきだと条件が付されたことは看過できない。もし危機打開策としての一時的犠牲＝緊急避難的な労働条件の引き下げまでも完全に排除するならば、その所期する実を上げえなくなる可能性もなくはないという意味で、それはあまりに硬直的だからである。席上それに正面から反対する意見は出なかったものの、議論を通して同じ組合執行部内にあっても経営危機への対応姿勢には個々にちがいが垣間みえたこともまた否定できない。かくして、この生産復興会議は、いかなる姿勢で経営の危機に立ち向かっていくかについて、経営役員とラインの管理職との間に亀裂が走っていることを示唆しただけではなく、組合の側の意思もまた必ずしも一枚岩ではないことを、結果的に明らかにすることになったというべきであろう。(11) 第三次争議は、これら管理職の立脚点を震撼させるとともに、組合側の意見の差異を一挙に消し去る激浪の役割を果たすことになる。

第四章　経営危機

第一節　組合の危機認識

(1)全映演の認識

東宝の組合が生産復興闘争に取り組んだ背景には、産別会議の提唱にかかる独自の政治的意味合いに加えて、労働者自身の手による映画演劇産業の復興と増大する外国映画に対する規制という日映演の闘争目標があったが、東宝に関しては、すでに触れたように一九四七年の半ばに顕著になった会社の業績の悪化という、より差し迫った事情が存在した。東宝は、戦前来の蓄積もあって他社に比べれば相対的に財務基盤が安定していたとはいえ、五〇日余りにおよぶ第二次争議とその結果の新東宝の独立は、前者はいうまでもなく直接的に、後者は人材構成、撮影機材など映画製作の基盤をなす人的・物的条件の制約という点から企業業績に負の影響を与え、その後の製作本数の少なさによる製作コストの増大や生産復興会議で議論されたような他の経営的要因とともに、業績の悪化を加速することとなった。第三章で指摘したように、すでに全映演は一九四七年六月の時点において、早くも企業業績の悪化に危機感を募らせ「具申書」を提出して会社にその対応を強く迫っていた。もっとも、それは東宝の経営危機の原因をもっぱら日映演の製作態度——その非効率性に求め、それに対する断固たる措置を会社に迫るという点に最大の特徴があり、したがってこれは、いわば会社を間に挟んでの労労対立という性格を帯びたものであった。

すなわち全映演によれば、一九四七年「前半期の映画総収入九、九〇〇万円」の「内訳」は「封切作品三、七〇〇万円、新版〔旧作品の新プリント版〕三、二〇〇万円、委託其他〔他社および外国作品〕三、〇〇〇万円」にもかかわらず、「封切新作品の原価は三、五〇〇万円」で「わづか《ママ》二〇〇万円」の実「収入」しかない。「殆んど吾々の生活と会社の企業が、新版、委託品にのみ依存して来たことがはっきりとわかるであらふ。その命の綱、手持の駒は、もはや底をついて了ったのである。然もインフレは迫り来る！」「会社の危機が起り、吾々の生活の危機が到来する。」「この危機を切り抜ける為めには、如何にかして生産の効率を挙げて、月四本半の製作を確保しなくてはならない。」「今年一月から五月迄の各社の製作状況は、東宝一〇本、松竹一三本、大映一三本である。」「第一製作部と新東宝」合わせて「月二本」であるが、「新東宝に於いてはこの四月、五月に於いては月一・五本〔の〕製作協定」を「五百に足りぬ新東宝の同志の自覚と努力によって、凡ゆる悪条件を克服して完全にその誓約を果し、製作の効率は昂まり余力さへ生じて来てゐる。」「第一製作部の従業員が真にこの危機を自覚し、新東宝の同志諸君と同様の努力を遂行したならば当然の二倍の製作本数は確保し得る」のであって、第一製作部にそれだけの「設備と能力は充分なのである。」「斯くして、吾々の生活を東宝企業とともに危機に追ひ込むものの、よって来る根因は凡て第一製作部の在り方にあることが明らか」であり、「吾々は茲にこの事実を指摘し、今にして断乎第一製作部の在り方を正常化する以外に、東宝企業と吾々の生活をこの危機から脱出せしめ日本映画を護るの道は不可能であることを警告し、吾々は重大なる決意の下に速やかなる解決を茲に要請するものである」として、全映演は改めて「申入れ」と題し、次のようなより具体的な対応策を掲げてその完全実施を会社に求めたのである。

「新東宝月一本半製作に対し、第一製作部に於いて〔は〕月三本の製作を確保すること。」「製作尺数、製作日数、経費の無制限、無統制の現状より只今、直ちに計画的統制に切替へること」すなわち①「製作尺数」については、「フィルムの生産はまだ、その危機の間を低迷しつつある。その為めに従来の月二五本の封切配給を、音楽五人男以後一九本に減じ辛じてその地を保ってゐる。然もこの一九本も一種七千尺〜八千尺を限度としてのことである。然るに『今ひとたびの』『地下街二四時間』『四つの恋物《ママ》語』等凡ての作品が製作頭初《ママ》より一万尺を超える方針を以って臨み、『戦争と平和』に到っては、優に一万四千尺〔普通作品二本分である〕を超える想定を意識しつつ之等フィルム事情を無視しての製作態度は言語同《ママ》断と云わなければならぬ。」また②「製作日数」については「『地下街二四時間』が封切予定日に遅延し、『素晴らしき日曜日』が遅々として進まず『戦争と平和』に到ってはひとり東宝の封切予定日を遅延せしめたばかりでなく、各社共堂々新憲法記念日に之を公開し了へてゐるのに、独り第一製作部のみがこの期日に遂に間に合はざる失態を演じ、今又、着手されんとしつつある『松井須磨子』〔衣笠貞之助監督『女優』のこと〕は、多数のステージ使用を予定しこれまた延々たる製作日数を予想せしむる。斯くの如き月封切所要期日を無視するごとき製作態度はこれまた断じて許容することが出来ない。」そして③「製作費」についても「今日、想定される映画総収入は月三千万円乃至三千五万円に過ぎない。これに対し『今ひとたびの』九百万円、『戦争と平和』に到っては無謀一千万円を費消するが如き企業を無視するの製作態度は断乎是正しなければならない。然も費消一万四千尺の製作を仕上り九千尺に切り上ぐるを以って足れりとするが、打ち切られる五千尺は単にNGの問題に非ずしてその製作に費消せる日数、賃金、経費は誠に膨大なるものである。これを正常に製作せんか優に二本の新作品が出来上るのである。然も新東宝の一本製作費三百万円乃至四百万円と共に大映一五〇万円、松竹二五〇万円を想ひ合せる時この製作態度が如何に危機あらしめてゐるかは誠に慄然たるものを覚える」のであって、「今後来るべき、当然の物価、フィルムの値上げ、賃金の改定等に依る必然の製作原価値上りの見越しの下に速に製作の合理化を徹底的に施行しなくてはならない。」「第一製作部のみ」が、その「芸術欲と名誉欲」をもって「己の一方の製作態度をほしいままにしてゐる」現状は、「もはや断じて許容し得ないのである」〔全映演東宝支部東宝社長田辺加多丸宛て「具申書」一九四七年六月四日〕と。

このように、全映演は「迫り来る危機を目前に〔その〕因って来る根因が凡て第一製作部の在り方にある」以上、それに対して「断乎たる処置」をとるべきであると会社に迫ったのである。しかし、留意すべきは、全映演が「吾々の賃金要求は第一製作部の生産、経営、労働の合理化に依って優に補ひ得ることを確心《ママ》するを以って右〔の〕解決なくしての如何なる切下げにも応ぜざることを明らかにする。」〔同〕として自らの賃上げ要求は従前通り続けていく態度を明確にしたことである。それは、「第一製作部」の「製作態度」に業績悪化の「凡て」の「根因」があり、したがってその克服は「第一製作部の生産、経営、労働の合理化」をもって果たすべきであるとする彼らの主張の当然の帰結ではあったが、しかし会社にとっては、全映演の経営への非協力的態度を刻印する結果となったことは否みがたい。会社にとって、全映演は、少なくともこの時点では第二組合といえども、つねに経営協調的な行動を取るとは限らない、日映演とはまた異なる意味で厄介な存在だったのである。そしてその根拠は、以下に具体的に検討するように、会社自身の態度――全映演からみれば日映演に対する会社の側のほとんど優柔不断ともいうべき曖昧な態度にあった。この点に着目すれば、全映演のこの「具申書」は、経営危機を招来させたとする日映演に対する彼らの激しい怒りによって貫かれているだけではなく、それを許してきた会社経営陣に対する強い苛立ちによって支えられていることも容易に読み取れるであろう。

「具申書」に対する会社の回答は、六月一四日全映演に対して文書をもって明らかにされた。が、興味深いことは、そこでは製作効率の低さについて会社が理由を挙げて説明すればするほど、それは、むろん意図せざるものとしてではあるが、全映演の主張の根拠を否定し、日映演の「製作態度」を容認してしまうというパラドキシカルな結果をもたらしたことである。すなわち会社は、「能率低下の原因」として、第一に、「運営組織変更による過渡的欠陥」をあげ、一九四七年「三月の新東宝の成立」から東宝撮影所の組織を「プロダクション」と「ラボラトリー」の「二元的運営方針を採ることにした」が、この方法は「理論的に極めて進歩的で且つ正しい」ものであるけれど「この運営に習熟せぬ点多く遺憾ながら効果の発揮を鈍らせている」現状であり、この「新運営組織が軌道に乗り習熟すると共に漸次解消し得るものと確信する」とする。第二の原因は、「人的構成上の欠陥」にあり、「新東宝の分離により東宝撮影所の人的構成は著しい凹凸を生じて仕舞」い、「甚しい部門では熟練者の大半を失ひこれ等の補充に悩んでゐる現状である」と述べる。そして第三の原因である「一般的労働効率の低下」も、右と密接に関連するが、「映画事業に未経験の者又就業して日尚ほ浅い者が多い為め一般的に労働効率を低下させ製作効率に影響を及ぼしてゐる」というのである。

その上で、会社は「新東宝は乏しきに耐へて製作能率を上げてゐることは誠に御同慶に堪えないがこれに較べて東宝撮影所は比較的優秀な設備を持ちながら充分の能率を上げて居ないことは今日の実状である」とはいえ、「東宝撮影所は新東宝の二倍の設備を持つが故に二倍の製作能力があるとするのは聊か実情に暗い判断であ」り、「ステーヂ」数は「〔東宝〕五対〔新東宝〕四」、「ミッチェル撮影機」は同じく「四対三」、「従業員の数」は「十一対六、但しこの数は両者所属従業員の全体の比率であって東宝撮影所には新東宝に無い現像所、技研、動画、合成等の部門があり尚又新東宝の美術部門は東宝より一部の労務提供及び臨時雇によって運営してゐる」という「事実を考慮すれば両者の実際製作上の従業員数の比率は大略八・五対五である。」これを要するに「両者の現有能力は総括的に見て略ぼ三・八対三の割合となり、一年間の製作本数は二十本対十六本の比率である。」「昨年中両度の争議とその結果としての撮影所二分の後始末の為め人事の編成配置、設備資材の整備計画の実行不可能等の事由により能率増進の隘路は未だ打開されてゐないのであって将来人と物との整備が完了すれば東宝は年産二四本、新東宝十八本を確保出来る見込で鋭意実現を急いでゐる」と、東宝・新東宝の製作能力をその実質水準において比較し、名目的な格差ほどに大きいわけではないとしている。

しかも注目すべきは、会社が「映画の量と質の問題に就いては確かに今日一定量の確保は絶対に必要であるが東宝の映画が世間の支持を得てゐる理由の中に『質』の点が極めて多分に在ることを見逃せない」として、「プログラム・ピクチュワーに拠て営業の地盤を獲得することは出来てもそれは短期の支持であって当社の映画の声価を高め永くその地位を保つ所以は質的向上に俟たなくてはならない。然るに現状においては遺憾ながら東宝と新東宝との間に於ける既成スターの交流が未だ完全に行はれぬ状態にあるので東宝としては映画の質的水準を保つ為には何等か別途の方法を採らなければならぬ。此処に東宝作品が概して大規模となる傾向の一半の理由がある」と述べている点である。映画の「質的向上」こそが東宝「映画の声価を高め永くその地位を保つ」には不可欠であり、スターが去った後の東宝においては、そのために「概して大規模となる傾向の一半の理由がある」と、事実上日映演の現在の製作態度を擁護したことは重要である。したがって、製作費についても会社が『地下街二四時間』（今井正）三、九二〇、〇〇〇円、『今ひとたびの』（五所平之助）八、五六〇、〇〇円、『戦争と平和』（亀井文夫・山本薩夫）八、二六〇、〇〇〇円、『九十九人目の花嫁』（佐藤武）三、三八〇、〇〇〇円、『大江戸の鬼』（萩原遼）五、一七〇、〇〇〇円、『見たり聞いたり試したり』（斉藤寅次郎）五、五七〇、〇〇〇円と各々明らかにした上で、「『映画製作に消極なし』は東宝映画製作の伝統的方針であるが、勿論経理を無視して製作すると云う意味ではないが収入の制約を受けて製作が極度に消極的になることは新鮮な企画性を阻止する結果を招く惧れがあるから物価と製作費の関係は映画の積極性を保ち得る限度を見誤らぬ様調整する」必要がある、として角を矯めて牛を殺すがごとき、いたずらに製作費の問題ばかりを取り上げて映画製作に消極的となる愚を戒めたことは、一層重要である（東宝株式会社取締役社長田邊加多丸　全国映画演劇労働組合東宝支部宛て「開陳書」一九四七年六月一四日）。

以上のように、会社の回答は、東宝撮影所の非効率性の根拠を明らかにするとともに自らの製作方針を示すことによって、結果として日映演組合の製作態度にきわめて寛容な対応を取ったことが特徴的であった。会社がこのような対応を取ったのは、この六月時点においては経営危機の深度についての認識がやや甘かったということもあるが、むしろ重要な点は、有力なスターはいなくなったとはいえ、プロデューサー、演出、脚本から撮影、美術、照明、録音、編集などまで有能にして強力なスタッフを圧倒的に多くかかえている日映演を抜きにしては、そもそも映画製作自体が成り立たない、という現実的な理由があったことである。営業部の配給部門を主たる基盤とし映画製作の実際には直接かかわらない全映演の意見にしたがったならば、逆に日映演を刺激してさらに事態を混乱させてしまいかねない。そのことを怖れたというのが、この時点における会社の基本的なスタンスであった。そしてそのような会社の対応を規定づけていたのは、実際に映画製作に携わり、統括していた製作責任者など現場のラインの管理者たちの冷静な現実認識であったにちがいない。東宝において日映演――そのスタッフたちはそれほどに強く有能な存在であったというべきであろう。

この回答内容に当然にも激しく反発した全映演は、八時間近くにおよんだ六月一四日の中央経営協議会において、一度受取った「開陳書」を突き返して会社に再考を強く迫り、休憩後、会社が提出した新たな「回答書」を持ち帰って検討する（東宝株式会社「中央経営協議会議事録〔全映演〕」第九回　一九四七年六月一四日）。そしてこの「回答書」を基礎とした一六日午前九時半から翌一七日の午前九時半まで丸々二四時間にも及ぶ全映演の執拗にして強硬な追及に押されて、一七日午後、会社は全映演が先に提出した「具申書」のなかの「提案ヲ認メ従来ノ経営方針ヲ是正スル為メニ左ノ点デ意見ノ完全ナル一致ヲ見タ」として、「七月以降」新東宝を含む「封切本数ヲ月三本以上製作公開スル。」「作品仕上り尺数ハ一本当リ平均八、〇〇〇尺トスル。」「製作費ハ現在ニ於テハ一本平均五五〇万円（プリント費及宣伝費ヲ含ム）程度トスル」との内容の「覚書」を取り交わして、異例に長時間に及ぶ交渉を打ち切ったのである（「中央経営協議会議事録（全映演）」第一〇回（一九四七年）六月一六日 七頁）。「具申書」の基本方向を認める言質を与え、かつ月間製作本数と作品一本の長さ、およびその製作コストに一定の枠を設定したことは、その実効性についてはともかく、怒りに駆られた全映演をひとまず納得させるために必要な会社側の譲歩であった。

さらに、この一六日の中央経営協議会において看過してはならないいま一つの事実は、全映演が「東宝撮影所を独立会社にすること」を要求したのに対し、会社は「東宝撮影所を分離独立させるかどうか等ということは大問題であ」り、「即答を保留、研究する」と応答したことである（同六頁）。後に立ち入って検討するように、第三次争議を惹き起こすことになる渡辺銕蔵ら新経営陣は、折から施行された過度経済力集中排除法を奇貨として撮影所の分離を含む会社の三分割を画策するが、この時点ではそうした構想は現経営陣の念頭にはなく、むしろ全映演の日映演に対するほとんど敵意からする野望として出てきたものであったことは記憶にとどめておく必要がある。[1]

ところで、全映演は「具申書」を提出した同じ六月四日、憲法発布記念映画『戦争と平和』の封切遅延などその製作上の問題点を質すいま一つの「申シ入レ」なる文書を会社に提出している。それは、全映演の思想とそれに対する会社の対応姿勢を如実に示すものとして検討に値する。そもそも『戦争と平和』の製作は、前年の一九四六年夏、政府が憲法普及会を通して翌四七年五月三日に施行される新憲法の精神の普及を企図して、劇映画三社に対しその三つの中心理念「戦争放棄」「基本的人権」「男女同権」に即したテーマによって映画をつくるように要請し、東宝には「戦争放棄」を、松竹には「男女同権」を、大映には「基本的人権」を各々割り当てたことに端を発する。東宝は、プロデューサー伊藤武郎、演出亀井文夫・山本薩夫、脚本八住利雄、撮影宮島義勇が担当し、伊藤のアイディアから英国の作家テニスンの『イノック・アーデン』を下敷きにして作られた脚本のもと、五月三日の憲法施行までに封切ることを目途に撮影準備に入ったものの、スターをはじめ有力俳優が離脱した組合分裂直後のためにキャストとりわけ主役の女優が容易に決まらずに手間取ってしまう。結局、「『新人を抜擢しよう』という意見に対しては興行効率の問題もあり、製作者、監督間にかなりの混乱があり、撮影開始ギリギリで、ニューフェイスの中から岸旗江が選ばれた」（前掲、宮島義勇　二〇〇二　二三〇頁）。「クランク・インは、〔一九四七年〕三月七日、アップは五月一〇日、正味六五日」を要したが、ほぼ一週間分の他の班による「実景」部分を入れると撮影日数は「延べ」「約七〇日」であった。しかしその撮影済みフィルムは、「ラッシュを編集して、打ち合わせ試写の時に、一万五〇〇〇フィート」もあって長すぎ、「それを九〇〇〇フィートに詰めてからダビングをして、完成試写が出来たのは、五月一八日になっていた。」ところが、この作品は「GHQの検閲で引っかかって、約三〇ヵ所、長さにして約一〇〇〇フィート以上カットされ」、「しかもなかなか上映許可が下りず、封切ったのは七月一〇日」となり、もはや「憲法発布記念は意味のないこと」になってしまったのである（同二三一頁）。

すなわち、この作品はあらかじめ当時のGHQの検閲方針にしたがって、脚本段階からCIEの許可を得、完成フィルムもそこでパスしたものであったが、その後五月二〇日にCCDに提出したところ、各シーンが「飢えを過大に表現している」「暴力を扇動するもの」「巧妙に天皇に対する忠誠を止めさせる示唆がある」（「Box番号八五七九　CCD新聞・映画・放送部映画班　記録メモ　一九四七年五月二二日付けWYN名のメモ」）などとクレームをつけられ、工場での労働争議の場面を中心に大幅なカットを余儀なくされた（亀井文夫　一九八九　一二三頁、岩崎昶　一九五八a　一二二～一二三頁）。スター女優がいないなど『戦争と平和』の製作にかかわる内部の問題は、同じ頃撮影に入っていた五所平之助監督『今ひとたびの』などとともに、東宝の撮影現場における組合分裂ゆえの混乱をあらわすものであるが、このCCDの検閲による大幅なカットは、それとは次元の異なる作品内容にかかわる問題であり、およそ一年前の一九四六年八月、同じ亀井文夫が日映で岩崎昶のもとに製作したドキュメンタリー映画『日本の悲劇』が、製作を勧めたD・コンデのいたCIEはむろんのことCCDも数箇所のカットの後上映を認めたにもかかわらず、首相吉田茂の逆鱗に触れて上映禁止・フィルム没収の憂き目にあったという事件を想起させるものであった（「Box番号八五七九　GHQ米陸軍太平洋司令部　チェック・シート　一九四六年十月二一日付けWYMから映画部長宛て文書」、岩崎昶　一九七五　七〇～八八頁および Hirano,K. 1992 ch.3. 平野共余子　一九九八　第一章）。実際にも、GHQのPPB（新聞映画放送部）からCCDに宛てた文書には「この映画は、明らかに潜在的なもう一つの『日本の悲劇』である」（「Box番号八五七九　CCDチェック・シート　一九四七年六月六日付けJ・J・C執筆文書」）との認識が示されており、それは、GHQによる映画統制政策の転換を映し出すものといってよい。

とくに留意すべきは、CCDがその内部文書おいて詳細に削除の箇所を指摘した際、この作品は「〔組合による〕生産管理形態の下、東宝撮影所の労働組合が製作したもの」であり、「いくつかの共産主義的プロパガンダを含んでいる。」（「Box番号八五七九　GHQG-2　内部事務メモ　CCDからCIS（民間諜報局）コステロ宛て一九四七年六月一二日付文書　執筆者名なし）と述べていたことである。CCDが、監督の一人である「亀井文夫は『日本の悲劇』の監督」であり、プロデューサーの「伊藤武郎は日映演の委員長」で「二人とも間違いなく赤（Reds）である」（Box番号八五七九　CCD新聞・映画・放送部映画班　記録メモ　一九四七年五月七日付け）と認識していたことは、『日本の悲劇』の経緯からして疑いないが、しかし彼らが『戦争と平和』を組合による「生産管理形態の下、組合が製作した」作品だと理解していたとすれば、それを根拠にこの作品をより厳しく検閲し、多くのシーンを削除させたという可能性は否定できない。しかもさらに重要なことは、この作品が組合管理の下で組合によって製作されたものだとするCCDの誤った事実認識が、実は東宝の一部の会社役員と組合分裂派がもたらした情報に基づくものであったということである。

すなわち検閲が滞っている間、CCDには「撮影所と本社の代表者が、検閲の進展状況の情報を求めて毎日のように訪れ」、CCDの担当者がこれに応えるように「長期に及ぶ検閲の遅滞は、すでに検閲についてさまざまな噂が飛び交うなかで、CCDにとってさらに好ましくない噂を呼び起こすことになる」から「早急に必要な行動を取ることが望ましい。」（「Box番号八五七九　PPB回状、一九四七年六月一〇日付けWYM執筆メモ」）と検閲のパスを促していた。このように東宝の撮影所と経営側が検閲の促進を求め、ＣＣＤのなかにそれに応答しようとする動きがある一方で、「東宝の広報担当重役浜本正勝は、この作品の上映禁止によって撮影所の組合が映画製作についての決定権は経営側にあるということを自覚するようになるのならば、〔政府が一部負担することになっている〕『戦争と平和』の製作費七〇〇万円は帳消しにする用意がある。」と作品の上映禁止を求めるとともに、この「『戦争と平和』は明らかに共産党の支配下にある撮影所組合が作ったものであり、この組合は経営側がコントロールできない状態にある」と述べ、さらに「新東宝の渡辺邦男たちは、この作品の根底を貫くのは、もっぱらアメリカと天皇への忠誠をけなすことだけであるとして注意を促した。」（「Box 番号八五七九　ＣＣＤ新聞・映画・放送部映画班　記録メモ　一九四七年五月二二日付けＷＹＮ名のメモ）というように、右の撮影所と会社側による働きかけとは全く反対の動きがあったのである。

明らかにＣＣＤに対する東宝の働きかけには、文字通り対極的な二つの動きがあったのであり、結局ＣＣＤは『戦争と平和』を上映禁止にはしなかったものの大幅なカットを命じる決定を下して、結果として後者浜本や渡辺らもう一方の会社側の要望に応えたのである。以上のような経緯からするならば、『戦争と平和』に対するＣＣＤの決定が、共産党支配下の「組合が作った作品」だとする浜本らによってもたらされた偏った情報による影響を無視できない、と考えることは決して不合理ではないであろう。こうした東宝からするＣＣＤへの働きかけに全映演がどのようにかかわったかは明らかではないが、しかし彼らが反日映演グループである渡辺邦男ら組合分裂派の動きを充分に把握していたであろうことは、想像にかたくない。全映演は、検閲による削除や封切りの大幅遅延など『戦争と平和』をめぐって生じた問題を、経営危機を加速する重大なミスとして日映演に対する格好の攻撃材料としただけではなく、その製作管理主体である会社の責任をも厳しく追及した。

全映演はいう。①新憲法発布記念映画の期日までの公開について「松竹、大映共ニ等シクソノ任務ヲ遂行シタルニ拘ラズ、独リ吾東宝ノミ未ダ公開ヲ見」ないことは、会社の「社会的信用ヲ失墜セシメ」るものであり、その「責任タルヤ甚ダ大ナリ。」②「製作スタッフノ首脳」は、「明ラカニ共産党員ノ精鋭分子ヲ以ッテ構成セラレ」ていたのであるから、「既ニ製作着手以前ニ今日アルハ」充分に「想定」されたにもかかわらず、「之ヲ敢ヘテシテ製作セシメタル責任ヲ如何ニスル哉。」③「映画ハ社会的公器ナリト思念スル吾々ニトッテハ、明ラカナル共産主義宣伝映画ヲ今日国民ニ公開スルコト」は、「パブリック・サービスニ非ザルコト言ウヲ俟タナシ。」「之ヲ製作上映セントシタル意志如何」④「フィルム事情悪化」のもと、『戦争と平和』は「ソノ尺数、製作日数及製作費用ハ優ニ普通作品二本ニ充当ス。」しかも「一万四千尺ヲ九千尺ニ縮尺スルナラバ、何故頭初ヨリソノ製作方針ニテ望《ママ》マザルヤ、斯カル無統制的製作ニ対スル責任ヲ如何ニ考ヘラレル哉。」と(全映演東宝支部　東宝社長田辺加多丸宛て「申シ入レ　『戦争と平和』ニ関スル件」一九四七年六月四日)。

『戦争と平和』の「製作スタッフ」の「首脳」が、「明ラカニ共産党員ノ精鋭分子」であるとのゆえをもって、公開日の遅延を含む「今日」の事態は当然に予想されていたという憶断といい、またその内容を「明ラカナル共産主義宣伝映画」であるとする作品評価といい、さらにこの作品を「国民ニ公開スルコト」は「パブリック・サービスニ非ザル」として公開禁止を求める要求といい、この文書は全映演の思想のレベルとその作品評価の水準を示すものであるが、同時にそれはまたCCDに公開禁止を訴えた浜本・渡辺らの主張と強い近似性が認められるものであった。もっとも、「優ニ普通作品二本」に相当する「尺数、製作日数及製作費用」を費したにもかかわらず公開予定日に間に合わなかったこと自体は、会社にとって説明を要する事柄ではあった。この全映演の追及に対する会社の回答書の基礎となった森田信義製作担当部長の社長宛て「具申書」は、当時の東宝のラインの管理統括者の日映演に対する考え方をあらわすものとして、きわめて興味深い。

森田はいう。①『戦争と平和』は「五月一六日」に「完成」し、「一九日ニ委嘱者デアル憲法普及会トC・I・Eトニ見テ貰ラッタトコロ、大変ニ満足ノ意ヲ表明サレタノデ、同二〇日ニ検閲当局デアルC・C・Dニ受検ノタメニ提出シタトコロガ、コノ映画ガ新憲法ノ大眼目タル『戦争放棄』ヲ主題トシテイルノデ、当局ニ於テハ、此レガ検閲ニハ慎重ヲ要スルトナリ、爾後四週間ヲ経テ、六月一九日ニ到リ、漸ク希望アル見透シヲ持ツ事ガ出来ルトコロ迄到達シ、目下C・C・Dミハタ氏ノ指揮ノ下ニ再編集ヲナシツツアリ、ソノ完了ヲ俟ッテ、検閲当局ニ再提出スル事ニナッテイル（社長名の回答書では「再提出シ六月二七日通検ノ運ビニ到ッタノデアル」と訂正）」。したがって、この作品の公開を取りやめるなどということはありえない。②「重要スタッフニ共産党ガ加ッテイル、ト云フガ如キハ、問題ニスル事自体ニ誤リガアル。云フ迄モナイコトデアルガ、今日共産党ハ合法政党デアリ、ソノ党員デアル事ハ公人トシテノ活動ニ毫モ差支エガアルベキデハナカロウ。」③『戦争と平和』が「共産主義宣伝映画ト云フ断定ガ下サレタナラバ、ソレハ確カニ問題デアル」が、しかしこの作品は「小職ノ見解デハ、『人道主義ヲ基調トシ戦争否定ヲ主題トタ映画』以外ノ何物デモナイ。」④今後も「斯クノ如キ製作方針ヲ継続スル意志デアルカ」という点については、「共産党ヲスタッフ中ニ起用スカト云フ意味デアレバ、ソレニ対シテハYES、若シ共産主義宣伝映画ヲ製作スル意志デアルカト云ノデアレバ、ソレニ対シテハ、明カニNO」である。⑤一万四、〇〇〇尺を九、〇〇〇尺に縮小しなければならなかった無計画性という指摘については「全面的ニ同感」であり、「ソノ責任ハ強ク追及シ」「今後ニ資スル考エデアル。」（森田信義　田邊加多丸社長宛て「『戦争と平和』に関する見解具申書」一九四七年六月二四日）と。(2)

『戦争と平和』は「共産主義宣伝映画」などではなく、「人道主義」に基づく「戦争否定」映画であって公開禁止などはおよそ考えてはおらず、また共産党員を製作スタッフに入れたこと自体はなんら問題とすべき事柄ではなく、今後も彼らを映画製作スタッフとして登用する考えであるが、検閲前のフィルムの大幅な圧縮という無駄については担当者に対しその責任を追及し今後に活かす、というこの森田の見解は、いたずらにスタッフの思想的傾向にのみとらわれてその芸術的能力と技倆を客観的に評価しえない全映演の視野狭窄に比べれば、文化を生産する経営体の、その製作現場を統括する管理者ゆえの見識をあらわすものというべきであろう。そしてこの森田の見解が、その後の検閲の経緯を加えて公式の会社回答として、田邊社長名をもって全映演に提示されたことは、充分注目に値する。ＣＣＤに強く働きかけた浜本らの『戦争と平和』に対する否定的な主張は、正式の会社側の対応としていささかもオーソライズされることはなかったのである。

全映演は、その後も会社の回答に納得せず、とくにＣＣＤの再検閲で最終的に大幅なカットを余儀なくされたということの作品の不幸な事態をとらえて、検閲で「削除」されるような問題作品を製作した会社の責任をさらに追及するのであるが（全映演東宝支部　田辺加多丸社長宛て「『戦争と平和』回答に対する再度申し入れ」一九四七年七月一七日）、しかし作品公開後、検閲による削除という話題性もあって観客が増大していくにしたがって、この問題は当面の議論の主題から外れていくことになる。[3]

以上にやや立ち入って検討してきたように、全映演の経営危機に関する対応は、その原因を日映演の製作態度に一義的に求め、それを許している会社側の対応姿勢を問うことによって、日映演に対する締め付けを経営危機対策として促すように会社に迫るところに特徴があった。こうした全映演の態度は、繰り返すまでもなく日映演に対するほとんど敵愾心を内包したその思想と行動に対する批判に基づくとともに、その日映演の思想と行動を事実上容認してきた会社への強い苛立ちに基因するものでもあった。しかし、一九四七年も夏に入る頃になると、全映演が経営協議会でしきりに警鐘を鳴らした「八月危機」自体はひとまず乗り越えたものの、会社の資金繰りの状態にはっきりと翳りが出てきたことは否定できなかった。

(2)日映演の認識

むろん日映演の側も、次第に深まる企業業績の悪化については、当然に自覚せざるをえなかった。その事実についての正式な情報を得る場は、いうまでもなく経営協議会であった。すでに触れたように、組合は毎月、前の月に翌月の賃上げに対する要求を提出し、それへの会社回答をもとに経協において交渉を重ねるのが通例であった。度重なる賃金交渉が、田邊社長ら役員層から経営の実務に割く時間を奪ったことは否みがたいが、賃上げ交渉は、一般に経営側が自らの回答の妥当性を裏づけるために、そして組合の同意を得るために、その精度や真偽に程度の差はあるものの、一定の財務情報を組合に提供するのがつねであるから、それは組合にとっては企業業績に関する情報を公式に入手することができる場として機能する。このことは、この組合にとっても当然に当てはまる。例えば、一九四七年八月分の賃金をめぐる七月末の交渉ではすでに会社の苦境が次のようにはっきりと語られている。

> 会社から前回の中央経協で八月給与会社案を本日提示することを約束したが其の後多少情勢の変化に伴って、遺憾ながら具体的な案を提示できないと前提があって、現在の会社の収支状態では赤字増加の一途を辿るのみで、七月の正確な計算は不明であるが、七月の欠損見込は最低三三〇万円見当と考えられる。それに加えて八月にはフィルムの値上り、減配による基本プリントの減少で紅白番組別採用、節電の地方的拡張等で悲観材料が山積しているので、八月には最低六〇〇万円位の欠損が予想される。従って八月の給与は七月の給与額を維持することも困難かとも思ふが然し乍ら一方従業員の生活物資の高騰、主食の遅配等考慮して唯一の救援策である現在促進中の入場料値上運動に希望を拓《ママ》し、八月分として総額二〇〇〇万円程度の突破資金の追加をギャンブル《ママ》する考えであると提案した。組合は右に対して、前回の約束は〔今回〕八月分給与会社案として具体的なものを提示される筈であったが、配分方法、支給日の明示もなく、約束が違ふので、これでは組合員に計って審議することも出来ない、具体案はいつ明示されるのかと回答した。会社は来る六日に具体的な会社案を提示することを約した（東宝株式会社「中央経営協議会議事録」第二五回〔一九四七年〕七月三〇日　三〜四頁）。

その後八月六日の中央経協において提示された会社回答は、「一、八月分給与：七月同様一月の線に戻した生活給と勤務給の一・五倍したもの　二、突破資金：七月に支給した三四〇万円に二〇〇万円を増した五四〇万円を支給する　三、雑給与：七月同様一・五倍したものを支給　四、地域差：七月暫定案を八月も同様とする」などであり、この回答提示後、社長が「前回と同様六、七月の収支損益は予想を余りにも下回った結果を具体的に数字を上げ説明をして、会社の現状を赤裸々に訴え、この現状を従業員諸君が再認識してもらいたい」と述べたのに対して、組合は「七月分の会社案も承認したものでないのになお七月分組合案の五七五万円を下回る五四〇万円が八月分であるという会社案は問題外であって、組合員として到底納得できない。」「別途に組合案を各分会で練ってゐる」（同 第二六回八月六日 四～六頁）と応答する。その後、七月分給与の支払の二日遅れに対して組合が要求した五〇％の違約金の代償として、八月分を「一月の線の生活給の七〇％（総額五九五万円）を支給する」（同 第二七回八月一三日 七頁）との会社案で八月分給与交渉は決着するが、その支払いが再度一部遅れることにつき会社はその窮状を次のように説明している。

会社の収支状態が全く逆になったことが根本原因である。配給、興行、演劇部門を通じ〔中略〕支出より収入が減少した。収入の源泉である撮影所の運転資金でさえ毎日の送金を半減以下にせざるを得ない。従ってロケイションも思うに委せない実状で、かてて加えて映画事業は丙種産業に指定されているので、金融機関からの借入は不可能であり、特殊仮受金の融通は早急に返済せざるを得ない現状となった。更に地方支社でも急激な未払税金の取立て等の為〔本社への〕送金の激減となり、会社の経理状態は、収支の面でも、金融の面においても最悪となった。組合からみれば、なぜそこまで行詰っているのであれば、事前に適当な対策を講ぜず突然延期を持ち出したかと考えられることと思うが、会社は最後の最後まで金繰りに頭を悩ましていたもので前述のとおりこの二ヶ月給与は特別な方法で融通したもので、今月もその方法をとったが、時間的に間に合わず終に延期を申し出た状態である（同 第二八回八月二二日 五～六頁）。

以上の賃金交渉は、すでにこの一九四七年八月時点において会社の財務状態がかなり深刻な事態に陥っており、賃金の遅配を招くほどに会社が資金繰りに苦慮していること、しかし組合は賃上げ要求の姿勢をいささかも崩していないことを示している。たとえ会社の業績が悪化したとしても、全映演と同じく日映演もまた賃上げ要求を抑制することなどありえない、という強硬な姿勢をそこから読み取れよう。いうまでもなく、激しいインフレーションのもと、人びとが食糧など日々の生活物資の確保になお多大のコストとエネルギーを割かざるをえなかった当時の厳しい現実を、それは反映している。しかし注目すべきは、全映演とは異なって、日映演は会社に対して、業績がそれほどに悪化しているというのならば、その実態について正確なデータをもってはっきりと説明するべきであるとして、財務データの開示を求めた点である。

すなわち同じ八月二二日の経営協議会の席上、組合は「二五日支給の三〇〇円は承認するが三〇日の会社案二〇％は各職場で協議の上次回に回答する」と応答した上で、「金融の点で組合員が納得できるように傍系会社を含んだ経理の公開をしていただきたい。更に企業整備の件で組合員が安心する様な具体案を発表の上説明を願いたい」と会社に申し入れる。これに対し会社が、「企業整備」の問題については「現在何等対策を講じていない。経済力集中排除法案にしても未だ議会に提案されていないのであって、組合は給与の点及び経理的な諸問題を総べ《ママ》て企業整備に関連して会社が考えている如くに述べられるが、全く之は誤解である。企業整備の問題より現実の問題として、この状態で行くなら会社自体が非常な危機にある」と組合に現下の経営危機についての理解を求めたのに対し、組合は「その危機を事前に防止するため会社で経済白書を発表し、対策を講ずるための中央経営協議会を開催されたい」と再度経理データの公開とそれに基づく協議を要求し、会社もこれに同意している（同七〜八頁）。

企業業績の悪化についての正確な認識を踏まえて、その打開策を協議しようというこの日映演の対応は、経営悪化の原因は日映演とその行動を放置してきた会社にあるとして、もっぱら会社を攻め立てた全映演の対応とは、明らかに異なるものであった(4)。こうした日映演の対応が、その後、会社の窮状を認識した上で、会社をも巻き込む生産復興闘争を通してそれを打開しようという行動となっていったことは、前章で検討した通りである。日映演が、後に生産復興会議の設立を改訂労働協約に盛り込むように会社に強く求めるのは、そうした試みの直接の延長線上にあったが、しかしそれは同じく協約改訂交渉に入っていた全映演との関係もあって曲折を余儀なくされ、結局大量解雇の発表を契機に争議に入ることになる。

第二節　経営危機

(1)経営危機の実態

それでは会社の業績悪化は、実際にどの程度進行していたのか[5]。会社が、一九四七年九月時点で組合に公表した財務データからなる「経済白書」によれば（表4－1）、四七年八月ひと月の「収支決算」は、「映画製作配給（映画館に対する作品賃貸収入）」「映画興行（映画館における興行収入）」「演劇興行」のすべての項目において支出が収入を上回って総額一、五九四万六千円の赤字であり、予定される入場料の値上げを織り込んだ九月の「決算予想」も、「映画製作配給」と「映画興行」はわずかながら黒字に転ずるものの「演劇興行」は、幅自体は縮小するけれど依然として赤字を脱しえず、全体としては八〇万一千円の赤字を見込まざるをえない状況であることが知られよう。

しかし、このデータは八月ひと月だけの数値と九月の予想値であって、それまでの累積データを表示してはいない。実は、会社はこの「経済白書」を発表する前に、経営内部の極秘資料として「経理説明書」なる文書を作成し、一九四七年上半期の収支状況を掲げてその原因を分析している。会社は、結局この文書を組合の求めに応じて「重要書類であって散乱することは将来の営業にも支障を生ずるおそれがあるから、取扱に特別配慮」するように「申添え」て、組合に提示した（「中央経営協議会議事録」第三回〔一九四七年〕九月二〇日　三頁）。

それに基づく表4－2によれば、「映画製作配給」は一九四七年二

表4－1　8月決算と9月決算予想

（単位：千円）

8月		収入	支出	収支決算
映画製作配給		33,920	44,346	－10,426
映画興行		30,000	32,512	－2,512
演劇興行	興収	4,902	10,815	－3,008
	出演収	2,905		
計				－15,946

9月		収入	支出	収支決算
映画製作配給		45,420	45,321	99
映画興行		38,200	37,612	588
演劇興行	興収	8,940	13,428	－1,488
	出演収	3,000		
計				－801

注）「9月の人件費は8月と同額」とされている。
出所）東宝株式会社「経済白書」1頁

月から六月までは収益を確保しているものの、「映画興行」が六月に欠損となったために、全体の収益は「演劇興行」のほぼ一貫した赤字とあいまって四月をピークに六月には大きく縮小し、七月に入ると遂に各項目すべてが損失に転落した結果、合計二、〇〇〇万円近くの赤字となっていることがわかる。会社によれば、七月のこの全項目の赤字転落は、「例年にない渇水から予想だにしなかった夏期の電力不足」による「節電─電休日となり、従って

表4－2　損益表（1947年2月～7月）

（単位：円）

月別	映画製作配給損益	映画興行損益	演劇興行損益	合計
昭和22年2月	1,905,865	153,136	－1,088,164	970,837
3月	1,748,950	1,455,547	－1,753,103	1,451,394
4月	3,712,190	1,693,973	－925,018	4,481,146
5月	3,065,404	230,859	－1,655,589	1,640,675
6月	2,501,846	－1,502,621	－601,155	398,070
7月	－9,116,401	－6,142,177	－4,637,486	－19,896,064
合計	3,817,855※	－4,111,282	－10,660,516	－10,953,943※

注）※この数値は間違いであるが、原資料のままとした。
出所）「経理説明書」1頁

製作不可能、興行回数の減少となった」結果である（「経理説明書」部署名・日付等なし　一頁）。留意すべきは、この七月ひと月の赤字額がきわめて大きかったために、二～六月の収益をすべて食いつぶしても補いきれず、結局二～七月の累計で約一、一〇〇万円の赤字となったことである。

その上で会社は、この一九四七年二～七月までの第三〇期の「欠損の原因」について、より具体的に分析を加えている。すなわち第一に、支出面では「当社は吾国文化の最高水準を目指す事を以って伝統的方針として居ったので他に率先して社員の待遇改善も実施したし、諸資材の入手困難・驚異的高騰とも闘ひ敢えて質の低下をせしめぬ様良心的企画・製作を行ひ興行面に於て第一級のサーヴィスを堅持したこと等其他種々の理由により会社の支出面は毎月勢ひ膨張せざるを得なかった」のに対して、収入面においては「インフレの浪に応じて毎月予想外の増収を示して来たが入場料の最高手取五円といふ丸公〔公定価格〕の釘付けのため遂に六月に入って収支の交錯する点に達し、七月に入って支出が収入を遥かに上回る事になった。」これを「要するに支出が毎月闇値的に増加して行くのに対し収入は依然丸公〔公定価格〕で釘付けにされていた不合理による」結果である（同二～三頁）。

第二の原因は、「映画製作本数の不足」である。「当社の収入の根幹をなすもの

は何と言っても映画の製作をなしそれを配給上映することにある」が、「昨年の争議中撮影所における分区内対立が三月の新東宝の操業迄解決せずそのため其の期間、製作能率が半分以下になってしまった事が大きく響いている。前期と今期の過去一ヶ年を通算すると松竹、大映は各三二本に対し東宝は二〇本と言ふ結果になっている。当社の製作部門は遥かに他に優位するスタッフ並に施設を有し又企画面に於いても常に新生面を開拓し結果的にも最良の作品を提供し来ったのではあるが如何にせん作品本数の不足は間接経費の映画一本に対する増加を来し製作原価の高騰となった。」したがってこの製作「不足本数は当社の旧作品の再映や他社の旧作品の買入等で補ってきたのであるが、以前は場合によると新作品に優る興行成績を収めるものも多々あったが、過去一ヶ年間の再上映の乱発の結果手持を使ひ尽し」、また「他社旧作品についても同様興行成績は下回るが買入値段は逆に需要供給の関係で高くなるといふ馬鹿らしい傾向になって」しまい、「勢い収入面に可成影響」を与える事態となった（同三～六頁）。

そして第三に、演劇部門は「会社の在来の方針として」、「日本の演劇音楽文化〔の振興〕の立場より良心的企画を方針として寧ろ収支相償ふ程度で余剰を期待せぬ立場に置いたが諸資材の高騰が大きく響いて映画の場合と異って如何に企画が当っても演劇劇場は定員制の制限があって収入に限度がありそのため収支勘定では欠損」にならざるをえなかった（同九～一〇頁）。さらに第四に、映画直営館における興行成績も「諸物価の高騰による毎月の経費の増加と入場料丸公据置の不合理は従来順調であった此の部門にも逆に影響を及ぼし六月には諸経費（主として待遇改善費）の増加と共に欠損の劇場がボツボツ現はれ七月にはこれに加ふるに節電による上映回数の減少等の悪条件も加って殆ど大部分の劇場の収支が償はなくなった」（同一三頁）のであると。

すなわち賃金・資材の高騰など製作コストの上昇にもかかわらず入場料の統制で収益が抑えられているもとで、第二次争議による製作の途絶とその後の製作本数の減少が製作コストを増大させ、本数不足を補うべく手当てした他社作品も購入原価に見合った興行収入を上げえず、しかも直営館の賃金上昇と電休日の増加もまた年来の赤字部門の演劇興行とともに赤字幅の拡大を招来した、というのである。ここには、「遥かに他に優位するスタッフ」によって「最良の作品を提供し来った」と作品の質の高さを認めた上で、にもかかわらず「如何にせん製作本数の不足」が製作コストを上昇させたという、全映演が批判して止まなかった日映演の製作態度もまた赤字の重要な要因であることが明示されており、その意味で会社の本音がはっきりと語られている。だが、より注目すべきは、会社がこの上半期の動きに加えて前年度全体の経営状態を財務面から鳥瞰して、その危機の実相をやや長いスパンのもとに明らかにしている点である。

すなわち一九四六年に入ってからの「インフレ」の「本格」化にしたがって「収入も従来に比し飛躍的に増大した」が、他方「経常費の支出も飛躍的に膨張」するとともに「戦災」や「戦時中に荒廃した諸施設の修理改修等」の「支出も可成な額に達し」、その結果、同年「七月に至って金融上の不足即ち喰い込みが丁度一、〇〇〇万円程」になってしまった。この「穴を埋め」るとともに「将来の発展を計るため」に、九月に「資本の倍額増資を行ひ」二、〇〇〇万円を調達し、当初はこの資金のうち一、〇〇〇万円をまず「金融上の負債の返却に当て《ママ》」、次いで五〇〇万円を「撮影所の整備」に、さらに残りの五〇〇万円を「劇場、興行場の戦災の復旧に当てる」計画であったが、「十月に入って争議が行はれた為製作並に興行は停止」され、その結果「全面的に会社の経済に大きな打撃を与へ」、争議自体は「十二月初旬に解決したもののこの為の損失金は大体二、五〇〇万円に達し」、増資はすべてその穴埋めに充当せざるをえなかった。それは、「折角増資して得た資金を右から左に無に帰した」上に、「それ以上の喰い込み」をきたしたことを意味し、結局「懸案の諸種の整備計画の実行も不可能になってしまった」のである。

そして争議後は、「気分一新し倍旧の意気を以て能率の増進することを期待し、又収入面に於ても正月、二月、三月の興行上の好季節を迎えて大いに増収によって右の負債も相当に回復する事を期待してゐた」のであるが、しかし「製作部門に於いては組合間の分離対立は三月中旬新東宝の操業迄解決を見ず、為に製作能率が半減」してしまった。これに加えて「製作用フィルムの減少、配給プリントの不足、結氷期のための極端な電力使用制限による休電日の実施は製作面興行面に強く影響し頭初予期した成績が挙げ得られなかった。」しかも丙種産業という格付けのもと「金融緊急措置令」による融資停止のために、「自力で金融を賄はざるを得」ず、「窮余の策として預り金、未払金、買掛金等の流用といふ非常手段を継続して会社を運営せざるを得なかった。」こうした結果、一九四七年七月末の「金融上の喰い込み」をもとに試算すれば、「九月末にはついに九、〇〇〇万円近くの大金融逼迫を来すことは必然である。」

以上を踏まえて、「経理説明書」は、こうした窮状を打開する「対策」として、何よりもまず「各部門毎の収支を合はせる事であ」り、そのためには「各部の予算の徹底的再検討」が必要であって、具体的には「従来の幾何《ママ》〔＝いくら〕掛けるといふ予算から、収入を睨み合せて幾何しか掛けられないといふ予算制度に切替へこれを定めたら必ず此を厳守すること」、「全般的に亘って徹底的に冗費が何処にあるかを探求してこれを省き、製作部門に於ては優秀なるスタッフ、機材、企画がある事であるからこれを動員して質的にも能率を挙げ折角軌道に乗ってきた月三本の完成を維持すること、また「最大の難関である電気事情」については、「自家発電や蓄電設備を実施す可く着々計画中」であり、「従来の旧作品を以て当ててゐた作品本数の穴には外国映画を当てて増収を計るべく目下交渉も着々進捗中」である。さらに丙種という「産業序列の改正」についても「議会に請願」した結果、現在「文化委員会付託といふ所迄漕付け」」、「一日も早く此の成功を祈ってゐる所である。」こうして「以上の様に能率向上による収入面の増加と支出面の合理化の両面から此を強力に実施するならば必ず此の難局は克服できると信ずる」（同二一六〜二三三頁）というのである。

表4－3　賃金と物価の動向

（単位：円）

年	月	賃金総額	賃金指数	最低名目賃金	賃金指数	物価指数
1946	12	7,900,000	100.0	800	100.0	100.0
1947	1	8,525,000	107.9	900	1125.5	113.7
	2	10,688,700	135.3	1,140	142.5	128.6
	3	11,226,000	142.1	1,160	145.0	144.2
	4	14,792,000	187.2	1,660	207.5	161.1
	5	18,105,000	229.2	1,980	247.5	168.4
	6	18,147,000	229.7	1,740	217.5	172.4
	7	20,439,000	258.7	2,100	262.5	211.7
	8	23,051,000	291.8	2,370	296.3	222.2

注）1）賃金総額には雑給与は入らない

2）物価指数は公定物価２種闇物価３種の総合指数でウエイトは公３闇７である

出所）「経理説明書」別表により作成

なお「経理説明書」は、別表として賃金の総額とその指数を物価指数と比較して掲げている（表4－3）が、それによれば、一九四六年十二月を一〇〇とする四七年八月の総合物価指数（公定物価二種と闇物価三種の総合指数でそのウエイトは公三：闇七である）が二二二・二であるのに対し、同じ期間東宝の賃金はそれをはるかに上回る二九一・八であることがわかる。

以上の「経理説明書」が説く危機「対策」は、「冗費」の削減や「収入を睨み合わせ」た「予算」の策定など原則的・一般的な指摘にとどまっている。「収入」の見通しが自体不確実な映画製作の、しかも激化するインフレ下にあっては、予算は、むろん概算の枠を超えられないが、しかし例えば後に検討する五所平之助監督の製作事例のように、あらかじめロケハン等を行なった上でより厳密に組む必要があるなど、その削減のための具体的な施策や工夫についてこの説明書は語るところが少なく、多分に経理部門が中心となって作成した机上の対策という側面は否定できない。にもかかわらず、一九四六年の財務状況の悪化の主因が、五〇日におよぶ第二次争議による製作停止とその後の新東宝独立に伴う製作現場の混乱にあり、それが入場料統制や電力危機あるいは演劇部門の累積赤字など他の諸要因とあいまって、ボディブローのように会社の現下の危機を規定づけたという事実の率直な指摘は、改めて衝撃的であるといってよい。第二次争議の長期化がひとり組合の責めによるばかりではなく、大沢社長自身の理念追求的姿勢にもよるということを考慮に入れても、データをもって組合の行動を経営危機醸成の重要な要因であると明示したこの指摘は、この説明書が組合への開示を予定していなかった内部文書であるだけに充分にリアリティをもつものであった。その上で看過してはならないことは、入場料の統制やフィルム等の資材不足あるいは電力制限などは、ひとり東宝に対してばかりではなく、松竹など他の企業にも等しく押し寄せた外的な経営負荷要因であったから、むしろ演劇部門の恒常的な赤字に加え、争議と組合分裂による製作停止と作業能率の低下こそが、東宝に固有の経営危機醸成要因として否定できないということである。そしてそうであるならば、その製作作業の能率の低さは、むろん組合の製作態度に基因するところが少なくなかったとしても、では経営側の製作指揮にそもそも問題がなかったといえるのか、が改めて問われなければならない。

(2)経営危機と製作現場

経営悪化の主因が日映演の製作態度とそれを容認した会社にあるという全映演による批判に対して、会社は製作現場の管理統括者の意思に則して、総じて日映演を擁護する立場を取ったが、しかしすでに検討したように「経理説明書」など財務データの分析が指示するところは、長期にわたる第二次争議や少ない製作本数がもたらした負の影響の大きさであり、その限り組合の行動が他の要因と連動して業績悪化を醸成したという事実は、否みがたいものであった。しかも作品の質にあくまでもこだわるという日映演の基本的姿勢は、経営危機下においても基本的に維持されていた。他方、製作現場の管理者といえども、否現場をよく知るラインの管理者であればこそ、たとえ経営トップに対しては現場を擁護したとしても、日映演の製作態度――その日々の作業進行に一定の枠を設け、経済的規律を求めようと試みるのは、当然であった。それゆえ撮影など実際の製作行程においてラインの管理者と製作スタッフとりわけ創造主体である演出家との間にある種の軋轢が生ずるのは、避けがたいことであったといってよい。製作責任者藤本真澄が、「衣笠〔貞之助〕の『女優』、五所の『面影』はスケジュールがあってなきがごとくに延びに延び、しばしば監督と対立しなければならなかった」とし[6]、その衣笠に「監督のギャラはいかなる観点から決めるのか」と尋ねられ、「監督としての演出能力、撮影進行の処理能力、およびその監督の会社への経済的奉仕歴（これまでに会社に幾ら経済的、名誉的にプラスしたか）の三点を勘案して会社が決める」と応答したのに対して、「お前のようなやつに、おれたちが採点されてたまるか、と衣笠に怒鳴られた。」（尾崎秀樹編　一九八一　一九二頁）と述べているエピソードなどは、監督とラインの管理者との間に避けがたく潜在する対立を物語って興味深い。

それは、ラインの管理者が会社の経営責任を現場で担う主体として、当然にも製作の全行程を経営効率の観点からコントロールしていく存在であることを示しており、その限り一般の企業の管理者といささかも異なるところはない。ただ、もしそれら一般企業の管理者と彼らとを分けるものがあるとすれば、それは、彼らには、観客大衆の欲求・願望＝時代の空気を鋭敏に嗅ぎ取り、作品がそれにいかに触れ、それをいかに描き出しているか――時代の精神とそれが生み出す固有の感情風景に対する洞察を、作品の芸術的・市場的価値の評価基準へと転轍・変成させる高度な鑑識眼と、多様で個性の強い芸術家・技術者集団のポテンシャリティを引き出し、鼓舞しながら、全製作

表4－4　東宝・新東宝製作費比較（1947年8月～1948年2月）

（単位：円）

東宝作品		新東宝作品		比較
作品名	金額	作品名	金額	
おスミの持参金	8,716,984.34	浮世も天国	6,966,486.45	
新馬鹿時代（上・下）	18,827,705.48	愛よ星と共に	12,930,613.25	
春の目ざめ	12,277,288.57	ぼんぼん	7,018,885.99	
女優	15,153,953.57	幸福への招待	11,594,116.64	
春の饗宴	9,708,402.89	恋する妻	7,178,073.29	
第二の人生	11,462,703.59	愛情診断書	6,903,671.89	
		誰がために金はある	7,848,222.54	
		馬車物語	9,825,168.50	
		大学の門	11,518,000.78	
合計	76,147,038.44	合計	81,783,239.33	
一本平均	10,878,148.35	一本平均	9,087,026.58	1,791,121.77

出所）「新東宝会計月報」第10号　1948年3月号

行程を透徹した経済計算の眼をもってコントロールしていく力が必要であるということである。管理者が、企業経営の要請するコスト原則から自由ではありえない以上、彼がいかに有能な監督、いかに優れた作品に敬意を払っていようとも、両者に軋轢が潜在せざるをえないのは、避けがたいというべきであろう。この点に着目すれば、第三次争議に至るまでの組合による経営規制力がいかに強かったにせよ、藤本真澄に代表される製作の現場管理者＝マネジメント・スタッフが、少なからぬ動揺があったとはいえ、ともかくも職制としての機能を果たしていたことは前章で検討してきたところからも明らかであろう。

その上で改めて検討しなければならないことは、組合によるストライキやその芸術志向的製作態度が経営危機醸成の無視しえない要因であることは否定できないとしても、それではそもそも会社の経営の仕方に問題はなかったのか、という最も重要な論点についてである。入場料統制や電力危機、フィルム不足など経営にとっての外的要因をさて措いても、演劇部門の構造的赤字や傍系会社の非効率・不採算あるいは組合の主張する「冗費」の問題など明らかに会社の責めに帰されなければならない経営上の問題点が存在したことは、すでに前章の生産復興会議における議論や組合との賃金交渉などからして明らかであろう。むしろここで問うべきは、収益の最大の源泉たるべき映画製作の、会社による管理・統括の仕方――その製作指揮の仕方に問題はなかったのか、ということである。以下では、まず日映演による製作効率の低さとは具体的にどのよ

表4－5　東宝・新東宝直接費比較

（単位：円）

東宝作品			新東宝作品			比較	
作品名	金額		作品名	金額			
おスミの持参金	3,441,587	83	浮世も天国	3,851,455	69		
新馬鹿時代（上・下）	10,592,112	99	愛よ星と共に	6,403,511	14		
春の目ざめ	5,909,914	29	ぽんぽん	4,065,938	39		
女優	9,074,826	61	幸福への招待	6,286,562	37		
春の饗宴	5,844,231	97	恋する妻	3,998,007	40		
第二の人生	5,268,593	25	愛情診断書	5,269,895	79		
			誰がために金はある	4,803,557	99		
			馬車物語	6,037,778	45		
			大学の門	5,674,112	72		
合計	40,131,266	94	合計	46,390,719	94		
一本平均	5,733,038	13	一本平均	5,154,524	43	578,513	70
間接費（一本平均）	5,145,111	22	間接費（一本平均）	3,932,502	15	1,212,609	07

出所）表4－4に同じ

うなものであったのか、を作品の製作コストの分析を通して明らかにした上で、コスト削減をひたすらに追求する会社の硬直的な姿勢が、製作行程に負の影響を与えた実態について具体的な事例によって検討しよう。

表4－4は一九四七年八月から翌四八年二月まで、すなわち事実上第三次争議直前までの七ヵ月間につくられた東宝と新東宝の作品の製作原価をあらわしたものである（K・T生「冗費は何処にあったか？」新東宝映画製作所・経理職区会計課『新東宝会計月報』第一〇号　一九四八年三月号）。あらかじめ留意すべきは、第一に、この期間が東宝にあっては経営危機が叫ばれて製作費の抑制がそれ以前にもまして強く求められ、組合もできるだけそれに協力しようと努力していた時期であるということ、第二に、「新東宝の作品は、客が来るけれど、いいものがない、駄作と凡作揃いだという非難を受けて来た。たしかに、それも当ってゐる」（筈見恒夫「新東宝の行く道」前掲、営業本部・興行職区『興行月報』第二号　一九四七年十一月　一〇頁）と新東宝のプロデューサー自身が認めるように、東宝と新東宝の間には作品の質に大きなちがいがあるが、製作効率を検討するここではそれについては直接問わないということ、そして第三に、政府に対する業界の働きかけもあって、この期の九月第一週に入場料金が最高で二円引き上げられ、その結果、客単価は上昇したものの「観客は良き映画を選び、良き設備の館を狙って、従来のようになんでも入場するという

表4－6　東宝・新東宝作品仕上尺比較

（単位：尺）

東宝作品	仕上尺	新東宝作品	仕上尺
おスミの持参金	8,015	浮世も天国	7,701
新馬鹿時代（上・下）	14,857	愛よ星と共に	8,517
春の目ざめ	8,067	ぼんぼん	7,954
女優	10,396	幸福への招待	8,176
春の饗宴	7,881	恋する妻	7,137
第二の人生	8,084	愛情診断書	7,420
		誰がために金はある	7,898
		馬車物語	6,193
		大学の門	7,190
合計	57,300	合計	68,186
一本平均	9,550	一本平均	7,576

出所）表4－4に同じ

傾向はなくなった。」（名古屋宝塚）「従来より好みをせずに、どの映画にも飛びついていた客は週間に於ける優秀映画（興行的の）に集まり、駄作をやっている館には寄りつかなくなった。」（大須宝塚）「何処でも見る観念から作品選択、どうせ見るなら良い映画の気分の良い劇場で—という傾向になった。」（札幌東宝）（「値上げによる動員数の増減についての意見」同九二～九五頁）というように、観客の作品選択眼が厳しくなり、それが興行成績を左右して製作側に微妙な影響を与えたということである。

その上で表4－4をみれば、この間の製作本数は新東宝の九本に対して東宝は六本と少ないにもかかわらず、その製作費は『女優』（衣笠貞之助）の一、五〇〇万円を筆頭に（『新馬鹿時代』が金額としては最も多いが、これは上下巻の二本組みだからである）、『春の饗宴』と『おスミの持参金』を除いて軒並み一、〇〇〇万円を超え、製作費一、〇〇〇万円以上の作品が三本しかない新東宝とは対照的である。その結果、作品一本当りの製作原価は、新東宝が九〇九万円なのに対し東宝は一、〇八八万円と新東宝を約二割上回っている。とくに東宝の場合、製造原価のなかでも間接費のほうが新東宝に比べ三割も多く、直接費の一割高を上回っており、撮影が長期にわたるなど製作効率が悪ければ、人件費など固定費的性格の強い間接費が直接費以上に増えていくという映画製作の原価構造が浮き彫りとなっている（表4－5）。

実際にも、表4－6の仕上りフィルム尺数では、『女優』の一万尺をトップに総じて東宝作品のほうが長尺の大作が多く、新東宝の一本平均尺数

表４－７　東宝・新東宝直接費科目別比較

（一本平均）（単位：円）

科目	東宝		%	新東宝		%	比較	
企画費	204,714	10	3.57	129,856	14	2.52	74,857	96
脚本料	92,857	14	1.60	101,270	00	1.96	－8,442	86
スタッフ手当	127,071	43	2.21	164,600	00	3.19	－37,528	57
俳優費	932,894	50	16.27	582,401	96	11.30	350,492	54
音楽費	236,339	25	4.12	216,496	61	4.20	19,842	64
準備費	73,467	26	1.28	86,769	30	1.68	－13,302	04
ロケーション費	843,016	12	14.70	1,034,789	15	20.07	－191,773	03
大道具費	485,815	67	8.47	545,536	64	10.58	－59,720	97
小道具費	412,877	72	7.20	374,915	47	7.27	37,962	25
衣裳費	309,362	86	5.39	321,299	20	6.23	－11,936	34
美髪結髪費	15,914	28	0.26	16,219	66	0.31	－1,025	38
時間外手当	746,178	42	13.00	408,936	00	7.93	337,242	42
雑費	689,994	35	12.03	624,526	79	12.12	65,467	56
特殊雑費	38,561	25	0.67	28,153	90	0.55	10,407	35
特殊技術費	12,217	00	0.21	27,164	20	0.53	－14,947	20
フイルム費	512,415	21	9.02	491,589	41	9.53	20,825	80
合計	5,733,038	13	100	5,154,524	43	100	578,513	70

出所）表４－４に同じ

七、五七六に対して東宝のそれは九、五五〇と二六％も長くなっている。そして仕上り尺数が長いということは、その撮影に要したネガフィルムがさらに長いことを意味するから、その面でのコスト増が示唆される。

そこでこれらの作品をもとにした一本当りの直接費の内容に立ち入ってみよう。表４－７によれば、東宝の場合、直接費のうち最も多くの構成比を占めているのは、一六・三％の「俳優費」であり、これは新東宝の一・六倍にも上る。第二次争議の組合分裂によって有力スターのほとんどを失った東宝にとって、ニューフェイスによる新人登用だけでは重要キャストをとうていカバーし切れず、主演級や強力な脇役として有力俳優を松竹など外部から借りてこざるをえなかったことが、何よりもこの費目の高騰要因であるが、これに加えて一本当りの撮影日数が長いために、一人の俳優に二本分場合によっては三本分の俳優手当を支払わざるをえなかったことが、この経費を一層押し上げることとなった。前者は組合分裂による負の所産の、後者は芸術志向的製作姿勢の財務的表現である。

次いで多い費目は、「ロケーション費」の一四・七％であるが、これは絶対額では新東宝に比べ二割ほど少なく、この期の作品がセット撮影によるものが多いことを示している。し

表4－8　製作直接費週計表

（『春の饗宴』）（1947年1月31日現在）（単位：円）

科目	実行予算		仕上り見込		%	比較		支出済	
企画費	100,000	00	160,000	00	2.6	－ 60,000	00	151,650	00
脚色料	80,000	00	95,000	00	1.5	－ 15,000	00	95,000	00
スタッフ手当	150,000	00	165,000	00	2.6	－ 15,000	00	165,000	00
俳優費	995,000	00	1,355,000	00	2.28	－ 360,000	00	1,350,937	50
音楽費	270,000	00	350,000	00	5.8	－ 80,000	00	345,453	00
準備費	50,000	00	63,628	00	0.9	－ 13,628	00	63,628	00
ロケーション費	160,000	00	155,074	00	2.5	4,926	00	155,074	00
大道具費	122,000	00	87,947	65	1.3	34,052	35	87,947	65
小道具費	368,000	00	326,906	30	5.4	41,093	70	326,906	30
衣裳費	184,000	00	300,260	00	4.9	－ 116,260	00	258,595	00
美髪床山費	4,000	00	8,740	00	0.1	－ 4,740	00	8,740	00
時間外食事手当	250,000	00	1,158,645	52	10.5	－ 908,645	52	1,158,645	52
雑費	350,000	00	1,084,016	60	18.2	－ 734,016	60	1,084,016	60
特殊雑費	50,000	00	47,797	90	0.8	2,202	10	87,797	90
特殊技術費	77,000	00	13,280	00	0.2	63,720	00	26,720	00
予備費	100,000	00				100,000	00		
フィルム代	492,354	75	531,557	50	10.9	－ 39,292	75	531,557	50
直接費	3,802,354	75	5,902,853	47	60.0	－ 2,100,498	72	5,844,231	97
間接費	3,000,000	00	3,864,170	92	40.0	－ 864,170	92	3,864,170	92
合計	6,802,354	75	9,767,024	39	100.0	－ 2,964,669	54	9,708,402	97

出所）東宝撮影所「春の饗宴　完成報告」1948年1月30日　3頁

かし三番目に多い一三・〇％の「時間外手当」（＝「時間外食事手当」のことである）が新東宝に比べ一・八倍と際立って高く、これは撮影が夜間や深夜あるいは徹夜におよんだがために夕食や夜食代が嵩んだことを示しており、製作進行の効率性が低かったことを物語るものである。なお九％の構成比を占めるフィルム費は、新東宝に比べて四％強の増大にとどまっており、仕上がり尺数の顕著なちがいほどにはコスト面での影響は、大きくはなかったことがわかる。ちなみに金額そのものは大きくはないが、費目全体の半分近くにおいて新東宝が東宝を上回っているのは、例えば外部脚本家に依頼する度合いの多い脚本料や、専属デザイナーがおらずフリーのデザイナーに依存しているためのスタッフ手当など、組合分裂による設立という新東宝に固有の事情が影響している。とはいえ、このように東宝作品のほうが総じて製作原価が高く、それだけに『女優』のように興行成績が不振ならば、製作原価を回収できずに赤字幅が一挙に拡大してしまうリスクの高いことが、以上から示唆されよう。

次に、これら一九四七年の東宝作品のなかでは製

表４－９ 『春の饗宴』製作進行実績表

月日		A班	B班	A班	B班		撮影		
10	21								C.I.E ストーリー提出
	22								
	23								
	24								
	25								
	26								
	27								
	28								C.I.E. ストーリー許可
	29								
	30								C.I.E. 台本提出
	31								
11	1								
	2								
	3								C.I.E. 台本許可
	4								
	5								
	6	プレスコ		プレスコ					プレスコ轟
	7	プレスコ							プレスコ轟
	8								T.D.A. ラインダンス稽古
	9	舞台	舞台	舞台No. 2					
	10	プレスコ	ロケハン	プレスコ					プレスコ笠置
	11								
	12								喜びの鐘
	13			舞台No. 2					東京ブギウギ
	14						合成撮影		センチメンタルダイナ
	15	珠子の部屋	舞台	珠子の部屋No. 1					
	16	舞台		舞台No. 2					幸運の星
	17		プレスコ						宝クジの場面
	18								
	19	舞台		舞台No. 2					轟の部終了徹夜
	20	珠子の部屋	舞台	珠子の部屋No. 1					

	21	舞台		舞台No.2					
	22								
	23			代休					
	24			舞台No.2			合成撮影		
	25								
	26			客席No.7					
	27	客席					合成撮影		T.D.A. の部終了
	28								
	29								
	30								徹夜
12	1								
	2						タイトル作画		
	3	新聞社	帝劇ロケーション	電気室No.5	帝劇ロケーション				
	4								
	5	電気室							
	6								
	7			客席No.7	電気室No.5			ミニチュア撮影	
	8				新聞社No.5				
	9								
	10	電気室			客席No.7				
	11			楽屋廊下No.5	ロビーNo.7		タイトル撮影		
	12				撮り直し小物			ミニチュア撮影	クランクアップ徹夜
	13								
	14							ミニチュア撮影	
	15								
	16								
	17								
	18			ダビング					
	19								
	20								
	21			完成					
	22								C.I.E. 検閲
	23								C.C.D. 検閲

出所）表4－8に同じ

作費が最も少ない部類に入るベテラン監督山本嘉次郎の『春の饗宴』（製作・脚色・演出山本嘉次郎　主演池部良・轟夕起子）を素材として、より立ち入ってその原価構成についてみてみよう。この映画は、製作開始が一九四七年十一月九日、作品完成が十二月二一日、翌二一日の検閲を経て十二月三〇日に正月興行として封切られた八巻七、八八一尺の作品であり、その撮影日数三三日（十一月九日〜十二月一一日）は予定撮影日数の三二日を一日オーバーしただけの、その限りできるだけ撮影を予定内に収めるように作られた作品である（東宝撮影所「SPRING BANQUET　春の饗宴　完成報告」一九四八年一月三〇日　一〜二頁）。表4－8は、この作品の製作直接費の構成をあらわしたものである。そこから全一七費目の直接費のうち予算内に収まったのは、「ロケーション費」「大道具費」「小道具費」「特殊雑費」「特殊技術費」「予備費」の六費目だけで、他の一一費目はすべて予算をオーバーしており、その結果、直接費全体で約三八〇万円の当初予算額が実績では五九〇万円と予算を一・六倍近くも超過していることが知られる。ほとんど予定通りの撮影日数で仕上げられながら、なにゆえにこのような結果となったのか。

その最大の原因は、予算を四・六倍も超過した「時間外食事手当」が示す製作の進捗・工程の遅れである。撮影日数自体は一日のオーバーで済んだとはいえ、実はそのために夜間や深夜撮影がきわめて多かったことをそれは示唆する。実際、表4－9の「製作進行実績表」によれば、この作品は徹夜撮影が三回ある。撮影日数を無理に予定内に収めようとして、逆に一日当りの残業時間が多くなり、結果としてコスト高となってしまったのである。「時間外食事手当」に次いで予算を大きくオーバーしたのは、三・一倍の「雑費」であり、その内訳である表4－10は、その過半が一食九〇・五八円の「代食費」に充当されたことを示しているが、それは主にセット撮影の準備や撮影後の編集、ダビング等に要した進行、美術、製作、演技、技術等担当者たちの食事代のことであって、撮影の進捗と連動するがゆえに増大したものである。

他方、構成比としては最も大きい「俳優費」は、予算を一・三六倍オーバーしているが、その内訳を示した表4－11によれば、「一般エキストラ費」の予算超過率が一・八五倍と最も多く、それは残業や徹夜など撮影時間の延長によるものであり、ここでも撮影の進捗度が影響を与えていることがわかる。最後に、構成比としては以上の三費

表４－12　仕上り尺（7881尺）内訳

（単位：尺）

	ネガ	サウンド
使用尺	19,140	22,320
ＮＧ尺	3,636	4,410
ＯＫ尺	15,504	17,910
ＮＧ率	19%	19.7%
仕上り	7,881（41%）	7,881（35%）
撮影ＮＧ	3,636（19%）	4,410（19.7%）
カットされた分	7,623（40%）	10,029（45%）

出所）表４－８に同じ

表４－10　雑費内訳

（単位：円）

交通費	336	50
打合せ費	92,540	00
謝礼費	10,428	00
食事手当費	5,916	00
代食費	642,321	20
自動車費	82,140	00
特別給与費	212,653	00
その他	26,681	90
仮伝	11,000	00
合計	1,084,016	60

出所）表４－８に同じ

表４－11　俳優費内訳

（単位：円）

		予算		実績		比較	
内訳	専属俳優費	75,000	00	105,780	00	30,780	00
	高級エキストラ費	620,000	00	687,500	00	67,500	00
	一般エキストラ費	300,000	00	557,657	00	257,657	00
合計		995,000	00	1,350,937	00	355,937	00

出所）表４－８に同じ

目に次いで多いけれど、予算超過率自体は一・一倍と少なかった「フィルム代」の内訳に触れておこう。表４－12によれば、この作品が撮影に使用した「ネガフィルム」は、一万九、一四〇尺でそのうちＮＧ部分が三、六三六尺、ＮＧ率一九％であり、また音声を入れた「サウンドフィルム」は二万二、三二〇尺でＮＧ部分四、四一〇尺、ＮＧ率一九・七％であった。しかし完成フィルムは七、八八一尺であるから編集でカットされた部分が、ネガで七、六二三尺（四〇％）サウンドで一万二九尺（四五％）あり、結局使用したネガの五一％、サウンドの六五％のフィルムが無駄になったことになる。もっとも、この当時、一本の作品に使うフィルムの長さは、ネガが仕上がり尺の二・五倍、サウンドが同じく三倍といわれていたから、この作品でのフィルム使用量もおおむねその範囲内には収まっていることがわかる。ちなみに、この『春の饗宴』の封切一週間の東宝直営五館での観客数は、二三万七〇〇〇人で『春の目ざめ』や『女優』を上回って『新馬鹿時代』に次ぐ成績であった（前掲「春の饗宴　完成報告」一八頁）。

　以上のように、この『春の饗宴』は撮影日数が予定撮影日数にほぼ収まり、しかも屋外ロケが帝国劇場での三日間だけという異例に少ないロケ撮影であったにもかかわらず、直接費の予算超過率が一・六倍に上ったということは、撮影期間の設定をはじめ製作予算の作成そのものにいささかの無理があったことを示唆している。資金繰りが逼迫するもとで会社側による極端に切り詰めた予算編成が、練達の山本嘉次郎をしても夜間や徹夜撮影を余儀なくさせ、結果的に予算を大きく超過させたという事実は否定しがたい。このことは、製作効率の低さを一方的に組合の製作態度――その芸術志向的姿勢にのみ帰すことはできないことを示唆するものである。この点をより立ち入ってみてみるために、コスト削減をひたすらに要求する会社の硬直的な姿勢が、結果的に製作工程の進捗を著しく遅滞させ、作業効率を低下させる逆効果をもたらした実態を、藤本が「スケジュールがあってなきがごとく延びに延び」たという五所平之助演出の『面影』の製作事例によって検討してみよう。それは、組合のいう「冗費」問題の内実を、やや異なる角度から実証的に明らかにすることにもなる。

会社の業績の悪化がすでに進行していた一九四七年六月、五所平之助は、後に『面影』と改題された『海の夫人』の撮影準備に入っていた。五所は、「数年前から自分の映画作品の愉しい思い出を残したいために一作毎に記念帳をつく」ることを習慣としていたが、第三次争議終結後『キネマ旬報』誌に、この作品の「記念帳」である「ロケ日記」をベースとした「私の撮影日記帳から――『面影』の追想と反省――」と題する文章を寄せて当時を批判的に回想している。

六月一一日（水曜日で雨）は企画審議会であった。此の席上で先づ採り上げられたのは製作協議会から持越しの衣笠貞之助氏の『女優』の製作日数が予定に遅れてこの全スケヂュールに大きな狂いを生じたこの現状をどう処理するかということである。映画が企業として成立して以来今日まで、製作日数の問題は十年一日の如く論じられて来たことではあるが、この場合は単に芸術と企業の両立性等という表題のみでは語りつくせない、現実的素因が多く含まれていたのである。社員の低賃金と労働強化に因って経営のつじつまを合して来た日本の映画企業が労働基準法や組合法が設けられた終戦後の今日において、その欠陥が具体的に露呈されたものであった。こうした、大きく見れば日本における企業の根本的問題を、単なる東宝撮影所の企画審議会で新しい方途を見出し得なかったのは当然であったと思う。そしてとに角この穴を埋める目的からも『海の夫人』が本読みの結果多少の難点の処理は私に委せることにして急速に製作ラインに載せることになった。ところで日記帳を開いてみると、これから二〇日までの間、何ひとつ書かれていない。製作を開始するには先づ第一に製作各部門の責任者が決定されねばならぬはずであるのに一〇日後の二〇日にスタッフの打合せが始まり二九日に漸く美術監督（『戦争と平和』の河東英夫氏）が決まったような有様である。こうした二〇日間もの無だ《ママ》な日数を何故費さなければならなかったか、〔中略〕製作協議会に予算を提出しない限り、製作スタッフを編成することが許されないという会社幹部の公式固執の態度が、インフレの激しい現状の製作費の予算は編成されたスタッフによって具体的に建《ママ》てられたものでない限り、責任を以て提出する事が出来ないというこちらのいい分を一向に容れようとしなかったところにある（五所平之助　一九四八　二三頁）。

五所がここで苛立っているのは、インフレの激しい現下では実際に製作に携わるスタッフによってしか「責任」のある具体的な製作予算などは立てられない、と主張したのに対し、まず予算をはじめに立てて会議での承認を得なければスタッフを編成することは許されない、と製作の公式手順に「固執」してそれを退けた「会社幹部」の頑迷な「態度」のゆえに、いたずらに「無駄な日数」を費やさざるをえなかったことに対してである。経費節減をことさらに叫びながら、しかし管理者の硬直的態度が逆にコスト増をもたらしてしまうという愚を、五所は批判しているのであるが、そうした事態は、その後製作に入ってからも続く。

「もう六月も過ぎて七月に入ろうとするころから美術の準備や参考試写が始められ」、「スター級の少い第一撮影所」の「演技陣」を補うべく「稲垣博士に菅井〔一郎〕氏、幸子夫人に浜田〔百合子〕氏を配役し」、「題名も三転して『面影』と改められ」「私をはじめスタッフは」「製作への新たなる情熱を燃やした。」「七月二〇日。いよいよロケハン」が始まり、「南房にない稲垣邸付近の海水浴場と白浜海岸への海路を探して」まず伊豆方面に、同二六日には「房総半島は白浜方面」に出発し、三一日に帰京する。そして「製作スタッフ全員の本読み打合せが八月五日に漸くもつことが出来た。しかしロケハンの結果提出した予算が多すぎるということから会社幹部と折合わず、いつロケーションに出発出来るかさえ見透しがつかなかった。『とに角もっと安い予算を出せ』ということは、根本的に脚本を変えろというにひとしいことであった。ここにも企業上割切れぬ経営が生んだ徒に不安定な予算の数字をこ《マ》息《マ》に合わせようとするあせりが製作日数を延ばし、人件費を高め、生産を低下させた大きな赤字の原因で〔＝が〕あったのではないか。」（同）

ロケーション・ハンティングを踏まえて提出した予算が、多すぎるとして「会社幹部と折合わず、いつロケーションに出発できるかさえ見透しがつかな」い、という事態を前に、五所は「徒に不安定な予算の数字をこ息に合わせようとするあせりが製作日数を延ばし、人件費を高め、生産を低下させ」て「大きな赤字の原因」を作ったのではないか、と会社の短慮を厳しく批判している。この五所の会社批判は、製作現場からするリアリズムに支えられて充分に重い。

最早八月も一〇日に及ぼうとし既に製作主任筧氏の撮影スケデュールを半分も過ぎなければならぬ今日に至っても、ロケ出発の日時が明らかとならず季節に重点を置いているこの作品のロケーションさえあやしまれる状態であった。愚図愚図していると最悪の台風期に入らなければならない。私は若し一時中止の場合はレリーフピクチャーとしての用意を急きょ建てなければならぬと思い腹案のあるままに会社からの帰途『新馬鹿時代』のオープンセットを利用した『東京晴れて』を着想し帰宅して徹宵シノプシスを書き上げたのであった。こうして日を過しているうち、季節はよう《マ》しゃ《マ》なく移っていった。伊豆方面は雨期に入ろうとしているし、一ヵ月後には台風が上陸する等と噂されるに至って『とに角出発してくれ』ということになった。菅井、浜田、若山、赤木の諸氏と松竹大船から笠智衆氏を迎えて、スタッフ全員伊豆ロケに出発したのが、八月二二日であった（同二二三〜二二四頁）。

ロケハンが終わったのが七月末、それを踏まえて予算を提出したのが八月の初めであったが、その予算も折り合いがつかず、結局季節に促されるかたちで「とに角出発してくれ」とやっとロケ撮影の許可が出て出発したのは、八月二二日ということであるから、ほとんど二〇日間もの時間を空費したことになる。

下田から堂ヵ島、大瀬、伊豆白浜と回って第一回伊豆ロケが終って九月三日に帰京したのであるが、この一〇日間の半ばは、天候の悪化に災いされて撮影不能であった、先発隊がつくった白浜海岸の海水浴のシーンに使う飛び込み台も、さん橋も本隊の来るのを待ち切れず荒れ狂う波浪にのまれてしまった。土地の人達は、「海亀の卵があがったから…しけますぜ。ほんの二、三日前までお天気続きでしたのになあ…」と私達に同情してくれた。当面の予算のみにとらわれて、思慮ない会社の延引策をうらまずにはいられなかった。しかし、スタッフはこのスケデュールのズレを南房ロケで奪い返そうと元気いっぱいに帰え《ママ》って来たのであるが、会社幹部は五日間の撮影の遅延を理由に、再び予算問題をとり上げて、南房へ出発させなかった。季節的に一日を争う時、私達製作スタッフの焦燥は全く例えようもなかった（同二二四頁）。

「当面の予算にとらわれて、思慮ない会社の延引策」の結果、八月二二日から九月二日までの伊豆ロケの「半ば」が悪天候で撮影できず、会社を「うらまずにはいられ」なかったが、しかしその後の南房ロケも「撮影の遅延を理由に再び予算問題をとり上げて」出発を許可しない会社の硬直的な態度に、五所は「季節的に一日を争う時、私達製作スタッフの焦燥は全く例えようもなかった」と苛立っている。

九月一五日　キャスリン台風房総南端より関東東北部に猛威を振う。利根川流域大水害。一八日予算協定なりロケ先先発隊南房白浜に出発す。本隊一九日到着の予定。総員五六名。〔…〕漸く本ロケ地である南房州の白浜に着いたけれども、遂に予想した二百十日台風期に入ってしまった。併し大風一過、その後静かな天候が数日続いた。私たちは、浜田、菅井両氏の演技的新生面に期待し、龍崎氏の進歩にどう目し、若山セツちゃんの可れんに微笑みながら全スタッフが砂丘に、岩礁に、しかも冷たい秋潮の浪がしらの中に連日活躍を続け、予定日数を日毎短縮していった。〔…〕十月一日　白浜町芸能慰問大会〔…〕大勢の撮影場面が終了したので女性群が帰京の前日、村の人達に謝礼の意味といささかながら地方文化の向上のためにもと小学校の講堂で慰問大会を開いたのである。千人を越える老若男女に埋まった講堂に華やかなフィナーレの合唱が響いて盛会に終った（同二一四～二一五頁）。

九月一九日、前日の予算協定の成立を待って南房に出発するが、台風のためしばらくは撮影ができず、その後台風一過の晴れ間を精力的に活用して九月末には「大勢の撮影場面が終了」し、女優の帰京前日に町民へのお礼として「慰問会」を催す。しかしその後、再び強風にあおられながら撮影は一進一退を続ける。

十月一〇日ごろから南房名物「かかあ天下と西の風」といわれる風速一五メートル以上の寒風に悩まされ始めた。晴れた天候である限り撮影しなくては予定を遅らせる結果をおそれ砂丘の砂を巻き上げる身を切るような潮風の中に演技者は夏の衣しょう《ママ》で立ちつくさねばならなかった。この間雨と風に悩まされ、止むなく撮影を中止しなければならず、岩目館〔宿泊先〕の二階から硝子戸越しに荒狂う沖の浪をにらんでくやし涙を流した日が二〇日以上も続いた。〔…〕十一月一六日。遂に南房白浜ロケ完了す。滞留六〇日を数う。スタッフ全員の情熱と愛情に心あたたかく秋風の浜辺に尽きぬ愛惜の思いを残しつつなつかしのスタヂオに帰所す（同二一五頁）。

強風と雨という秋に特有の荒れた天候を前に、五所にとって「荒狂う沖の浪をにらんでくやし涙を流」さざるをえない無駄な日々が「二〇日以上も」続いたが、ともかくも「十一月一六日」「滞留六〇日」をもって、南房ロケが終わる。が、そのほとんどが天候との闘いであり、実際にはおよその半分近くは撮影ができなかった。その主たる原因が、予算の超過を理由にロケ出発を延ばしに延ばした会社側の態度にあることは明らかであろう。実際にも、その後のセット撮影も大幅に遅延した。

私のロケーション日記はここで終っている。しかし、セット撮影に入ったのがそれから三〇余日後の木枯の吹き初める十二月二一日であった。この無計画によって生じた空費の愚かさを再び繰返し度くないために〔自ら〕批判し、反省している（同）。

帰京後「セット撮影に入った」のは、「それから三〇余日後の十二月二一日」であり、五所は「この無計画によって生じた空費の愚かさを」繰り返さないよう自ら「批判し、反省している」と述べているが、こうした「無計画」を規定したのが、会社の一連の対応であったことは否定できない。

以上から明らかなように、五所平之助のこの作品は、六月一一日に企画審議会をパスしたものの、予算の提出をはじめ撮影の準備自体が会社の指示によって大幅に遅れ、最終的にクランクアップしたのは、早くとも翌一九四八年一月と思われるから、企画から完成までおよそ七ヵ月を要したことになる。五所の東宝でのはじめての戦後作品『今ひとたびの』は、第二次争議を挟んだために一年もの期間を費やすという経緯があったことから、その反省を踏まえてできるだけ効率よく仕上げたいというのが五所の意図であった。しかし経営悪化に促迫された予算節約という名のもと、会社側の過度の硬直性と度重なる短慮が、結果として逆にいたずらに時間を費消させ不必要な経費を増高させてしまったという愚かしい実態が、この「撮影日記帳」には、余すところなく示されている。

いうまでもないが、映画企業の経営は、予算の作成一つをとってみても、その中心をなす製作作業の実態を熟知している者によってコントロールされなければ、およそ成り立たない。シナリオから、場面の数、セット杯数とその規模、ロケーションの場所と日数、完成フィルムの長さなどをおおよそ割り出した上で、俳優費、生フィルム費、現像費、小道具や衣装代、電気代、食事代、時間外食事手当など、当時で平均三〇項目あまりにおよぶ製作に直接要する費用を概算し、それに本社費、土地家屋費、撮影所機械・設備の減価償却費や撮影所従業員の給料など撮影の有無にかかわりなく必要な経常的経費からなる間接費を、およその製作日数で掛け合わせたものを加えて製作費を推計することが必要だからである。それをより厳密にするために、五所平之助のように、あらかじめロケハンを要求することもありうるが、とくに留意すべきは、実際に撮影に入ってからも映画製作ほど天候等自然条件を含む多様なアクシデントや異常事態、偶発事によってその進行が大幅に左右され、それがコストに直結する産業はないということである。それゆえ、「会社幹部」にはこうした現場の実態に精通し、柔軟性と機動性とを備えた経済計算が不可欠なのであるが、五所の『面影』の撮影時は、不幸にも森岩雄をはじめとする練達の映画人役員がすでに会社を去った後であった。その意味において、五所平之助ら監督にとってはむろんのこと、映画製作企業としての東宝自身にとっても、旧経営陣の退陣は埋めようもない巨大な損失であったというべきであろう。

かくして、全映演が口を極めて批判するように「芸術欲と名誉欲」に駆られた日映演の製作態度とその行動にのみ、経営危機醸成の責任を一方的に負わせるのは、明らかに無理があるといわなければならない。

第三節　組合の対応

(1) 賃金交渉

組合は、先に検討した「経理説明書」によって経営危機の実態を知らされた後、賃上げ要求自体は変わらず堅持するものの、会社の経営状態がきわめて厳しくなりつつあるとの認識を固めて、危機打開のために前向きの姿勢をはっきりと打ち出す。他方、会社もまた組合の製作姿勢や彼らの作品が充分な収益を上げていない事実について批判を強め、危機打開に向けて組合に協力を強く求めるようになる。例えば、一九四七年十二月一二日の経営協議会において、社長が「国家から補助金を貰っている企業ではないので、会社の事業は一面採算を取り乍ら芸術的野心を充たして行くべきである。それでなければ、従業員に給与も支払いが出来なくなる」と述べたのに対し、組合は「一応資本主義機構を認め、会社を如何にして黒字にし得るかの問題で、組合も拡大再生産を考えている」と前向きに応答し（「中央経営協議会議事録」第四五回　一九四七年十二月一二日　五～六頁）、さらに「越冬手当」をめぐる十二月一九日の交渉では、次のように業績悪化への組合の積極的な対応姿勢をより明確に示す。

「社長から組合の越冬手当の要求に対し、率直につぎのとおり回答した。本月の収支予想は九〇〇〇万円の赤字を予想していたが、本日の経理報告によると更に一、〇〇〇万円赤字増を告げている状態である。最も期待されていた『女優』の成績は非常に悪い。この現実の姿を認識してもらいたい。〔…〕この危機を突破するため高遠なる芸術理想を捨てよとは決して云わないが、暫く半歳は現実と妥協して、我社の企業のため稼いでもらいたい。右の様な実状であるから、組合の要求案は承認し難い。然しそれでは余り卒《マ》気《マ》ないから自分の微意を以て、組合が炭代、餅代とも解釈は自由であるが、一率に一人当たり五〇〇円を一月一五日に支給したい。金額、期日の点で不満と思うが、既約束の給与の金融に年内一杯は追はれている状態で、この分は一月一五日迄は金融がつかない事情を諒解されて会社の提案を了承してもらいたい。」

組合はこれに対して、「『女優』の件に関しては撮影所でも経費的にも兎角の批判はあり、先日の『生産復興会議』に於て、営業分会からも強い意見がでた。然し、これが一、〇〇〇万円の赤字の理由とは考えられない。今年全体を通じて無計画性であったと云える。先ほど社長の説明があったが、撮影所としては『愉快な仲間』〔松竹作品　監督マキノ正博　主演大河内伝次郎・古川緑波〕クラスの写真を造る意志はない」と反論し、休憩後、「会社の誠意は認める。但し、年内にどうしても戴きたい」と述べた上で、「撮影所では今生産意欲が高まっていて、一月～四月には予定の本数を完成すべく意気込んで、連日労働強化を省みず徹夜作業までしている。又営業部との提携は充分緊密にやっている。」しかし「経費面に於ても冗費支出の節約の余地は充分あると思う。この点特に会社のマネカルが真に財政状態が判っていない様子に見受けられる。会社は人件費支出の場合は真剣に考えられるが、冗費の場合は簡単にでている様であるが、この方面も積極的に押えることによって、三〇〇万円位は捻出来るのではないか」と応答する（「中央経営協議会」第四七回　一九四七年十二月一九日　二～五頁）。

この交渉において重要な点は、二つある。第一は、社長が赤字の増大を踏まえて『女優』の興行成績の低調を例に、「この危機を突破するため高遠なる芸術理想を捨てよとは決して云わないが、暫く半歳は現実と妥協して我社のために稼いでもらいたい」と述べたのに対し、組合は『女優』についてはコストの面などで組合内でも少なからず批判はあるが、だからといって「『愉快な仲間』クラスの写真を造る意志はない」と作品の質を落すことについてははっきりと拒否したことである。質の高い作品を作りたいという組合の「意志」が、経営危機下においても変わることなく保持されており、このことは、迫り来る危機乗り切りのために当面は「現実と妥協」した「稼」ぐ映画を作ってもらいたいとする会社との対立を意味するものであった。経営危機のもと、経済と芸術との対立がはっきりと顕在化したことが看て取れよう。第二は、しかし組合は危機的状況を踏まえて、「連日労働強化を省みず徹夜作業までして」「予定の本数を完成すべく」努力しているが、同時に「冗費支出の節約の余地は充分ある」ので、「真に〔は〕財政状態が判っていない」マネジメント・スタッフを通して、この点を「積極的に押える」ことを要望していることである。それは、組合自らが労働強化など一定の犠牲を払うとともに会社にも原価管理などの厳格化を要求するというかたちで、危機克服への積極的な姿勢を示したものであった。

⑵「越冬手当」要求の撤回

このように、会社が組合の芸術志向的態度を批判し、これに組合が製作本数の増加などによって前向きに対応するという姿勢が、経営危機の深化を背景として顕在化する。十二月二〇日、団体協約改訂のために開かれたはじめての日映演・全映演と会社との「三者会談」において、社長が「過去一ヶ年の営業成績を見ると芸術的には成功しても、企業的には全く憂慮すべき数字を出してしまったと思う。この際企業と芸術は多少相反するものがあるが、会社の窮境を突破するため、質と仕事について妥協してもらいたい」と述べる一方で、「最近は組合の動向が『組合至上主義』から『東宝企業維持』ということに主点をおかれるようになったかに思えることは、私の共感すると共に欣快の至りである」と述べたことは、この意味において示唆的である（「会社・日映演・全映演三者会談議事録」〔一九四七年〕十二月二〇日　八〜九頁）。なぜならば、自体緊張関係のうちにあった「企業と芸術」の問題が、経営危機のもとトレードオフの関係としてはっきりと顕在化したのに対して、組合はともかくも「芸術」を選択したけれど、しかしそれ以外の方法で経営に協力する姿勢を示したことを、ひとまず会社が公式に評価したからである。

実際にも、組合は、翌一九四八年一月に入り例年要求していた「越冬手当」の要求を引き下げる。それは、この組合にとってはじめての賃金要求の撤回であり、直接的には「第三一期〔一九四七年下半期〕は毎月赤字で、一月は一、七〇〇万円の黒字であったが結局決算は赤字五、〇〇〇万円で」「前期繰越一、〇〇〇万円を合わすと六、〇〇〇万円の赤字」となり、「二月の予想は二、一〇〇万円の赤字」という「経理面から会社は破たんの寸前にある」（「中央経営協議会」第二回〔一九四八年〕一月一九日　一〇頁）という会社の危機的状況を踏まえた上での対応であった。前章で検討したように、一九四七年十二月に組合が組織した生産復興会議が、その実質において経営危機打開のためのさまざまな模索の試みにならざるをえなかったのは、まさしくこのような会社が置かれている厳しい現実についての組合の自覚のゆえにほかならなかったのである。

第四節　経営再編成と協約改訂交渉

(1)経営陣の交代

一九四七年十二月二六日、東宝の株主総会が開かれ、田邊社長以下重役陣が退陣し、代って渡辺銕蔵が社長に就任した。それは、同年三月に渋沢秀雄会長、大沢善夫社長以下森岩雄、植村泰二、那波光正、川喜多長政、佐生正三郎、金指英一、増谷麟ら戦前来の映画製作企業としての東宝の文字通りの実体を築き上げてきた経営陣が、占領軍による公職追放指名の発表を前に退陣した時以来の大幅な入れ替えであった。もっとも、大沢らの退陣自体、追放者の正式発表が十月であったから、異例に早いものであり、その背後には組合の力の増大を抑えきれない大沢陣営に対する小林一三らいわゆる宝塚系の強い不満があったことは否みがたい(7)。大沢退陣後社長を引き継いだ田邊加多丸は、小林一三の異母弟であるところからも明らかなように、それまでの映画製作中心の陣容とは異なり、宝塚系の興行を軸とした役員構成をもって経営の任に当たるが(8)、毎月の賃上げ交渉をはじめとする組合との交渉にその実務の多くを割かざるをえない状況のもとで(9)経営危機の深化を前に、本格的に組合対策を取る必要に迫られていた。同年十一月一七日に行なわれた渡辺銕蔵と三宅晴輝の取締役就任による重役陣の一部入れ替えはその一環であった。が、その後ひと月余りのうちに田邊が会長に退き、渡辺自身が経営の第一線に躍り出る新たな陣容に再編成されたことは、組合対策を含む東宝の経営の抜本的な刷新の緊要性を示唆するものであり、それはまた事実上第三次争議の序曲をなすものでもあった。

この十一月、十二月と相次いだ経営陣の交代が、東宝の最大株主、宝塚劇場のオーナーで共産党系の組合の排除を強硬に主張していた小林一三の意を汲んだものであることは明白であった。小林は、弟とはいえ田邊社長の組合に対する弱腰の対応姿勢に強い不満をいだいており、田邊を補佐し、あるいは田邊に取って代わって自己の意志を実現する強力な経営陣の編成を求めていた。経営陣交代前後の小林の日記にはその組合排除の強硬な意志と企てが執拗に記されている。煩瑣をいとわずに引いてみよう。

「早朝京都より堀日活社長来訪、朝食を差上げた。東宝の営業に就て懇談、結局、田邊社長には決断力がなくて困る。テキパキ物を片付ける勇気がないから、経営担当者の会議に於ていろいろ意見が出ても解決を与へないから彼等ハ大澤旧社長の許に行って相談する、勢ひ大澤旧社長の説が織込まれて来るから、いよいよ事が運ばない。東宝は今ヤ噴火山上に立って居る危険状態に迫ったとの事。私はかねてから田邊に対して、騒動を起してもよい、早く赤の連中を追出す策を実行しなければ駄目だ。赤の連中は東宝を紛擾に追込んで倒壊せしめ最後に乗取るつもりで居るかもしれないから、利益損得を離れて撮影所を分離することが急務だと注意して居ったが堀日活社長も同意見だ。〔堀社長が〕六日帰京したならば田邊に相談して速かに実行に移るやう伝言した。」（前掲、小林一三 一九九一 〔一九四七年〕十月四日 五四〇頁）

「〔東京にて〕旧東宝重役連、秦、那波君及日活の堀君参集、〔田辺〕宗英、加多丸君等円座、東宝改革の方針を協議決定」（同 十月一四日 五四二頁）

「東宝方針実行の件にて〔田邊〕七六、宗英、加多丸君と熟談。私は明日帰阪するからアトは両人にて加多丸君を鞭撻積極的に猛進するやう申合はす。加多丸東宝社長は人間は好人物なれど、人を使ふ術が下手であるのとカラお世辞を言ふ丈で、統帥的に計画立案、若い人を引きづってゆく呼吸が判らないやうだ。優柔不断で仕事がすすまないから労働組合の連中がアマく見て居るやうだ。東宝の如き立派な会社がここまで落込んだのは、大澤前社長が第一組合と馬鹿馬鹿しい契約に調印したからの結果であるとしても、当然かかる運命に追込まる事は、田邊が社長に新任した時から判明して居ったのであるから――それについて私は早く改革せよ、改革に伴ふ結果、第一労働組合と大衝突してストライキが起ればモッケの幸、喧嘩腰で猛進して、それを機会に興行を休んでも大改革立直しにあらざれば、結局は彼等にやられるから、コチラから進んで新規蒔直しの覚悟でテキパキと猛進せよ、結局、東宝の改革は第一組合の赤を追出すにあらざれば駄目だから――と新任当時から注意して居ったのであるが、グヅグヅして居る間に現状の如き始末になったのは如何にも残念である。が、然し、ここでわれわれが協議決定した方針通りにやってゆけば、それは中々猛烈な喧嘩になると思ふけれど、只だ勇猛心を以て正しい主張は必ず勝つといふ信念を以て改革すればよいのであるから——彼の健康を祈るのみである。」（同　十月一六日　五四三頁）

「松根君午後帰東の途次来訪。東宝の情勢を話し、東宝新重役及改革案励行の為め顧問として日勤、田邊社長の相談役をお願いした。」（同　十月一八日　五四三頁）

「東京から昨夜帰宅された鳥井君夜来訪、東京の様子を聞く。田邊加多丸君自信を以て解決して見せる勇気ありとの報告にて安心したけれど、共産党の組合をアマク見て話合がつくと考へて居るやうだが、彼等の口車にあやつられないやうに喧嘩腰で『サア来い』といふけん幕で猛進するにあらざれば、中々ウマク解決が出来ぬと私は悲観してゐる。田邊が考へて居るやうにスラスラと運べば文句はないが、彼等及東宝の幹部社員達のアマ口にだまされないやうに希望する」（同　十月二八日　五四七～五四八頁）

「東京より松根君来訪、〔中略〕東宝改革に対する相談也。三〇日東京にて顧問連合会合、田邊社長を強要しても大改革を実行せしむる事お願する。此度は彼れも真剣にやるだらう?」（同　十一月二八日　五五二頁）

「東京より東宝の重役に選任せられた米本卯吉氏令息同道来訪。〔中略〕東宝改革断行について強硬に猛進すべきことを話した」（同　十二月七日　五五五頁）

「東京から七六君の電話、東宝改革陣容一新の次第、私は大賛成であるけれど、いよいよ改革を断行したとして、其時聯合軍関係方面から横槍が出ては困る。大沢君側は此点になると巧みにGHQにわたりをつけて居ると思ふから、先づ此点に注目して、われわれの行動が如何に正当で邪念がないとしてもGHQ側に誤解されてはイケナイと思ふ。此点が心配である。」（同　十二月一四日　五五七頁）

「一四日夜行で東上を煩はした節郎君本朝帰阪、東宝もいよいよ改革を断行するに決まったと言ふ報告便を受取った。田邊社長ハ風邪と疲労と神経痛で在床中との事、先日来の心配で疲労したのであらうから充分静養

して一日も早く再起奮闘を希望する。」(同　十二月一六日　五五八頁)

「今歳も敗戦後何等見るべき成果はない。無為無策の政府は只だ茫然と成行を見送る丈である。〔中略〕然るに一方此苦境を見越して赤色指導による労働攻勢は益々高まり、我国の産業を破壊し終わらければ承知しない態度であるのはナサケナイ話である。東宝は幸に此度こそ改革の火蓋を切って攻勢に出る以上ハ大衝突は免れないから此機会に全劇場を休業しても彼等悪性の徒輩を追放すべしである。或は東宝が火蓋をきる為めに、我国の赤色労働組合を叩きつぶす政府の大英断が断行せられるかもしれない。〔中略〕東宝の改革なぞ田邊社長が新任した直後から、私は何十度彼れに其断行を忠告したかもしれないが、彼が小心翼々の臆病者であることは知って居ったけれど、今日迄延々に優柔不断で見送って来た間の呑気サを見ると、彼に知恵のないこと、判断力のないこと、到底東宝の社長ナゾはその器にあらずとアキラメざるを得なくなったことを残念に思ふのである。もう愚痴を言ふのもヤメだ、歳暮の感慨無量也。」(同　十二月二八日　五六二頁)

以上の日記には、何としても「赤色労働組合」を排除しようという頑強で執拗な小林一三の意志と、それを担うには異母弟である田邊加多丸があまりに弱腰でとうていその任に堪ええず、それゆえ当初は彼を強力に補佐・鞭撻し、次いで彼に取って代わって「東宝改革」の指揮を執ってくれる新たな経営陣を選ばざるをえなくなった、小林の苛立ちがストレートにあらわれている。小林は、田邊社長を含む一族の者と相談の上、「東宝改革」の最大の眼目は「第一組合の赤を追出す」こと、共産党の排除にあり、新重役の選任はそのためのものであることをむろん意識していた。だが、注意すべきは、田邊社長の「弱腰」や「優柔不断」は、小林のいうように単に田邊の「小心翼々の臆病者」というその個人的パーソナリティによるばかりではなく、むしろ東宝の経営者として経営陣内部に宝塚派と旧大沢派ないしPCL派あるいは組合寛容派等複数の派閥をかかえながら、困難な状況のもと組合と日常的に顔を突き合わせてともかくも企業経営の実際を担っているという、そのリアリズムが、彼をして共産党排除の強硬手段に出ることに躊躇いをいだかせた無視しえない要因だったであろうということである。あるいは経営者として強硬策をとった場合の結果を想定したということもあろう。

小林の主張するように「全劇場を休業して」「悪性の徒輩を追放」するとして、この重大事について重役の一部交代によってその同意を取り付けることができたとしても、その後の映画や演劇の製作はどうなるのか、撮影所従業員ばかりではなく事務・管理部門や営業部門を含む会社全体と全国の直営館・系列館に働く従業員の生活はどうなるのか、経営者としてこうした問題を顧慮することなくして「大改革」を「断行」することには、少なからず躊躇があったにちがいない。だからこそ小林は田邊に最終的に見切りをつけ、それらに引きずられることのない渡辺銕蔵ら全く新たな陣容を迎えたのではあったが、しかし田邊はたとえその反共思想については小林と共有していたとしても、このような映画企業の経営のリアリズムという点において、公職追放のもと経営の第一線からは身を引き、それゆえにそのイデオロギーを剥き出しにして共産党排除を頑強に主張できる小林とはちがいがあったというべきであろう。小林にとっては、経営の実際に携わっているがゆえの田邊の躊躇が、その性格の弱さゆえの躊躇としてしか理解しえないものであり、それはまた共産党についての過度に硬直的・観念的な、その意味で原理主義的な理解――撮影所の内部で組合がどのような議論を具体的に展開し、いかに行動していたか、などについての無理解と表裏をなすものであった。上に引いた日記の画一的な記述はそのことを如実に示しているといってよい。

ところで組合が経営陣の全面的な再編成という重大な事実を知るのは、一九四七年十二月二六日に開かれた撮影所経営協議会での年末の賃金交渉においてであった。席上、森田信義製作担当は次のようにその経緯を説明して組合に新たな事態への冷静な対応を求め、組合もそれに対し以下のように応答した。

森田　「〔十二月〕二三日に定例の当務会が開かれた。その際社長は『製作は行き詰った。私はこの事実に対してもう自信を持てなくなったので社長を辞めたい』と云う意味のことを洩らした。それから又『私が社長に就任した時、私の力を補ってくれる人として森田、滝村、浜本、池永、岩下の五氏を経営担当者として依頼したが、私が辞める以上五氏も辞表を提出してほしい』と云った。自分としては、今東宝は立ち直らうとしているのに、ここで社長もわれわれも辞表を提出することは混乱を招く基になるし、折角生産復興問題も具体化されようと云う時遺憾であるとして反対したが、社長は『後任を推薦してほしい』と云うので遂に二三日は物別れになってしまった。そして二四日に再び当務会が開かれた。その時に私は今日までの方針で行くならば社長は辞める必要もないし、私達も辞表を提出する必要はないと云ったが、社長は『二六日の株主総会に出して承認を求め、私は辞める』と云う意見であった。そして後任は渡辺銕蔵氏だそうだ。これでは今までの方針でない事は確実である。自分としては社長が辞める以上内閣の一員として辞めなければならないと考え辞表を提出した。そして今後は一社員として東宝に残り、製作部の皆さんと共にやって行きたいと考える。ここまでは報告であって、これからは私の意見である。それは皆さんに於かれても、これからは一時の感情に溺れずに理性的に行動してもらいたい。そして今後必要な事は純粋理論ではなく、戦略戦術の上に立った行動、これ以外にはないと云う事だ。要は単に東宝映画を守ると云うことだけでなく日本映画を守り抜く事だ。今後は場合によっては映画製作を止める様になるかも知れない。森田が代った事によって、この撮影所が変るのであってはならない。又変ることはあり得ない。自分はボスでやって来たのではない。撮影所には立派な組織がある。組織の力で闘うことだ。」

組合「森田氏の意見は正しい。われわれはかかる事態になる事は知っていた。しかしわれわれが十分準備していない時に起きたのは確かに自分達の手落ちだ。これからは全員力を協せて闘うつもりだ。」

森田「予測していたよりも早く行はれたのだ。」

野坂「森田氏が辞めたので、私達が辞めるのも当然かも知らぬが、とに角決定的な段階が来ない以上、われわれは代わらずに現在の職務を遂行していく。」

森田「今後は役員が同時に〔現場の〕担当を兼ねる様になるらしい。」（東宝撮影所「経営協議会議事録」第五八回　一九四七年十二月二六日　八〜九頁）

ここから、この役員交代劇は森田ら製作の現場を管理している者には知らせず極秘裡に、社長などごく一部のトップ層の意思によって、しかも有無を言わさぬ強引なやり方で行なわれたこと、また組合はそうした事態を予想はしていたものの「十分準備していない」段階でなされたこと[10]、が看て取れる。しかし小林一三の強い要請を延引しきれないという外的事情を踏まえても、なぜこの一九四七年十二月の、しかも押し迫ったその末という時点で、さらになぜこの陣容での再編成なのか、という点は改めて問う必要があろう。いうまでもなく、いかに他律的要因が働いていたにせよ、それが内的必然と結びつくことなしにはいかなる意思決定も成り立たないからである。前者の十二月末という時点については、経営危機の深刻化という事情がむろん顧慮されなければならない。右と同じ撮影所経協の席上、野坂支配人は、「税金滞納分二三三万四四〇〇円」のために撮影用カメラミッチェル二台、水銀整流器一個、映写機二台、ワゴン、貨物自動車、ロケバス、ダットサンバス、ダットサン貨物自動車各一台が「差押へられた」ことを報告している（同一〇頁）。それは、経営危機が公租公課の未払いにまでおよぶ深刻な事態になっていることを示すものであったが、しかし十二月末の再編成のより規定的な根拠は、「団体協約」がその改訂期限を迎えていたという事情にある。

組合は十一月一七日に東宝分会連合会総会を開き、十月に発表された会社の「生産復興対策案」に対抗して自らの「生産復興原案」を確認するとともに、一九四七年十二月末に有効期限が切れる「団体協約」について、生産復興会議の設置を含む改訂協約原案を決定し、十一月一九日にそれを中央経営協議会に提出する。そして同二五日には東宝分会連合会共闘委員会を設置して協約改訂のための闘争態勢を確立するに至る。他方、経営側にとっては、組合の経営への発言権を大幅に許容する現行労働協約は、たとえ前社長大沢の経営者としての近代性・先進性をあらわすものとはいえ、田邊ら宝塚系にとっては組合の発言力の強さを制度的に支える癌として、その抜本的な改訂が是が非でも必要なものであった。が、予想される組合の強硬な抵抗を抑えて改訂を断行する布陣としては、一部を入れ替えたとはいえ自らを含め現経営陣が弱体にすぎることは田邊自身にとっても明白であった。小林の要請と経営危機の深化を重要な背景要因としながらも、より直接的にはこの眼前の協約改訂問題が経営陣の再編をこの時点で必然化した最大の根拠であったといってよい。中央労働委員会の第一部部長として、名古屋支社での組合脱退派従業員の組合帰属問題や協約改訂などについて田邊の相談に応じていた馬淵威雄が、着任自体は翌年二月と遅くなったとはいえ労務担当重役として招聘されたのは、こうした事情を端的に物語るものである。

後者の陣容については、その焦点をなす渡辺銕蔵は、戦前の東京帝国大学教授時代から小林一三の知己[11]であるとともに田邊加多丸とは大学の同窓であり、反共の闘士として名高かったから、共産党の影響力の強い組合に対抗するには格好の人物と目された点が重要である。実際にも、社長就任の経緯についての渡辺銕蔵の述懐は、この点を明示している。

〔昭和〕二十一年十一月の或日、同窓の友である東宝映画会社の社長田辺加多丸君が、日比谷公園の傍にある私の主宰する渡辺経済研究所を訪ねて来た。用件は労働組合と団体協約の改訂をやるので、智慧を貸してくれぬかとのことであった。初めは顧問といふ話であったが数日後に平重役で来て貰いたい。一週に一度一時間位の重役会に出席すればよいとのことで承諾した。〔中略〕十二月中旬になって田辺社長が突然私に社長になって呉れと言ひ出した。私は極力拒絶したのであるが、結局各方面の勧説と重役会の切望によって社長を引受けることになった。そして田辺加多丸君は会長に納まった。此頃は東宝内部に共産党の跋扈してをる有様が私にも可成りわかって来たので、共産党と張り合はせるために私を社長に引張り出したものと感付いた（渡辺銕蔵　一九五六　三一七～三一八頁）。

「共産党と張り合」うことができる、という一点において渡辺は、小林一三・田邊加多丸周辺のなかでは社長として最適な人材であった[12]。しかも彼は戦後直後、東京都労働委員会の前身である都の労働争議調停委員会に第三者委員（当時はまだ公益委員とはいっていなかった）として末弘厳太郎とともに連なる（全国労働委員会連絡協議会事務局（一九六六）における林芳郎発言　二三一～二三二頁）など争議調停にかかわり、かつ末弘とも旧知の仲であった。

しかし、渡辺は戦前は東京帝国大学の教授、戦後は経済研究所を主宰するなど実際のビジネスの世界とは無縁の人間であり、いわんや自ら趣味でヴァイオリンは弾くものの、映画や演劇の世界とはおよそ関係がないのみならず、それに関心をもつことさえなかった人物であった[13]から、この人選が東宝という文化の生産をなりわいとする企業としては無視しえない問題となることは、その後の争議の経過が自ずと物語ることになる。

渡辺とともに新たに経営陣に連なったのは、同じく小林一三の息のかかった者たちであり、なかでも異色は先に触れた馬淵威雄である。馬淵は、東京大学法学部教授末弘厳太郎を会長とする中央労働委員会の第一部部長として、当時東宝でこじれていた中部地区における従業員の組合帰属問題や迫りくる協約改訂について末弘の命を受けて幾度となく田邊ら会社側の相談に乗っていたという関係から、同じく小林一三からの依頼をもとに末弘のすすめで、労働問題・労使関係の専門家として白羽の矢を立てられたものである。馬淵は、組合との「フリイトウキング」のなかで就任の経緯を「東宝入〔り〕について末弘氏は、経営者側に入って労務を担当することは民主的な企業を樹立するため会社にとっても組合にとっても好い例となるだろうという事で勧められた。」「中労委でなすべき仕事も未だ多いにも拘らず東宝にきたのは、経営者の中に労働の面を重視する人があって然るべきであるとの末弘氏の意見もあって来た。」(「中央経営協議会議事録」〔対日映演〕第六回　一九四八年二月五日　五〜六頁)あるいは全映演との「フリイトウキング」で「東宝入りの理由は勿論東宝から再三の懇請を受けたことにもよるが、末弘氏も外国の例を見ても健全な労働組合が発達するには経営者側に労働問題の専門家を必要とする。東宝え《ママ》パイオニアとして行くことは賛成であるとのことで引受けた。」(「中央経営協議会議事録」〔対全映演〕第六回　一九四八年二月六日　五頁)ともっぱら末弘厳太郎の勧奨によるものであることを強調し、小林一三には一言も触れていない。が、後年、より立ち入って次のように述べている。

昭和二二(一九四七)年十二月に、私は東宝に入ったわけですけれども、その年の五月ごろだと思いますが、私のところへ神津彦次という人がたずねてきまして、神津彦次というのは、商工省におられた方で、非常な秀オですけれど、神津さんが商工省時代に、ドイツへ行くときに、小林一三（昭和七年～一二年）さんと、船の中でいっしょだった関係で、小林さんに知己を得て、戦後神津さんが公職追放になりかかって、実はならなかったんですけれど、商工省をおやめになって、小林さんに、ぜひ君、東宝に入ってくれといわれて、神津さんは東宝におられたんです。で、小林さんが、もちろん公職追放であるし、東宝は当時、労働争議で疲弊していたものですから、何か、労働関係を調整できるような若い人はいないかという相談を神津さんが（小林さんから）うけまして、それなら、友人に中労委の部長をやっている馬淵というのがいるんだけれども、それをいかがですかというようなことで、すすめたらしいんです。小林さんが、馬淵といったって知りませんし、それを当時、東宝の社長だった田辺加多丸（昭和二二年三月～十一月、東宝社長）さんに話したら、ああ馬淵威雄さんなら中労委で知っとるというわけで。なぜ知っているかというと、田辺加多丸は、末弘（厳太郎、中央労働委員会会長）さんと、一高、東大と同期なんです。それで渡辺銕蔵（昭和二二年十一月～二四年九月、東宝社長）さんだとか芦田均さんだとか、そういう一高、東大同期がいらっしゃいましてね。僕はその時分中労委におりまして、東宝が相次ぐ争議や団体交渉で加多丸さんがもうフラフラになってきたという、それで末弘さんのところにたずねてきては、東宝のことを相談されていまして、片側に僕がおりまして、末弘さんが忙しいものだから、田辺君のやっている東宝のいろんな事件に対して、馬淵さんなんとか助けてあげなさいという命令をうけてやっていたわけです。あの馬淵さんのことを、神津さんはいっているんですか。それはいいということで、ぜひ神津さん、馬淵さんをかりてこいというわけです。ところがその時分、占領軍がおりまして、エイミスというのが労働課長をやっていまして、エイミスのところへいきましたら、そうかってに中労委の役人を動かされては困るというので、了解がとれないわけです。ズルズルしているうちに、末弘さん、中山伊知郎さんなんかが（田辺）加多丸さんからしつこくいわれて、それで馬淵さんいくかということになりまして、それで急に臨時〔株主〕総会で、私が東宝に関係したというようないきさつでした。だから私は、渡辺銕蔵さんもなにも私は知らないんです（前掲、東條由紀彦・山本潔　一九九八　五一頁）。

馬淵もまた小林一三のルートを通して経営陣に連なることになったことが知られよう(14)。

他方、渡辺が役員となった十一月時点の経営陣の一部改編において撮影所所長に就任した三宅晴輝が、就任わずか数カ月後の一九四八年三月中旬、組合との交渉に疲れて退任した(15)のを受けて、一九四八年三月新たに撮影所長に就いたのが、渡辺と同じく戦前東京帝国大学において社会政策を担当していた北岡寿逸である。彼は、就任の経緯を次のように述べている。

昭和二三年一月から東宝株式会社では、赤字と共産系労働組合の争議に悩み、渡辺銕蔵さんが二つの「赤」（共産党と赤字）を退治するのだと云って社長に乗り込んだ（実権を持つ小林一三さんはパージで社長になれない）。ところが東宝撮影所長になった三宅晴輝君は、共産党の連中と話していると気が狂う、と云って辞職したので、東宝では後任を物色していた所、私は何処かで「俺は共産党の人達と議論をして見度い」と云ったら、それが間接に聞えて、先輩でもあり、遠縁でもある尾上登太郎さんが渡辺社長に私を推薦し、渡辺さんもよく私を知っているので、採用と云う事となり、私も当時仕事らしい仕事がなく、日本国際連合協会の事務所で油を売っていたので、之に応じ三月中旬就任したのである。勿論私は映画については、ずぶ〔傍点原文〕の素人であり、私が所長になり、取締役になった時は、既に争議が初ま《ママ》っており、仕事はしていない（北岡寿逸　一九七六　一九七頁）。

北岡もまた渡辺と同じ東大同窓の知己だったことを前提に、組合に影響力をもつ共産党との交渉を期待して、またその意思を買われて経営陣に加わったことが知られよう。

以上のように、一九四七年十二月末の渡辺銕蔵らによる新たな経営陣の登場は、経営側にとってはさしあたっては労働協約改訂において組合とくにその中枢に影響力をもつ共産党との闘いをあらかじめ予想しつつ、小林一三の意を体して行なわれたものであった。しかも彼らは、いずれも「映画についてはづぶの素人」（北岡寿逸）であるところに特徴があった。とはいえ、この就任時点で新経営陣が、すでに共産党員の排除を念頭に置いた人員整理を構想していたということができるかどうかについては、検討の余地があろう。小林一三自身は、どういうかたちであれ共産党の排除を強硬に主張していたことは、すでに明らかにした通りである。しかし、新経営陣がどのように共産党を排除するかについては、限られていたとはいえ、選択肢が全くなかったわけではない。すなわち、組合に内部介入して幹部を交代させ執行部から共産党を排除する。あるいは労働協約を改訂して制度的に組合の発言の場と事項を限定し、組合の経営への介入を排除する。さらには共産党員を含む人員整理を行なう、の三つの選択肢がありうる。が、第一の方法は、成功の確率自体が低かったが、しかしたとえ成功したとしても、すでに組合が二回分裂しており、その分裂組合がまた独自の論理をもって発言している現状のもとでは、少なからずリスクをはらむものであった。第二の方法は、すでに触れたように重役陣交代の主要な理由の一つをなすので当然にこの時点で考えられた政策ではあった。そして仮に協約改訂によって共産党の影響力を排除することができるならば、社内を大きな混乱に陥れることになる彼らを直接対象とした人員整理という第三の選択肢を採る必要性は当面低下する。が、新経営陣が労働協約の改訂を重要な課題としていたことは疑いないとしても、彼らがこれをもって共産党の影響力の排除が充分可能であるという確信を、少なくともこの時点ではもちえなかったであろうこともおそらく疑いない。むろん巨額の経営赤字が存在したから、その処理策として人員整理の可能性が出てくることは当然にありうるし、実際の歴史的経過は、後に用いられた表現でいえば、この経営赤字と共産党の「二つの赤」の排除を企図するものとして、共産党員を含む人員整理が強行されることになるのであるが、しかし新経営陣にとってこの時点ではなお共産党員を特定した人員整理という第三の選択肢を直ちに採ることには、必ずしも合意があったわけではないという点に留意する必要がある。

もっとも、労働協約の改訂は、組合による経営権の制約を制度的に排除するという意味だけではなく、現行協約上組合員の解雇には組合による同意が必要であったから、新経営陣にとって共産党員を含む人員整理のためにも協約の改訂が不可欠であった可能性はむろん否定できない。そしてその場合には、労働協約の改訂によるか、協約の期限満了を待って自動延長規定の適用を拒否して失効させるか、いずれにせよ協約改訂交渉は、人員整理のための不可欠の前提として新経営陣の先ず処理すべき課題だということになる。馬淵威雄が第三次争議終結直後、次のように記していることは、この点を傍証するかのごとくである。

この度の東宝争議においてもやはり過去一年間、砧撮影所の共産党の勢力下にある労働組合、これは労働組合というよりはむしろ共産党そのものの活動のために、撮影所における製作権、企業権は全く労働者に奪われてしまい、撮影所では会社の意識する経営は全然不可能となり、その結果厖大な製作上の赤字と、人事権がないために起る過剰人員とに非常な苦しみを感じていたのである。〔中略〕当社は、同業の松竹などに較べて約二千名も人員が多いといわれておったが、これも経営権を喪失していたということのみならず、東宝の赤字を招来する非常に大きなポイントであったわけであり、その剰員を整理することが非常に必要であった。そこで私はまず労働協約がちょうど改訂期にあったので、労働協約を改訂して、合法的に経営権、人事権を当然あるべき姿のところへ返したい。そうして獲得された経営権、人事権において合法的に剰員整理も行いたい〔と考えていた〕（馬淵威雄　一九四八　九頁）。

新経営陣が、経営赤字の処理のために労働協約の改訂後に「合法的に剰員整理」を企てていたことは、この限り明白である。しかしこの記述でさえも、組合における共産党の影響力の強さを非難していながら、その排除のための人員整理というのではなく、あくまでも「剰員」の整理と説明していることに留意する必要がある。実際、馬淵は争議終結八年後の中央労働委員会の座談会において次のように述べている。

役所から見ていた企業というものと、いざ入ってみたものとでは非常に違っていました。東宝が例外だったのかもしれませんが、経営者に経営の力が全く与えられていないのです。その力を労働組合にとられてしまって…。僕は労使間をうまく調節して、円満な協力態勢を作ろうと思って簡単に考えて行ったんですが、組合に押しまくられて経営者は手も足も出ない。これはやはり、労働組合の方に少し下ってもらわんと経営できないだろうということをすぐ考えた。たとえば人事異動をやる場合でも、稟議の用紙に組合承認という欄があるのですよ。（笑声）社長が決裁しても、組合へ持っていくと後でおれが承認するから置いとけという調子です。中には、却下になって帰ってくるものがあるのです。組合が承認しなければ、人事が動かない。〔中略〕採用、異動、解雇、これは全部組合の承認を要することになっていました。〔中略〕これは何としても協約を変えなければ話にならないということになり、これから出発したのです（中央労働委員会事務局編　一九五六　一一六頁）。

当初「労使間をうまく調節して、円満な協力態勢を作ろう」と考えて入社したが、実際は「組合が承認しなければ、人事が動かない」「組合に押しまくられて経営者は手も足も出ない」ような状態であったので、「組合の方に少し下ってもらう」べく、「何としても協約を変えなければ話にならないということになり、これから出発した」というのである。この言明の限り、協約の改訂が、人事権の奪還を中心とする労使関係の正常化のための方策として位置づけられていたことは、明白であろう。もっとも、協約改訂は、「これから出発した」と述べているように、労使関係の正常化のための最初の方策とされているが、それは争議を経過した後の回顧談ゆえの表現であって、直ちにその次の策として共産党排除の人員整理を想定していたことを立証するものではない。以上の証言が示すことは、少なくとも新経営陣が当初から共産党員の排除を目的とした人員整理を企図し、協約改訂をそのための前提と位置づけていたとは、必ずしもいえないということである。

むしろこの点に関して真に注目すべきは、労働協約の改訂交渉が動きはじめた一九四八年二月の小林一三の日記の記述である。

東宝の新社長渡辺君来訪、昼飯後帰らるる。〔中略〕私は東宝改革の闘争的態度猛進しなければ断じて片付かないことを強調して参考に供したが、どうも、平和的話合で出来るものといふ安易な方針を捨てきらないやうに思ったが困ったものである。つまり、田邊旧社長の古い頭と先の見へない愚論が先入主となってゐるのであらう。然し私としてはコッピドク痛烈に批評したから「来阪してよい注射を受けて難有《ママ》う御座います」といふて帰ったから少しは薬がきいたかもしれない。果して然らば東宝の為め誠に結構なことである（前掲、小林一三　一九四八年二月一五日　五七八頁）。

すぐ後に立ち入って検討するように、渡辺銕蔵は社長就任直後から「企業刷新要領」を発表するなど、組合に対しきわめて強硬な姿勢を顕示するのであるが、その彼にして就任約三ヵ月後の二月半ばの時点で組合問題を「平和的話合で〔解決〕出来る」と考えて、小林に「コッピドク痛烈に批評」されたというのであれば、新役員が就任時点ですでに共産党の排除のための人員整理を考えていたということには、いささか無理があるといわねばならない。すなわち企業経営に対する組合＝共産党の掣肘《せいちゅう》を労働協約の改訂によって制度的に排して経営権を確立すること、その上で経営の抜本的な立て直しを図ること、これが就任時点での新経営陣の当面の基本的な課題であった。たとえ経営立て直しのために共産党員を含む人員整理という選択肢の可能性を無視しえなかったとしても、組合の実際の発言も行動も充分把握できていない就任の時点では、新経営陣にとってそれはなお具体性をもつものであったとはいいがたい。そして累積する経営赤字の重圧のもと、協約改訂交渉が最終的に不調に終わり、小林にも「注射」を打たれて新経営陣は人員整理という強硬手段に打って出ることになる。(16) 共産党員を馘首《かくしゅ》するために新経営陣が乗り込んできたとするこれまで行なわれてきた多くの説明は、組合当事者にとっては当然の認識ではあったとしても、争議が起こったという事実を踏まえた、結果からする歴史の解釈という側面を否定できないというべきであろう。

ところで、それでは、以上のような経営陣の交代を組合はどのように受け止めたのであろうか。すでに触れたように、森田信義をはじめ製作の第一線で実務を統括していた管理者が、経営陣の交代という重大な事実をその直前まで知らされていなかったとすれば、組合が彼ら以上の情報を得ていたとは考えられない。組合にとって、経営陣の全面交代は「予想していた」とはいったものの、実際には寝耳に水の出来事であり、彼らが経営内部の動向に疎かったことは否みがたい事実である。そこに、自己の運動とそれを支えている力に対する彼らの過信を垣間みることは、決して誤りではないであろう。むろんすでに前章で検討したように、組合は一九四七年十一月の経営陣の一部交代が、どのような意味をもつものなのかについて検討し、それが映画製作部門の分離の動きを現実化する可能性があることに警戒感を募らせてはいた。が、その後の経営陣の全面的交代については、そうした動きの延長線上にあるとの認識を基礎に、製作本数の増大など会社側への協力と生産復興会議の設置など機構改革による経営への発言力の強化を通して経営陣の行動を制約していくことができると考え、その後に展開される合理化など強硬な経営政策についての見通しを必ずしももってはいなかったといってよい。新経営陣による新たな経営方針の発表とそれについての彼らとの交渉を通して、組合ははじめてこの交代の意味を知らされることになる。経営陣交代三日後の十二月二九日、新社長名で発表された「東宝企業刷新要領」とその「細目」がそれであった。

「企業刷新要領」は、経営危機の深化を踏まえて「東宝企業の生存維持上絶体絶命的に必要な最少限度の要求として、「撮影所においては一本当り平均六五〇万円の製作費を以て月三本半を確保し、演劇部は少くとも収支相償うの運営を保持することにより会社全体として一ヶ月平均一、〇八〇万円の黒字を期待する。」と映画の製作費と仕上り本数および演劇の採算とにはっきりと枠を設け、かつ各部門が「自活自営」できるものとするとした。その上で注目すべきは、「現在進行中の企画に再検討を加え、進行を中止すべきものと認むるものは即急に決定を下す」と、検討の結果いかんによっては進行中の企画の中止を命ずると言明したことである（「東宝企業刷新要領」一九四七年十二月二九日）。これは、労使共同による企画審議会での審議・決定というそれまでの作品企画決定の手続きと権限を無視する重大な発表であり、経営権への組合の介入を排除するという新経営陣の明確な意志のあらわれであった。実際、同時に発表された同要領の「細目」では、「取締役会の協議を経、且つ社長決裁の事項」として「映画製作企画案（収支予算を含む）」と「演劇企画案（同右）」がまず上げられ、作品企画の決定権を経営の専管事項として謳っている（「東宝企業刷新要領細目」）。それは、新経営陣の組合に対する明らかな挑戦を意味するものであった。そして企画審議会が、現行労働協約によって法的に担保されている以上、その改訂交渉が緊張をはらむものとならざるをえないのは、必然だったのである。

(2)労働協約改訂交渉

組合は一九四七年十二月末に改訂期限が到来する労働協約について、その改訂試案を一九四七年十一月一九日中央経営協議会に提出し、十二月一五日までに協議して締結したい旨会社に申し入れる。会社はそれを踏まえ会社案を一応十二月二日に提示するものの、「(以前から依頼していた)中労委末弘私案の提示を待って本式に進行することにしたい。会社の実状として、それ以外に方法はない。特に団体交渉権のあり方については今は会社案を決定的なものにする段階に立ち到らない」（「中央経営協議会議事録」第四四回　一九四七年十二月二日）として、末弘厳太郎中労委会長による協約改訂私案を基礎に、それを「参考として、且つ之を骨子として会社案を草案」（同　第四五回　十二月一二日）した上で、交渉したいと応答し、組合もそれを了承する。この会社の末弘案待ちの姿勢は、自ら調査・研究して労働協約案を作成した大沢善夫前社長の対応とは大きなちがいであった。他方、協約の改訂については全映演も同じくその時期を迎えており、とくに唯一交渉団体規定とユニオン・ショップ条項は日映演、全映演両組合に直接関係する問題であるため、会社はこの協約改訂問題に関しては両組合と一つのテーブルでともに協議したいという意向を各々の組合に伝える。賃金問題をはじめとする両組合との個別の協議・交渉に多大の時間を割かざるをえなかった会社としては、可能な限り団体交渉を合理化したいというのがその意図であった。

そうしたなか十二月一三日付で「東宝労働協約改訂に関する末弘私案」が会社に手渡され、その後両組合に対し中央経営協議会において提示された。その骨子は以下の通りである。

まず「基本的考察」として「各組合に属する労働者は同一の職種又は職場に属することが望ましく、同一の職種又は職場に属する労働者の一部が甲組合に他の一部が乙組合に属するようでは本質上不都合を生じ易い。従って理想を言ふと（イ）二組合の合併を希望したいが、若しもそれが不可能であれば、（ロ）職場によって組合を区別し、同一職場の属するものが別の組合に属することがないようにしたい。この目的を達成する方法として（一）第一は、現に二つの組合員の入れ交ってゐる職場に於ては、無記名投票を行ひ、その結果多数を得た組合にその職場に属する労働者のすべてが加入することにするか、（二）職場の一部を独立の会社とし、会社毎に組合を別にするか、いづれかの方法をとる外ないであらう。私は出来るだけ右のいづれかの方法をとって、此の際将来に対する禍根を断つようにされることをおすすめしたいが、若しそれが不可能であるならば、次のような方針で各組合と各〔々〕別の協約を締結するの外ないと考へる。」

すなわち「会社、日映演、全映演の三者で次の趣旨の協定をする。（イ）会社は日映演及び全映演とそれぞれ別に労働協約を締結し得るが、その内容は同一とするを原則とする。若しも差別の必要があれば、本協定において予めその点を明かにして置くこと。（ロ）日映演又は全映演に属するものは、その籍を変更し得ない。両組合員は組合員の争奪をしない。一組合を脱退したものが、他組合に加入して雇用関係を継続することを絶対に認めないこと。但し現在の従業員の組合の籍については今回の改訂時に限り今一応従業員個々の自由な意志によってその加入する組合を選択せしむる措置を講じて置くことが将来の為よいと考へるから予めその様に選択期間（一ヶ月乃至二ヶ月）を設ける事が望ましい。（ハ）新たに入社した者は一ヶ月内にその自由意志によってその加入組合を選択せしめる。この点につき互に争奪的行為をしないこと（ニ）各組合はそれぞれ会社と協約の運用に関し協議会を持つことができるが、会社の経営に参画する意味においての経営協議会は一つとし、両組合は組合員の員数に比例して協議会員を出し得ること。会社が両組合と締結する労働協約の第一条として、次の規定を設けること。『会社は三者協定の趣旨に従ひ、組合所属の従業員に関する一切の事項につき、

組合を唯一の交渉相手と認める。』」（中央労働委員会「東宝労働協約改訂に関する末弘私案」一九四七年十二月一三日）

要するに、両組合の組織統一が労使関係上望ましいが、それが実現できないならば、会社は両組合と同一内容の協約を各々締結し、かつ現組合員の所属は原則固定するが、特例として今回に限り従業員に所属組合の選択の機会を与える。また唯一交渉団体規定およびユニオン・ショップ条項も各々の組合に認める。ただし、経営協議会は一つとし、そこへの参加は組合員比に基づいた構成比の両組合の代表委員による、というものであった。会社の意を受けて明記された交渉機構を一つにするという点以外は、形式的にはほとんど現行協約と変わらない内容であり、したがって会社は、末弘私案に則して会社案を作成するという当初の計画を断念せざるをえなくなる。おそらく末弘としては、現行協約を大きく変更することは、経営参加を認める自らの労使関係思想からしても、またかつて現行協約を自らが高く評価した経緯からしても、躊躇せざるをえなかったのであろう。

以上を踏まえて、十二月二〇日開かれたはじめての「三者会談」において会社は、会社案は未だ作成できないが交渉機構は一本化したいとして、その理由を次のように説明する。

〔協約の〕会社案の決定は会社全体を代表し社長がするべき所であるが、未だ確定案は出来ない。二つの組合がある間は仲々順調に進まない。無駄な努力は思ひ切ってこの際セーブすべきであると真剣に思っている。会社の現在直面している経理上の危機及び来るべき法令上の種々な強制措置に際会する可能性があることも考えなくてはならない。従来の経理上我社の如き基盤の固いものはないと自信をもっていたが、インフレの足の早いこと客観的な状勢の悪化等により悲観的にならざるを得ない。この際一刻も無駄な労力と時間を省くこと、それなくして生産復興も愛社心もない。会社の基礎はぐらついている。〔中略〕それには無駄な時間と無駄な金を費《ママ》いたくないのである。どうか協約の改訂に当たってぜひ努力を願いたい（東宝株式会社「会社・日映演・

全映演三者会談議事録」〔一九四七年〕十二月二〇日　関口総務担当発言）。

会社は経営危機に促迫されて「無駄な労力と時間を省く」ために、交渉単位の単一化を強く望んでいることが看取される。会社側は、この「会談」で協議事項を①給与問題、②生産復興問題、③労働協約の第一条と第二条、④それ以外の条項、の四つに分けて協議したいと提案し、両組合の了解を取りつける。その後、会社はこの四つの問題のうち協約の第一条と第二条以外の問題については専門分科会を組織して協議したいが、その際は「〔両組合〕一本の線で交渉に臨んで貰いたい」（同〔続開〕十二月二二日　二頁）と要望する。そこには、「両組合同一条文と交渉団体を一つにしたい」という会社側の強い「希望」（同三頁）が横たわっていた。すなわち協約と交渉方式についてては①「一協約で一交渉団体」②「二協約で交渉団体を一つにする」③「二協約の二交渉団体」の三つの方法がありうるが、このうち会社としては①の「一協約一交渉団体を理想とするも、然しこれは不可能と思う。そこで協約は二つでも会社に対しては一本で当たってもらいたい」（同四頁）というのである。

これに対して、第一組合から「第二組合は営業部に固《ママ》り、撮影所には皆無である。会社全体の団体交渉権を共有することに付ては疑義をもつ」（浅田発言　同五頁）との反論が出されたものの、その意見は同じ第一組合側から撤回され、「五〇：五〇」（伊藤武郎発言　同八頁）の両組合対等の構成比で交渉にあたるとされたが、注目すべきは、この議論を通して第一組合側が「組合が一本にならなければならない。その為には組合は如何なる譲歩もする。日映演は東宝のみではないのであって、日本の映画・演劇の産業別の組合になることが望ましい。無条件を以て企業内で合同をしたい。之は会社も求めていることであり、又組合も望んでいるところであって、それが出来なければ問題は進捗しないと思う。」（伊藤武郎発言　同一二頁）と両組合の統一を提案したことである。これに対して、第二組合は「団体交渉は合同ですることはよい」（同一三頁）が「現在の段階に於ては大同団結は不可能だと思う」（同一二頁）として、組織統一の申し出は拒否する。分裂の経緯やその後の運動を踏まえれば、たとえ交渉単位は一つにしたとしても組合そのものの統一にまで向かうことはできない、というのが第二組合全映演の立場であった。

会社は「この間にも会社の赤字は刻々と増していて正に会社崩壊の危機にある。理想としては一つになってもらうことであるが、現実では即時合同する、せよと云うことは無理であろうと思う。然しこの三者会談は本日限りのものではなく、会社の実状も考慮されて両組合で協力して、今後も続開の上、打開の道を見出してもらいたい」(田邊社長発言　同二三頁)と、交渉単位の一本化を強く求めた。結局、協約第一条と第二条以外の問題の専門分科会での単一交渉化については、第一組合は同意したものの、第二組合は組合員に諮った上で返事するとしてその慎重姿勢を崩さなかった。

この三者会談の後、年末に経営陣の交代が行なわれ、日映演組合が新経営陣とはじめて交渉をもったのは、翌一九四八年一月一二日のことである。その席上、新社長渡辺銕蔵は就任の経緯を説明した後、「東宝においては赤字とインフレの克服が喫緊であって、前大戦独逸インフレイションの例に徴するもインフレに栄える事業はインフレに倒れるとて、当社の事業は此の意味で頗る注意を要する」、また「現下労資の対立については種々誤解もあったが政治的経済的不満は日本国民全体を蔽っているのであって、東宝事業全体を冷静に批判、経営者側従業員各〔々〕の深い理解を以て危機を乗り切ることが必要である」と「力説」する(「中央経営協議会議事録」一九四八年第一回　一月一二日　二～三頁)。その上で、新たな重役人事の紹介と職区制の廃止=部課長制の復活を中心とした機構改革について説明するが、組合が機構改革は組合の同意を要する事項であると反発したために、会社はそれを受け入れ「本日正式に組合に申し入れるものである」(同四頁)と訂正し、他方、組合は一月分の給与と寒冷地手当の支払いを要求する。が、肝心の協約改訂については会社は「馬淵取締役の中労委正式辞任をみるまでは、交渉を進めることができないから〔一月〕二〇日から交渉を開始したい」(同五頁)と述べ、組合もそれを了承した。明らかに馬淵待ちの状況が看取されよう。

なお、同じ一二日、日映演との経営協議会に続いて開催された全映演との経協において、全映演が「東宝の危機」についての「新社長のポリシー」に関連して、「経営の合理化は人員整理の已むなきに至るのではないか」と質したのに答えて、渡辺は「会社は当面経営合理化で進むがそれ以上の方針は未定である」と、人員整理に関しては「未定」と述べるにとどまった(「中央経営協議会議事録」(対全映演)一九四八年第一回　一月一二日　六頁)が、日映演との一月二〇日の一月分給与の交渉においては、十二月分と同額の支給を求める組合に対し、「剰員を不用意にインフレの街に出すことができるなら別であるが、乏しきを分かちあうためにはこれ以上出せない」と応答し、これに組合が「社長の言葉は、現在の給与をあげるためには人員整理をしなければならないという意味か」と質したのに答えて、「生産復興で解決するのが最上であるが、事を急ぐならそういうことになるという意味である」とはじめて人員整理に言及したことは、留意すべきであろう(「中央経営協議会議事録」(対日映演)第三回　一月二〇日　三〜四頁)。

馬淵威雄の着任が遅れるなか、会社は、新協約締結までは現行協約の有効性を確認せよとの組合の要求に対して、「会社は法理上昭和二二年一月一日に結ばれた団体協約は同年十二月三一日で期間満了となり、昭和二三年一月一日からは団体協約は存在しないものと解している。しかしながら会社と組合との関係と(=を)円満に持続するために、昭和二三年二月二九日までは従来の団体協約書を有効なものとして適用し、併せて同日までに新団体協約締結のため努力する考えである。」(「回答書」(一九四八年一月)二三日付け)と応答し、現行協約の有効期限を二月末日までに区切る。そして二月に着任した馬淵威雄主導のもとに作成された会社の協約改訂案が組合に提示されたのは、それから一ヵ月後の二月二三日であった。この間、一月に組合は、改めて組合の協約改訂案を会社に提出するが、その最大の特徴はそれまでの経営協議会や企画審議会、製作協議会、技術協議会を統合した生産復興会議の設置を求めたことである。すなわち「映画、演劇の生産復興並びに事業の民主化のための具体的な政策を樹て、これを実現するために組合が会社の経営に参画する日常的な機関として会社と組合との間に生産復興会議を設ける。生産復興会議は各部別及び中央に設け細則は別にきめる。」(東宝株式会社・日本映画演劇労働組合「団体協約書(案)」第八章第三一条　一九四八年一月(日付なし)七〜八頁)というのである。これが前章で検討した生産復興会議や拡大企画審議会での議論を踏まえたものであることは、改めて指摘するまでもないであろう。しかしこの組合の協約改訂案は会社との協議の場においては直接取り上げられることはなく、馬淵作成の会社案がもっぱら協議の対象として議論に付される。

このように漸《よう》くにして協約改訂案の審議が、組合への提示翌日の二月二四日から二六日までの三日間、集中的に「三者会談」としてはじまる。冒頭「過去数十年労働立法を研究し、内外の協約を研究した結果、日本の現状は行き過ぎている」との社長による「立案の趣旨」の説明の後、馬淵労務担当重役が協約案の主要改訂点を説明した上で、「以上を要約すれば」として、「行き過ぎを是正して経営権人事権を確立」することである、と改訂の眼目が経営権・人事権の確立にあることを明言する（「中央経営協議会議事録」第九回第一日　一九四八年二月二四日　六〜七頁）。会社の協約改訂の意図を、文字通りあからさまに述べたものとして注目に値するが、それが当時台頭しつつあった労働組合法の改訂の動きとあいまって、戦後直後労働組合によって大幅に蚕食《さんしょく》された経営権を取り戻そうとする、日本企業の経営サイドの動きと連動するものであったことは看過してはならない。

しかも改訂案は、その最大の眼目である経営権・人事権の確立に加えて、組合員の範囲の縮小など経営側の懸案事項も盛り込まれたものであった。以下、主要な争点について検討しておこう。まず第一に、組合員の範囲については、それまで特定部署の部長を除き部課長までを組合員としていたものを、改訂協約では部課長については部署に関係なくすべて非組合員として組合員の範囲から外すというものであり、会社は「何人かの人の長となり責任ある地位にある者が組合員であるということは今度はやめようというのがねらいだ」（同　第二日　二月二五日　馬淵威雄発言　一六頁）と説明する。これに対して、全映演は「部長はいいが」「課長以上全部ということには反対である。」「我社では課長級が組合の指導者である。」また日映演は「組合の危惧するのは〈組合は〉未だ〈発展の〉過程にあるのであって、放送局が好例だ」として、各々抵抗するが、「会社の地位と組合運動の指導者が何時までも一緒だということはおかしい。理想を言えば下から指導者が出て来て欲しい。」「課長会議で二刀を扱うのは本人が困るのではないか。」（馬淵発言　同一七頁）として譲る気配をみせず、結局部課長以上を非組合員とする改訂案は最後まで変更されないままであった。またそれまで組合員の範囲に入っていたプロデューサーと「人事労務」の課員さらに電話交換手など「特定の業務に従事する」者などもまた組合員範囲から外すということについても議論となったが、組合の反対を前に議論を持ち越すことになった。さらに俳優や監督を中心とする「契約者」については、別組織をつくらせ日映演から外したいというのが、会社側の提案であり、そこには彼ら職能集団は本来「職能別組合」に組織されるべきだとする馬淵威雄の考え方が投影していた。日映演はこれに対し、「今は〔組合員に〕働く意欲がわいて来ている。現段階では余計な摩擦を起すクラフトユニオンの思想を否定したい」（同二二頁）と反対し、決着はつかなかった。

　第二は、人事権であるが、その焦点である組合員の「解雇」について「前協約にも最后《ママ》の人事権は会社にあるとなっているが〔解雇に〕組合の承認が要るというのは解雇については組合に人事権があるということになる」（同二月二六日第三日　馬淵発言　二九頁）とする会社に対して、「要は会社に悪用されるということである」（日映演）「組合は不当な馘首を心配」（全映演）していると、いずれも組合の同意は必要ないとする改訂案に反対の意思を表明するものの、会社は「解雇権を組合に渡せば会社の職場規律の徹底はできない」（馬淵発言　同）として譲ることはなく、日映演の主張した「拒否権」について会社が再考することでひとまず議論は次の問題に進む。第三は、経営権に直接かかわる「経営協議会」の位置づけについてである。会社は「今までの日本の経営は東宝その他で行われていた様に最下部から一々相談してやった。」「会社の主脳部の意見が又段階を追って行くというため経営者の意思の伝達が遅く《ママ》れた。それが産業民主化の名において行われた。東宝も然り。それも経営者側の責任もあったが。労働者の発言権が全然無くてもうまくゆく筈がない。それを処理するために経協は必要。それで従来のものより違った経協を考えた」（馬淵発言　同三三頁）として、協議事項のほかに「諮問事項」「報告事項」なる項目を新たに起こし、「協議事項は対等、諮問は御意見があればという程度」と、経協の必要性を認めた上で経営事項にグレードをつけて、組合の発言権を事項毎に限定したのが特徴的である。この問題に関する社長を含む会社側と両組合との応答は、その各々の労使関係思想を物語って興味深い。

日映演「積極的の意図を述べる機会は？　経営権の侵害というのか？」

社長　「経営権の侵害と言ふのではないが、こういう事は従業員として組織の一員としてやるということ。」
日映演　「経営の民主化で明るくなった面は考えなかったか。」
社長　「私が就任してからも経営者だけでやってよろし思う事項を一々経協に掛けねばならなくて困った。」
日映演　「それは労資がある限り課長一人決めるにも何十人かの人が下にいる。だから組合の意見を聞く必要があると思う。」
社長　「それはやるべきである。しかし組合がやるのはおかしい。」
馬淵　「ジョイント・マネジメントの思想は私には考えられない。経協の名においてそれが行われることは賛成しない。建前として〔組合が〕経営に参加することはおかしい。」
全映演　「経営権としては確立すべきだと思う。経営の仕方が悪いかどうかは労働条件に響く。それで発言したい。」
日映演　「ジョイント・マネジメントはねらっていない。」
馬淵　「経営は経営技術である。労組はその点訓練もされていないし、そういう人に一々相談してゆけるかどうかということ。も一つは労組がそういうものに入ってゆくことが…。日本の組合がこれから主体性によってどんどん展《ママ》びてゆくことはいいが、使う者が経営をしてゆくことは正しいと思う。」
社長　「従業員として意見を出すことは結構。」
日映演　「意見を聞く気持はあるか。」
社長　「ある」
日映演　「その気持があれば同様ではないか。」
社長　「世間でも社長は八九割は組合との折衝に疲れている。田辺氏も然り。時間的に渋滞を来す。会社の首脳部は実に多忙。経営は会社側にまかしておいた方が能率はあがる。」
全映演　「経営権・人事権はハッキリ認める。その前提で生産復興などは経協を通じて出さしてくれというのだ。」

馬淵「相当重大な意見は言論の自由。それは傾聴する。しかし会社の首脳部の執行の手続として組合に諮からねばならぬというのは困る。例へば経協で集中排除について意見を出すことはよろしい。それを排除することは絶対にない。〔しかし〕それを〔協約に〕書けと言えば一々諮からねばならない。それは御免蒙りたいというのだ。」

社長「インフレ時代には六千人の人が生きることが第一。それの心配はやっている。そのこと〔に関して〕はよく〔意見は〕きく。〔しかし〕協議しなければならないということでは経営できない。」

日映演「前協約の第三十三条〔会社は事業の縮小、事業場閉鎖その他組合員の身分に重大な影響を及ぼす経営上の改変を行おうとする場合は、予め組合に通知して、両者協議の上で善後策をたてる。〕が抜けていることに疑惑を感ずる。」

馬淵「私は組合は労働条件の改善だけをすればよいという考へ方だと経協は要らなくなる。しかし日本の現段階ではそれではすまない。経営の民主化とか産業の復興に進まねばならないが、そこまでゆくと経営の面からも組合の面からも駄目であると思う。」

社長「私は協約の中に協議する事項としてそれを入れることは反対。大体米国の貿易使節が日本の協約を見て驚いた位い《ママ》。」

馬淵「下部組織を整理して部門協議会以下は設けない。そして会議を少なくしたい思想。組合と触れ合う場面は経協でやればよい。それで話が複雑になれば帰って組合の内部で相談し会社も内部で話合って、又経協で触れ合う。それだから経協は一〔つ〕でよいと思う。しかし事業の特殊性から各部門に一〔つ〕は下部組織があって然るべきと思う。」（同三三三～三三六頁）

以上の議論の要点は、二つある。一つは、同じく組合の発言＝関与する事項を限定しようという経営側にあっても、社長と馬淵との間には意見の相違が存在するということである。社長は、「経営は会社側にまかしておいた方が能率はあがる。」いちいち組合と「協議しなければならないということでは経営できない」というように、組合との協議はできるだけ排除したいという経営専断的な考え方が強いのに対し、馬淵は「ジョイント・マネジメントの思想」はむろん否定するものの、「労働者の発言権が全然無くてもうまくゆく筈がない。」「それを処理するために経協は必要」であるが、しかし、だからといってすべての経営事項について「執行の手続として組合に諮からねばならぬというのは困る。」というごとく、行き過ぎを是正して一定の限定を設けたいというのである。馬淵は、経協を認めた上で経営事項でも内容によっては組合の意見を聞いたほうが、労務管理上経営にとって有用であるという、合理主義的な観点に立っているといえよう。

いま一つは、これに対する組合の対応において、日映演と全映演との間に微妙なちがいがあるということである。会社の「経営権・人事権はハッキリ認める。その前提で生産復興などは経協を通じて出さしてくれ」あるいは「経営の仕方が悪いかどうかは労働条件に響く〔。〕それで発言したい」というのが全映演の立場であり、経協での協議事項について会社提案よりはやや踏み込んだ経営項目を要求している。この全映演に対して日映演の側は「ジョイント・マネジメントはねらってはいない」が、これまでどおり人事権はむろんのこと、事業の縮小などできるだけ多くの経営事項について、組合と協議し決定するという方向を確定したいという意図が認められる。経営側に相違がみられるのと同じように、両組合にも基本スタンスにちがいが認められる。が、そのちがいはこの段階では充分明らかではない。しかし、この後の三月四日と五日の両日、同じく三者会談としてもたれた協約交渉においてそのちがいがはっきりと顕在化し、それだけに日映演と会社との対立は深まることとなる。

全映演　「現在の企業は資本と労働とのためにうまく運用されなければならない。フィフティ・フィフティの関係でゆかねばならない。しかし経営は一〔いつ〕に労働者が参加するわけにはいかんので運営を資本家に委《ママ》すわけ。この代りに罷業権をもっている。うまく運営されているためには労働者の意見がよく反映されていなければならない。それで経営協議会は一切の経営が反映さるべきであるが、一切というわけには実際いかん。強弱が問題となる。資本家にまかしきりでは御用組合である。あらゆる点に発言の機会をみつけたい。問題は運営の如何にある。精神さえ割り切ればあとは文章だけの問題。以上経営権に対する見所《ママ》である。そういう意味で経協を団体交渉権の行使の機関とのみ考えておれば是正してもらいたい。その点で〔経協出席〕費用も〔労使各々〕半分半分もつということはおかしい。人事権については会社の言うことはわかる。〔しかし〕解雇はその労働者にとって労働権の喪失である。それで事前に組合の承認を得ることにしてくれ。要は敗戦の混乱から日本経済・日本文化を平和的手段により再建を図る上に資本家のモラルにのみ任せきるという事は不安であり、危険である。企業の民主化といい、生産復興といい真に労資対等性の下に相携へて始めて行へると思ふ。」

会社「日映演の意見は?」

日映演「資本主義下に経営権が資本家にあることは認める。しかし生産復興をやっているのは労働者である。どの点まで経営に参加できるかが問題。この点会社案は充たされていない。」

日映演「安心して働きたい。納得してゆきたい。納得するためには従来の経協の線がいい。」

馬淵「私は労働者の協力で〔=が〕なければならぬと思うが労働者の経営でやってゆくということはだめと思う。」

日映演「それはその通りだ。」

全映演「日映演と全映演とは違へていない。考へ方の上の深さだけの問題。ただわれわれは会社の経営を不可能にするまで経営に参加するのではない。」

日映演「それは同様である。」

社長「理屈を言っても仕方がない。撮影所の経営参加というのはびっくりした。プロデューサーも監督も俳優もみんな組合に入っている。こういう人は契約者である。普通の組合員と違う。どこまで経営に参加するということは、今度の機構人事異動でも大変遅くなった。やはり経営のことは経営者にまかしてもらいたい。」
日映演　「〔映画の〕撮影は総合的労働の所産である。」
社長　「企業決定と実行では違うことはわかる。」
馬淵　「会社は人事権についてそんな専断をやるつもりはない。少くとも会社の企業が成り立つためには労働者の輿望に応える人事をしなければならない。建前としてはそれについて不平不満があれば言ってくれということが率直に書いてある。問題はそういう時に事前に組合に相談せんかと言ふことであるが、それをやっていると甲論乙ばくになるから個々の人事はまかしてくれというのである。個々の人事を組合に諮からねばならないとすると根本的にわれわれの意見と違う。それが民主的だというなら反対。」
日映演　「経協は協議機関と考えている。協議機関として〔発言を〕大幅に認めてくれ。」
馬淵　「経営を〔＝は〕労働者の発言がなければならない。〔しかし〕フィフティ・フィフティで共同管理するという考えは承服出来ない。」
日映演　「率直に言って前の協約でどうしていかんか。」
馬淵　「前の協約は大沢さんの名作であるが、率直に言って行き過ぎている。ちょうど改訂期が来ているから変えるわけ。」
馬淵　「今の協約だと表面は会社に最後的権限があると書いてあるが、組合が強ければそれに押される。そういう組合の参加は間違いで有害であるという考〔え〕方である。しかし止め放しでなく不首尾は人事処理委員会でやってくれと言うのである。」
社長　「私は根本的に労働協約は使用者被使用者の間に結ばれるものと思う。使用者が独断でやれなければ組織は動かない。経営者に委かして貰はねば早々《ママ》やれない。」
日映演　「悪い社長が悪い人事を独断すれば会社は潰ぶれる。われわれは企業を守り生産復興してゆくつもりだ。」

社長「社長にしても重役にしても勝手にはやらない。部課長にかけ重役会議にかける。」

日映演「社長の言葉によると組合は何の為にあるか。」

馬渕「同意を得るということは相談するということである。それを一々組合に相談するということは反対。しかし不平不満があればその調整機関として予め組合に通知する。それに意見があれば取上げる。何か会社の人事に組合がタッチしなければ東宝の経営がうまくゆかぬというのはおかしい。」

全映演「全映演は経営権人事権は文章だけの問題である。馬渕担任の考へ方はわれわれの考へ方にだいぶ接近してゐる。だが問題は社長の考へ方との差である。」

全映演「会社は従来組合がゆきすぎ云々と二言目にはいふが、吾々は実際処理の面に於て何等行きすぎた行為は絶対に行ってゐない。他の一、二の例を以て全般的に抑制されるようなあり方は迷惑であり、反対する。従来の人事権の表現で不都合はないと考へる。」

全映演「決定するまでは解雇しないでくれ。」

会社「経営権と人事権を整理する。」

馬渕「会社としては、個々の人事について組合に諮る意思はない。『通知する』ということでゆく。但し組合から異議の申立があれば一応機関にかけて労働者の不安を除く。解雇権は組合に承認を与えることは考えていない。しかし組合の諒解は求める必要があるのでそれをうたった。それを又改める考えはない。但し第二組合が言ふ両方が納得できないときにもう一つのほうほう《ママ》はないかということについては再考する。しかしあくまで承認権を組合に与える意思は今のところない。」

全映演「争議する力がなければ泣き寝入りか。」

社長「その通りだ。」

会社「人事権については会社で表現を考えて明日文書で出す。」

〔中略〕
日映演　「〔解雇規定において会社と組合が〕『止むを得ざる事由に〔基づく解雇と認めたとき〕』とは。」
馬淵　「いろいろの事由で工場閉鎖をしなければならないときはその事由と人数を組合にかけてその承認を求め、その個々の解雇は会社がやるということ。」
馬淵　「団協の有効期限を三月一杯に延長することにする。」
（「中央経営協議会議事録」第一〇回第二日　一九四八年三月五日　一三〜二〇頁）

ここでの議論においても、第一に、社長は「やはり経営のことは経営者にまかしてもらいたい」「使用者が独断でやらなければ組織は動かない」というように、専断的経営スタイルを志向して組合を排除する立場を堅持し、馬淵は、経営に対して「労働者の発言がなければならない」けれど、会社を「共同管理するという考えは承服できない」として組合の発言を一定の事項に限定したいという意図を同じく堅持しているという点では、前回までの議論と変わりはない。ただ注目すべきは、馬淵が「今の協約だと表面は会社に最後的権限があると書いてあるが組合が強ければそれに押される。そういう組合の参加は間違いで有害である」と協約上の文言とその実際の運用との乖離――「強い」組合による協約の形骸化の可能性を鋭く突き、日映演による経営参加の実態はそのようになっているではないか、そのような「組合の参加は間違いで有害」だとはっきりと否定していることである。強靭な組合による経営権の事実上の蚕食を、協約上できないようにするのが馬淵の意図であった[17]。第二に、これに対して日映演は「経営権が資本家にあることは認める」けれど「生産復興をやっているのは労働者である」から、その発言は「大幅に認めてくれ」「従来の経協の線がいい」という基本的スタンスを崩していないが、全映演のほうは、経協に労働者の意見が「反映さるべきであるが一切というわけに〔は〕実際いかん」し「人事権については会社の言うことはわかる」けれど、解雇については「事前に組合の承認」がほしいと発言事項を限定しており、両者のちがいがはっきりと顕在化する。しかも全映演が、「社長の考へ方との差」は「問題」であるものの「馬淵担任の考へ方はわれわれの考へ方に大分接近してゐる」と、事実上馬淵のラインを認める意向を明らかにしたことは重要である。それは、馬淵が全映演の「考え方」に「接近して」きたからではなく、逆に全映演が馬淵に近寄っていった結果なのであるが、社長が口頭で何をいおうと、協約が馬淵のラインで起草されている以上、全映演がそれを受け容れる意思があることを事実において表明したことは、あくまでも馬淵案に反対している日映演との間で溝が大きく拡がったことを意味するものであった。こうして協約改訂の三者会談は、全映演の会社案への歩み寄りによって日映演が孤立するかたちになり、成り立たなくなる。

その間、会社は、二月二三日に受けた過度経済力集中排除法の指定について、他社がそれを拒否ないし最小限に限定しようとして動いたのに対し、東宝だけはそれを受け入れ、製作・配給・興行各部門の分離を画策するとともに、日映演が国鉄労組との提携のもと製作準備に入っていた『炎の男』（製作伊藤武郎　脚本衣笠貞之助・楠田清　演出楠田清）の製作を中止するように命令して、組合に対する攻撃的姿勢を一層鮮明にしていく[18]。これに対し、撮影所分会は三月一〇日臨時総会を開催し、「団体協約改悪絶対反対、渡辺社長以下全重役の即時退陣、『炎の男』の製作即刻開始、不当なる企業整備反対（＝集中排除法による企業分割反対）」などの決議を採択し、新たな経営陣との対決姿勢をはっきりと打ち出す（日映演東宝撮影所分会臨時総会「決議文」一九四八年三月一〇日）。三月一九日に開かれた会社と日映演との経営協議会は、この集中排除法の適用と『炎の男』の問題をめぐり激論となり、協約改訂交渉も行き詰る。そして三月二三日、東宝分会連合会大会は改めて右の撮影所決議を会社への要求項目として採択し、三月二五日の最後の協約改訂交渉の席上それを会社に突きつけるものの、社長に一蹴され、結局協約改訂交渉は決裂するに至る[19]（前掲、宮島義勇　二五一～二五二頁）。

そしてこの交渉決裂時の応酬における次のような伊藤武郎の発言をとらえて会社は、四月一日以降は、無協約状態であるとの態度を堅持することになる。

浅田「中〔央経〕協はこれで打ち切るか。」

伊藤「現行団〔体〕協〔約〕なくして紛争状態にするか。」
浅田「四月一日から無条約《ママ》にするか。」
馬淵「今日お互いに破棄することは考えないから…。」
関口〔会社労務〕「中央本部との手続に〔移行〕したらどうか。」
浅田「これから山猫〔スト〕があっても責任はない。」

休憩

浅田「中協は本件については打切りか。」
馬淵「然り。」
伊藤「今月一杯は団協以外は必要があれば中協を開催する。無効になれば団体交渉でゆく。」
伊藤委員長　団体協約は組合案を含むこと、社長以下全重役の退陣、その他四ヶ条の要求を含む要求書朗読。これに対し社長は全面的に拒否した。最後に次の応酬があった。
馬淵「中央調整委員会をもつか。」
伊藤「中協はこれで打切り、あとは団体交渉でやるということである。」
（東宝株式会社労務部「日映演との団体協約効力問題に関する会社側の見解並びに交渉経過」一九四八年五月二五日　七～八頁に「転記」された三月二五日の「中央経営協議会議事録」による）

伊藤武郎は会社の態度に対する怒りもあって、「今月一杯は団協以外は必要があれば中協を開催する。無効になれば団体交渉でゆく」と述べるが、それは彼の勇み足であった。現行協約によれば、中央経営協議会で問題が解決できない場合は、日映演本部と会社とで調整委員会を開催してその処理を図るという選択肢があるのであって、それまでも多くはないが、賃金交渉でデッドロックに乗り上げた際には、会社と日映演本部による調整委員会に移行して交渉が再開され、問題を処理したことがあった。したがって馬淵が「中央調整委員会をもつか」とわざわざ問うたのであるが、これに対して、伊藤は「中協はこれで打切り、あとは団体交渉でやるということである」と応答して調整委員会の開催を否定してしまった。調整委員会での交渉は、それが続けられる限り現行協約の有効性が持続することを意味するにもかかわらず、その開催を否定して「団体交渉」への移行を宣言したために、結果として四月以降の無協約状態を組合自ら認めたかたちになってしまったのである。[20] その後、組合はこのことに気づいて調整委員会の開催を会社に強く求め、有効期限ぎりぎりの三月三一日に調整委員会が開かれる。そこでの応酬は次のようなものであった。

調整委員「協約の効力を延ばして交渉はできないか。」
馬淵「私達としては新協約を持ちたいとは思っている。何か斡旋して貰えるなら願いたいがそこに非常に深い溝があるので、当分の内結べるとは思わない。協約が明日から切れるが喧嘩を売る気持はない。見透しとしては、これ以上交渉しても何も得られないと思うので率直に見込みはないと思う。希望がなければ明日から無条約にしたい。何故ならば前協約は一日も避けたい。大変つけんどんだが。」
調整委員「新協約ができるまでは有効という解釈でゆきたい。」
関口「纏まらないときは当然延びるとは言えない。」
馬淵「ここ数日中に纏まるとは思わない。」
調整委員「そう思っていても努力の結果、いい結果が生まれるかも知れないから。」
馬淵「明日からの協約の効力問題は、話を続けるにしても、前協約を破棄したいのは強い念願であるので、私個人としては前の協約がいいと思わないので、破棄の状態で斡旋に応ずべきか、否かは社長に話をする。」
（同八〜九頁に掲載された三月三一日付「調整委員会議事録」による）

ここでは、協議の続行によって現行協約の延長を求める本部調整委員に対し、「これ以上交渉しても何も得られない」ので協議は打ち切り、「前協約を破棄したい」とする馬淵が対立しているものの、その最終的判断は社長に預けるかたちとなっている。が、その後同じ日に、組合が伊藤武郎日映演委員長名で会社に提出した、集中排除法に基づく企業再編計画等三項目についての協議を「現行団体協約中の中央経営協議会の形態に於て行う」ように求めた組合の「申入れ」（日映演中央委員長伊藤武郎　東宝株式会社社長渡辺銕蔵宛て「申入書」一九四八年三月三一日）に対し、会社は、四月二日「集中排除法に基く企業再編計画に関しては必要のある場合には貴組合の意見も充分聴取の上善処したい」としたものの、「貴組合との間に取り交わして居りました労働協約は三月三一日限りにて一応は破棄されたことになると思います、従って今後貴組合との交渉は必要に応じその都度交渉委員その他を打合せ可及的少数者を以て円満なる交渉をいたしその成果を上げて行きたいと思って居ります。」（東宝社長渡辺銕蔵　日映演委員長伊藤武郎宛て「回答書」一九四八年四月二日）と三月三一日をもって旧労働協約は破棄され、以降は無協約状態になったことを通告した。以後、組合からの協約の有効確認を求める「申入れ」に対して会社は応答することなく、ここに最終的に協約改訂交渉は決裂し、無協約状態に入ったのである。

以上のような経緯によって、労働協約の改訂をめぐる三者交渉は、全映演の側が新協約を認めてその締結を受諾し、日映演のほうはそれを拒否して不調に終わることになった。協約改訂交渉の決裂は、会社と日映演の主張の隔たりが埋められることなくむしろ拡がっていった結果ではあったが、経営側をして強硬姿勢に拍車をかけさせた重要な要因が、小林一三の田邊会長に対するほとんど最後通牒ともいうべき通告であったことは留意する必要がある。協約改訂交渉が妥結の方向を見出すことのないままに続いていることを知った小林は、三月一二日の日記に次のように記している。

東京から松根宗一君来訪、昼食後三時ごろ帰られた。松根君の報告にもあったが東宝改革のスローモーションでは駄目だと思ふ。毎月壱千万円から弐千万円近くまで赤字を計上しつつ、改革猛進を断行せざる場合には、又、半期五、六千万円の赤字を計上せざるを得ないことになると、結局、田邊、渡辺の東宝内閣は追出されるにきまってゐると思ふ。私はいよいよ最後的の意味で長い手紙を宗英、加多丸両氏に書いた。明夜行にて節郎君を特使として東上せしめることに決心した。私が注告もこれが最後だ、この手紙によっても何等積極的行動に急展せざるものとせば、万事休すだ。私は黙って居って只只成行に委かすのみである（小林一三　一九九一〔一九四八年〕三月一二日　五八七頁）。

小林の「最後」の「長い手紙」「最後」の「注告」が、田邊会長を通して少なくとも三月半ば過ぎには新経営陣に届いたであろうこと、そこには組合を動かしている共産党の排除に向け大胆なアクションを起こすことを求めた小林の強硬な主張が述べられていたであろうことは、想像にかたくない。日映演との間でもたれた三月一九日の経営協議会が労使の激論に終わったのは、小林のこの「最後」の「注告」に強く背中を押されて、経営陣がはっきりと「東宝改革」に舵を切ったことを示すものにほかならず、四月に発表される人員整理はその具体的なあらわれであった。なお、協約改訂交渉が行き詰りつつあるこの三月、山本嘉次郎、黒澤明、谷口千吉、本木荘二郎（プロデューサー）の師弟たちは映画芸術協会を設立して、会社との間に一定の距離を置く姿勢をみせる（これには後に成瀬巳喜男、松山崇、田中友幸（プロデューサー）が加わる）。

日映演と会社との協約改訂交渉が決裂した後、独自に会社と交渉を進めていた全映演は、一九四八年四月一日、会社との間で新労働協約を締結する。その主要な内容は、（一）組合員範囲から「部課長並びに相当格以上」「製作者〔＝プロデューサー〕」「Aホーム契約者〔＝演出、俳優、技術者等〕」等を除き（第八条）（二）組合は、「会社の経営がすべて甲〔＝会社〕の責任において行われることを認める。従って甲は、映画演劇の企画・製作・配給及び興行の一切の運営を甲の権限において行う」（第二一条）と作品企画についての組合の発言を封じ、（三）また人事権については「甲は、従業員雇入・異動・任免及び解雇に関する一切の人事の最後的権限を有する。」（第二二条）「組合員の個々の人事のうち雇入・異動・任免に関しては」「甲の責任において行う。」「但し、解雇に関しては第二五条による。」（第二三条）（四）「甲は」「賞罰規定により解雇するとき」「甲、乙〔＝組合〕協議によって止むを得

表4－13　組合の実勢分布（1948年4月　単位：人）

日映演	（撮影所・本社・営業部営業関係）	4,000
全映演	（営業部配給関係　第2組合）	800
	（新東宝　第3組合）	650
東宝演劇従組	（第4組合）	800
計		6,250

出所）労働省（1948）430頁を一部修正

ざる事由に基く解雇と認めたとき」等による以外は「従業員を解雇しない」（第二五条）と会社の人事権の発動の基本的な自由を認め、（五）さらに「経営協議会」については、その「協議事項」は「組合員の従業条件に関する諸規定の制定改廃」「労働条件、給与条件に関すること」等、「諮問事項」は「事業運営の基本方針に関すること」等、「報告事項」は「予算、決算の報告」等（第三四条）と組合との「協議」事項を労働条件だけに限定し、他は「諮問」ないし「報告」事項としてその発言権を大幅に制限するなど、馬淵による協約改訂の基本方針が貫かれ、日映演にとってはとうてい受容できる内容ではなかった（東宝株式会社社長渡辺銕蔵、全映演東宝支部委員長藤原勝也・交渉委員代表片柳育三『労働協約書』一九四八年四月一日）。

この東宝における旧労働協約の破棄と新協約の締結は、敗戦後産別会議主導のもとに展開された組合による経営権の蚕食運動と、敗戦を契機に噴出した労働者の、企業を構成する生産主体としての職員との対等処遇の要求＝平等主義的志向に基づく経営への参画要求とを実体化した労働協約が、占領政策の転換と企業経営の再建を背景に経営側による経営権の奪還要求によって変えられていく一九四九年～五〇年にかけての、わが国の協約改訂交渉（藤田若雄　一九五三　第三章第三節、藤田若雄　一九六三　第二編第二章）の先駆けをなすものであった。

協約交渉が不調に終わった三月三一日、日映演演劇分会の一部組合員は、組合が「今回団体協約交渉の決裂の際における要求書において、その左翼万能主義の全貌を露呈するに至った。ここにおいてわれわれは遂に意を決し、日映演労働組合を脱退」する、との「脱退声明書」を発表して、新たに「東宝演劇従業員組合」を結成する。東宝第四組合の誕生であった。もともと宝塚系出身者の多い演劇部は、日映演の組合運営に不満を募らせていたが、総務課長米本正が画策してつくらせた「東宝再建同志会」に同調して、二月一七日の演劇分会臨時総会において日映演系役員を全員落選させ、「再建同志会」の推す役員に改選させていた。[21] そうした反日映演の動きが演劇部や本社にはっきりと顕在化したのも、それまでは名古屋での組合分裂に象徴されるように、日映演から離れても協約上その身分が不安定になることが明白であったために分裂に踏み切れずにいたものが、新経営陣の登場と協約改訂交渉の決裂とを契機として日映演の影響力の低下を看て取ったからであった。この結果、東宝の組合勢力はおよそ表4－13のような構成となった。

四月二日、既述のごとく会社は組合に対し三月末をもって旧労働協約の有効期限は切れ、無協約状態に入ったと通告した後、四月八日撮影所従業員二七〇名の解雇を発表するに至る。それは、東宝最大の争議である第三次争議の幕開けを告げるベルにほかならなかった。

第五章　第三次争議

第一節　時期区分

⑴争議の発生

一九四八年三月二八日、東宝での労働協約改訂交渉の決裂を受けて、日映演本部は緊急執行部会議を開き中央闘争委員会を組織する。三月三一日に組合が会社に対し調整委員会の開催を求めたのも、この中闘委の決定によるものであった。既述のように日映演は旧協約を無効とする四月二日付会社回答を不満として、四月五日会社の「四月二日付回答書」に対し「労働協約に関しては当組合は新労働協約の締結まで現協約は有効と思ひます」との「申入書」（日映演中央委員長伊藤武郎　東宝社長渡辺銕蔵宛て「申入書」一九四八年四月五日）を提出し、再度の調整委員会の開催を要求するが、会社はそれに応ぜず、三月三一日をもって旧協約は失効したとの立場を堅持する。三月三一日の演劇部の分裂とおよそ八五〇名を糾合したその演劇従業員組合（第四組合）の結成は、組合に大きな打撃を与え、しかもその動きは次第に本社、営業部さらに地方支社にも波及しはじめる。こうした会社と組合との緊張の高まりを前に、会社が人員整理を発表する直前の四月七日、ラインの管理者であり、映画製作の責任主体でもあるマネジメント・スタッフは「撮影所の健全再興に関する具申書」と題する撮影所再建策を発表し、会社に提出する。

それによれば、撮影所が「何故に、今日の如き苦境に陥ったか、」その「原因」は、第一に、「昨年下半期に於ける製作計画の混乱」であり、「女優」「面影」「わが愛は山の彼方に」等の「製作費の著しい膨張は凡て、此処に起因する」ものであって、「此点については撮影所マネジメント・スタッフの責任は免れ難い」こと、第二に、「昨年年初以来、対組合関係に於て」「田辺元社長以下関係当事者の努力は誠に絶大なものであったが、結果的には必ずしも効果を挙げ得なかった」ことであり、それは「日映演が組合としての成長が未熟であった事、旧団体協約の不備等による」ものであるが、そのため「職能的専門性を充分に発揮出来ない結果を招致し、結局、作業能率を充分に挙げ得なかった事は、争ふ可からざるところである」こと、そして第三に、「新東宝の分離」であり、これは「製作の実際問題としても、又経理的に言っても、実に大きな損害」であって、「特に後者の損害は、予想以上のものがある」こと、であった(撮影所マネジメント・スタッフ「撮影所の健全再興に関する具申書—撮影所危局に際して—」一九四八年四月七日　一～二頁)。すなわち彼らは、映画製作の計画・進行面における不手際についての自己批判を踏まえて、新東宝の分離とともに旧労働協約に支えられた組合の「未熟」＝硬直的な対応を危機招来の要因として批判する。この認識の上に、危機打開策として、(一)「製作コスト特に直接費を切下げることなくして、質的なレベルを保つのみならず、一層之を向上して観客動員数を増大する方法」と(二)「多少の質的低下を忍んでも、量的増大を計り、之によって総体的に動員数を増す方法」の「二つの方法が考へられる」が、前者の方法は「会社経理の現状を以ってしては、どうしても、人員整理を行はなくては不可能」であり、後者のそれは「人員整理は行わなくても済むけれども暫くの間、多少の質的低下は免れ得ない」とする。

そして「理想的には勿論前者が正しい」が、しかし「事一度人員整理と言ふことになれば、あらゆる事情を超越して、組合員が一致団結」し、「最も好ましからざる事態を生ずるであらうことは想像するに難くない。」「先づ第一に起る現象は、芸術家の東宝からの離脱」であり、「これは如何にしても、止める事は出来」ず、「残るは、敢て必要としない—代替可能なる—人々のみとなる」が、しかし「撮影所は何と言っても、人と人との繋がりによって好い仕事の出来る所であり、就中、芸術家を中心とする、人間的コンビネーションこそ最も重要な要素である。若し一度之れが分散すれば、最早、東宝撮影所と言うものは、存在しなくなる。又、現場、技術者群にしても優秀なものは去り、低錬度の者のみ残ることになる。少なくとも我国映画界のトップ・ノッチャーたる東宝撮影所の技術は、斯くして失はれてしまう結果となる。即ち東宝映画は全面的崩壊の道をたどるに至る」（二〜三頁）ことは不可避だとする。

その上で、彼らはいう。「東宝映画が、日本映画の為に、如何に必要であり、大切であるか――之は今や全く言うを要しない。私達は、日本文化の健全なる発達を衷心より願ひ、その故に、日本映画の重要性を、深く認識するので、東宝映画の消滅は絶対に避けねばならないのである。」したがって「私達は、次善の策ではあるけれども、今日に於ては、整理を前提としない再建方策を採り度いと言う結論に達した。」「角を矯めて、牛を殺すの結果に終ることなき為には、甚だ微温的であり、抜本的な方法ではないけれども、借すに多少の時日を以って漸進的方法によって、経営合理化を期するの他なし、と考へる」（三〜四頁）と。以上を踏まえて具体的には一本「七五〇万円ベース」で「年産二八本」の製作本数を提案した上で、「私達は心から映画を愛し、東宝を愛し、この撮影所を死場所と考へている。この他に何等の私心はない。この点ご諒承の上、私達の案に対し、今一応のご検討を切に御願ひする次第である」（五頁）と述べている。

このマネジメント・スタッフの提案は、映画製作の責任を主体的に担ってきた者としての独自の危機意識によって貫かれている。それは、人員整理が強行されるならば、芸術家と有能な技術者の東宝からの離脱を招き、映画製作の要である「芸術家を中心とする人間的コンビネーション」を破壊することによって、東宝映画の「全面的崩壊」を来たすとする現実認識に依拠している。それゆえに彼らは「微温的」「漸進的」ではあるが、「多少の質的低下を忍んで」「量的増大」を図る年間二八本製作体制の樹立によって、人員整理を避け、現下の経営危機を乗り切ろうというのである。これは会社への政策提案であると同時に組合に対する呼びかけでもあった。そこには、映画製作の現場責任者として経営側に位置づけられながら、新経営陣には毫もみられない映画創造に対する熾烈な情熱

が張《みなぎ》っている。しかし会社は、この案を一蹴して翌四月八日、撮影所二七〇名の人員整理を組合に通告する。(1)

会社は当日、渡辺社長、馬淵労務担当重役、北岡撮影所長らが撮影所に赴き組合に対して解雇通告をしたものの、組合はその撤回を迫り、両者の話し合いはもの別れに終る。会社がその際提示した解雇基準は、以下のようなものであった。

① 老朽者（五五歳以上） ②不急不用の部門に属する者 ③契約者にして契約期間の満了した者 ④嘱託、臨時雇用者 ⑤病弱にして勤務に耐えない者 ⑥勤務成績不良者 ⑦従業員として職場規律を紊す者 ⑧技術技能不良の者 ⑨右各項に抵触しないが冗員整理上年齢その他を考慮し転職し易い年少者にして勤務年数の少ない者 ⑩技術者にして契約者とするを至当と認めた者 ⑪その他当該部門に於いて過剰人員で配置転換の困難な者

翌四月九日、山本嘉次郎、衣笠貞之助ら演出家、八住利雄ら脚本家、本木荘二郎らプロデューサー等芸術家会議代表が経営陣と面談し、マネジメント・スタッフの年間二八本案による撮影所再建策を支持して人員整理の撤回を求めるものの会社はこれを拒否する。これを受けて四月一〇日、組合は臨時大会を開き、三月に決めた四項目の要求を再確認するとともに「ストを含むあらゆる戦術で闘う」との闘争方針を決定した上で、四月一二日衣笠貞之助ら芸術家会議の代表とともに行なった会社との団体交渉において、再度マネ・スタ提案の二八本案をもとに解雇撤回を求めるが、会社はこれを再び拒否する。その間、組合は自らの判断で映画製作そのものは継続するとともに一三日には国会の文化委員会への要請活動を通して社会党文化部の協力などを取り付ける。(2) そして一五日、組合は同じく芸術家代表とともに三度び二八本案をもって解雇の撤回を会社に迫るものの、「時期的にみて到底二十八本案を以て整理案を引込める訳には行かぬ」（「本社通報・労務情報」第五号　一九四八年四月一五日）との会社の変わらぬ強硬な姿勢を前に、交渉は午後五時最終的に決裂する。この交渉中、撮影所現像部では『酔いどれ天使』（監督黒

澤明、主演　三船敏郎・志村喬）のプリント作成作業が行われており、組合はこのプリント問題に関連して三時間のストライキに入っていたが、会社との交渉の決裂を受けて分会臨時総会においてストライキを四時間延長し、その後七二時間ストに入ることを決議する。しかし同日深夜、長時間のストライキは「会社側の挑発に乗り、首切りだけではなく、〔会社が〕撮影所閉鎖にまで追い込んでくる理由になりかねない」（前掲、宮島義勇　二五八頁）とする日映演中央闘争委員会の中止要請を受け、分会は再度総会を開き七二時間スト決議を取り消し、「不服従闘争」と名づけた被解雇者を含む製作の続行および「横ばい戦術」と名づけた街頭宣伝を含む解雇の不当性の対外的アピール活動等の闘争方針を決定する。翌一六日会社は、記者会見を開き、撮影所の被馘首者二七〇名の氏名を公表するとともに彼らに対する解雇通知状を発送したのである。(3)

この人員整理に際して発表された社長声明は、この解雇がいかなる意図、どのような性格をもつものであるかを如実にあらわしている。すなわち人員整理は「会社の経営上起死回生のため止むを得ず行った大手術であ」り、「整理に当っては、会社の経営上最も欠損多く、または不急と認められる部門を廃止すると共に一般の原則により勤怠、能力、年齢等を勘案して淘汰したことは勿論であ」るが、「この他に会社側に対する極端な非協力者、反抗分子は此の際退職してもらうことにし」た。「是等の人々」は「労働組合を濫用して全従業員を率い、経理の乱脈と規律の頽廃を生ぜしめ、光輝ある東宝撮影所を今日の危殆に陥れ」、このため「撮影所は会社の莫大なる赤字の原因を成し、このままではやがて撮影所閉鎖の止むなき運命に立至り、東宝会社の存亡にもかかわる事にな」る。「この様な行動は明らかに、労働組合運動の正常なる限界を超えるものであ」り、「今回是等極端なる少数反抗分子を排除することに依り、多数の健全分子は敢然起って会社側に協力することと信じ」る。「諸君は今日、組合運動の名の下にあらゆる矯激なる戦術を用ひ、破壊と混乱に乗じて共産化の野望を遂げんとする人々に乗ぜられてはならない。」（東宝株式会社社長渡辺銕蔵「東宝撮影所人員整理に関する社長の声明」一九四八年四月　日付なし）というのである。いかにもイデオロギッシュなこの声明は、今回の解雇が経営危機を招来せしめた主犯としての「極端な少数反抗分子」「共産化の野望を遂げんとする人々」の駆逐にあることを隠すことなく言明したものとして留意に値する。

(2) 時期区分

以上のような経緯のもと東宝の第三次争議がはじまる。組合への解雇通告にはじまり、八月の東京地裁による撮影所の仮処分執行を間に挟み、十月の組合主要幹部二〇名の自発的な退職によって決着がつけられるまでのおよそ七ヵ月間、争議は多くの曲折を含んで展開するが、それを局面の転換を軸に時期区分するとすれば、大きく三つに分けることができよう。第一期は、組合が解雇に対して労働組合法違反のゆえをもってその救済を東京都労働委員会に申し立て、あるいは撮影所での業務継続等を求めて仮処分を東京地裁に申請するなど会社に先んじて法的行動を起こし、短期間での決着を企図しながら、その企図が撮影所閉鎖と賃金支払停止の会社通告によって崩され、長期闘争を決意するに至る五月末までの時期である。第二期は、その後組合の最も強固な基盤をなす撮影所において組合の闘争方針に反対する民主化クラブが結成され、強靭な組合の一角が崩れて連帯に亀裂が入るとともに、会社の申し立てによって東京地裁が撮影所に対し仮処分の執行を強行した八月一九日までの時期である。この「来なかったのは軍艦だけ」として知られる仮処分の執行は、都労委や裁判所の審尋過程では経営側に対し比較的優位に立っていたにもかかわらず、経済的な逼迫もあって次第に組合が追い詰められていく契機をなす。第三期は、その後の闘争の膠着状態を打破し、争議に決着をつけるべく会社との交渉において組合主要幹部が自ら会社提案による退社を決断して長期にわたる争議を終結させた十月一九日までの時期である。以下では、争議の特徴について、まず労使各々の主張・要求から浮かび上がってくる争点、次いで右の時期区分に即して労使各々がその要求達成のために採った選択行動＝戦術の二つに焦点をしぼって明らかにしよう。

第二節　争点

(1)組合要求と会社の対応

一九四八年四月一六日、会社による解雇通告書の組合員への発送を受けて組合は、それを開封せず自らが取りまとめて会社に突き返すことを決めるとともに、一九日、この解雇が「企業再建に名を藉り、日本映画演劇労働組合の本部、支部及び分会を含めて組合幹部、指導者を大量に包含した人員整理」であり、「組合の弱体化」を企図したものである（日映演東京支部東宝撮影所分会闘争委員長土屋精之　東京都労働委員会宛て「労働組合法第十一条違反にかかはる提訴」一九四八年四月一九日）として、労働組合法第一一条（「労働組合の正当なる行為をなしたることの故を以て其の労働者を解雇し其の他之に対し不利益なる取扱を為すことを得ず」）違反のゆえをもって、東京都労働委員会に解雇の無効を申し立てた。「申立書」によれば、被馘首者のなかには日映演本部役員四名全員、同東京支部役員一一名中六名、東宝分会連合会役員一〇名中八名、分会役員二一名中一二名、中央経営協議会委員二名全員、撮影所経営協議会委員二〇名中一〇名、製作協議会委員四名中二名、企画審議会委員一二名中五名と組合役員や経営協議会等の委員が合わせて四九名も含まれており、具体的には伊藤武郎、丸山章治、野田真吉、頓宮勉、岩崎昶、河野秋和、望月衛、浅田健三、赤木蘭子、宮島義勇、浦島進、安恵重遠、土屋精之、久保一雄、宮森繁等有力な組合役員や活動家たちが対象となっている（ただし、このうち宮島義勇と久保一雄については、解雇後新たに一本ごとの契約者として契約することを会社に求められ、また以上のほかに亀井文夫、山本薩夫、楠田清、関川秀雄、山形雄策は契約期間満了とともに契約解除とされた(4)）。役員・委員の重複を考慮に入れても、この人員整理が単なる経営危機打開のためだけではなく、共産党員を含む有力な組合幹部を狙い撃ちにしたものであることは否定しがたいであろう（ちなみに会社が撮影所の「解雇者リスト」に記した符号によれば、被解雇者二七〇名中共産党員は四九名である）。

会社はまた同じ四月一九日、同業の松竹、日活、大映、東横の四社すべてが拒否した過度経済力集中排除法の指定を受け容れるべく、持株整理委員会に製作、配給、興行の三部門への分割を企図した企業再編成案を提出する。会社によれば、「三部門は原則として関連性のない事業分野でありそれぞれが独立して経営する場合何等能率の低下を来すことが予想され」ず、むしろ「三部門を一貫して一つの企業に包括する事は、自由な競争を制限し、映画企業の民主化を阻害するおそれがある」（東宝株式会社「集排法に基く手続規則第一八条に依る再編成計画書」一九四八年四月一九日）等の理由により、映画演劇興行部門を存続会社とし、映画製作と配給部門はそれぞれ第二会社として分離独立させるというのであるが、注意すべきは、この分割案が実は組合対策をも企図したものだということを会社自らが明示している点である。すなわち「いくつかの組合が並立している事は〔中略〕企業の運営にいろいろな障碍と影響をうけ、〔中略〕過去一年以上にわたって企業の受けた損失は少なからぬものがある。特に撮影所の過激な組合活動は事毎に経営権を侵害し、今日の企業の危機を招いた大きな原因の一つをなしている。今この労務問題解決の方法としてのみ企業分離を考へる訳では決してないが、企業分離による副次的利益として組合が概ね一部門一組合となり、労務調整において少くない好影響を受けることの出来る点は看過できない点である」（東宝株式会社「過度経済力集中排除法に伴う企業再編成計画の基本理念についての説明」一八四八年五月六日）と、企業分割は組合対策としても有効であるとの認識が明示されている。(5)

しかし当然のことではあるが、会社は、このように解雇の意図について社長声明をはじめ明文の文書に組合活動家の排除を示しているにもかかわらず、その行為は明らかな労働組合法第一一条違反であったから、その真偽を問う都労委においては、そのことを明らかにするわけにはいかず、あくまでも業績悪化のゆえの人員整理であると強弁することによって解雇を正当化するとともに、組合の活動についてはその赤字を招来せしめた最大の要因として位置づけるという論理立てをもって対応する。したがって組合は解雇無効による救済命令を勝ち取るためには、解雇が組合幹部の排除を企図したものとしてその不法性を主張するばかりではなく、組合活動と経営赤字との関係性についても反駁し、解雇の不当性を立証しなければならなかった。後に立ち入って検討するように、この争議の当

表5－1　被解雇者の部門別、組合別内訳（1948年7月）（単位：人）

	日映演	全映演	契約者	無所属	休職者	依願退職
撮影所	222	—	51	—	—	15
本社	74	1	—	10	8	63
関東支社	80	8	—	4	—	83
関西支社	79	78	—	8	54	165
北海道支社	22	16	—	3	—	34
中部支社	43	4	—	2	—	17
九州支社	16	31	—	—	4	7
演劇部	21	—	—	90	—	3
管弦楽団	—	—	35	—	—	—
日劇ダンシングチーム			4	—	—	—
計	557	138	90	117	66	387

注）1）演劇部の無所属は演劇従業員組合のことである。
2）「依願退職」は5月末時点の数値である。
出所　日映演東宝分会連合会「闘争ノート」（日付なし）により作成。

面の争点が解雇の是非にあることは明白であったが、それがいかなる解雇か——赤字対策なのか、共産党員を含む活動家のパージによる組合弱体化を意図したものなのか、あるいはその双方なのか、解雇の目的が問われることになったゆえんである。そしてその場合、会社が日映演組合員を中心としながらも演劇従業員組合など非日映演の従業員にも解雇対象を拡げていったことは看過してはならない。すなわち表5－1にみられるように、会社は、四月八日の撮影所組合員二七〇名に対する解雇を皮切りとして、その後五月末までに本社、演劇の各部門、関東、関西、九州、中部、北海道の各支社等ほとんど会社の全部門にわたって日映演を中心としながらもそれ以外の組合員や従業員も含む総数一、四〇〇名近い人員整理を発表する。もっとも、その際、会社が自らの求めに応じて退職する従業員に対しては依願退職として取り扱い、退職金を支払う措置を取ったために、本社や関東、関西などの各支社ではそれに応えて退職を選択する者も少なくなかった（五月末時点での依願退職者三八七名）が、これほど大規模な人員整理は、日映演活動家の排除による組合弱体化という意図に加え、赤字克服のための経営合理化という側面をも含んでいたことを示唆するものである[6]。

四月二〇日、日映演は臨時全国大会を開催し、東宝の「今回の首切りは、単なる経理上の理由のみにとどまらず、社長が縷々言明する通り共産党員及び会社に反抗する者の名のもとに組合幹部をその対象とし」た「全労働者階級え《ママ》の無謀極まる挑戦である」として、この闘いを「文化反動に対する闘争」と位置づけ、「組織の全力をあげて徹底的に闘うことを決議」する（日映演中央闘争委員会「東宝問題の真相第一号―四月二〇日臨時大会までの経過―」一九四八年四月二四日）。都労委への救済申し立てといい、日映演本部の臨時大会の開催といい、そしてこの今次解雇の性格の暴露といい、争議の立ち上がり段階での組合の行動は、会社に先手を打つ迅速なものであった。

その上で留意すべきは、組合が二七〇名の解雇の発表を受けて開催した四月一〇日の臨時総会おいて、三月一〇日の撮影所分会総会で決定し同二三日の東宝分会連合会大会で四項目に集約した要求――①会社の協約改訂案の撤回 ②経済力集中排除法による企業整備反対 ③『炎の男』の製作継続 ④社長以下全重役の退陣――を再確認し、「ストを含むあらゆる戦術によって徹底的に闘う」との闘争方針を決めたが、しかし解雇の撤回そのものについては、すでにみたように会社との交渉では口頭で求めているものの、文書要求としては解雇発表からおよそ二ヵ月も経過した五月二五日の撮影所分会臨時総会で決議した一七項目の要求のなかにはじめて盛り込んだという点である。なにゆえに組合は解雇撤回という最大の要求を正式の文書要求として解雇が発生した早い時点で掲げなかったのか。その理由は必ずしも定かではない。が、そこには、この争議を比較的早期に決着できるという組合指導層の見通しの甘さが潜んでいたように思われる。この点は、植草圭之助の小説仕立ての当時の情景描写から探ることができる。

植草は、この争議がはじまるおよそ一年前の一九四七年、自ら企画立案し脚本を書き、企画審議会でめずらしく異論なくパスした『エデンの海』（原作　若杉慧）を、自らのシナリオの前作『今ひとたびの』（五所平之助）を上回る格調の高い「新しい時代の恋愛青春映画」（前掲、植草圭之助　二一九頁）とするべく、プロデューサー松崎啓治、演出豊田四郎、カメラ三浦光雄そして主人公清水巴役には新人を発掘・起用してクランクインの準備をしていた。実際にも、一九四七年六月二七日付け久保「日記」は、「豊田氏演出の『エデンの海』（キャメラ三浦さん）につかまる。近く尾の道、四国等へロケハンに出発の予定。大原美術館も見られるであらう事は、まことに歓喜の至りである。」と記している。しかしその翌七月、松崎啓治が病に倒れ、スタッフのメイン技術者二名も入院するというアクシデントに見舞われる。しかも当時『戦争と平和』（亀井文夫）から『女優』（衣笠貞之助）『春の目覚め』（成瀬巳喜男）まで多くの作品が撮影の真只中にあった上に、『第二の人生』（関川秀雄）『面影』（五所平之助）『炎の男』（当初予定　山本薩夫）など後続作品も目白押しに控えていたために、この作品は組合執行部との「一年後には必ず、実現させるという固い約束」のもと、ひとまず「流れる」（前掲、植草圭之助　二二六頁）。その後、黒澤明と組んだ『酔いどれ天使』のクランクアップを受けて、植草はすでに現場復帰していた松崎啓治と技術者そして豊田四郎や三浦光雄とともにこの『エデンの海』の復活を心待ちにし、豊田四郎は「絵コンテを何度も書き直し」（同二二八頁）たり、主役の新人も演劇研究所に通うなど撮影入りに備えていた。その矢先の第三次争議の勃発であった。会社が被解雇者の出勤停止と支援団体の撮影所からの退去を求めて五月一日に撮影所の休業を宣言するなか、植草は撮影所で三浦光雄と会い、次のような会話を交わす。

植草「例の件、大丈夫なのかな、今日、去年の約束のはっきりした返事を確かめに来たんですよ。」
三浦「だいじょうぶ、だいじょうぶ。執行部の連中は今日、都労委へ押しかけて、六月撮影所再開を訴えに行ってるけど、ぼくや豊田さんは彼らと始終会って、その話してるんですからね、みんな『エデン』は今年こそ、必ず、って言い切ってるんですよ。」（同二三〇頁）

三浦は、撮影所の六月再開に向けて組合執行部が働きかけを強めていることを根拠に、『エデンの海』の撮影開始に楽観的な見通しを述べている。それればかりではない。同じ日に会った「組合執行部に近い存在」の岩崎昶は、「ほんとうに大丈夫なのかな、さっき三浦さんは楽観的だったけれど」という植草に対し、よりはっきりと次のように述べる。

心配ないですよ。撮影所一ヵ月閉鎖などという馬鹿げた戦術で、会社は自分の首を自分で締めているんだ……。組合全体の不服従闘争の底力で六月までには〔解雇を〕撤回させる自信はみんな持っていますよ。組合《こっち》も地裁に申請しているし、都労委での働きかけ、不当弾圧反対労働者大会は全国的規模でどしどし開くし、……第二次スト後の五つのベスト・テンを獲った〝東宝映画〟を潰すなという運動が拡がって、この一八日には「日本文化を守る会」が発足するし、問題はいかに質の高い良い作品を次々と打ち出せる力を持ち続けるか、ですよ（同二三二頁）。

岩崎昶をして、「組合全体」の「底力で六月までには〔解雇を〕撤回させる自信」を「みんな」がもっているといわせしめたほど、当時の組合指導部の認識は楽観的であったといってよい。植草は、こうして「今日の撮影所の状況、見通しは三浦、岩崎氏の言明した通り、過去の闘争の歴史からみて、組合側の粘りで、撮影所の一ヵ月休業の会社側の横車は押し返し、少なくとも六月初めには従来通り、製作は再開されるであろうと思えた。」（同）と述べている。組合執行部が六月の初め頃までに解雇を撤回させ、撮影所で製作が再開できるという見通しをもっていたことは、明らかであろう。組合指導部がこのような楽観的な展望をいだいたのは、法的措置など争議初発段階の会社に比する迅速な対応と「過去の闘争の歴史」に依拠した自信、そして赤字の累増を招く製作停止状態は長くは続けられないであろうという会社の行動に対する見通しの甘さによるものである。解雇の撤回を比較的早期に獲得できるとの認識のもと、それを正式な要求文書に掲げなかったゆえんである。

こうした組合の楽観的見通しを打ち砕いた直接の契機は、北岡撮影所所長があらかじめ事前に従業員に口頭で説明した後、五月一九日に正式に文書をもって組合に行なった通告である。会社は、四月一〇日の解雇通知発送後も撮影所が事実上組合によって占拠され、外部支援団体や被解雇者が自由に出入りしている状態を阻むために、四月二七日被解雇者と外部団体の撮影所への立ち入り禁止を組合に求めるものの拒否され、五月一日から撮影所の休業を宣言したのであるが、しかし組合による撮影所占拠という事態そのものには何ら変化がなかった。したがって会社は、五月一九日、組合に対し①被解雇者・外部団体の入所禁止、②所内建物の組合管理の解除と鍵の返還および③争議態勢の解除を受け容れるならば、製作再開の協議に応ずる用意があるが、それを受け容れない場合には六月一日をもって撮影所を閉鎖（＝ロックアウト）し、給与の支払い停止措置を取る、との通告を、五月二五日の回答期限を付して行なった。それまでは解雇された者以外の従業員には給与が支払われていたから、ただでさえ食糧の確保に多大のエネルギーを費やさざるをえない状況のもとで、その糧道を断つというこの通告は、組合に経済面から深刻な影響を与えるばかりではなく、会社側の強硬姿勢を顕示するものとして組合の早期解決の見通しを打ち砕くものであった。

先に触れたように、すでに四月一九日、組合は今次解雇は組合活動家を狙い打ちにした組合弱体化政策であるとして、都労委に労働組合法第一一条違反による救済を申し立てていたが、さらに五月六日には会社に先んじて東京地方裁判所民事第一四部に対し、①会社による組合員の業務妨害の禁止、②賃金等労働条件の不利益な取扱いの禁止、③事業場の閉鎖、休業、事業の縮小等組合員に影響のある経営上の変更の禁止などを求めて仮処分を申請した。これに対応するかのように、会社もまた五月一〇日には同じく東京地裁に被解雇者の撮影所立ち入り禁止等を内容とする仮処分を申し立てるものの、組合からすればそれは自己の法的行動の後追いに過ぎないものであり、これらの提訴措置は、争議の早期決着という組合の自信の根拠の一つをなしていた。しかしその見通しがこの五月一九日の会社の通告によって崩れることとなったのである。通告の背後にある会社の強硬姿勢は、この機会に何としても共産党系の組合活動家を排除して経営権を奪還するという小林一三の意を体した新経営陣の、少なくともこの時点での揺るぎのない意志によるものであるが、それに加え後に立ち入るように、創設後いくばくもない日経連がその最初の仕事としてこの争議に着目し、東宝経営陣への全面的な支援を表明したという、いわば経営者の社会的連帯に支えられたものでもあった。こうした状況の展開を組合指導層はどのように受け止めたのか。その一端は、口頭で事前に説明された会社の通告内容についての討議を踏まえて山形雄策が執筆したとされる（前掲、宮島義勇 二七四頁）日本共産党撮影所細胞の文書からうかがうことができる。

その文書は、まず「日経連は、東宝資本攻勢を支持することを表明した。〔…〕是に勢を得た会社側は、短期で解決する見込みが困難であることに気付かざるを得ず、長期作戦の腰をすえ始めた。」「われわれは、絶えず先手、先手をもって、敵の出鼻をくじいてきた。併し、敵の力は小手先では処理できない程度に盛り返してきている。われわれが今迄に結集した程度の戦闘力と戦闘態勢では徹底的に撃破することはできない。都労委その他においても、われわれは押され気味である。戦線を膠着させる条件は、以上の力関係にある。」という厳しい状況認識を明らかにした上で、「従って新段階に対応するために、最も重要なことは、（イ）長期態勢のハラをしっかり決めること。（ロ）局面転換の戦術を急速にたてることである。」とし、とくに「長期作戦こそが、われわれの闘争を勝利に導く」ものだと強調している。その上で、具体的には①「組合の財政計画」の「発表」、②「家族」の組織化、③東宝他分会との共闘の強化、④「新東宝に対する働きかけ」、⑤東宝外の「全勤労者との共同闘争態勢」の「組織化」と「東宝を守る会」「民族文化を守る会」の強化などを「局面転換の戦術」としている。そして「この闘争に筋金を入れ、この闘争の目標を貫徹させるのは、我が細胞である」から「闘争を通じて党細胞を徹底的に拡大強化すること」が重要な課題として掲げられている（日本共産党東宝撮影所細胞書記局「新段階の分析と細胞当面の闘争方針」日付なし、ただし、前掲、宮島義勇　二七五頁によると五月一七日に「出来上がった」）。

すなわち、ここでは「短期で解決する見込みが困難」と「気付」き「長期作戦の腰をすえ始めた」のは、会社であって組合ではなく、しかも会社は組合の「今迄」「程度の戦闘力」では「撃破することはできない」ほどに「盛り返してきている」という厳しい「力関係」についての現実認識が示され、それゆえに「長期態勢のハラをしっかり決める」必要があると強調されている。しかしながら短期での争議解決の困難に気付き、「長期作戦」の構築の必要に迫られたのは、実は会社以上に組合自身にほかならない。会社が「長期作戦の腰をすえ始めた」以上、組合も「長期態勢のハラをしっかり決め」なければならない、と会社の「作戦」への対抗というかたちをとって、実際には組合が自らの早期解決の見通しを修正しているのである。劣勢にある闘いの「局面転換」のために必要な戦術を列挙したのも、会社の通告内容を受けて闘いの「長期」化が不可避であることを前にした、組合の実質的な指導部である撮影所細胞の危機意識をあらわすものとみるべきであろう[7]。

組合は、会社通告の回答期限にあたる五月二五日、撮影所分会臨時総会を開催し、改めて自らの主張を表明するとともに解雇の撤回を含む一七項目に及ぶ要求を決定して、会社に突きつける。すなわち「今次紛争の端緒は会社が団体協約を無視して、吾々の生産意欲を抑圧し一方的馘首を通告して来た事にある。従って会社が誠意ある態度を以て、吾々の人権と生活権を尊重し、映画の社会的・文化的使命を自覚するならば、敢えて不服従を称える必要は何もの《ママ》もないのである。常に平和的解決を要求し、工場休業、工場閉鎖に反対し製作続行を要求して来たのは吾々組合である。」「組合の分裂をたのみ、或いは組合員を刺激する等の愚を止め、直ちに仕掛作品製作続行、企画作品の製作実現化及び団体協約の審議再開等をここに再び強く要求」する、として次の一七項目の要求を掲げた（日映演東京支部東宝撮影所分会臨時総会　闘争委員長土屋精之　東宝株式会社撮影所長北岡寿逸宛て「申入書」一九四八年五月二五日）。

一、企業分割案を撤回すること、
二、馘首通告を撤回すること、
三、被解雇通告者に四月二〇日以降の賃金を支払うこと、
四、臨時雇用者全員を社員にすること、
五、臨時雇用者全員に未払い賃金を支払うこと、
六、全契約者と契約を締結すること、
七、一方的機構・人事の発表を撤回すること、
八、会社経理の実態を公開すること、
九、労働基準法を完全に実施すること、

一〇、物価引上げにともなう賃金改正の交渉を開始すること、
一一、退職金制度改正の交渉を開始すること、
一二、仕掛け作品の製作を直ちに続行すること、
一三、企画作品の製作を実現すること、
一四、教育映画の製作を開始すること、
一五、二八本計画生産の審議を直ちに開始すること、
一六、団体協約の審議を直ちに開始すること、
一七、以上一六項目の要求について五月二六日より団体交渉を開始すること、

ここには、製作の再開を求める組合の強い意志が認められるが、しかし被解雇者と支援団体の撮影所への立ち入り禁止という会社の要求には直接応答しておらず、事実上それを拒絶していることがわかる。すなわち両者の主張は全く噛み合っていないのであるが、むしろ注意すべきは、ここに列挙された一七項目(実質的には一六項目)の要求が、企業分割案撤回、解雇撤回から経理公開や製作再開あるいは協約交渉の開始まで、あまりに網羅的・総花的で充分整序されていないことである。組合が最も重要かつ喫緊に解決を要すると考えた要求が何であるか――組合にとって枢要の要求が何であるかは、ここからは不明というほかはない。次元と緊要度の異なる要求のこうした羅列は、争議開始後約二ヵ月が経過しているにもかかわらず、組合が自らこの争議をどの要求に基軸を置いて闘い、何と何の要求が容れられれば矛を収めようとしているのか、この争議の処理の仕方について、未だ厳密に詰めていないことを示唆するものといってよく、その意味でも組合がそれまで争議を早期に決着できるとの見通しのもとに動いてきたことがうかがわれる。このように組合が掲げた要求は、あまりに網羅的・総花的であるけれど、しかし客観的にみれば、この組合にとって最も重要な要求が「解雇撤回」にあり、また直ちに実現したい喫緊の要求が映画「製作の再開」にあって、これと不可分の「企業分割案撤回」がそれに次ぎ、他の要求はこれらに付帯しあるい

は従属する位置にあるとみなしてもそれほど誤りではないであろう。

なぜならば、いうまでもなく解雇の撤回は、それがそもそも今次争議の最大の争点であるからであるが、現実的にも、馘首が多くの組合活動家を狙い撃ちにしたがゆえに組合運動はむろんのこと組合の存立そのものさえ揺るがしかねない最も重大な攻撃として、それへの反撃が組合にとって必須の課題だからであり、また製作の再開は、組合自らが映画創造主体としての自己の存在を証し、そこに自らのアイデンティティを打ち固めるべき最も基本的な営為であって、しかも予定されている賃金停止後はこれをもってその支払いを求めることができる現実的根拠をなすからにほかならない。そして企業分割は、この製作再開の前提をなす映画製作部門を切り離すという組合にとっては論外の措置として、その反対は不可避であったからである。現に、組合は六月七日に開催した全国オルグ会議においては、「企業分割反対、馘首通告撤回、撮影所の製作再開、団体協約締結そして賃上げ要求」を「統一要求」として決め、六月一七日の会社との二ヵ月ぶりの団体交渉においてこれを要求するものの拒否され、さらに翌一八日にはそれを「給与問題」「馘首撤回」「撮影所再開」「企業分割反対」の四項目に整理した上で、ストを構えて再度会社に要求している。会社は、これに対して考慮中とする給与問題以外は再び拒否する（前掲、宮島義勇　二七八、二八三〜二八四頁）けれど、組合はこの四項目の要求そのものはその後も基本的には維持していく。「給与問題」が四項目のなかに取り上げられているのは、六月一日にそれが停止されて以降、一挙にその緊要性が高まったからであるが、このように組合は六月半ば過ぎに至ってようやくその要求を整序しえたといってよい。

ところでこの組合の要求のうち製作の再開という点に改めて着目すれば、それは組合の切実な要求であるばかりではなく、実は会社自身にとっても決して無視することのできない要求であった。『酔いどれ天使』（黒澤明）のプリント作成作業の完成や『女の一生』（亀井文夫）の撮影など争議突入後も続けられた組合による自主的な製作作業は、五月に入り会社自身の判断による製作資金の供給停止措置とフィルム等製作資材の払底とによって停止を余儀なくされたが、会社としては新東宝作品と外国映画および旧作品と一部他社作品とをもってしただけでは、週変わりの直営館・契約館への作品の供給を充分には賄いきれず、その不足が次第に深刻化しはじめ、東宝撮影所本体の製作再開が重要な課題として登場したからである。五月の「通告」において、会社が被解雇者と支援団体の撮影所立ち入り禁止措置と引き換えに製作再開について協議の用意があると組合に言明したのも、そうした会社側の内部事情を反映したものであった。実際にも、経営サイドのなかに解雇の完遂によって組合の弱体化を徹底的に進めるという強硬派ばかりではなく、製作再開のためには芸術家と技術陣をかかえる組合と折り合って一定の妥協点を見いだすほかはないとする柔軟派が台頭するようになるのは、争議の長期化による企業業績のさらなる悪化が無視できないばかりではなく、映画館での上映作品の不足が東宝の映画企業としての市場基盤を掘り崩すことになるという現実的な理由によるものでもあったのである。

しかしこの被解雇者等の立ち入り禁止の会社通告は、既述のように五月二五日の組合側の事実上の拒否によって意味を失い、六月一日をもって会社は撮影所の閉鎖(=ロックアウト)を宣言し、会社が就労を命じた者以外の組合員に対する賃金の支給は停止される。かの『エデンの海』のクランクインを心待ちにしていた植草圭之助は、「だが、不運は突然、起きた。いや、確実に……。六月一日、会社側が撮影所の無期限閉鎖の大暴挙に出たのだ。(ああ、やっぱり……これだったのか)と思った。あの『成城学園前』駅のホームで、微かではあったが、不吉な翳のようなものが胸をかすめたのは、……」「六月再開の期待は砕かれ、大長期戦の泥沼闘争の日々、苛烈に続けられ、たちまち、六月も半ばを過ぎ、再開の目途は閉ざされ、ついに、ふたたび、『エデンの海』は流れた。」(前掲、植草圭之助 二三五~二三六頁)と記している。この作品は、結局東宝では陽の目をみることなく、後年、綜芸プロ=松竹の中村登の手で世に送り出されることになる。

(2) 争点

1 経営側の主張

先に触れたように、会社による今次解雇の目的が経営危機を奇貨とした共産党員を含む組合活動家の排除による組合弱体化にあることは、たとえそれが労務コストの削減という人員整理本来の効果を含むものであったとしても、それを企てた社長をはじめとする経営陣はむろんのこと、組合にとっても明白なことであった。しかしその行為が労働組合法に抵触することもまた疑いのない事実であったから、会社は都労委等の審尋過程においてはその真の企図を隠し、もっぱら業績悪化＝赤字対策のためであるという根拠をもって解雇を正当化し、組合活動はその業績悪化の最大の要因であると位置づけた。したがって組合は、この解雇の不当性・不法性を明らかにするには、経営赤字は会社のいうように組合の活動に基づくのではなく、経営側のミスマネイジによるものであって組合には責任がないことを立証し、むしろ今次解雇は会社が共産党員を含む組合活動家を忌避したがためのレッドパージ、それを通しての組合弱体化政策にほかならないというその本質を明らかにしようと試みる。

以下では、こうした争点を構成する主要な論点につき、経営側、組合側各々の主張するところを検討してみよう。

① 解雇理由(1) ―経営赤字

会社は、今回の解雇の理由について都労委に宛てた文書において次のように主張する。

すなわち「今回の人員整理の理由は正に破局にひんせんとしてゐる当社赤字の原因を除去し健全なる経営を確立するための全く止むを得ない非常措置」であって、「前期（昨年七月から本年一月まで）の決算は実に七千万円」「今年に入ってから」も、「一月が四百万円、二月も千五百万円三月一千万円といふ惨たんたる赤字」であり、「この儘に推移すれば数ヶ月を出でずして会社解散の悲運を見ることは明らか」である。「この赤字の原因は」、「業界一般に通ずるもの東宝企業に特殊のものと原因は多い」が、当社「赤字の最大の原因は冗員がある」ところにあり、今次「人員整理」は「企業死活のための緊急避難と言ふべきものでありまして、その意図は決して一部労働組合指導者の排除乃至労働組合運動の圧迫を目的とするものではありません。」しかも「三月二三日過度経済力集中排除法の指定を受け」、「映画の製作配給と映画演劇興行の三部門に別けることにし」たが、「会社分離前に過剰の人員を整理し、分離後の企業運営を容易にして置く事前措地《ママ》はこれ亦当社の現状から絶対の要請であります。」また「第二次争議」は、「折角克ち得ました終戦後の」「余剰利益を雨《マ》霧消散《マ》」させ、「組合分裂」による「経営協議会」の「二重開催は中協においてのみでも八〇数回に達しこれがための経営上の支障と冗費は莫大なものが」あった。

他方、「昨年度の労働協約によって組合は不当に強力な経営参加権を握り」、「映画の製作企画は組合の強力な組織力によって会社経営者は絶えず圧迫され、撮影所の浪費と放恣によってインフレ下における映画製作費は加速度的に高騰し、遂に一本の製作原価千数百万円若しくは二千数百万円に上るに至」った。「東宝赤字の最大原因はここにある」のであって、「他の会社の一本の製作原価は大体六百万円内外であ」るなかで、「独り第一撮影所が最近千数百万円の製作原価を費すことは全くその非能率と浪費に基くものであ」る。(8)「然るに撮影所の組合は会社の製作費切下の命に反抗し、絶えず世上に会社は芸術と文化を無視するのであると悪い宣伝を行った」が、「入場料が制限され且つ一五割といふ苛烈な重税が課せられ、電力制限定員制厳守等により入場人員が四分の一も減少しつつある今日、製作費の膨張は当然赤字を生んだのであります。」この窮状を打開するべく「本年三月中旬、八千万円の増資」をもって「短期債務を返却し、尚余力のある機会に会社再建の根本策を講ずる決意をし」、とくに「昨年一年間の失敗に鑑み労働協約を改訂し、失われた経営権、人事権を確立し、平和裡に会社の再建を企てた」が、結局「三月二五日」組合の「提出した」「四要求」を「即座に」「峻拒したので会社と日映演との間は交渉決裂し、四月一日以降無協約の状態に入った」。「かかる状況の下に会社は」、「人員の整理を断行することを決意し四月八日」「当社赤字の最大の原因をな」す「第一撮影所の人員整理を発表した」のである。その「整理方針」は、「会社人員整理の一般方針」に基づく次の「解雇基準」による。

「解雇基準」

A項　老朽者（五五歳以上）B　不急不《マ》用《マ》の部門に属する者　C　契約者にして契約期間の満了した者

D　嘱託・臨時雇用者　E　病気にして勤務に堪えられない者　F　勤務成績不良者　G　従業員として職

場規律を紊す者　H　技術技能不良者　I　右各項に抵触しないが冗員整理上年齢その他を考慮し、転職し易い年と認めた年少者にして勤務年数の少い者　J　技術者にして契約者とするを至当と認めた者　K　其の他当該部門に於て過剰人員で配置転換の困難な者

その上で、会社は「特に撮影所の人員整理」の「やむなき事情を説明する」ためとして表5－2を掲げている。

表5－2　「会社別映画製作能率及び製作費比較表」（1947年度）

撮影所名	東宝（第1）	新東宝	松竹	大映
従業員数	1,200人	600人	1,020人	1,030人
製作本数	13本	16本	42本	42本
1本当り従業員数	1,111人	451人	291人	282人
1本当り原価	1,000万円	750万円	600万円	500万円

出所）東宝株式会社　「東宝株式会社が人員整理をするの止むなきに至った経緯について」1948年5月4日

以上のように、ここでは今次の人員整理について、第一に、それが「赤字の原因を除去し健全なる経営を確立するための全く止むを得ない非常措置」であり、「決して一部労働組合指導者の排除乃至労働組合運動の圧迫を目的とするものでは」ないこと、第二に、組合分裂後、二つの組合と頻繁に開催された経営協議会による「経営上の支障と冗費」を前提に、その経営赤字の「最大原因」は労働協約に基づき「不当に強力な経営参加権を握った「撮影所〔組合〕の浪費と放恣」「非能率」による「映画製作費」の「高騰」にあること、第三に、それゆえ「労働協約を改訂し、失われた経営権、人事権を確立し、平和裡に会社の再建を企てた」が、協約交渉が「決裂」したために人員整理に踏み切らざるをえなかったこと、が説かれている。しかもこの文書では、「一に赤字克服のためにする冗員整理」であり、「組合員又は正当なる組合活動を為したるの故を以って馘首するものではありません」（同）という点が繰り返し強調され、それを根拠づけるために掲示された表5－2によれば、東宝の「一本当り従業員数」で示される労働生産性は、新東宝の四割、松竹・大映の四分の一にしか過ぎず、東宝の映画製作の非効率性が浮き彫りにされている。

こうして会社は、経営赤字の主因が組合活動にあると断定しながらも、今次解雇がその組合を排除するためのものなのではなく、もっぱら経営赤字対策ゆえのものであるとして自らの行動を正当化したのである。したがって解

雇対象者個々人に対する解雇理由の説明においても、先の「解雇基準」をもって、例えば「製作者」伊藤武郎（日映演中央委員長）については「『炎の男』製作に関し企画費に八七万円を費した。企画費の標準は、最高二〇万円であるから、特殊事情があるとはいひ《ママ》、濫費の非難は免れないである。なお『炎の男』の製作中止を命じた後も執拗に反対運動を続け会社の綱紀を紊したためである」とされ、あるいは「特殊技術」土屋精之（撮影所分会闘争委員長）の場合は、「資材課勤務当時、資材購入のためと称して相当額の金銭を収支《ママ》したにも拘はらずその資材を購入せず返金せざること一ヶ年にも及んだことがあり、職場規律を紊したため」（東宝株式会社「企業整備に依る東宝撮影所解雇者名と理由表」一九四八年四月）というように、いかにも取ってつけたような理由が付されている。すでに前章で触れたように、経営赤字は入場料統制や電力危機などの外的要因をさておけば、確かに第二次争議を含む組合の行動を重要な構成要素としてはいるものの、演劇部門の恒常的な赤字や傍系会社での冗費あるいは会社による現場管理の非効率性など、すぐれて複合的な要因の累積的結果なのであって、ひとり組合にのみその責めを帰すべき性格のものではなかったが、会社が右のように公式にはすべての原因を組合によるものとしてその責任を一方的に追及したことは、充分留意しておくべきであろう。

②　解雇理由（2）――組合活動

このように解雇の根拠を経営赤字の処理のためであると公式には主張しながら、しかしすでに解雇発表に際する社長声明で「極端な少数反抗分子」や「共産化の野望を遂げんとする人々」の「排除」を明言しただけではなく、その後の都労委での審尋過程においても組合から解雇の不当性・不法性を追及されるなかで、解雇の目的、解雇の基準等についての経営側の陳述が統一されておらず、とくに社長が繰り返しこの争議は会社と共産党との闘いであると内外に公言するなど会社側の不首尾が次第に目立っていく。[9] そのようなもとで、都労委の審尋において末弘会長から「組合運動が行き過ぎてゐる場合、その組合が一団となって経営権を侵害した事実があるならば、その組合の主脳者が経営者の手により排除せらるることはあり得るし、又個々の組合員が経労《ママ》権を侵害した場《ママ》も同様である。

東宝にはその様な事実があったのではないか」（「本社通報　労務情報」第四〇号　一九四八年六月一日）と問われたことを好機として、会社は、改めてとくに組合の性格とその活動に焦点を絞り、共産党に牛耳られた組合がその活動を正当な範囲を超えるまでに拡大して経営権を侵害した、とする新たな論点を付加して解雇の正当性を主張するに至る。

すなわち会社はこの解雇が①「なお〔労組法〕一一条違反の疑いありとせらるる所以は要するにａ会社がさきの表明において、赤字赤旗面の整理を断行すると声明し、或は反抗分子を一掃すると言明した事実、ｂ現に組合幹部が一部馘首されている事実、ｃ之等解雇基準該当事項、の挙証が不明確であること、等に存すると思う。」として、これら諸点について組合の性格とその活動の実態を明らかにして応答するとして、次のように述べる。②「今回馘首せられた組合幹部にして、組合が特に一一条違反の疑濃厚なりと称している人々はことごとく共産党乃至その有力なる支持者である」が、「周知の通り東宝撮影所組合は日本に於ける有数の赤色労働組合であり、共産党員並にシンパ約五五〇名以上を擁し組合員の絶対過半数を占めている。[10]」③「事実組合は完全なる共産党フラクションの活動により非党員の発言は全く封ぜられ共産党の一方的支配に任せられた。即ち組合運動に名を籍りた共産党宣伝の政治活動の具に供せられた。」「従って撮影所の経営方針、企画立案の如きも、一見労働協約に定められた各種委員会を通じて合法的に参加したと主張するが、実状は共産党フラクの一方的経営権浸害《ママ》となり秩序破壊となって現はれた。」「この為、会社は経営上多大の障害を蒙り赤字を生むに至ったのである。」④「共産党の如き一政党が其の政綱政策を実現する為に組合員中の共産党員を組織化し日夜一般組合員の意志を拘束し組織的威圧を以て非民主的行動を行うことは、本来の正当なる組合運動をしてゐるのでは無く組合に名を籍りた政治運動であると断ぜざるを得ない。而りとせば之等は労働組合ではなく極めて非民主的なる政治結社とも言ふべきであり労働法第二条に抵触し組合たる資格を有しない」。「仮に一歩譲って労働組合であるとするならばその活動は明かに正当なる組合活動の範囲を逸脱したものであり権利の濫用である。その結果会社が一年間に亘り不当に経営権人事権を圧迫せられたのであるから会社が之等組合の首脳部を経営秩序の保持上馘首し得ることは当然である。」（東宝株式会社「東宝撮影所人員整理理由」一九四八年六月一日　一〜二頁）

ここでは会社は、撮影所の組合―共産党「支配」による「赤色労働組合」―「経営権侵害」―「赤字」招来という理由と、「赤色労働組合」―「正当なる組合活動の範囲の逸脱」―「経営権人事権の圧迫」という、いささか重複する二つの根拠によって「組合首脳部」の解雇を正当化している。前者は赤字招来のゆえであり、後者は「経営秩序の維持」のために、というのである。とくに後者は、共産党に牛耳られた「赤色労働組合」はそもそも労組法の予定する労働組合ではないとし、仮にそれを譲って労働組合と認めたとしても、その活動は「正当な組合活動の範囲を逸脱した」「権利の濫用」である以上、「経営秩序の保持」のために組合幹部を馘首したのは「当然である」というごとく、組合の行動を労組法違反とすることによって解雇の正当性を根拠づけており、それは、先のように単純に赤字のゆえをもって解雇を断行したというだけではなく、なぜ被馘首者に組合幹部が多く含まれざるをえなかったか、を組合の性格とその活動の違法性を説くことによって正当化するという、一段踏み込んだ論理立てを取っていることが特徴である。

③　解雇理由（３）―企画審議会の実態

会社は、右にみたように経営赤字の原因を組合の行動に求めて解雇の正当性を説いたのであるが、その組合行動の一つが企画審議会・製作協議会における組合の発言力の強さであり、会社によれば、それはまた作品企画についての会社の決定権を侵して製作の非効率をもたらし、赤字を招来したのであって、今次解雇の理由の一環を構成するものであった。ただし、それを主張する会社側文書の歯切れは、いたって悪い。

昨年度東宝が優秀なる作品を発表し得た一つの理由に撮影所機構が他社に比し民主化されて居た事による。具体的に言へば、会社と組合の間に企画審議会、製作協議会といふような民主的な機関が在ったカラ《ママ》であると言へる。しかし反面、今日の会社の経営上の危機を招来した責任の一半もこの両会議がとらなければならない。この両会議に於て組合は経営の専門家としてのマネジメントの意見をややもすれば重視せず、機械的な組合理想主義を強調、会社も作業を円満に進行せしむるために会社の意見を曲げ組合の意見に従ったことは少くない。これが今日より考へれば撮影所の経営に重大な支障を来たした原因の一つと考へられる。〔中略〕会社が組合と円満協調主義を取れば会社が組合に譲るの止むなきを得なかった。組合機関で得た結論を会社に強調承認せしむる完全なる闘争機関化して居た。〔中略〕昨年度前半期〔中略〕企画審議会は組合も自己批判した如く組合管理的な方式で行はれ量の生産を無視した優秀作品主義が支配的であった。〔中略〕後半期に会社より提案した『春のめざめ』以下のレパートリーに就ては組合から娯楽至上主義、芸術至上主義的であるとの批判をうけた。正月映画『春の饗宴』『タヌキ紳士登場』は会社の意志通り製作は出来たが、企画審議会に於ける娯楽映画に対する態度は作品が非常に秀れて居ると言へないので止むを得ないと言へるが甚だ否定的であったと言へる。企画審議会に於ける組合の（次第によくなりつつはあるが）機械的なる理想主義、小児病的なる民主主義精神の圧力が、芸術家、製作者のオリヂナリテー芸術意欲を萎靡沈滞せしむる傾向がなかったとは言へない。昨年度後半期の作品本数の不足の一つの大きな理由は『新馬鹿時代』『女優』の二大作を並行的に製作したことである。会社は『新馬鹿時代』を完成した上で『女優』を製作することを主張したのであるが、即時製作を希望したスタッフの意志に組合も同調主張せるに会社は押切られ非常なる不手際な事となった。昨年度に於ける製作処理の不手際は終局に於て組合からは撮影所マネジメントの非力に依ると結論さるも止むを得ないが現実にはマネジメントが、組合の現実を軽視した理想主義に妥協したためと言へる（東宝株式会社「東宝撮影所の企画審議会製作協議会の性格と運営について」一九四八年五月五日　一〜四頁）。

おそらくは製作担当のマネジメント・スタッフの手によって執筆されたであろうこの文書は、組合に制約された作品企画権の実態および芸術と経済との関係を改めて照射して興味深い。すなわち一九四七年度の東宝作品が「優秀」であったのは、企画審議会という「民主的な機関」の存在のゆえであることを認めた上で、しかし「経営上の危機を招来した責任の一半」もまたここにあり、組合による「量の生産を無視した優秀作品主義」がその端的なあらわれであるが、会社としては「作業を円満に進行せしめるために」「組合の意見に従ったことも少なくな」く、また組合の「機械的なる理想主義」「小児病的なる民主主義精神の圧力」が、「芸術家、製作者のオリヂナリテー芸術意欲を萎靡沈滞」させた側面も無視できない、というのである。そして自らこの企画審議会の「組合管理的な方式」すなわち「組合機関で得た結論を会社に強調承認せしむる完全なる闘争機関化」を追認・「妥協」し、結果として「製作処理の不手際」をもたらした「撮影所マネジメントの非力」もまた否みがたい、と自己批判的に指摘している。このように優秀な作品の創出に果たした組合主導の企画審議会の役割を認めながらも、組合の、一つには「量」を問わないその「優秀作品主義」が経営危機招来の一因となり、いま一つにはその「機械的なる理想主義」が芸術家の「オリヂナリテー」を萎縮させたという、企画審議会における組合の役割の二重のマイナス面を指摘することによって、ビジネスと芸術との相剋ばかりではなく、労働組合の文化生産における役割・機能のむつかしさ・危うさを浮き彫りにしたという点で、この文書は会社側文書としては異例に示唆的であるといってよい。もっとも、組合による「機械的なる理想主義」なるものが、「機械的なる」政治的「理想主義」を意味する限りにおいてではあるが。

2　組合側の主張

以上に立ち入ってみてきたような会社側の主張に対して、組合は会社側文書にほとんど数倍するヴォリュームをもって反論するが、その主張の力点は解雇の根拠をなす経営赤字の原因についての反駁にあり、それはまた不可避的に、組合の行動にその責めを一方的に帰す会社の経営責任の追及におよばざるをえないものであった。以下、その主要な論点についての組合側の主張をみてみよう。

①　赤字の原因

経営赤字については、第一に、会社側の数値が示すように「東宝企業の中で赤字の根源をなす物は演劇部門であ」り、業績「不振がすべて映画部門であるかの如き宣伝」は「あやまり」である。映画部門の赤字は、東宝のみならず新東宝及び配給部門の三者が各々負うべきものであって、「決して第一撮影所のみがだしたものではない。」確かに、「インフレ下の高価な原材料」、「入場料」の「統制」、「高率の入場税」あるいは「無計画な雇い入れと八百名以上の復員者の職場復帰」による「賃金」の上昇が、「経営を困難にしたことも事実である」が、しかし製作原価の過大についていえば、例えばそれが「二、〇〇〇万円をこえる」「最近の大作である『面影』や『わが愛は山の彼方に』」の場合、「途中他の作品の進行上の都合で幾度も足ぶみをさせられた」ために、「何れも一年近くかかって完成したものであ」って、「日数が長びけば間接費もかさむし、諸雑費も多くなることは已むを得ない。」「作品にいくらかかるかはすべて経営者の責任においてなされるものであり、この両作品の場合も会社が承知の上で政策上、あるいは無能によって製作日数がのばされたので責任の帰結は会社にある」[11]（日映演東京支部東宝撮影所分会「東宝株式会社の企業整備に対する組合の反駁」一九四八年五月一八日　七～一一頁）。

第二に、会社が掲げた会社別製作能率比較表（前掲、表5－2）が、「いかに誤った数字であるか」は、「製作本数」一つを取ってみても明らかである。「昨年の一月から十二月末まで東宝第一（撮影所）のだした本数は一四本、新東宝が一三本、松竹が三三本、大映が三三本である。これだけはどんなことがあってもウソをつけない。（しかし）会社は全部ウソを発表している。」「松竹、大映は東西の両撮影所を併せたもの」だから、「東宝の場合も両撮影所を一つと考え」れば、「東宝二七にたいして松竹、大映三三ということになって東宝の方がいくらか少いということになる。」それは、東宝が「作品の質を重んじ」「一本一本で勝負をしようとするから」であり、具体的には「松竹、大映の作品の長さの平均は七千尺弱であるのにたいして東宝の平均は八千尺であ」って、トータル「二七本で二万七千尺だけ長いことになり、松竹、大映の四本分にあたる。してみると三社の製作能率において大差はないということになる。」そして東宝内部についてみても、「第一東宝が八千五百尺、新東宝が七千五百尺であるから」東宝は一四本、全体では「一万四千尺多いことになり新東宝作品の二本分にあたる」。また「撮影能率」についてみると、「監督によって差はあるが、松竹、大映、東宝ともに平均一時間一・五カットに達しない程度で能率上の大差はない。」

さらに「従業員数」についてみても、会社によれば「第一東宝が新東宝の二倍ということになっている」が、「新東宝の六百人の中には大道具は一人も含まれていない。その他正式入社を会社が押えていつまでも臨時雇で使用している人員が大道具を含めて二百名程い」るから、「新東宝の従業員は実際には約八五〇名いる」ことになる。「第一東宝は一千一百四〇名であるが、このうち、どこの撮影所にもない部門として教育映画と動画部門の約五〇名技術研究所の五〇名がある。それから新東宝には現像部門や最後の仕上げのとき音楽を入れる設備がないから第一東宝と共通に使っている。その他、特殊技術、合成資料調査、フィルムライボラ《ママ》リーの部門が第一東宝にだけあって、必要に応じ新東宝もこれを利用する。こうした共通の作業をする人員も百名以上第一東宝の人員の中に含まれている。純粋に人員を比較するならば九百対八百五〇というところであろう。これを二倍だと宣伝する会社の悪意は何と形容したらよいであろう」(同一七〜二〇頁)。

第三に、「東宝の今日の不振は昨年七月以降の方針において経営者がやりそこなったという一語につきる。組合はそのために迷惑を蒙って居こそすれ責任はない。」危機打開のために「会社は具体的な方策を詳細に示して利益代表を通じて実行に移すべきであった。ところが経営の首のう者たちは、全く無為無策でみおくり、いまになって、組合が分裂したためにひまをとられたとか、労働攻勢が強すぎて賃金をとりすぎたとか、組合員が製作費を多くかけすぎたとか、ぜいたくすぎるとか、あるいは能率がわるいとか、経営権を侵害したとか、と理由にもならないさまつな事柄を並べて自分の無能な責任を労働者に転稼《ママ》し、そのあげくには人員整理という最も拙い、人道を無視した方法を思いつくのである」(同一一〜一五頁)。

② 経営権の侵害問題——企画審議会

他方、「会社は又組合が経営権の侵害をしばしばやったような口吻をもらしているが、そういった事実は全然認められない。中央経協にかけられた事項の主なもの」は、「第一に給与の問題で第二に組合のあり方に関する第二組合とのクローズドショップについての解釈の問題であった。これらはいづれも会社の経営権の問題ではなく、第二〔組合〕の問題は会社が二つの組合と二重契約をしたことから生じた会社にすべての責任がかかっている問題であった。部別協定《ママ》〔＝経協〕で人事問題が長時間を要したと言う件は営業部門で特に多かった様であるが、これは会社利益代表者達が優柔不断で経営能力に欠けていたか、職場の民主化がおくれていて不明朗な人事が多かったかが原因である。」また「撮影所の企画審議会で組合の力が強すぎたと言うけれども、出来上った作品の結果を見ればわかる。公開された一〇数本の作品はいづれも最后的には会社が充分の見透しをもって製作を決定したものである。むしろ会社の一方的な意志に組合が妥協した作品も二、三にとどまらない。『女優』が多くの日数と費用を要して収入が上がらなかったことは事実であるが、昨年度の優秀映画第三位を得たこと、営業部が封切りの時期その他の売り方を誤ったという大きな事実を見逃してはならないし、経営側がよく見透しを立てて、失敗すると思えば断乎中止すれば組合にしても芸術家にしても無理にそれを押し切るなどとは決して言わない。最后的に製作を決意したのは製作と営業の最高責任者（森田信義・浜崎二郎）であった。その結果従業員は烈しい労働強化をし、徹夜を重ねて完成させたのである」（同四～五頁）。

③ 手続き上の問題と解雇の意図

その上で「東宝が赤字である事を一応是認するとしても、其処から従業員整理の結論はそう簡単には出て来ない。」「仮に、冗員整理が正当化された場合に於ても、其処には自ら整理の順序があるべきであり、配置転換とか責任者の間に於ける完全な検討とか、組合との協議とか、当然行うべき手続きが沢山残されている。今回の整理が如何に無鉄砲なものであるかと言う事は、各職区の責任者が馘首者の決定に全く参画していないと公言している事実や、又某職区に於ては実在せぬ架空の人物が馘首（?）されている珍事が、之を明白に証明している。」「人員整理が不可欠の要点ならば、昨年七月から八ヶ月に三五〇名乃至四〇〇名の自然減少を示している現実と、此際退職希望者を募る事によって相当数が見込まれるし、停年を六〇歳としても八〇余名が包含される。」「首切りに暗躍する主だった重役連中はごく最近の関係者ばかりで会社の実情は余り御存じない。ただはっきりしている事は、既定方針に従って企業整備をやるという事だけであり、理由はすべてそれを合理化するために後から考え出された。その最も明白な事実は、最初の四つの馘首基準が数日後には一一にふえている。こんな馬鹿な事が何処にあり得よう？明らかに企業整備に名を籍りた組合弱体化の陰謀であり、共産党員追放のための大芝居である。そして労働法違反の事実を隠蔽するために、役員でもなく、党員でもない全く忠実にして善良な組合員を犠牲の祭壇に供している。こんな事が終戦後の日本に於て、公然と行われていい筈はない」（日映演東宝撮影所分会「人員整理に直面せる東宝撮影所と教育映画の主張」一九四八年五月一八日　八、一三、二四頁）。

以上のように、組合は、㈠赤字の主因が演劇部門にあり、映画部門については、会社の掲げる数値の誤りないし虚偽を指摘しつつ製作能率は他社と比較してそれほど劣ってはいなかったこと、㈡たとえ『女優』などいくつかの作品の製作原価が高かったとしても、それは経営側の意思決定によるものであって経営権を侵したわけではなく、組合にその責めを負わせるのは経営責任の組合への転嫁にすぎないこと、㈢そして仮に人員整理が必要だとしても直ちに解雇を強行するのではなく、配置転換や希望退職募集、定年制の実施など当然に取るべき手段を尽くしていないこと、㈣さらに会社のいう解雇の理由は人員合理化のために後から考え出されたものであって、今回の解雇は組合弱体化と共産党員追放を企図した「陰謀」であること、の諸点を主張したのである。要するに、組合は、経営赤字はそれまでの会社による経営の仕方が適切ではなかったがための結果である、としてその経営責任を追及することによって、自己の経営への関与による経営権の制約や組合活動による赤字原因の生成をすべて否定し、もってこのことは、今次解雇の意図は組合弱体化以外にはないという論理の組み立てを自覚的に取ったのである。そしてこのことは、また争議前までの経営協議会や企画審議会を通ずる組合の発言権の強力な行使こそが、戦後東宝のすぐれた映画製作を可能にしてきた条件であるという組合の自負＝誇りを自ら潜勢化させることによって、経営赤字を招来せしめた責任の一斑――経営参加しながら赤字の累積など不適切な企業経営のあり方を有効にチェックし、正す努力を充分尽くさなかった組合自身の責任を自己解除するものでもあった。この点について、争議中、五所平之助が「赤字の問題は従業員側に押しつけられている形だが、むしろ其の原因は経営者側の運営のまずさにあるのだ。この点われわれとしても経営協議会に参画していたのだから、経営側の運営のまずさを修正していくことが出来なかったのは、内省している。」（自由懇話会編　一九四八　三六頁）と述べたことは、注目に値する。が、前章で見たように、結果的には具体化しなかったとはいえ、多大の時間を割いて生産復興会議を開き、組合自らが経営危機の原因を探りながら、その打開の方策をさまざまに模索・検討していたという事実――経営危機打開のための組合による積極的な対応についても、ここで触れていないことは、その試みが事実上経営への関与を意味するものとして会社の経営責任の追及ということでの自らの主張のベクトルと齟齬することになるからであろうが、組合の経営批判の論理にいくぶん狭さを帯びさせるものであったことは否みがたい。

その上で、組合は会社が強調するいわゆる赤色労働組合批判に対して、改めて次のように反論を加えている。

④　赤色労働組合問題

会社は「一旦都労委に於て撤回した共産党員の馘首に非ずとの言明を、経営権の侵害、秩序の破壊と結びつけて再び持ち出し」ているが、「共産党員は概して組合活動に熱心であり、組合員の利益の為に奮闘して来た事は事実であり、その為に有能な党員が多数組合役員に選出されているのは当然の帰結と言わねばならない。」しかし、だからといって組合が「民主的に運営されて」いないというわけではない。「組合員の発言は常に尊重され、闘争委員会、分会総会等に於ては常に活発な発言が勧奨され、発言が少く、議題の決定し難い場合には再び職場内の討議に戻し、再度意見が求められている」のであって、「組合が共産党の活動に引きづられていると言うのは自主的組合に対する侮辱である。組合員の発言が共産党員或は組合幹部によって抑えられた事は全くない。」しかも「重要問題の決議は全部総会の席上無記名投票によって行われ」、「今回の紛争は全く組合員全員の自主的な意志に基いて行われて」おり、「組合幹部が引っぱっているもので」も「共産フラクの策謀に基くもの」でもない。「芸術家諸氏も会社の態度に不満を感ずればこそ同一歩調を崩さないのであって、若し従来フラク活動によってその作品行動がゆがめられたり、制約を受けていた事実があれば斯くの如き結束は期待出来ない」。そして「若し今日作品行動を通じて共産主義を宣伝しようとすれば必ずや観客の大半は東宝映画を見捨てるであろう。今日の映画に科《ママ》せられた使命は健全な娯楽と正しい民主主義の普及であり、東宝の芸術家諸氏の念願も亦其処にあると信ずる」（日映演東宝撮影所分会「撮影所分会は民主的な労働組合である」一九四八年六月一五日）と。

　ここでは、組合は、会社による赤色労働組合批判に対して、共産党員の活動家が組合役員に選出されていることを認めた上で、だからといって組合が党の支配下にあるわけではなく、組合運営は自主的・民主的になされており、だからこそ「芸術家諸氏」も組合を支持して統一行動をとっているのであって、仮にその作品が共産主義の宣伝を意図したものならば「必ずや観客の大半は東宝映画を見捨てるであろう」と反論している。組合役員に共産党員がいることを認めながら、組合運営の民主性の有力な証しを芸術家による組合支持に求め、その例証として作品の非政治性をあえて強調したことは、いささか文脈を異にするとはいえ、会社による赤色組合批判への反批判として興味深い。もっとも、ここで組合が「正常な組合活動の範囲を超えている」とする会社の批判に直接答えていないのは、会社の批判そのものが組合幹部に共産党員が多いという推定的事実に依拠するだけで、そのことがどのように組合活動に影響を与え、いかに経営行動を制約したかについての具体的な論拠を明示しての批判ではなかったから、組合が経営権を侵害してはいないとする先の組合文書に加え、ここでの赤色組合批判への反論をもって充分であると考えたとみてよいであろう。

⑤ 映画の産業的特性

以上のように、組合は会社による解雇の必然性や赤色組合批判に対してことごとく反論を試みたのであるが、しかし組合の主張において真に注目すべきは、実は右のような点にあるのではない。映画という文化生産がいかなる性格をもち、その企業経営のためにはどのようなあり方が求められるのか、という点に踏み込んで経営側の失策を鋭く追及したことにある。

プロデューサー本木荘二郎の執筆にかかる組合文書はいう。「会社側は、何かと言うとすぐ『女優』『面影』等の製作費が多くかかり、観客動員が、それに比較して思はしくなかった」と「非難する」が、しかし「興行は昔から所謂『水もの』と言はれている位で、映画企業は他の企業に比べて、その見込み違いの率の多い事は当然で、又逆に見込み違いで大当たりする場合もある。それを知り抜いて、見越して経営して行くのが映画企業の経営者である。第一、一本、二本が経理的には赤字であっても、それに依って企業全体に信用と名誉を得る事がある。芸能事業の場合、このような観客サービスと信用が企業にとって如何に大きなプラスであるかは衆人の知る処である。かかる点にこそ映画企業の妙味があるのであって、この妙味をつかんで経営していく処に、この企業経営者の他企業経営と違う特殊技能が必要なのである。」

「勿論、製作経費が、限度以上にかかっている事は、その作品の製作関係者の責任でありその責任が問はれるのは当然であるが、それにしても、撮影所は、会社側のチェック機関が数多くあり、夫々の責任者が居るのであって、製作関係者のみの責任とは言へない。夫々の作品の製作関係者は、如何なる職能のものでも、夫々の会社側責任者の承諾なくして、独断的に仕事をしたと言ふ事は絶対にない。夫々の機関と夫々の会社側責任者（マネヂメント・スタッフ）の承認を得て仕事を遂行してゐるのである。要するに、撮影所経営が、うまく行かず、赤字を出したとするならば、その責任は、撮影所経営グループとプロデューサーグループ〔傍点原文〕の全責任であって、従業員のかかわり知らぬ処である。それが赤字克服を只その従業員の一方的犠牲にのみ求められてゐるのであるから、誠に以て本末転倒した不可思議な話である。」会社が掲げた数値からすれば、東宝と新東宝の「四対三の人員比率から言って、製作本数は確かに少いように思える。だが、撮影所の能率と言うものは、この様な機械的な数字だけで判断されるものではない。只単に仕事に要した時間、労働力と出来上った数量との比較では判定されない。一本の作品に二本分三本分の時間と労働力が費される場合がある。そしてそれを一概に不経済な生産方法だと言い切る事は誤りである。その様にして生産された作品が、営業面に於て二本分、三本分の力を発揮する場合がある。（勿論この逆もあり得る）要するに映画生産は、この様に実に複雑な関係にあるもので、それだけ運営が難しく、又妙味のあるものなのである。」

他方、「東宝撮影所の昨年度前半期の低能率」は、「撮影所の分裂によるものである。撮影所の機能は精巧な歯車が組合せられて動いてゐるのに、それがプロダクションとしての型を取って分れたのではないから、分れた後の両撮影所が如何に再建に苦しみ、それに時間を要したかは自明の事である。而も、この変態的な分裂を来したことは明らかに会社側の責任であ」り、「他撮影所と比べて当撮影所に人員の不経済ありとすれば、それは両撮影所個々にあるのではなく、東宝企業内の映画製作部門が変態的に二分されてゐると言ふ点にあるのであって、これこそ会社側が自ら好んで招いた当然の結果なのである。」さらに「観客動員数」をみれば、「東宝作品は平均一本三六六万六〇〇〇人といふ全体としての作品の実力を示して居り、殊に、所謂スターのネイムバリューに依る宣伝力（現在の営業方法では未だこの力が観客動員に大きく作用する）の希薄のため、封切時に於ける不利はおおへないにもかかわらず真に作品内容の実力だけで、スターバリューに依る新東宝作品を一本平均四〇万人から引き離してゐる事は見逃し得ない事実である。殊に、コンクール入選作品等は、更に再映の余力を持つものと言へる。従って東宝作品が、製作スタッフの自己満足のみに走って、企業としての考へ方が無きかの如き言辞を口にする人があるが、断じて否である。」

以上を要するに、「マネジメント・スタッフのミス・マネイヂを素直に認めて、出直し、今回の無謀な首切り案を徹回《ママ》して、東宝再建を、労資話し合って真剣に考える可きなのである。そして、東宝、新東宝分立のための無駄と不経済をなくすため、両方が一つの製作部門として再び統一するよう努力すべきなのである。今日の新東宝の作品だけでは、東宝映画に対する大衆の支持を持続することは勿論、新しい観客層を開いていくことはとうてい不可能である。旧東宝が広範囲に客をつかんで来たからこそ、東宝今日のマーケットがよく維持されているのだ。両撮影所の特色を上手に生かしてこそ、全体としての東宝の発展がある。組合側は終始それを主張してゐるにも拘らず、会社側は頑固に耳をかさない。何れが是か非か、全く以て明白な事である」(日映演東宝撮影所分会「会社側発表の数字に対する反駁―東宝・新東宝両撮影所の昨年度実績比較並に現況」文責 本木 一九四八年五月二六日 二一～一〇頁)。

本木荘二郎は、第一に、映画産業が他の産業とは異なって「水もの」といわれるような投機的な側面をかかえているがために、単純に労働投入量の多寡や製作費の高低のような数値では作品の価値を測りきれず、また「経理的には赤字であっても」「企業全体に信用と名誉を得る」作品もあるというように、作品の質的内容が文化生産企業としての社会的評価を高める場合もあるのであって、このような産業の特殊な性格を踏まえて経営していくところに「映画企業の妙味があ」るとともに、「この企業経営者の、他企業経営と違う特殊技能」が求められるということ、第二に、東宝の昨年前半期の低能率は「精巧な歯車が組合せられて動いてゐる」「撮影所の機能」が、新東宝の創設という「変態的な分裂を来した」ことに基因するのであって、それはその分裂を固定化した会社の責任によるものであるということ、そして第三に、新東宝を上回る観客動員数からみて、東宝の「製作スタッフ」が「自己満足のみに走って、企業としての考へ方」がなかったというのは明らかに誤りであること、以上を強調したのである。それは、経営赤字を「撮影所経営スタッフ」だけではなく、自己を含む「プロデューサーグループ」の「全責任」によるという自己批判を含んだ痛烈な経営批判として、まことに重い意味をもつものであった。

その上で、過度経済力集中排除法を奇貨として会社が画策している企業の三分割案についての組合の反論も、文化生産としての映画企業の特殊な性格を訴えて看過できない。すなわち、戦後インフレ下、入場料金の統制と高率入場税、丙種の産業序列による金融難など「絶望的条件の下に映画事業が辛うじて命脈を保っているのは、同一企業内に於ける製作、配給、興行三位一体の相互依存による経営法のおかげである。即ち製作には莫大な資金と設備とを要するため、若し配給部門を包含していない場合は速な製作費の回収は望まれず金融の道は閉ざされている現在企業として成立することは殆んど不可能である。又興行場を経営していないならば配給料金の妥当な算定は困難となり、これ亦製作費回収の支障となるばかりでなく、観客の動向及び企画作品内容の適否の判断を誤り、近代産業として又文化財として、映画本来の使命達成に欠ける所の起るのは明らかである。今日各社が全国的に直営館を経営しているのはこのためである。」「現在の日本映画経済にとっては市場性の最低保証の見透しを持たなくては映画の製作は論じられない。」「少なくとも日本映画の現段階に於ては製作、配給、興行の三部門」は、「相互依存の関係を有するものであり、互いに他を予定し、予想して綜合的経営形態のうちに成長してきた」のであって、「企業の分割は近代産業として、まだ初歩的段階に止まっている現状に破滅的打撃を与えるもの」として「断乎反対せざるを得ない」というのである（日映演東宝撮影所分会「東宝企業を破壊するものは誰か？——企業分割再編成計画の無謀性を暴く——」一九四八年六月三〇日　三〜五、一二頁）。

映画が「文化財」としての「使命」を果たすには、「市場性の最低保証の見透し」を前提に、「観客動向」を的確にとらえ「作品内容の適否」を判断することが不可欠であり、それゆえに三部門の分割は映画企業としての死を意味するに等しい、というこの会社分割案批判は、映画というものの産業的特性の的確な認識に基づく経営側批判として、充分に注目に値するものであった。

その上で、以上に立ち入って検討してきたような、組合による経営批判を貫いているのは、「東宝は渡辺社長以下若干名の重役によって左右されるべきではない。むしろこれらの人たちは東宝とは最も縁遠い人達で、たんに首切りの専門家として、間接には小林一三、直接にはその実弟田辺加多丸によって雇われた使用人に過ぎない」（前掲「東宝株式会社の企業整備に対する組合の反駁」一八頁）。これら東宝とは「今迄縁もゆかりも無かった人達に全く不合理なやり方で馘首されるという事の腹立たしさは、何とも申しようのない心情である」（前掲「人員整理に直面せる東宝撮影所と教育映画の主張」九頁）というごとく、映画と映画産業の何たるかを理解しようともせず、理解することもできない、およそ映画とは無縁の経営者から一方的に馘首される労働側の無念と憤りにほかならない。この争議において、映画とその企業をどうするのか、という最も重要な論点について、労働側の主張が経営側と全く噛み合うことのないままに推移するのは、その意味で不可避であったといわなければならない。そしてこのことはまた映画という文化創造の核心部分を支える論理と熱情という点において、組合側が経営側とは比肩すべくもない地平に位置していたことを意味するものにほかならなかった。

以上、この争議の労使による主要な争点について検討してきた。繰り返すまでもなく、大量解雇そのものの可否、その根拠である経営赤字の生成因と組合活動の関係性等が多角的に問われたのであるが、それを貫く核心は、組合が会社の経営権を侵し、企画決定権を侵害したのか否か、であり、それに付帯して会社と現経営陣が映画という文化生産が固有に要請するフレキシビリティとパースペクティヴを有しているのか否か、にあった。この点に着目すれば、「経理的には赤字であっても」「企業全体に信用と名誉を得る」作品がある、という本木荘二郎の主張は、映画のビジネスと芸術性の一義的ではない関係性を鋭く衝くことによって、この争議を深部において規定していた真の争点を示唆して貴重であるというべきであろう。

ところで、労働組合の要求と会社の対応という点からみると、争点はむろん以上に尽きるわけではない。争議における組合の要求とそれへの会社の対応は、争議の展開過程において新たに生成し、変容するのがむしろ常態であるから、そうした争議の局面ごとにあらわれる個々の具体的な要求と対応については、以下の争議の展開をトレースするなかで触れることにする。

第三節　戦術

(1)第一期

1　東京地裁への仮処分申し立て

第一期における経営側の戦術上の特徴は、解雇発表後、数度にわたり被馘首者や外部支援団体の撮影所立ち入りの禁止と当該建物等の会社への引渡しを求めたにもかかわらず、組合が一向にそれに応ずる気配をみせないばかりか、むしろ撮影所の事実上の組合占有＝組合管理を強めて短期決戦の姿勢から次第に長期の闘いへと腰を据えはじめたために、会社は休業宣言後、撮影所の閉鎖（＝ロックアウト）を通告するが、その実効性を得られないままに賃金の支給停止に踏み切ったというところにある。これに対して組合側は、事実上の撮影所シットインを軸に、争議開始後ほぼ一ヵ月間は、被解雇者とともに自主的に仕掛品の完成作業や製作を続行することによって映画製作の実体を確保しながら、解雇の不当性を訴えて会社の外に繰り出す宣伝活動に従事し、製作作業が会社によって妨げられてからは、都労委の審尋において解雇の不法性・不当性を訴えることによって、自らに有利な審決を獲得しようと努めたところに特徴がある。それは、両者の対抗が折り合う地点を短期的には見いだせないままに、その争闘の主たる場が都労委における審尋に移り、そこでの論争――いわば言論戦に双方とも軸心を置かざるをえない状況となったことを意味するのであって、そのことがまた東京地裁の仮処分執行を求める労使各々の期待感を高めることになり、それが次期の争議局面を規定することになる。

表5－3　第3次争議略年表

時期区分	会社・都労委・東京地裁	労働組合・芸術家会議
第一期	4・8　撮影所組合員二七〇名の解雇を発表 4・16　解雇者氏名を発表し、通知発送 4・20　被解雇者への賃金支払停止 4・27　被解雇者、支援団体の撮影所入所禁止を組合に申し入れ 4・28　本社組合員約八〇名解雇を発表	4・9　芸術家代表とともに年間二八本案をもって会社と交渉進展なし（一二、一五日の再交渉も進展なし） 4・10　撮影所分会総会　三月一〇日の要求四項目を確認し闘争宣言を発表 4・15　撮影所組合三時間スト、その後四時間ストを延長 七二時間ストを決議 4・16　七二時間スト決議を撤回、「不服従」「横ばい」戦術を決定、労組法一一条違反として都労委へ救済申し立て 4・30　分会総会で会社の申入れを拒否

	4・30　五月一日からの撮影所休業発表 5・3　営業部組合員に解雇通告 5・4　関西支社組合員に解雇通告 演劇部組合員に解雇通告 5・5　九州支社組合員に解雇通告 5・10　東京地裁に仮処分申し立て 5・11　第二回都労委小委員会 5・16　北海道支社組合員に解雇通告 5・25　六月一日から撮影所閉鎖と賃金支給停止を通告	5・4　分会総会で撮影所休業の拒否を決定 5・6　東京地裁に仮処分申し立て 撮影所再建同盟南里今春を除名 5・11　日劇ダンシングチーム約六〇名組合脱退 5・12　不当弾圧反対労働者大会開催 5・15　「働く者の文化を守る会」開催 5・18　「民族文化促進大会」開催 5・23　九州分会一八時間スト 5・25　分会総会で会社通告拒否を決定
第二期	6・1　撮影所閉鎖を掲示し賃金支給停止 6・15　都労委第八回小委員会 6・17　組合交渉不調 6・18　株主有志大会撮影所閉鎖決議 6・26　分会連合会交渉不調 6・28　全映演・演従との賃金交渉不調 6・30　全映演・演従との賃金交渉妥結 7・12　社長警告、所長声明を発表 7・14　撮影所マネ・スタ「撮影所再開の方途について」発表 7・17　所長声明を発表 7・26　会社撮影所マネ・スタ芸術家代表と協議	6・6　家族大会開催 6・8　新演伎座と『小判鮫』製作の覚書締結 6・10　被解雇者城田勝雄自死　6・13　城田組合葬 6・16　営業分会全国一斉スト　中部分会二四時間スト 6・18　撮影所再開案会社に提出　「日本文化を守る会」第一回大会 6・19　北海道分会七二時間スト 6・24　九州分会二四時間スト 6・28　営業分会二四時間スト　営業・本社約三〇名組合脱退 7・1　中部分会六時間スト 7・2　同分会一九時間スト　北海道分会三時間スト 7・5　民主化クラブ結成 7・7　芸術家会議「共同声明」発表　民クへの自粛要請 7・15　分会連合会大会　民ク退場 7・16　民ク東宝撮影所従組結成

8・7 所長撮従の書記局設置要求承認
8・9 都労委撮従書記局設置をめぐる衝突に斡旋
8・11 東京地裁新村判事撮影所視察
8・13 東京地裁会社申請仮処分執行を決定
8・14 仮処分執行組合により阻止される
8・16 都労委末弘会長調停申入れ
8・17 末弘申入れに拒否を回答
8・18 撮影所マネ・スタ一一名辞表を提出
8・19 東京地裁仮処分強制執行

7・18 全映演ら四労組東宝従組連合会結成
8・2 東撮従組所内書記局設置の試みを排除
8・3 製作再開促進臨時分会総会　幹部改選案否決
8・9 撮従書記局設置をめぐり衝突
8・10 撮従を所外に排除　馬淵と交渉
8・12 芸術家会議現経営陣の下での製作拒否声明
8・17 末弘申入れに条件付受諾を回答
8・18 撮影所動画現像室より不審火発生
8・19 仮処分執行受入れ撮影所一時退去

第三期

8・26 都労委最終審議のため組合より事情聴取
8・31 都労委会社より事情聴取
9・2 撮影所マネ・スタ六名解雇、藤本真澄の依願退職承認
9・16 「末弘覚書」発表
9・27 都労委臨時総会　労使最終陳述
9・30 組合との「覚書」締結後、交渉入り
10・1 組合との交渉（以後、二、五、七、八、九、一二日）
10・7 「撮影所再建計画」発表
10・12 「東宝再建並に争議解決に関する会社の根本方針」発表
10・16 組合の斡旋申入れ拒否、自主交渉を回答
10・18 会社首脳と組合幹部の私的頂上会談で幹部自主的退職での争議決着基本合意

8・21 北海道、中部、九州分会仮処分執行抗議スト
8・23 関西分会抗議スト
9・10 東京地裁に仮処分執行の異議申し立て
9・20 分会連合会会社に交渉再開申入れ
10・4 「紛争解決に関する組合の態度」決定
10・11 田邊前社長、安藤監査役を資金調整法違反・金融措置法違反として告発
10・13 都労委斡旋による交渉を会社に提案
10・15 都労委斡旋による交渉再開等三項目会社に申入れ
10・17 一九日午前〇時からのスト指令発
10・19 全国ストに突入

10・19 分会連合会との正式交渉により妥結
「覚書」に仮調印

10・19 午後三時スト中止指令発出
10・20 拡大職場会議
10・23 分会総会「覚書」承認

（出所）会社労務課『東宝第三次紛争日誌』日映演東京支部東宝撮影所分会『日映演東宝撮影所分会を中心とする今次闘争の経過』一九四八年一〇月三〇日等により作成

四月八日の解雇の発表とその後の数度の交渉の決裂、および四月一六日の解雇通知の発送によって解雇が既成事実化しはじめるなかで、しかし組合が解雇前と同じように出勤し、「不服従闘争」と名づけた仕掛品の完成作業と既定作品の製作作業および「横ばい闘争」と名づけた街頭宣伝活動を含む闘争支援を求めての対外的なアピール活動を続け、被馘首者も外部支援団体も依然として自由に撮影所に出入りし徹底抗戦の姿勢を崩さない事態は、会社にとって、ある程度予想はしていたものの戸惑いは隠せないものであった。会社は、まず四月二〇日をもって被馘首者に対する給与の支払いを停止するとともに同二六日映画製作資金の支給を打ち止めた上で、翌二七日外部団体と被馘首者の撮影所立ち入りの禁止を組合に申し入れるが、組合に拒否され、四月三〇日をもって撮影所の休業を宣言し、①『白い野獣』『ジャコ萬と鉄』『女の一生』『青い山脈』の製作作業の一時中止、②従業員の自宅待機、③撮影所の鍵その他の付属品の会社への返還、④解雇受諾者への退職金の支払いなどを組合に通知する。しかし組合は、同日午後、撮影所分会臨時総会を開き、この会社命令を全面的に拒否し、逆に撮影所「正面前にバリケードを築き、砂、旋風器《ママ》、ホース等を用意し」（「本社通報　労務情報」第一九号　一九四八年五月五日）て、撮影所の事実上の組合占拠を一層強める。会社は、五月四日、これに対して撮影所長の許可のない者の立ち入り禁止と組合事務所の使用禁止および撮影所内での組合活動の全面禁止を組合に通告するもののその実効性は何ら確保されず、むしろ組合をして、会社による組合員の業務遂行の妨害禁止と撮影所の休業禁止＝法廷管理による作業続行を内容とする仮処分を求めての東京地裁への提訴（五月六日付け）を惹起するなど逆効果となる。組合が撮影所に依然盤据し、むしろ守りを一層固めて提訴したことは、会社命令が全く無視されたままに争議の長期化を予想させるものであったから、会社は製作資金の供給停止によって、それまで組合管理のもとに続行されてきた製作作業を中止に追い込むだけではなく、本社、営業部をはじめ各支社に解雇を拡大した上で、五月一〇日、組合による事実上の撮影所占有・管理を解き、会社への管理の移管を求める仮処分の決定を東京地裁に申請する。

もっとも、それが組合による仮処分申請の後であったことから、一般には会社の対応が後手に回っているとの印象を与えたが、むしろ会社にとっての最大の援軍は、四月一二日に「経営者よ正しく強かれ」と呼号して発足したばかりの日経連（日本経営者団体連盟）が、同じ五月一〇日に政府に宛て「経営権確保に関する意見書」を発表し、東宝争議における組合を公然と批判して会社を全面的に支援したことである。

東宝株式会社は率先今回企業整備に着手し、その一方途とし一部冗員の整理を断行し世上紛議を惹起して居り事態必ずしも楽観を許さざる現状であるが、事茲に至る由縁のものは同社が組合の強烈な労働攻勢を受けて完全雇用の名の下に経営限界以上の冗員を抱え、人員整理は勿論合理的な配置転換すらも出来得ず、自然非生産的な業務の増大となり、能率の低下を招き、為に経費は膨張の一途を辿り、加えて高率な課税に依る収入減と相俟って会社経理は厖大な赤字を生み、現況の儘で推移せば会社は遠からず解散の運命を見ること必至の状況に直面し、会社は幾度かの労資懇談に依って平和裡に会社の再建を企てたるにも不拘、一部従業員は他の外部団体の支援と相俟って強硬に会社の再建を拒否した結果会社は自衛上已むを得ず経営権に属する人事権を発動し今回の措置に出たものである。〔中略〕近時労働権の運用に付て一部の組合は兎角法の意図する所を逸脱し本来的に経営権に属すべき人事権、経理権等を不当に侵害し、日本の再建を妨げて居る。〔中略〕斯る現状に於て今日此の儘放任せば各企業は殆んど倒壊するの最後の関頭に立至り、茲に経営者は断乎として経営者が本来保有する経営権を行使し速かに自立体制の確立を計る以外に自衛の道なしと深く決意するに至ったのである。〔中略〕東宝問題は偶々企業再建整備の一の事例に過ぎざるも、当連盟は同社の採りたる今回の措置は会社自衛上正当なる経営権の行使であり、同時に万一本件にして否定的措置を採られるならばそれが成否如何は直ちに経営者全般の正当なる経営権行使の制約となり今後の企業再建を全く不可能となす点を確認し、日本経済再建の為全幅的に之を支持する決意を有するものである（日経連「経営権確保に関する意見書」一九四八年五月一〇日　日経連創立十周年記念事業委員会編　一九五八　一〇〇頁）。

東宝の今回の措置を、組合による経営権の侵害を排して冗員を整理し企業を再建するための「正当なる経営権の行使」として「全幅的」に支持する、というこの日経連の「意見書」が会社の主張するところをそのまま追認したものであることは明白であるが、むしろ注目すべきは、当時組合によって制約された経営権の奪回を当面の使命とし、いわば財界労務部としての機能を担うものとして設立された日経連が、その最初の格好のターゲット＝「経営権確保を最も必要とする顕著な事例の一つ」（同九頁）「経営権確立のテストケース」（日経連三〇年史刊行会編　一九八一　二二頁）として東宝争議を取り上げ、会社に対して「総力をあげて支援体制をとった」（同）ということである。それは、東宝の争議が、一企業における当該労使の紛争という域を超えて、経営権の奪回をめぐる日本の労使対決の焦点としての性格を帯びるに至ったことを意味するものであった[12]。

この間、注目すべきいま一つの動きは、解雇通告が発せられた翌四月一七日、解雇対象者のなかに演出家が四名入っていることもあって東宝の演出家たちが、戦時下に解散を余儀なくされた日本映画監督協会をさしあたり東宝の監督だけで結成し、五月初旬をもって他社の監督に正式にそれへの参加を求める「日本映画監督協会設立趣意書」なる文書を発表したことである。それは、東宝の演出家たちの切羽詰った思いが込められた痛切なものである。

日々の新聞紙上その他で、すでにご承知の通り、東宝では大量馘首に対しての紛争が起ってゐるが、劇映画の演出者四名にも累が及んだため、急遽それに対処すべく、とりあへず東宝の監督だけで、去る四月一七日に監督協会を結成し、会社に対しての団体交渉権を獲得して目下接衝《ママ》を重ねてゐる。かねてから、各社監督の間に監督協会設立の要望があり、若干その準備を進めて来たのであるが、今、急に東宝の監督だけで独断的にそれを結成し、日本映画監督協会を僭称したことは、他社の監督諸賢に対し、甚だ無礼且つ僭越なことと、深くその罪を謝するものである。しかしながら、あえてそれをなさざるを得なかった切迫《ママ》つまった事情と、また、将来を考慮の上日本映画監督協会と名称を付したことをご諒承の上、何分の御海容を賜り度いと思ふ。

さて、今回の東宝の紛争があっても、なくても、監督協会を作らねばならぬ要因は、日一日と強まりつつあると考える。その具体例二三を挙げれば、一　映画事業不振、または製作費暴騰に名を借りて、製作より興行へと資本を移行し、事業の主体を興行本位になしつつある。二　これにより、映画製作の条件は益々悪化し、映画芸術の危機を招きつつある。三　これが直接にはわれわれ映画監督の生活権を脅かし、且つ、われわれの芸術上の主体性を奪い去ろうとしている。等々われわれ映画監督にとって、その芸術を護るためにも、生活を護るためにも容易でない事態がすでに来てゐるのである。

それに対するには全映画界の監督が一丸となり強力な組織を持って、自衛をする以外に道はない。勿論、各社に於て、それぞれ異なる立場や条件もあるだろうが、映画を愛し護るという基本的な線に於て変る筈はない。以って監督協会設立の趣意となす所以である。事を急ぎすぎるようだが、われわれの当面の目標は、次の如きものであらうか。

一　映画芸術の擁護　二　監督の生活権の擁護　三　映画著作権の確立　四　親睦社交機関　五　国際的機関

之等の目標を実現する為には、監督の職能組合（クラフト・ユニオン）的性格をもつことも一つの問題として考へられる。また、もしこの線で進めるとすれば、現在の日映演、全映演との関係をいかにするか。等々懸案は多い。

いずれにせよ一刻も早く準備委員会を持ちたいと願い、非礼をも顧り見ず、あえて提唱する次第である。

一九四八年五月初旬

東宝演出者一同

代表　衣笠貞之助

東宝を代表するばかりではなく、当時の日本の映画界の有数の演出家たちが、あえて「独断的」に監督協会を結成し、それを「僭称」したのは、演出家の横断的組織をつくることによってこの解雇問題を映画界全体の問題として取り上げ、何らかの有効な対応策を監督協会という立場から取ってほしい、という希求によるものであった。当時大映に所属していた牛原虚彦は、五月三日、この「趣意書」を受け取って直ちに大映東京撮影所の監督会に諮り、「全監督の賛同を得て」この「設立準備会に参加を決定、その日に東宝撮影所を訪問」し、他社および無所属の監督にも呼びかけて「日本映画監督協会再建準備委員会を結成する」ことを約束する（牛原虚彦　一九六八　二五二頁）。が、五月九日松竹大船撮影所で開かれた打合せの会議では、小津安二郎が「戦前の監督協会に対する反省も含めて、東宝の監督諸氏が、必要に迫られて勝手に協会をつくり、それに参加せよと呼びかけるのは失礼である。日映演とは何らの関係ない大義名分の通った監督協会とすべきだ。だから最初の中は親睦機関でいいと思う。今一度、各社単位別に準備委員会を開き、その代表委員が参集して正式に準備委員会をもつべきだ。と強硬に主張」し、「東宝代表との間にかなり激しい応酬があった」ものの、「結局、小津案を中心に、各撮影所で検討の上、改めて準備委員会を開くこと」になる（同）。その後の五月二五日の会議でも、松竹側は「クラフト・ユニオンとして、結成の理由、目的を明確にしておく」こと、「東宝問題とは切りはなすこと、従って東宝問題解決以後に発足すること」と主張し、大映の「この際クラフト・ユニオンとして一日も早く結成の必要があり、東宝監督部の問題も監督協会自身の問題としてタッチすべき問題ではないか」という東宝の立場に配慮した意見と対立するが、むしろ留意

山本嘉次郎
五所平之助
成瀬巳喜男
豊田四郎
黒澤明

すべきは、東宝自身が「一日も早く監督協会が結成されることを第一義的に見る」けれど、しかし「経営側は、監督協会の結成を、組合の分裂と見なして逆に利用する恐れがある。従って正式結成は東宝問題解決後にした方が、組合との関係においても円滑にゆくと思う」（同二五二〜二五三頁）と、当初の早期結成から後退する姿勢を示したことである。後に立ち入ってみるように、五月に入り、東宝の撮影所内において新たな組合分裂の動きが台頭したために、クラフト・ユニオンとしての監督協会の結成が、日映演からの分裂とみなされて経営側によって組合弱体化に利用されるおそれがあるという東宝内部の事情が、東宝の演出家の態度転換を惹き起こした理由であった。

こうして当初東宝の演出家たちが期待した早期の監督協会の正式結成とそれによる東宝解雇問題に対する積極的関与は、自らの状況の変化もあって実現することはなく、結局監督協会が正式に発足するのは、東宝の演出家が趣意書を発表したちょうど一年後の一九四九年五月四日であった。それは東宝の第三次争議決着後半年以上も後のことである（柿田清二　一九九二　七四頁）。

2　賃金支払い停止

ところで、労使が各々仮処分を申請してその主張の正当性を争う都労委での審尋が、五月一一日から、末弘巌太郎を委員長としてはじまる。解雇の根拠とその基準の説明および被解雇者個々人の馘首理由についての会社側陳述の不整合や、マネジメント・スタッフの会社側証人としての陳述が組合の反感を買うなど、都労委での攻防が、この時点では争議の半ば主戦場と化しつつあった。例えば、「会社側は組合活動の行過ぎにつきデタラメな意見が述べられ、マネジメントスタッフの組合への裏切り的発言は組合員の憤激を買った。組合との全面的な協力によって、この闘争を円満に解決したいと映画への情熱を示して居たマネジメントスタッフも、その場にくれば悲しい自己防衛からデタラメ発言をせねばならぬとは哀れである。殊に藤本真澄の製作責任者としての責任回避的発言は組合員を怒らした。」（五月一四日第二回小委員会）（日映演中央闘争委員会「中闘日報」第二一号　一九四八年五月一九日）あるいは「会社側は提出書類のウソをつかれて、うろたえ」、「赤字の虚構をシンラツに突かれ相当の混乱を見せた」

（同　一二二日第三回）（同　第二二号　一九四八年五月二四日）り、さらに個人審査で技倆の高い成績のよい技術者が馘首対象とされた理由の説明も組合に反論されて、会社は「しどろもどろの要領を得ないことを繰り返し」たり、「北岡はグーの音も出ず、助けを藤本製作責任者に求め、藤本氏は又要領を得ぬ伊藤武郎論を述べたに過ぎ」ない（同　一二六日第四回）（同　第二三号　一九四八年五月二九日）などというように、組合にとって都労委の場は会社の不備を突く格好の場と化した[13]。

しかし、これまで会社側スタッフではありながら、映画製作のために芸術家たちや組合と緊張を潜在させながらも緊密な協力関係を構築してきたマネジメント・スタッフが、法の場で会社側に立ってそれに有利な発言を繰り返したことは、組合にとっては文字通り「裏切り」行為として映らざるをえず、それはまた映画製作のための現場での人的な信頼・協力関係に亀裂をもたらすものとして深刻な意味をもつものであった。藤本真澄は、後に「馬淵重役も映画のことには通暁していなかったため、撮影所の製作の実際については私が答えなければならなかった。」「伊藤武郎以下何十人もの組合員や芸術家を相手に、ひとり闘わねばならぬこともあり、苦闘した。共産党員だから解雇するということは建前上、言えない。従業員として不適格だからというのが、あくまで解雇の理由である。共産党員の中には組合中心の活動ばかりして従業員として不適格の人もずいぶんいたが、優秀な人材も少なくはなかった。それらの人の解雇理由を述べるとなると、あるときは白を黒とも言わなければならない。自分が本当に考えていないことを事の成り行き上、証言しなければならないのは本当に辛いことだった。いま思っても、この十数回の都の労働委員会での審問は慄然とするものがある。」（前掲、尾崎秀樹編　一九八一　一九五～一九六頁）と述懐している。会社の立場からする発言にいかに無理があったかを示して看過できない。

すでに繰り返すまでもなく、五月一八日、会社は組合に対し、撮影所の休業を通告したにもかかわらず組合による占有・管理という事態に変化がないことを理由に、被馘首者と外部団体の立ち入りを止めない場合は、五月末をもって撮影所を閉鎖（＝ロックアウト）し、会社が就労を認めた者以外のすべての従業員に対する給与の支払いを打ち切る旨を通告する。通常、会社による生産現場のロックアウトは、とくに製造業の場合、そこから組合員を排

図５－１　組合組織図（1948年5月25日現在）

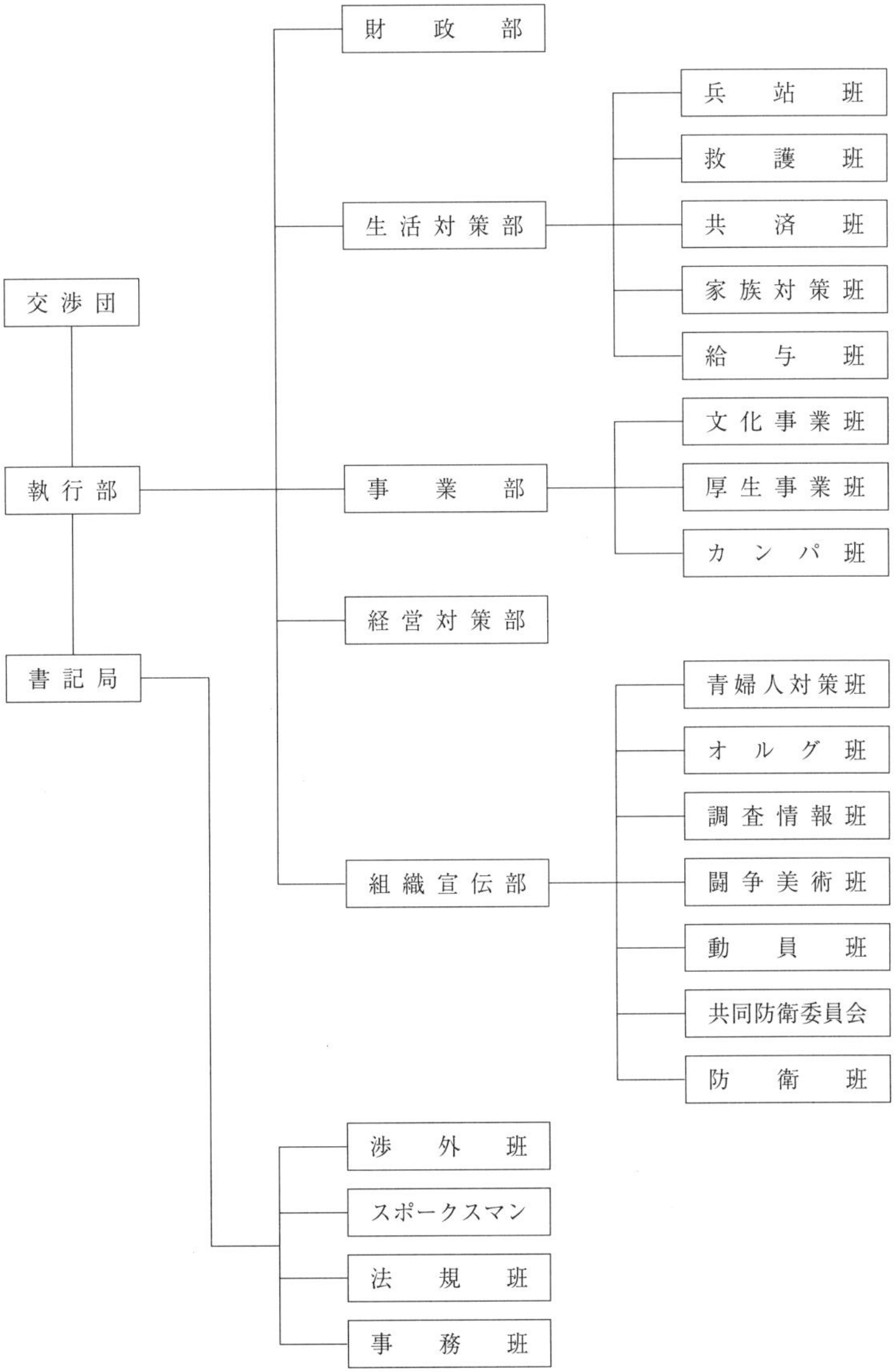

出所）「中闘日報」第23号1948年5月29日

除することによって組合のストライキを阻止し、あるいはその効力を無化させる最も強力な経営側の争議戦術であるが、ここではすでに資金提供を打ち切って組合による映画製作作業を中止させていたから、経営側にとってその狙いは撮影所から組合員を排除することにあった。しかし、五月二五日、分会総会をもって組合は会社の命令を拒否し、むしろ逆に会社に一七項目の要求を突きつけるとともに「長期戦の構えを完全に敷くことが勝利の鍵である」(「中闘日報」第二三号　一九四八年五月二九日)として、長期にわたる闘いへの覚悟を組合員に促す。すでに給与を停止されていた被解雇者に対し、組合は組合員に賃金の一律二〇%の拠出を求め、それをプールして貸付金として支給する措置を取っていたが、六月からの組合員全員の給与停止措置を控え、財政面での活動の再組織化も重要な課題となった。図5-1の組合組織は、こうした状況を踏まえて五月末に改編されたものであり、そこでは事業部などを新たに設置して予定される賃金停止措置に備えたのである。

その間、組合は争議中警察による弾圧を受けた愛光堂を傘下に有する印刷出版労組や新聞通信放送労組など文化産業の単産と連携して、「文化産業労働組合共同闘争委員会」を組織したほか、作家や詩人、評論家などいわゆる文化人に呼びかけて設立した「東宝映画を守る会」や「民族文化を守る会」を「日本文化を守る会」(代表羽仁五郎)に発展的に改組するなど、組合関係以外にも支援の輪を拡大しようと試みる。改めて繰り返すまでもなく、ここにいう「民族文化」とは、何よりもインフレ下ただですら日本映画の製作が困難に直面しているなかで、東宝が新作製作の中止に追い込まれ、国内映画市場での日本映画のシェアが外国映画に侵食されつつあるという市場状況を前にして、日本映画を外国映画の席捲から守れ、日本を外国映画の植民地にしてはならないという意味であり、時折争議に干渉する占領軍に対する反発があったとしても、いわゆるナショナリスティックな民族意識とは異質であることは留意すべきであろう。[14]が、むしろ注目に値することは、こうした試みを通して組合が、この闘争を映画という文化創造の担い手に対する攻撃として、「文化闘争[15]」というより広い社会的・文化的コンテクストに自覚的に位置づけようとした点である。それは、組合がこの闘争を単なる解雇反対闘争から、民主日本における芸術・文化創造の自由にかかわる問題へと拡げていったことを意味するものであり、この闘争が、経営側にとっては経営権奪回の、組合にとっては解雇撤回と文化創造の自由にかかわる闘いとして、すぐれて複合的な性格を帯びることとなったゆえんである。

なお、この間、九州支社所轄の戸畑映画館や長崎電気館など地方の直営館において解雇反対をめぐり分会独自の判断でストライキに入るところも出てきたが、この興行の最前線におけるストライキ＝映画興行の中止は、会社にとっては最も忌避すべき戦術、逆に組合にとっては困難ではあるが最も有効な戦術として、次期の争議展開に無視しえない影響を与えることとなる。[16] その上で、留意すべきは、五月一七日、第二次争議による分裂後は磐石を誇っていた撮影所内部に、俳優の南里金春ら組合執行部批判派六名が組合を脱退し、「東宝再建同盟」なる組織を結成して公然と組合批判をはじめたことである。もっとも、彼らは全映演などとの組織的・思想的な連携もなく、その活動がむしろ個人的なパフォーマンスとして終始するというところに特徴があったが、しかしこれは、その後にはじまる撮影所分会の新たな分裂の魁をなすという点で、組合にとっては看過することのできない動きであった。

最後に、この第一期において逸することのできないことは、アメリカ第八軍による争議へのあからさまな介入についてである。GHQは、CCDを中心に、すでに第一次・第二次争議での組合の動向をさまざまなチャネルを通して把握していたが、この第三次争議についても既存のチャネルや会社側リエゾンなどを通して多くの情報を収集し、分析していた。しかし、CCDとは別に連合国陸軍部隊に属する米第八軍が、発生直後からこの争議について独自に情報を集め、むしろ争議そのものに積極的に介入してきたことは看過できない。具体的には第八軍の労働課長カーツ中佐が、五月一一日から一四日にかけて三回にわたり会社側と組合側の代表者を召致して双方の主張を聴取し、第八軍の見解を申し渡したのがそれであるが、しかしその内容は会社側に肩入れするきわめて一方的なものであった。

五月一一日は、会社側北岡所長、関口敏雄総務担当、組合側伊東一男と「行動隊員らしきもの」の二名が「出頭」し、「組合の権限ある代表者出頭すべき旨命ぜられ正式会談に至らなかった」ものの、北岡による「禁を犯して被解雇者及び多数の友誼団体と称する産別労働組合、共産党細胞、青年共産同盟、朝鮮人連盟等が入所し毎日デモストレーションが行はれてゐる」との「撮影所の実状」についての説明に対し、カーツは、「それは不法行為でありかかる不法侵入者は警察に訴ふべきものだ」と言明する（〔会社側文書〕マル秘「第八軍本部労働課長カーツ（Kurtz）中佐との会見録要旨」）。

翌一二日は、会社側渡辺、北岡、馬淵に組合側土屋、香取及び「リポータ《ママ》」四名が出席し、カーツが「米軍は労資双方に対し公平なること労働組合には同情的なること」を述べた後、「①欠損が続けば事業は継続されないこと②諸君のイデオロジー《ママ》は利潤を否認するが如きも〔の。〕（組合の宣伝文書を示し）かかる思想を棄てなければ、生活はできないこと③経営者は能率増進の為、人員を減少する正当な権限を有すること④会社は経営に関して専ら権限を有すること⑤集中排除法に基く企業分離に反対するが如きは、全く組合の越権なること」などを「教示し」た上で、基本賃金、産業平和条項、経営者の権利の不可侵、組合の自由の尊重、「必要以上の人員を加へない事」などの内容を含む「労働協約を締結して速かに平和的に解決すべきである」と主張し、協約締結について第八軍労働係のカルベルトサン中尉の斡旋を申し出る。これに応答して、北岡がこの協約は「撮影所分会と撮影所との間に締結すべきなり」と発言したのに対して、「カーツ氏は同意された」が、土屋がそれは「全国組合と協約すべきものである」と反論し、正式には日映演本部で検討後回答するとして、次回に持ち越される。なお会社側組合側ともに協約締結に関するカルベルトサン中尉の斡旋については「受諾」すると返事する（同）。

一四日は会社側北岡、高津　組合側土屋、伊藤（武郎）、浦島、「レポーター」二名が出席し、まず組合が「撮影所限りの協約締結には応じ難き旨、回答」するとともに、先に同意したカルベルトサン中尉の斡旋についても検討の結果受け容れられないと拒否したのに対し、カーツは「それは争議を解決する誠意がない」「それは労働運動に非ずして政治行動である」などと組合を非難する。またカーツが伊藤に「プロドューサー《ママ》は会社の代表者であって、組合に入るべきに非ず」として、この点につき組合として「何等かの行動を採ったのか」と質したのに対し、伊藤は「主旨は賛成なるも急には実行し難き旨」答え、また協約締結に関して北岡の「全国的なる団体は撮影所の従業員に非ざる者に支配せられ、且つ共産党のフラクションに依りて支配されるから、之と協定を結ぶことは希望しない」との発言に、伊藤が「日映演の多数は共産党員でない、共産党は日映演に勢力を有しない」と応答したのに関連して、カーツの「お前は共産党員か」との問いに伊藤が「然り」と答えると、カーツは「共産党員が議長であって共産党が勢力がないとは信ぜられぬ」と述べ、これに伊藤が「組合は民主的に運用されるから議長は影響力がない」と応答し、さらにカーツが「お前は虚言を吐く余をゴマ化すな」と「叱り且つ微笑した」。結局カーツは「この争議から手を退く。組合は平和的解決の誠意がない。裁判所が問題を決定するだろう。」と述べて、この一連の会談は終わった（同）。

以上から明らかなように、この会談は第八軍労働課長カーツ中佐が「労資双方に公平」「組合に同情的」と口ではいいながら、実際は会社の主張をそのまま是認し、それを権力を背景に組合に受け容れるように圧力をかけ、それを拒否する組合を「平和的解決の誠意がない」と非難した場となったに過ぎない。カーツにすれば組合の抵抗は意外に強かったということになろう。それゆえに彼は「この争議から手を退く」「裁判所」の決定に委ねるといわざるをえなかったのであるが、しかし第八軍は担当者が変わってもその後も何かと労使双方を呼びつけては組合に圧力をかけ、結局はこの争議のクライマックスをなす第二期の八月一九日の裁判所による仮処分の執行の際には、撮影所近隣の外国人家族の保護を名目に、日本の警察を差し置いて自ら先頭にたって撮影所を包囲するという行動に出ることになる。こうした第八軍の異例な行動を惹き起こす最初の蠢動を、この会談から嗅ぎ取ることはそれほどむつかしいことではない。この点から見ても占領軍は明らかに労働組合に対する対応姿勢を転換させていたのである。

(2) 第二期

1 「民主化クラブ」の結成

第二期において会社側が試みた戦術上の特徴は、争議の長期化による市場の収縮や累積する経営赤字に促迫されながら、解雇の実効性を確保し、組合による撮影所の占有・管理状態を打破しようとして、新たに生まれた撮影所の分裂派＝民主化クラブおよび全映演等と組んで仮処分の執行の条件を作り出すために、意図的・作為的に組合と小競り合い＝衝突による騒擾《そうじょう》状態をつくるなど、争議の局面を自らに有利に転換させるために積極的に動き出したところにある。その成果が、八月一九日のかの「来なかったのは軍艦だけ」といわれた東京地裁による仮処分の執行であった。これに対して組合の戦術上の特徴は、撮影所の占有・管理の堅持を前提に、それまでのように地労委・地裁での法廷闘争に過度に依存するのではなく、経営側にとって手痛い地方支社所属各分会の直営館でのストライキを組織しながら、撮影所に新たに生まれた分裂組合に対抗して芸術家、マネジメント・スタッフに積極的に働きかけつつ会社に製作の再開を迫る一方、生活資金の獲得と闘争支援の訴えのために促成の小劇団によって各地の映画館や組合を回り、あるいは全国の組合に闘争支援の訴えに入ることによって、闘争の外延的拡大を通して会社に解雇の撤回と製作の再開を迫ったことである。しかし、総じてこの期の組合側の闘いは、会社指名による就労組合員以外の給与の支払停止措置を受けて、闘争資金ばかりではなく組合員の日々の生活資金を捻出するための活動に少なからぬエネルギーが注がれ、組合を無視して民主化クラブに軸足を移していく経営側を追い込んでいくのに一層有効な戦術の案出・駆使という点では、やや手詰まりの状態にあり、このことが次期の争議の帰趨を規定していくことになる。

六月二日、日映演中央闘争委員会の専門部として、東宝各分会から選ばれた委員をメンバーとし宮島義勇を議長とする東宝対策委員会が設置され、日映演の東宝争議指導は基本的にこの組織に統一されることになったが、闘争の具体的な展開は時々の状況に即応しながら東宝各分会が担うというそれまでの基本的方向には変わりはなかった。闘争組合は、六月七日から三日間、各地方分会に送り込んでいたオルグを集めて地方での闘争の進捗状況を確認するとともに、各支社経営陣に対し、企業分割反対や解雇反対などの統一要求とともに分会ごとの独自要求を突きつけ、その実現のためにはストライキも辞さないという方針を打ち出す。当時、分裂攻撃にさらされていたとはいえ、東宝直営館約七〇のうちおよそ半分以上が日映演の傘下にあり、それらが各々の判断でストライキに入るならば、会社にとっては充分に打撃となりうる脅威であった。現にその後、各分会は独自にストに入ることになるが、そうした矢先の六月一〇日朝、「P・C・L時代より勤続十数年、録音課より共済会に転じたが、真面目な人で内気なところもあり四月八日馘首発表されて以来、これを気にして神経衰弱気味で欠勤をつづけていた」(「中闘日報」第二七号　一九四八年六月一一日)城田勝雄(四四歳)が、自宅で縊死《いし》しているのが発見される。組合は、これを馘首や賃金停止など会社の非道による犠牲者として組合葬をもって弔い、「大きな憎しみと怒りにもえて会社がわの責任を追求し、抗議する」(東宝撮影所分会「闘争日報」第三八号　一九四八年六月一二日)としたが、すでに組合員に精神に異常を来たす者も二名ほど出ていたなかでのこの自死は、組合にとってある種の困惑をもたらすものであったことは否定できない。会社の過酷な措置とそれに対する組合の強硬な抵抗という争議の厳しい現実が、組合員の身体と精神に強い緊張と深い翳《かげ》を与えていることを、この出来事が改めて浮き彫りにしたからである。

六月一七日、組合は会社に対して、この①城田勝雄の自殺に対する責任を問い、これに②未払い給与の支払い、③撮影所の再開、④団体交渉再開の要求を加えて交渉を求め、会社側と四月の決裂以来二ヵ月ぶりの交渉をもつ。この交渉には、五所平之助や黒澤明、亀井文夫、関川秀雄などの演出家も出席したが、そこでの馬淵威雄の不誠実な発言が彼らを強く刺激して憤激させ、結局交渉は全くの不調に終わる。その時の情景を、黒澤明は後に次のように記している。

この労務担当の重役は、ストライキに勝つためには、どんな汚い手段でも平気で使った。或る時、新聞に、私が組合に強制されて、作品の中にある科白を挿入した、と書かせた。それは、事実無根だし、そんな事をしたとあっては、映画作家として世間に顔向けも出来ないから、釈明を求めると、ケロッとして御本人がそう言うんだから間違いないでしょう、と謝った。しかし、謝っても、デカデカと書かれた記事はもう読まれた後で、訂正記事は出たとしても小さな活字でせいぜい二、三行だ。それを計算した上で、平気で謝るのである。その態度の卑劣さに、関川（秀雄、監督）が激昂して、テーブルを叩いて責めた時、テーブルのガラスが割れた。そうすると、翌日の新聞に、交渉中に会社重役が監督の一人に暴行を加えられたという記事を書かせて、それを詰問すると、また平気な顔で謝ってみせるのだ。私達は、この汚い手段にかけては天才的な重役と、赤い物を見ると判断力を失う社長のコンビネーションには、全く手を焼いて、今後、この二人とは絶対に仕事はしない、という声明を出した（前掲、黒澤明　一九九〇　三〇五〜三〇六頁）。

黒澤の怒りが伝わってくるが、この二ヵ月ぶりの交渉は、会社の不誠実と卑劣さを刻印することによって監督たちの態度を一層硬化させることとなった。翌六月一八日、組合は東宝対策委員会を開催し、会社に対し①給与（会社指名就労組合員）の改訂、②馘首撤回、③製作の再開、④企業分割反対、⑤団体協約の締結の五点の要求を決め、これについての団体交渉の開催を求める「申入書」を一九日に提出するが、二二日会社は基本的にいずれの要求にも応えることなく拒否する。[17] ただし、①の給与については「近日中に」発表する、③の「撮影所の製作再開については、撮影所において貴組合撮影所分会と具体的に協議すべきものと考える」（東宝社長渡辺銕蔵　日映演東宝分会連合会宛て「六月一九日の組合申入れに対する会社回答」一九四八年六月二二日）と述べ、とくに後者の製作の再開については組合との話し合いをもたざるをえないとの認識を示したことは、留意に値する。その間、北海道分会が七二時間スト（一九日）を、九州分会が二四時間スト（二四日）を敢行したこともあり、マネジメント・スタッフの堀場伸世の努力により会社は拒んでいた組合との再度の団体交渉に応じ、給与の問題を中心に二六日と二八日の両日、話し合いが行なわれたが、しかしそれも結局不調に終わり、組合は二九日午前零時を期し、全国の直営三五館が最大二四時間のストに突入する（日映演中闘「中闘号外」第三号　一九四八年六月三〇日）。

この間、一八日に在京の株主「約五〇名」による「株主有志大会」が開催され、「東宝撮影所を閉鎖する事が企業の全体を生かす所以であるとの結論に到達し定款中より『映画製作並に請負事業』の一項を削除する旨を〔会社に〕申入れること並に右に基き至急臨時株式総会を開くべきことの決議が為された。」（「本社通報　労務情報」第五〇号　一九四八年六月一九日）。これには五月の公職追放解除後社長に就任した大映の永田雅一は出席したが、同じく追放が解かれた大沢善夫など有力株主は出席しておらず、現経営陣の主張に沿った決定として、組合は当然に反発を強めたものの決議の実効性は疑わしいものであった。他方、国鉄を中心に産別会議批判派が結成した産別民主化同盟の影響が、日映演にもおよびはじめ、東宝では六月二八日に営業および本社分会の一部約三〇名が組合を脱退したのに加え、撮影所の内部に岸田九一郎（照明）を中心としてすでに胎動していた「東宝民主化クラブ」が、七月五日に公然化し、「口では民主主義を唱えながらその行なう処が民主的で無い」「組合の民主化」を図り、「一日も早く撮影所再開への推進力となる」との結成「趣意書」を発表する。同じ七月五日、日活本社で開催された反日映演の映画演劇民主連盟結成準備会には、東宝からも全映演東宝分会や演劇従組（第四組合）とともに、先に分裂した営業分会と本社分会の一部およびこの撮影所再分裂派の「民主化クラブ」が参加し、共産党フラクションの排除や労組の民主化などの声明書を発表して公然と日映演に対抗する組織として動きはじめる（「中闘日報」号外一九四八年七月八日号）。組合にとって、それは単に戦力の削減というばかりではなく、撮影所内部に会社による映画製作再開の「推進力」たりうる可能性をもったグループの誕生として、重大な意味をもつものであった。すでに演劇部門では日映演は完全な少数派となっており、また争議前、中部分会で帰属をめぐってこじれていた日映演脱退派が第五組合を組織したのに加えて、この営業分会と本社分会合わせて三〇名余の脱退および撮影所での民主化クラブの結成は、組合を強く刺激し、未だ組合籍のあった民主化クラブに対し、その「活動が今后尚続けられるならば」、「組合員としての権利義務を停止するか又は除名処分等の断乎たる処置をとる。」（闘争委員会「指令」第二七号　一九四八年七月九日）との「指令」を出すものの、その活動は止むことはなかった。

この民主化クラブの動きは、もしそれが拡大していくならば、闘争の拠点であるとともに製作再開の鍵を握っている撮影所分会の力を減殺して、争議の帰趨さえ決しかねないものであったから、組合は危機感を募らせる。七月七日、山本嘉次郎等一四名の演出家、八住利雄等四名の脚本家そして本木荘二郎等五名のプロデューサー等東宝所属芸術家総勢二三名は、次のような声明を発表して、民主化クラブの動きを批判しつつ組合員に団結を呼びかける。

紛争を解決し一刻も早く撮影所を再開し、良い映画で採算のとれる仕事をして行きたいと言う希望は、これは現在の組合員の異口同音の叫びだと信じます。民主化クラブを起した人々もこの希望から発したのでせうが、然し民主化クラブの行動に依る影響については、われわれはこれを問題にしないわけにはいかないのです。〔中略〕組合といふところは種々雑多な思想感情の持主の集合体です。こうした集団がまとまって一つの行動を起そうという場合には矢張り現在の様な闘争組織を持つ以外に方法はないのです。多数決で事を決めて行く以外に方法はないのです。〔中略〕演出課を例にとって見ても、ここにはご存知の様にいろいろな思想性格感情の人々の集団でありながら誰もが譲れないぎりぎりの共通の問題に於て一致し、多数決に従って全員が行動しているわけです。〔中略〕今や東宝争議は単なる日映演対渡辺内閣の労資戦ではなく、これに集中排除の問題かてて加えて東宝のお家騒動的なものとが複雑にからみあい、今や混沌とした一大文化戦となってゐるのです。こうした時に民主化クラブの起した運動はその意図が主観的に如何に純真であらうとも、客観的にはやはり現在闘争中の組合の総力を弱めると断定せざるを得ないのです。しかも時を経るにつれ、会社側はこれを利用し武器とする公算が多く、そうなれば益々撮影所の再開を遅らせ、われわれが大衆に公約した良い映画を作る日が少しずつ長引いて行くのです。組合員一人一人の責任は重大です。われわれの背後にあって、常に絶大な援助を送ってくれる文化人、勤労者に対しても、われわれは互に戒め合いながら、此の闘いを勝利の花で飾るよう敢えて皆さんの良識と誠意に訴える次第です（「組合員の皆さん！」一九四八年七月七日　山本嘉次郎等二三名）。

多様な「思想性格感情」の「集団でありながら誰もが譲れないぎりぎりの共通の問題に於て一致し、多数決に従って全員が行動している」と、自らの苦衷の行動選択を披瀝《ひれき》しながら、今回の民主化クラブの動きを「闘争中の組合の総力を弱め」、「撮影所の再開を遅らせ」ることによって「良い映画を作る日」を「長引」かせてしまう、と批判したこの芸術家集団の訴えは、「裏切り者」と断罪するこれまでの組合による分裂派批判とは位相を異にするものとして注目に値するものであった。

しかし、結局、民主化クラブのメンバー約三〇名は、七月一五日、分会連合会大会に入場を強行するものの会場から押し出されると、その足で技術研究所において新たに「東宝撮影所従業員組合」を結成するとともに、直ちに会社と交渉して組合として認知させる挙に出る（東宝撮影所分会書記局「書記局回報」第一四号　一九四八年七月二一日）。東宝第六組合の誕生であった。[19] 彼らのこうした行動は、実はそれに三日先立つ七月一二日、新たな撮影所内組合反対派の台頭に呼応して、会社がそれを支援し、組合を非難する社長名の「警告」と所長名の「訴え」を出したことに力を得たものであった。社長はいう。[18]

撮影所の組合は共産党に支配せられ、軍隊式な行動隊を組織しピケット、スパイ、査問会、除名等あらゆる非民主的なる抑圧方法を講じて組合員の自由を拘束して概観上組合の結束を保っている。最近に至ってかかる共産党の横暴に抗して真に民主的な方法に依り組合員の意志を反映せしめんとする運動を見るに至ったが、組合幹部は之に対して迫害を加へること戦時中の軍部の民論圧迫を思はせるものがある。かかる非民主的なる行動と不法なる事業場占拠に対して会社は「時の力」に依って多数従業員の反省を促し、会社の意志を貫徹することを得ると信ずるけれども、我社の社会的文化的使命と、善良なる多数従業員の生活を思ふ時、争議の長期遷延を許さず、株主有志の要望もあり、此の際撮影所を廃止し、新たなる陣容の下に本事業の根本的再編成を図るの策に出でざるを得ないであろうことを予め警告する。この場合には更に多数の離業者を生ずるであろうが、之は会社の本旨とする処ではない。要は組合大衆が広く天下の正論に耳を傾け、真に従業員の為の組合を再建し、会社と共にこの危局を救出する以外に方法はないのである（社長渡辺銕蔵「東宝撮影所従業員に対する警告」一九四八年七月一二日)。

共産党支配の組合による争議がこのまま続くならば、撮影所を廃止せざるをえず、それが嫌ならば、一般従業員を中心に組合を再編成すること、つまり組合から共産党を排除する以外にはないというこの「警告」は、相も変わらぬ強硬な社長の組合に対するあからさまな介入であり脅しであるが、しかし北岡所長の「訴え」は、これといくぶん文脈を異にする。

。組合は依然として労働者の団結の必要を説いている。併しそれは分配面での闘争形式である〔。〕事業が利潤を挙げ又はそれの見込みのある間は労働者は団結の威力に依りてある程度までその主張を通すことが出来る。然し事業が欠損赤字の場合に労働者の団結抗争は事業の破滅を導くにすぎない。株主が撮影所廃止を主張する所以である。この際必要なことは労働者の団結よりも労資の協力である。組合側だ! 会社側だ! などといってる時ではない。MS〔＝マネジメント・スタッフ〕も芸術家も全従業員一体となって作業再開の問題を考へようではないか。。私は局面打開の方法として組合が一切の言論及び行動の抑圧を解き全従業員に完全な自由を与へ各人が撮影所の為に何が最善であるかを考へ完全な民主的方法に依って代表者を選んで再建の為の方途を練り、会社と交渉する事を必要と思ふ。固より共産党や青年共産同盟からの脱退も完全に自由にしなければならない。。組合幹部の改選に当たりて私は二つの事を勧告する。第一は新幹部は被解雇者を含まない事である。〔中略〕直接利害関係人が自ら幹部となって交渉の任に当たる事は問題の公正なる取扱いをなす所以でもないし社会常識にも反する。。私の勧告したい第二の事は、共産党員はこの際幹部の地位に就く事を遠慮する事である。私は合法的な公党を無視するのではない〔。〕これ以上共産党を傷付け撮影所を傷付けない為に共産党は幹部の地位を去り、撮影所内の共産党活動を停止した方がいいと思ふ。蓋し撮影所今回の大整理をよぎなくした重要原因は一昨年の争議以来共産党が撮影所の主勢力を掌握し大赤字を来したにあると言うのが

> 会社の見解である。是には共産党の方には固より異議はあろうがこの際この問題に関し論争を続ける事は作業再開を促進する所以ではない〔。〕会社の希望するままに経営は会社の組織に委せて労働組合は本来の面目に立帰りて分配面の面で労働者の利益を護る事とし是が為に共産党の人には組合活動の指導的地位から去る事が望ましいと思ふ。。私個人としては共産主義には反対であるが共産党を弾圧する事にも反対である。共産主義は間違った主義ではあるがかかる思想を生ずるに至らしめた社会は革新を要するものもあり社会革新の刺激として共産党も存在の意義があると考へて居る。それは共産党の人々の持つ封建思想の打破、勤労尊重、人類愛の精神、平和思想その他の進歩的思想を映画に取り入れる事は東宝撮影所の使命と少しも矛盾しない故に私は共産党を排撃する意思はない。然し共産党が細胞フラクションを組織して社会革命、経済革命を職場で宣伝される事は頗る迷惑であるし『人民管理』を企図する共産党が組合の指導力を掌握し経意《ママ》参加を主張してゐるのでは会社は安心して作業再開する気にならない様であるからこの際共産党員は組合幹部の地位から去ることを勧告したいのである。。今や闘争で会社を屈服し得ない事が明らかになった以上、組合は平和体制を整えるべきである。この見地よりも闘争的な共産党の人々は幹部の地位を退いた方が有利だと思ふ。。凡ての組合員に完全な自由を与へよ。組合を完全に民主化せよ。そうして組合員の総意の上に組合を再編成し芸術家もＭＳも一体となって撮影所の再開を図らう（撮影所長北岡寿逸「東宝撮影所の危機に際して全従業員に訴へる」一九四八年七月一二日）。

この北岡の「訴え」の特徴は、自らのあるべき組合活動についての認識を前提として、組合役員から共産党員を排除することを条件に製作の再開を組合に呼びかけたところにある。すなわち第一に、企業が順調に利益を上げている時には、組合は団結の力で利益の分配を獲得すればよいが、企業が赤字に喘いでいる場合には利益を生み出すために会社と協力する必要があること、第二に、組合役員から被解雇者と共産党員を取り除くために役員の改選を行なって共産党による組合支配を解くこと、第三に、北岡個人としては「共産主義には反対であるが共産党を弾圧する事にも反対である。」しかし共産党が細胞を通して組合を支配し、社会革命を職場で宣伝しつつ経営参加を主張するのでは作業の再開は無理であり、この点からも「共産党員は組合幹部の地位から去ることを勧告したい」というのである。このうち、第一の組合活動についての北岡の主張は、同じく戦後直後大河内一男が唱えたいわゆる「分配主義的労働組合」と「生産主義的労働組合」という、平時と経済危機下での組合機能のちがいに関する見解[20]と軸を一にするものであり、とにもかくにも北岡の社会政策学者としての相貌が垣間見られる。また第二と第三の主張については、組合指導層からの共産党の排除によって撮影所の再開に目途をつけようとするものであるが、それは同じく共産党の排除を求めるにしても、株主有志の決議を盾に撮影所の廃止をちらつかせてそれを迫る社長の強硬姿勢とは明らかに異なっている。むろん、この北岡の「訴え」も共産党の排除による組合指導部の再編成を繰り返し要求するという点では、社長の主張と同じであるが、社長が一般組合員に共産党排除についての奮起を促すとともに新たに台頭した民主化クラブなど日映演反対派を鼓舞し、支えていこうとするのとは異なり、役員改選を条件に製作の再開を日映演と協議する余地を残しているという点に大きなちがいが認められる。[21] これは、一枚岩と見られた経営陣のうち渡辺・馬淵と北岡との間に小さな亀裂が走りはじめたことを示唆するものであり、これをとらえた組合が北岡と製作再開について協議を重ねていく根拠をなす。

ただし、ここでも確認すべきは、それまではたとえ撮影所を再開するとしても、その具体化については日映演との交渉に依存するほかはなかった会社にとって、撮影所に分裂組合が誕生したことの意味は、きわめて大きいということである。現に、七月一八日、会社は新たに誕生したばかりの東宝撮影所従業員組合と交渉をもち、その要求に応答して撮影所再開については日映演とではなく、この撮影所従組と協議するとの言質を与えている（「書記局回報」第一四号　一九四八年七月二一日）。組合にいわせれば、「会社としては之を利用しないわけがないではないか。日映演とは交渉しない。」「そして日映演はもっと分裂するように。民クはどんどん大きくなるように」と会社は「望んでいる。」（同）ということになる。もとより「撮影所再開のイニシアチーブは芸術家と技術家を含めた絶対多数の日映演にある」（同）ことは疑いないとしても、それまでは全く想定し得なかった日映演以外の組合による撮影所再開の可能性が、会社にとってひとまず出てきた、という意味において、この分裂組合の誕生は、組合にとって深刻な意味をもつものであった。芸術家集団が声明を発表して民主化クラブの動きを牽制したゆえんである。

このように撮影所の内部において製作再開をめぐる動きが活発化しはじめたことを背景に、七月一四日、撮影所マネジメント・スタッフは、「東宝撮影所の争議は延々九十日、その間多少の曲折はあったけれども、会社も組合も対立のまま何等歩み寄りの模様なく、解決の曙光さえ見ることが出来ないのみか、却って対立の度が深まりゆくばかりである。」「若しこのままに推移すれば、東宝映画に対する社会的信用は急速に衰え市場は狭隘となり資本は逃避し、東宝映画の再建と言うが如きことは、一片の空虚な掛声に終り、東宝映画は遂にその光栄ある歴史を終るの他なきに至るであらう」との危機意識のもとに、「私達は会社の現状及び従業員諸氏の窮状を座視するに忍びず、茲に衷心を披瀝して会社及び従業員諸氏に訴へる。」（東宝撮影所マネジメント・スタッフ「撮影所再開の方途について――再び会社首脳部と組合員に熟慮を要請する――」一九四八年七月一四日　一頁）として、再び声明を発表し会社・組合双方に反省を求める。

マネ・スタは、まず組合の活動について次のように批判する。「過去一年半の東宝に於ける会社対組合の関係を振り返って見るとき、組合の行き過ぎがなかったとは言ふを得ない。」大沢社長の退陣後「経営陣の弱体化は蔽うべくもなく、為に組合勢力の著しい伸張を来した。」「問題はこの伸びた力を組合が如何に行使したかと言ふことであって、組合員が民主主義的方法に未熟なために団体協約の実施に混乱を来たしことは止むを得ないとしても、その非現実的な闘争方針がしばしば誤謬に陥入《ママ》ったことは、まことに明か」である。「今日我国は資本主義体制の下にある。従って資本主義的な社会体制を享け入れることなくしては、実際的な処理はあり得ない。然るに撮影所組合は、かくの如き我国の客観的現実を黙過し、且つ東宝株式会社の財政的実状に副はない闘争方針を採ったと言っても差支へない。」「強力な共産党細胞の影響下にある撮影所組合が、会社との紛争に終始し、何等実際的な解決を齎し得なかったのはこうした闘争方針の故であった」（二一～三頁）。「私達は組合の弱体化を決して望むものではない。否、民主的で統制ある組合の存在は事業運営の為めに最も希望するところである。然し現実の状態から遊離した撮影所組合の闘争方針は如何にしても首肯出来ないし、又今日の東宝撮影所の組合が果して最も民主的であり、正しい意味に於ける統制ある組合であるか否かと言う点についても深甚な疑問なきを得ない。」「飽く迄も東宝撮影所の存在と発展とを主張して止まない私達としては、組合員諸氏が上記の点につき冷静に反省し深く考慮されん事を切に祈るものである。」（四頁）と。

次いで、会社が企図している集排法による企業分割については、「今日の日本に於いて」「分割を実施すれば徒らに分割された各事業の衰弱を招く」ことは「明らか」であるが、現在の東宝が、戦前、東宝映画と東京宝塚劇場との「合併によって成立したもの」の、合併の理想を「不幸にも充分に達成することが出来ず、今日に至って見るとむしろ合併前の形に還元する方が人的構成その他の点から見て却って健康であると考へられるようになった。」したがって「二分〔割〕案には原則的には賛成し得ないけれども」「興行部門の分離独立は止むを得ざるものとして之を認め、友好的業務協定によって分割による不利を極力避ける方法を採るの他はないと考へる。」（四～五頁）として、二分割案を提案する。

さらに「株主有志懇談会の決議と称するもの」による「撮影所解散の問題」については、その議論が第一には「今日の撮影所では事業の正当な運営は出来ないから、之を閉鎖して投下資本を護ろうとする考へ」から、第二には「此の際解散の非常手段によって進行中の争議を解決し新たなる再出発を期せんとする争議対策並に再建方策」として出てきたものであるが、前者については「会社は今回の整理によって赤字は一応克服され、健康な映画製作は可能であるとの見解の下に之を断行した。然るにこの結果も見極めない内に解散を云々するが如きは無暴《ママ》というの他なくかくては整理の根拠は全く失はれてしまう」し、後者の「争議解決策としての解散は実は解決になり得ない。」撮影所の「解散は二百数十名整理の問題を吹き飛ばしてしまうであらう」が、それはまた「次のもっと大きなもっと深刻な争議に発展する可能性は極めて濃く結局争議は拡大こそすれ解決はしない」ばかりか、「優秀なる芸術家技術家及び一般社員の四散を来す」ことになる。したがって「解散論は名分論としても、争議解決策としても、又再建の方途としても決して賢明なものでな」く、「如何にしてもかくの如き事態を防止しなければならぬ」が、「現在のような会社と組合の深刻な対立が続き、何ら局面の打開のない限り、最悪の事態が到来しないとは残念乍ら決して予断し難い実状にある」。「解散は実に東宝映画を熱愛してこの仕事に全生命を賭けた私達の同僚友人そしてその生活の目標と手段を全く失はしめ、不幸この上もない事態を招来することを衷心から憂えるものである。」（六～七頁）と、撮影所解散の無謀性を強く非難する。

以上を踏まえて、マネ・スタは次の七点について具体的な提案をし、「これに対し充分に考慮され、賛同されんことを衷心から熱望して止まない。」とする。「①組合は最も民主的な方法によって幹部を改選すること（この場合新幹部候補者には被解雇者は含まない）②会社は右の新幹部と今回の整理問題につき討議すること③右によって被解雇者の処理が決定するまでは、被解雇者は職場に就かないこと④右の条件が充足されれば会社は直ちに作業を開始すること⑤右と同時に会社は撮影所運営の根本方針を発表すること（撮影所マネージメント・スタッフに腹案あり）⑥右と同時に会社は団体協約の締結を再提議し、協議に入ること⑦工場閉鎖中出勤命令を受けなかった者の給与については作業開始直後会社と組合とで協議に入ること。」（八～九頁）以上である。

以上のように、このマネジメント・スタッフの再度の訴えは、四月初めの声明に比べれば、彼らの東宝映画の存続と製作再開への強い熱意自体は変わらないものの、㈠組合に対しては格段に厳しいまなざしによって貫かれており、㈡それとは逆に、会社に対しては三分割案と撮影所の閉鎖自体は否定したが、興行部門の分離は認める、という妥協的な内容であって、㈢さらに組合と会社との解雇や協約問題に関する協議と製作の開始を、組合の役員改選と被解雇者の職場立ち入り禁止を前提とするなど、組合に大幅な譲歩を求める内容となっていることが特徴的である。しかも留意すべきは、例えば「強力な共産党細胞の影響下にある撮影所組合」の「非現実的な闘争方針」が、

「会社との紛争に終始し、何等実際的な解決を齎し得なかった」との批判に端的にあらわれているように、組合についての基本認識がほとんど会社側のそれと異ならないことである。組合がこれに対して、直ちに「昨年来無知無能何等経営の実績を挙げ得なかったことに対する自己批判には片言一句すら費して」おらず、「組合を誹謗することによって自己の無能を覆わんと企てた実に陰険なるそして哀れむ可き考え方」であり（日映演撮影所分会闘争委員会「声明書」一九四八年七月一四日）、「組合を誹謗し会社側へ媚態を見せて自己保身をしてゐる」（撮影所分会「闘争日報」特報　同日）と強く反発したのは、「わが細胞と組合に対する攻撃である」（共産党東宝撮影所細胞機関紙『星』第七〇号　一九四八年七月一五日）とする党細胞による批判とともに、その立場からすれば当然であった。そればかりか、この後に新たに結成された分裂組合からは、逆に「偽装民主的容共的解決案」（東宝労働組合連合会「マネスタえ！　抗議文」一九四八年七月二二日）と非難される始末であった。

しかし、マネ・スタのこの声明は、その基調において北岡所長の訴えに近似的である点をさておけば、東宝の興行市場を他社と外国映画に侵食されつつあるなかで、解決の曙光さえ見い出しがたい争議の膠着状態を打破し、撮影所を存続させて映画製作を再開するためには、およそリアリティのない頑迷な経営陣の譲歩ではなく、賢明な日映演組合の大幅な譲歩こそが不可欠である、との現実認識から出たものであろうこともまたおそらく疑いない。それは、彼らの会社経営陣に対する絶望と表裏の、組合に対する一縷の希望に基づくものであったにちがいない。実際、先（注18）に触れたように、民主化クラブが撮影所従業員組合として正式に発足した際、マネ・スタの代表として藤本真澄と関口敏雄がその会場である技術研究所を訪ねて、組合の分裂は避けてほしいと訴えていたことは、彼らが日映演組合主体の製作再開を考えており、そのために組合に大きく譲歩を求めたというコンテクストによってはじめて理解されうるものである。が、マネ・スタのこの意図は、声明が出された時点では組合には既述のように充分に理解されず、むしろ激しい反発を喚起するものであった。この点は、マネ・スタの声明に対して組合が独自に作成した撮影所再開案によっても看て取れる。この組合案は、四月初めにマネ・スタが提示し、組合もひとまずそれに賛成した東宝撮影所での年間二八本製作案を、今度は「労働強化を招来する」（日映演東宝撮影所分会経営対策委員会「撮影所再開の為の製作方針」一九四八年七月　日付なし　八頁）としてはっきりと否定する。すなわち「われわれ組合員も亦、生産量の多かるべきを望むのに、ひけはとらない。だが、労働悪条件の中に、われわれ自ら飛び込むの愚は避ける。それは、文化労働者として、絶対守るべき一線であるからだ。われわれは映画製作に熱情を感じている。しかしわれわれを脅かす一切の不安、文化破壊に対する不安、生活崩カイ《ママ》に対する不安」などが「われわれの職場に集中的に表われた姿が労働悪条件である。文化労働者の矜持は、悪条件をその儘職場に残さしめない」（一〇頁）という。これを踏まえて「人員、設備、器材――所謂撮影所の能力を測定して、そこから計画を立てて行く、現実的な、可能なプラン」（一八頁）として、組合は、劇映画二〇本教育映画四本の年間二四本案を提示する。その上で、組合は「今后の映画はどの様な映画であらねばならないか。」と自らに問い、「映画は大衆のものであらねばならない」として、「製作の端緒から営業の末端に至る迄、強く大衆主義を主張する。」「映画の存続条件と芸術様式を概観すればその当然の主張が納得される」はずである。「全国に網の目の様に拡げられた営業部門は観客と直結して観客の動向をキャッチする製作部門の触覚であり」、「製作部門はその神経である営業部門と強力な連繋のもとに一切のプランを実践に移さねばならぬ。」それは「最も大衆的な文化財として認められる」映画の要諦である、というのである（同二二〜二三頁）。この組合案は、マネ・スタ案を否定して改めて組合独自に製作再開プランを提示したという点では、看過すべきではないが、しかし労働条件の悪化の拒否を前提にしてその製作本数が少ないなど、会社にとってはむろんのことマネ・スタにとっても直ちには議論の俎上にはのぼせがたいものであった。

　このように撮影所再開をめぐる動きが活発化した七月、いつの時点かは確定できないが、共産党本部から争議の妥結について指示を受け、東宝細胞がそれを拒否するという動きがあった。宮森繁によれば、七月、争議の「妥結の方向を見つけ出し、ストライキを打ち切ってはどうかという指導的なところからの指示もあり」、「約一八時間近くの大激論」の末、「状況がこれだけ発展してきているのにいま打ち切るとはなんだ」として、争議の「継続」を決め、それを拒否したという（宮森繁　一九七二　一〇〇頁）。民主化クラブの結成とその拡大が、共産党本部自身の動揺をもたらしたというべきであろう。

ところで民主化クラブを発展させて撮影所従組を結成したことに力を得た反日映演グループは、本家意識の強い演劇従組などをかかえている関係から全映演への組織の一本化自体はできなかったが、七月一八日、反日映演組合を糾合して「東宝労働組合連合会準備会」を結成するとともに直ちに会社と撮影所再開について協議し、七月二〇日、会社との間で「(一)会社はこの東宝労連が東宝企業再建についての民主的主体勢力なることを認める。(二)会社と東宝労連とは、撮影所再開につき協議する。(三)他の組合及び他の団体と再建につき協議する場合には、会社は、この東宝労連の意志を十分に斟酌して行う。(四)会社は撮影所即時再開のため、労資双方よりなる特別委員会をもち、速やかにこれを推進する。」(東宝株式会社取締役社長渡辺銕蔵　東宝労連連合会「協定書」一九四八年七月二〇日)との協定を結ぶことに成功する。撮影所従組を撮影所再開の主体としたいとする渡辺・馬淵の強い意向がこの協定には滲み出ているが、日映演組合はこの協定を争議中の組合に対する会社による差別的取扱いであるとして、労働関係調整法第四〇条違反のゆえをもって二三日都労委に提訴するとともに、こうした会社と分裂派の接近に対して危機感を募らせる。そこで二〇日、組合は製作再開の鍵を握っている芸術家グループと協議した結果、芸術家たちが「若し会社側があくまで日映演を否定する態度に出たならば全員が今後、東宝では仕事をしない事を決議し、芸術家独自の立場から撮影所のマネ・スタと会談する事を決定」(日映演東宝分会連合会「東宝全国情報」第一二号　一九四八年七月二八日)するとともに、翌二一日には、先に組合に「撮影所再開の決定的交渉は労連ともつとは考えていない。現在の撮影所の人々との間に持つことが正しい」(同　第一一号　一九四八年七月二二日)と言明してきた北岡所長と面会し、北岡から「社長と民クとどんな協定を結んでも、私はそんなものは問題じゃないと思ふ。撮影所再開は日映演があくまでも主体であるし、再開交渉の道は事実あけてある。私は日映演だけしか再開出来ないことを認めてゐる。」(「闘争日報」速報第五四号　一九四八年七月二二日)との言質を取る。同じ二一日「所長と同意見」(同)のマネ・スタもまた「会社側の分裂派に対して取った態度を拙劣であるとし、且つ今後の撮影所再建途上に甚だしい障害があるといって会社側に強力な抗議を」申し入れる(「闘争日報」速報第五五号　一九四八年七月二三日）。組合は、これに対して「今回の抗議に関する限り」、マネ・スタが「正道を歩いてゐる事は認めないわけにはゆかない」（同）と、マネ・スタの会社への抗議を評価する。

こうして民主化クラブ＝撮影所従組の誕生と東宝労連準備会の結成を契機に、製作の再開をめぐって経営内部に渡辺・馬淵ラインと北岡・マネ・スタラインとの分岐が顕在化することとなった[22]。組合が後者に依拠して交渉を進めようと試みたのは、当然であるが、しかしその接近も、渡辺が分裂派の強い抗議に応えて北岡を本社に引上げることによって、結局頓挫することになる。が、むしろ注目すべきは、この間、芸術家グループが「二三、二四、二六日の三回に渉り、撮影所再開問題に就き」マネ・スタと「協議した結果、二六日両者代表は、会長、社長、馬淵担当、と会談し八月一五日を期して撮影所再開が出来る様な具体的プラン（争議解決の条件を含む）を、マネージメント・スタッフと芸術家集団とで作成することになった。」（前掲「東宝撮影所労働争議の概況」一三頁）というような動きが出てきたことである。会社が八月一五日の撮影所再開をいいはじめるのは、撮影所内反対派の撮影所従組の結成に力を得たという理由によるばかりではなく、赤字の累積額がすでに二億円にものぼり「撮影所再開により資金をつくらなければならぬ。」「よい映画を作って収入増加を計らねばだめである。」（七月三〇日の会社首脳とマネ・スタ会談における杉山経理担当の発言、日映演東宝分会連合会「東宝全国情報」第一三号　一九四八年八月四日）という財政的な逼迫によるものでもあった[23]。こうして、七月三〇日、芸術家と協議した上で、マネ・スタの責任によって作成された撮影所再開案が、公表される。

それは、「撮影所部門は貸スタヂオ業」とした上で、「プロダクション制度による劇映画の製作」を基本とし、「作品の芸術的責任に関係ある作業をなす人達（＝製作、演出、脚本家）はプロダクション側の契約者にすることが原則であるが、過渡的には職種に依っては撮影所側で年保証の契約者とする事が考えられ」、また美術、撮影、録音、照明の「責任者（＝技術者）はプロダクションが契約するを原則とするも、過渡的にはAフォーム契約にて撮影所部門が契約し、プールする事が考えられる。」さらに製作本数については年「二〇本を目標とする」（「東宝撮影所再建要綱案」一九四八年七月三〇日）という内容であり、明らかに会社と組合双方の主張に配慮した、それゆえ

表５－４　日映演と東宝労連の組織実勢

（1948 年 7 月 22 日現在　単位：人）

日映演		東宝労連	
本社分会	133	全映演	500
営業分会	460	演従	820
演劇分会	55	東宝従組	50
撮影所分会	1027	撮影所従組	64
北海道分会	90	東宝従組準備会	40
中部分会	317		
大阪分会	277		
九州分会	85		
計	2,444		1,674

注）1　「東宝従組」は中部分会の分裂派、「東宝従組準備会」は本社営業部の一部をいう。

2　東宝労連の実際の合計は 1,474 名であり、計上されている 1,674 ではないが、原資料のまま掲載した。なお伊藤雅一（1965）によれば、東宝従組は本社分会 117、撮影所従組 139、営業 55、名古屋従組 57 名の計 368 名によって構成され（229 頁）、これに全映演 1,006 と演従 720 を合わせた東宝労連は総計 2,094 名（232 頁）となる。それは、ここに計上されている 1,674 名を大きく上回って日映演に充分拮抗する規模である。

出所）日映演東宝撮影所分会「書記局回報」第 16 号　1948 年 7 月 22 日

に不徹底な折衷案であった。組合としては、劇映画年間二〇本という製作本数が容れられただけで、その他は撮影所の空洞化を招く案であり、会社としてもプロダクション制度による製作はよいとしても、年間二〇本は少なすぎる案であった。結局、このマネ・スタによる再開案は、その製作再開にかける彼らの熱意にもかかわらず、組合からも会社からも拒否されることになる。ただ留意すべきは、このマネ・スタ案の基本をなすプロダクション・システムによる製作再開という構想は、日映演の下にある芸術家・技術者グループを直接は使いたくないという会社の意向を汲んだものであって、製作はプロダクションに請け負わせて自らはリスクのある映画製作からは撤退し、そのプロダクションが東宝の芸術家らと契約すること自体は、会社の関知するところではないとして経営側も事実上認めていたという点である。そしてマネ・スタのこの再開案が、芸術家との事前の話し合いを踏まえたものであるとすれば、芸術家たちはすでにこの構想には一定の理解を示していたということを意味し、そのことは、とりもなおさず早期の製作再開を願う芸術家と既存の製作システムの下での再開を基本とする組合との間に、撮影所再開構想をめぐって一定のズレが生じたことを示唆するのであるが、この芸術家たちを改めて組合側に強く引き寄せたのは、後述する会社側の強硬な対応であった。

　製作の再開は、たとえ撮影所従組が結成されたとしても、そこに日映演傘下の芸術家・技術者が全く参加する気配がない以上、どのようなかたちであれ彼らに依存せざるをえないということが、会社にとって明白になっていくなかで、七月三一日、撮影所従組は、日映演を脱退した本社営業部の一部と中部分会の脱退派とともに東宝従業員組合を結成し、会社への影響力を強めようとする。これによって六つあった東宝の組合組織は、日映演、全映演、演劇従組そしてこの東宝従組の四つに集約され、さらに八月四日、日映演を除く後三者の組合は、「共産フラクの反省なき狂態と自殺的戦術を断乎排撃し、労働組合本来の健全なる姿にかえり」（東宝労働組合連合会「声明書」一九四八年八月四日）「東宝再建と組合員大衆の生活権を守る闘いへの新たなる出発」（同「宣言」同日）のために、として正式に「東宝労働組合連合会」を結成する。その組織実勢は、表5－4のように一、六七四名と日映演の二、四四四名には未だおよばないけれど、それに急迫する勢いとなったことは、組合にとっては看過しがたいものであった。

その間、七月二六日から二八日までの三日間、日映演は第四回中央闘争委員会を開き、「a中央交渉再開促進　b不当馘首反対　c撮影所の就業再開　d最低賃金制確立」という四点の当面の要求を決め、とくに会社との「交渉再開のためにはあらゆる方法手段を講ずる」（日映演中央闘争委員会「第四回中央闘争委員会決定事項」二頁）ことに重点を置いた。さらに三〇日には、会社の強い制止を押し切って共産党東宝撮影所細胞の公開細胞会議が開かれたが、これは、すでに一五〇名の党員とほぼ同数の青年共産同盟員を擁するまでに拡大しながら、闘争の長期化により彼らの「思想的未成熟さ、熱心なあまりの行き過ぎも出てきた」（前掲、宮島義勇　三〇一頁）ことに対処するためのものであった。これを踏まえて、組合は八月三日、今井正を議長団の一人として選出し「製作再開促進臨時分会総会」を開催する。それは、その名の通り製作再開を促すためのものであったが、同時に撮影所内部の大道具など現業部門に根強い、会社との交渉を再開するためには執行部は変わるべきだとする声への対応を討議するためのものでもあった。大会は、製作再開については、「会社は一五日から再開するとだけは言っている。然し会社には何も具体的な方策はない。吾々は具体的な再開準備闘争をまき起こすべきである。」として、「一、〔会社と〕交渉をやる。二、生産管理を準備する。三、右が出来ないときは、ワンカットでもトゥカットでも生産に突入する。」（「書記局回報」第一九号　日付なし　六頁）ことを決め、また「会社に一番打撃を与える方法」として「不正摘発闘争」に入ることを決議する。さらに分裂した撮影所従組に対し、八月一〇日まで日映演への復帰を呼びかけ、それに応じない場合には今後一切の作業をともにすることを拒否すると決定した上で、「幹部改選」については、議長団の仲沢博治が、改選は「一、会社が言っている。二、民主化クラブも言っている。三、組合内部でも戦術上かえたらどうかという声がある。」(同七頁)と説明し、これを踏まえて次のような議論が交わされた。


O(舞台)「交渉のいと口をつけるために変えたらどうか。」

A(撮影)「幹部は(闘争を)短期で解決出来ず、長期になってしまった。これは幹部の無力である。」

K(演出)「交渉の緒口を作るために改選しろということは非常に大事な事だ。会社が若し幹部を変えろといわなかったら、こういう声は出なかったろう。一般的な問題としてこういうことは会社の手口である。〔…〕勝とうと思ったら相手に先手を握らせたらいけない。」

I(中闘)「幹部さえ変えたら有利であるか、不利であるか、これは真剣に討議しなければいけない。変えろという意見は若干の弱気があろうと思う。〔…〕作戦として幹部改選を考えることは不利である。〔…〕此の闘争はそれ程幹部に責任を負わせるべき闘争であったか。組合員の全部が闘った闘いであった。」

K(演出)「長期に亘ったということ。これは馬淵が松竹に闘争を長びかせて分裂させたらいいと言ったことでもわかる。」

S(演出)「会社以外の人が、馬淵や渡辺ぢゃ埒あかないと言っている。」

U(照明)「短期決戦だと執行部は言ったか。私は半年の闘いの準備をしている。」(同七〜八頁)

この議論の後、役員改選について投票に入り、投票総数七四八票のうち改選の「必要ナシ」六〇七「改選」一三七「無効」一「白紙」三票の圧倒的多数でそれは否決された(同八頁)。しかし、右の議論から明らかなように、幹部改選の要求は、会社などが求めていただけではなく、争議の長期化を招来した闘争戦略上の誤りないし争議決着の見通しの甘さ、そしてその結果としての経済的困難の深まりなどに対する組合幹部の責任追及という側面ももっていたことは、看過してはならない。撮影所における民主化クラブの分裂に次いで、この大会後、舞台課大道具の五七名を中心に三度び撮影所分会からの脱退が惹き起こされるのは、闘争過程を通して一般組合員のなかに累積していったこのような不満のためであった。こうして役員改選を否決した臨時総会においてひとまず製作再開が決議されたのを受けて、芸術家たちは製作が中断されている『白い野獣』（成瀬巳喜男）『女の一生』（亀井文夫）『ジャコ萬と鉄』（谷口千吉）『青い山脈』（今井正）などについて撮影再開の討議をはじめる（前掲、宮島義勇　三〇六頁）。すでに衣笠貞之助は、組合の承認の下、その財政活動の一環として長谷川一夫が主宰する新演伎座において『小判鮫』の撮影に入っていた。[24] あたかもそれに呼応するかのように、八月八日、会社は「撮影所再建計画大綱（案）」を発表する。それによれば、撮影所は「貸スタヂオとして経営」し、その「賃貸の対象」は①「東宝との特定の契約に基くプロデューサーを中心とするプロダクション」②「新演伎座」「エノケン一座」など「スタヂオを所有しないプロダクション」③「新東宝其の他既存製作会社で随時スタヂオの臨時的使用を必要とする製作者」および④東宝と「作品の企画、予算、進行について」「協議」する等の条件により東宝と契約した「特定プロダクション」とし、技術者を含む「芸術家集団」と「演技者集団」は、これらのプロダクションと契約して製作の実際を担い、「スタヂオ」は「年一〇本生産作業を標準」とするなど、その内容は先に発表されたマネジメント・スタッフの再開案にきわめて近似的なものであった。映画製作について全くの門外漢である経営陣が、専門家であるマネジメント・スタッフが周到に作成した再開案を超えられないのは、当然というべきであろう。

しかし、こうした撮影所再開をめぐる動きは、東宝従業員組合の書記局設置をめぐる日映演組合と会社および当該従組との激しい攻防とその後に展開した仮処分の執行とによって、一時途絶することになる。すなわち撮影所分会の臨時大会が開催された前日の八月二日、東宝従組が組合書記局を撮影所内音響技術室に設置したが、それに反発した日映演との間で小競り合いが生じたために彼らはひとまず引き上げたものの、八月九日、再度東宝従組が同じ場所に所長の承認のもと書記局の設置を強行し、「事態は急速に悪化」することとなった（前掲、「東宝撮影所労働争議概況」一五頁）。それは、東宝従組を傘下に置く反日映演組織東宝労連の指導者伊藤雅一が、「諸情勢を分析し、考察し」て、「東宝再建」の「ただ一つの道は『仮処分の執行』を獲得して『法』の力により撮影所を奪回する」（前掲、伊藤雅一　二四九頁）以外にはないとの判断のもと、労務担当重役馬淵威雄と周到に打ち合わせて試みたその「奪回」の企ての一環にほかならなかった。伊藤雅一によれば、八月七日、彼との極秘の会談で馬淵は、東京地裁は「組合員が撮影所を占拠し、武装化しているという理由だけで、仮処分の執行を行うわけにはゆかない。人命に危険をおよぼすとか、社会的な不安が起ると思われる実情になければ、執行はできない——といっている」と説明するとともに、噂となっている「渡辺内閣退陣」などの経営内部の動揺の事実について伊藤が問い質したのに答えて、「田辺、渡辺、馬淵の線は一貫している。しかし事実内部には、日映演と妥協するという空気が強く流れている。八月一五日までに再開の見込みがたたなければ、妥協ということになるかもしれない。いや、八月一五日まではもたないかもしれない」と述べる（同二五一頁）。八月九日の東宝従組による撮影所強行入所と書記局設置の断行は、こうした状況を踏まえ「仮処分執行の条件をつくる」（同二五三頁）ために、馬淵と綿密に打ち合わせた伊藤の指揮によるものであった。そしてまさにこの八月九日から一九日の仮処分執行までの一一日間は、文字通り激動の一一日間として今次争議のハイライトを構成する。そのディテイルを詳述することは紙幅の関係からむろんできないが、以下、重要な事実に焦点をしぼってその動きを追おう。

2　「来なかったのは軍艦だけ」

組合によれば、八月九日当日、「午前十時半頃、技術研究所（撮影所の門外）に居た分裂派東撮従組（民主化クラブ）三〇数名は（撮影所内の）音響技術課に不法侵入『東撮従組書記局』の看板を掲げた。」「組合は直ちに執行部とマネジカル・スタッフ東撮従組代表と会見、この件について十分話し合うためにその前提として一応看板をとり下げるよう、マネジカル・スタッフから提案があったが、分裂派代表は不遜にもこれは既得権であると称して一歩も譲らず、会見はもの別れとなった。組合は直ちに闘争委員会拡大職場会議を開き、絶対に入れて置くことは出来ない。職場確保の立場から言ってもどうしても出てもらおうと決議、全員スクラムを組んでこれを所外に追い出した。書記局設置の不法行為は単に東撮従組だけの力でなされたものではなかった。それは、この日、分裂派と共に演劇従組や営業本社脱退派等との御用組合連合の東宝労連の人々、更に別企業の新東宝の右翼分子が交っていたこと、午後四時渡辺社長、馬淵労務担当、春田弁護士が来所したことによって明らかである。」「馬淵はあらゆる情勢が自己に不利であることから、最後のあがきとして、分裂派を利用して撮影所に弾圧の手を伸ばし、紛争を一挙に有利に転回《ママ》する緒口をつかもうと企図したのである」が、しかし「社長、馬淵担当が来た時には、期待した民ク行動隊も東宝労連も所外に放逐されて既に居なかった。」（「書記局回報」第二〇号　一九四八年八月一〇日」）。すなわち、東撮従組は音響技術室に書記局を設置して社長らの撮影所到着を待ち、彼らと午後四時に交渉をもつことをあらかじめ馬淵と打ち合せていたのであるが、予定の時間に社長、馬淵らが撮影所に到着した時にはすでに東撮従組は組合によって所外に押し出されて居なかったために、その予定のシナリオが狂うこととなった。組合が、来所した社長らに交渉に応ずるように求めると「東撮従組との交渉に来たのだから、日映演との交渉には応じられない」（前掲、宮島義勇　三〇九頁）と拒否したことが、このシナリオの存在を露呈させることとなった。組合は直ちに、東撮従組とは交渉するが日映演とは話し合わないという会社の対応は、組合に対する差別的処遇であり労働組合法違反であるとして都労委に連絡し実地検証を求めた。

こうして都労委の「和田労働委員、吉田中立委員、小林使用者委員その他数氏が来所、調停の為、組合、会社、分裂派と四者種々協議し、都労委の提案――都労委の調停の決定する迄、紛争以前の線に戻ること――を両者納得、分裂派は入ってこないことに決定した。」しかし「午後六時、日映演はその決定に基いて紳士的に防衛態勢を弱めた隙に乗じて、〔東撮従組の〕約四〇名がオープン〔ステージ〕から暴力的に侵入し、舞台課の室を占拠した」ため、「一〇日午前一時、組合は断乎この分裂派を放逐する腹を決めた」（「書記局回報」第二〇号）。撮従の強行入所と組合のこの決定を聞いて組合・会社・撮従・都労委委員の四者会談は緊張し、その対応策を協議していたが、その間に起きたのが伊藤雅一の流血事件である。伊藤によれば、彼は東撮従組組合員の強行入所を見届けてから撮影所に入り、控室から四者会談における日映演と都労委労働側委員による東撮従組の撮影所からの退去要求に対し、それを拒否するよう東撮従組の連絡員に再三指示していたが、四者会談が翌一一日の午後十二時まで現状維持のまま一時中断することになったので、東撮従組が占拠している舞台課の部屋に行こうとして日映演の組合員にみつかり、彼らから暴行を受けたという[25]（前掲、伊藤雅一　二六一～二六八頁）。

その後、「午前三時」に「午前四時半から日映演一〇名、撮従五名参加して都労委と会談、此の事態に結論を出すこと。それまで撮従は東宝撮影所から退去すること。」が決められ、「午前四時」組合は「静かに彼ら（撮従組合員）を所外に送り出した。」（「書記局回報」第二〇号）。そして明けて一〇日朝、都労委は①東宝撮影所の紛争の円満解決のための具体案を提示するよう本日の斡旋委員は努力する。②八月一五日まで事態の紛争を避けるために労使双方本日以上の事態の悪化を惹起しないこと。③八月九日の事態収拾に際して撮従の取った態度を都労委は「諒として紛争解決の条件においては充分に撮従の立場を尊重すること。」を内容とする「覚書（案）」と①「外部団体を所内に入れないこと」②「全従業員は従来通りの状態にかえり、所内に出入する事は自由とする」こと③「撮従の書記局を所内（音響技術課）におくこと」の「了解事項（案）」（同）を会社と両組合に提示するが、会社と撮従がこの案を拒否する。そこで日映演はこれを受け容れるために別の条件を都労委に示すものの、今度は都労委の経営側委員と中立委員がそれを拒否したために、四者会談は決裂し、結局都労委の斡旋は失敗に終わる。さらに同じ一〇日の午後、都労委委員が来所して再び四者会談の開催を呼びかけるものの会社が拒否し、会社を除いた三者会談についても撮従の拒否によって、都労委の斡旋は再度不調に終わった。この間、九日の夜、宮島義勇の足元である撮影部の助手一四名が日映演を脱退し、撮従に走る。宮島は後に「彼らが日映演を脱退する前に話し合うことが出来なかったのが、僕としてはたまらなく残念だった。」（前掲、宮島義勇　三二四頁）と記しているが、これらカメラマン助手たちの離脱は、撮影所内の混乱を増幅し争議の先行きに翳を投げかけるものであった。

一〇日午後八時半、組合は撮従との話し合いのため所内に残っていた馬淵労務担当重役とマネ・スタや芸術家を含み話し合いをもつ。それは翌一一日の午前二時過ぎまで続いたが、そこでのやり取りは、次のように撮従への対応や撮影所再開をめぐる組合と馬淵の考え方の大きなちがいを浮き彫りにするものであった。

安恵　「〔…〕馬淵さんは『民ク』を撮影所の中に入れてごたごたを起そうとしているのではないか。」

馬淵　「そんな馬鹿化た事をする憶えがない。」

安恵　「憶えがないというのではわからない。ハッキリした返事と責任を要求する。」

馬淵　「私としては絶対にそんな事をした憶えはない。絶対にしないと断言する。」

野坂〔撮影所支配人〕「安恵君、絶対にしないというのだからいいでしょう。」

〔中略〕

亀井　「馬淵さんは明らかに民クを利用しているではないか。あんなもの使って何をしようというのだ。」

安恵　「今日貴方は技研に何をしに行ったのか。」

丸川　「馬淵さんが技研に行った事はハッキリした事実だ。何をしに行ったのか返事がほしい。」

馬淵　「それは向うの組合で二スタッフが組めるという案を提出して来たのでその案を見に行ったのだ。」

亀井　「これは重大な問題である。」

関川〔演出〕「演出家も居ない組合で何が出来ると思うか。これは本当に重要だ。明日芸術家会議があるので、ハッキリしたことを話す。馬淵さんは九〇〇人の命を問題にしないのか。」

山本〔薩〕「案を見せてもらおう。それを見せぬかぎり私は引退《ママ》らない。」

宮森　「芸術家が居ないで映画が出来るのか。キャメラマンも居ない、プロデューサーは居ない。貴方は映画に素人だから、その案を見て何をする気なのだ。」

馬淵　「キャメラマンは居ます。会田君が。」

宮森　「（大衆に向い）良く憶えておいて下さい。会田君がキャメラマンになるそうです。」

馬淵　「それは違う。間違いだ。」

〔中略〕

亀井　「〔…〕社長は日映演が主体だと言っているが、そうすると貴方の意見と違ってくる。貴方は何故交渉を行わないのだ。下手な弾圧をしたって、日本の民主勢力はそう簡単にはなくならない。本気になって再開を考えなくてはならない。昨夜渡辺社長と話したが、渡辺さんともあろうものが、何故馬淵などという男と一緒に仕事をするのだと訊いた。すると渡辺さんは彼はエキスパートだからと言った。このエキスパートという意味は非常におかしく思われた。渡辺さんは労働問題のエキスパートと言われたのだろうが、われわれが考えると首切りのエキスパートとしか思えない。貴方は経営のエキスパートになるべきだ。われわれの考えている事は会社にも利益な事である。それも行わないとなると、貴方は一体何を望んでいる事になるのだ。」

馬淵　「私はいくら言われても、個人として言うのではなく会社としては、さき程申し上げた事が方針になっています。」

丸川　「馬淵っあん、貴方は此処を目茶目茶にする気なのか。ハッキリきかせてほしい。」

馬淵　「だから先程から明日何らかの圧力がある等ということは絶対にないと言っているではないか。」

安恵　「春田〔会社側弁護士〕が昨日検察庁に行っているのはどうした訳か。」

馬淵　「私は技研に行って撮影所に入って来てはいけないということを十分言って来た。」

〔中略〕

伊藤〔武郎〕「しかし乍ら昨日来た東宝労連は非常に計画的に行われたですね。警察は検束リストを持っていた相《ママ》だ。」

馬淵　「私は知りません。私は指令を出した覚えもありません。」

園田　「弁護士が来たのはどういう理由だ。」

馬淵　「……〔無言〕」

伊藤　「とに角、このような状態にさせたのはすべて貴方の責任である。われわれは四ヶ月〔判読不能〕かに闘って来た。しかし昨夜になって東宝労連や春田までが撮影所に来たというのはどういう理由なのだ。それは貴方が呼んだ事だ。それから貴方は先ほど民々と協議することによって二本出来るといったが、われわれでは四本を、しかも即時着手出来るのだ。どうして日映演と話をしないのか。〔中略〕貴方は九〇〇人を犠牲としても二〇〇人で仕事をしてゆこうとしているのか。大衆は映画を欲している。そしてわれわれも仕事を欲している。貴方は大衆の要望にも組合の要望にも答えず、東宝をつぶそうとしている。」

〔中略〕

伊藤「われわれは今からでも仕事が出来る。これについて返事をしてほしい。」

馬淵「日映演は一寸も折れようとしない。会社も二七〇名の馘首をテッカイしない。これが現実である。会社と日映演はどこまでも平行線である。この様な状態にある組合と仕事は出来ない。又一方には二七〇名〔の解雇〕を認める組合が出来たのだ。」

伊藤「マネスタの方に訊きます。すぐに仕事を始めようとしているわれわれと今話し合いが始まっている。これをどう考えますか。」

野坂「今迄通りの方法で行ったらどうだと馬淵さんに聞かせたら先程一寸待てといわれた。」

伊藤「そうでしょう。この人〔馬淵〕は映画がどうなってもよいのだ。多数の人が死んでもいいのだ。ただ自分の名前が出ればそれでいいのだ。」

馬淵「私一人が行っているのではない。」

今井〔演出〕「私は交渉によって再開の方針を協議してゆく事が一番大切だと思っている。この方針で進んでほしい。」

馬淵「ここでは交渉についての具体的な事は言えない。それから伊藤さんの質問にあったと思うが二七〇名を認めない組合と認めた組合とでは認めた組合の人達を支持するのは当然である。」

伊藤「貴方は組合と会社との交渉は平行線だというが、組合はこの平行線をまげているのである。しかるに会社は依然として曲げようともしない。」
馬淵「都労委の裁停《ママ》がきまったら私としてはこれに従うが、きまらない限り今迄通りの方法でゆく。」
亀井「二七〇名が根本の問題であるのに一方的にきめて、これを認めなければ交渉しないというのでは仕事は出来ない。間違った形で二七〇名を馘首した事については納得出来ない。」
馬淵「私は間違っていないと思ってる。」
〔中略〕
馬淵「今のところ日映演とは交渉しようとは思っていない。」
〔中略〕
宮森「私は今、新聞記者に逢って話を訊いた。すると春田が仮執行を行うということをハッキリ言明したそうだ。」
〔席上騒然〕
丸山（章）「その事は重大だ。ハッキリした点を馬淵さんに聞かせてもらいたい。」
馬淵「（少々考えてから）その通りです。」
亀井「馬淵さんはそれを何時行う心算だったのですか。」
馬淵「それは解らない。春田が裁判所に行ったことも事実です。」
亀井「これは大変な事だ。馬淵さんは撮影所を日本タイプ〔生産管理中の組合員を警察が強制的に排除・弾圧した事件〕の様にしようとしているのだ。私はあらゆる弾圧があっても闘う。馬淵さんは都労委で死んでも闘うといわれた。私もはっきり言う。馬淵さん私も貴方と死んでも闘います。わかりましたね。」
小林「われわれは一五〇日以上闘い続けて来たのだ。われわれはトマトとジャガ芋を食って来た。われわれの悲劇を生んだのは皆こいつが行ったのだ。」
丸山（章）「馬淵さん、私は貴方の知らない話をして上げましょう。私は今度いろいろの地方え行った。これは名古屋の大宝（直営館）の小父さんの話です。この小父さんは戦争中必死になって館を守った人です。その館を火災から守るために努力し尽くした小父さんを貴方は首を切ったのだ。どうするんです。この事実を。日映演は首切りを認めていません。北海道でも九州でも闘っているんですよ。」

〔中略〕

丸川「馬淵さん撮影所をどうするっていうんですか。返事をして下さい。」

馬淵「……」

丸川「どうするんですよ。」

田中（家族会）「私達は子供達に菓子も与えずに闘っているのです。併し主人には日本文化を守る為に闘ってもらっている。こうなれば最后まで闘います。」

宮森「あなたは映画を愛しているのですか。この点をちゃんと話そう。」

馬淵「面倒くさい。」

宮森「面倒くさいとは何事だ。」〔後略〕（「書記局回報」第二〇号）

馬淵と野坂撮影所支配人を囲んでの大衆団交という様相ではあったが、以上の話し合いから明らかになったことは次の四点である。第一は、先に触れた伊藤雅一によれば、東宝従組＝東宝労連による撮影所強行入所が馬淵との綿密な打合せのもとに断行されたにもかかわらず、馬淵はここでは自己の関与を全く否定して明らかに虚偽を述べているということ、第二は、二七〇名の馘首も撮影所の再開も、いずれも会社の既定方針通りに日映演を交渉相手としないで進めるということ、第三に、日時は確定していないが、仮処分の執行につき会社が手配した結果、東京地裁が近日中にそれを実施することが明らかとなったこと（伊藤雅一の流血事件が、この仮処分執行の格好の条件となったであろうことは、否定できない）。そして第四に、撮影所を拠点として闘う組合員およびその家族は、映画への愛情を基礎に、製作の再開と争議の終結を強く望んでいるということ、これである。そして以上のやり取りから浮かび上がってくるもう一つの冷厳な事実は、馬淵のこの非妥協的な姿勢が、この争議の膠着状態を規定しているということである。ここには、馬淵が伊藤雅一に語ったという経営陣内部の動揺は、微塵もうかがわれない。

同じ一一日、組合は撮従の組合員に対し、一〇日までの復帰勧告に応ずる者がいなかったことを踏まえ、今後彼らとは撮影所内で一緒に仕事をすることは拒否すると通告する。同日午後一時、東京地裁新村判事が「視察」のために撮影所に来所し、組合の案内で所内を一巡した後、組合、会社、マネ・スタ、撮従の四者と会談した。新村判事の「新事態が起きた様に見えるので説明してもらいたい。」との求めに応じて、渡辺が「例によっての反共演説」を、馬淵が「一〇日の夜撮影所でカン詰にされた」様子を、北岡が「民主化クラブ発生以来の民クを中心とした状況説明」を、春田〔会社側弁護士〕が「組合は不法占拠だ。〔…〕早く仮処分をしてくれないと争議が解決しない。裁判所が怠慢である。」等々を、また撮従が「伊藤雅一の負傷について」各々述べた後、組合は伊藤武郎が「九日以降の紛争の原因は会社が仮処分をさせる為に一つの事実を作り上げようとして計画的に行ったものである。」と主張した（「書記局回報」第二一号 一九四八年八月一二日）。明らかに組合は、撮従と会社がともに組んで仮処分執行の必要条件をつくりだすために、意図的・作為的に書記局設置名目のもと撮影所に強行入所して騒擾状態を現出せしめ、伊藤雅一の流血事件を惹き起こした、という事実を正確に把握していることがわかる。翌一二日、芸術家グループが、以下のごとく「従業員同志の間に軋轢を起させ流血の惨をも辞せざるの暴挙に出て来た」現経営陣、そして「東宝撮影所の今後の正しい在り方や日本映画の発展向上などは全然念頭においていない」現経営陣「の居る限り東宝に於ては仕事をしない」と宣言したのは、こうした会社の卑劣な組合攻撃のためであった。

声明書

今回ノ二七〇名馘首ニ端ヲ発シタ紛争ノ初期カラ我々ハ社会的良識ニ訴エテ渡辺社長、馬淵労務担当ノ一方的措置ニ反対シ、我々ノ立場カラコノ両名ニ勧告ヤ斡旋ヲ行ッテ来タガ毫モ我々ノ意見ニ耳ヲ籍サヌバカリカ最近デハ解決ノ手段トシテ従業員同志ノ間ニアツレキヲ起サセ流血ノ惨ヲモ辞セザルノ暴挙ニ出テ来タ。コノ事ヲモッテシテモ、明ラカニ彼等ハ正シク紛争ノ解決ヲ図ル良心ガナク彼等ノミノ利益ヤ面子ニコダワッテ光輝アル歴史ヲ有スル東宝撮影所ノ今後ノ正シイ在リ方ヤ、日本映画ノ発展向上ナドハ全然念頭ニオイテイナイ証拠デアルコトヲ指摘出来ル。我々ハコノヨウナ彼等ガ東宝ヲ主宰スル限リ、今回ノ紛争ヲ益々紛糾サセ今後ノ再建ヲモ不可能ニシテシマウコトヲ断言スル。我々ハ彼等ノ居ル限リ今後東宝ニ於テハ仕事ヲシナイ、コレヲ広ク社会ニ声明スル。

一九四八年八月一二日

経営陣に対する怒りと絶望に貫かれたこの声明書には、山本嘉次郎以下演出家一四名、八住利雄以下脚本家四名、伊藤武郎以下製作者六名の東宝所属の芸術家二四名全員がその名を連ねた（「書記局回報」第二一号）。そればかりではない。撮影所のマネジメント・スタッフは、同じ一二日の午前十二時「両組合員に訴える」を発表して、近日中に出されるという都労委末弘会長の斡旋案を「会社も両組合も解決の足がかりとして、その間実力行動を慎」み、「而して右解決案の発表を待って、各々その立場で堂々の主張を闘わし以て妥決《ママ》に達すべきである。」（撮影所マネジメント・スタッフ「両組合員に訴える」八月一二日午前十二時「書記局回報」第二一号）と、会社、日映演および東宝労連＝撮従に対して自重を促すとともに、翌一三日には野坂三郎撮影所支配人、関口敏雄総務担当、藤本真澄製作責任者ら中心的マネ・スタが組合と話し合った上で、都労委と馬淵重役を各々訪ね、仮処分の執行を見合わせるように要請をする。仮処分の執行による不測の事態を避けようとするマネ・スタの憂慮と決意がうかがえよう。さらにこの一三日には、芸術家グループもまたＧＨＱのＣＩＥ（民間情報教育局）や他社撮影所、東京地裁に「芸術家声明のこと、撮影所が直面しようとしているいろいろの諸事実について訴えに出た。」（「書記局回報」第二二号　一九四八年八月一四日）。[26]

そして八月一四日朝、東京地裁民事第一四部新村裁判長による会社申請の仮処分執行の裁定に基づいて、執行のために春田、三宅の会社側弁護士とともに「執達使野口、浅野、西の三氏が撮影所にやって来」、「所内建物全部を差押えること。組合の使用建物は使用していい。業務妨害しない限り立入りを許す」との「執行の内容」（同）を告げて仮処分を執行しようとしたが、組合はこれをピケを張って阻止し、ひとまずこの日の執行は回避された。[27] これを受けて組合は、バリケードを増強して撮影所の防衛態勢を一段と強化するとともに、「女優を先頭とする婦人行動隊」を街頭に送り出し、「東宝に弾圧が来る。東宝撮影所を守れ、日本文化を守れ」（同）と市民に訴え、あるいは支援団体に増員を要請するなど事実上の臨戦態勢に入る。その上で組合は、東京地裁に対しこの仮処分の決定に異議を申し立てるとともに、その決定を下した新村義弘以下三人の裁判官を「極東委員会日本労働組合一六原則第一三条〔正当な労働組合活動の妨害・抑圧の禁止〕」違反、「第三一号勅令〔占領目的阻害行為の禁止〕」違反及び「職権濫用」として告訴すること、また「マッカーサー司令官並に対日理事会へは〔仮処分執行の停止を〕請願」することをそれぞれ決め、さらに「外人記者団に弾圧の監視を要請した」（「書記局回報」第三三号　一九四八年八月一五日）。ただし、留意すべきは、事態が抜き差しならない状況に推転しつつあるこの日、「撮影所マネーヂメント・スタッフに対し、芸術家グループ及日映演執行部は、『会社側として飽迄組合と戦うか、組合と同調して会社と戦うか？』の何れを採るかとの基本的態度の決定を迫り、遂にスタッフ中七名は『会社と戦う』旨の意志を表明し、茲に完全に二つのグループに分裂した。」（前掲「東宝撮影所労働争議概況」一八～一九頁）ということである。[28] ラインの中間管理職としてのマネ・スタに旗幟を鮮明にさせたことは、それまでの労使の緩衝帯としての彼らの機能を限定したことを意味するものであり、組合にとってこれは正負両義的な意味をもつことになる。

一五日、組合は午前十時から撮影所で「反ファッショ・東宝防衛大会」を開き、支援団体から激励を受けるとともに、折から終戦三周年を記念して皇居前広場で開催された反ファシズム「人民大会を終えた友誼団体は続々『撮影所へ』押しかけて」（「書記局回報」第三三号）撮影所防衛にあたる一方、組合は仮処分の強制執行が必至であるとの状況認識のもと、その対応策を練る。しかし、すでに四月の日本タイプや愛光堂あるいは新橋メトロ劇場などの争議において、組合の職場占拠を解く仮処分の執行が警官隊の導入によって強行されていたから、東宝においても徹底抗戦するとなると執行部ばかりか一般組合員までも無差別に逮捕されかねない、という事情が組合の対応策を制約していた。したがって、組合にとっては「仮処分を撤回させるか、それによって起こる条件を有利に転化していくこと」（前掲、宮島義勇　三二七頁）以外には事実上選択肢はなく、前者の場合は都労委末弘会長の斡旋によって会社が仮処分の申し立てを取下げることに期待するほかはなかった。組合はさしあたり臨戦下の指導体制として統一戦術対策委員会を設置し、そこに日映演中闘委、支部闘委、分会執行部の執行権を集約することで指揮命令系統を一本化する。

一六日午前、組合は北岡所長と交渉をもったが、彼の「此の仮執行は不満足である。軽すぎる」との発言に「激昂した大衆」が「デモをかけた」（「書記局回報」第二四号　一九四八年八月一七日）結果、本社の馬淵と打ち合わせた上で、所長から「本日末弘会長は争議解決案を提示して会社と交渉する趣であ」り、「その前後にマネージメント及日映演とも交渉する意志」があるため、一六と一七の両日は「仮処分の執行はしないことを約束する」との「覚書」を獲得し、さらに「何かの間違いから官憲が仮処分実施のために来た場合に於ては小生は之を阻止する」との「覚書」も書かせる。しかし、この日を通して組合が集めた情報によれば、「警視庁内庭は約一千名の警官が集結し」、また「警官は本日より十日間一斉に休日を返上した。」（「書記局回報」第二四号）というように緊迫したものであり、組合は拡大職場会議と家族会の集会の後、防衛態勢を強化する。その間、組合は都労委末弘会長による事情聴取に対して今次争議とその解決の方途についての組合の考え方を述べたが、それは末弘が労組法第一一条違反審議とは別に争議解決のための斡旋案を提示する前提として、会社、マネ・スタ、東宝従組を含む争議当事者各々に対して行なった意見聴取の一環であった。そしてこの日の夜十時、末弘会長から次の「申入書」が当事者に提示され、翌一七日午後五時までに回答するように求められた（「書記局回報」第二五号　一九四八年八月二一日）。

申入書

一、会社は日映演砧分会と協議して撮影所再開案を建てるが、それについてはその他関係組合の意見をも聞いて出来得る限り実情に即した無理のない案を立てることに努力されたい。この協議はこの申込書を当事者が受諾してから一週間以内に結了されたい。
二、人員整理問題は再建案の一部としてこれを解決すること、但し、その際日映演砧分会としてはできる限り会社の整理原案を尊重されたく、その代り会社も再建案に吸収して解決し得べき人事は成るべくその方法によって解決する方針をとられたい。
三、本申入書が関係当事者により受諾された上は当事者はいづれも現在以上積極的行動に出ることのないようにされたい。即ち
①会社は第一項の協議結了まで仮処分を実施しないようにされたい。
②東宝従業員組合撮影所分会は八月一〇日斡旋案が支持した範囲を超えて行動しないようにされたい。
③日映演砧分会は従来通り所内に事務所をもち、従て組合員が組合事務の必要上所内に出入りすることは差支えないが、自発的に部外者を立退かしめ、入口の遮断施設を撤去することの外、一切の積極的行動を差し控えられたい。
四、第一項の協議が成立つならば組合は遅滞なく撮影所関係の提訴を取下げられたい。当事者双方は右の協議に引き続き一切の紛争を解決するための協議を行ひ、これに連関して組合はその他の提訴を取下げるようにされたい。
五、以上の諸点が解決した上で、日映演とその他の東宝関係の組合とは相互の関係を調整するため出来れば組合単一化を目途として協議を進められたく、両者の要求があれば、斡旋者として斡旋の用意がある。

以上

一九四八年八月一六日

要するに、会社と組合が協議して撮影所再建案を立て、人員整理はその撮影所再建案に織り込んで処理することとし、その協議が終わるまで会社は仮処分を執行せず、組合は外部団体を退去させる、というのがその骨子である。

仮処分の執行を回避し、労使の協議によって整理問題の処理と撮影所の再開をはかるという点において、この末弘の斡旋案は組合にとって一定の評価に値するものであった。実際にも、組合は、翌一七日朝九時からこの斡旋案を検討し、第一、第二および第五項については問題なく了承した。しかし仮処分の執行延期と引き換えに外部団体を退去させる第三項第三款については、その全面的な削除を求める意見も出たが、「会社は第一項の協議結了期限たる昭和二三年八月二四日午後五時までは仮処分決定正本を東京都地方労働委員会会長末弘厳太郎氏に預ける。右期限に至って協議成立しないときは、末弘会長は組合立会いのもとに会社に右正本を返還する。」と修正を求めることとし、また第三項の第四款として「会社はこの協議に入るに先立ち、応急の生活費として日映演砧分会組合員に一人六、〇〇〇円を支給されたい。」との文章を追加する。さらに第四項については「第一項の協議が成立つならば、会社と日映演双方の協議に引続き一切の紛争を解決するための協議を行い、これに連動して組合は提訴を取下げるようにされたい。」と修正を求めることを決め、同日午後五時、末弘会長にこの回答を伝えた（「書記局回報」第二五号）。条件付きではあるが「末弘斡旋案」を受諾することによって、眼前に迫っている仮処分の執行を避け、何とか争議解決の糸口を見い出したいという組合の積極的な意思が、看て取れる。

他方、会社は「重役会議にて協議した結果少くとも会社の人員整理案を組合が受諾せざる限り斡旋に応ずるわけには行かない。」「組合が整理案を受諾する事が交渉の前提となる。」との「回答」を末弘会長に伝えたが、「之に対し会長は強く反対され斡旋を打切る以外に方法はないとまで言われた」ため、再度「協議を進めてゐる中午後四時並に八時二回に亘り都労委の使者として磯村、三段崎両使用者側委員森田幹事が来社され『組合も条件付きで受諾したので会社も何とか条件付きで受諾出来ぬか』との申入れがあったので更に協議し」、回答を「明日正午迄保留する」旨を伝え、翌「一八日午前中三宅弁護士をも交へ仮処分執行と睨み合わせ種々検討した結果『末弘斡旋案』は会社の条件が満たされないのでこのままでは応じ難い。一方仮処分は諸般の事情上執行止むを得ない状況である。」（「本社通報　労務情報」第八一号　一九四八年八月一八日）との結論を伝えることによって、末弘斡旋案を拒否した。ここには、事態のさらなる悪化を招来する仮処分の執行を何としても避け、斡旋案をたたき台として、労使の話し合いによって争議解決の方向を見い出してほしいとする末弘会長の強い意思と、しかし話し合いを含むすべての前提として組合が解雇を認めること、それが容れられない場合は仮処分の執行を辞さない、とする会社の強硬姿勢とのちがいが際立っている。

末弘会長の、労使の話し合いによる事態の処理という姿勢は、争議処理の方法として労使自治による解決を最善の方策とし、労働委員会など第三者はそれを促し、それに資する役割が基本であって、法をかざして警察権力を介入させ当事者の一方にマイナスの影響を与えることは好ましくない、とするその労使関係観に基づく。それは、例えば東宝争議とほぼ同時期に発生した争議で、東京地裁が仮処分の執行を警察権力の導入によって強行し、組合の生産管理・職場占拠を暴力的に排除した日本タイプライターの事件について、末弘が「仮処分は国家の権力行為だから警察力を使ってでも強行し得るというのは法律上のことで、実際には成るべく穏便に実施するにしたことはないのであるから、裁判所も警察力を借りる決意をする前に、も少し慎重に他の手段を考えて欲しかったと思う。今後もあり得ることと思うから敢えて法務当局の考慮を促しておく。」（末弘厳太郎　一九四八　二七四頁）と述べていたことは、それを裏づけている。[29] 他方、会社の強硬な態度は、共産党員を含む組合幹部を放逐するという当初の目的がいささかも完遂せず、むしろ会社にとっても予想を超えた組合の長期の抵抗とそれによる市場の縮小、赤字の累積など厳しさを増す条件の下で、喫緊の争議戦術として唯一可能な仮処分を何としても執行することによって局面の打開を図りたいとする意図によるものであった。こうして末弘会長の斡旋は不調に終わり、当面する焦点としての仮処分の執行は、もはや避けがたいものとなったのである。[30]

会社の斡旋拒否とそれによる翌一九日に迫った仮処分の執行を前にして、撮影所の共産党細胞は、党員会議を開いてそれへの対応策を協議する。硬軟さまざまな議論を集約しながら宮島義勇がまとめた結論は、警察との激突による犠牲を避けるために、仮処分の執行を受け容れて撮影所を一時撤退し、組合勢力を温存することによって闘争の巻き返しを図る、というものであった。[31] もっとも、この決定を当日組合員が承認するかどうかは、むろん不確定であった。組合は午後十一時半、友誼団体を含んで拡大職場会議を開き、迫り来る「弾圧との徹底的な闘いを決意」（「書記局回報」第二五号）するが、この時点で、撮影所に泊り込んでいたのは、組合員四〇〇名、支援団体一〇〇名のおよそ五〇〇名程度であった（前掲、宮島義勇　三三九頁）。

こうして組合は八月一九日を迎える。「朝八時四五分、警官隊渋谷駅通過――いよいよ大弾圧がやって来る。」「八時五〇分頃より内外の新聞記者、ニュースキャメラマンは所内外に殺到」し、「成城署の私服刑事が所外を徘徊。九時二〇分頃は成城駅、祖師谷、喜多見の各駅前及撮影所に通ずる道路はすべて六尺棒の武装警官隊によってしゃ断され組合員及友誼団体の通行は禁止され、民ク（＝東撮従組）のみ通行を許した。九時二〇分、塚本成城署長は表門に於て、堀検事正、田中警視総監連盟（＝連名）の勧告文を土屋委員長に手渡した」（「書記局回報」第二五号）。それは、①八月一四日、東京地裁の決定に基づく仮処分の執行が阻止されたため、民事訴訟法による強制執行を警察の「援助」によって行なうことを通知し、②これを「実力をもって阻止」するならば、「公務執行妨害」として「断乎取り締まらざるをえない」し、また「多数集合して暴行をするような事態が拡大するならば」「一層重い騒擾の罪」を適用せざるをえない、と警告した上で、③仮処分が執行されても「組合事務所の使用は出来るし、撮影所内のその他の部分についても全く立ち入りを禁止させるわけではないのであるから、決して争議の継続が不可能になるものではない」として、組合に「平和的、合法的に行動するよう」「反省と自重を望む」、というものであった（東京地方検察庁検事正堀忠嗣　警視総監田中栄一「勧告」一九四八年八月一九日）。

これを受けて組合は、「緊急執行部会議を開き、不当弾圧に対する抗議と官憲の反省と自重を要望する勧告」を成城警察署長に手渡す。それは、①組合は合法的に闘争を継続し、都労委調停案も受諾したが、会社がそれを「一蹴してここに此の事態を醸成したこと」は「遺憾である」とし、②「われわれは世論の支持を有し、世界の視聴をあつめている文化人の組合であり、絶対に流血の惨事を好まない」ゆえに、「文化を泥靴でふみにじることをしないで欲しい」と要望するとともに③「われわれは諸官と同じ生活の基盤にたつ勤労者であ」り、「たがいに堂々と秩序を以て行動しようではないか」と呼びかけるものであった（日映演東宝撮影所分会「警官隊の諸官に告ぐ」一九四八年八月一九日）。

「組合側の勧告書を受け取った成城警察署長が引き上げると、会社側執行吏一〇人と、春田他三弁護士と組合側土屋、浦島正副委員長、自由法曹団、北村弁護士、岩田〔共産党〕都議と仮執行について接衝《ママ》」がはじまるが、その傍で「十時四〇分警官隊は攻撃準備を活発に開始」して「一切の攻撃態勢を完了」する。春田弁護士が「後二〇分。十一時にその回答をしろ。撤退するかしないか」と組合に迫る。そして「〔米軍の〕戦車は表面のバリケードにくっつけられた。その後には武装警官隊は雪崩こむ態勢をととのえた。撮影所を包囲した二千の日本人警官その他。威嚇、脅迫、暴力による圧迫！」（「書記局回報」第二五号）さらに米軍の偵察機二機が撮影所の上空を旋回するという異例に物々しい厳戒体制が敷かれた。[32] そうしたなかで亀井文夫が「暴力では文化は破壊されない！」と大書した紙を持ちながら、バリケードから表門に出て、無言のまま悠然と戦車の間を歩き回ったことは、よく知られている。[33]「十時四〇分、中闘、支闘、東宝対策委員会〔が〕参加しての執行部会議」が開かれ、「われわれは権力と暴力を背景にした仮処分という争議弾圧手段をみとめたのではなくて、現在のわれわれの闘争段階に於いては、会社が仮処分という強行《ママ》手段を敢行しても、われわれの闘争を不利ならしめる力ではないことを確信する。われわれはこのような未曾有の大弾圧に頼らざるを得なかった敵の弱点をあきらかに知り、無用の流血をさけて撤退する」と決定して、「十一時　組合代表は勧告に従い撤退する旨を回答」する。「勢に乗じた敵は正午までに一人残らず退去せよ。残るものは検束すると厳命した。」「十一時一五分　拡大職場会議は招集され」、土屋委員長が全組合員に対して「現在の状況から撤退した方がいいと執行部は判断した。われわれがこれだけ団結を示したことは日本の労働者階級の誇りであり、明日からの闘争が必ず勝つという確信と基盤を得た」と訴える（「書記局回報」第二五号）。組合員や支援団体のなかには強硬な反対意見もあったが、[34] 結局執行部の説得に応じて「十一時四〇分　全員中央広場に集合、秩序整然、赤旗を先頭にスクラムを組み、インターを高唱して撮影所から撤退し」、「十二時一五分　全員は撮影所から五〇米の演技研究所に撤退を完了した。」（同）この撤退の行列の先頭に監督五所平之助が連なっていたことも、またよく知られている。[35]

「仮執行は正午から行われることになっていた。組合の後尾が裏門を出た正午近く、血迷った警官隊は、不意に表門から進入せんとし」、「野坂支配人は『正午のサイレンを待て、約束を守れ』と阻止しようとしたが、警官隊は支配人をおしのけ、雪崩をうって乱入した。」結局、仮処分の執行は、正副の組合委員長と弁護士、岩田都議立会いのもとに行われ、「午後四時、執行吏も警官隊も撤退した。」その後、「組合は隊伍を組み、インターを歌って撮影所え《ママ》復帰した」(同)。当日朝、胃潰瘍で療養中の病院から抜け出して撮影所に潜り込んだ黒澤明の竹馬の友植草圭之助は、「裏門をあとにしたとき、〔…〕私と黒沢の青春も、そして三年間も撮影所じゅうを沸き立たせた貴重な青春〔傍点原文〕も、すべてこの日で終わったことを私は沁々と感じていた。口に出しては言えぬ寂寥感だった…。」(前掲、植草圭之助　二六九頁)と述べ、また当の黒澤明は、撮影所に戻ってきた時の心境を「撮影所から追払われた私達が、数時間後、入門を許可されて撮影所に入って見ると、ポツンと強制執行の立札が一つ立っているだけだった。たったそれだけの事で、一見なんの変りもない撮影所だったが、この時から、この撮影所から無くなったものが一つだけある。私達の心の中から、この撮影所に対する、献身的な気持が無くなってしまった。」(前掲、黒澤明　一九九〇　三〇六〜三〇七頁)とつづっている。「来なかったのは軍艦だけ」といわれる八月一九日の仮処分の執行は、こうして終わったのである。[36] それは、この争議のクライマックスをなす最も劇的な場面であったが、それはまたこのいつ終わるとも知れない闘いが決着に向けて動き出す契機にほかならなかった。

(3) 第三期

1 「末弘覚書」

第三期において会社は、仮処分の執行後、東宝労連が撮影所内に書記局を設けたものの日映演が組合事務所のみならず他の部屋をも依然自由に使用し、外部団体も変わらず出入りするなど仮処分執行以前の状態が事実上回復されて、その実効性が確保されない状態を前に、執行吏を繰り返し督促して組合事務所以外の使用を厳禁させ、ロックアウト状態を執行後しばらくして確保した上で、東宝労連を撮影所再開の主体とする計画を練る。が、東宝労連主体の再開計画がリアリティを欠き、また九月に出された末弘会長の「覚書」が会社に不利な内容でとうてい受け容れられるものではなく、しかも経営赤字が累積していくという状況のもと、ようやくにして実現したロックアウト以外には局面を打開するための具体的に有効な方策を欠いていたにもかかわらず、しかしこのロックアウトを発条として、自らが提案し組合が受諾した組合主要幹部の自発的退職をもって今次争議を自己に有利に処理したというところに会社側の戦術の特徴があった。他方、組合にとってこの期は、当初は、仮処分執行に対する全国規模での抗議ストを組織して抵抗の意思を表明しつつ、撮影所において仮処分執行の実効性を崩して一時その空洞化を確保するものの、度重なる執行吏の厳しい監視の下、組合事務所以外の出入りを厳禁されてロックアウト状態が実現したために、支援団体が排除され、所内での組合活動も大きく限定されることとなる。しかし末弘会長による「覚書」の組合に有利な内容に支えられて、会社に撮影所再開の要求を突きつけるものの、それ以上の争議決着を迫る決め手を欠いたままに、組合員の生活資金の逼迫という経済的困難に促されて、膠着状態を打破し争議を解決させる最終的な手立てとして、会社が求めた幹部二〇名の自発的退職を決断するという消極的な戦術に終わったことが特徴的である。

仮処分の執行が終わった翌八月二〇日、会社は社長声明を発表し、組合が「人員整理並に経営方針に反対してゐる限り会社は之と再建案其の他一切の交渉を行ふ意志はな」く、「会社と協力する従業員と共に速かに再建を図る。」また「今後会社の経営が特定政党の支配下にある従業員に左右せらるることは徹底的に排除し経営の健全化を図る。」（東宝株式会社社長渡辺銕蔵「社長声明」一九四八年八月二〇日）と強硬な組合排除の意思を改めて表明する。しかし組合は、仮処分執行の強行措置に対する抗議文を会社に突きつけるとともに、まず二一日には北海道、中部、九州の三支社傘下一五館が抗議の二四時間ストに入り、二三日には第二波として関東と関西を中心に一九館が十二時間から二四時間のストを、さらに本社分会を含む九館が職場放棄を実施する。[37] この二四時間ストと職場放棄には松竹や大映など日映演の他の分会も加わったが、とくに松竹大船分会は北岡所長に対し、仮に東宝従組によって製作が再開されても、それには松竹の「芸術家や技術者を送ら」ず、また「スキャップ映画製作に従事した人々とは今後一切仕事をしない。〔東宝の〕日映演組合員には可能な範囲で大船で仕事をしてもらう」等の内容の文書を組合大会の決議として手渡した（「書記局回報」第二六号　一九四八年八月二五日）。それは、仮処分執行後、会社が東宝従組による撮影所再開策を具体化しようと動き出したことへの牽制という意味をもつものであった。

一方、二一日から東宝従組が動画撮影室に書記局を設置し、水色の旗を掲げて撮影所内での拠点を合法的に確保するものの、「日映演側は依然として外部団体を引入れ、不許可の部屋を無断使用しつつある状況」であり、会社の要請に基づいて「執行吏もことを重視し、最近連日現地に赴き命令の徹底に努力してゐる」（「本社通報　労務情報」第八五号　一九四八年九月一日）というように、ほとんど執行前と同じ組合行動によって仮処分執行の事実上の形骸化・空洞化が現出していたことに留意する必要がある。すなわち依然として「組合側は警告をよそ目に闘争資金かせぎの為、演技課の俳優室をアメ工場にし、更に所内の浴場に一人五円で外部の客を入れ、散髪屋を開業し、撮影所と銀座本社間の電話を傍受する等」（労働省編　一九四八　四四一頁）その行動には基本的に変化がなかったが、それは、仮処分の執行によって撮影所から組合を物理的に排除し、自らに有利に局面の打開を図ろうとした会社にとっては、仮処分執行の実効性がなく、そのための努力が無になりつつあることにほかならなかった。会社が、東京地裁に執行の実効性の確保を求めるとともに都労委の裁定に期待をかけながら、改めて日映演を排除した撮影所再建策を立てようと試み、争議いかんにかかわらず独自に経営再建に動き出したゆえんである。それは、組合にとっては仮処分執行の事実上の形骸化によって一時有利になったにもかかわらず、組合排除の会社政策によって争議そのものが空洞化しかねないという新たな危険性があらわれてきたことを意味するものであった。すなわち組合にとっては、仮処分の執行による組合勢力への打撃という当面の危機はひとまず緩和したものの、しかしそこから直ちに展望が拓かれるような状況ではなく、むしろ会社の動向いかんによっては、さらに長期の闘いを余儀なくされるおそれが出てきたのである。

組合が、九月から「自活態勢確立のため」に既存の文化事業班を除き職場を一五に集約した上で、「各職場に財政部を設け」て、そこに「職場の編成、仕入、経理、給与等」の権限を与え、「職場財政委員は組合一本の財政委員会に直結する。」そして組合財政は、文化事業班とこの職場財政部からの「一定のパーセント」の繰入金＝上納金によって賄う（「書記局回報」第二七号　一九四八年八月三〇日）ように編成替えしたのは、こうした先行き不透明な状況を自覚したからであった。あたかも仮処分執行後、東宝労連の賃金交渉が、こじれて数度にわたったとはいえ妥結したことは、日映演組合にとっては自らの経済的苦境を一層際立たせることとなった。しかもこの間、製作責任者藤本真澄と総務担当関口敏雄が仮処分の執行を阻止できなかったとして責任を取って辞職し、また九月に入り野坂三郎撮影所支配人や山田典吾ら六名の組合支持派のマネジメント・スタッフが会社から辞職を迫られ撮影所を去ったことも、組合にとっては会社との有力な緩衝帯がなくなったという意味で痛手であった。そればかりではない。組合による撮影所の勝手な使用に業を煮やした会社が、地裁を動かし「九月八日午前執行吏より場内に於ては組合書記局以外の場所には絶対出入を禁止する旨の申渡が行はれた」（「本社通報・労務情報」第八七号　一九四八年九月九日）結果、組合は支援団体の出入りはむろんのこと、組合事務所以外はそれまでのように自由に撮影所を利用できなくなり、会社の求めて止まなかったロックアウトの実体化がようやく実現することとなった。このことは、多くの組合員と支援者が寝泊りするなど、組合にとってそれまで団結の基盤＝運動の拠点であるとともに生活の砦でもあった撮影所が、事実上会社に奪還されたことを意味し、それはまた組合活動が物理的に大幅に制約され、運動の逼塞を招きかねない危機を意味するものであった。会社による仮処分執行の効果が、はじめて現実のものとして実質化し組合の前に大きく立ちはだかったのである。組合が、争議解決の有力な選択肢として、勢い都労委の調停・裁定に期待せざるをえなくなったゆえんである。

実際にも、組合は仮処分執行後の八月二三日、末弘会長を訪ねて基本的な闘争方針等を説明し、都労委での審尋の促進と早期の裁定を求めるとともに(38)（「書記局日報」第二六号）、新たに電話交換手と医務室勤務の看護婦・事務員に対する会社による日映演からの脱退強要とその拒否による出社命令の取り消し、および演技課所属解雇対象者六名に対する日映演脱退、東宝従組加入後の出社命令の発表など、会社による組合員の切り崩し、差別処遇を同じく労組法第一一条違反として追加申し立てる（日映演東宝撮影所分会土屋精之　都労委会長末弘厳太郎宛て「労働組合法第一一条違反にかかわる具体的事実」一九四八年九月一日～九月四日）。その上で、馬淵労務担当重役が相も変らず組合への強硬姿勢を新聞記者に語ったことに抗議して、組合は「今回の紛争の最も公正にして妥当な解決の方途は両者が再び末弘氏の調停斡旋にもとづいて、直ちに協議に入ることである。もし会社がなおも末弘氏の調停斡旋に応じようとしないならば、組合は九月一五日を期して全国一斉二四時間ストライキを決行する。」（日映演東宝撮影所分会「声明書」一九四八年九月九日）と、ストライキを賭して末弘による斡旋の受諾を会社に強く求め、そこに闘争の活路を見い出そうとしたのである。その場合、注目すべきは、九月四日と六日に開催した東宝対策会議において、組合が争議「妥結の最低線」（「書記局回報」第二九号　一九四八年九月一一日）として、七つの条件を決め、そこで会社側の撮影所再建プランを基本的に承認するという大きな譲歩を決断したことである。すなわち①「現在までの依願退職者については組合としてはふれないが、今後の就職に対しては優先権を与える。」②「未払賃金については八月末までは会社側〔が他組合に〕実施のものを即時支払うこと」③「再建案については会社側プランを基礎として討議してもよい。」④「再建プランは馘首〔者〕を吸収するものであるべきだ。」⑤「企業分割その他による馘首は今後行わない。」⑥「新しい団体協約が出来るまでは昨年度のものを適用する。」⑦「今回の紛争中発生した組合離脱者の具体的処理については話し合う用意がある。」（同）というのである。

撮影所再建案について、組合が会社側のプランすなわち貸しスタジオ化によるプロダクション方式での映画製作を認め、そこに馘首者を吸収する――すなわち先に出された会社の再建案と末弘斡旋案を折衷するかたちで、基本的な点において組合側が譲歩したことは、選択肢が狭まってきているなか、はじめて現実的な対応策が取られたことを示して重要である。この妥協案は、後の会社との交渉の際の組合側の基準としての意味をもつことになる。他方、会社もまた経理状況が悪化の一途をたどり、すでに七月末には一億二、〇〇〇万円の赤字を数え、累積では二億数千万円にのぼるほどに赤字幅が拡大していたため、製作再開は喫緊の課題であり、九月に入り「撮影所再建委員会」を組織して本格的に東撮従組を中心とした撮影所再開の方策を議論しはじめる。しかしどのような製作方式を採ろうとも、日映演所属の芸術家や技術者を完全に排除してはその実現可能性が乏しいことは明白であったから、先に策定した再建案以外の方策を打ち出すことは、むつかしかった。しかも組合の情勢分析によれば、経営内部が何としても「組合を圧迫しようと」する渡辺社長らの「強硬派」、「どちらにも色目を使っている」馬淵重役らの「中間派」そして「早く終結しなければ企業がもたないと考えている」田邊会長らの「妥協派」に「分裂しており」（「書記局回報」第三〇号　一九四八年九月一七日）、そうであるならば、一層撮影所再建案が経営側総意のもとに成案をみるのは容易なことではなかったといってよい。そして会社が強く求めていた過度経済力集中排除法の適用による企業分割が、はっきりと顕在化してきた米ソの利害対立＝冷戦体制の形成のもと、GHQの方針の軟化によって次第に困難になりつつあるという状況もまた、会社にとって事態の膠着化を余儀なくさせることとなった。

　こうして会社、組合双方にとって容易には事態打開の展望が拓けないなか、都労委は数度にわたって小委員会を開催した後、九月一六日の総会において末弘会長による「東宝事件覚書」を提示し、次回二二日の総会において労使双方の意見を聴取すると決める。が、その「覚書」が会社への正式提示の前に組合に示されたことに対し、馬淵が「事ム《ママ》当局の手違ひに依り事前に示さるべき覚書が示されず、而も組合側にのみ漏洩してゐるに至っては委員会の権威の為にも遺憾である」（「本社通報　労務情報」第九〇号　一九四八年九月二四日）と抗議したために流会となる。(39) そして二七日に改めて総会が開催されたものの、しかしそこで結論を得ることはできなかった。それは、それまでの委員会の議論を中間総括した末弘の「覚書」そのものが、およそ会社の期待したような内容ではなく、むしろ会社にとっては大幅に不利な、したがって組合にはかなり有利な内容であり、組合がほぼ全面的にそれを承認したのに対して、会社は逆にそれを「不満としてこれに反駁した」（労働省編　一九四八　四四四頁）からである。

　末弘厳太郎による「東宝事件覚書」は、委員会は「会社が企業整備に名を借りて組合の活動分子の首切りを企てた」という「組合が問題にしている点につき審査を行なった」として、①「撮影所関係」②「演劇関係」③「東撮従組との差別待遇」の三事案について論点を整理し、委員会の意見を集約している。ここでは事実上論点を整理しただけの②については触れず、委員会の見解が示されている①と③について検討しよう。①について、まず次のように述べる。「本審査に当って最も委員会の注目を惹いたのは、解雇理由に関する会社の説明が人によって必ずしも一致しないのみならず時によって動揺したことである。渡辺社長は共産党が組合の主導権を握り共産党の根本方針によって組合が不当に経営権を侵したことを問題にしている。北岡所長は主として組合の行動が労働組合本来の在るべき姿から逸脱していることを理由としかかる行動を主導若しくは為したるものを整理するのは使用者当然の権利であって、かかる理由により解雇が第一一条違反となるべき理由はないと主張した。しかし結局会社が解雇理由として発表したるところは、必ずしも右両氏の主張するところと一致せず、解雇理由を一二項目に分けて個々の被解雇者がその中一若しくは二以上の項目に該当するとなし、これによって解雇に正当な理由付けをしようとしてゐる。」したがって「組合過去の行動が解雇を正当ならしめる程『正当』の範囲を逸脱したものであったかどうか」および「個々の解雇者について、特に解雇を正当ならしむべき理由があるかどうか」について検討したが、その際、「会社はいろいろと解雇の理由付をしているが、結局組合を弱体化することによって組合との取引関係を不当に会社に有利ならしめようと企てたのではないかということが、委員会の審査の目標となった。」というのである。

その上で、前者については、「渡辺社長就任以前」の時期の「日映演の行動は一般的基準からいえば相当行き過ぎが感ぜられる。しかしこれは結局協約第三九条にいう組合の経営参加権の範囲に関し、当事者双方の解釈意見に違いがあり同時に会社側の態度が全体として消極的であったために発生した『経営権の争奪』とも見るべき現象であって、その為組合のみを非難するのは当らないというのが多数委員の見解であ」り、「渡辺社長就任から三月二五日の団体交渉決裂まで」の時期は、「一には社長の態度が余りにも性急であったこと、二には組合が既得の地歩を守って容易に譲ろうとしなかったこと」、つまり「当事者双方の態度が強硬であったために」「抗争的状態を生じ、これがやがて段々に激化して三月二五日の交渉決裂にまで至った。この間の会社の態度が、もしも意識的に交渉決裂、従って協約の失効を待って自由に解雇を行ない、これによって組合の弱体化を図ろうとしたのであれば、そこに第一一条違反と認むべき事件の発生する余地がある。しかし、これに対して委員の一部の間には、その期間における組合の態度が、不当に非妥協的であったことが、交渉の決裂を招来した主要原因なりとし、これを理由として、会社の人員整理を肯定し、その間に第一一条違反と認むべき事実の発生する余地なしと主張した。」後者の個人審査については、「（一）渡辺社長は団体交渉において強硬意見をのべた者を特に反抗分子乃至非協力者なりとし、これ等を特に人員整理案に加えたのではないかとの疑がある。（二）会社は人員整理上同じ種類に属するものであればこの中会社として使い難いものを解雇するのは当然だと主張している。しかしこの『使い難い』といふことが、もし組合として当然なし得べきことを為した結果にすぎないとすれば会社の主張は不当だというのが委員多数の意見である。（三）組合事務の故を以て不当に会社事務を怠ることは、協約によって特に認められていない限り許されないのは当然である。ここでは協約第四条の実際的運用が前々からどうであったかが問題になる。会社が前々からこの点につきルーズな態度をとっていながら本件発生後に至って特にこれを問題にするのは不当ではないか。（特に高野シズの問題）」と会社を批判している。

さらに③の差別処遇については、「仮処分執行後当会社が両組合員の間に差別待遇を為しこれによって日映演の切崩しを行なったことは正当であろうか。」と問い、「何となれば、（イ）この段階に入っても組合は整理案に対して抗争し得る。（ロ）尤もその抗争手段は適法の範囲を守ることを要すること勿論であるが、この際における組合の行動の実際はどうであったか。（ハ）日映演組合員としては、長きに亘る争議によって一般に生活に苦しんでいる。だから一面組合を守る精神に燃えながらも個々的には出社を希望するのは当然であるにも不拘、例えば電話交換手、運転手の如きものが出社を希望したのに対し日映演残留を理由にし拒否したのは不当ではないか。（ニ）会社の整理案による被解雇者でも撮従に入ったものは出社命令を出している。これは会社自らが整理案の理由を否定しているものと考えねばならない。即ち会社は専ら日映演を無力化することを目的として整理案を立てたことを自白するものと考えられる」というのである（末弘会長「東宝事件覚書」一九四八年九月）。

以上のように、末弘の「覚書」は、ほとんどの論点において基本的に組合側の主張を認め、会社側の主張を退ける内容となっている。伊藤雅一が、後に「まさに泰山鳴動ねずみ一匹というよりも、三二〇名の解雇はおろか一人の共産党員すらも解雇の同意を得ることはできなかった」（前掲、伊藤雅一　二四六頁）と評したゆえんである。このことのもつ意味はきわめて大きかった。会社にとっては、もはや都労委の審判という法的権威をもっては解雇の正当性を確保することが期待できなくなり、それゆえにこの争議を第三者に依拠して処理することが事実上不可能になったということ、すなわち争議の解決は自ら組合と交渉する以外には手立てがなくなったということを意味し、他方、組合にとっては、この「覚書」は、それを根拠に会社と交渉し、組合に有利な決着を引き出しうる可能性が出てきたことを意味したからである。あたかも「田辺会長、渡辺社長の相剋は益々激化し」、「馬淵は田辺、渡辺の間に立ってうまく立ち回って」いるなかで、「田辺は『北岡は撮影所長として不適任である』ことを宣言」し、「渡辺内閣が非常に短命であるか、破れかぶれの方法をとる以外にない」（「書記局回報」第三一号　一九四八年九月二七日〔この「回報」の日付は第三一号と同一で間違っているが、原資料のままとした〕）とまでいわれるなど、経営陣内部の不協和音が一層顕在化するようになった。(40)

2 「撮影所再建計画要綱案」

九月二四日、組合は田邊会長に直接会い、日映演東宝分会「連合会は会社今日の情勢が全く憂慮すべきものと考え、」「今や会社、組合とも何らのちゅ《マ》うちょ《マ》も要しない情勢に来ている」との認識のもと、「今日に及んでなお一私人の感情や面子の故に企業が犠牲となることは最早やわれわれの黙視することの出来ない事であ」り、「一刻も早く今次紛争の当然の相手である日映演連合会と交渉を開始し、双方で熱情を傾けて解決に邁進すべきである。冷静にして思慮ある会社首脳部の、企業を愛する立場から全従業員並に全株主の期待に添われんことを希望してやまない。」として、①「企業の全面にわたる一切の紛争を速かに解決するために、来る九月三〇日までに正式交渉を開始すること。」②「この期日までに会社がこれに応じない場合は、十月一日を期して、全国一斉の無期限ストに入る。」との「申入れ」（日映演東宝分会連合会　社長渡辺銕蔵宛て「申入れ」一九四八年九月二四日）を提出する。「末弘覚書」に力を得た組合が、「企業を愛する立場から」「憂慮すべき」「会社今日の情勢」に対し危機感を募らせ、「企業の全面にわたる一切の紛争を速やか解決するために」、あえて累積赤字をいっそう増幅させる興行部門の「全国一斉の無期限スト」を構えて交渉の再開を田邊会長に直接迫ったこの申し入れは、組合の争議解決への並々ならぬ決意をあらわすものとして、迫真力に富むものであった[41]。組合の「申入れ」対して、田邊会長が組合の「長期闘争の決意を察知し、〔交渉〕再開の拾収《ママ》（＝召集）に関しては会長自身が出馬し早急解決を望んでおり何らかの形で会談をもてるよう努力することを約した」（「書記局回報」第三三号）ゆえんである。

留意すべきは、この申し入れが、それまでの交渉の主体であった撮影所分会ではなく、日映演東宝分会連合会という日映演の東宝の分会全体をカバーする組織によって行なわれたという点である。それは、営業担当重役が営業分会に接触して打開策を探っていたことを踏まえて、人的に関係がこじれている撮影所分会とだけではなく、営業分会員が役員となっている連合会と交渉をもつことのほうがその進展を期待できるとして、撮影所分会も同意したからである。営業担当重役が組合に接触してきたのは、丁度この時期封切られた新東宝の『三百六十五夜・東京編』（市川崑）の興行成績がよく、九月末からはその『大阪編』を封切る予定になっており、また宝塚歌劇団の名古屋公演が「当たっている」上に、十月が「契約館の契約切り替えの月」（「書記局回報」第三四号　一九四八年十月一一日）となっているという事情を背景に、何とかストを回避したいという思惑のためであった。なお、この交渉のために新たに選出された組合側交渉委員に撮影所からは今井正が加わった。

何度かの接触の後、会社は①「被解雇者及び共産党員は交渉委員に含めないこと」②「撮影所再建案に付いては紛議解決後東宝労連をも含め全社的に協議すべきこと」の二点を条件に組合の申し入れを正式に受け容れ、九月三〇日、両者は「九月三〇日より正式に団体交渉を開始し東宝再建（撮影所再開を含む）のために現在までの紛争一切の解決に誠意を以て当る。」との「覚書」を交わして交渉に入ることとなった（「本社通報　労務情報」第九二号　一九四八年九月三〇日「書記局回報」第三三号　一九四八年十月三日）。それは仮処分執行後一ヵ月半、四月の解雇通告から数えると実に六ヵ月ぶりのことであった。十月一日から本格的にはじまった交渉は、会社が「人員整理案を先ず承認することを前提として一切の紛争を解決したい」としたのに対して、組合が「再建案を中心として再建案を了承するか否かで一切を決定したい」（「本社通報・労務情報」第九三号　一九四八年十月二日）と主張して噛み合わず、二日も会社が①会社経営権・人事権の承認、②人員整理案の承認、③都労委への労組法違反救済申し立てと東京地裁への仮処分異議の申し立ての取り下げ、④三月二五日付け組合要求の撤回、⑤撮影所分会幹部の退任、⑥共産党フラク活動の禁止、⑦以上の承認を条件としたロックアウトの解除と被解雇者以外の者の就業許可、を求めたため、組合は「争議の争点」である人員整理案を最初に取り上げるのではなく、「まず再建案を検討し之を組合が承認する事に依り事実上の解決を図り度い」と述べ、中断を織り込んでの議論は平行線に終わった（「本社通報・労務情報」第九四号　一九四八年十月四日）。この同じ二日には、正式交渉には参加していない田邊会長と伊藤武郎日映演委員長との間で会談がもたれ、田邊が二七〇名の解雇を組合が認めてくれれば他の問題は責任をもって解決すると述べたのに対し、伊藤が二七〇名の解雇の受諾は組合が承認しないだろうとして、もの別れに終わった（「書記局回報」第三四号）。この会談は、公式交渉とは別のいわば個人的ルートでの会談として、交渉委員からは「頭越しの会談」「二重交渉」との批判を受ける（前掲、宮島義勇　三八〇頁）が、しかしこれがその後最終決着の際に一定の役割を果たすことになる。

このように、正式に交渉がはじまっても依然入り口にとどまって議論の本題に入れない状況を踏まえて、組合は三日、東宝対策会議を開き、組合側の争議解決のための基本的な対応基準を討議し、次のように決定する。

その骨子は、①撮影所再開問題については「定評ある東宝映画の質的低下を来たさないことを最低線として、会社再建案を承認する」が、「此の度の再建案は芸術家、技術者の進歩向上をはかると共に馘首対象者を吸収し得ることを兼ねたるものとして承認する。」また「此の交渉を速かに成功せしめるために、馘首対象者以外に取り敢えず、九千円を貸付ける。」②企業再建に関しては「経営権」は「承認する」が、「労働権」「生活権」

についても会社は「理解と尊重を要する。」また「東宝の現段階から見て」「企業の分割、統合等」ではなく「綜合的運営」が必要であり、「一日も猶予出来ない」「撮影所の再開」を「十月二〇日をもって」行なうこと。他方「企業の円滑なる運営と発展の一助としても」「組合の統一に全努力を傾注すべき」である。③馘首問題については「今回の紛争の中心問題」であり、「他の諸項目との関係性の中で検討」して「解決」するほかないが、「今までの依願退職者は承認する。」また「紛争発生以来の自然退職者は会社が今回発表した馘首人数に含めて考えられたし。」「全体として都労委の意見を無視してはこの問題の妥当なる解決はあり得ない。」④給与・争議資金については「紛争中の給与」は「未払分全額を支給されたい。」また「紛争のために費消した金額の半分を会社が負担すること。」⑤団体協約については「団体交渉権を単一にすること」「経営権と労働権の関係を明らかにすること」などの「重要諸件については、此の際解決をつけること。」それまでは「昨年度のものを準用する。」⑥諸提訴については「提訴の理由が消滅すると同時に取下げる。」⑦交渉の手続きは「原則的な問題を中央交渉で」、そこで「決定された問題の細目」は「専門委員会」などで行なう。⑧「三月二五日の要求は以上の諸事項の中に全く解消されたものと考えられ度し。」（日映演東宝分会連合会「紛争解決に関する組合の態度」一九四八年十月四日）というものであった。

この組合の解決基準に特徴的なことは、馘首問題については先の仮処分執行直前の都労委「末弘斡旋案」をベースに撮影所再建案に吸収して処理するという点を改めて確認し、これを踏まえて映画の質の維持を条件に会社の撮影所再建案を承認するという大幅な譲歩を決断し、その上で撮影所の再開日を十月二〇日と明示したことである。が、むしろ留意すべきは、「貸付金」や「末払い給与」あるいは争議資金の支給の要求が前面に出ている点であって、組合と組合員の経済的窮迫が一層深刻化し、それゆえに争議解決への要求が切実であることを物語っている。十月五日の交渉の席上、組合はこの文書を会社に提出するものの、会社が相も変らず「組合幹部の改選」と「共産党の政治活動停止」を求めたために、組合は、それは「組合内部の自由的な問題であり」、そのような干渉は「労働法・憲法の違反であって交渉の本筋ではないと主張」したのに対して、「渡辺は例の反共演説を行なって座をしらけさ」せ、また「馬淵は組合案を検討したが、回答は無意味であるし、給与、争議費用などは考えてもいない、とんでもない話だと不誠意極まる回答」に終始する。さらに組合の「会社側の再建プランを早く提出せよ」との要求に対しては、「再建案は一応出来ているが、まだ意見の一致をみていない」と提出を拒んだため、「今井正委員より『今になってまだ再建案がきまっていないというのは不誠意すぎるではないか』」と批判されるなど、この日の交渉もなんら進展することなく終わる（日映演撮影所分会組織宣伝部「闘争日報」第八六号　一九四八年十月〔日付なし〕）。こうして会社の撮影所再建案が公式の交渉の場に提出されたのは、八日になってからであるが、それは会社が「旧重役」の森岩雄や新東宝社長の佐生正三郎らの意見を徴していたからであった（同）。

会社の再建案は、「所謂プロダクション・システムによる撮影所運営」を「再建の基本的構想とする」（「撮影所再建計画要綱案」一九四八年十月〔日付なし〕二頁）というように、以前に発表された再建案を基本的に踏襲した上で、各部署に必要な人員を具体的にあげたところに特徴がある。

その骨子は、①「プロダクションは、すべて独立体であることを原則とし、従って製作についての一切の責任と権限を有する。」「プロダクションの製作する作品の企画（脚本、スタッフ、編成、その他）予算進行については、会社との会議を必要とする。」②「撮影所部門は貸しスタヂオ業として、ステージ、機材、人員を持ち、プロダクションとの間に賃貸借（レンタル）契約を結ぶ。」③「作品の芸術的責任に関係ある作業をなす人達はプロダクション側の契約者にすることとし、撮影所に雇用するものは、事務部門の他は、技術、美術、の労働者、所謂ハンドと技術補修部門に限る。」④「プロダクションに契約せられ、その芸術的責任部門を受けもつべき作業をする人達」を「A　芸術家集団」（演出家、脚本家、撮影技師、録音技師、照明技師、デザイナー）「B　演技者集団」（Aフォームの演技者）とし、「会社の契約するプロダクションと作品ごとに契約される」⑤製作本数は「年産二〇本（三ヶ月五本）を最低生産目標とする」⑥事務部門を含む「スタヂオ要員」は「六七八」うちハンドは「四二八」名（同二～八頁）というものであった。

要するに、撮影所が直接雇用する「スタヂオ要員」以外は、プロダクションが独自に雇用するというかたちで芸術家と技術者および演技者を吸収する内容であった。が、充分留意すべきは、「再建後の人員配置は」「広い意味の配置転換をも含め、整理人員を除いた現在人員の全員を配置する事を方針とする」（同一頁）というように、馘首者を除いたものであったことである。というのも二七〇名の被馘首者のなかには、いうまでもなく芸術家や演技者ばかりではなく、多くのハンドなど「スタヂオ要員」がいたから、彼らはこの再建案では撮影所に直接雇用されることはむろんのこと、新たに設立されるプロダクションに雇われる保証もなかったからである。組合がこの再建案を「二七〇名の馘首を合理化するための机上プラン」（「闘争日報」第八六号）として反発したのは、当然であり、その後の交渉はこの点の応酬に費やされる。

すなわち九日の交渉で組合は、「会社の狙った人員整理はすでに自然退職者と依願退職者で数の上では既に《ママ》整理はすでに《ママ》すんだことになる」と主張したのに対し、会社は「数量の問題だけでなく質の問題が一緒にある」と応答したため、さらに組合が「どうしても二七〇名に対して人員整理が必要なら、両者で一定の枠をきめて納得できる公正な整理をすべきであり、質の問題は当然右の公正な枠の中で考えるべきだ」（「闘争日報」第八七号　一九四八年十月一五日）と主張するものの、会社がそれを拒否して再び進展しなかった。この最も議論が詰まった段階において、会社が人員整理問題を量ではなく、あくまで質の問題――共産党員の排除であるということを明言し、それに固執したことは、看過してはならない。その後、一二日の交渉は、組合による不正摘発闘争の一環として行なわれた日劇の入場税納付の不正疑惑にかかわる田邊前社長と安藤監査役の告発[42]に関する会社側の激しい抗議によって、交渉に入ることさえ危ぶまれたが、組合が①この行動が「交渉ノ円滑ナ進捗ヲ阻害スル様ナ刺激ヲ会社ニ与エタ事ヲ認メ」「遺憾ノ意ヲ表スル。」②「告発状中第三者ニ関スル記載内容ガ事実無根デアル場合ハ其ノ方々ニ対シ陳謝スルコトヲ約束スル。」および③両者は交渉中は「一切ノ刺激的行為ヲ起サナイ様相互ニ確約スル。」（「本社通報

労務情報第九八号　一九四八年十月一三日）との「覚書」を取り交わして、やっと本題に入る。が、会社が依然として二七〇名の解雇の承認や役員改選など従来の主張を繰り返したため、「組合は他のことでは大幅の譲歩を示しているのであるから二七〇名を再建案で吸収せよという要求を更に考慮しなければ解決は望めない」（日映演東宝分会連合会「東宝全国情報」第三八号　一九四八年十月一三日）と反論し、さらに会社が二七〇名の解雇を組合が認めるならば、再建案に「吸収する数は別に小委員会で打ち合わせよう」（同）と提案してきたのに対して、組合は「いずれ馘首問題に就いての細部的な事は小委員会で協議する必要性は認める」（同）としても、解雇の承認を前提としたこの提案は受け容れられないと拒否する。が、この交渉において、会社が再建案に吸収する数を小委員会で議論しようと提案してきたことは、会社側にも問題解決への動きが出てきたことを示唆するものとして留意に値する。そして翌一三日に開催された第八回の交渉では、馘首問題をめぐって次のような応酬が繰り返される。

組合「会社は既に〔人数では〕整理の目的は達している。残っている二六二名が紛争の焦点である。原則的には全部吸収して欲しいが無理もあらうから、配置転換、〔希望退職の〕募集等の方法を講じ、なお足りないときは公正な枠を作って組合と協議して欲しい。」

会社「何回聞いても何かのかたちで吸収せよと言う主張は聞けない。今まで頑張ったものだけを助けると言うのは不公平だ。共産党は助けるわけには行かない。」

組合「共産党だけではない。地方分会の実態を見よ。」

会社「誰と誰とが不当馘首だと言うのなら、秘密会で取引せよ。」

組合「原則論で折り合いがつかないでは、秘密でも話はつかない。組合は多くの点で最大の譲歩をしている。首の点でも全部元に返せとは言っていない。生活を保証する形に考えてくれと言っているのだ。これがわからなければ解決はない。」

会社「では仕方がない。この話はもうあきた。」（同

この会社側の不遜な応答の後、休憩を挟んで再開された交渉の席上、会社は解雇人員についての組合の要求に対して、馘首者のなかから「若干は吸収する（撮影所二〇名、営業一〇名位）」と、はじめて具体的な人数を明らかにする。しかし組合としては、数からいえば既存の退職者で過剰人員の整理という目的が達せられている以上、相当数の被馘首者の再雇用が可能である、としてそれを求めたのに対し、会社が「相変わらず不誠意をつづけ」たため「都労委に斡旋を依頼すべきである」と提案するものの、会社に「まだその時期とは考えない」と拒否され、結局交渉は「大休止」となって事実上決裂する（「書記局回報」第三五号　一九四八年十月一六日）。

第四節　決着

(1)決着の態様

以上のような事実上の交渉決裂を踏まえて、十月一五日、組合は改めて会社に対し①都労委斡旋による団体交渉の再開、②撮影所再開期日の確約、③交渉再開と同時の貸付金の支給、の三点につき申し入れるとともにスト突入の準備に入る（「書記局回報」第三五号）。が、翌一六日、会社は「今直ちに貴意に従ふ事は出来ません」が、「更に直接交渉に依って両者の意見の喰い違ひを調整し妥結へ近寄る事が出来るものと期待して居ります。」（東宝株式会社　日映演東宝分会連合会宛て「回答書」一九四八年十月一六日）と回答し、同時に組合による不正摘発行動は「共産党の支配下」の組合による「破壊戦術」だとして、都労委に対して「此の組合の資格審査及解散を要求する」（東宝社長渡辺銕蔵「声明」日付なし）挙に出たため、組合は一九日午前零時を期して第一次一週間の全国ストに突入することを決議し、翌一七日、これを中闘指令第四七号として発した（「闘争日報」第八九号「書記局回報」第三六号合併号　一九四八年十月二五日）。この間、会社との交渉が難航している十月一二日、宮島義勇の所属する撮影部から三浦光雄、玉井正夫、中井朝一の有力カメラマンが演出助手一五名とともに組合から離れ[43]、さらに現像部の組合員も大半が離脱する。彼らは東撮従組には入らず、中立を守る（前掲、宮島義勇　三八八頁）ものの、これら信頼されていたベテランカメラマンの離脱が撮影所に大きな動揺を与えたことは否めず、組合が争議決着への意思を固める無視しえない契機をなしたであろうことは、想像にかたくない。

こうして組合は、十月一八日午前十時、会社に対して翌日からのストの突入を通告するのであるが、まさにこのスト突入直前の一八日、午後九時から伊藤武郎、宮島義勇が田邊会長、馬淵副社長（馬淵は仮処分執行後副社長に昇任）と会談することによって、急転直下争議は解決に向かうことになる。しかし、その経緯は必ずしも明確ではない。撮影所分会機関紙はその経緯を次のように記している。

> 一八日夜九時から〔一九日午前〕一時四五分まで共産党グループ代表としての伊藤中央委員長・宮島連合会議長は東宝対策委員会の認めた形で田邊会長・馬淵副社長と私的会談を行なった。交渉がデッド・ロックにのり上げた最大の原因は共産党問題にかかってあった。会社は共産党問題を彼らの問題の焦点とし、会社の戦術もそれに終始してきた。それ故共産党細胞は自らの手でこの交渉のガンをテッ《ママ》ケツ《ママ》することを決意したのであった。その理由は撮影所の闘争力が弱まっていると考えたからではない。闘争が何ヶ月続こうと主体的な力は最後まで日映演にあることを信じている。然し映画を作る条件は益々困難を増すであろう。何としても映画をつくらなければならない。映画の良心を守らなければならない。映画をつくるためにデッド・ロックをとりのぞくことは共産党細胞として出来得ることであったからである。この交渉は予備交渉と考える必要はない。組合は組合の立場ですべてをとりあげればいいという見解の下にこの会談がなされたのであった。〔中略〕全国ストライキは偉大な日映演の力の結集ではあった。だがわれわれはこの結集された力を可能な限り温存して、一日も早く紛争を終結して、労働戦線を整備し、その力で今後の闘い、団体協約、給与改善、そして日本映画を守る闘いを闘いぬかなければならない。以上の分析に基いて東宝対策委員会は、共産党細胞の報告を組合の戦術としてとることが正しいかどうか討議した。会社は企業を破壊しようという実に無謀な戦術に出て来てい

る。東宝企業のことも、日本の映画のことも考えないまさに狂人に等しい考え方の輩である。われわれはいい映画を生産する拠点東宝企業を守り、日本映画を守り抜かねばならない。この切迫した情勢の中で、共産党グループが提案した共産党自らがデッド・ロックを撤去するという戦術は有利に使われるべきである。東宝対策委員会はこの方向で行くことを確認した。十月一九日午前九時、日比谷分室で交渉は開始された。撮影所ではこれと平行して拡大職場会議を開いた。〔…〕活発な討議の結果、東〔宝〕対〔策委員会〕の戦術を確認した。中闘はこの交渉の中でスト中止指令第四八号を全国に発した。そしてその夜八時半、東宝連合会議長宮島義勇と東宝社長渡辺銕蔵両者の手で左の覚書に仮調印が行なわれた（前掲「闘争日報」第八九号「書記局回報」第三六号合併号）。

ここでは、「共産党グループの代表として」伊藤と宮島が、「東宝対策委員会の認めた形で」の「私的会談」として田邊・馬淵と会い、「共産党グループが提案した共産党自らがデッド・ロックを撤去するという戦術」を組合が承認した、と記されている。トップ会談は「東宝対策委員会の認めた形で」の「私的会談」としてオーソライズされているものの、それが形容矛盾であることは否定できない。他方、宮島とともに会談に臨んだ伊藤武郎は、後に次のように述べている。

十月一八日の深夜、私と宮島義勇とで、日映演委員長と全東宝連合会議長の裃をぬいでの二人だけの話をきいてほしいと、会社に申し入れた。このために、一八日は朝から全国の映画館が無期限ストの指令のもとに行動を起しています。交渉の相手側は三人、田邊会長、渡辺社長、馬淵労務担当だ。こっちはいきなり「指導的幹部一九名が即刻身をひくことで、今回の争議を打ち切りたい」と申し入れた。三人は思わず身をのりだした。それから別室に入って三人で五分ぐらい話合った上で、こっちの打切り条件に食いついてきたんだ。そのあとは談笑のなかで、「亀井文夫の名が入っていないじゃないか」と馬淵が言った。「亀井は社員でも、契約者でもないから数には入らないじゃないか」と私が言うと、「いいから入れといてやれよ」なんていう。こうしてはじめの一九人がちょうど二〇人となって、二七〇人の首切りとりやめとの交換が成立したんです[44]（伊藤武郎・山内久　一九八七　一〇五～一〇六頁）。

宮島義勇は、しかしこの組合機関紙、伊藤武郎いずれの説明も正確ではないという。宮島によれば、一八日午後三時半過ぎ、労務部長の堀場伸世が彼に会いに来て、労使ともこれ以上争議を続けられる状態にはないが、争議解決の「障害が細胞の存在」であり、前の田邊・伊藤会談で会長がこの点の善処を伊藤に求めたものの伊藤は細胞からは「遊軍的位置にいる」ため回答を避けたので、「君が田邊会長と会って、争議解決の糸口を探り出すべきだ」と勧める。が、宮島は「組合の決定した方針で、組合として解決すべきだと考えているから、この時点で会長に会う意志はない」と断るものの、これを組合に話すと「田邊会長が会いたいというなら、会ったほうが会社側の条件をはっきりさせるためにもよいだろう。」ということになり、宮島が堀場にその旨を伝え、堀場が田邊に連絡を取る。そして田邊の意向で伊藤武郎も加えて午後五時半、「伊藤君が日映演委員長、僕が東宝分会連合会議長として会社側」の田邊・馬淵そして渡辺と会って、会談が開かれることとなった。会談では渡辺がすぐ挨拶して退席した後、要求の全般にわたって「厳しい意見を続けたが、決着はつか」ず、とくに「副社長〔馬淵〕が『二七〇名中七〇名が辞めてくれるなら、残りは全員再雇用してもよい』と言明した時は激しい論議になり、『会社側としては、どう譲歩してもギリギリ最低二〇名はどうしても認めてほしい』と述べた時には、会談を打ち切って、電気ビルに引き上げた。」しかし、この結果を組合に報告した後、宮島らは「妥協の糸口だけは引き出したいと考え、再度会社側と会う」。午後九時半からの再度の会談では「冒頭から二〇名問題になった」が、なかなか決着がつかないまま一九日午前零時を過ぎ、全国四支社傘下三五の直営館がストに突入する。こうした状況のもと、宮島が「僕たちが『二七〇名の復職を認めれば、そのうち二〇名は自発的に退社する』と答えた時、相手はホッとした。田邊会長と馬淵副社長はわずかな休憩をとって別室で話し合い、会社側の案を提示してきた。それは組合幹部が約半数で、後は細胞の活動家だった。すべて共産党員で、実によく調べていた。」「これを基礎にして正式団体交渉に入る」として宮島らが引き上げたのは午前一時半であった、というのである（前掲、宮島義勇　三九四〜三九八頁）。

つまり宮島は、機関紙のいう「共産党グループの代表として」でもなければ、伊藤のいう日映演中央委員長や分会連合会議長の「裃をぬいでの二人だけの話としてきいてほしいと、会社に申し入れた」のでもなく、堀場を介する会社からの申し出に応じて、組合の正式な承認のもとに組合代表として会談に臨み、多くの論点について議論していくなかで、会社が出してきた「最低二〇名」の解雇を、「自発的退社」として最終的に認めることによって、争議の最大の争点を決着させたというのである。しかし他方の当事者田邊会長は、またこれとは異なるストーリーを記している。かの流血事件後東北の地で療養していた伊藤雅一に、争議決着後宛てた私信のなかで、田邊は、「十月一八日の夕暮、伊藤武郎、宮島義勇両君が、単身で乗り込んで来て、社長と副社長と私に会見を申込んで来ました。もう多数の委員を介する時は過ぎて、短兵急に戦いを決する時が来た。私は彼等は個人の資格で来たというが、とも角来る人が来る人です。しかも両人が来た。肚を決めて来た事がお互わからぬ男同士ではない。そこでわれわれも肚をきめて交渉を開始した。彼等十数人の辞職を申出た。この事は誰も委任の出来ない重大事だ。ソレを仮令非公式でも発言することの出来るのは、すでに大体諒解を得ての上の発言だと思った。」（伊藤雅一　二八〇〜二八一頁）と記している。

さらにもう一人の経営側当事者馬淵副社長は、争議直後に書いた文章において「今回組合幹部二〇名が――ことごとく共産党員である――自ら責任を負うて自分たちの馘首を承認するという態度に出て来た。これは従来あまり例を見ない大きな出来事であり、この機会を契機として処理することが一番正しいのではないかと考えて争議を解決したわけである。」（馬淵威雄　一九四八b　一一頁）と述べている。

これら田邊・馬淵の説明は先の伊藤武郎の証言とおおむね一致する。宮島の記述と伊藤・田邊らの説明のちがいの原因は、そもそも最初に堀場が宮島に接触することによってこの会談の話がはじまり、宮島が会談に応ずる意思を組合の承認を得て堀場に伝え、それを受けて堀場が田邊に連絡し、その後に田邊の意向で伊藤が加わって会談がもたれたというところにある。宮島からみれば、すべては堀場の宮島への接触からはじまった動きであるが、伊藤と田邊らはその堀場の宮島への接触による会談の事前段取りについてはおそらく詳細には承知していなかったために、右のような解釈となったと思われる。実際にも、演劇分会の機関紙は次のように宮島の説明をおおむね裏づける記述をしている。

> 全国一斉長期ストを組織して起ち上る日映演の実力の前には、あれ程労働者の組織力をなめ切っていた会社側も、さすがに動揺の色を隠し得ず、スト決行が通告された一八日の朝には労務部長の堀場伸世氏が日映演組合事務所に姿を現わし、「何とかならぬものかネ…?」などと盛んに組合の実行力を打診する動きを示していたが、動かぬわれわれの決意と底力とが判《ママ》っきりと認識できたのであろうか、午后になると会社の態度は急に軟化。「非公式の形で少数者会談を持ちたい。是非伊藤委員長と宮島東宝対策会議議長の両人で会社側と会ってほしい」と申入れて来た。組合側としては去る一五日申入れた三項目中少くとも二項目を会社が認めるのでなければ公式、非公式を問わず話合には乗れない事。又、話の相手は渡辺ではなく田邊会長、馬淵副社長たるべき事などを返答したが、会社は全面的にこれを承認したので、昨一八日夕、即時、厳重なスト準備体制下に、交渉再開のための下打合せ少数者会談に入った。かくて伊藤・宮島対田辺・馬淵会談は深更一時三〇分まで続いたが、結果、申入れ三項目すべてにつき「妥結可能」の見通しが完全についたので、少数者会談はこれで打切り、引きつづき組合としては徹夜の対策委員会をもって慎重討議を行なった結果、今晩に至り遂に或る「組合としての結論」を得たので、会社の希望どほり今朝九時正式中央交渉を開き問題をこれに移した（日映演東宝演劇分会「日映演東宝演劇分闘ニュース」特報一九四八年十月一九日）。

堀場による組合への接触が、トップ会談実現の前提であったことはこれによっても明らかであろう。しかしながら、この争議決着の態様をさらに複雑にしているのは、伊藤武郎自身が実はこうした自発的退職による争議の決着を、事前にある程度考えていた節が認められるからである。久保一雄は、争議妥結直後の十月二一日付け「日記」に次のように記している。

ある朝、幸子〔美術戸塚正夫の妻〕さんが玄関に入って来て、今そこで伊藤さんの奥さんに会って来たと言った。今質屋へ行くところで、もう直ぐ争議は解決するから俺のオーバーを持って行けと言ふので、今行くところだと言ふ奥さんの話。今思ひ起して見ると、彼は党会議によってであらうが、その頃、すでに決心して居ったのであったのだらう。その日、丁度伊藤さんと撮影所から連合会本部まで電車で同行した。オーバーの事を言ふと、僕は、家内にはなかなか口が重い、会社ではラッパと言はれて楽天的だが、家の者には最後に決定した時丈しか言へない。だから見透しについては家内に最も正しい見解を述べてるのだらうと語ってゐた（久保「日記」十月二一日付け）。

ここにいう「ある朝」「その日」が、いつの時点かは不明である。が、この記述による限り、伊藤はこの争議の決着のつけ方について、少なくとも十月一八日夜のかの四者会談より前に、意思を固めていたとみることができる。しかしそれが、「党会議」の決定によるのならば、宮島がそのことについて知らないはずはない。したがって、一つの可能性として推定できるのは、すでに触れた十月二日の田邊・伊藤二人だけの個別会談である。伊藤は、この会談で二七〇名の解雇を飲めば他は善処する、という田邊の提案を拒否して、話し合いは公式にはもの別れに終わったことになっているが、その場で争議決着の仕方について田邊から一定の提案ないし示唆――主要幹部の自主的退職による争議決着という方向が、打ち出された可能性がある。というのも、「打合せ要項」と記された十月一日付けの会社側メモは、後に争議解決の「覚書」に盛り込まれた会社側の決着の基本的条件を、次のようにはっきりと規定しているからである。

一、組合は会社の整理人員二六八名を一応承認することを前提とし、次の処理をすることに同意する。
①一般従業員二二二名の内退社手続完了者四四名を除く一七八名は左の三種に区分する。
イ　辞表を提出する者は幹部二〇名とする。
ロ　会社と組合との協議により四〇名を退社させること。
ハ　教育映画関係者四九名は別途に考慮すること。
②残余の六九名は再建案とにらみ合わせて再雇用する。
③契約者四六名中退社手続完了者を除いた者は、すべて平等に取扱うこととする。
二、前項に関する細目について一九日中に協定を結ぶこととし、ロックアウトを解くべく相互に協力すること。
三、ロックアウト解除と同時に会社は東宝労連と同様の貸付金（三、五〇〇　三、〇〇〇　二、五〇〇円の三段階）を支給する。組合は同日都労委、地労委、地裁に対する提訴をとり下げること。以上
（会社側メモ「打合せ要項」一九四八・一〇・二）

みられるように、このメモには「辞表を提出する者は幹部二〇名とする」と明記されている。すなわち十月一日に、会社はすでに自発的に退職する組合幹部を二〇名にしぼって組合幹部との「打合せ」に臨もうとしていたのであり、十月二日の田邊・伊藤会談はこの会社側「打合せ要領」に基づいて、自発的退職者を二〇名とすることで一定の合意がなされたことを示唆している。したがって、先の久保「日記」における「もう直ぐ争議は解決する」という伊藤のその妻への言葉は、十月二日以降になされたものと推定される。実際にも、「人員整理の十月一日現在の概括報告は次の通りである」と記された会社の「人員整理中間報告並びに出勤命令者数」なる表（表5－5）は、十月二日の伊藤・田邊会談において争議決着について一定の方向が決まっていたことを示唆する。もっとも、この表によれば、撮影所の解雇通告者二六八名のうち、十月一日現在ですでに依願退職した者八六名に加えて、先の会社メモと同じく「教育映画関係者（新会社え委託）」に「四九名」と記されているものの、「解決と同時に退職する

表5－5　人員整理中間報告

（単位：人）

①整理対象者	被通告者	依願退職者	手続未済者
イ従業員	222	43	179
ロ契約者	46	3	43
計	268	46	222
②契約者追加（期間満了による退社）		43	179
③教育映画関係者（新会社え委託）		49	130
④退職申出者（整理者中未済者）		3	127
⑤解決と同時に退職する見込みの者		20 ～ 50	107 ～ 77
⑥４月８日以後依願退職者（仮に被通告者と相殺する）		40	67 ～ 37
注）既退職者合計		86	

出所）会社資料「人員整理中間報告並びに出勤命令者数」（日付なし）

見込みの者」は二〇名ではなく、「二〇～五〇」名となっている。ここで二〇名ではなく「二〇～五〇」名と幅があるのは、後に行なわれる正式の組合との交渉の際、会社が最初に持ち出す組合幹部の退職者は五〇名とし、その後交渉のなかで縮小するとしても、その最低ラインは二〇名とするという意図を示唆するものであるが、しかしその実態は不明である。

　この表を掲げた会社文書には日付がなく、文中に「十月一日現在の概括報告」とされているだけであるが、先にみた会社側メモ「打合せ要項」と合わせて考えると、少なくとも十月二日の田邊・伊藤会談において、組合幹部二〇名の自発的退社による争議の決着について一定の合意が成立していた可能性は否定できないといってよいであろう。そして伊藤は、先のその妻への言動からみても、この合意を組合の正式機関にかける機会を待っていたのではないかと推察される。争議の決着について事前に田邊と一定の合意を成立させていたからこそ、伊藤は宮島の説明とは異なる証言をしたものと考えられる。むろん、この点を厳密に事実確定できる充分なエヴィデンスはないのであるが、しかし以上の傍証からすれば、少なくとも伊藤が十月一八日の四者会談より前に、争議決着について一定の意思を固め、田邊との間で合意に達していたことは否みがたいであろう[45]。

　その上で、留意すべきは、自発的辞職者二〇名の指名は、宮島も触れているように、会社側が特定したのであって、宮島と伊藤が自ら選んだり、名簿を提出したりしたわけではない、ということである。このことは、会社側が活動的かつ影響力の強い共産党員を事前に周到に調べあげていたことを意味するものであり、そのなかには会社側の特定の活動家に対する強いこだわりを含んでいたことを看過してはならない。この点について二名の証言を引いておこう。撮影所の河野秋和はいう。

まあその時のぼくの考えは、とも角犠牲という表現は適当じゃないけど、つまり二〇人が止めれば争議は妥結すると云って来た訳なんで、基本的には反対なんだけれども、しかし止めて解決するならば止めてもいいんじゃないか、ということは、強制されるんじゃなくて自分でもそう思いましたね。〔中略〕よく云はれる渡辺メモと云って彼は団体交渉の中で発言するものは必ず名前をきいてそれをメモをとるくせがありましたよね。だからその中の回数が多かったんじゃないかって笑い話もしましたけどね。全く会社側の一方的なことで、なんでぼくの様な若輩が〔二〇名の中に〕入っているんだろうとむしろ疑問にも思いましたし、光栄にも思いましたけどね。決して組合から出して取り引きしたという事はないと思うし、そういう事は一度も考えた事もありませんね（河野秋和　一九七九　五〜六頁）。

また二〇名中、地方分会から指名された二名のうちの一人、九州支社の新沼杏三は次のように述べている。

渡辺や、馬淵が、「首切り役」で乗り込んでくる前に、優秀社員かなんかの表彰が行われたことがあったでしょう。そのときは、ぼくなども表彰されて、ごほうびに、株式の割り当てを余計に貰うとか、記念に、目覚まし時計だったかを貰うとかしたんです。そのうえ、ぼくは、戦後、ずうっと無遅刻・無欠勤だった。だから、首切りが発表されると、「不当馘首（かくしゅ）」を理由にして、地労委（地方労働委員会）に提訴したわけなんです。〔中略〕その当時の福岡の地労委には、たしか長谷川正安さん（憲法学）だったかが、中立側の委員に入っているというような、そうそうたる顔ぶれがならんでいましてね。そういう人達が審議してくださって、ぼくについては、（当時の）労働組合法第一一条違反（不当労働行為）の疑いがある、ということになった。

だから、会社は、職場からの締め出しもできないんです。〔中略〕あとで、馬淵が、九州まで来たときには、地労委に呼ばれて、労使双方で意見を述べ合ったんです。このときは、ぼくも、徹底的に、彼等のやりくちを攻撃したように覚えていますね。結局、このときの地労委の結論も、一一条違反の嫌疑（けんぎ）が濃厚である、ということで、（会社に対して、ぼくの）身分の保証を勧告する、ということになったんじゃないかと思います。馬淵は、地労委でのぼくとのやりとりや、不首尾な結果に、余程カチンと来たんでしょう。だから、ぼくの首切りについては、最後まで執着したらしいんです。中央団体交渉で、二〇名の組合幹部が、自発的に退職するっていうことで、争議が妥結しましたね。あのときも、営業関係で入っていたのは、ぼくだけなんですよ。撮影所以外の人と言えば、中部（支社）の若尾（正也）さんも、その一人ですが、彼は、たしか、名古屋宝塚かなんかの、照明の方ですからね。営業関係では、会社は、最後まで、ぼくに固執したんじゃないでしょうか（新沼杏二　一九七七　二六〜二七頁）。

会社による二〇名の指名が、共産党員の組合幹部と活動家を対象としながらも、具体的に誰を辞めさせるかを特定するにあたっては、経営側の強い恣意を含むものであったことは看過してはならない[46]。

およそ以上のようにして宮島・伊藤と田邊・馬淵のトップ会談において妥結の核心部分が形成される。その後、一九日午前九時から公式の団体交渉が開催され、組合と会社は午後一時に基本的な点について合意に達し、午後三時に組合は中闘指令第四八号を発してストを中止する。が、その後、四時から再度細部の詰めのための交渉が続けられ、最終的に覚書に仮調印したのは、一九日の夜九時のことであった。

「覚書」の骨子は、㈠組合は経営権が会社に属することを認め、会社は組合員の労働権を尊重し、生活権に充分な理解を与える。㈡組合は会社の人員整理案を承認した上で、①「組合幹部（氏名別記）は自発的に会社に辞表を提出する。」②撮影所については、㋑教育映画関係者（旧資料調査室員を含む約五〇名）は別会社の設立または他社との提携により出来るだけ多く就業の機会を与えるよう努力する。㋺一般従業員については「再雇用をはかることとし、その数は最低八〇名を下らないことを約束する。」㈧契約者四〇名については新設準備中の芸術家と演技者集団の運営方針の決定を待って他の契約者と同様に扱う。③本社と各支社従業員については合計一〇名内外を再雇用する。④演劇部従業員については配置転換を前提に若干名を再雇用する。㈢会社と組合は都労委、地裁、地検に対する提訴を取り下げる。㈣組合は旧団体協約は一九四八年三月三一日に有効期限満了となり、現在は無協約であることを確認する。㈤組合は会社の撮影所再建案を承認する。㈥組合は三月二五日付の四要求を撤回する。㈦会社は社内平和と秩序保持のため事業場内での政党活動に対し必要な制限を加える。㈧組合は他の組合併存中は刺激的行為を慎み、会社と組合は組合の統一に努力する。㈨以上を組合が認めることを条件に会社はロックアウトを解き、組合員に東宝労連と同一条件による貸付金を支給する（東宝株式会社社長渡辺銕蔵　日映演東宝分会連合会議長宮島義勇「覚書」一九四八年十月一九日）というものであった。自発的退職者は次の二〇名である。

撮影所：伊藤武郎、宮島義勇、土屋精之、亀井文夫、山本薩夫、楠田清、山形雄策、宮森繁、仲沢博治、頓宮勉、丸山章治、戸田金作、河野秋和、浦島進、前田実、浅田健三
演劇部：間島三樹夫、嵯峨善兵
中部支社：若尾正也
九州支社：新沼杏二(47)

翌十月二〇日、組合は拡大職場会議をもって交渉の経過と「覚書」の内容を報告するとともに、二三日分会総会を開催して「覚書」を正式に承認する。

以上をもって、およそ七ヵ月、一九五日におよぶ第三次争議は終結した。その結果は、組合が二〇名の幹部の自発的退職と引き換えに被解雇者の事実上の再雇用と貸付金を獲得した。撮影所についていえば、解雇対象者のうち自発的退職幹部一六名、依願退職四四名、契約者四六名、教育映画設立による再雇用四九名、再雇用約八〇名で組

合側の出血は約三〇名にとどまった。とはいえ、人員整理と会社の撮影所再建案の承認、組合要求の撤回、経営権の会社への帰属の確認（＝組合による経営権の制約の排除）あるいは組合による政党活動の大幅な制限さらには無協約状態の承認（＝会社側協約案の締結圧力）など他の条件については、すべて会社側の主張が貫かれた[48]。組合にとってそれが苦渋の選択であったことは、疑いを容れない。社長がその声明において「組合幹部役員の自発的辞任の申出を契機とし整理案の一部を修正したのみで殆んど全面的に会社の所期するところを貫徹して組合との間に円満な妥結を見ることが出来」た（東宝株式会社社長　渡辺銕蔵「声明書」一九四八年十月一九日）と誇らしげに述べ[49]、組合が「紛争解決の条件については、あながちわれわれの徹底的な勝利と言えないものがある。しかしながら民主的映画を製作し得る実力と正義とはこれを獲得している。」（日映演東宝撮影所分会「声明書」一九四八年十月二〇日）と苦渋の総括をし、あるいは日映演本部が「妥結の条件は必ずしも組合側に有利ではない。しかし、われわれは敵側の意図するものを十二分にバクロし、粉砕することができた。従って闘いはこれからであり、完全なる勝利こそは、これからのわれわれの闘い如何が決めるであろう。」（日映演中央闘争委員会執行部「第七回全国大会議案（草案）①」一九四八年十一月七日　四頁）と争議後の闘いに、その「完全なる勝利」の希望を託したゆえんである。実際にも、妥結翌日に開かれた組合の拡大職場会議での伊藤武郎らの発言は、これを裏づける。

この解決は勝利であるか、敗北であるか、巷間いろいろと取沙汰されている。そして皆さんもこの闘いをどう考えたらいいのか、これはみなで討議し納得の中で徐々に割り切って行かなければならない。〔中略〕この勝敗は物質的な、表面的な問題だけでは論ぜられない。この闘争の副産物こそ偉大な収穫であった。〔中略〕われわれはわれわれの大きな結束力と同志的な結合によって、いつにても闘える態勢を残して会社に最大の打撃を与えた。大体に於て時宜に即した解決ではないかと考える（伊藤武郎発言　前掲「闘争日報」第八九号「書記局回報」第三六号合併号）。

この打切りは割り切れないと私の会った組合員の一人一人が言っていた。私はそれでいいのだと思う。勝負も闘争もまだ終わっていない。何故ならば労働階級の勝利の日まで闘いは続くからである。〔中略〕仮調印した覚書については各分会が徹底的に闘って戦果を拡大して行かなければならない。闘いは尚続けられる（宮島義勇発言　同）。

日本映画の橋頭堡である東宝映画をこれからどういうふうにして守って行くかこれをわれわれは真剣に考えなければならない。〔中略〕この七ヶ月裏切らずに闘ってきたこの人達こそが日本映画を守る力をもっているのだ。〔中略〕われわれはわれわれを支援して呉れた働く人達と共にいい映画を作って行かなければならない。民族の独立に筋金を入れて行く映画は、われわれにしか出来ないのだ。今後の中心課題は日本の映画である。いい映画をつくることだ。紛争終結後に生まれて来る映画はどんなに素晴らしいものであるか、これを日本全国の人々が期待している。これを裏切ったら敗北であり、応え得たら勝利である。われわれは〔東宝を、敗北した〕読売新聞にしてはならない。働く者の映画をつくる工場として守り続けなければならない（亀井文夫発言　同）。

これらの発言には、この闘争に妥結の意思決定を下した当の当事者たちのある種の戸惑いを秘めた苦衷がはっきりと看取される。だがむしろ注目すべきは、同じ集会における監督五所平之助の発言である。

一九日の夜九時のラジオで解決仮調印をきいて涙が流れた。打切りは次の闘争えの新しい前進と新しい闘争の基盤をつくるためのそれであるとは思ったが、何としても解決には納得がいかなかったし、憤りがこみあげてきた。私達は基本的な人権と生活権、ヒューマニティの点からの正義を叫んでこれまで闘ってきた。私は自発的退社をされる一六名〔撮影所内の辞職者の数〕の幹部の人々についてはハンモンせざるを得ない。これでよかったか。私は私個人の気持として渡辺・馬淵とはあく迄抗争して行きたいと思っている。最初私たちは裸になっても闘おうと誓いあった。そして闘ってきた。弾圧の日の血涙は前進への希望であった。文化闘争は尚も続く茨の激しい道である。本当の闘いはこれからであると思っている。闘争は私にとって試練であった。人間的にも芸術的にも私の成長があったと思っている。私はそれに自信と誇りをもった。私は正義の闘いに対してかたい信念をもっている（五所平之助発言　同）。

確かに不満の残る妥結内容ではあったけれど、この闘いが「人間的にも芸術的にも私の成長」をもたらした、「私はそれに自信と誇りをもった」という五所のこの発言は、物質的成果には代えがたいこの闘いの意義を物語っている。「結論すれば」として、組合が「この七ヶ月の闘争は組合員一人一人にとって、労働者として亦芸術家として、偉大な試練の学校であった。」と総括したゆえんである。ただし、その一方で組合が「都労委、裁判所、警察その他すべての政府機関にそのブルジョア的性格をバクロし、真に労働者の生活と高い文化を守るためには、人民政権を築きあげる以外にないことを、組合員の一人一人が学びとったのである。」（前掲「闘争日報」「書記局回報」合併号）とまとめたことは、組合中枢の意思を反映しているとはいえ、また当時の時代的背景を考慮に入れても、なおいささか強引の誹りを免れがたいというべきであろう。

およそ七ヵ月に及ぶ長期の闘争に耐えた撮影所組合員は六九九名、中途離脱者三八五名そのうち撮従に走った者二三一名、中立派は一五四名であった（「日映演東宝分会連合会全国大会資料」一九四八年十一月五日　No.1「闘争中の組合員の動向について」）。

黒澤明は、後に「十月一九日、第三次東宝争議は終った。春から始まったストライキは、秋が深まる頃、やっと終り、撮影所を秋風が吹きぬけていた。そして、私の心の中も、空しい風が吹き抜けていた。その空しさは、哀しくも淋しくもない、という空しさだった。口には出さないで、勝手にしやがれ、とただ肩をすくめる、そんな気持だった。私は声明した通り、あの二人と仕事をするのは、絶対に、いやだった。私は、自分の家だと思っていた撮影所が赤の他人の家だとやっと解った。私は、二度と入らぬ積りで、その門を出た。賽の河原で石を積むのは、もう沢山だった。」（傍点原文　黒澤明　一九九〇　三〇七頁）と述懐している。

また『今ひとたびの』の原作者高見順は、「東宝争議、組合幹部退職で解決、惨敗。左翼小児病の連中が第二の軍閥みたいに横行していた時は、困るなあと思ったが、この頃のように反動思潮が強くなると共産党を支持せねばならぬとも思う。」（高見順　一九六五　一九二頁）とその十月二〇日付け日記に記した。時代の思潮は明らかに変わりつつあったのである。

⑵決着の根拠

会社と組合が、この時点で二〇名の組合主要幹部の退職と引換えにこの争議を決着させたのは、それではいかなる理由によるのであろうか。会社側としては、何よりも第一に、組合の最も中心的な幹部を退職させることにより、当初の目的であった組合の力とりわけ共産党の影響力を大幅に弱体化できる見通しを得たことが重要である。数こそ二〇名と決して多くはなかったが、自発的退職者は組合の、したがってこの争議の文字通りの立役者として、そのリーダーシップは圧倒的なものであった。このことは、会社にとって、彼らの辞職が、経営権への関与の否定や政党活動の限局など組合活動についての大幅な制約を盛り込んだ「覚書」と、当初予定した整理規模が依願退職によってほぼ達成されたこととあいまって、社内から共産党の影響力を排除するというその所期するところに大きく近づいたことを意味するものであった。が、会社が争議の妥結に踏み切ったのは、こうした積極的な理由によるばかりではない。第二に、会社の厳しい財務状態が、容易には展望を拓くことのできないこの争議の、これ以上の継続を困難にしていたという事情が顧慮されなければならない。もともと会社が大量解雇に踏み切った大義名分は、共産党の排除にではなく企業業績の大幅な赤字の処理というところにあった。しかし、会社の当初の見通しとは異なって争議が長期化し、それによって映画製作の停止が半年以上にもおよんだことは、すでに危機的水準にあった財務状態に一層の負荷をかける重圧となった。この争議による会社の損失は、二億円余りにのぼるといわれ、その財務面からする圧力の大きさは、会社にとって当初の予想をはるかに超えるものであった。むろん会社は、新東宝作品や自社旧版あるいは外国映画、場合によっては他社作品によって興行上の隘路を糊塗してはきたものの、それは会社自らが映画企業としての東宝の市場基盤を掘り崩すことであった上に、製作再開の恃みとした民主化クラブ＝東撮従組が演出家はもとより、有力な技術者も惹きつけることができないままにとどまり、また他方の製作主体として恃みにしていた新東宝が、独自の興行網の構築を画策しはじめ、次第に親会社の意のままには動かなくなるなど、内外の条件が悪化してきたことは、会社にとってこれ以上の争議の継続を困難にするものにほかならなかった。それは、また経営側が恃みとしていた末弘「覚書」が、その期待に反して自らに不利な内容であったこととあいまって、会社が組合幹部二〇名の自発的退職をもって自ら争議に決着をつけざるをえなかったゆえんをなしたのである。

他方、組合が争議の妥結を選択した根拠を問うならば、組合にとって二〇名の幹部役員の辞職と引き換えにともかくも被解雇者の多くの雇用が事実上確保されたということが、なによりもまず指摘されるべきである。そこには、たとえ有力幹部が辞めたとしても、温存された組合勢力のなかから新たな活動家が登場し、再び組合運動の活性化を図ることができるという自負と期待とがあり、それはまた組合の力を温存するために無用な激突を避けて退去するという、かの撮影所の仮処分執行の際の組合の戦術的意図と通底するものであった(50)。しかし組合が争議妥結に踏み切ったより規定的な根拠としてあげるべきは、むしろ深刻な組合内外の条件である。すなわち第二に、占領政策の転換と反共主義者吉田茂の再登板という政治的環境条件の変化を背景として、産別会議主導の労働運動の翳りの顕在化という時代状況のもと、仮処分執行後のロックアウト下での組合活動の閉塞と組合員の経済的窮迫の激化が、運動の物的基盤を震撼させ、争議の先行きを一層困難にしたことが重要である。仮処分執行後しばらくして撮影所の事実上の組合占拠が打ち破られ、ロックアウトが実体化した結果、組合は組合事務所以外の立ち入りを禁止され、支援団体の立ち入りも困難となったが、このことは組合にとっては、団結の、それゆえに運動の物的基盤の深刻な危機を意味するものにほかならなかった。撮影所内に組合員が自由に集う広い空間がなくなり、支援団体も容易には立ち入ることができず、しかも最も有効な争議手段としての興行ストライキも次第にむつかしくなるという運動の制約条件が重なるなかで、それまでの財政的活動ではもはや賄うことができないほどに組合員の経済的窮迫が進行していく。争議を主体として担ってきた組合員の、その物質的・精神的疲弊が限界に達しつつあったのであり、それはもはやこれ以上の争議の継続が困難であることを示すものにほかならなかった。それは、また冷戦の顕在化による占領政策の転換と、この年の三月に成立した芦田連立内閣が十月七日に昭和電工疑獄事件によって総辞職し、十月一五日に第二次吉田内閣が成立するという政治動向を背景に、国鉄民主化同盟の結成など反産別組合運動の台頭とその拡延が映し出す産別労働運動の翳りという時代環境の変化のなかで、この争議団の帰趨を制することになったことは否みがたい。

土屋精之の証言と久保「日記」はこうした事情を照らし出している。

大組合に民同が出来、分裂のけはいが強くなってくると、各組合とも精鋭を外に出して内部をからにしておくわけにいかなくなった。そんな客観的情勢から、応援部隊も減り、東宝が孤立する恐れがある。内部的にも長びく斗争で疲れも目立つ、東宝の斗争の意義も成果も十分とは云えないまでも、ある程度あげることができた。それで先づ二十人の辞表出そうと、そしたら会社はおそらく六十人って云って来るだろうと。それを四十人でくいとめればいい方だと、いう話だった。それが二十人出したらくいついて来たんで、二十人でおしまいになっちゃつた。でその時は、片方で興行のストをやっておいて、会社と交渉をしたのですけど、その興行のストも二日はもたないのではないかと考えられていた。一日しか出来なかった。もうそういう情勢になって来ていた。撮影所は仮執行されちゃってるでしょ。だからみんな部屋がなくて、自分達の行く所は組合の書記局しかないのだから。応援の組合員もみんな引きあげちゃつたし、そうなると最少限に被害をくいとめるということで。結局会社がクビを撤回して、一応そこで二十人以外は再雇傭ということにして残した（土屋精之　一九七九　四五頁）。

一九日の〔午前〕二時頃だったらうか、秘密交渉から電気ビルの東宝連合会に帰って来た、伊藤、宮島から、共産党幹部二〇名の退陣による妥結を提案され、正に晴天のへキレキ、言ひ知れぬ暗タンたる気持ではあったが、国際的な状勢から当面の国内状勢により、いたし方なき事、組合の力を今後に残して一応一歩退却二歩前進の戦術をとるべき事、悲壮なフンイ気の中に、全員一応納得したのはすでに夜明けであった（久保「日記」十月二一日付け）。

東宝争議の終結は、この意味において経営権の制約を排除しようとする経営側の強力な意志と、それを自己の運動展開の軸としてきた産別会議の凋落の兆しを顕在化させた象徴的な出来事であったといってよい[51]。

終章　結論
——東宝争議とは何であったのか

一　争議を支えた条件

一九五日の長期にわたる第三次東宝争議において、最も注目すべきことは、数度にわたる組合分裂の激浪に洗われながらも、プロデューサー、演出家、脚本家等いわゆる芸術家たちが、たとえ不満や反発があったとしても最後まで組合を離れることなく、一貫して組合を支え、闘いを担ったということである。そのことが多くの組合員を闘いの戦列につなぎとめた重要な要因であった。それでは、彼ら芸術家たちが組合を支え、闘いを担った根拠はどのようなものであったのか。

この点を探る前提として、まず東宝争議が当時社会にどのように受けとられていたか、世論の反応についてみてみよう。もともとこの争議は、銀幕を飾る俳優や有名監督を巻き込む映画会社の争議として、それ自体世間から注目される要素があったが、とくに争議中俳優たちが街頭に繰り出したり各地の組合を訪ね歩いたり、あるいは移動小劇団を作って地方の組合や映画館で芝居を打ちながら、争議の実情を訴えて支援を求めるというキャンペーン活動に従事したこともあって、マスコミはそうした動きや、労使交渉、都労委・裁判所での労使の対応などを逐次報道したために、社会の耳目を集める格好の対象となった。まず、東宝争議を対象とした世論調査をみてみよう。

一九四八年五月一日から五日間、中央大学映画研究会の学生が、渋谷東宝、新宿東宝（いずれも『酔いどれ天使』上映中）神田日活（『奥様は顔が二つ』上映中）丸ノ内名画座（『心の旅路』上映中）の四館で各館七五〇人計三、〇〇〇人（男三：女二　二五歳未満が六八％）の観客を対象に、調査票に基づいてインタヴュー調査をした結果、「東宝争議に関心を持っているとするのは一、九九三人、無関心が一、〇〇七人と二：一の割合であり、会社側を支持するが四九〇名で二四・六％に対して組合側支持は八九六名の四五％と約半数が組合を支持しているのに対して、会社側支持は四分の一に止まっている。」（「東宝問題世論調査」『キネマ旬報』第三六号　一九四八年六月下旬号　一九頁）

争議初期の一九四八年五月初めの時点での三、〇〇〇人、しかもその約七割が二五歳未満と限定された観客対象の調査ではあるが、その結果はこの争議に関心を抱いている者が約半分、組合側を支持する者が「約半数」なのに対し、会社側を支持する者は「四分の一に止まって」おり、明らかに組合側に好意的であることがわかる。

他方、新聞や業界誌などマスコミの反応もまた、総じて経営側に批判的であり、したがって組合側に好意的であることが特徴的である。例えば、朝日新聞はいう。

東宝争議は会社側の人員整理通告と、組合側がそれに対して不服従の態度をとったまま対立がつづいている。これは単なる争議とは別に、日本映画の運命という点で注目すべき問題がふくまれている。〔中略〕中労委の馬淵威雄氏を労務担当重役に迎えた時から会社側は整理の計画を周到に立てていたようだが、東宝問題がただ冗員の整理でなく、日本映画の水準を守るかどうかにかかっている点で、会社側が非難される原因があるようだ。いい映画ともうかる映画という問題は日本映画の現状では必ずしも一致していない。〔中略〕映画製作者は映画の公共性、社会性を認識せねばならぬ時ではないか。東宝が昨年度から今年にかけて経営的に失敗したからとて、いい作品を作る良心まで失ってはならぬと思う。しかも東宝はようやく企画の軌道に乗り良心的傑作である『酔いどれ天使』で四五日、『女の一生』は予定より早く、安く上ろうとしている。こういう時に撮影所の閉鎖も辞せないという会社側の態度は、日本映画を危機に追い込むものではないだろうか（「朝日新聞」一九四八年四月二六日）。

ここでは、「東宝問題がただ冗員の整理でなく、日本映画の水準を守るかどうかにかかって」おり、経営者は「映画の公共性、社会性を認識せねばなら」ず、一時期「経営的に失敗したからといって、いい作品を作る良心まで失ってはならぬ」のであって、「会社側の態度は、日本映画を危機に追い込むものではない」か、と厳しく経営側を批判している。また代表的業界誌『キネマ旬報』も次のように記している。

冷静な第三者の立場からながめても、こんどの渡辺内閣のやりかたは、はじめからアイクチをフトコロにしのばせて乗りこんできたような不明朗さがあり、健全な企業経営者の態度とは受けとれない点が多いが、その好い例をわれわれはこんどの団協案の細則であるところの、人事処理委員会における五ヵ条のクビキリ規定のなかに見出すことができる〔中略〕その五つの条件の九〇％までが会社側の一方的意志によってクビキリをなし得るように規定されてあるといえば十分であろう。この点にも金融資本の利益ヨウゴのみを配慮してこしらえあげられたプランのからくりと、そういう侮り難い勢力がどのような方法で、東宝映画を、日本映画を、そして日本の文化を破かいしようとしているかが、実に明りょうにくみとれるのである。〔中略〕いうまでもなく、映画の製作はバケツやかん詰をこしらえるのとは本来の性質がちがうのであり、それを一律に、会社の命令で、ただ映画さえつくればよいのだというところに、資本家の頭脳が、文化産業の経営者としては、非常におくれた感覚しかないことを物語っている。（「東宝問題の拡大」『キネマ旬報』第三三号　一九四八年五月上旬号　二六頁）

すなわち「渡辺内閣のやり方」は「健全な企業経営者の態度とは受けとれない点が多」く、それは「金融資本の利益ヨウゴのみを配慮し」た団体協約改訂案に端的にあらわれており、そこからは彼らがいかに「東宝映画を、日本映画を、そして日本の文化を破かいしようとしているかが、実に明りょうにくみとれる。」それは東宝「資本家の頭脳が、文化産業の経営者としては、非常におくれた感覚しかないことを物語っている。」というのである。ここでも経営側は文化の破壊者として厳しい批判の対象となっている。さらに経営側に立つべき『キネマ旬報業界特報』も、「渡辺社長が終始変わらぬ既定方針の強行でガン《ママ》張りつず《ママ》けている有様はアキレル《ママ》ばかりだが、このことは紛争解決をますます困難ならしめている感じが強い。」「会社側の固持する撮影所二七〇名のカク首案にしてもこれが絶対必要条件にならなければ、撮影所再開は果して望めないものかどうか。しかも十一条違反をあえてしてまで、強行しなければならないほどのことだったのだろうか、疑問の余地のあるところである。」（「東宝問題の行方―解決の鍵は何か」『キネマ旬報　業界特報』第三六号、一九四八年九月一一日　一頁）と強く批判している。

とはいえ、むろんこうした批判に対して経営側を擁護する論評がなかったわけではない。経営赤字が続いている以上、人員整理は避けられないとする経済誌『ダイヤモンド』の論評がそれであり、そこでは「東宝首斬り争議の評判は、会社側に対して甚だ香しくない。第一世論の代表を以て自認する新聞の論評がそうである。」しかし東宝の場合、「雇用人員の過剰」と「企業内部の乱脈」とによる「赤字続出」の構造からして、「あくまでも企業の経済的理由に基」づき、人員「整理は企業存続に不可避」である、とあえて会社側を擁護している[1]（「東宝首切り争議の真相」『ダイヤモンド』一九四八年五月一一日　一〇頁）。

　このように、経営側批判が支配的な世論や論調に抗してあえて経営側を擁護する記事が出るほどに、世間のこの争議に対するまなざしは組合側に好意的であり、これが争議を担う組合員を支えた要因の一つとなったであろうことは、否定できない。またそれが芸術家たちの組合支持にプラスの影響を与えたであろうこともおそらく疑いない。が、いうまでもなく、それらは芸術家たちにとって組合を支持したせいぜいのところ消極的な一要因に過ぎないであろう。彼らが一人も脱落せず闘いに参加し組合を支えた積極的理由は、二つあったと考えられる。一つは、芸術家たちの脱落を阻む強い人的紐帯の存在である。亀井文夫の語るところを聞こう。

会社の契約者のうち監督とシナリオライターなんかがグループみたいなの作って、東宝の正門の前にあった氷屋の二階を借りてたんだよ。そこに監督やシナリオライターたちが寝泊りしてたんだよ、全部じゃないけど何人かずつね。ぼくは誰に頼まれた訳でもないけど、その連中にタガをはめておく事が争議を成功させるのに重要じゃないかと思ってね。でも別に何も干渉しないんだよ。只いろいろな会議に呼ばれるから出て行くんだよ。なるべく干渉しないで彼等の好きなように発言して貰っていただけなんだよ。でその中でかなり影響力のある人で、そう言うものをよく理解してくれたのが衣笠貞之助さんだよな。ぼくは個人的にも親しかったからね、当時から。〔中略〕それから八木保太郎さんは組合とは切ってもきれない人で、日映演の委員長したりして、これは東宝契約者グループに強い影響力を与えていたからよかったんだ。シナリオライターの八住利雄さんあたりだってロシア文学者だし、リベラルな知識人だから契約者グループの中心的存在だったと思う。〔中略〕黒澤明もね大変積極的なんだよ。あの人はもともとプロレタリア美術連盟かなんかにいてそういうものは心得ている訳だよ。だからああいう時にどういう身じまいをしなけりゃいけないか、みっともない事は出来ない位は常識として持っているだろ。むしろそれよりも、ああいう組合が出来て、会社側の一つの商業主義みたいなものの力を弱めて、芸術家の製作条件なり製作の自由なりを拡げたいって、彼は彼なりの意見を持っていた訳だよ。だからあれはいつだったかな、『戦争と平和』だとか黒沢明の『素晴らしき日曜日』〔中略〕なんかの脚本作るんで、みんなで伊豆の温泉へ集まって仕事したことがあるんだよ。〔中略〕その時に黒澤がアメリカに招待されてたんだって言ってたよ。帰りしなだったかな。ともかくね、今一番大事な時だって言うんだよ、撮影所の、東宝の。これから出来るだけ立派な作品作ってゆける様な環境をつくる大事な時だから、アメリカあたりで遊んで歩く様な事は出来ないから断わった、ってなこと言ってたものな。〔中略〕若干争議について心配していたのは豊田四郎さんだったな。会社からの誘いはみんなにあったんだろうと思う。五所平之助さんはもうその時はまつり上げられていた形だな、組合のほうにね。五所さん自身がこんなこと言ってたよ。小津安二郎さんが五所さんに、なにも組合のデモの先頭に立つなんてことまでやんなくていいじゃないか、って言われたらしいよ。だけどあの雰囲気はみんなをのせた訳だ。そういう事で、ともかく争議が一段落するまでは、一つの束になってね、その束になっている限りは対外的にも大きな力になるからね（亀井文夫　一九七八　一二～一二三頁）。

亀井は、そのために具体的に動いたというわけではなかったが、意図としては芸術家たちがバラバラにならないように「タガをはめ」ようとしたこと、衣笠貞之助がそうした亀井たち組合の意図をよく理解してくれたこと、また黒澤明、八住利雄、五所平之助ら有力な作家たちが自覚的に、あるいは「のせ」られて組合を支持して動いたこと、それらの結果として芸術家たちが「一つの束になって」まとまり、そのことが「対外的にも大きな力になった」というのである。ここには名が挙げられてはいないが、山本嘉次郎もまた芸術家グループの一員として組合側に立って会社と交渉するなど、衣笠貞之助とともに大家でありながら積極的に組合を支えて動いており、今井正や関川秀雄などもまたそうであった。このような東宝の芸術家たちの紐帯の強さ、結束の固さは、彼らをしてそこから抜け出すことを躊躇させるほどのものであったことは留意に値する。伊藤雅一の記述は、この点を立証している。[2]

一九四八年七月、撮影所に民主化クラブがつくられ、それが東撮従組から東宝労連に発展し、彼らの強い要求に押されて渡辺社長が北岡所長を本社に引き上げた後、撮影所の再開をこの東撮従組が中心に担っていくためには、製作の中核をなす演出家など芸術家を日映演から引き離して従組の側に引き入れることが必須の要件であった。そこで伊藤は「なんといっても日映演の芸術家グループのなかから、協力者を得ることに成功したい。」と「ふと思いついて滝沢英輔監督の自宅を訪ねて」その趣旨を告げると、「滝沢監督は、『私は共産党員ではないので、日映演の今日の状態は、批判的な目でみていることは事実だ。まことに困った事だと思っている。しかし、芸術家グループには、芸術家としてのながい間のいろいろなつながりや、仁義もある。したがって私だけが、直ちに抜けて行動することはできない。谷口千吉監督なども、全くの反共主義者ではあるが、やはり芸術家グループとして、行動をともにしている。もしこれらのなかの容共者でない人たちがこぞって行動することになれば、その時は、私も一緒に行動したい。ただ単独に行動することは、どうしてもできない』という話であった。結局、私は、『なんとかして、容共派でない人たちが、一緒になって、われわれに力を貸して下さる時が、一日も早くくるよう、ぜひとも努力してほしい』といい残して家を辞した。」（伊藤雅一 一九六五 二二四頁）という。

たとえ日映演の組合運営に批判的な「反共主義者」であっても、芸術家グループの結束を乱すことは「芸術家としてのながい間のつながりや、仁義」から無理であり、グループから「直ちに抜けて行動することはできない」「単独に行動することは、どうしてもできない」というこの滝沢英輔の発言に、芸術家たちに独自の人的紐帯の強さがよくあらわれている。しかし、それではなぜ芸術家グループの紐帯がかくも強かったのか、あるいは強くならざるをえなかったのか。改めていうまでもない。映画の創造は、演出家を核とする多様な職能・異能の人びとの多段階にわたる、すぐれて集合的・複合的な作業であり、それだけに組と俗称され作品ごとに組成される集団内部での人的紐帯の緊密さと安定的な人間関係およびそれを囲繞する演出家相互の信頼・競合関係が作品創造の前提条件をなすが、経営側の攻撃は、まさに映画製作の基本条件であるこの感情共同体ともいうべき凝集的な集団組成を破壊するものだったからである。この点を象徴的に示すのが、争議中に黒澤明が発表した文章である。黒澤は、業績赤字の原因についての経営側による操作性などに触れた後、次のように述べている。

この一年間、僕達は、一昨年の争議と言う大きなマイナスを背負いながら、やっとここまでたどりついたのである。やっと各職場の整備も緒につき、製作能率も急速に上向線をたどりはじめたところなのだ。それなのにそれを一挙にくつがえす様な会社のヤリ口を黙って見ては居られない。いや今度の会社側の暴挙は、僕達がP・C・L以来、十数年間、営々と築き上げて来た東宝と言う映画製作の母体すらズタズタに切断しかねないのである。これは、僕達にとって、なんとしてもかんべんならない。新しい重役陣、一つも映画をつくり上げた事のない、一度もその労苦を味った事のないこの人達は、東宝と言うものをその興行収入や財産目録でしか考えていない。併し、東宝にとって一番大きな財産は、その映画製作の母体をなしている人的な構造なのである。一つの有機体の様に礎《ママ》き上げられた人のつながりなのである。それを無視して強行しようとする、会社側の一方的撮影所整理案は、実質的には東宝の自殺に等しい。

猶、会社が匂わせている如く、もしこの挙が、撮影所の共産党フラクション排撃を目的とするものなら、これ位見当違いはないと思う。何故ならば、今度の会社のヤリ口は、組合内部からの組合批判と言う一番正しい方法に余裕を与えない程、非常識で性急である。今度の紛争によって、一番窮地に追い込まれたものは、決して共産党フラクションではない。この事件で一番追いつめられたものは社会的常識だ、と言うべきであろう（黒澤明　一九四八　五一頁）。

東宝にとって「一番大きな財産は、その映画製作の母体をなしている人的な構造」「一つの有機体の様に礎き上げられた人のつながり」であって、「それを無視して強行しようとする」会社の「撮影所整理案」は、「東宝の自殺に等しい」という、この黒澤の憤りの共有こそ、たとえ組合に批判があろうとも、芸術家をして最後まで組合に踏みとどまって会社への抵抗姿勢を堅持させた重要な要因であった。

しかし、彼らが組合に踏みとどまり闘争を担った理由は、むろんこれだけではない。むしろより積極的には創造の自由のためであった。すなわち芸術家たちの「よい映画」をつくりたいとする希求が、彼らを闘争に参加させ続けたいま一つの、しかし究極の根拠であった。プロデューサー井手俊郎のいうところを聞いてみよう。

いわゆるスターと呼ばれる人達がいなくなってそのあとをニューフェイスの諸君で補った――あの痛々しい努力と苦労とが演技課だけでなく、他の職場でも必死になって続けられ〔て、〕ともかくも私たちは〔一二三本の〕作品を世に送り、あるいは作りつつあった。〔中略〕これでは商売にならないから二つの『赤』を追放するのだ――と会社はいうのだけれどこれらの作品がそれほど独りよがりで、高踏的で、同人雑誌的で、そして左翼的だろうか。未熟な新人達の必死の努力と、それをカバーしながらやってきたこれだけの作品が、会社をつぶしてしまう――それほどのお道楽仕事だろうか。私たちはこれらの仕事を世の中から過分に賞賛されたと恐縮している。決して自分たちから傑作だなどと自ぼれてはいない。ただこの程度の仕事を日本映画の最低の作品としたいと思っている。これよりも低い作品、これより恥かしい仕事はしたくない――ただそれだけの願いである。自分の仕事を親兄弟、女房子供に見せて恥かしくない――それだけの願いがぜい沢すぎるといわれるのだろうか（井手俊郎　一九四八　一二三頁）。

これまでつくってきた「程度の仕事を日本映画の最低の作品としたい」、「これよりも低い作品、これより恥かしい仕事はしたくない」、「親兄弟、女房子供に見せて恥かしくない」作品をつくりたいという「それだけの願いがぜい沢すぎるといわれるのだろうか」と、井手は訴えている。彼のこの「願い」は、この争議を支えた芸術家たちに共通のものであったことは、伊藤雅一が証言する今井正の発言によっても確認できる。

伊藤雅一は、先に引いた滝沢英輔の自宅を訪ねたまもなく後、今井正と酒席で偶然に出会う。そして「今井正監督を味方に得たいという下心がわいて」彼と話し込み、酒席を変え、さらに銭湯の朝風呂のなかまで議論を続けて共産党からの脱党を説得したという。

すでに、いっさいの論理が出つくしていたが、今井正はどうしても「脱党できない」という。「私は他の共産党員のように、人民政府を樹立しようとか、人民革命を起そうとか、そんなウルトラな考えは毛頭ない。また映画も、共産党色や政治色の強い作品をつくろうとする気もない。ただしかし、今日一歩進んだ良い映画をつくろうとすると、どうしても商業主義の壁にぶっつ《ママ》かる。私は良い作品がつくりたい。それだけだ。一歩だけ進んだ映画をつくりたい。そのためにはどうしても、この商業主義の壁をつき破らねばならないのだ。私はそのために共産党に入党したのだ」今井正はこうきっぱりといいきった。その心は、まことに固かった。そこで党員についての話にうつった。小林多喜二の死をめぐる話が、あれこれでた。「党員になれば、自己を滅却しなければならない場合も生じるだろう。死ぬ覚悟はできているのか」「いくたびか迷ったけれども、私はようやくこの頃になって、その覚悟ができた」「死ぬ覚悟はできた、ということはわかったけれど、それは自分だけではすまない。妻や子供たち、家族の将来をみすてることも覚悟せねばならない。この点はどうなのか」「やはり一番迷ったのは、その点だ。しかし、これもようやく割りきることができた。」この言葉を聞いて、私は、「わかった。もうこれで話は打ちきりにしよう。脱党してもらって、私たちに協力してほしい思いは変らないが、そこまで覚悟しているなら、私も諦めよう。思想と立場を異にして、敵味方にわかれるのは、まことに残念だが、お互の信念にたって健闘しようではないか」と、固い握手を交した。今井正は、浴槽の中にたちあがり、私もすの子の上にたちあがった。まったくの素っ裸同士の握手であった（前掲、伊藤雅一　二二六〜二二七頁）。

「良い作品がつくりたい。それだけだ。一歩だけ進んだ映画をつくりたい。」そのためには「商業主義の壁をつき破らなければならない」のであって、「共産党に入党した」のもそのためなのだ、というのが今井正の言明であった。「良い作品がつくりたい」ということが、すべての基点となっていることが重要である。そしてこの「良い作品」をつくりたいという点については、他の監督や俳優あるいは一般組合員たちもまた同じであった。若干の証言を引いておこう。

五所平之助：「近代産業としての映画は、沢山の人々を対象として沢山の人々の手で作られる芸術であってそれだけに民主的合理的な運営を必要としているのだが、此の点、東宝は比較的近代的な機構と条件をつくり上げてきたし、その上に立って良い作品を製作できたのである。この製作方法を無理解に破壊されるのは、芸術家として、作品の質の低下を余儀なくされることであり、とても黙って見ているわけにはいかない。文化人としての名誉がそんなことを許せない。」「映画でも、現場で製作にたずさわっている者がいちばん大きな愛情を仕事に感じているのであって、いろいろの職分の人たちの、この愛情が盛り上り結集して、ひとつの作品に真心がこもるのである。こういう点について、今度の経営者側は無理解なのか、又は故意に無視するような態度に出ている。」「今度の紛争が長びくだけ、映画の質を低下させるのは避け得られない。なんとかして、早く妥当な解決を計らなければいけないと思う。われわれの仕事はカンヅメを作るようなものではないので、作業に戻った翌日から、元のような成績を挙げるわけにいかない。此の点を資本家も理解して解決を早めるべきだと考えている。[2]」（五所平之助　自由懇話会編　一九四八　三七～三八頁）

岸旗江：「会社側の一方的首切り通告を受けた二七〇名の人々は、文化の名に応わ《ママ》しい日本映画を創り上げてきた人達なので、首切りを成功させれば、私達が本当につくりたいと思う映画はもう出来なくなる、そしてそのあとには、営利だけをねらったエロ・グロ映画が出てくるだけだとみんな同じように考えているのです。」「映画は単に娯楽だけではなくもっともっと、大きな示唆を社会に提出する役目をもっています。ですから、映画の良心は決して失ってはいけないと思います。私たちはいわばこの映画の良心を守るために闘っているのだと考えております。」（岸旗江　演技　同三三～三四頁）

植草圭之助：「豊田四郎、三浦光雄、私も三〇歳をはるかに過ぎていた。いや、われわれだけではなく、第一組合を支持するどのスタッフも、そして組合員全体がみな青年そのものだった。仕事や任務に対して少しの打算もなく、映画創造の原点に立ち、質の高い作品を生み出すことに素朴な希求と真摯な熱情を持ち続けていた。」「殊に民主的な闘い（ストライキ）の戦線をまもっているという矜持に支えられて。」（前掲、植草圭

之助　一九八五　二二二〜二二三頁）

杉葉子：「私はヘニャヘニャなところがあるし、若かったこともあって、争議の意味やむつかしい目的まではよくわからなかったのですが、ただ、『いい映画をつくろう』『エログロ映画から日本映画をまもれ』ということだけはわかりました。本当だと思っていました。私はなまけものだし、こわかったのですが、意を決してがんばりました。その頃の東宝作品はキネマ旬報のベスト一〇に登場するような名作ばかりでしたので。録音や照明をやられる方、監督、俳優が、みな、本当に必死だったのですよ。」（前掲「スタッフに聞く六―二　杉葉子さん『東宝争議の思い出』」『今井正通信』第一〇号　二頁」）

八住利雄：「争議中の撮影所には、いつも沢山の人たちが仕事もないのに集まっていた。あの争議の時代、その人たちの気持の裏には、『映画を守りたい』という情熱が燃えていたのに違いない。」（八住利雄　一九八八a　六六〜六七頁）

城田孝子（記録）：「いい仕事がしたい、いい映画を作ろう、それには職場の待遇を改善をしてほしい、という、只それだけの要求です。これは、第二次、第三次争議の時も同じでした。」（城田孝子　一九七六　五頁）

いずれの証言にも、「いい映画」「質の高い映画」を作り出したいという希求が脈打っている。[3]その上で、注目すべきは、そうした「よい映画」をつくるためには作品企画に自分たちの意見が反映されねばならず、企画審議会に象徴される労使共同の意思決定機構は、時として組合との軋轢はあったとしても、そのために不可欠のものである、という認識を芸術家たちが共有していたことであった。というのも、それまで多くの作家たちは、一部の大家を除けば会社から一方的に企画を押しつけられ、それをそつなくこなす職人として位置づけられてきたのであって、それはまた作家たちの矜持と創作意欲を傷つけるものだったからである。今井正の証言は、この点をよく照らし出している。

東宝ではプロデューサーがつくるんだから、監督はそれに従ってやるんだというシステムだったんです。だから、僕らなんかでも、戦後『また逢う日まで』を撮るまでは全部会社の企画で、うんもすんもないんですよ。「今井君ね、今度はこれをやってください」といって、企画を向こうがいうんです。大河内伝次郎があいていますから、長谷川一夫があいていますから、長谷川一夫と山田五十鈴を組み合わせてこういう企画のものをといって、大体指示されるわけです。巨匠は違うですよ、山本嘉次郎とかね、ああいう人たちは割合に発言力もあったから、自分の撮りたいものを出してやれたんだけど、僕らの場合には全部会社のいうものを「はい」といって撮ったんです。だから、非常に自分の意にそまないものでも、それをやらなきゃ映画撮れないですから、やっていたわけですよ。〔中略〕企画会議〔＝企画審議会〕というのは、あれは昭和二〇何年からできた。それまではわれわれ若い監督なんかがゴジャゴジャいうというようなことはとてもできないんですよ。〔中略〕僕の『また逢う日まで』というシャシン、あれは初めてこちらから出した企画なんです。それまで僕らが出すことはできなかったんだ。出したことはあるけど、そんなものは全然問題にもされないわけですよね。『また逢う日まで』のときに初めて、こちらからこういうものを撮りたいんだと出した。そのころから大体組合が強くなった――組合というそのことにも問題がありますが、そういう発言力がきいてきて、『また逢う日まで』のときはそれでとにかく通ったんです[4]（今井正　一九八六　一一九～一二〇頁）。

「自分の意にそまないものでも」撮らざるをえなかった今井を含む多くの監督たちにとって、「こういうものを撮りたい」と自ら作品の企画を提出できたことが、いかに大きな意味をもっていたかが理解されよう。しかもわずか数年前、会社の指示のままに多くの戦争映画をつくった東宝の監督たちにとっては、このことはとりわけ重要な意味をもつものであった。それゆえ、監督たちにとって、東宝争議とは「よい映画」をつくるために企画を練り、それを作品化しようとする努力――自己の芸術家としてのアイデンティティを破壊しようとする者への抵抗であり、そのようなものとして「創造の自由」を確保するための闘いにほかならなかった。争議妥結翌日の職場集会における五所平之助の、「私たちは技術を売って生きてゆく職人ではない。芸術はその人の全人格の反映である。」（前掲「闘争日報」第八九号「書記局回報」第三六号合併号一九四八年十月二五日）という発言は、それを凝縮的に表現するものである。[5] 一般組合員がこの闘いを支えた究極の根拠も、この芸術家たちの希求に対する共鳴によるのであり、「東宝を守れ」「日本文化を守れ」という組合の呼びかけが社会的正当性をもちえたとするならば、それはこの「創造の自由」という文脈においてであったにちがいない。まさに芸術家と組合員にとって、東宝争議の本質、その真の争点は、「創造の自由」が経営的採算と赤色排除の名のもとに破壊されようとしたところにあったのである。そしてそうであるならば、また改めて創造と経営との関係性を問わなければならない。

二　芸術性と企業性

東宝争議を闘った芸術家たちは映画の芸術性と経営的採算をどのように考えていたのであろうか。先に引いた争議中の文章のなかで黒澤明は、この点について次のように述べている。

> 会社側は、露骨に、興行資本の代弁者のように振舞う。その強腰のうしろから、ちらちら、映画なんかつくらなくとも困らない、さしあたり興行だけでやって行く方が儲かるン《ママ》だ、と言う腹をわざとの様に見せる。これでは、組合がいきり立つのも無理はない。映画企業において、製作部門が興行部門の頤使に甘んずる様な状態に追い込まれたら、その時は映画が文化的である事を抛棄する時である。勿論、僕達だって、映画企業が営利事業である事は、百も承知である。しかし、それと同時に、それが大きな公共性をもち、大きな文化的建設力をもっている事を忘れられないだけだ。そして、映画企業のキイ《ママ》は、その企業性と芸術性の調和に求めらるべきだと信じているだけである。今度の会社側のヤリ口《ママ》は、足をさらうインフレの激流の中で、その映画の企業性と芸術性の調和と言う岸辺をやっと見付け出し、それにすがりついた従業員をふたたび激流の中に蹴落す

様なものだ（前掲、黒澤明　一九四八　五一頁）。

黒澤は、撮影日数も製作コストも予算内に収めて争議突入直後に完成した『酔いどれ天使』の経験を踏まえて、「映画企業のキイは、その企業性と芸術性の調和に求めら」れるが、その「企業性と芸術性の調和と言う岸辺をやっと見付け出し、それにすがりついた」にもかかわらず、経営側によって「ふたたび激流の中に蹴落と」された、と会社を批判している。黒澤は、両者を「調和」させることが「映画企業」にとって要件であり、自らはそれができると示唆しているのである。また亀井文夫は次のように述べている。

いったい、いい映画とは何か？　がりがりのもうけ主義一点張りの資本家的立場で理解すれば、それはうんともうかる映画ということになる。そして東條英機やヒットラーにいわせれば戦争礼賛映画や『オリンピア』〔レニ・リーフェンシュタール〕のような、侵略主義をおう歌する映画がいい映画であるにちがいない。圧迫され、窮乏に苦しむ民衆の立場からいえば、いい映画とは、人民を解放し、明るい世界をつくりあげるために、直接的にあるいは間接的に役立つ映画だということになる。私もまた、このような映画を、真にいい映画だとするのである。そしてこのような映画がその目的を達せられるためには、一人でも多くの人民に利用されることが必要である。これをいいかえると、一人でも多くの観客をつかまえる力を持つのでなければならないということになる。だから、われわれが目指している高い芸術映画とは、最も広範な人民層に積極的な解放へのエネルギーを与える力を持つ映画なのである――ここに芸術性と企業性とが同調出来る共通の一線がある。何故なら、多くの人をつかまえる力のある作品は、同時に利潤をあげ得る機会も提供するからである。そして、この一線をたどって、企業を発展させるのが、今日の映画企業家の正しいあり方である。〔中略〕日本の映画文化を、四等品に転落させなかった許りか、更に明るい期待を持たせた点では、東宝の芸術家技術家たちは正当に評価されてよいのではないか。だがたとえどんな創作上の革命が進められようとも、金はかける程よい。ただその金のかけ方に問題がある。先ず第一には、芸術家技術家たちの勉強に金をかけること。次には、製作にあたっての準備と仕あげに。それは、脚本と芝居のけい古（撮影開始もまた撮影中も含めて）と編集などに充分の時間をあてることである。（重《ママ》〔要〕なものは、人件費であるが）こうした金の使い方は、映画をよくする点では、セットや小道具にかける以上に役立つものであるが、今の企業家達には余り問題にされていない（亀井文夫　一九四八b　一八頁）。

亀井によれば、「一人でも多くの観客をつかまえる力を持つ」映画＝「最も広範な人民層に積極的な解放へのエネルギーを与える力を持つ映画」が、「いい映画」であり、そこに「芸術性と企業性とが同調出来る共通の一線がある」という。自己の文脈においてではあれ、亀井にとってもまた映画にとって芸術性と企業性の「同調」が必要であることは、明白であった。

他方、他社の演出家はどのように考えていたか。吉村公三郎はいう。

映画は儲るものだと東宝の資本家は考えているようだが、映画は決して儲るものではない。何故かといえば映画はその様な社会的立場に目下置かれてない。丙種産業で資材、電力の制限はあり、外国市場は持たず、これという優遇も受けていない。こういう状態の産業が利潤が上るというのがおかしい。映画は文化事業で世の文化事業が殆んど身銭を切ってもやらなければならぬからやるのと同様、映画も儲るときもあれば儲らぬ時もありで、会社が維持していければそれでいいとしなければならぬ。それがいやならやらなければいいので、映画が好きでたまらぬ人が映画をやり、商業的利潤を求める人には止めて貰いたいと思う。しかし、製作を担当する、われわれとしても経営が維持出来る限度以上に我儘を通すべきではない。この点、東宝撮影所が千何百人の人数で一年間一三本しか製作しなかったというのは、敗戦下の現状から考えて一寸ゼイタクなことだと思う（吉村公三郎　前掲、自由懇話会編　一九四八　四七頁）。

映画は、現下の厳しい産業的条件のもとでは、「儲るときもあれば儲らぬ時もありで、会社が維持していければそれでいいとしなければならぬ」けれど、しかし監督の側も「経営が維持出来る限度以上に我儘を通すべきではない」として、東宝の経営陣とともにその芸術家側もまた批判した吉村は、「文化事業」としての映画に「商業的利潤を求め」てはならない、と会社により厳しい態度で両者の協調の必要性を示唆している。その上で、こうした両者の関係性について、より包括的に論及したのは、かの小津安二郎であった。文責は記者にあると記されたその発言は、いささか長いけれど、全文を引くに値する。

映画の場合、芸術と企業というものを全然別個に考えることは出来ない。むしろ企業の中で芸術的なものをこしらえるということが成りたつのではないか。文学とか絵画とかの個々の芸術においては企業性を無視した芸術性というものが成立つであろうが、映画という総合された芸術においては、それが芸術的であり、芸術価値の高いものであるからといって企業性を無視するということは行き過ぎである。もちろん逆に映画というものが、企業性のみで成りたつものでは絶対にないのだから、映画をつくる会社が、商売として成りたつものばかりを考え、つくる側は、製作日数や費用がかかろうが、かかるまいが、芸術的なものをのみつくろうと考えては、結果において映画自体の向上にはならないのだ。監督の立場としては、一つの作品をこしらえているとき、これは企業の中の芸術であるという風にいつも意識してはやっているわけではない。やはり芸術的感情の中にひたってやっているに違いない。僕らもそうである。しかしその映画が企画され、出来上がっていくプロセスには企業性という流れと、芸術性の流れとがアレンジされていなければならぬと思う。その点つくらせる側も、つくる側もお互いに理解し合っていないといけないのではないか。

だいたい芸術をつくり出す芸術家が、たやすく自らを芸術家と称しているのはおかしいと思う。文化芸術をたやすくとなえていることはどんなものであろうか。ぼくらが考えたときに、芸術をつくるんだ、芸術をつくっているんだと力みかえっていて、その芸術という名前のもとに、そのかげに、かくれているというのが多いのではないかと思う。現在の日本の状態においては、あたえられたものの中で、一生懸命に、あたえるものとつくるものとが、仲よくやってよいものをこしらえるというのが、企業性の中における映画の芸術性であると思う。それでうまく出来なければ才能がないとみられても仕方がない。これは一見ことなかれ主義の様ないいかたではあるが、映画は原稿用紙や、ペンや、インクのみでは出来ないものであり、資金の出どころを無視しては出来ないのだから、理解出来ることである。映画をつくるためには、自分だけでつくってたのしんでいられるという様なスケールの小さなものではないのである。映画をつくるためであり、そのためには、これで生活をしている多くの人間と、また多くの資材が必要で、したがって金がかかるわけであり、そのためには、出来た映画から利潤が生じなければ成りたたないのである。もちろんぼくだって、金でもうんとあれば、自分のすきかってな映画をつくってみたいとは思うが、実際問題として現在の映画というものが企業の中に成りたつものであるから、やはりその企業の中で一生懸命つくるべきであろう。その結果、いわゆる芸術作品が生れなくてもいいと思う。根本的に映画はたのしいものでありたいのだ。一本一本青筋たてた芸術的と称するものであったら映画のハバというものがかえってせまいものになりはしないか。いまの日本の現状からみて片よりすぎはしまいか。芸術のために、とよくいうが、あまり芸術に対して心やすいと思う。芸術というものはおそれていいのだ。真の芸術はもっと高いものであるはずであり、真の芸術家は芸術に対してはにかみをもっているものだ。金と日数をかけさえすれば芸術的なものが出来るであろうか。芸術とはそんなものではないと思う。映画の企業性に立脚した芸術性をもっとほり下げて考え、その中からいいものを生みだすべきである。

映画芸術はどういう形においても企業でなければ成りたたない。そこでアメリカの様にプロデューサーが、企業の中で芸術が成りたつ様な考えかたをしていればいいのだが、東宝の場合の様に、企業の中でいいものをつくる当面の責任者であるプロデューサーに人をえなかったために今度の様な失敗をしたと思う。「会社の重役には芸術はわからない。われわれがつくろうとし、またつくるものは芸術作品である。会社がつぶれても芸術的なものが出来ればいい、いいものさえつくればいいんだ。」とのみはいいきれぬことは現状からおしてだれにも考えられることである、しかし一方、もうかりさえすればいいということももちろんいいきれるものではない。大体東宝のあの程度のものなら何も会社をつぶさなくても出来るはずであり、結局マネージする側が成功し得なかったといえる。東宝のやっていることをみて、同じ映画会社の松竹をみると、色んなことでケタが違っていた。東宝はよくやっているなと思った。ぼくには製作日数、費用にしろよくあんな風にやれると思っていた。だがやはりやり切れなかったのだ。アメリカの場合と違って販路がせまいのだから一万フィートをこす作品ばかり続いてはやっていけないのがあたりまえだ。いま考えると東宝は無政府状態であったといえるのではないだろうか。早く打開策を講じなかったのは両方とも悪いのだ。しかしいまその結果を首切りという形でもってくるというのは人道上の問題からもうなづけないが——。

映画製作の現状から考えて、東宝の一万フィートをこした作品をながめたとき、あれは七千フィートで出来たはずだと思われるのだ。あまりぜい肉をつけすぎたと思う。その様にぜい肉のついたものが芸術的であるというのなら、ぼくらはだまって引下がるよりほかない。ぼくの場合も松竹ではあるいは企業にならぬ映画をつくっているかもしれぬが、それでも会社の言にはなるべく従って、監督の立場として、また企業を考慮にいれているつもりである。その折合いということは結局人間同志《ママ》信用しきっていることで、話しあいや妥協が出来ないことはないと思う。ぼくは細かいことはしらないが東宝の場合、最初から感情問題に出発しているので寄り合い世帯のため人と人との結びつきがなかったこともいけなかったのだろう。双方のいい分も一応うなづける。日本映画が今の状態において芸術的なもので押しきるというところまではいたっていないので、日活、東京発声、第一映画などの場合もみないい写真の出たあと、きっと苦境におちいった。東宝の場合もそうで、そうかといっていい写真は出た、しかし会社はつぶれた、というのではかなわないのだ。長い目で見ていいものも出来、安易なものも出来、次第に大衆も教育して、映画を向上させていくのがいいと思う。今、芸術を中にはさんでいがみ合うことはどんなものであろうか。だれもが早く日本映画をよくしたいと思っているので、だからといって芸術をふりまわすことも考えものである。その意味で、東宝の組合側が、二十八本製作をするといい出したのは、芸術性を確立させるためにあるいはお茶をにごす様なものを含んでもとにかく企業の中の芸術性ということを考えて二十八本の提案をしたのだから、会社も何んとか聞き入れてやってほしいものだと思った。

組合側がいたずらに日数のかかったものを芸術的であると宣伝しすぎたのは、船頭多くして船を自称芸術に乗りあげたかたちになってしまう。芸術、芸術と、自らとなえる芸術の中でうごきがとれなくなり芸術の本体を低下させる結果にすることはおろかである。芸術を誇張しすぎると、芸術というものは、金とひまがかかるばかりで、金はもうからないものであるというだけのことになってしまう。映画芸術――それは企業の中でつくられるたのしいものであり、ハバの広いものではなくてはならぬ（小津安二郎（文責記者）一九四八 二一頁）。

小津は、第一に、「芸術価値の高いものであるからといって企業性を無視することは行き過ぎである」が、しかし他方、「映画というものが、企業性のみで成りたつものでは絶対にない」のであって、「会社が、商売として成りたつものばかりを考え」、また逆に「つくる側は、製作日数や費用がかかろうが、かかるまいが、芸術的なもののみつくろうと考えては、結果において映画自体の向上にはならない」ということ、すなわち芸術家、会社双方の極端なあり方――自己利益の頑なな追求について批判している。第二に、「芸術家が、たやすく自らを芸術家と称し」、「文化芸術をたやすくとなえていることはどんなもの」か、と疑義を呈し、「芸術というものはおそれていいのだ。真の芸術はもっと高いものであるはずであり、真の芸術家は芸術に対してはにかみをもっているものだ。」ということ、すなわち芸術家は安易に芸術を引き合いに出してはならず、とくに「映画芸術はどういう形においても企業でなければ成りたたない」以上、「映画の企業性に立脚した芸術性をもっと掘り下げて考え、その中からいいものを生みだすべき」だ、というのである。第三に、「東宝のあの程度のものなら何も会社をつぶさなくても出来るはずであり」、「東宝の一万フィートをこした作品をながめたとき、あれは七千フィートで出来たはず」であって、「組合側がいたずらに日数のかかったものを芸術的であると宣伝しすぎたのは、船頭多くして船を自称芸術に乗りあげたかたちになってしま」ったのではないか。「アメリカの場合と違って販路がせまいのだから一万フィートをこす作品ばかり続いてはやっていけないのがあたりまえ」であり、「結局マネージする側が成功し得なかった」あるいは「東宝は無政府状態であった」ということ、すなわち「早く打開策を講じなかったのは両方とも悪い」というのである。そして第四に、「現在の日本の状態においては、あたえられたものの中で、一生懸命に、あたえるものとつくるものとが、仲よくやってよいものをこしらえるというのが、企業性の中における映画の芸術性であり、「つくらせる側も、つくる側もお互いに理解し合っていないといけない」のであって、芸術と企業性の「折合いということは結局人間同志信用しきっていることで、話しあいや妥協が出来ないことはない」と経営側と芸術家との人間的な信頼関係の必要性を強調している。

以上のように、小津の企業性と芸術性に対する論評は、映画にとって企業性とは何か、あるいは企業性の制約のもとでの映画芸術のあり方とはいかなるものかについて、ほとんど過不足なく語って独自の光彩を放っている。とりわけ注目すべきは、東宝争議について会社と芸術家双方を批判しているが、自らの監督としての経験を踏まえているだけに安易に芸術を言い募りがちな芸術家に対して、より厳しい基調によって貫かれているということである。

安易に芸術を引き合いに出して自らの行動を合理化してはならず、企業の制約のなかで可能な限り努力を重ねてよいものを作り出すところに芸術家としての真の力量が問われるのであって、お金と時間さえかければよいものがつくられるというのは幻想にしか過ぎない、という小津の厳しい視点は、「映画芸術――それは企業の中でつくられるたのしいものであり、ハバの広いものでなくてはならぬ。」というその映画観に凝縮されている。その意味において、彼の東宝争議を担った芸術家に対するまなざしが、いささか冷ややかであることは否みがたい。

その上で、この小津の東宝争議の評価を軸とした包括的な映画芸術理解について、もし問題があるとするならば、それは次の一点――東宝においては「つくらせる側も、つくる側もお互いに理解し合」い、「あたえるものとつくるものとが、仲よくやってよいものをこしらえる」というその条件そのものが完全に欠けており、映画づくりに必須のこの条件の欠如が、ほとんどもっぱら経営側によってもたらされたということを充分に視野に収めていない点である。東宝争議が悲劇性を帯びざるをえなかった最大の根拠は、映画が固有にもつ力への畏怖はむろんのこと、およそ映画というものを理解できず、理解しようともせず、いわんや企業組織のなかで形成される芸術家を軸とした独特な人的凝集性、感情共同体とでもいうべきもののもつ意味へのパースペクティヴを欠いた、芸術とは全く無縁の経営者たちが、芸術家をはじめ組合に対峙したことによるのであった。東宝の芸術家たちが、本来ならば「おそれていい」魂の営みであるはずの芸術を、「はにかみ」をかなぐり捨てて前面に押し出し、その危機を声高に叫ばざるをえなかったゆえんがここにある。小津安二郎は、芸術家に厳しいあまり、経営者に対するまなざしにおいていささかの甘さを避けられなかったというべきであろう。実際にも、東宝の経営者たちが文化生産について、いささかの認識と理解そして謙虚さがあったならば、この争議がかくも長期化し混乱することはなかったにちがいないのであって、この点からいうならば、映画と無縁であるばかりではなく、そもそも企業経営とも全く無縁の者たちを赤色排除のためだけに経営の任に据えた小林一三の原理主義的思考の問題性は、日本の消費社会形成のパイオニアとしてのその評価とは裏腹に、きわめて大きいといわなければならない。

他方、『酔いどれ天使』を予算内に撮り終えた黒澤明が、それから五年後の『七人の侍』では一年近くにもおよぶ長期の撮影で大幅な予算超過を来たすなど、芸術性と企業性という問題は、映画という大衆複製芸術が不可避的にはらむほとんど永遠の命題として、作家と企業双方に緊張を与え続けている。

以上を踏まえて、最後に指摘しておくべきは、この争議を担った人びとにとっての闘いの記憶の深さ、その輝きについてである。争議中、組合員たちは事あるごとに撮影所の噴水のある広場に集って、語らい、歌い、踊りながら互いに交流し絆を確かめ合った。それは、時として「浮ついている」といわれたほどであったが、経済的窮迫と精神の緊張とによって萎縮する心と身体の無自覚の解放であり、映画づくりに携わる人びとにふさわしい自己解放の様式であった。労働争議は、多かれ少なかれそのような自己解放の契機を内包する日常性の超脱という祝祭的性格をもっているが、この争議ほど祝祭性の豊かな争議もめずらしく、それが組合による事実上の撮影所自主管理によって創出された解放空間・自由空間によるものであったことは忘れてはなるまい。

「あの何千燭光かの光が忘れられない。この砧中がまっかっかでしたね、すごい光、ここいら辺からもう東宝の方が明か《ママ》るかった。」（家族会（撮影所）一九七七　Eの発言　三四頁）

家族会のメンバーのこの言葉は、闘いを結び争議を生きた人びとにとって、この闘いが起伏に富む事件と出来事とともに、その「解放」の記憶、「自由」の記憶をいかに強く刻み込むものであったかを物語っている。そしてその「自由」の記憶とは、つまるところ「精神の自由」の記憶にほかならない。この争議の申し子ともいうべき今井正の『青い山脈』が、戦後直後の突き抜けた明るさを、軽やかに、しかしゆるぎなく描き出すことができたのも、この争議が創出した「解放」と「自由」の実在を確かに表象しえたからにちがいない。東宝争議が、巨大な「解放の記憶」「自由の記憶」として、今日もなお輝きをもって語り継がれるゆえんである。

東宝争議を闘った芸術家は次の二四名である。〈演出〉山本嘉次郎、衣笠貞之助、五所平之助、成瀬巳喜男、黒澤明、今井正、滝沢英輔、豊田四郎、山本薩夫、亀井文夫、関川秀雄、谷口千吉、小田基義、楠田清、〈脚本〉八住利雄、植草圭之助、山形雄策、山崎謙太、〈製作〉伊藤武郎、本木荘二郎、田中友幸、井手俊郎、頓宮勉、岩崎昶

注

序章

(1) 原田健一は「メディアとして映画を捉え、その広がりのなかで、映画を社会的に捉えようとしたとき、芸術として映画を捉えようとする映画研究には、大きな偏りがあ」り、「映画をひとつの産業として捉える視点や、観客の受容構造を捉えようとする考察が欠けていた」と述べた上で、「近年の映画研究において、映画監督を自立した一作家として扱うことが多いが、必ずしもそれは適切ではない。映画監督という職能がいかに発揮されるかは、その時々の製作現場におけるバランスによっている。その製作状況によって、監督としてのイニシアティブが発揮されることもあれば、プロデューサーの権能が発揮されることもある。時には出演している俳優が大きな力を発揮することもある。こうした複雑なバランスによって、監督として求められる職能の発揮に大きな差異が生じる作品群を、すべて同じものとして扱うことには、明らかに無理がある。監督のもつ作家性や作品の自立性をすべての作品に等しく見ようとすると、かえって実態を見誤ることになる。映画を研究するうえで、製作のコンテクストや、作品をめぐる関係の相互作用に留意する必要があるのは当然のことである。」(原田健一 二〇〇五 三四〜三五、四〇頁)と、これまでの作品と作家に偏重してきた日本の映画研究のあり方を批判している。

その場合、留意すべきは、アメリカには多い映画の産業的研究が日本に欠如しているのは、研究者の研究視点の偏りや怠惰によるというよりも、日本の映画会社のクローズドな性格＝情報秘匿の壁によるところが少なくないということである。映画企業の情報の公開性の彼我の差を規定しているものが何であるかは、それ自体興味深いテーマであるが、産業としての成熟度——社会的制度化の度合が関係しているであろうことは、否定できないと思われる。

(2) このほかに、日本映画の通史として、田中純一郎(一九八〇b)および『世界の映画作家31』(一九七六)がある。前者は、わが国の最初の包括的な日本映画史として名高いものであり、映画企業の動向と作品の解説・評価を中心としたその情報量の多さは貴重であるが、しかしこの作品の東宝争議に関する叙述は、事実の経過に詳しいものの典拠がほとんど示されておらず、引用するに値する情報もあるが、研究書としての性格は希薄である。他方、後者は、主として早稲田大学の映画研究者の手による、今日でも最も信頼度の高い「日本映画史」であるが、東宝争議については時代的制約もあってそこで参照されている文献がかなり限定され、かつ古いという難点をもっている。いずれも通史としての性格から東宝争議について充分な議論が展開されていない嫌いがある。

（3）私が本書で歴史的事実の確定について特段の注意を払ったのは、それが研究の基本的な要諦であるという以上の理由がある。東宝争議は日本映画史上最も大きく長い争議として、その基本的な経過については国内外の日本映画史研究のみならず作家論や作品論においても触れられることが多い（例えば、最近では、Standish.I 2005 pp.175～178、Nolletti.A.Jr 2005 ch.4）のであるが、しかしそれが必ずしも正確とはいいがたいことが少なくないからである。二つの例を挙げよう。一つは、外国語による日本映画史としてはすでに古典として定評のあるAnderson,J.I.and Richie.D.（1982）である。この作品は、第三次争議の経過を比較的丹念に叙述するなかで、①東宝第三次争議の第一次、第二次争議と異なる戦術が「生産管理戦術」であり（一六八頁）、②争議中組合は自ら撮影所の運営を行なう経営管理組織をつくっていた（一六九頁）、また③監督、脚本家、美術監督ら芸術家たちはいずれも組合のリーダーシップを直接は握っていなかった（一六九～一七〇頁）と述べている。しかし本書で立ち入って明らかにするように、①「生産管理戦術」は第一次争議においてこそ組合が自覚的に採用した戦術であって、第三次争議の突入直後に行なわれた製作作業は、解雇を認めないという意思を態度においてあらわすために被解雇者を含んでそれまでの作業を継続したものであり、会社による製作資金の供給停止を契機に取りやめざるをえなくなった一時的な性格のものであって、およそ第三次争議全体を特徴づける戦術などではないということ、また②争議中組合は闘争組織として各種の機関を設けてはいたが、撮影所の運営をマネイジするという意味での経営管理組織を設けていたという事実は認められないこと、さらに③この組合の公式のリーダーはプロデューサーの伊藤武郎（日映演委員長）と撮影監督の宮島義勇（日映演東宝分会連合会議長）であり、また撮影所の共産党細胞のキャップは脚本家の山形雄策であって、芸術家集団が組合のリーダーシップを握っていたということ、もっとも監督自身は公式の組合の役職には就いていなかったが、亀井文夫、山本薩夫、今井正等および美術監督久保一雄等は運動の第一線で活動していたということ、の諸点においてその事実誤認は否みがたい。

　いま一つは、日本語の単行本として初めて成瀬巳喜男作品を分析したスザンネ・シェアマン（一九九七）である。そこでは、「こうして、東宝を舞台とした第三次の争議、いわゆる東宝の大争議が幕を上げた。一九四八年四月一五日、組合はスタジオを占領したが、五月一日に会社側は従業員の締め出しに成功した。その後、争議は拡大され、なかなか解決されなかった。」（一四四頁）と記述されている。しかし事実は、会社が六月一日以降の撮影所閉鎖を宣言したにもかかわらず、組合による撮影所占拠はその後も長く続いたのであって、それが事実上解除されるのは八月一九日の撮影所に対する東京地裁の仮処分執行後もしばらくしてからである。しかしその後にあっても、組合は撮影所内の組合事務所への出入りは自由に許されたのであり、厳密にいえば、会社側が撮影所から「従業員の締め出しに成功した」という事実は、争議中も争議後も存在しない。

（4）以上の東京大学社会科学研究所が収集した資料の詳細については、山本潔（一九九一）を参照されたい。

（5）以上の資料に加えて、本書が利用した回想録と証言集について触れておこう。第一は、伊藤雅一（一九六五）である。これは、最初に組合分裂を企てた営業本部配給部所属の組合反対派リーダーの回想録であり、叙述は具体的であるが、後に日映演の伊藤武郎が批判するように、バイアスがかかっていて必ずしも事実に基づくものとはいいがたい部分もある。しかし東宝争議全体を反対派の立場から鳥瞰したものとして貴重な回想録である事実には変わりがない。第二は、宮島義勇（二〇〇二）である。これは、東宝争議の表の指導者である伊藤武郎に対して裏の指導者といわれた宮島義勇が執筆した、ほぼ生涯の回想録を山口猛が編集したものであり、東宝争議については全体の約四割が割かれている。争議指導部の動向をはじめ組合の内部事情が宮島の視点から描かれ、得がたい情報源としての価値は高い。最後は、石川柾子編集・発行『来なかったのは軍艦だけ―東宝争議研究資料集―』全五冊（一九七六～一九八〇）である。これは、争議が「青春のすべてだった」という石川が、東宝「争議の本質を、僅かでも探り出すことが、出来るかもしれない」（石川柾子「はじめに」『同』第一号　一九七六年　二頁）と、個人でおよそ五年間をかけて、三〇名を超えるリーダーを含む組合員に個別に聴き取った証言を集成したものであり、その人数の多さと職種構成の多様さなどの点で、第一級の資料的価値のある証言集といってよい。以上のほかにも、伊藤武郎や岩崎昶など争議の中枢にいたリーダーたちが執筆した回想記や記録類も少なくはない。本書ではこれらの回想記なども適宜利用した。

第一章

（1）具体的には「PCLの全責任者である森岩雄氏は範をアメリカのプロデューサー・システムにとり、予算を細大もらさず算出し、予算編成の際に、あらゆる無駄を削りとってしまう。これには何日も日をかけた。森さんを頭として、プロデューサー、監督、美術監督、製作担当、会計主任等の必要なメンバーが鶴首会議、今でいうディスカッションを毎日毎日くり返して、これ以上、ビタ一文も動かせぬというところまで運んでゆく。そのためには、カワラ一枚の値段、トタン一枚の値段、自動車賃、弁当、休憩費、すべてが話題にのぼり、私はそうした製作費の内訳を知って、まったくおどろいてしまった」というものであった。しかも注目すべきは、「PCLでは、この予算会議で、監督の演出方針も大体きまってしまう」ということであり、「たとえば、セットの大屋根を写すまでカメラを引くか（遠写にするか）、あるいは大屋根のスソだけ写すかによって、いくらの予算の違いを生ずるか、いや、ここはぜひとも大屋根を入れなければ演出のネライが出ない、というならば、ロケの仕出し（通行人などのエキストラ）を半分にして、数字のツジツマを合わせよう…、大体、こんな調子である」（山本嘉次郎　一九六五　一四五〜一四六頁）というように監督の演出の基本フレームまでが決められるほどの予算管理が行なわれた。

また新東宝の取締役岩下一郎は、戦前の映画界においてはいかに予算観念が欠如していたかを、「元来計算にうといのが撮影所人である。現金で計りやすい直接費（ロケ費・大小道具費・エキストラ費・フィルム代）には、まがりなりにも予算もあり、気にもするが間接費となると全く念頭になかった。東宝の前進たるＰＣＬの出来る前迄は一本の製作費の正しい計算など出来ぬものと常識的には考えられていたのである。従って間接費（人件費・土地家屋費・本社費・其他撮影の有無と関係なく必要な経費）が一日幾何になるから短期間に製作しないと原価が高くなると言った様な観念は皆無であったから、封切日に間に合わせると言う一事以外に能率を刺激する要素は存在しなかった。封切のためには無茶な徹夜もする代り、封切が延びれば、そのぎりぎり迄撮影日数が掛ると言ったやり方である。」「筆者は約十年前に当時の製作担当重役森岩雄氏の啓蒙で製作費の分析をやった事がある。そして直接費は掛ければ掛けた〔分〕画に現れるが間接費は海中に浮んだ氷山の沈んだ部分の様なもので、必要ではあるが画に現れない。従って映画製作経理としては製作中の間接費の占める％を出来る丈け減らし、直接費を増やす事が要点だと教えられ、一日の撮影能率を調べてみたり、米国の製作費の分析をして％を調べて見たりした事があった。」（岩下一郎「よい機械への待望―撮影所の設備と能力」『キネマ旬報』一九四九年秋季特大号　三四頁）と述べている。

こうした製作面での予算管理については、大沢善夫率いるゼー・オー・スタヂオにおいてもおおむね同様に実施されており、「大澤さんに皆が惚れたのは、その計画性と合理性に、です。既存の映画会社では、ドンブリ勘定だった。だからロケーション・マネージャーなどがピンハネをやる。ロケ・マネだけではない、会社の幹部自身が会社を私物化していた。しかし、Ｊ・Ｏスタジオでは、予算がいくら、それも、セットからロケーションから、フィルム代から現像代、弁当代、足代にいたるまで、きちんと予算が立てられていて収支がすぐに判った。技術研究のためには、思い切り金を出してくれたが、ムダなことは決して許さなかった。」（荒金義喜　一九六八　一二五頁）という証言にそれは端的にあらわれている。

なお予算管理の前提として、ＰＣＬでは厳格な時間管理が行なわれていたことも看過できない。松竹から移籍した山本薩夫は「ＰＣＬは、小さいながらも、非常に近代的な会社で、たとえばタイムカードなどが置いてある。当時、一般の会社でも、商社のようなところでさえ、あまりそのようなものは置いていなかったと思う。タイムカードによって早出料、残業料を出す。いまは当り前になっていることだが、あのころ仕事をやっていて、その分相当プラスになった。」「当時としては、とくに松竹などとくらべると非常に近代的な感じがした。」（山本薩夫　一九八四　四七〜四八頁）と述べている。

（2）このプロデューサー制度の導入は、もともとＰＣＬでそれを試みた森岩雄の発案によるものであり、彼はその意図を次のように述べている。「元来日本映画の製作の体系は、そのもとが芝居の映画化からはじまった関係から、（中略）監督中心主義で発達して行き、それにはそれでいくたのメリットもあったが、弊害もまた出て来た。特に監督が映画そのものを作るという仕事以外に、撮影所全体の政治に発言力を持ち、監督同志《ママ》間に派閥が出来、時には勢力争いにまで発展し、公正で合理的であるべき量産製作に大きなマイナス面を見せるようになった。私は実際の映画製作に参加する前に、このような弊害が決して日本映画の前進のために良いことではないことをしみじみ知らされていたので、欧米風に製作者と監督との仕事を分離することを断行する決心をした。即ち撮影所内の行政や製作実務から監督の仕事を分離し、映画の演出のみに専念せしめることとし、その他のことは専門の製作者に任せるということであった。この改革は言葉の上では簡単であるが、実際にはなかなか困難な問題があった。それは監督達に根強い抵抗があったこと、『製作者』に任務を遂行するだけの実力のある者がいなかったことである。そこで最初のうちは『製作者』という言葉は使わずに『製作主任』という役名にして一歩前進という形をとった。数年この制度を続けたが、その内に『製作主任』のなかから実力者も出て来たし、撮影所長級の人物も多く参加してくれたので、名実共に製作者制度が確立し、自分の考えをはっきり明確に打ち出すために『監督』という名称を廃してすべて『演出』という文字を使った。」（森岩雄　一九七六　一〇〜一一頁）と。

（3）作品が観客を動員できるか否かのリスクを映画館の側が負うというこのシステムは、それゆえに、例えば製作会社の側からは映画館の経営は作品内容に依拠してはならないというやや極端な議論をもたらすことにもなった。すなわち「如何なる常設館でも上映のプログラムに依って専ら観衆を引き付けやうとしてはならない。（中略）優秀なプログラムは比較的稀有である。常客は常設館を公共機関とならしむるプログラム以外のものを以って拵へられなければならない。之には観覧料、位置、最寄の距離、客席、映写、音楽、客扱、通風、公共の便宜、映写時間、その種類の如何を論ぜずプログラムの編製、あらゆる斬新奇抜の出演が網羅されるのであって、公共機関としての常設館が常客を拵へる永久的要素となる」（根岸耕一　一九三〇　一九〜二〇頁）。とくに「観衆に対する案内応接は申すまでもなく、座席、遊技場、喫煙室、廊下、暖房及び納涼の設備、換気方法、光線、オーケストラ、壁画等に至るまであらゆる様式色彩音楽が渾然融和して、其所に映画（館）独特の雰囲気を豊かに作り出さなければならない」（同五五頁）というごとく、観客を吸引するには作品内容ではなく「設備」と「サーヴィス」（同二六一頁）が強調されたのである。

（4）東宝が松竹などに比べ軍事映画の製作に易々とシフトしていくのは、それまで娯楽映画以上の独自の作風を確立しえず、松竹などのように安定的な観客層をとらえていなかったためにむしろ軍事映画に積極的に活路を見い出したという事情が顧慮されねばならない。この点について佐々木能理男・西村晋一の執筆にかかる『東宝三〇年史』は、「戦争を有利に導くために事業を役立たせることは会社の当然の任務であるという確信は、すでに宣戦の詔書を拝した瞬間に東宝の役員従業員全員の胸に溢れたのであります。芸術家技術家のなかには軍事映画以外の一般娯楽映画を製作する時期ではない、すべからく娯楽映画の製作は一切取り止めよ、もしこの種の作品を止めないなら、軍事映画以外には出演も関与もしないといいきる者も少くなく、それほど極端ではなくとも、軍事映画の製作には従業員全員が寝食を忘れて仕事に熱中するという気風が漲っていました。」（東宝株式会社　一九六三　一六四頁）と、軍事映画への著しい傾斜を会社の方針としてだけではなく、従業員・芸術家の意思として描き出して正当化している。とはいえ、東宝は戦時下軍事映画だけをつくっていたわけではない。戦時下であればこそ人びとが渇望していた娯楽映画を、時局に適合的に改作・変成させながらつくり続け、軍事映画とともに良好な興行成績を上げている（加藤厚子　二〇〇三　第三〜四章）。

（5）山本嘉次郎が推薦された初代委員長を断った際の状況を、田辺耕二（演出課）は次のように述べている。「ぼくがはっきり記憶していますのはね、最初の結成大会の時だと思いますがね。山本嘉次郎さんはご存知の通り、戦時中〝ハワイマレー沖海戦〟〝加藤隼戦闘隊〟〝電撃隊出動〟など、戦争映画の代表的ものをつくってられましたからね、だから映画人としては、監督としての仕事が、なんていいますか、戦争協力者という風な形でみられがちだったんじゃないかと思うんですけどね。それで山本さんが委員長に推挙されるっていうときに、撮影の宮島義勇さんがですね、これは僕の記憶だからさだかでないけれど、なんか映画についての戦争責任みたいなものについてね、どう考えるか、みたいな問題提起の発言をされたように思うんですよ。そしたら関川秀雄さんが立って、そういうことを云い出すとね、大抵の連中は、戦争中みんな何らかの形で、大なり小なり戦争に加担したんだ、だから互いに攻撃し合わないで、過去は過去として、これからの民主社会を作るために、協力し合えばいいじゃないかというふうなことを発言しましたですね。〔…〕戦争中、宮島さんも安部豊監督とフィリピンに〝あの旗を撃て〟なんて映画をとりに行かれた訳ですよね、そういう意味では、宮島さんとしては自己反省というか、自戒の意味をふくめての発言であって、別に山本嘉次郎さんの戦争責任に対して、それを攻撃したということじゃなかったんでしょうけどね。勿論自分も含めて、戦争中の映画活動ということに対する反省、批判をしようということだったと思うんですよ。山本嘉次郎さんはその場で『私は戦争に対して間違った態度をとったことを反省しています…』と率直に発言されました。そして、みんなでこれから民主社会をつくりあげてゆくということに、力を協せたらいいんじゃないかということで、その場はおさまったというような記憶がありますね」（田辺耕二　一九七六　二四頁）。

ここには、作家や技術者たちの戦争責任に対するアンビヴァレントな対応が如実にあらわれているが、それはまた彼らの贖罪意識を介して彼らをして「民主社会をつくりあげてゆく」基盤としての労働組合活動に積極的に参加させていく重要な誘因をなした。宮島自身、後に「戦時中、仕方がなかったにせよ、あるいは積極的に軍御用の仕事をした人々が坊主懺悔に埋没せず、こうして動き回ることで自浄作用をしたのだろう」（宮島義勇　二〇〇二　二二一頁）と述べているが、しかし結局「戦争責任について大衆の前で討議されたのはこのとき一度だけで、それ以降はなかった」（廣澤榮　一九八七　一八〇頁）まま終わる。伊丹万作の著名な戦争責任論を除けば、映画人としての戦争責任を自覚的・内省的に追及したのは、岩崎昶、家城巳代治などごく一部に限られていたことは、留意しておくべきであろう。その上で、戦前日本の映画人の「転向」を「拷問や脅しによるのではなく人々の野心や不安を操ることによって達成された」とするピーター・B・ハーイの戦争責任論は、その執拗な跡づけにもかかわらず、例えば家城巳代治など少数であれ日本の映画人の内面の苦悩に対する洞察の欠如という点において、他律的・外在的批判の域を出ていないといわねばならない（ピーター・B・ハーイ　一九九五）。

（6）最初に組合を結成した撮影所では、その後つくられた演劇部や本社などの組合と一緒になることには、いささかの抵抗があったという。後に組合籍を離れて演劇担当重役付きになった網倉志郎は、「撮影所に最初組合が出来て、その後本社とか営業とか演劇とかいわゆる丸の内の方でも組合を作る動きが活発になった頃、ぼくは宣伝部の福島利武君と撮影所の組合の幹部に会いに行ったんですよ。〔…〕一緒の組合にしようと云う事を話しに行った訳ですね。ところが篠〔勝三〕さんと山田〔典吾：後に課長となって組合籍を離れる〕君が、一緒にやらない方がいいんじゃないか、別の組合を作れと。組合を作るなというんじゃないんですよ、まあ丸の内のような弱いところと一緒にやるのは嫌だっていう事ですね。でもぼくはやっぱり東宝という一つの資本、経営と対決してゆくには、東宝従業員組合として映画演劇を含めてというのがあるべき姿だと。〔…〕映画と演劇の資本というのは同じですよ。そこと対決してゆくためには映画演劇労働組合でなければいけないんだということを強硬に主張したんですよ。」と、その間の事情を述べている（網倉志郎　一九七八　二二頁）。この網倉の、映画と演劇を同一の組合に組織するべきだとする主張は、その後の「日映演」の結成にも強い影響を与えることになる。

（7）大会費用をはじめ組合の結成に必要な資金をどこから捻出したかについては、総務担当の関口敏雄が自分名義で会社から借りてくれたという説（宮島義勇　二〇〇二　一五六頁）と米本正が社長への借用の申し入れを断られた後、自らが「個人的に」都合をつけてくれたという説（伊藤雅一　一九六五　一八頁）とがあり、確定できない。

（8）具体的には、S＝K＋C＋N（X＋TX）で、K：会社経理統制令による初任給、C：入社前の履歴、N：勤続年数、X：平均昇給額の二分の一である（「メガフォン」号外第三号　一九四六年三月一六日）。また、この第一次争議において組合が獲得した賃金体系の改訂には、監督・俳優など芸術家と技術者の給与を月給制から契約制に変更するという内容を含んでおり、後に第二次組合分裂に加わる永井柳太郎は「給与体制の改正は俳優、監督、撮影、照明、録音（技師）等、これまで月給制度でしたのを欧米なみの契約制度に改革、芸術家として遇せよ。画期的なものでした。契約の内容はその人々によって違いはあったでしょうが、僕なぞは役の重軽を問わず年間保証七本、この七本分を月割にして受給、今までの月給より約三〇パーセント増額になります。現在までの経験からしますと、どんなに少くても年間一五、六本？〔は出演するので〕七本以上は別収入になります。これまで名だたる俳優を社外から迎える場合、一本の出演料幾らなる契約はあったのですが、これが一般化されたのは、この時が最初です。」（永井柳太郎　一九七九　三四頁）と述べている。

（9）宮島義勇によれば、この第一次争議中彼は占領軍に二度呼ばれたという。一度は、GHQ経済科学局（ESS）のマックアファーで「組合の組織状況、要求事項、争議までの経歴」などを聞かれ、いま一度は、民間情報教育局（CIE）のデヴィッド・コンデで、彼は「実によく日本の映画企業の内幕を知っていた」が、「映画評論家の話のようで納得出来ないこともあった」といい、争議によって「民主的な条件の中で、民主的映画を作るための前提として、生活条件だけは確保したい」と述べたら、「それでよい。健闘を望む」といい、「今夜の話はインストラクション（指示）か」と問うと「いや、サジェスチョン（示唆）だ」と答えたという（前掲、宮島義勇　一六三～一六四頁）。この限り、占領軍はすでに東宝の第一次争議に関心をいだき、経済科学局は情報の収集、CIEは運動の奨励と異なった対応を取ったことがうかがわれるが、いずれも何か積極的に行動するという動きではない。

（10）「メガフォン」号外第六号（一九四六年三月二四日）は、「我等の闘争態勢は整った。〔臨時大会において〕共産党や各組合の代表達は我等の首途を祝ひ、我等の背後に全勤労者の援助のあることを語った」と述べ、また「同」号外第七号（三月二八日）は、三月二四日の最初の日劇「無料公開」の日、映画の上映後、集まった労働者や観客に向かって全国鉄従組などの組合とともに共産党の伊藤律が「激励演説」をしたことを記している。また宮島議勇も同様の指摘をしている（前掲、宮島義勇　一六八～一六九頁）。

（11）組合は、この社長文書に対して、本部常任委員会の名による「経営管理闘争打切りに際し組合員諸君に告ぐ」なる文書をもって反論を加えているが、この点について「かくの如き日本の労働者全般の組織的訓練の不足を齎し、労働組合の発展を阻止続けて来たものは、日本の強権的軍閥的資本主義それ自身ではなかったか。それにも拘らず、東宝従業員組合は、その個々の過程において反省すべき点があったとは言へ、最後まで正しい方向を見失うことなく、江湖に恥ぢない闘争を示してきたことは、会社側に立つ者以外の何人も認める処である。」（「メガフォン」号外第一一号　一九四六年四月一五日）と述べている。自らの責任ではなく、また総体として闘いの方向性は正しかったとしながらも、自己の「組織的訓練の不足」や「反省すべき点」の存在を認めていることは留意すべきであろう。

(12) 伊藤武郎は、後にこの点に関連して「この争議は労使双方とも、まるで『労働組合とは何か』を勉強する勉強会のような状態でした」(伊藤武郎　一九八六a　一〇五頁)と述べているが、このことは実は経営者よりも組合により多く当てはまる。実際、河野秋和(撮影所青年部長)は「われわれはこの闘争を通じて組合運動を現実に学び得た」(「メガフォン」号外第八号　一九四六年四月四日)と率直に語っている。これに対し経営者について宮島義勇は「大沢さんは進歩的経営者といわれただけあって、経営倫理もはっきりしていたが、労働運動に対する知識と見解も十分に持っていた。それだけにわれわれ交渉委員との応対も柔軟だったが、経営者の立場を簡単に譲る人ではなかった」(前掲、宮島義勇　一六二頁)と指摘している。確かに、例えば争議直前の三月二二日の団体交渉の席上、組合が撮影所中央広場に集まった組合員に交渉内容をそのまま伝えようとして会議室にマイクを据えたのに対し、「社長は、十人宛委員を出して交渉すると約束した以上、拡声器で経過を従業員に聞かせる必要はない」(前掲「メガフォン」号外第六号)とその撤去を要求したり、その日交渉が膠着状態のまま深夜に入り、交渉委員に加えて闘争委員や傍聴組合員が「会議室に押しかけ」「回答する迄は何時間でも待つと言って重役達を缶詰にした」(同)というような組合の行動は、経営者にとっては組合の未熟さのあらわれと映ったにちがいない。

(13) この点に関して、宮森繁(美術)は宮島義勇の入党によって東宝撮影所に共産党細胞が組織されたというのは、宮島の誤った認識であり、一九四五年十一月に山田典吾、安恵重遠と宮森の三人で党細胞を創設したと述べている(宮森繁　二〇〇二　一二および二〇七頁)。なお、大沢社長の争議終了後の文書における共産党の影響力について、宮島義勇は「その時点では、過大評価だった。第一次争議は、その頃の飢餓状態から出てきた経済要求中心のもので、本質的には自然発生的だった。ただ、生産管理という方式が組合員にその力を自覚させたことでは、大沢さんの勘はあたっていた。」(前掲、宮島義勇　一八一頁)と指摘している。また当時七三歳になっていた小林一三は、池田の自宅において争議終結の報を聞き「東宝の労働争議が解決したといふ電報を受取った。経営管理が争議の大方針で待遇改善といふが如きは結局、口実に過ぎないのであるから東宝はどういふ風に解決したか一寸心配である」(小林一三　一九九一　(一九四六年)四月五日　四〇一頁)と四月五日付けの日記に記し、この争議について賃上げを手段とし、生産管理を目的としたものだとするバイアスを含んだ認識を示している。なお、小林はその二ヵ月後読売新聞争議がマッカーサーの介入もあって共産党系組合が劣勢にあることを知り、「従来の如き共産党ノ傍若無人ノ言論が許サルルナラバ、ソレハ却ツテ民主主義ヲ打破スル危険ガアル」「私は此日本ヲ共産主義ノ国家に変革シタクハ無イノデアル」(同　六月二六日　四二〇頁)と、共産党へのあからさまな嫌悪感を記していることは留意すべきであろう。他方、山本嘉次郎は、この争議について、「組合側も会社側も、なんとなく団体交渉を楽しんでいるように受取られた。尖鋭な共産党の分子が交渉員に加わっていなかったからである。またいたとしても、爪をかくして温和しくしていたであろうと推測される。」（山本嘉次郎　一九六五　二七九頁）と述べている。

(14) 宮島義勇は、この第一次争議終了時点での共産党の実勢について「党員は撮影所では十数名、本社営業、演劇部を併せて、やっと細胞を組織できる数であり、地方では九州と名古屋に数人だったから、全従業員六〇〇〇名に対して、わずか〇・五％にも達しなかった。だから僕が〔日映演結成後、東宝組合の組織変更を契機に書記長を辞め一支部委員として〕撮影所に戻ったのは、職場で皆と一緒に仕事をして、足下をしっかりさせたかったからだ。」（前掲、宮島義勇　一八一頁）と述べている。とはいえ、共産党が徳田球一などを連れてきて東宝にその力を扶植しようとしていたことは事実であり、例えば、前田実（撮影）は当時の状況を次のように述べている。「一九四五年十二月、日本共産党が再建され、翌年早々、東宝撮影所にも細胞（現・支部）が誕生した。一八年の獄中生活から解放されたばかりの日本共産党幹部徳田球一氏、志賀義雄氏らは、細胞の依頼に応じてたびたび撮影所を訪れ、組合員を含めた懇談会などに顔を出していた。当時の徳球さんはよれよれの国民服を来《ママ》て、ナタ豆キセルできざみ煙草を吸いながら、独特の大声で天皇制や、財閥を批判、時局談など情熱あふれる話ぶりで大変魅力的だった。特に私など『八紘一宇』だの『大東亜新秩序建設』だのと教えこまされ、天皇のために死も覚悟で協力させられてきたあの戦争が不正義の侵略戦争ということを知ると同時に、国賊とののしられ、あらゆる拷問を受けながら、それに屈せず戦争反対をつらぬいてきた共産党員がおり、彼らこそ真の愛国者だったのだということが解り、深い感動を覚えた。自分の中国戦線での行動などを振り返って穴があったら入りたい思いにかられた。その矢先、私は誘われるままためらうことなく入党申込書を書き、日本共産党の隊列に加わった。」（前田実　一九九六　七八頁）と。第一次争議後、共産党員やその同調者が次第に増えていくことになるのは、こうした党による精力的な活動によるものであった。

なお、この頃共産党の影響を受けているということについて、組合がきわめて神経を使っている様子を示す事件として、灰田勝彦問題がある。灰田は名古屋での公演の際、婦人新聞の記者に「日本共産党ハ労働組合ヲ指導シテイルガ、ソノ為資金ガ集リ、金持政党ニナルノデハナイカ東宝争議団カラ金ヲ貰ッテイルノデハナイカ、ト語ッテイル由、共産党愛知地方委員会及ビ岡崎カラ党本部ニ手紙ガ来テイル　灰田ト自分（間島）及ビ網倉委員ガ会ッテ詰問シタ処、彼ハ『確実ナ証拠モナイノニソンナコトヲ言ッタノハ悪カッタ、共産党ニモ組合ニモ謝罪シタイ、舞台ガ忙シイノデ今ハ行カレナイガ、共産党カラ指示ガアレバ何所ヘデモ行ッテ謝罪シヨウ』ト答ヘタ。」（日映演東宝支部書記局「支部常任執行委員会議事録」一九四六年五月二八日）という。この件は、後に灰田から始末書を取り処理された。

(15) 先の組合による反論文書は、この点に関して「組合の背後に、是れを操る少数の別の団体が存在するのではないかといふ疑ひは、いつ、如何なる労働争議においても資本家が考えに上せる本能的な恐怖心の表現に外ならない。われわれの組合がさうした団体（会社は廻りくどい表現をとっているがそれは共産党のフラクションを意味することは明らかである）操られるかどうかはさしたる問題ではない。組合は個々の経済的発展段階に応じ、われわれの所属する経営の性格から割り出して最も客観的に正しい方向と目的をさえ失はなければそれで充分なのである。如何なる政党が如何なる政策を持ち込まうと、その長短をわれわれの目的に沿って取捨選択する方法さえ正しければそれでいいのではないか。而もその事はわれわれ自身の内部の問題であって会社が種々懸念する問題ではなく、余計なおせっかいであると言はざるを得ない。」（前掲「メガフォン」号外　第一一号）と述べている。すなわち、組合が共産党に「操られるかどうかはさしたる問題ではない」し、また「如何なる政党」の「如何なる政策」であろうと、自分達が「目的に沿って取捨選択する」以上、問題はないとして、共産党の関与によって生じた問題はないと批判を退けているが、しかし事実上共産党の関与自体は認めている。

(16) 山本嘉次郎は、この争議を通して「従業員たちは、はじめて組合の力を体得した。初めて団結の威力を知った。そして初めて勝った喜びを感じた」と、争議が組合員に与えた影響力の大きさを記している（前掲、山本嘉次郎　一九六五　二七九頁）。また業界誌はこの争議について、「経営管理は前後一三日に亘ったが、その間従業員たちの一糸乱れない結束によって、よく敢闘したといはれよう。そもそも映画演劇界といふ世間的にも華やかな舞台の上にたっての事件である上に、この条件を利用した無料公開サービス、一流スターの出演さては街頭デモを行ふなど、によってその社会的反響は、他ではみられぬほど大きいものであった。しかしこれはあくまで表面のことで、裏へ廻れば、資本家側の切崩しもなかなか攻勢的であったといふ。」「経営管理に当っては、重役をのぞいて、部課長級迄も含める全従業員が争議に参加してゐることが、大きな成功の因をなしてゐる。」（「待遇改善問題と従業員組合の動き」『キネマ旬報』第四号　一九四六年六月二〇日号　四〇頁）と評価している。

(17) この作品は、一九四五年九月二二日にCIEのデヴィッド・コンデらが、映画各社に指示したGHQの映画製作の基本方針一〇項目のなかにある「労働組合の平和的かつ建設的組織を助成するもの」（時事通信社　一九四七　四六および一六八頁）を念頭においてつくられた可能性があるが、しかしこの映画の共同監督である黒澤明は、この作品について、「これは、どうも、ぼくの作品とは言えないし、といって誰の作品ともいえないものだな。要するに闘争委員会が作った写真で、そういう形の作品はいかにつまらなくなるかという、いい見本みたいなものだね。」と語っている（黒澤明　一九七〇　一一五頁）。また岸松雄は「〔『明日を創る人々』の〕完成試写は日本劇場で行なわれた。日本劇場も組合の管理下にあった。徳田球一が見に来たので私が二階の席に案内した。終わって私が感想をきくと、徳田は低い声で吐き出すように言った。『観念的でつまらないね』。私も同意見だった。」（岸松雄　一九七

○　二九〇頁）と述べている。

(18) 同会議に出席した松竹の企画担当者細谷辰雄もまた、自社の作品の不調について「戦争から終戦になり、われわれの気持がすんなりと、どうしても〔新たな時代に〕融け込み得ないといふ点が非常に現在の障碍になって居り」、「民主日本の再建」という「製作の基調」を「どういふ風に消化して行くか」「われわれの精神なり、肉体が、まだそこまで本当に行ってゐないのぢゃないか」と、東宝と同じ性格の問題を指摘している（前掲、「特輯映画芸術家会議：報告」　一九四六　一二頁）。

(19) 作品企画についての従業員参加については、当時「自由映画人集団」に集う映画人にとってはきわめて重要な課題として意識されていた。例えば、浅野辰雄（「朝日映画」演出家）は「従来どこの会社でも、企画や製作の実権は資本の代弁者に握られてゐた。これを従業員の側へ闘ひとらなくてはならない。」「企画を広汎なひとびとから引き出すこと、その審議機関を従業員がつかむこと、研究会を系統的に組織して大衆的規模で認識や技術水準の向上をはかること、下からの技術委員会を組織しあたらしい内容に即応する技術と技術手段の研究をすること、新人を〔戦時下の〕映画法がやったのとはちがふ角度とやりかたで抜擢すること、徒弟的関係から青年婦人を開放し、すべてのひとびとを全人民のための映画に意識的に参加させること、これらのことがなされなければならぬし、現に組合の支持によって実践してゐるところもある。」（浅野辰雄　一九四六　二三～二四頁）と、映画の企画、製作技術、人材育成などについての労働者参加の必要性を訴えていた。

(20) 伊藤雅一は、この大会について「この大会で、共産党員はまさに覆面をぬいで堂々進撃を開始したといってもよい。」「もはや、その目的は一般的労働賃金や労働条件、生活改善の問題ではなく、まず何よりも人民政府樹立のための戦闘組織たる労働組合に変貌されつつあったのである」（前掲、伊藤雅一　三七頁）と述べているが、しかしこのように断定するには無理がある。確かに、共産党の影響力は否定できないけれど、日映演は「人民政府樹立のための戦闘組織」ではなく、そのような政治闘争をも視野に収めた組合組織として理解するべきだからである。そこには、労働条件の改善や経営の民主化という当時の組合が一般に掲げている目的だけではなく、「優れた映画演劇」を創り出すというこの組合に固有の目的もまた掲げられており、伊藤がこの点を全く無視していることは看過してはならない。

その上で、日映演発足直後のその執行部に対する共産党の影響力の大きさについていえば、日映演内部に党の「中央フラクション会議」が設けられ、そのメンバーは「常任中央委員の中から選出す」るとされており、その日映演役員である「中央委員八一名中党員二一名、常任中央委員二三名中党員一五名」という実勢であるところから明らかであろう（「映画演劇労働組合第一回中央フラクション会議」〔一九四六年〕五月二一日）。なお、日映演の中央フラク会議は水曜日行なわれたので水曜会、その後に結成される産別会議の中央フラク会議は金曜日行なわれたので、金曜会と組織内部で通称された。

(21) 最初に組合分裂を企てる伊藤雅一は、この点について「労働組合はあくまで政治闘争と切り離し、組合活動は政治的にも、経済的にも自主的なもので、労働条件の維持、改善及び社会的地位の確立を期するものでなければならないと考えた。しかるに、〔中略〕日映演及び東宝支部というものは全く共産党の指導下にあって、企業の育成などは全く度外視して、挙げて人民政府樹立という党指令実現に向かってかりたてていた。私は、〔中略〕機会あるごとに、中央委員会及び日映演常任委員会で、『労働組合運動を政治的運動から、切り離すべきである』と主張したが、常に多数決というマジョリティ・ルールの討議方法のために抹殺される始末であった。」(前掲、伊藤雅一　四一～四二頁)と述べて、労働組合の目的に対するちがいと日映演への違和感を表白している。しかし伊藤は、東宝支部が、七月時点で「闘争方針」として、確かに、第一に、「労働階級の総合団結」を図るために産別会議結成に結集しなければならないこと、第二に、「労働条件の維持改善」を図るために、「吉田反動内閣打倒民主人民政府樹立にまで闘争をたかめ押進めて行かねばならない」ことを掲げていたが、しかしそれとともに第三に、「われわれは労働者であると共に映画演劇の生産者である。ここにわれわれの特殊な問題がある」との視点から「映画演劇の質的向上の為の文化闘争」を組織する必要性を謳っていた(日映演東宝支部執行委員会「支部今後の闘争方針に関する決議」一九四六年七月二六日　同「第二回支部執行委員会議事録」一九四六年七月二六日別紙H　四七～四九頁)ことについては、意識的にか無意識的にか完全に無視していることは留意すべき点である。

第二章

(1) ただし、東宝支部においては、この産別会議結成大会に対する一般組合員の関心の盛り上がりに欠け、このことが執行部で問題となっていた。すなわち執行委員会における土屋委員による「産別会議準備会結成時はこの意義に関する下部浸透が活発であったが、今次結成大会に際してはその意義に関しても、且又代議員任命についても下部浸透はきわめて不充分であった。支部書記局の活動は不充分ではないのか」との質問に対し、網倉委員より「この間の事情の説明あり、支部、分会のこれに関する活動、教育宣伝の自己批判がなされ、今次『産別会議』結成を機に、結成大会の議事などをよく知らせると共に、機会ある毎に『産別会議』の意義を組合の日常を通じて徹底する事が申合わされた。」(日映演東宝支部書記局「支部常任執行委員会議事録」一九四六年八月二〇日)という状況であった。このことが、例えば、伊藤雅一による、国鉄ゼネストの日程が決まると時間がなくなったので、「東宝フラクションは、民主的に〔日映演の産別会議加盟を〕組合員にはかることを全くせず、無断、独断で産別会議に加盟し、事後承諾の形を押しつけたのである。」(前掲、伊藤雅一　四三頁)というような批判を生む根拠の一つになった。

（2）むろん、日映演内部に産別会議への加盟について異論がなかったわけではない。産別会議結成大会を控えた八月八日、日映演中央委員会での、松竹の浅尾忠義による「産別会議と総同盟の関係、産別会議と政党との関係如何」との問いに対する坂斎小一郎の「総同盟は従来全国的産別組織による戦線の統一と云う産別側の見解とそのセンセン統一申入れに応じてゐなかった。政党との関係に就いては産別会ギの見解は、支持、加入を自由としてゐる」との応答、また同じく浅尾による「日映演は何故産別に加盟したのか」との問いへの坂斎の「伝統的にいろいろの難点のある固定化した総同盟よりフリーな産別会議に加盟した」（日映演労組書記局「第三回中央委員会議事録」一九四六年八月八日）との応答は、日映演執行部が必ずしも一枚岩でないことを示して重要である。ちなみに浅尾は、後に日映演に属しながら、社会党の市議として立候補し、当選することになる。

（3）大会直後の九月二日の執行委員会は、「具体的闘争方針」として、「基本的には生産管理。われわれは争議に入るや生産管理を宣言する。之が最も有利。〔…〕社会的影響〔…〕輿論〔…〕を考えねばならぬ。秋の芸術祭をわれわれ労働者の手に置きかえる〔…〕その後になって『スト』宣言しても大衆は納得、支持する」（日映演東宝支部書記局「拡大常任執行委員会議事録」一九四六年九月二日　四〜五頁）として、経営管理委員会設置の準備に入ることを決めた。

（4）撮影所経営協議会の席上、組合は「九月一五日国鉄がストライキを決行した場合、日映演東宝支部も同情ストライキを決行する」旨を会社に「通告」している（東宝撮影所「経営協議会議事録」一九四六年九月一三日）。

（5）ちなみに宮島義勇はこの投票結果を「代議員四一〇名の投票は賛成三四一、反対九、棄権六〇」（前掲、宮島義勇　一九五頁）とし、伊藤雅一は「賛成三四一、反対九、棄権六五」（前掲、伊藤雅一　四九頁）としている。

（6）このゼネスト前日の十月一四日の中央交渉については、宮島義勇の記述と実際に交渉にあたった山本嘉次郎の記述との間には、かなりの相違がある。宮島によれば、本文で引いたように会社側から交渉の再開を申し入れ、三社の首脳が一堂に会して中央交渉団と交渉したことになっているが、山本によれば、一三日の「たしか真夜中」日映演の闘争本部に呼ばれ、「ゼネスト発令前に、私とシナリオ作家八木保太郎の二人で、会社側との調停に立ってくれ」と要請され、「翌一四日早朝、〔…〕森岩雄氏の自宅を訪問し、この由を告げた。」森は、大沢、永田、城戸の各社代表が承知すれば組合と話し合ってもよいが、「日映演が会社運営の権力を握ろうとする労働協約案を引込めぬかぎり、組合とは話し合いをしないという三社の社長間の申し合わせがあ」り、しかも「各社とも単独では組合との交渉に応じないと堅く約束した」以上、「君たち二人が〔大沢〕社長を説き、その承諾を得た上で、組合との話し合いの場を作ってもらいたいと、森さんから依頼を受け」、森による電話連絡によってまず大沢社長に会う。大沢は「私は趣旨には賛成だが、永田さんと城戸さんを君たちが口説き落とした上でならという返事」であった。そこで、大沢から永田、永田から城戸の順に各々電話をかけてもらって会いに行き、「永田さんの意見も大沢さんと同様であった」ので、「一四日の深更〔…〕正確にいえば一五日の午前〇時すぎ」城戸に会う。「城戸さんは、私と八木君の使者の口上を断固として弾ねつけた。われわれ三社の首脳部は、会社の主権を冒す協約案を引込めぬかぎり、日映演とは絶対に交渉に応じぬと堅く誓った筈である。〔…〕私は断じてこの案には応じぬ。堂々と闘おうではないか。互いに死力を尽して信じる道に進もうではないか。勝負はものの数ではない。ボクはあくまでも共産勢力を叩きつぶさずには置かない〔…〕、とたいした鼻息である。万事休す。私はしおしおと松竹の社長室を辞した。」（前掲、山本嘉次郎　二八一～二八二頁）ということになっている。

山本の交渉経過の叙述のほうが、はるかに臨場感にあふれ事実に近いようであるが、しかしおそらくこの山本と八木による各社代表との個別交渉は、一四日ではなく、すでに本文で見た一一日から一二日にかけての個別交渉ではないかと思われる。というのも、この両日以外にゼネストを控えての山本・八木による個別交渉を確認できる組合資料は、少なくとも管見の限り、存在しなかったし、また以下に触れるように大沢社長と東宝の組合との個別交渉が夜遅くに行なわれたが、それを担当したのは、伊藤たちの交渉委員であることが大沢の文書から確認されるからである。おそらく交渉日時についての山本の記憶ちがいによるものと推察されるので、ここではひとます宮島説を採り、中央交渉とした。

ところで、この十月一四日、中央交渉の後、後に本文で具体的に検討する大沢文書によれば、伊藤、山田、堀場、網倉の東宝支部の交渉委員が、夜遅く大沢社長宅を訪れ、ゼネスト突入前の最後の話し合いをもつ。その内容は定かではないが、少なくとも当該文書によれば、この話し合いにおいてストを回避するための妥協点を模索し、組合にもち帰って検討するに値する何らかの案が出された可能性がある。しかし結局その努力は実らず、ストに突入したというのが実態であった（大沢社長「東宝ストライキに対する私の感想」一九四六年十月二〇日）。

（7）東宝では、スト突入時の十月一五日、会社はスト中の賃金は支払わないと通告したが、組合にスト中の賃金の支払いを求める要求が強いことに鑑み、二三日大沢社長は組合に対して、改めて、会社と組合の了解のもとに就業した者、組合脱退者、ストライキ離脱者およびスト中にもかかわらず、職務上「平常通リ会社業務ニ就キ」「経営担当者ノ認定ヲ得タ」（大沢社長「通告文」一九四六年十月二三日）者に対しては給与を支払うとの「通告文」を渡し、翌二四日、組合はこの通告文について社長と交渉をもった。席上、組合側は「こうした組合員相互の離間策をとることは争議終結後も社務運行上面白くない結果を招来することは明かで、会社としても損であろう。」また「スト中途での脱退者は仕事などしてゐないではないか」と反論したのに対して、社長は、後者の問題については「それは会社が仕事を与えないからであって、当人が働かない場合とは違ふ」と応答した上で、前者について「先程の君達の意見〔のなか〕で会社として損だといふのが考慮せねばならぬポイントである。併し君達の希望通り今月の給与を支払ふとしたら、一体全体会社は君達のストライキに何で対抗したらいいのか、給与を止めることのみが会社の唯一の武器ではないか。」（日映演東宝支部「交渉経過記録」第四回　一九四六年十月二四日　四〜六頁）と述べたことは、注目に値する。ストライキに対してロックアウトによって対抗するというのが、最も一般的な会社側の対抗策であるが、この争議の場合、製作現場も興行の場もすでに組合の管理下に置かれていてこの対抗手段を採ることができないという現実を踏まえ、今日では当然の慣行となっているノーワーク・ノーペイの原則を、明確に理念として提示したことは、大沢の経営者としての見識を示唆して興味深い。

（8）同じ二五日、永田は組合との交渉の席上、「傍らにゐた側近者（マネヂカル・スタッフ）をかへりみて、『大映従業員はもはや単独に大映の従業員ではない。日映演といふ大きな組織の中で働いてゐるのだが、今縁あって大映に籍を置いてゐるにすぎないのだ』と汲々と語ってゐた。」（前掲「ゼネスト闘争日報」第一七号）という。産業別単一組合としての日映演の性格およびクローズド・ショップの内容をいち早く理解した上で、すばやく組合に対応する永田の機をみるに敏な性格が、如実にあらわれている。

（9）クローズド・ショップ条項の締結要求が、その要求の経緯や組合員にとっての必要性からしても少なからぬ無理をはらんでいたことは、営業部の組合員自身の証言によっても確かめられる。すなわち「あれあんまり高級すぎて浸透しなかったんだよね。日映演の組合員以外は雇っちゃいけない、組合員以外はクビにしろっていうやつでしょ。だから東宝の中では日映演の組合員以外みとめないっていう、あれ、わかんないんだよね。あの辺の話は、いつも思うんだけど、撮影所の身につまされていた一つの闘争目標だったんじゃないの、撮影所のあーいう芸術活動っていうのは巾広いから、東宝の社員でなくて外からも応援とって映画つくるっていうこと出来たよね。そんなで自分たちの職場をなんとかクローズしたかったんじゃないの。営業とかなんかは、そんなことあんまり身につまされて感じなかったよね。だからあの辺の闘争っていうのは、やはりあんまり地についていないな。今から考えると、そこまでしてクローズドショップ必要かどうかっていうとね。本当のことね、なんかやっぱり一つの共産党の組合的なあれだったんじゃないの。経済要求は通っても、クローズドショップとるために闘争やったんだから、なんかその日常的なものからはなれていたよね。」（高橋新一　一九七六　二〇頁）と。

（10）大沢が会社側の労働協約案を作成するにあたって参考としたものは、アメリカの「クライスラー自動車会社とCIO自動車従業員組合との団体協約書、米国フォード自動車会社労働協約書、ゼネラルモータース会社労働協約書、米国セントルイス市プリッツアー新聞社とアメリカ新聞ギルドとの団体協約書（以上は日比谷CIE図書館備付けのもの）、マ司令部経済科学局労働課デブラル氏述『労働協約の発達』『団体交渉手続其の他』『職区組長の責任』其他、日本における各会社の団体協約書等々」であった（東宝株式

会社　一九四七　三〜四頁)。また伊藤は「コンデの在任中にGHQの労働課から部厚い労働問題の解説書をもらっていました。それにくわえて、GHQの労働課が本国から最新の労働協約の手引書を送らせ、これを私に九九年間の約束で貸してくれました。大沢社長の参考にしたものも同じではなかったかと思います。団交をはじめてみると同じ定義や同じ言葉がでてくるのです。」(前掲、伊藤武郎　一九八六a　一一〇頁)と述べている。この点は、また当時よく知られた次のエピソードによっても確認できる。「彼〔大沢〕は米国のプリンストン大学出身。映画の本場ハリウッドで、CIO系とAFL系の労組が組合同士の争いのため撮影が出来ないというような映画界のもめごとにも現地仕込みの勉強ができている才人なのだ。大沢社長は労働者が権利ばかり主張するが労働者の義務をもはっきり規定した協約案はないものかと、連日諸外国の団体協約案の資料を探し、某図書館へ通ったものである。これに対抗したのが東宝支部の闘争委員伊藤武郎氏だった。彼は早稲田の英文科を出て東宝撮影所に入り、プロデューサー正確にいえば共同製作者の一人。大沢社長がさがしている材料を求めて彼もまた連日同じ図書館へ出掛けたのである。ある日の如きは大沢社長がいつも借出している本を注文すると、受付子がそれはあそこにいる男が先程借出して読んでいるというので社長がそっとのぞくと、その男というのは伊藤武郎氏のことだったという。末弘博士が東宝争議で労資双方のあり方を称賛するのもむべなる哉だ。」(労農記者懇話会　一九四七　一七一〜一七二頁)。

また伊藤はこの交渉が遅々として進まなかった理由は、大沢の独自の対応姿勢にあったと述べている。「大沢社長は、この争議を今後の新しい労使関係の実験台にするといって、いくらたってもストライキを解決しようとしないので、私は、どうするつもりなんだといったんです。そしたら、もうちょっとやってみようじゃないか、というんです。大沢社長がちょっとみてくれといって、何十枚もの電報をみせてくれましたが、みんな宝塚の大御所、戦中は商工大臣もやった小林一三からきたものでした。そこには東宝砧撮影所のアカを平げてくれ、われわれはいつまでも待っている、そのためには撮影所にペンペン草がはえてもかまわない、みたいな文章が書いてありました。大沢社長は毎日のように配達される電報の束を笑いながらみせました。小林一三は劇場屋で大沢善夫は映画制作屋で、この二人はべつべつのことを考えていたのです。」(前掲、伊藤武郎　一九八六a　一一〇頁)。ここには小林一三とは異なる大沢独自の労使関係観があらわれており興味深い。

(11) この点は、例えば、二つの基本条項を獲得したことを伝える東宝支部の機関紙「闘争日報」が、その見出しに「敵闘十二時間！会社遂に降る！　団体協約第一条第二条　クローズド・ユニオンかちとる」(前掲、第五五号)と掲げていたところからも知られよう。

(12) 伊藤武郎によれば、「大沢社長は第二次争議のときに、組合の大分裂を試みました。〔…〕大沢社長がいうにはインドをみてみろ、イギリスはインドを宗教によって国民を分裂させて支配したらよく治まったではないか、それは仲間同士でけんかしているから、支配の実態がみえないからだ、それがディバイド・アンド・ルールといって、植民地支配の黄金の教訓だと、こういうんですね。だからディバイド・アンド・ルールで東宝を支配するために組織を分裂させることが大沢の作戦だったわけです。」（前掲、伊藤武郎　一九八六a　一一四頁）と述べているが、同時に伊藤は「だが、この分裂にはもっと手のこんだ根まわしが、社長の考え以上に緻密に着々とすすめられていました。」（同）と社長の思惑を超えて、重役達が分裂に深くコミットしたことを示唆している。

また網倉志郎（演劇担当重役付き）も「新東宝の分裂の時は、大沢社長も動かれたんじゃないですか。それをしたらおしまいだってぼく等は随分申し上げげたんですがね。ぼくは争議が終わって何年かたって、大沢さんのところの映画（大和プロ製作スタンバーグ監督アナタハン）に出たことがあるんですよ。でいろんな話をして、あの時に割らなければよかったんですよって言ったら、君に言われたけれどもやっぱり君達は勝手だしね、左翼の連中は。だけど割った連中の中には本当に会社に忠節をつくした人もいたけど、ものほしげな連中もいてね、そういうのにはぼくは時々不愉快になったというような事をもらしておられましたよ。だからその〔分裂〕工作というのは会社の一致した線ではなかったのではないでしょうか。東宝としてのという以外に、各重役の、あれなら自分の言う事をきくという思惑だったんじゃないかと思うけど、どうですか。」（網倉志郎　一九七八　二四頁）と、社長の関与に加えて重役たちの暗躍を示唆している。

(13) 配給部の分裂について、委員長の伊藤武郎は「セールスマンというのは、フィルムを売り歩いて、各地の小屋主（館主）といろいろやってる連中ですから、どうしてもイデオロギーが違うんですね。『十月闘争』なんて言ってるけれども、産別と手を組んでわれわれを闘争の渦の中に巻きこんで行くんじゃないか、われわれは東宝をよくするための労働組合を作っているのに、あの連中ときたら産別の『十月攻勢』に引きずりこもうとしている、そんな組合に入っちゃいられない、というわけです。」（伊藤武郎　一九七五a　一一三頁）と述べている。

また営業部に所属して興行を担当していた高橋新一は、戦前からの映画販売のキャリアをもっていたプロのセールスマンと戦後入社の新参者との対立の存在を、次のように述べている。「配給っていうのは、戦争中は映画配給公社っていうのがあって紅白の配給ってやってたでしょ。東宝の場合は、東宝映画と宝塚が合併して、そのうち劇場関係と映画系は違うわけよ。映画系でも、製作の方は森さんとか大沢善夫とか大橋武雄とかいたよね。それで今度それを売るとなるとね、佐生正三郎を頂点とするいわゆるプロのセールスマンがいたわけよ。このプロセールスマンっていうのは、もともと東宝にいたわけではなくて、新興会社でしょ東宝は。松竹、日活、新興キネマのあとだから、セールスマンをひっこ抜いたわけよ。そのひっこ抜いたのはおもに、パラマウントとかワーナーとかのアメリカ映画のセールスマンだよね。昭和一〇年代の頭頃っていうのは外国映画随分入ってたでしょう。だからパラマウントやなにかで直接セールスしてたのがたくさんいるわけよ。それが太平洋戦争で洋画駄目になっちゃったから、セールスマン浮いちゃったわけ、そのセールスマンをひっこ抜いて来て、佐生が東宝の配給部をつくった。佐生自身がパラマウントのセールスマネージャーだったしね。だからその辺にあるわけよ、もともと分裂する要素が。彼らはずっと外国映画を売ってて、もう活動屋としてはいっぱしだよね。それが、そのころは全部引きづられていたでしょ、撮影所に、撮影所は強かったから。でぼくら興行の方は若いから、かまわないからやっちゃえって、どんどんやっちゃったわけでさ。まあやっぱり水と油みたいなものだよね。あの野郎チンピラが、って感じもってたわけだセールスマン連中が」（前掲、高橋新一 一九七六 一八〜一九頁）。

他方、地方支社での分裂について新沼杏三は「だいたい、配給などという仕事は、世界中、どこでもそうだと思うが、ああいう、セールスなんかのように、直に売り買いにタッチしている人達っていうのは、仕事の性格上、労働者的な感覚とか、考え方にはなりにくいんじゃないのかな。それに、当時は、高率の入場税なんてものがあったりして、映画館の多くは、入場税をごまかして、脱税で息をついていたんじゃないのかな。〔…〕そういう状態だったから、映画の上映料（配給料）なんかも、ほんらいなら、適当な歩合制で決めるのがいいんだろうが、そういう合理的なシステムの確立がされていないものだから、一般には『単売』っていう、昔ながらの取り引き方法で、決められていたんです。ありていを言えば、劇場主（こやぬし）さんと、セールスマンの駆け引きっていうか、はらで決める、というような場面が多かったんですね。そこには、いろいろな、マイナスなんかが生じがちな仕事なんです。〔…〕ですから、ふつうの事務系のサラリーマンとか、身体を使って働く現場の人達とは、おのずと違って来る。――賃金なんかについても、考え方、受けとめ方に、違いがあるんです。こういうようなところに、基本的な、脱退の原因があったんじゃないでしょうか。だから、第二組合に走ったのは、営業関係の中でも、主として配給関係の人達、――『映配』（＝映画配給公社）から戻ってきた連中と、それから、やっぱり古くさい人間関係のしがらみから抜けきれなかった人達だったんだと思いますよ。たとえば、興行関係でも、直営館の支配人の何人かが第二組合へ行きましたが、こういう人達のほとんどは、現地採用で入社したりして、昔のご主人だった劇場主さんとの因縁なんかから、古いきずなを断ち切れなったでしょうね。」と述べており、これに対して女性の組合員が脱退しなかった理由を、次のように述懐している。「ところが、九州では、事務系の女の人達なんかは、『映配』から来た人達をふくめて、脱退しなかった。ほとんど全員が、組合に残りました。やっぱり、戦争前から続いていた、女性に対する差別や、賃金の格差なんていうことが、身にしみて分って来たところだったからなんでしょうね。それとね、掃除のおばさんとか、いわゆる案内ガールとかいうような、ごく末端の仕事をしている人達も、抜けなかった。――支配人なんかが、職制の面から号令をかけて、劇場ぐるみ脱退っていうようなところでも、敢然として踏み止まった、という人達があったりしました。」「〔戦前来の労働の〕ひどい環境のもとでも、九州の女性というのは、労働者としての自覚を、身につけて、持っていたんじゃないでしょうか。」（新沼杏三　一九七七　二三〜二四頁）と。

（14）組合によれば、第二組合の活動資金は会社から出ており、彼らはそれを使って豪遊していたという。すなわち「会社の重役（特にお家騒動の大陰謀を企てる戦犯共）からボウ大な金を受取り、これを使って勢力を拡大してゐる。即ち彼等ウラギリ組合の準備会は東京に於いては料亭で行ない、熱海に於いて豪遊し乍ら、関西に於いては毎晩料理屋でビールをのみ乍らやってゐるのである。又各地方へ連絡に行く際も女房同伴で、まるで物見遊山の積りか全くナサケない根性の連中だ。組合員を集めるのに茶菓子を出して、おくれた組合員を釣っている。この様に湯水のやうに使う金は勿論われわれが働いて会社にもうけさせた汗と脂の結晶なのだ」（日映演東宝撮影所「メガホン《ママ》」〔一九四六年〕十一月一〇日）と。

（15）宮島義勇によれば、撮影所での分裂工作は「篠〔勝三〕と新田〔俊彦〕、安達英三郎などが中心として動き、その上には森田信義、竹井諒の二人の製作担当、さらに彼らに示唆を与えていたのが、森前撮影所長、金指英一撮影所長だった」（前掲、宮島義勇　二〇四頁）という。

（16）なぜ大河内があらかじめ伊藤武郎を訪ねたのか。伊藤によれば、「自分たちが脱退することを、あんただけに言っときたい。それで来たと言うんです。私は大河内さんと長い間親しかったもんだから、そうして来てくれたんですね。〔…〕戦争中に、仕事を通じて、大河内さんを非常に信頼していたんです。それを戦後という新しい時代が引き裂いていくんですから、大河内さんも別れに当たって何か言いたかったんでしょうね。」（前掲、伊藤武郎　一九七五a　一一六頁）という個人的な親密さにあった。

（17）この組合分裂に際して大河内らとともに行動することになるプロデューサー筈見恒夫は、この大河内声明について「その声明は、それほど反動的でも極端でもない。要は組合運動の行過ぎに対する個人としての不満を述べたのに過ぎない。」（筈見恒夫　一九四七a　二九六頁）と述べている。また堀川弘通によれば、第二次争議当時「各映画労働組合をリードする東宝撮影所組合は、それだけの団結力と勢力を持っていたが内部では共産党に対する不満、嫌悪感も広がって行った。」（堀川弘通　二〇〇〇　一〇〇頁）という。

（18）伊藤雅一によれば、最初の時点ではこの一〇人のなかに、入江たか子ではなく岸井明が入っており、「その〔一〇人の〕ほか、入江たか子、高田稔、大日方伝あたりも、大丈夫であるという」（伊藤雅一　六七頁）ことであったが、その後にいわれる一〇人には岸井明が抜け、入江たか子が入っている（例えば、前掲、宮島義勇　二〇九頁）。それは、「〝十人の旗〟の中に岸井明の名が発表されてゐるが、〔岸井は〕自分は全然関知しないと明言してゐる」（「ゼネスト闘争日報」第四二号　一九四六年十一月二三日）というような事情があったからである。したがって、ここでは、岸井明を除き入江たか子を入れている。他方、永井柳太郎（一九八〇a）

によれば、この一〇人のなかには「入江たか子」ではなく「三谷幸子」（二四頁）が入っているが、永井自身が「心もとない記憶」（二六頁）と述べているように、それは誤りである。

(19) この撮影所での臨時大会がどのような内容であったかについては、いくつもの証言があるものの、それぞれが一定のバイアスをもっており、いまなお不明確なところが多い。例えば、この大会が撮影所のどこで開かれたか、という基本的な点についてさえ、一〇年後に伊藤武郎は渡辺邦男との対談で「それはどこだっただろう」と渡辺に問い、渡辺は「第四ステージだったと思う」（前掲、渡辺邦男・伊藤武郎　一九五七　四三頁）と答えているし、当時助監督だった堀川弘通は「十一月一七日第六ステージで、撮影所組合の『臨時総会』が開かれた。」（前掲、堀川弘通　二〇〇〇　一〇二頁）と述べている。もっとも、伊藤はその二〇数年後には、「第五ステージ」と述べている（伊藤武郎　一九八〇　八二頁）。ここでは、宮島義勇と後年の伊藤武郎が、ともに指摘している第五ステージを採った。

(20) 伊藤武郎は、この点について「議長の候補を分裂派があげてきた。そこで選挙をすることになって、結局、私と、分裂側があげた候補と二人が議長になった。これが決まるまでに午後一時から六時までかかっちゃったんです」（前掲、伊藤武郎　一九七五a　一一四頁）と述べている。

(21) ここでは、大会の基本的な流れは、伊藤武郎の述べているところに依拠したが、しかし宮島義勇は、伊藤とは異なるストーリーを記している。すなわち「十一時を過ぎようとした頃、議長は会議をまとめにかかった。『意見は限りなく続くだろうが、もう打ち切っても同じだ。これまでの討論を踏まえて執行部を変えるか、交渉委員を変えるか、それによってスト続行か、打ち切りにしよう。それを投票で決めよう』伊藤らしい提案だったが、それで分裂が避けられるならばよい。しかし投票で日映演派が勝ったら反対派は予定行動で分裂するだろうし、反対派が多数になれば、撮影所だけがスト中止で、日映演東宝支部は大きく分裂する。もし撮影所がスト中止することになって、東宝の全部門がスト中止になれば、日映演が統一要求としている団体協約を放棄することになり、それを三週間の期限をつけて待っているのが松竹の城戸四郎さんだった。そして東宝、松竹の団体協約が成立しなければ、大映の団体協約は自然無効となり、永田雅一もそれを願っている。こうしたドミノ現象はなんとしても食い止めなければならず、日映演全体の統一を考え、一部分の妥協統一によって、全体の統一を崩壊させてはならなかった。〔中略〕ところが討論がそこまでいっていない時点で、統一のための妥協案が出されようとしている。だが議長は討議を打ち切り、投票前に一五分間の休憩を宣告してしまった。〔中略〕一五分間はアッという間に過ぎた。ステージに再び人が溢れ、議長が再開を告げたとき、僕は初めて立ち上がり、発言した。『議長、緊急動議！』」（前掲、宮島義勇　二一三〜二一四頁）と。ここでは、伊藤が議長として投票によって、役員の改選とスト中止の是非を決めようとしたとされており、役員の辞任とストの早期での決着という内容で議論をまとめたとはなっていない。しかし、本文での組合文書の引用から明らかなように、役員はいったんは辞任を表明しているのであるから、仮に宮島のいうように投票前に彼が発言して投票を阻止したとするのならば、役員の辞任表明が、どのような経緯でなされたのか分らなくなる。他方、仮に投票が行なわれて反対派が勝ち、その結果、役員の辞任表明が行なわれたとしたなら、ではなぜもう一つの反対派の主張であるストの中止が決議されなかったのか、が不明である。以上は、つまるところ議長が投票に持ち込まないで議論の趨勢を把握して、反対派の中心的な主張である役員辞任を了承し、またストについても早い段階で妥結するというかたちで反対派の意見を取り入れて議論を集約した、とみるのが妥当なことを示している。

(22) 宮島義勇が「緊急動議」と発言を求めて述べた意見は、次のごとくである。「投票前に、もう一度だけ皆に考えてほしいことがある。それは、この大会が正当なものであるかどうかということだ。〔…〕われわれには守らなければならない組合の規約がある。それには組合員の五分の一の要請があれば、大会を開けるとなっている。だが、昨日の集団要請がそれだけの数によるものかどうかということだ。さらに、もう一つ、組合員全員に知らせなければならない。ならば、昨日、撮影所外にいた組合員との連絡方法が完全だったかどうかを、はっきりさせなければならないと思う……」(前掲、宮島義勇　二一五頁)と。これは、宮島が争議後、衣笠貞之助が整理してくれた自分の発言内容として記述しているものであるが、「投票前に」という点を抜きにすれば、この内容はおおむね他の証言によっても確認される。

その上で、この宮島発言とその後の古沢らによる電話線の切断という事実の暴露によって大会が流会となり、そうした反対派の行動に対する責任追及のために大会が統制委員会による組合員集会に切り替えられた状況について、その中心を担った宮島は、先の証言に続いて次のように述べている。「この辺まで言っていた時、僕の脇に飛び込んできたのが、美術部か、特機部の体の不自由な岡田君だった。彼としては精一杯だったと思うが、はっきり言った。『電話線が切られていたよ』途端に、場内は騒然とした。誰が何と言っているのか分らない。『やったのは誰だ!』『菊旗同志会だ!』『いや共産党の仕業だ!』渡辺監督は、立ち上がって叫んでいた。『謀略だ!捏造だ!』〔中略〕しかし、この時、二人の交換手が壇上に上がって、興奮、硬直した声で、腕をねじ上げられ、交換室の隅に推しつけられた状態から、見ている前で電話線を切られた状況を話した。渡辺監督が詰め寄った。『誰がやったんだ!』『古沢さんです』二人の交換手ははっきり言った。八時間というもの、言おうか言うまいか、我慢に我慢していたことを遂に吐き出した。古沢憲吾は渡辺監督の後ろにいたが、二人とも交換手の証言を認めざるを得なかった。大会は反対派によって、分裂工作のために計画されたことがはっきりした。そのため大会の意義はなくなり、流会せざるを得なかった。〔中略〕僕はもう一度発言を求め、議長に流会を宣言し、統制委員会による集会に切り替えるよう提案した。伊藤武郎議長は、彼の意図と違ってきた情勢を判断して切り替えた。」（同二一五〜二一六頁）。この宮島の記述は、一部の解釈の部分を除けば、次にみる他の発言によってもほぼ確認される。

(23)「ゼネスト闘争日報」（前掲、第三八号　一九四六年十一月一九日）は、この大会の状況について「総会成立に至る事情に関し疑義が提出されるや、分会総会は満場一致で拡大統制委員会に変更された。証人の証言に依って本総会が反対派の一方的要求によって開会を余儀なくされたもので、全く規約に準拠しないことが確認され、その結果分会総会は成立の根拠を失ひ茲に流会を宣言したのである。かくて分裂も予想された全従業員は鉄の団結をもって飽くまで最後の勝利を闘い取ることを誓約し、日映演東宝支部撮影所分会の万歳を三唱し、十八日午前三時散会した。」と記している。

なお、宮島義勇は、先に引いた回想録において古沢らによる電話線の切断という前日の事実をもって、「大会は反対派によって、分裂工作のために計画されたことがはっきりした」と述べているが、この宮島の解釈はまちがっている。渡辺邦男ら反対派は、はじめから分裂を企図して大会開催を求めたわけではないからである。渡辺は述べている。「分裂大会の前に大沢善夫さんに会った時、君は何をしようというのか、というから、ぼくはもう一度大会をやってもらうつもりだ。ぼくの言いたいことを言って、組合を正道にもどしたいといった。これがわれわれの本心です。」（前掲、渡辺邦男・伊藤武郎　一九五七　四三〜四四頁）と。その上で、渡辺が、以下に引くように、大会流会後の反対派に対する厳しい責任追及がなかったならば、組合は分裂しなかった、と述べ、伊藤武郎もまた反対派と組合支持派双方の激論の後、組合役員の改選と争議の早期決着を可決したにもかかわらず、宮島の発言によって事態が急転した、とすでに引用した宮島の記述とは異なるストーリーを述べていることは、留意すべきであろう。

渡辺「大会のあとで人民裁判ということがあったろう。あの人民裁判がなかったら組合もわれなかったね。ぼくは人民裁判の被告第一号だ。」伊藤「人民裁判はスケジュールにないんだ。」渡辺「ほんとうかい。」伊藤「ほんとうですよ。さっき云ったように、執行委員は改選する。交渉委員も改選する、みんなで仲よく一日も早く争議を終わろうじゃないかということで、今日はこれでおしまい、ということになった。それが夜中の一時頃だったか、突然宮島義勇が立ち上って、一寸緊急動議を提出したい―という。ずいぶん乱暴な奴なんだ。今までの経過はそれでよろしいが、最後の清算として今まで裏切り行為をやった人間を人民裁判にかけようではないか、これは附録ではあるけれども、ぜひやっておかなければ統一ができない、という話だ。それで、以後は議長は要りませんから降りて下さい、というわけで、ぼくはおろされてしまった。」渡辺「それからガラリと様子が一変した。」〔中略〕渡辺「ぼくはあの時のことを一言一句覚えている。それではこれから公正なるソヴェト裁判を行う、人民裁判に切りかえてほしいということで宮島君あたりが手を挙げた。議長―つまりあなただね、何と返事するかと思っていたら、あっさり承認しておりてしまった。それならばこれから人民裁判である以上、人民裁判の検事か何かを出すということになった。」伊藤「これは困ったことになったと思ったが、ぼくに代って久保一雄さんが議長になった。しかしあんなおとなしい人、今でも共産党に入っていない人でさえ、あの時はずいぶん興奮して曰く、わたしは今までもクーデタということを聞いておったが、今こそはじめてこの目でクーデタなるものを見た、というような挨拶をしたでしょう。」渡辺「この渡辺邦男を中心にして、と云ったんです。それにいろいろ日頃のうっぷんもあったから、クーデタではないが、両方がエキサイトしていた。わたしがこの裁判でいちばん参ったのは電話線を切ったということ、撮影所と外部の連絡を断つために、電話線を切ったという罪状だった。わたしはそんなことは知らないから、『議長、そういうことは共産党の捏造である！』と云って壇上にかけ上った。わたしの後ろには右翼のすごい闘士で古沢君というのがひかえている。『ほんとうに電話線を切ったのか』ときいたら、『切りました』という。これにはガクンと来た。これはわたしの悪い性格だ。電話線を切るということは刑法にさわるんだから。古沢君は交換手を縛って切ったという。」伊藤「その交換手が二人来て証言したでしょう。」渡辺「〔中略〕電話線を切ったのが事実なら、これは駄目だと思った。それに、あなた方の組織的な効果の出し方、戸をガタガタいわせたり、裏切者が逃げるゾと叫んだり、この集団的な効果はたいへんなものだったよ。」伊藤「それについてはぼくも何度もくりかえしいっている。ああいうところが共産党の一番いかん点です。相手を徹底的にやっつける。これでもか、これでもかと思うところまでやっつける。そのため、ぼくが議長になっていた時、ようやく決めたことを全部ひっくり返している。会議が終り、明け方ステージから出たら、あなた方がダビング・ルームの方に集まっているという。せっかく一本にしたものが、分裂状態になってしまった。青柳信雄さんなんか、ぼくのところへやって来て、みんながあっちに集まっているから、行って説得して来た方がいいよ、と忠告した。だが、あの雰囲気ではもう駄目だ、と考えてそのまま帰って寝てしまった。」渡辺「電話線を切ったのがこっちだとわかった時、ぼくは負けたと思った。また癖が出るようだが、これで会社をやめるつもりで壇上に立ち、『わたしは責任を負って辞めます。諸君は共同して闘ってもらいたい』と話したら、その後を宮島君がうけて、『渡辺邦男は今自分が悪いことをした。電話線を切らせたのは自分だと表明した。そう云った以上は、これで一切の罪状を帳消しにし、われわれはインターナショナルを歌って解散する』、というのでケリがついた。そこでみんなに申しわけがないといったところ、むりやりにダビング・ルームにひっぱって行かれたら、部屋一杯に人がいる。三百五十人ぐらいだったか、『あなたが辞めたらこの人をどうする』という。われわれは共産党のように組織をもっていない。いわば烏合の衆でしょう。その時、だしぬけに出てしゃべった人がいる。汐見洋さんです。曰く、『私は今までずっと何十年となく俳優をやって来たが、今日共産党がやった人民裁判ほど残酷で卑劣なことはない。あれを見てわたしは日映演がいやになりました』と演説した。それから長谷川一夫さんがたいへん立派でしたね。それでわれわれは分裂しようということになったのです。朝七時頃でしたでしょう。」伊藤「あの人民裁判は分裂をはっきりさせる固めになった。ピリオドになった。その点は共産党も子供っぽかったと思う。」（前掲、渡辺邦男・伊藤武郎　一九五七　四四頁）。

また、伊藤武郎はこの対談から一八年後、「夜中の二時ごろになって宮島義勇（撮影）が発言して、組合の統一は一応これでとれたけれども、このような組合の団結をみだす行為をやった人たちに自己批判を求めようじゃないか、と言い出したんですよ。それで両方が始めたわけだ。両方から名差《ママ》しで泥仕合ですよ。〔中略〕明け方まで追及ごっこですよ。こうなった理由は何か、責任者は誰か、と言ってね。衣笠貞之助（監督）さんも出てきてやりましたよ。衣笠さんは反分裂派で、延々と演説をやりました。名演説でしたね。しかし、結局自己批判してみたら、憎しみだけの対立になって、それまで延々とやって決議したことが、みんなぱーになってしまった。そして夜明けに分裂したんです。」（前掲、伊藤武郎　一九七五ａ　一一四頁）と述べている。ここでも、組合分裂は大会の結果ではあっても、その原因ではないことが示唆されている。

なお、長谷川一夫は、自分の師である衣笠貞之助が組合側として熱心に動いていたこともあって、大会には直接出席せず、お付きの者から逐一大会の経過を聞いていたが、じつは彼こそ反対派の「熱血の闘士」であり、分裂後しばらくは脱退派の中枢にあって、その「総大将ぶりは、ひときわ冴えわた」り、「渡辺、青柳監督は、家老職といった感じ」（前掲、伊藤雅一　八四頁）といわれるほどであった。

（24）臨時大会後の統制委員会の議長を務めた久保一雄（『人情紙風船』（山中貞雄）の美術担当で、戦前日活向島撮影所からＰＣＬに移り、北猛夫とともにＰＣＬ・東宝における映画美術・装置の基本を築いた。詳しくは中古智・蓮實重彦　一九九〇　Ⅲ～Ⅴをみよ）は、その日記「日記　一九四五・七・五―一九四八・一二」（以下　久保「日記」と略称）の一九四六年十二月三一日付けにおいて、「十一月一六日、大河内の反組合声明への組合の反対声明の事から、反組合派のクーデター起り、あくる日の会社の臨時総会は、まことに歴史的なる事件であった。反組合派はついに一敗地にまみれ、敗退、その後会社ダッカンの計画あり、ある時は私自身、本当に死を決する事等あり、果敢なる闘争、まことに血の滲む思ひにより、遂に十二月二日仮調印、十二月五日深夜本調印を終った。何度男泣きに泣いた事であったらう！　その後、脱退派は処理に関し相当波ランあり、今だに、充分なる解決にはいたらない。」と記している。当時の緊迫した情景がうかがわれる。

また高峰秀子は、この大会の情景とその後の自己の行動について、次のように記している。「一時間……二時間……時間が経つにつれて演説はますますエスカレートし、ステージ内の空気は熱気と緊張で重くよどんでいった。そして私は、場内の何百人かの人々の気持ちが徐々にゆれ動き、やがてハッキリと二つに分かれてゆくのを感じた。ある人は演説の合いの手に大きな拍手を送り、ある人は腕を組んだままじっとうつむいていた。『赤いスタジオ』と呼ばれた大争議への火種であった。組合の大会が終わり、青年行動隊と名づけられた若者たちの手でステージの扉が開かれたときは、もう夕暮れだった。ステージからあふれ出た人々は、三々五々、まるでベルトコンベヤーで選別される品物のように、自然に右と左に別れて歩きだした。私は迷った。『右か、左か、どっちへ行ったものだろう』ひとつ間違ったらたいへんなことになりそうな気がしたが、グズグズしてもいられない、私はとりあえず、私の信頼できる人の行く方へ行ってみよう、と思った。私のすぐ前を、大河内伝次郎とプロデューサーの青柳信雄が歩いてゆく。私はためらわず大河内伝次郎の尻にくっついた。人々の流れは俳優課の表でとまった。私はあたりを見まわした。大半は専属契約者の俳優や演出家やキャメラマンである。しかし契約者でない裏方さんも大勢いた。その人たちは、見るからに職人気質で組合活動はおろか三度のメシより仕事一途のタイプであった。スターも大道具も、演出家も照明部もいっしょくたになって、思い思いの場所で立ち話をしていたが、そこには何の違和感もなかった。それどころか、早くも、同じ道を選んだ同士としての親近感がお互いの心に通いはじめているようだった。」（高嶺秀子　一九七六b　三七〜三八頁）。

さらに、分裂派になっていく当時助監督の市川崑は「スタッフがどんどん左翼化していった。僕は思想的にあまり共鳴できなかった。もちろん、右翼は絶対に困る。僕は〝人間派〟だと自称していました。」「いや、それはもう凄絶で、劇的な組合大会でしたよ。双方の代表がかわるがわる壇上で主旨を弁ずるんだけど、どちらも迫力があった。ただ、左翼のほうが、理論的にはしっかりしていましたね。僕はどっちにつくというつもりはなかったけど、どうも理詰めだけでは映画が作れないような気がしたし、脱退したほうは人数も少なくてたいへんそうだからなあ、といった童話的な理由で心を決めたんです（笑）。助監督仲間にその旨を告げて、脱退派の集まっている試写室に行くと、盛大な拍手で迎えられました。選挙と同じで、一人でも仲間がほしかったんでしょうね。」（市川崑・森遊机　一九九四　三六頁）と述べている。もっとも、市川自身はそのようにいってはいないが、J・O時代に青柳信雄や阿部豊など組合反対派にまわる監督たちと懇意にしていたこと、また「新しい世代」として「あっちにいったほうが早く監督になれるという野心」すなわち新しい組合に行ったほうが「若い監督が起用される機会が多」いであろうという「政略的な動き」（伊藤武郎　一九八六a　一三七頁）と全く無縁だとはいえないであろう。

なお、反共派の中心である伊藤雅一は配給部所属であるから、撮影所のこの大会には出席できず「渡辺邦男監督のアジトである井上ボテヤン〔製作主任〕の宅」（前掲、伊藤雅一　七一頁）に待機していた。したがって彼のこの大会に関する記述は、出席者からの報告に基づくものであり、不正確な部分が少なくない。

（25）日映演の強硬な姿勢に押されて団体協約を結ばざるをえなくなった大沢社長が、第三組合に対して「会社は、第三組合の顔をつぶして、まことに相すまぬ。しかし諸君の今度の行動については、責任をもって引き受ける」と「謝罪した」のに対して、長谷川一夫は「われわれは決死の覚悟で、共産党と闘ってきた。それにもかかわらず、重役は腰抜けだ。仕事をしたいというわれわれを、撮影所から閉め出し、ストばかりやる共産党員に、撮影所を引渡す馬鹿がどこにあるか。覚書の条項を変えるぐらい、命がけでやればできないことはない。なぜ重役の中でひとりくらい死ぬ覚悟ができなかったか」と「つめよる」とともに「ハラハラと落涙した」という（前掲、伊藤雅一　九〇頁）。脱退派の怒りと失望が看取されよう。

(26) この点について、伊藤武郎は次のように述べている。「ストは妥結したが、分裂して組合を出ていった四百余名をどうするかという問題が残ったんです。会社側は彼らに大同団結という言葉で、日映演に復帰するように説得するけれども、頑としてきかない。そうなると脱退派は別組合をつくったのだから、この〔日映演との〕協約の一企業一組合の条項に反することになる。むこうも同じ協約でいこうと長谷川一夫が先頭にたって毎日大沢をつるしあげた。結局大沢も参ちゃって、そっちにも調印してしまった。それで仕方なくなって、全株、東宝株式会社持ちの新東宝株式会社をつくったんです。」（伊藤武郎・山内久　一九八七　一〇〇～一〇一頁）と。

なお、永井柳太郎によれば、組合脱退派が、処遇も未だ決まらず集まる場所さえままならないままに移動していた頃、断ったために実現はしなかったが、戦時統制以降映画製作を休止していた日活の社長堀久作から脱退派に対し、その「四百余人の身柄を任せ」ないか、との誘いがあったという（永井柳太郎　一九八〇b　一五頁）。

(27) 分裂組からの離脱の最も顕著な例は、山田五十鈴である。山田は、当時衣笠貞之助と懇意にしていたこともあって、衣笠の心情左翼的な影響を受けており、その点から第二組合を離脱し、フリーとなって組合と再びかかわることになる。すなわち「東宝争議で組合と会社の対立がはげしくなり、私がいわゆる『十人の旗の会』の中に入って、大河内伝次郎さんなどといっしょに脱退した事件は、その中心メンバーの一人渡辺邦男さんに、日活当時大変お世話になったという古めかしい義理人情みたいなものが、かなり大きく私の進退をうごかしました。しかし、いったん『十人の旗』についていってみたものの、衣笠先生をつうじて演出家の『十人の旗』に同調しないという意向も知ったので、私はもう少し組合というものも知らなければならないし、しばらくフリーになって傍観しながら勉強しようとおもって『十人の旗』の行き方にもついていけず、脱退届をだして山口淑子さんと二人だけフリーになってしまったのです。〔中略〕東宝争議がはじまったころ、私にはまだストライキのほんとうの意味もつかめていなかったし、なぜ争議がおこり、なぜ分裂がおこるのか、というようなことも充分理解できなかったのです。それをたいへん平易に教えて下さったのが衣笠先生で、日本の天皇制の問題とか社会のなりたちやしくみ、正しい歴史のみかた、人間の生き方、相互の愛情のもちかたまでを、争議をつうじて、いわば私にはじめての世界の話をいろいろしてくださいました。」（山田五十鈴　一九五三　一二〇～一二三頁）と。
そして衣笠貞之助自身は山田五十鈴が戻ってきた時、次のようにいって喜んだという。「ぼくは嬉しかったわねえ、まさかと思ってた五十鈴《ベル》ちゃん（山田）が、十人の会から抜けて第一組合の芸術家グループへ入れてくれって還って来たのよ。昨夜《ゆんべ》、自家《うち》へきてね、先生がんばって下さい！　みんなにも、って……彼女《あれ》は聡明よ、浮気っぽいとこあるけど、ものごとのけじめは、はっきりわかる女《ひと》なんだわね、ほんとよ」（植草圭之助　一九八五　一一二～一一三頁）と。

その衣笠は、翌一九四七年の二・一ゼネ・ストの禁止命令など、占領軍の政策転換による赤色排除の動きを心配した永井柳太郎による日映演組合からの脱退を勧める説得に対して、「誰れ《ママ》にそのかされて来たんだ。僕は君達のグループとは考えが根本的にちがう。世界の流れは刻々に変っているんだ。元来映画は社会のために創造する物で一会社の利益に奉仕する物ではない。旧態依然型は通用しなくなる。衣笠は一会社の監督じゃない、映画界の監督だと自負している。パージされる所以はなにもない。若し君個人の考えで来たんなら頭の中を洗い直せ」と、「語気鋭く」拒んだという（永井柳太郎　一九八一　八頁）。

またスターが脱退した後、動揺が拡がった俳優たちに対して「スターはいなくとも映画はできる」と説得したのも、同じく衣笠貞之助であり、さらに後に『素晴らしき日曜日』（黒澤明）や『女の一生』（亀井文夫・山本薩夫）の主役に抜擢されるニューフェイスの一人沼崎勲を説き伏せて第一組合に戻らせたのは、山本薩夫であった。山本はこの状況を次のように述べている。「中堅俳優が非常に動揺したんですね。大河内さんがオルグしたんでしょうが、長谷川一夫、原節子、山田五十鈴などスターが全部、新東宝へ行っちゃったわけでしょう、それで残った中堅俳優は動揺した。そのときに、衣笠貞之助さんがノー・スター論を演説された。スターがいなければ映画はできないと思う人はたくさんいるわけですからね。衣笠さんは『これからの映画にスターは要らない。きみたちが中心になってやってゆけば、それで映画は十分つくれるのだ』ということを強調された。それで動揺がちょっと静まりました。しかしむこうがどんどん引き抜きをやってくる。こちらも引き抜きをやらなければいけない。それでだいたい担当を決めたんです。ぼくには沼崎勲を引き抜けということになったんです。」（伊藤武郎他（一九七一）における山本発言　一七六頁）と。

(28) この点に関して、伊藤武郎は「大河内（伝次郎）さんや『十人の旗の会』のスターさんたちは、その前の年からプラカードを持って行進させられたりするのがいやだったんですね。それからずーと来て争議になった。いやさは増す。ページェントなんかでいろいろやらされる。日映演の宣伝をさせられたと思ったでしょうね。スターのやることじゃないという気持ちもあっただろうし、ストライキそのものにも疑問を持っている。」（前掲、伊藤武郎　一九七五a　一一五頁）と、スターたちの心情を語っているが、さらに同じく伊藤は、とくに組合主催のグランド・ページェントがスターたちを離反させた無視しえない要因であるとして、「ページェントはどうやら無事に終ったとは言え、表面の花やかさの蔭に練習も不十分、リハーサルもないままに出演した俳優たちの気もちとしては不快な、割り切れないものが残ったのではないか、そんな気持がうっ積する一方、他社ではストが早く解決してすきな仕事をやっている、こちらはストが三〇日になってもいつ終るのか見通しがつかない、ページェントの効きめはどこにいった、こんなことから脱退が起るのもわからないことではありません。」「ページェントが日映演の今後のたたかいの気勢をあげる力となった一方で、東宝労組では、ページェントを強行したことがスターをはじめとする大量の裏方の組合脱退の遠因となっているとも考えられます。」（伊藤武郎　一九七五b　二六頁）と述べている。

（29）山田五十鈴の次の述懐はこの点を端的にあらわしている。「たしか四六年の春ごろ、東宝にも労働組合というものが結成されて、私たちいわゆるスターのところにも、ずいぶん呼びかけがなされました。ところが、組合の在り方というか、組合というものが、どうして必要なのかということが、私などはやはりエゴイストであり、自分本位にものを考えているために、どうもよくわからなかったのです。力の弱い人は組合に入る必要があっても個人的に力の強いものは、組合に入らなくてもいいというように、こちら側だけのことを考えて、拒否したのです。」（山田五十鈴　一九五三　一一七頁）。

　また撮影所機関紙上の匿名座談会での脚本家と演出家による次のようなスター批判も、この点を示している。「甲：大体考え方がエゴイスチックなんですよ。組合に冷淡なのも、それが自分の生活にあまり影響がないからなんです。道義的感情は余り進んで居るとは言へんようですね。B：これからの俳優の心掛けとして矢っ張り常識程度でいいから社会情勢を理解するように努力して貰ひたいですね。」（「座談会『スターについて』」「メガフォン」一九四六年十一月二九日）

　さらに業界誌も、スターたちの「反組合感情は、これまた彼らの生活環境から考えて当然なことで、同じ職場に働く裏方連中や女事務員らと較べて、意識の上では大分差のあることを認めねばならない。」（「スト破りから新プロ設立へ」『キネマ旬報』第一〇号一九四七年二月一〇日号）と述べている。

（30）当時の組合の力がいかに強かったかは、この渡辺の証言に加えて、例えば廣澤榮の次のような証言がある。「新聞の片隅の小さな広告に『《鎌倉アカデミア》生徒募集』としるしてあるのを見つけた。〔中略〕私はこの学校に行きたいと思った。〔中略〕そこで会社に、休職して学校に行かせてくれと頼んだ。そのとき会社の重役はこういった。『君、学校というものは会社に入る前に行くもので、会社に入ってから行くものではないだろう』なるほど、その通りには違いないが、私はどうしても行きたいと思った。すると労組が許可してくれた。民主的な学校だから行きなさい、会社が許可しなくても組合が許可してあげる。当時の労組は日映演、つまり日本の映画演劇の産業別としての単一労組、日本映画演劇労働組合であった」（廣澤榮　一九八九　一六四～一六五頁）。

(31) 分裂が惹き起こされた原因について、野田真吉(教育映画)は組合の影響力の強化によって醸成された組合員の先行きへの不安を指摘した上で、分裂派に対する組合の対応の独善性を批判している。「日共勢力下の労組の活動が、着実な足どりで進むにつれて、労組の職場民主化闘争や経営、製作への発言の強化を労組の行きすぎとして心よく思わず、反共的心情もからんだ一部の労組員たちはこのままいけば既得の地位の失墜、剥奪、疎外などが起こり、果ては会社も潰れるであろうという危惧や不安にかられ、撮影所では分裂的な動きが顕在化してきた。大河内伝次郎たち東宝専属のトップスターたちの『十人の旗の会』の声明書(二十一年十一月)は彼等の芸能人としての立場を明らかにするとともに労組の動きを指弾し、分裂的な動きへの協調、援護の行動であり、同時に彼等の不安の表明であった。こうした動きを労組は早くからつかんでいながら、中心人物は別として、その追従者たちに対して適切な、納得できる充分な説得が執拗になされなかったと思う。数次の闘争の成功の余勢をかりて、彼等を敵対視してしまっていたように思う。緊張をつづける状況のなかで、敵対視することは心情的にやむをえなかったとしても、労組として打つべき手を精力的に実行しなくてはならなかった。独善的な勇み足にすぎたのではなかったかと、当時の私自身のことを考えあわせて、今、私は反省している。もし、そのような説得工作がなされたとしても、十一月一七日の東撮分会臨時大会における決定的な分裂が避けられたとは思わないが、その分裂勢力を微々たるものにおさえることができたであろう。結局、撮影所内に二つの労組をうんだことは約八〇〇名対二〇〇名という数の上において、第一組合が絶対多数をしめたとしても、その後の第一組合の闘争に第二組合(それまでに東宝労組としては本社の配給、営業関係の組合離脱、新組合の設立があったがここではとりあえず撮影所分会に対する第二組合と呼ぶ)は陰に陽に大きい影響をあたえた。とくに、会社側に有利な条件を加えた。この組合分裂の背景には日映演傘下の映画企業労組の生産復興を中心スローガンとしたゼネスト闘争を通じて労組が会社側と交渉をすすめていた団体協約の内容が、第二組合に参加した人々に強い衝撃をあたえ、深い焦慮をかきたてたと思う。たとえば団体協約の草案の一項に『生産復興並びに事業の民主化に必要な範囲内で経営に参画することを認める』とあるが、おそらくこの一項は彼等にとって労組のそれまでの活動方針からみて、『大きい恐るべき圧力』として、不安として感じられたであろう」(野田真吉 一九八〇 九二~九三頁)。

また、共産党の影響力という点に関しては、以上に加えて、戦時中の右派から戦後の左派への節操なき転向者に対する内部統制力の欠如が組合員の反発を喚起したことも無視できない。堀川弘通は次のように述べている。「大会で一般組合員の反感をそそったのは、戦争中は積極的に軍報道班員となったり、積極的に戦争賛美の言動を行った男が、日本が敗戦となった途端、手のひらを返すように左翼的な発言をし、共産党員として突出したことである。こういう跳ね上がり者はどこの社会でもいるが、戦後社会では右から左へ簡単に寝返って、恬として恥じない者が多かったのは事実である。本人は別として、周りの者はなんとなく胡散臭い感じを持つようになる。それが重なって組合はしだいに亀裂が入っていった。」（前掲、堀川弘通　二〇〇〇　一〇四頁）。

さらに脱退派には走らなかったものの池部良は、復員後撮影所に出社した時の共産党員の態度の強引さを戦前の軍部と近似的だとして、「敗戦を汐に、共産党も自由な発言をし、大手を振って民衆と言われる人達に、社会主義への服従と信仰を求めた。だが、求め方が気に入らない。共産党のシンパか、共産党員でなければ、太陽の下を歩けないような言い方で攻めて来るのが気に入らない。戦争中か、戦争前の軍部の国民への要求とよく似ている。軍部の言うことを聞かない奴は非国民である。非国民とは国民に非らざる者だから、国民の当然の権利を得ることは出来ない。佐原課長の口調には、どうも戦争中の帝国軍閥と同じような、いやな臭いがした。」（池部良　一九九五　一一三頁）と強い嫌悪感を吐露しているが、しかし分裂派に行かなかったのは「『天皇陛下のために死ね』なんて不思議な理屈にもならない目的で戦争に引っぱり出され、非合理的な戦争指導をした連中に嫌悪を催していたから、右翼と名の付いた陣営には近づきたくなかった。かと言って、あるいは許していた部分もあった共産主義でも、共産党という党の性格が全くお歯に合わなかったのも事実だ。」「反第一組合の第二、第三組合が作った『新東宝』（何人かの先輩スターが入っておられた）から、こっちに来なさいとお誘いを受けたが、正直なところ、安いケーキを食べさせられるようで二の足を踏んだのも事実。中庸を採ることは勇気が要る。勇気は怯懦と粗暴の中間にあるのだそうだ。これに限ると思ったが煮え切らねえ奴だとか二股膏薬だと言われたのは知っている。」（池部良　二〇〇四　八八頁）と、第一組合にとどまりながらアンビヴァレントな思いをいだき続けたことを告白している。

（32）例えば、「一七日徹宵の臨時総会で破《マ》れ《マ》た撮影所反組合員の一部は密かに会社側と連絡をとり、社長の就業命令を貰って之をたてにして撮影所の占拠を策し撮影を始めようとしたが、吾々は之を察知し、交渉委員を通じて社長の態度を質し、これを拒否させた。」（「ゼネスト闘争日報」第三八号　一九四六年十一月一九日）。あるいは「会社側は撮影所脱退派の就業を認めてくれと申入れて来たが、組合側は断固これを一蹴せり。」（同　第五〇号　一九四六年十一月二四日A《マ》M・《マ》二発行）などという機関紙の記述がそれをあらわしている。

（33）この点に関して、例えばジョン・ダワーは、その目配りのよくきいた占領期日本社会の分析において「戦争にたいして最も原理的な抵抗を行ったのは、献身的な共産主義者であったという事実が、終戦後の日本社会のなかで共産主義者に高い地位を約束した」（Dower,Jhon.W.　一九九九／二〇〇一上　三一二頁）と述べており、鶴見俊輔は、そうであるがゆえに「日本共産党が日本の知識人にたいして天皇にひとしい象徴的な位置をしめてきたことは、かえって知識人の側での無抵抗・無批判な追随を生み出し、結果として日本共産党を甘やかしてしまった。」（久野収・鶴見俊輔　一九五六　六五頁）と批判している。戦後一〇年を経てさえも、鶴見が、共産党が「知識人」のなかで「天皇にひとしい」ほどの「象徴的な位置をしめてきた」と指摘していることに、充分留意する必要があろう。

(34) 一九四六年に東宝に入った福田純の回想も、この点を裏づけている。「僕が東宝に入ったのが昭和二一年で、その頃はまだ新東宝と分裂していなかったから、古い活動屋もいっぱいいて、イジメなんかもいろいろあったんだよ。でもまあ、敗戦後からは民主化ということで、少しずつ移行していったんだけどね。だから朝スタッフを呼びに行くと、照明部なんかはアイツいじめてやろうというんで細工してあるんだな。ドアのノブ触った瞬間、ビビッと来てね、電流なんか流してあったりする(笑)。そういうことを平気でされたね。夏に照明技師に水を持っていったら『こんなぬるいの飲めるかいな!』って持っていった水をぶっかけられたり、そういう洗礼を受けてあのストライキ(東宝争議)になるんだけど、そのときに新東宝として分裂してそういう人たちは全部そっちへ行った」(福田純・染谷勝樹 二〇〇一 一三～一四頁)。

(35) 小林一三は、第二次争議中に執筆した随筆で、「芸能陣営の中核たる俳優諸君が、赤の煽動に踊らされて、ゼネストに突入するのも、時勢の成行きで、私などのかれこれ言う幕ではないかもしれないが、待遇改善だとか、芸事本位に不満足な場合だとか、そういう旗印ならば、私達観客側も力瘤を入れて、尻押をするにきまっていると思うが、政治的イデオロギーでゼネストをやられては、芝居好きの観客の大多数はウンザリすることだろうと思う。〔中略〕現在の如く思想的中心の闘争にうかうかしている間は到底イイ映画も、イイ芝居も出来るものではない」(小林一三 一九五五 四七四頁)と、第二次争議を「政治的イデオロギー」に基づくものとして、組合への嫌悪感をあらわにしていたが、第二次争議に決着がつき、分裂派による第三組合ができた頃、大河内伝次郎からの「御願い」と題する文書に対して「私は再読三読こういう気持ちを持ちながら悩んでいる人々は沢山あることを知っている。〔中略〕貴下御同志十人の会員と新組合の前途は波瀾少なからざるべしと心痛候。しかし結局は強圧的な命令で引きずってゆく独裁政治的制圧的な組合が、そういつまでも盛んであるべき理由はこれなくと存じ候。必ず貴下御同志の力によって東宝は盛り返すべきものと確信いたし居り候。」という返事を出すとともに、「私は、真にいい芝居、いい映画を目的とする人達とともに、イデオロギーをもって闘争的に論議せんとする人達との分離を断行する。そして一時或いは暗黒的休業の時代が来るかもしれない、その覚悟をもって、芸能人としての純真なる新人とともに組織化し立案したならば〔東宝の再建も〕初めて可能ではないだろうかと思う。」(小林一三 一九四九 四四四～四四八頁)という文章をそれに添付し、将来の共産党系組合員の排除を示唆している。

そして第二次争議決着後の一九四七年二月八日、大沢社長が「来週来訪するといふ電話を受けた」として、「東宝の労働争議も先づ以て無事解決したとすれば誠に結構だと思ふが其将来に就て私はこう考へてゐる」と、その「大方針」を日記に次のように記している。「一、我国平和国家再建の為めには、どうしても米国と運命を共にする決心を以て米国の国策に添ふて日本独自の国策を樹てるべしである。それは、アクマデも日本に於ては共産主義を実行せしめざることである。若し日本が共産主義者の勢力に引きづられて国策をあやまるならば、日本の再建は覚束ないと思ふ。私達は共産主義を打倒する力が乏しければ、之を敬遠して、共に仕事をなすべきものでは無いと思うふ。一、東宝は此精神を以て共産主義者と離れる為めには相当の決心を必要とし、彼等と別れる為めにはあらゆる手段を講ずべしである。一、若しわれわれが共産主義者と一時妥協して円満に仕事が出来ると安心するならば、必ず後悔する時が来ると思ふ。共産主義者は結局、闘争によってわれわれを其配下に支配するにあらざれば満足しないからである。」（前掲、小林一三　一九九一〔一九四七年〕二月八日　四八六〜四八七頁）と。ここには、その強烈な反共主義があからさまに表現されているとともに、大沢社長の争議の決着の仕方に対する危惧と不満が垣間見られることも否定できない。この点はその後の日記に次のように記されているところからも明らかである。すなわち「十一時宝塚北尾君に招かる。村山長挙君、飯島曼史君同席、食後閑談。共産党が此国をあやまること、新聞放送映画と民衆に一番接触してゐる三大事業に眼をつけ、その全部を乗取ったことは、乍敵天晴の策《ママ》戦であり、今日になって之を追出すことは中々六ヶ《ママ》敷、朝日にしても東宝にしても、此連中に牛耳られる間は安心が出来ないから、此年、あの年で、――と語り合ったが、結局朝日もいよいよ本腰で共産分子追出しをやるべき機運が来たと思ふ、嬉しい話である。東宝は大澤社長が理想的労働組合の編成などとウヌボレて居るから、時勢達観のつもりで居るから困ったものである。」（同　二月二八日　四九二頁）。「東京から寺本君が帰阪した。東宝大澤社長の伝言を持って来たが、不相変勝手な熱を吹いてゐるので世間知らずの駄々子のやうで困ったものである。田邊〔加多丸―小林の異母弟で東宝の重役〕が大澤君に提出した意見も見たが、コレハ堂々たるもので、此意気で其主張を押通せば立派な態度である。」（同　二月二八日　四九一〜四九二頁）。小林一三が徹底した反共主義者であり、共産党の強い影響を受けていた組合に対して、ユニオン・ショップを結ぶなど比較的寛容な大沢社長の態度に苛立ちをいだいていたことは明らかであろう。

なお、森岩雄は、争議が終結した後の十二月一五日付の日記に「十月十五日より十二月はじめまで争議起り、その応答に寸暇なし。暫く収まりたれども、余燼意外に重大にしてこれに対しても、日夜なく働いて円満解決をはかりつつあり。いかに時世の浪にもまれるものとはいへ、熾烈をきはめたるものあり。日本の民主化のため、止むを得ざる道といふべきか。」（森岩雄　一九八一　一九五〜一九六頁）と記している。

(1) とはいえ、この『女の一生』の脚本の改訂がなお不徹底であったことは、第三次争議後完成し公開された作品が充分に説得的なストーリー展開になったとはいいがたく、依然少なからぬ無理を残していることから明らかである。

(2) さらに黒澤明は、第三次争議後東宝を訪れた吉村公三郎に次のように述懐したという。「この年〔一九四八年〕の終わり、東宝撮影所を訪れた私を、黒澤監督は撮影が終ったばかりの『酔いどれ天使』のオープン・セットを案内してくれながら争議に巻き込まれた監督の苦しい立場を話した。黒澤監督は仕事を始める前、組合の製作委員会〔企画審議会のこと〕でさかんにつるし上げを食った。『昨日撮影所に入ったばかりの映画作りの経験も何もない、照明部のアンチャン委員が、黒澤監督の政治的傾向がどうのこうのといちゃもんをつけるんで、全く参りましたよ』」（吉村公三郎　一九七六　四九頁）と。なお、『我が青春に悔いなし』のテーマの背景と作品分析については、平野共余子がHirano,K（1992）ch.5、平野共余子（一九九八）第一五章で試みている。

(3)『青い山脈』の脚本は、当初は石坂洋次郎の原作を小国英雄が大幅に書き変えたものであったが、今井正は、その脚本について「気にくわなかったんですね。主人公の新子と六助がいとこだという設定に脚色してありましてね。それに大体ね、原作が雪の深い青森を舞台にしているでしょ。そういうところに封建的な因襲があるという話じゃ面白くない。もっとカラッと明るい場所、あるいは明るいと思われている戦後のね、そういう世界の中にも、まだこんなネッチリと封建的なものが一杯ころがっているんだという話じゃないと、この映画は面白くないんじゃないかっていうのが僕の意見だったんです。」（今井正　一九八三　七頁）という。すなわち藤本真澄によれば、今井は「同じ封建的にしろ、表面はあくまで民主的になった平和な町に、なおも強い封建性が残っているという取り上げ方でないと『青い山脈』を製作する意味はない」（前掲、尾崎秀樹編　一九八一　一九七頁）と主張し、藤本も今井のこの意見に賛成して小国に改訂を求めたが、小国に拒否され、結局今井とプロデューサーの井手俊郎とが改訂して現行のものになった（同）。井手がその後脚本家に転身するのは、この『青い山脈』の書き直し作業を契機としてであった。

(4) 廣澤榮は、八住利雄が脚本を書いた『民衆の敵』（今井正）の企画審議会での議論の様子を、後に「ただ一人、その議論をうっとうしい思いで聞いていたのはやあさん〔八住〕であった。それがどれほどの思いだったのか、後年私がシナリオ書きになってよくわかった。つまり、シナリオというものは大衆討議のための叩き台ではない。今日でも、シナリオはなるべく多くの人々の意見をつきまぜて、何度も練って練って、ダンゴのようにすることが良心的であるなどと、とんでもない勘違いをしている人がいるが、この時代のことだから殊更のことであった。」と述べて、八住のこうした意見を追認している（廣澤榮　一九九二　三五二～三五三頁）。

(5) 藤本真澄の次の述懐は、こうした事情をよく照らし出している。「〔第二次争議後〕レパートリーも充実し、製作体制もようやく整ってきたが、組合の攻勢は相変わらず厳しく、それにバックアップされて監督も強腰で、製作の責任者としては苦労した。中でも衣笠の『女優』、五所の『面影』は、スケジュールがあってなきがごとく延びに延び、しばしば監督と対立しなければならなかった。私も鼻っ柱が強かったのか、先輩の巨匠相手にずいぶんやり合った。」（前掲、尾崎秀樹編　一九八一　一九二頁）。

（6）正確には、三船は知り合いのカメラマンを通して、撮影部への配属を志望し履歴書等を送ったが、手違いでニューフェイス募集のほうにまわされた（GalbraithⅣ. S.　2001　p.67）。

（7）日映演東京支部が、すでに早期に明確にしていた外国映画への過度の依存に対する反対は、次のような根拠によってであった。「資本家の手による製作費の引下げと労働強化によって映画演劇は質が低下している、一方アメリカ・英国・フランス・ソ連の優秀な作品が続々公開されようとしている、われわれはこれら優秀作品に対してボイコットをするというのではない、質的にこれらの作品をしのぐ作品をつくる事によってのみ日本の映画演劇を守ることが出来るのだ、しかしこの条件は非常に困難である、前に述べたように、製作費のきり下げ、労働強化によってこのままでは質が低下する一方である、この状態がつず《ママ》けば丸の内や新宿・浅草では日本映画は見られないことになる、上海の目ぬき通りの映画館はすべて外画により占領され、中国映画は場末のきたない小屋で上映されていた、この様な状態が来ないとはいえないだろう」（日映演東京支部「映演労働者」第一号　一九四七年一月一五日）。外国映画をいたずらに排斥するのではなく、日本映画の質を高めることによってそれに打ち勝とうとしても、「資本家」が製作費を切り下げ、労働強化をしている日本の映画企業の実情ではそれは困難である、というのである。ここから生産復興は、映画各社への闘争によって良質な映画の製作条件の確保と外国映画に対する一定の規制という運動方向が必然化されることになる。なお、当時、アメリカ占領軍が、民主主義の教科書としてハリウッド映画を熱心に日本に売り込んでいたという事情が、こうした日本企業の外国映画依存に拍車をかけることになったことは、留意すべきであろう。占領軍によるアメリカ映画の売り込みについては、谷川健司（二〇〇二）に詳しい。

（8）映画の文化的価値を人民大衆に役立つものと規定したこの映画観は、実はその半年以上前に、日本共産党が「映画芸術党員会議」の「決議」として明らかにした、映画の役割についての考え方に基づいている。すなわち「決議」によれば、「民主主義革命の途上にあって、われわれの当面の戦術的目標は、資本制会社機構のうちにあって、映画創造の面においても先頭にたって活動し、是を支配階級の武器から、人民大衆の民主主義的解放の武器に転ずることにあ」（日本共産党文化部「第一回映画芸術党員会議決議―映画創造活動に関する当面の任務―」一九四六年十二月一五日　一頁）り、「映画の生産復興は、結局人民のためのよい映画を創ることに帰着する」（二頁）。そのためには「大衆が、真に最も関心をもち最も興味をもつ主題と素材のすべてをわが映画レパートリーの対象とし、頽廃的ブルジョアジーの立場に陥ることなく、民主主義的人民解放の意味からこれをとりあげなければならない」（三頁）

が、このことはまた「レパートリーの多数を民主主義の為にか《マ》くと《マ》くするという戦術的目標に合致する」（四頁）。そして「レパートリーを最も民主的につくりかえるということは、勿論わが党員創作家の創作活動だけでできることでなく、有能な多くの芸術家を味方にすることによって、始めて可能であ」り、「できる丈多くの党員を映画芸術家特に新しい世代の中から獲得し、細胞全体がこの方針のために活発に活動する」（五頁）必要がある、というのである。映画が「人民大衆の民主主義的解放の武器」として位置づけられ、その観点から「人民のためのよい映画を創る」ために、レパートリーを「民主的につくりかえる」必要性が打ち出されていることは、明らかであろう。この「決議」は、一九四六年十二月、戦前来の共産党員で東宝の左傾化に寄与した党中央文化部の大村英之助が中心となって執筆した「映画活動に関するテーゼ（草案）」をもとに、同年十二月一五日に開催された映画党員会議での「討議の結果を整理してまとめた」ものである（前掲、宮島義勇　二〇〇二　二二三〜二二四頁）が、その「テーゼ（草案）」は、映画の役割についてより直截的に「ながらく支配階級の武器であった映画を、民主革命の武器とし」、「映画をもって民主主義革命に貢献し得るために」は、映画が「精神的奴隷状態から人民大衆を解放し、究局に於ては抑圧者に対する闘ひに覚醒せしむる力をもたなければならぬ」（「映画活動に関するテーゼ（草案）」〔日付なし〕二〜三頁）ものとして位置づけられていた。

その上で留意すべきは、こうした映画観に基づいて共産党員の組合員による東宝映画に対する批判が、撮影所内部において行なわれていたことである。その例を、公開当時その高い叙情性が評価された五所平之助の戦後第一作『今ひとたびの』にみておこう。この「映画について、いろいろの批判がなされている。大体二つの見方があるようだ。その一つはやや進歩的だとゆうこと、他の一つは進歩的な題材だがそれが進歩的にとりあつかわれていない。今までどおりのメロドラマにすぎないとゆうのである。私も後者の見方なのである。これは原作自身の問題だが、またこれをとりあげて製作したとゆう問題にもなるが、『今ひとたびの』に描かれ、描かんとした恋愛が何も太平洋戦争の前後やセツルメント運動をやっていた男をとりあげなくても、何のかかわりもないものである。そうした時代と必然的なつながりをもっていないし、もたそうともしていない。私には主人公にかつらをつけ、大小〔の刀〕をたばさしてもあの映画はなりたつものと思う。進歩的だとゆうとすぐ社会運動をする者やストライキや共同農場をもち出せば進歩的なように思われている。〔中略〕進歩的な作品は必ずしも進歩的な人物、進歩的な事件を出せばよいとは限らない。反対の人物や事件をとりあつかってもよい。問題なのは作品が題材を進歩的にとりあつかっているかどうかにかかっている。〔中略〕いろいろと進歩的な題材をとりあつかった作品が私達の前にある。しかし、ほとんどが『厚化粧をした老妓の舞妓姿』にかわらないものであることをしらねばならない。『今ひとたびの』も又その一つであった。私達は今ここでもう一度はっきりと正しい進歩的な映画に対する考えをまとめるべきだと思う。そして私達の意図を正しく企画審議会、製作協議会に反映して、立派な私達の映画をつくろう。そのためにも旺盛な批判精神をもち、批判活動をなすべきである。」（裾野純太「進歩的な映画であるか—今ひとたびの—について」日本共産党東宝撮影所細胞文化機関紙『芽ばえ』第一号　一九四七年四月二四日　二〜三頁）。この批判は、『今ひとたびの』の主人公がセツルメント運動にコミットしている医師であることから「進歩的」であるかのように受け取られているが、しかしその内容は「題材を進歩的にとりあつかっ」たわけではなく、「厚化粧した老妓の舞妓姿」でしかない、というのである。ここには、岩崎昶のいう映画の多様性、「ゆたかさ」を理解しようとする視点は認められない。

（9）全映演のこの「具申書」に対する会社の回答ならびにそれに対する全映演の対応については、第四章において立ち入って検討する。

（10）厳密にいうと、この表のうち戦後の数値は不正確である。戦前の平均撮影日数四六・二日、総カット数六〇〇、一日平均カット数一三に対して、戦後の同じく九一・六日、六〇〇・八という数値は、仮に撮影日数と一日平均カット数が正しいとすれば、総カット数は七三三（八×九一・六）であり、逆に撮影日数と総カット数が正しいとすれば、一日平均カット数は六・六（六〇〇÷九一・六）である。故意にか不作為にか戦後の数値は、誤っている。

（11）以上の生産復興会議について、後に労務担当役員として東宝入りした馬淵威雄は、第三次争議突入直後に、「記録並に人から聞いた話だから多少の事実相違があるかも知れないが」として、「これは」「まるで共産党大会である。東宝の映画生産に関する復興会議であるから、経営者と組合とがどうして生産能率を上げようかというような相談であろうと思われるわけだが、議事は必ずしもそのように進んでいない。能率問題などてんで問題にはならない。」「共産党から出た宣伝めいた客観状勢を種本に、何処の国で左翼がどう進出したかとかしないとかいうことを黙って拝聴していなければならないとしたら、経営者もたまったものではない。東宝は過去一ヵ年間大なり小なり、このようなことをしている中に、資本金の倍額にも上るような大赤字を出して、崩壊寸前に立至ってしまった。」（馬淵威雄　一九四八a　二五頁）と冷ややかに非難している。だが、「客観状勢」の分析は、伊藤武郎の最初の問題提起の一部を構成するだけであって、その後の報告と議論は、すでにみたように生産の隘路の原因を究明し、その打開策を模索したものであり、およそ「能率問題などてんで問題にならない」などと非難されるべき内容でないことは明らかであろう。馬淵がこの会議の「記録」をきちんと読んだ上で書いた文章とはとうていいいがたいが、しかしもしも読んだ上での記述ならば、その曲解は組合非難のためにするアンフェアなものといわなければならない。

（1）社長の田邊加多丸は、一九四七年十一月時点でも基本的に会社分割の意図がないことを次のように言明している。「こんど議会に提出されている経済力集中排除法の問題については、わが社としてはその決定をまって、はっきりした態度をきめたいと考えている。しかしよく考えてみると、映画事業をすすめてゆくには、いままでの形態が多少不備な点はあるとしても、一応コンクリートで、理想的であると思うので、無理に改変する必要はないのではないか。それでも解体しろ、といわれれば、解体しなければならぬが、その結果充分やってゆける見透しはもっている。」（田邊加多丸　一九四七　一七頁）と。

（2）この製作担当者森田信義執筆の社長宛て「『戦争と平和』ニ関スル見解具申書」（一九四七年六月二四日）を、一九四七年七月五日付け全映演宛ての会社の回答書の基礎となっているというのは、森田のこの文書には、例えばそのタイトル「『戦争と平和』ニ関スル見解具申書」の「見解具申書」の部分に訂正の線が引かれて「申シ入レニ対スル回答」と記入され、「『戦争と平和』ニ関スル申シ入レニ対スル回答」と訂正されるなど、文中若干部分が訂正されて会社の正式回答書の原文となったことが読み取れるからである。ただし、全映演が会社の回答書に納得せず、再度七月一七日に提出した「『戦争と平和』回答に対する再度申し入れ」に部分的に引用されている会社の回答書は、この森田の文書が社長に提出された後、CCDの検閲において大幅なカットを要求されたために、そのことの経緯を織り込んだものとなっている。

その上で、すでに本文で触れたように、CCDによる検閲が滞っている間、CCDに対して東宝の経営側から全く相反する二様の働きかけがあり、またこの作品についての会社の全映演に対する公式の態度が、森田信義の「見解具申書」に基づき、この作品を擁護するものとなっているという事実が示すことは、経営陣の内部に日映演に対する対応において、同調と反対の二様のあり方が存在していたということである。実際にも、例えば同じ営業本部内部でも、全映演の盤居する配給部とは異なり、営業の責任者である波多野三郎は、東宝の危機を乗り切るためには「組合の正しき理解と協力を前提条件として」「組合と一体となって、当社の組織の真に民主な再生産」が可能となると組合迎合的とも受取られかねない意見を表明している（波多野三郎「『東宝危機対策』としての拡大再生産論」〔東宝〕営業本部・興行職区『興行月報』第二号　一九四七年十一月　三頁）。また製作の責任者である藤本真澄も、「『四つの恋の物語』以後の東宝撮影所の作品が、現在の日本映画の水準から見れば、最高位のものである事に誰も依存はあるまい。」「質を落として、量を確保する。これなら何も生産復興の協議会を開いて頭をいためる必要はない。質をおとさずに、量を確保する。」このことを「あらゆる隘路を克服し、頭脳をしぼり、一見不可能と思はれる事を可能にしなければならない」（藤本真澄「東宝撮影所の製作方針について」同五〜九頁）と、事実上組合の立場を擁護している。経営サイドにこうした二様の立場があったことは、後にみるように田邊社長をして組合への強硬な対応姿勢を容易には取りがたくさせた無視しえない根拠をなした。

ちなみに、撮影担当の宮島義勇は、この『戦争と平和』で『市民ケーン』（一九四一年　監督・主演オーソン・ウエルズ　撮影グレッグ・トーランド）が採用した「パン・フォーカス（長焦点深度撮影）」という撮影技法を、日本映画としてはじめて試み、それをひとまず成功させたという（前掲　宮島義勇二三二〜二三四頁）。この作品の主役である池部良は、このパン・フォーカスによる撮影を、共産党員の支配的な撮影現場に対する反発も込めて、「熱いライト」のもと「みんなの額と項が、見る見る内に赤くなり、火傷の火脹れが出来始めた。『あっつ』が『痛え』に変わったが、カメラマンはおっかない人だし、日映演組合の委員長〔これは池部の勘違いで日映演の委員長は当時は伊藤武郎である〕を務める歴とした共産党員だから、誰もが、逆らうことが出来ず、火脹れに唾をつけては、『痛え、痛え』を繰り返して、じっと腰かけ、早く本番が終わらないかと、涙を浮かべた」（前掲、池部良　一九九五　二〇三〜二〇四頁）と揶揄している。

（3）『戦争と平和』の興行成績は、それまでの東宝映画のなかではかなり高い水準に達した。営業本部は次のように述べている。「これは傾向映画の一つであります。終戦後この種の傾向映画は我社に於て最も多く採り上げられましたが、興行的には余りに成績は芳しくありませんでした。それでこの映画の上映に当っても大作とはいえ一抹の不安があったと思ひます。ところが蓋をあけて見ると案外良く、殊に危惧された地方都市に於て予想以上であったのは誠に同慶の至りに耐えません。」（東宝営業本部興行職区『興行月報』第一号一九四七年九月　五九頁）と。実際、猛暑にさえぎられた九州地区など一部を除き、地方直営館の反響の高さはこれを裏づけている。「待望久しきに亘った封切、大いに張り切って蓋をあける。好評、好調、予想以上の好調の連続であった。」（札幌東宝劇場）「猛宣伝の甲斐もあり、圧倒的な人気を呼び、当市各映画館を通じ、戦前戦後の最高の動員に成功せり」（青森映画劇場）「市内各館を圧倒し、連日長蛇の列」（新潟宝塚劇場）「今週は各館を圧倒せり、本年度興収に於て最高」（横須賀東宝劇場）「まじめな企画で巨費を投じた大作だけあって、若い知識階級の客の多く順調な週間であった」（名古屋宝塚劇場）（同六四〜七三頁）。

　さらに観客調査（日比谷映画劇場での各作品公開時、計約四、五〇〇人を対象とした調査）によっても、新憲法施行記念の他社作品に対する評価——松竹『情炎』（脚本・演出渋谷実）の「良」二二九、「否」一二三、大映『壮士劇場』（脚本八尋不二　演出稲垣浩）の「良」四九五「否」一四三に対して、『戦争と平和』は、「良」が七二一「否」が一七八と最も評価が高かった（「世論調査報告　映画観客の動向—憲法映画週間の観客調査から—」『キネマ旬報』一九四七年十月下旬号　二七頁）。後年、「東宝の同時代への関心、戦後の若い人びととの生き方への模索と民主主義の理念の提示が群を抜いていた」（前掲『世界の映画作家三二』　一九七六　一四〇頁）と評価されるゆえんである。

（4）会社が日映演組合の求めに応じて「経済白書」を発表した際、全映演は会社に対して「組合の六月申入れに対する何等の具体策もなきままに今日に至」った以上、「会社は何の面目あって吾々にこの白書を提示したのであるか。之こそ正に会社の無能無為無策によって生じた今日の時態《ママ》の責任を、吾々組合にも転嫁し、労資共同の責任に於て解決せんとするものであらう。然し乍ら吾々の叫びし八月危機に耳を籍さずして事態を今日に至らしめたる責任は全く会社の負ふべきものにして斯る事態に起因して生起するであらう凡ゆる問題に関して我が組合は一切の責任をとらず、又一切の責任なきことを茲に重大なる決意を新たにして断乎宣言する。」として、「会社をその内部的崩壊から救」うために、「現企業の解体分離を会社の責任に於て即時断行せよ」との「決議」を提出する（全映演東宝支部委員長田中健彦　田辺加多丸社長宛て「会社に対する組合決議並に宣言申入れ」一九四七年十月九日）。会社はこれに対して、「経済力集中排除法の内容がはっきり」しない現状では、「直ちに決定的な意見を述べることはできない。しかし『企業分離』に関して今後の会社のあり方の一方法として充分なる研究の上具体案を出し比較検討し排除法に対して万全の措置を講ずる」と応答している（田辺加多丸　全映演東宝支部委員長田中健彦宛て「回答書」一九四七年十月一三日）。全映演の頑な会社に対する追及姿勢とそれへの対応に苦慮している会社の様子が看て取れよう。

（5）第三次争議開始後、会社が公表した企業業績のデータは、大量解雇を正当化する論拠として機能したから、実態を正確にあらわしているかどうかの疑念を完全には払拭できない。したがって、以下の本文で取り上げるのは、争議前、会社が組合に提示したデータとそれを裏づける経営内部資料である。

（6）全映演が盤据する本社営業本部の配給部門の社内誌は、この『女優』について「十一月末に計上された『女優』の原価は、直接費七三〇万円、間接費六〇六万円となって居り、十二月に計上されるものを含めれば合計して一、五〇〇万円前後となるだらう。製作日数は八二日、尺数は一万五百尺といふ長尺物であ」り、しかも「『女優』は十二月の封切に二八本のプリントを揃へた為、総尺数三〇万尺に達せんとする大豪華版とな」り、これは「他の作品の三倍にも当る消費であって生フィルムの枯渇してゐる現在に於いては最大の贅沢と言はねばならない。」この「プリント費二〇〇万円」に「宣伝費一八〇万円」を加えると、「総原価」は「一、七八〇万円」となり、「収入予想一、四〇〇万円」をはるかに超え、「上映収入が今や種々なる情勢によってマキシマムに達し」ている状況下では、「一本の映画に、しかも三八〇万人程度しか動員し得ない映画に製作費一、四〇〇万円を投ずるとは、素人が考へても正気の沙汰とは思へないのではなからうか。東宝の危機はこの恐るべき企業を無視した製作態度によってのみ招かれてゐるのである」。「儲けるといふ事が企業にあっては第一条件である。東宝映画の名誉は採算が採れつつ優秀作品が生れ出るといふのにあるべきであって、損をしながら作るのだったら誰だって立派なものを作る事が出来るに違ひない。」「東宝は『女優』の如き優秀大作を発表しつつ、しかもその故に一歩一歩死に近づいてゆきつつあるのである。」と、収入見込みに見合わない高い製作コストを「消費」する代表として『女優』をあげ、そうした日映演の製作態度を東宝の危機醸成の原因として、厳しく批判している（「東撮作品『女優』雑感」〔無記名〕〔東宝〕営業本部配給会計職区『配給会計旬報』二九号　十二月上・中・下旬号　一九四七年十二月三〇日　一〇〜一五頁）。

しかしながら、当時、業界記者たちが、東宝の製作姿勢を次のように高く評価していたことは重要である。「（D）〔…〕『今ひとたびの』の場合は三倍半から四倍のNGを出したというがこれ位ださないと良い映画はできない。〔中略〕（E）〔…〕如何に経費をかけても良い映画をつくるというのと、反対に悪くてもたくさんつくるという粗製濫造と二つの傾向がいまある。（記者）例の新東宝が主張しているのが特に後者のばあいです。（D）少々質は悪くてもたくさんつくれというのだろう。（B）〔松竹〕大船、大映でもそうだ。（D）がん張っているのは東宝の第一撮影所だけだ。」（「業界当面の諸問題を語る――映画記者座談会」『キネマ旬報　業界特報』第八号一九四七年九月十一日　三頁）と。

実際にも、組合の支援に支えられて当時の東宝の作品が他社のそれに比較して質が高かったことは、疑いを容れない。例えば『キネマ旬報』誌によるベストテン・ランキングによれば、一九四六年は二位に『わが青春に悔なし』（黒澤明）三位に『或る夜の殿様』（衣笠貞之助）六位に『民衆の敵』（今井正）の三本が、一九四七年には二位『戦争と平和』（亀井文夫・山本薩夫）三位『今ひとたびの』（五所平之助）五位『女優』（衣笠貞之助）六位『素晴らしき日曜日』（黒澤明）七位『銀嶺の果て』（谷口千吉）八位『四つの恋の物語』（豊田四郎、成瀬巳喜男、山本嘉次郎、衣笠貞之助）と全一〇本のうち六本を東宝作品が占め、一九四八年は第三次争議突入直後に完成した『酔いどれ天使』（黒澤明）が一位となっている。そして一九四九年には、争議で製作中止となりその後完成した『青い山脈』（今井正）が二位、『野良犬』（黒澤明）が三位、『女の一生』（亀井文夫）が七位に選出されている（『キネマ旬報別冊　新版戦後キネマ旬報ベスト・テン全史』一九八八年）。

（7）小川正はその間の事情を次のように述べている。「東宝の組合は一年たたぬうちに、第二次ストライキを行ない、それにも勝ったのである。〔中略〕東宝の母体である関西の宝塚系に、多大な東宝現役員の不信感が生まれた。やがて、昭和二十一年暮れの第二次ストライキ妥結によって、ひとまず会社当局は愁眉をひらいたというものの、労働協約をめぐって、会社と組合の勢力が伯仲の形にあったので、宝塚資本の中には、現東宝重役陣を批判する声がますます強くなった。こうした時に、戦犯指名の人事が事前に洩れたりしたこともあり、それが巷間に伝わって明らかになったりしたため、植村泰二、大沢善夫、森岩雄の役員全員が辞表を提出した。」（小川正　一九八六　五六頁）。

実際、すでに触れたように、小林一三は大沢社長の容共的な態度に苛立ちを隠さなかった。小林は、大沢らの辞任が決まった株主総会の日の日記に「今日東宝（の株主）総会が東京で開催されている。予定の如く田邊加多丸が社長になって新内閣を組織するとせば、コレカラ必要なことは勇気である。現在の日本には資本家の勢力なぞといふ旧式な感念《ママ》はイラナイので、只だ完全なる事業経営の組織、安全なる一致協力の出来る陣容、公平なる分配に満足して共栄精神に基づく働く力、そういふ理想的の会社の内容が出来上れば、利益の有無、多少なぞは二の次であるから、苟も此理想を裏切る分子、此会社組織を破壊せんとする反逆者が内部にあるものとせば、如何なる犠牲を払っても之を追出すべしである、田邊に此勇気があるだらうか。」（前掲、小林一三　一九九一〔一九四七年〕三月一〇日　四九四頁）と記して、田邊新社長に直截的に共産党の追い出しを期待している。

　他方、森岩雄は辞任の経緯について、「かねてから左翼の映画人の間で、戦争責任のある人物を業界から追放すべきであるという運動が起っていたが、G・H・Qが本格的にひろく日本の指導階級をその地位から追放する案を固めたことを知り、当方でもいろいろ議論をし合った。そういう事が決まった以上、一日も早く、それに該当する者は会社から退き、新しい経営者に運営を任せるべきだとする考えと、まだ情報の程度で進退をきめるのは軽率である、事が正式に決定されるまで責任を果たすべきであるとする考え方とが対立した。しかし、前者の早く止め《ママ》るべきだとする説が多数を占め、東宝の重役陣は追放令にかかる心配のない一、二の人を除いて、昭和二十二年三月二十日に一斉に辞任をした。」（前掲、森岩雄　一九七五　一七七頁）と述べている。同じ森は、その三月八日付けの日記に「三月八日の常務会で大沢社長が任期満了かつ留任しないことにきまったのを機会に、後任は田辺副社長として、役員中にも植村、川喜多両氏は退任、経営担当者は全部一応辞任少壮幹部に後をひきうけてもらふことにきまった。〔中略〕一昨秋、敗戦と共に自分も会社を去るべきものと思ってゐる。その期を得なかったことが自然なる雰囲気で叶へられたことはまことに幸福であった。在任中はただただベストをつくして働いて何等悔ゆるところがない。」（森岩雄　一九八一　一九七頁）と記している。

（8）小川正はこの役員交代劇に田邊加多丸の実兄、当時後楽園社長の田邊宗英が関与していたとして、「代わって、新たに東宝の実権を握ったのは、関西の宝塚系である。御大の小林一三を筆頭に、実弟の勧業銀行頭取の田辺加多丸以下、宝塚系、旧J・O系まで入ってきて、役員構成を完成した。田辺加多丸は田辺宗英の実弟である。この政変に後楽園社長田辺宗英が深くかかわって、画策していたのは事実であり、その実力が、役員人事を大きく左右したのも事実である。」と述べている（前掲、小川正　一九八六　五六～五七頁）。

（9）当時は、異常なインフレ状況もあって、賃金交渉が前の月に翌月分の交渉を行なうというかたちで毎月行なわれたから、これが組合との交渉頻度が多くならざるをえない最大の理由であった。『東宝二〇年史』所収の「共産党を撃退して生き抜いた東宝」なる論稿は、「田辺社長時代は組合の横暴は最早や尋常手段を以って防ぐこと不可能の状態に立至っていた。田辺社長は昭和二十二年十月迄八ヶ月社長の職に在ったが、その間経営協議会と称して、組合の吊し上げに会うこと正に八十三回、殆ど連日連夜組合との折衝に憂身をやつし、終に病気になって経営の指揮をとる道を与えられなかった。」と述べている（東宝株式会社　一九五四　一一頁）。「組合の吊し上げ」は明らかに誇張であるが、田邊社長在任期間中（一九四七年三月～同十二月）の経営協議会の開催回数が、対日映演が四六回、対全映演が三五回におよんだことは、議事録から確かめられる。それは両組合あわせて平均三・七日に一回、つまり一週間に二回以上の頻度で行なわれたことを意味し、しかも本文で検討したように、一九四七年六月の全映演との交渉が二四時間におよぶこともあるなど、一回の交渉が少なからず長時間にわたったということに留意しなければならない。こうした協議・交渉が会社側の実務に少なからぬ影響を与えたであろうことは否めない。その中心議題は、多くは賃上げであった。両組合が毎月、別々に翌月の賃上げ要求を会社に提出し、それに対する会社の回答をめぐって繰り返し交渉がもたれ、それに加えて、例えば経営危機への対応や日映演中部分会での組合員四五名の脱退をめぐる全映演との対立抗争など、他の問題が議論されるというのが、通例であった。その上で、日映演との場合は、部門ごとの「部別経営協議会」とその下の「職区協議会」や「企画審議会」「製作協議会」等の独立の協議機関が開催されていたことも、会社の負担を重くしていたことは看過してはならない。なお、先の東宝社史所収の論稿は、馬淵威雄が「一言一句、全部私が書いたものです」（東條由紀彦・山本潔　一九九八　五二頁）と述べているところから明らかなように、馬淵の執筆によるが、日時など事実認識の点で誤りも少なくない。

(10) 小林一三の一九四七年十月一八日付けの日記によれば、「明日東上する鳥井信治郎に東宝の形勢を話する為めに夕方食事を共に来訪を乞ふ。森田君も同席、森田君は東宝の重役にお願いするつもりのところ、パーヂにて駄目との事。松根君帰東の途次来訪。東宝の情勢を話し、東宝新重役及改革励行の為め顧問として日勤、田邊社長の相談役をお願した。東京の尾上登太郎君と松根君と森田君とが田邊新内閣の組閣委員として働いてくれるならば誠に好都合だと思ふ。」（前掲、小林一三　一九九一〔一九四七年〕十月一八日　五四三頁）と記されており、ここでの「森田君」が森田信義製作担当のことならば、森田はすでに十月の時点から役員の交代について知っていたことになり、組合との交渉における発言は、偽りだということになる。しかしここでその真偽を確かめることはできない。

(11) 渡辺銕蔵は戦前から小林一三の親しい知己であり、小林が第一次近衛内閣の商工大臣をわずか八ヵ月で辞する契機となったいわゆる「漏洩事件」は、小林が経済新体制の企画院原案を渡辺にみせたことに端を発したものである。三宅晴輝の『小林一三伝』によれば、「第七六議会は、昭和一五年十二月二六日から翌年三月二六日にわたって開かれたが、この議会で、小林商相は軍部と革新官僚の側からの手ひどい反撃をくった。現在の旭海運の社長で、東京急行の取締役をしている小山亮はその当時代議士であったが、彼は小林商相の経済新体制の企画院原案『漏洩事件』なるものを衆議院で質問し、この問題で執拗にくい下った。これは小林商相が渡辺経済研究所の所長、渡辺銕蔵（戦後の東宝争議のときの社長）にひそかに企画院原案をみせた―というのである。そして、大臣たるものが国家の機密を漏洩するとはなにごとか―というので、小林商相を糾弾した。この『機密漏洩問題』は、新聞その他で大分騒がれ、さらに小林が脱税しているということまであばきたてて質問され」、結局議会終了後の「翌一六年四月四日、第二次近衛内閣の改造が行われて、そのとき企画院総裁、国務大臣星野直樹といっしょに、辞めさせられた。」（三宅晴輝　一九五四　二六八～二七五頁）という。

また小林の友人松永安左エ門は、その経緯を次のように述べている。「小林君が近衛内閣の商工大臣時代、次官の岸信介さんと喧嘩したことは、既に世間がよく知っていることで、今更、それに触れようとは思わないが、当時の官僚派というか、統制官僚というか、そういった連中に、小林君が議会でひどくいじめられたことがある。〔中略〕世に言う『漏洩事件』の起こりというのは、内閣の企画院から経済新体制要綱というものが閣議に提出されたことに始まる。小林君はこれを見て驚いた。そこには自由経済は全く影をひそめ、すべてが計画経済、統制経済である。枠をちゃんときめて、身動きもできないイデオロギーを持つ要綱ができ上がっていた。小林君は驚いたあまり、自分の友達で、規格的な計画に強い反発力を持っていた渡辺銕蔵君にその要綱を示した。ところが、誰が言ったのか、そのことが外部に漏れた。――秘密文書として閣議に出したものを、渡辺銕蔵に見せ、それを渡辺が批判した――か、どうか、そこ迄は私も知らんが、とも角、軍国主義の官僚群が、小林は実にけしからんといきまきだした。近衛さんは小林を大事にしているものだから、内閣のうちではひたすらもめないようにやっていたのを、議会で小山亮代議士がつつき出した。――この内閣の中に、閣議の秘密を漏らしたものがある。それは小林商工大臣である――という風に、連日、質問を小林君に浴びせかけた。そこで、ほとんど毎日、小林君が私のところへ相談に来た。」（松永安左エ門　一九八〇　九～一〇頁）と。

(12) 伊藤武郎は田邊とその後の経営陣の交代の経緯について、次のように述べている。「田辺加多丸が〔大沢と組合との間で締結した〕団体協約の運用をしていくわけですが、そのうち神経衰弱のようになるんです。それは自分の側のショップ長がしっかりしないためです。自分が映画づくりに意欲がないから、ショップ長のほうはどうもはりきらない。そこで田辺社長は気にいらんショップ長を首にしたいと、そのことばかり考えるようになって、どんなにいい映画ができても楽しくない。もともと興行さえよければそれでいいという人ですから、だんだん東宝で映画をつくらなくなってもいいんだという気持ちになってきたんです。兄の一三氏のイエスマンぶりが、日々にめだってきます。そこで加多丸は、一九四七年十二月に、かつて東京帝大経済学部教授をしていた、反共の渡辺銕蔵を社長にもってきます。〔中略〕大沢の結んだ団体協約は組合にしてやられた容共的協約だとデマり、アカ恐怖症の渡辺銕蔵を社長にしたわけです。」（前掲、伊藤武郎　一九八六ａ　一二二〜一二三頁）と。

　また宮島義勇は同じ経緯について「経営失策で赤字になり、企業整備をするとなると、まず製作部門の整理縮小と不良財産の切り捨てになる。だが、資産評価でも日劇、帝劇、宝塚劇場、梅田劇場、北野劇場を始めに、膨大な劇場、映画館と付属する土地建物に比べれば、撮影所の施設機材の比重は僅かなものに過ぎない。一番重要な資産は人的資源だが、赤字の原因ならば、製作が止まっても切り捨て、撮影所は不動産として処分すればよい。自社作品を売らなくても、コストの安いものを高く売るのが商売だから、店さえ確保しておけば商売は出来る。宝塚の総元締小林一三さんは、そこまで腹を決めたと思う。だが小林さんも、人の整理は簡単にいくと考えてはいなかった。しかし実弟とはいえ気が弱いことが評判の田辺社長では駄目だから、首切り役には数字だけを取り扱う経済の専門家にやらせればよい。それで選ばれたのが、〔中略〕渡辺銕蔵だった。」（前掲、宮島義勇　二〇〇二　二四二〜二四三頁）と述べている。もっとも、小林一三が、一九四七年十二月の時点で、撮影所の切捨てまではっきりと考えていたかどうかは、議論の余地があるが、少なくとも組合の影響力を弱めるという意図のもとに渡辺銕蔵に白羽の矢を立てたことは、疑いのないところである。
(13) 渡辺銕蔵が映画業界と無縁であるばかりか、そもそも映画をあまり見たことがないということは、組合員によく知られた次のエピソードが端的に物語っている。「映画のことについてはかいもく知らない男です。社長に就任してきて団体交渉の席上でこういう一幕があったほどです。渡辺が『日本の映画を是非とも民主的に復興したいと思う』というから『じゃあ、社長は最近の映画で何がいいと思うか』と聞いたところ『わしはむかし『ジゴマ』しか見たことがない』という。『ジゴマ』というのは戦前も戦前の無声映画の全く初期の作品でありますから、私たちが『『ジゴマ』しか見ないで、どうして日本映画を民主化するという構想が立てられるのか』と聞いたところが詰まってしまうというような社長でした。」（宮森繁　一九七二　八三頁）。また映画評論家清水晶は、「私は、その前〔渡辺銕蔵が東宝の社長に就任する前〕から映画とは全く別のことで、渡辺氏と知り合う機会があったが、氏が東宝社長に就任すると聞いて、びっくりした。もし事実と相違していたら陳謝するが、私の印象を率直に言わせてもらうと、この人は映画を見たことがあるのだろうか、映画監督の名前を一人でも知っているだろうか、と疑いたくなるような御仁だったからである。」と述べている（清水晶　一九九四　二〇一頁）。
(14) 寺田昌業（関西支社）は、名古屋での組合分裂問題に中労委事務局として馬淵威雄が深くかかわっていたことが、彼が東宝に招聘された理由だとして次のように証言している。「名古屋問題の解決に仲々きれた腕をふるったということが、のちに馬淵さんが東宝へ呼ばれることの理由になったという風に僕は確信してますね。だからいわゆる春秋の筆法でいうと馬淵さんを東宝へ連れてきたのは日映演だということになる。田邊さんが経営担当者の連中に手をやいて、とにかく渡辺銕蔵を連れて来て、でまあクビキリ役には中労委の馬淵さんが最高だということで連れてきた、という風にぼくらは理解しましたね。」（寺田昌業　一九七九　一五頁）。

（15）三宅晴輝は、戦前、東洋経済新報社の記者から出立した経済評論家で、戦後は日本放送協会（ＮＨＫ）理事や大原社会問題研究所に関係していたが、東京電力の松根宗一らの推薦によって東宝撮影所の所長に就任し、その任を退いた後も取締役としてしばらく東宝にとどまる。松根は次のように述べている。「終戦後、小林一三さんがやって居られる東宝に共産党がたてこもって、戦後最大の苛烈な争議が起きた。当時小林さんも私も追放で、東宝には表向き関係できないのだが、小林さんがどうしても援助してくれと言われるので、後楽園社長の田辺宗英さんや阪急の太田垣さん等といっしょに東宝の再建に力を尽した。この時も三宅さんも同志として参加され、争議の中心である東宝の砧撮影所の所長を無理にお願いして非常に御苦労かけたことがある。なにしろ、当時ＧＨＱは労組側だったので、『出動しなかったのは軍艦だけだった』とその後三宅さんは笑話をしていた程で、三宅さんの本当に身に危険を感じながら敢然と戦った当時の姿は、今も語り草になっている。」（松根宗一　一九六八　七二頁）。

また彼の退任の経緯について先に引いた宮森繁は、「撮影所としては『三宅晴輝撮影所長を迎える会』というのをやりました。その中味は組合員が就任の車の来るのを待って取り囲んで『日本映画の復興の政策』というものを聞くというものです。ところが、彼はそれには答えられないことになって立ち往生になってしまうのですが、来るたびにデモで迎え、つい〔に〕翌四八年の一月から撮影所に出勤しなくなり四八年の争議の以前に、二月ごろ病気という理由で退陣して行くということになりました。」（前掲、宮森繁　一九七二　八三〜八四頁）と述べている。

（16）全映演の伊藤雅一は、この経営陣の交代について十二月二三ないし二四日頃、偶然路上で出会った田邊社長から直接その意図を聞いたとして、次のように述べている。「たしか、その〔会社、日映演、全映演の〕三者会談（十二月二二日）を終えた、一両日後であったと思う。東光ビルにあった関東支社に勤務していた私は、本社の所用を終ってその本社の前から、電車の線路を渡って資生堂の脇までくると、ばったり田辺社長に会った。〔中略〕田辺社長は、病院の帰り道とかであったが、『君に話したいことがある』と私を『モナミ』〔喫茶店〕に誘った。席につくと田辺社長は、あの温顔をもって静かに話しはじめた。『伊藤君、君たちが東宝八月の危機を警告した時、私は八月、九月にはそんな危機は考えられないと返事をしたが、この間の三者会談の時もいったように、事実は八月から急速に赤字を露呈してきて、今日東宝は絶体絶命に立たされてしまっている。しかも東宝撮影所は、その後も依然として態度を改めず、製作本数も増すどころか相変らず芸術主義に名をかりて、予算制を全く無視しており、今の会社の力では残念ながらどうすることもできない。私は会社が二つの組合と、協約を結んでいるために、それぞれに団交を行わねばならないし、またこの二つの組合がいろいろ紛争を続けているために、業務に専念できないことも会社の経営を阻害すると考えて、なんとか簡素化をはかろうと、この間の三者会談をもったが、問題はもっと抜本的な解決をはからなければならぬので、これを首脳者間で考えていた。そこで会社は一大決意をして、ここしばらく業務を犠牲にしても東宝が起つか、起たぬかは、結局共産党支配の手から東宝を奪い返すか、返さぬかによって決まるので、一大決戦を行うことに意を決し、重役陣も一新することに決したのだ〔…〕東宝そのものが滅亡するか、いきるかという瀬戸際に追いつめられてしまっている今日、その部門が儲かるか、儲からぬかという一部課の仕事も、もちろん大切ではあるが、それにもまして、今日の組合をどの方向にもっていくかの仕事の方が、より大きな使命となった。そこでどうかよろしく協力してもらいたい』という内容のことを、まことにていねいな言葉で話してくれた。」（前掲、伊藤雅一　一九六五　一三四～一三五頁）と。

田邊が共産党と「一大決戦」を行なうために重役陣を一新することにしたと述べた、というこの伊藤雅一の証言が正しければ、経営陣の交代は共産党を排除するために、「一大決戦」＝人員整理を当初から意図したものということになる。が、共産党排除のための人員整理を最初から企図していたのなら、経営危機を理由としてそれを直接実施に移し、協約改訂交渉を組合と時間をかけて行なう必要性は、希薄になるはずである。むろん現行協約の失効が人員整理の前提要件であり、また協約改訂交渉を人員整理のためのアリバイづくりとする見方もありうるが、しかしそれでは会社が末弘厳太郎に最初に依頼し、次に馬淵威雄に頼んだ協約改訂案づくりとその交渉とにかけた時間の多さは、充分に理解しきれない。むしろ田邊会長は、小林一三の意を受けて共産党の排除を目的とした人員整理は早晩不可避と考えてはいたけれど、新経営陣が直ちに人員整理を強行するのではなく、組合の影響力を制度的に排除するために協約の改訂を当然に踏むべき最初の階梯と考えていたとみるべきであろう。この点は、第三次争議において共産党の排除を公然と口にする渡辺銕蔵が、社長就任後の『キネマ旬報』誌のインタヴューに微妙な言い回しであるが、共産党員であることを理由に排除することはできないと応答しているところからも知られる。「元来反共主義は私の持論で、大正一三年にその主張を論文に書いたこともある。いまの労働運動が横道へそれるのは、共産主義者がいるからだ。放送局は、わずか一五人の共産党員がいたため、七、八千人の従業員がおどらされて騒いでいたというではないですか。わが社も油断すると、この二の舞をふむおそれがある。しかし共産党員だからという理由で、辞めてもらうわけにも行かないでしょう。個人がいろいろな主義主張をもつのは勝手である。だから会社の外部で何をされようとかまわない。しかし会社の内部にあって、外部と連絡をとり、企業を破壊するような行為をしてくれては困る。これだけはどうしてもやめてもらいたい。」（渡辺銕蔵　一九四八b　二一〇頁）。

なお伊藤雅一は、同じくこの経営陣交代については小林一三がイニシアティヴをとったとして、「聞くところによると、この田辺クーデター〔経営陣の交代のこと〕内閣の出現は日一日と事態の容易ならざることを憂えた小林一三翁（当時公職追放中）が、田辺英俊、田辺加多丸、渡辺銕蔵、米本卯吉、三宅晴輝、真鍋八千代らを通じて東宝の現状を憂慮し、大英断のもとにこの新内閣を誕生させたものである。」(前掲、伊藤雅一　一三六頁)と述べている。

他方、組合創設時の演劇部の役員で後に重役担当付き部長になった網倉志郎は、「あれはいつだったか、東京會舘の別館かなにかで部長会があったんですよ。撮影所も全部出る部長会で、重役なんかも一緒で田辺加多丸さんが社長です。その時の話は要するに、共産党員並びに—明らかに会社はそういう言葉を使った筈ですがね、共産党員並びに同調者は排除するんだと。でいろんな話があって、それで私が質問したんですよ。社長にききたいんだと。共産党員というのは解る、明らかに名乗りをあげているしそちらでも調べているだろう、だけど同調者というのはどういうのだと。法律で許されているんだから共産党員がいたってぼくはかまわないと思うけれども、それはしかし会社の考え方があるだろうと。しかし同調者というのはどういう意味なんだと。そしたら明らかに同調者であると。それで職制や機構なんかも改革するんだと。そういう話があって、でその会はお流れになっているんですよ。というのはぼくが質問したら少したって休憩にしようと言って社長が席をはずして、そのまま現われなかったんです。ぼくはその時に、同調者というなら少なくともぼくは同調者かそれ以上であるけれども、だからぼくもと言うことですな、って言ったら、藤本真澄君なんかが、アミさん労働組合みたいな事言っちゃ駄目だよ、ここは会社の会議なんだから、って。結局会はそのままになったんですよ。」(網倉志郎　一九七八　二一四〜二一五頁)と述べて、田邊が社長時代に共産党員と同調者の排除を公の場で明言したと述べている。小林一三の強い要請を受けて田邊がその腹を固めたことを示す証言として貴重であるが、しかしいつ、どのように共産党員とその同調者を排除するかは、ここでも触れられてはいない。田邊が、彼らをいずれ解雇して会社から放逐することを考えていたとしても、それを具体的にいつ、どのような方法で行なうかについては、なお不確定であったというべきであろう。

その上で、業界誌の記者がこの東宝の新経営陣について「不在重役—というのは失礼だが、筆者の印象からいうと、東宝の新らしい重役室をうかがってみると、なるほどこれが新時代の、合理化された映画会社というものの、最も新らしい性格なのかと痛感する。つまりそうそうたる重役諸氏が鋭敏に各自のポストを守り、一分のスキもないのであるがふと『はてな映画会社なのかなここは』と思う。映画のにおいがしないのだ。」「経済を基盤としない事業はない。殊に現在の社会に最も重要なのは経済問題だ—ということが分りきっているだけに、では映画もまたその基盤に立って製作されねばならぬとなると、何かもう一つ足りないものがあると思えてならぬ。経済面だけのことで映画が生まれるか。だれが何を作ろうと勝手だが、映画会社は映画を作らねばならぬ。では映画はだれが作るのか。事業が作るのか人が作るのか。人が作るとすればその人はだれなのか。経済に明るい、事業に詳しい人が作るのか。然り映画人以外の人には作れない。この人たちの作業のために経済の基盤が必要なのであり、その経済運営の事業が映画会社である。

だから如何に経済的確立の強さがあったとしても、映画人が作らねば映画は永遠に単にフィルムに過ぎぬ。そこで筆者は『もう一つの足りぬもの』を発見する。会社は何でも経済さえ成立てばつぶれないが、『映画会社』は、映画を知らぬ場合は経済的にめぐまれても成立たぬ—ということだ。」（水町青磁「新重役をめぐって」前掲『キネマ旬報』一九四八年三月下旬号　一二三頁）と、「映画のにおいがしない」新たな陣容の東宝、「映画を知らぬ」新経営陣では「映画会社」は「成立たぬ」と痛烈に批判したことは、注目に値する。

(17) 組合による大幅な経営参加について否定するのは、馬淵威雄の基本的な考え方である。第三次争議に入って直後、彼は次のように述べている。「経営権参加あるいは経営協議会の運営が最初考えられたような経営民主化に役立つというよりは、経営の妨害あるいは事務の遅延にむしろ役立っているような現状を素直に認めて理念とか『かくあるべき』とかいう事柄を離れて改めて考え直す必要がある。労働秩序がみだれ、経営者の命令が今日においてもなお徹底しないのは、旧秩序から新しい秩序への移り変りの現象と申しながら、矢張り現実的には経営権、人事権の帰属が明りょうでないことから起っていることは間違いない。このことから起る不幸は決して経営者のみではなく、企業内の凡ての労働者に及ぶ不幸である。今回の東宝の大量解雇の跡を見ればこの事は一目りょう然である。」（前掲、馬淵威雄　一九四八a　二〇頁）と。

(18) 三月一日付け久保「日記」は、「会社は重役の改悪、集中排除法等でいろいろと苦難な立場に追ひこまれ、資本家と組合との闘争が集中的に出て来たのが国鉄物をやるかやらないかの問題、今日がその最後の闘争の日となった。」と記している。

(19) 久保「日記」三月二六日付けは、「昨日、団〔体〕協〔約〕の線でついに会社と組合決裂。暗き思ひで帰宅、妻も同じ想ひ。治男〔＝長男〕が心配してゐる。」と記している。

(20) なお、マネジメント・スタッフが執筆したと思われる東宝株式会社「撮影所経営協議会の実情『附』団体協約存続非存続の問題に就いて」（一九四八年五月一〇日）に掲載された「撮影所経営協議会議事録」（第一三回　三月三一日）によれば、組合は「四月一日以後団体協約はなくなり無条《ママ》約状態に入る。以後は撮影所としては団体交渉に移る」と応答したことになっている。宮島義勇はこの間の経緯を「これは売り言葉に買い言葉かも知れないが、よく考えれば旧団体協約を自ら破棄したことにもなる。」（前掲、宮島義勇　二五二頁）と、組合の勇み足を認めている。

(21) 伊藤雅一がその経緯を詳述している（前掲、伊藤雅一　一四五〜一四八頁）。その上で、演劇部組合員の不満について、網倉志郎は「ぼくはね、〔戦前の〕合併後の東宝演劇部のむくわれなさというのは、演劇を理解する、つまり演劇担当重役についに人を得なかったという気はかなりしますね。これは一寸さしさわりがあることですが、合併した時に撮影所との申し合わせがあるんですよ。

給与はこのままいじらない、そして対等合併であるという申し合わせが。ところがその前に撮影所は全部給与を上げていた気配があるんですよ。それは撮影所の方が利口ですよ。合併してあけてみると全部撮影所の方が多い。それを演劇部の連中はひそかに知ってますからね。それから東宝の演劇部というのは、いわゆる松竹の演劇に対して素人と言われる中で、従来の人でない東宝の技術者というものを育て、これは一寸芝居の中でいばれるような技術者を作り上げている訳です。〔中略〕それが戦後みごとに壊滅していく訳ですからね。演劇は映画の幕合いみたいなところを占めていく訳だし、劇団というものは、第二次東宝劇団は解消しやがてロッパさんのところを離してしまい、エノケン一座も独立劇団にしてしまって離すことになっていくでしょう。そういう点で、演劇の興行じゃなく、つまり演劇の制作に対する意欲みたいなものが消されていってるところへもって来て、技術者が虐待じゃないけれども優遇されないというところへいった時に、演劇部の殊に技術的なところの人は内向したでしょうね。分裂の旗がしらになった電機の剱持善吉君にしても大道具の福田武君にしても、技術者としては最優秀の人たちですよ。」（網倉志郎　一九七八　二三頁）と述べて、演劇部の分裂が映画優位の東宝の経営政策と日映演の組合運動のあり方に起因すると指摘している。

また演劇部の製作部門所属の女性組合員たちも、映画と演劇会社の合併による職場風土のちがいや映画とは異なる演劇の製作・興行がもつ独自の性格が分裂に作用したと述べている。「宮下：演劇部関係と撮影所って言うのは、東京宝塚劇場と撮影所とが一緒になって東宝株式会社になった訳だけれど、いわゆる宝塚出身とPCL出身ということで、そりが合わないっていうことはあるのよね。同じ組合の中でもあったんですよ。だから演劇の場合は撮影所の分裂と違って、そういう反発からごそっと抜けてしまったっていう傾向が強いみたいですよね。」「宮下：〔昭和〕二一年のストライキの時、劇場をしめてみんな日劇へ籠城したでしょ。あのいきさつはよく覚えていないけど、演劇の人はこやを閉めるのは猛烈に嫌だったのよね。」「石倉：あのこやを閉めた時の状態っていうのは、撮影所にふり廻された形だったっていう記憶はあるわね。あの当時そう思った。そういう感じをすごく受けたっていう──私達お客さんと直接ふれ合う仕事でしょ、殊に出演者はそうでしょ。その出演者と一緒に仕事してる私なんか一番感じる訳ですよ。」「遠藤：賃金闘争やなんか理屈は解るのよ私達だって。けどやっぱりどっちかって言うと、ああいう所に働いている人達は、芝居が好きで好きでたまらないって言う、理屈じゃない、そういうものとの板ばさみを、大なり小なりみんな持っていたと思うのね。その辺の葛藤は撮影所の人には解らなかったでしょうね。」「遠藤：映画にもお客と接するこやはあったけれど、撮影所にはそういう所は全くなかった訳ですよね。それに映画の場合のお客さんの接し方と、生の人間がやっぱり御飯食べて寝て起きて舞台へ出てって言うことが、また一つ違うんで、それが演劇の特徴だと思うのよ。」（宮下静江・遠藤ゆう子・石倉香代　一九七八　二八～二九頁）。それまでの分裂に比べて、演劇部の場合のそれがいささか根が深いことが知られよう。

（1）会社によれば、この解雇は組合が「四月四日、経営審議会の名の下に数百人の従業員大会を開催して、所長に対し赤字克服策を審議する前提として一人も解雇整理せざることを制約すべき事を迫った。依って会社は已むを得ず、四月八日、二七〇名の整理を発表し」た、ということになっている（「東宝撮影所労働争議の概況」一九四八年九月　一～二頁）。また馬淵威雄によれば、労働協約改訂交渉が決裂した後、経営側には人員整理について二つの考え方があったという。「闘争基本方針として、重役会の中に二つの議論がございまして、一つは、あくまでも、もちろん共産党員を解雇できれば一番いいに決まっているが、そうあらわには言えない、あくまでも経営合理化のために人員整理するのだという旗印で、穏当に進むべきだ、それには解雇条件をはっきりさせてそれに該当した者は解雇の対象になるというように、大義名分をたてて、そこへなるべく共産党員があてはまるような解雇条件を入れつつやっていこうという一派、たとえば私なんかそうですが、（もう一つは）そうではなくて、ともかくも共産党員とその同調者にしぼって、こいつをまず二〇〇人から三〇〇人たたき切ってしまえと、あとは意のままになる。第一回はそれでいけという説ね、二説ありまして、重役会の大勢は、むしろ後者なんですね。それを代表しておやりになっていたのが、北岡先生などです。まずそれでいこう、従って、まず労働争議のスローガンとしては赤字赤旗追放という旗を高くかかげろというご意見です。私は、赤字追放はいいが、赤旗追放といって、ことさら敵を設けるような方法は、結果においてそう致しますけれども、戦略戦術上まずいからおやめなさいと、何回も意見を言ったが、そんな手ぬるいことでどうするんだということで…。そのうち、だんだん僕もいやになってきましてね。組合員がわけもわからず、インターナショナル歌って、共産党員の意のままになっているのをみると、ぼくも実はムラムラとしてきてやってやるかという気になった。」（東條由紀彦・山本潔　一九九八　五六頁）。だが、その後の経過をみれば、会社は解雇者の数を逐次増大させていき、結果としては共産党員を含む人員整理という前者の意見どおりの様相を帯びるものとなったことは否定できない。

　なお、小林一三は、解雇通告が行なわれた翌日の四月九日付け日記に「東宝改革はヤット実行の緒をつけた、との事。先づ第一着手として赤の連中二七〇余名を解雇し、第一撮影所は直に閑休せんとするであるが、今朝のラヂオによれば彼等は折れて出て妥協話合を申込んで来たとの事、赤の連中と妥協すれば根本的改革がそれ丈延び延びになる丈で駄目だと思ふ。断乎として闘争的に清掃しなければ東宝は倒壊するにきまってゐる。彼等の勇猛心に期待する。」（小林一三　一九九一　〔一九四八年〕四月九日　六〇三頁）と記し、その変わらぬ強硬姿勢を堅持している。

（2）解雇対象者に解雇通知書が一斉に発送されるのは、後述のように四月一六日であるが、宮島義勇と久保一雄の二人については、それに先立って四月一三日に会社に直接呼び出されて北岡所長から解雇を言い渡されている。久保は、その四月一三日付け「日記」に「今日、午後一時半ごろ所長に召び出され、解雇を言ひ渡された。その直前、宮島氏も同様、今日は一応二人だけであった。雨の降るうす寒い日である。」と記し、「夕方久しぶりに早く帰宅。妻にも話す。すこぶる平静である。ただ、自分は闘争が余りにも苛烈なる形に於て展開せぬ事を祈ってゐるのは正直のところである。」と今後の展開に危惧を表明している。そして翌一四日には「しづかな日であった。いよいよ明日が最後の日となった。執行委員会で明日の会社側との最後の交渉委員に私が追加された。」「明日四時から臨時分会総会。スト宣言は夜になるであらう。いよいよ苛烈なる闘争の第一日となる訳だ。今日ひるのひまを見て帰宅、風呂に入って、身体を清めた。すがすがしい身心をもって闘ふ決意である。自分の最も正直な心をのべれば、自分の首になった事はそれでよい。ただ余りにもはげしい闘争によって、殺されると言ふやうな事にならぬ事を祈るのみである。然し、事態はまことに大いなる絶望の上にある思ひだ。遺書を書き残すと言ふ形では、少し大げさすぎる。一応、日記に言ひ残すべき事は書いておこう。」（久保「日記」四月一三日付け）と悲壮な決意で、遺書に相当する心覚えをその後に書き記している。いかにこの解雇が、そしてその後に展開される争議が組合員に強い衝撃を与え、緊張を強いるものであったかを示して余りある。

（3）この間の事情を久保一雄は「昨日雨の中、最後の交渉。交渉委員として、日比谷の分室で新聞記者、ニュースキャメラマン、マイクに身動き出来ないまでに取りかこまれて、最後のねばりをやる。」「会見終ったのが、五時すぎ、バスで会社に帰り直ちに総会、一六日午前〇時を期し七二時間スト宣言。雨の中を九時すぎ帰宅。」「今朝出社、スト中止命令が出てゐる。執行部も人居らず、九時過ぎ拡大職場〔会議〕で報告をきく。中闘、執行部徹夜で討論、長期ねばり戦術に一決。官憲、国家権力上げての攻撃をはぐらかす戦術、まことに妙味ありと感嘆せざるを得なかった。外部の凡ゆる方面への宣伝戦に主力をそそぐ事となり、元気で昼食後、民主党及民主自由党の本部へ出かけて行った。民主党では青年部の集りの前で大いに宣伝し得たが民主自由党の方は議会へ全部出て了って駄目だった。」「今朝の新聞には私の名が幾つもの新聞に出た。朝日は宮島、久保二氏に解雇の内示があったと出たし、毎日には〝久保、宮島の二人は首にしたのではない。フリーランサーとして契約し度いので、優秀なる二人の技術者に対する礼儀を示した〟と会社側は言ひ、組合側は〝フリーランサーとして契約しても、もし仕事を与へなければ、首と同じであって、テイのいい首切りに過ぎないではないか〟この問題が注目されたと報道された。」（久保「日記」四月一六日付け）と記している。

（4）久保一雄はその四月二〇日付け「日記」に、「昨日、解雇状及個人契約に関する通告二通着。中はそっと見てのりで貼り、今朝幸子さん〔美術戸塚正夫の妻〕に書記局に届けて貰ふ。」（久保「日記」四月二〇日付け）と記している。なお、会社は、この間の労使交渉の経過について渡辺社長名でGHQのESS（Economic and Scientific Section 経済科学局）労働課ポール・D・ジャクソン宛てに報告している（Box番号八六一八ESSファイル　一九四八年四月一三日付および同四月二六日付渡辺社長からESS労働課ジャクソン宛て「東宝労働組合との交渉に関する中間報告」）。また組合側も土屋闘争委員長名でGHQ（部署記載なし）宛てに同じく交渉経過を報告している（Box番号八六一八　日映演東宝分会「報告」日付なし）。

（5）実は、会社は争議決着後、過度経済力集中排除法の指定解除を申し立てた文書において、この解雇の意図を隠すことなく直截的に表明している。すなわち第三次争議決着の翌年一九四九年五月、会社は「当社が最初、企業再編を可とすることに決定したのは主として労働問題に基くものでありましたが、共産分子の排除により会社対従業員の関係も余程改善せられたことと、一方会社内外に於ける経済的及び金融的状態に根本的の変化が起りましたので、昭和二十三年四月十九日に提出した計画書による再編を実行することは今日では会社の存立に致命的打撃を与えるものである」（東宝株式会社取締役社長渡辺銕蔵「集排再審委員会提出指定解除陳情書」一九四九年五月一四日）として指定解除を申し立てた。指定の受け容れは「主として労働問題に基くもの」であったが、「共産分子の排除」によりその必要がなくなったから指定を解除してほしいというのである。今次解雇の意図ばかりではなく、会社の便宜主義的な行動様式が如実にあらわれているというべきであろう。

（6）なお、各支社の営業部所属の「老朽者」「兵事休職者」など全映演組合員一三〇数名に対する解雇については、全映演からの強い反対により、会社は「組合側の主張を諒とし此の際之等の人々の家庭事情等を十分調査の上組合、家庭、本人とも話合の上、退社希望者は退職して貰ふが、引続き在社希望の向きは整理しない方針をとることにな」（「本社通報　労務情報」第一一号　一九四八年四月二四日）った。日映演に対する対応との差異は明らかといってよい。

（7）共産党撮影所細胞が、この時点でこうした文書をまとめざるをえなかったのは、闘争の長期化が不可避となったという状況の変化によるばかりではなく、党員の数こそ「約一三〇名」と「十月闘争の時に比べれば量的には約二倍になっていたが」、「生産復興闘争で便宜主義的に入ってきた者もかなりいて」「質的には必ずしも優れていたとはいえ」ず、「細胞指導部の責任者の山形雄策が『水ぶくれ細胞だよ』と苦笑いするほど」であり、「党員間に食い違いや対立意見」なども出てくるという内部事情があったことも看過できない（前掲、宮島義勇　二七四頁）。

（8）会社が用意した別の説明文書によれば、第三一期（一九四七年八月一日～一九四八年一月三一日）の損失総額は、約七、八〇〇万円であり、その部門別内訳は、映画製作配給部門四、〇一〇万円、映画興行部門一、五七〇万円、演劇部門二、二三七万円である。とくに赤字の多い映画製作部門の例として『女優』が上げられ、一九四八年二月末の収入累計九二五万円に対し、総原価（製作原価、プリント費、宣伝費）一、九三〇万円、これに「本社費及配給費」を加えると二、一八三万円、さらに「インフレの上昇に伴う価値下落を計上すると」二、七九八万円となり、「一、八七三万円に及ぶ赤字が見られる。」また「最近の大作である『面影』」についても総原価「二、二〇〇万円余の巨額」にのぼり、上映収入は「封切後未だ月が浅いので的確には予想できないが」、およそ「一、四〇〇万円程度」と見込まれ、「原価に配給費、本部費を賦課《ママ》し、インフレの価値下落を加えた時のこの映画の損失は実に巨大であ」る。したがって「かかる撮影所の製作姿勢を修正する事は企業の存続のため真にやむを得ない事であ」って、「今回『炎の男』の製作を中止した」のも「損失を予想しつつ製作するが如き愚は絶対に許されない」からである、というのである（「東宝株式会社の経理面から見た各部門の業態」東宝株式会社『企業整備説明資料』一九四八年四月三〇日　四〜一〇頁）。

また、経営側は人員整理の根拠の一つに東宝が他社に比べて従業員数が多すぎるという点もあげている。例えば、渡辺社長は「東宝の人員過剰は、戦時中の応召や徴用の欠員を補充した上に、戦後それらの人たちが解除になって、ダブったためである。これは統計でもはっきり示すことができる。かりに松竹と比較してみると、各部門の人員が実に多くなっていることがわかる。それが昨年、東宝撮影所一、二〇〇の従業員に対して、製作数一三本、松竹の両撮影所合せて一、〇二〇人に対して四二本というような差を生んだ。どうみても過剰人員だといわざるをえない。」（渡辺銕蔵　一九四八a　二六頁）と述べている。これに対して伊藤武郎は「赤字は、過剰人員と低能率のためだというお言葉はいただけません。創立来数度の合併を重ねた東宝に人員が多少多くなるのは当然のことで、この責任はすべて会社にあります。」（伊藤武郎　一九四八　二七頁）と反論している。この伊藤の反論に対して、辻恭平は、後年「合併は大映もしている。人員が多くなった原因は別のところにある。」として、戦時中の撮影所「人事課長」の経験から、「応召・応徴社員」「疎開や罹災」による退職者補充のための「雇入れ」に加えて、終戦後これら「兵事休職者」が「続ぞく復職してきた」上に、航空教育資料製作所が閉鎖されて撮影所に吸収され、しかも第二次争議による新東宝の独立によって不足となった人員を「相当数」「補充」せざるをえなかったがゆえに多くなった、と基本的に渡辺の説明とほぼ同じ認識を示した上で、しかし「終戦で人員が過剰になったとしても『冗員』などと呼べる筋合いではなく、〔会社が〕謙虚に過剰分への対策を考えるべきものであった。」（辻恭平　一九七四　七〜八頁）と述べている。

その上で注意すべきは、GHQが、この争議について世論を代表する新聞の論調が経営側に批判的であるが、しかし解雇が非難される根拠は乏しい、として次のように東宝争議について包括的な認識を示していることである。「彼らは芸術的な映画を作るためには多くの資金が必要なのは当然であり、たとえ製作で損失が出たとしてもよい映画は作られるべきだし、解雇されてはならない、というが、その論理的帰結は、映画産業はよい映画を作るためならば赤字を無視してもよいということになる。が、このような愚かな考えを実行に移すなら映画産業がすぐになくなるであろうことは明らかである。大衆の良識がそのような考えを本気で支持するなどということはありえない。われわれは東宝の馘首は経理状態に起因する純粋に経済的な必要性によるものと考えている。」「経営が過剰雇用を抱えておくには限界があるのであって、帳簿上の大きな損失があるならば、人員削減はその唯一の解決策であり、東宝の場合はまさにこれに当てはまる。東宝の経営陣に公然と反対する者は、〔解雇の〕反共産主義的性格を強調し、東宝の紛争を現在世界で発展しつつある冷戦の国内版だとみているが、われわれはそのような見方を支持しはしない。東宝の人員削減は反共産主義政策によるのではなく、削減せざるを得ない必要性に基づいている。われわれは撮影所従業員一、二〇〇名中二〇〇名以上が共産党員、三〇〇名がそのシンパと聞いているが、彼らは共産党員であるがゆえに解雇されたわけではない。彼らの仕事の仕方が会社の財務状況を危機に陥らせたがゆえに解雇通知を渡されたのであって、経営側の行動に赤色排除（purge of Red）の側面と人員削減とが混在してはいるとはいえ、解雇の主要原因は経費削減の必要性にあるとみることが正しいのである。」（Box 番号八六一八、「東宝馘首の真実」と題されたレポート　部署不明、日付、執筆者名なし）。

　このGHQの文書は、解雇に「赤色排除と人員削減との混在」があると経営側の不首尾を指摘してはいるものの、それを除けば、この解雇を企業業績の悪化に起因する経済合理的な経営行動だと強調することによって、解雇の正当性を全面的に認め、経営側の意思を完全に追認している。東宝争議についてこれほどはっきりと全面的に経営サイドを擁護したGHQ文書は、管見の限り他には見当たらない。とくに看過してはならないことは、この争議直前にCCDの映画部門担当者が書いた組合と東宝芸術家の能力を高く評価した次の文書と、全く対極をなすということである。

　すなわち、東宝は「映画分野における最も重要なリベラル勢力の一つ」であり、「従業員から選ばれた」「管理職は、製作コストなどに必要以上に関心を抱かず、むしろよい映画の製作に責任をもっていた。」このためCIEとCCDによる検閲にもかかわらず、「共産党の影響力の強い組合メンバー」がつくったその映画は、「結果として進歩的・民主主義的な作品をもたらした。」「映画に携わる人々―プロデューサー、監督、脚本家、スターたち―は、興行成績よりも映画批評からの高い評価を得るようなよい映画をつくることに、はるかに関心があ」り、その結果「一九四七年のベスト・テンのうち六本が東宝映画であった。」「他社がスターヴァリューによる二流映画で観客を獲得しているのに対して、東宝は有名スターがいないために、優れた演出と演技によらざるをえず、そのことが新たなスターと演出家を輩出することになった」が、「興行成績を全く無視した東宝のほうが、他社よりもはるかに多く民主主義を普及させる映画を製作してきた。」（Box 番号八六一八、CCDの新聞・映画・放送部映画係「記録メモランダム」一九四八年三月四日付け「WYM」名のファイル）と。ここでは、東宝の「よい映画」をつくりたいとする製作姿勢が積極的に評価されており、それは同じCCDの演劇部門が、その前日の三日付メモにおいて、「東宝の共産党員が権威主義的であってリベラルではないというのは、基本的に誤りである」として、彼らは「知的であり」「党員の演出家や俳優は高い芸術的才能を有して」おり、「SCAPの政策は、東宝の共産党員のすべての方針と同じであり、彼らは自由と民主主義の方針に沿った演劇を日本で作り出そうとしてきた」と東宝の党員芸術家を高く評価したのと、軸を同じくするものであった（Box 番号八六一八、CCDの新聞・映画・放送部演劇係　一九四八年三月三日付け「FB」から「RMS」に宛てたメモ）。争議前、GHQスタッフの東宝の芸術家たちに対する高い評価の軸心に、「よい映画」「自由と民主主義」的な「演劇」を創出するその姿勢にあったことは重要であり、この評価が、先の組合の行動を批判し経営側を全面的に支持する文書とは大きく異なっていることは、GHQ内部の東宝とその争議に対する評価の分裂を端的にあらわすものとして充分留意する必要がある。

（9）例えば、社長渡辺銕蔵は、八月の仮処分執行直前と時期は幾分後になるが、『東洋経済新報』に寄稿し、「東宝の世田谷撮影所の従業員一、一五〇名中半数以上は共産党員若しくはシンパである。」「従って東宝とこの撮影所との争議は全く対共産党の争のところとなっておる。」組合は「共産党の解雇者を防衛するためには、会社の企業整備の進行を阻害することはもとより、重役を中傷し、会社の倒壊をも図らんとしておる。今や東宝が撮影所の共産党組合と闘うことは共産党の横暴に対し企業と日本の経済を擁護せんとする戦いに止らず、共産党の反道徳的破壊行為に対する倫理的の戦いともなっておる。」と述べている（渡辺銕蔵　一九四八c　三五頁）。

（10）この会社資料の丸秘と付された原案によれば、「共産党員シンパ約一五〇名以上」となっている。

（11）この日映演東京支部東宝撮影所分会「東宝株式会社の企業整備に対する組合の反駁」（一九四八年五月一八日）とほとんど同じ内容の文書が、日映演中央闘争委員会「東宝問題の真相第二号―赤字のバクロ―」（一九四八年五月二〇日）として出されているが、引用は前者によった。なお、争議初期に出版された組合に好意的な内容のパンフレットは、経営側のいう赤字原因を批判しながら、「たとえばこんな話もある。」として、「映画にはご存知のようにきれいな衣装が入用だ。その衣装だが、重役が衣装会社をつくってそこのものを一手にかかりるわけだが、その場合衣装の製作費用の七〇％を撮影所が、残りの三〇％を衣装会社がもち、しかも之が一万〔円〕かかったものなら二万〔円〕とつけてき、その挙句之は衣装会社のものになるのである。トラックも重役のつくった会社のものを同様の状態でもっぱらつかわせられる」（自由懇話会編　一九四八　二二頁）と、東宝の企業経営の杜撰さを批判している。

（12）実際にも、当時共産党本部中央委員で政治局員として産別会議等を組織した長谷川浩は、「この争議の最も重要な政治的意義は、単に撮影所の組合幹部・活動家二七〇名（共産党員およびシンパサイザー）をパージし、一二〇〇名の大量人員整理を強行しようとしただけではなく、四六年秋の産別十月攻勢で日映演が東宝と締結した団体協約を破棄し、新しい団体協約案を提示したことにあった。それによって戦後労働者が多くの企業で獲得した重要な諸権利を会社側が一挙に奪還し、総資本の反撃の先頭に立ったということにある。」（長谷川浩　一九八四　一九七頁）と述べ、東宝争議が経営権奪還の橋頭堡の位置にあったとの認識を示している。

（13）もっとも、会社側によれば「末弘会長より昨年中の組合運動の実状、その行過ぎ的行動に付き質問あり、馬淵より一般論を藤本、関口、野坂各撮影所スタッフより企画審議会中央経協撮影所経協の実状に付き説明、強圧的な組合運動に押され経営権を確保し得なかった点を詳細に説明した。組合より反駁があったが大した効果はなかった。」（「本社通報　労務情報」第二八号　一九四八年五月一五日）というように、同じ都労委での対応の評価は全く異なってはいる。この「本社通報　労務情報」は、すべて労務担当役員として馬淵威雄が入社してから発行されたもので、馬淵自らが執筆しているが、しかし馬淵自身、後年都労委の審尋過程での会社側の対応が「鎧の袖が出てくる」ようにいかに不手際が多かったか、を次のように述懐している。「都労委の事件としては、あくまでも今おっしゃるように、共産党員だから解雇しますというようなことはいわない約束で経営者も乗り込んでいるわけだし、末弘さんもそういうふうにやっておけと、共産党のキの字もいわないようにしてくれという約束で、私もそのようにする。ところが、そのはしばしから、それが、審問の過程で、鎧の袖が出てくるんですね。私は、理屈でちゃんと割り切ったことをいったとしますと、北岡さんなんか、末弘さんはあれはもう、いつもまん中に立っている男で、世の中が左へ行っても右へ行っても、いつもまん中にいる定見のないやつだからいじめなければならんなんていって、『末弘君』なんて立ち上がるもんだから、末弘さん困っちゃって…。われわれは経営を乱している共産党をどうしても排除する使命がある。君、躊躇しちゃいけないよなんて、末弘さんがやっつけられるわけです。〔審尋後外に〕出てくると末弘さんが僕を呼んで、なんとか北岡君を静かにおさめられないかねえ、なんておっしゃっていました。〔審尋の〕中ではボロばっかりでしてね。演劇部の俵藤丈夫さんとか、新国劇の支配人をやっておられたいい人だったですが、それがやっぱり第一回に一、二〇〇人ですかいっせいに首切りました。そのとき演劇部の首切る人を一人一人をよびまして、君は仕事ができないからやめさせてくれとか、君の仕事はなくなっちゃって、他へ動かそうとしても適職がないので、すまんけど止め《ママ》てくれとか、いちいち説明したらしい。君は共産党員だから、ぜひやめてもらいたい、君は共産党員じゃないけれど同調者といわれているので、演劇部としてはおいておけないと、実にていねいに説明して、俵藤君があとで報告にこられましてうまくいきましたと、それはけっこうでした、と。そのとおりいったっていうんだ、それはいけなかったですか、というわけだ。それが都労委にもれるわけだ。演劇部担当俵藤が、共産党だからやめてくれといったじゃないか。これはうそか、というわけです。そういったかもしらんが、われわれは知らないというようなことで、まちがいばかりで、組合も怒ったでしょうなあ。」（東條由紀彦・山本潔　五七〜五八頁）と。

（14）この点について序章で触れたように、東條由紀彦は、「組合側は、『生産復興』の内容として、『民族文化』を掲げて」おり、「その内面的凝集力の基軸としての『民族文化』の強固さには、驚くべきものがあった」が、しかし「『民族文化』というシンボルには、何故あの時代の日本でそれがヘゲモニーを担いうると考えられたのか、現在のわれわれには少し理解しづらい面がある。」（東條由紀彦　一九九一　一五三〜一五四頁）。「伝統芸能でもない、娯楽映画や大衆演劇がいったいどういう意味で『民族文化』でありうるのであろうか。彼らは民族文化というシンボルを国民的合意とすることには結局成功しなかった。『民族文化』というシンボルには、結局『窓』がなかったのである。」（劉隼・東條由紀彦　一九九八　四七頁）と批判している。だがこれは、繰り返すまでもなく当時の映画産業が置かれていた状況についての基本的な理解を欠いた批判である。組合が「民族文化を守れ」といったのは、何よりも外国映画の流入に対してなのであって、例えば伊藤武郎が「文化を受持つ東宝の労働者は映画をただしく高めるために闘う。映画をエログロにひきさげ、民族文化としての映画を洋画でおきかえようとするものにたいして闘う。」（伊藤武郎「芸術と利潤は相反するか？　東京新聞・今日出海氏の談話について」組合ビラ、日付なし）と述べ、また文化産業労働組合共闘が「金融資本を中心とする支配階級」は「外資導入の受入態勢確立を名目として凡ゆる反動攻勢を強行し、文化の面ではエロ、グロ文化を氾濫させ、民主的な文化の生産を抑圧し、働く者の文化をマヒさせつつ、ファシズム文化を育成し、働く者の手による祖国復興を切崩そうとしている。これは正に民族文化を破壊し、日本民族の独立をも危うくするものであり、祖国の平和的繁栄と、日本文化の発展を願うわれわれの断じて黙視しえない問題である。」（文化産業労働組合共同闘争委員会「声明書」一九四八年五月一四日）と主張し、さらに岩崎昶が東宝争議の渦中に書いた文章で、経済力集中排除法の適用を求める会社を批判して「ひとり東宝だけが、排除法の適用を自ら志願し、企業の分割をすすんでこいねがっている。そのねらいは、この際利のうすい製作部門を切りはなして孤立させ、できればそれを廃止して、撮影所は貸スタジオとし、もっぱら外国映画を中心とした興行によってただひたすら確実な利潤を追求しようというのである。いまの程度の日本の映画企業が過度の集中であるとは誰も思わない。東宝のやり方は国法に口実をかりて私の意を伸べ利をはかろうとするものにほかならない。これがもし実現すれば、日本映画芸術の重大な一角である東宝映画が荒野の中に埋められてしまうだけではなく、日本の映画事業は永遠に消え去り、日本中のスクリーンはただ外国映画のために開かれた市場となるだろう。これに甘んずる、いやむしろこれを意図するところの東宝資本家の動きは、自ら求めて買弁資本と化することによって、日本の文化を荒廃にゆだねようとするもっとも悪質な行為だといわなければならない。」（岩崎昶　一九四八ａ　一八六〜一八七頁）と述べているように、民族文化を守れということは、外国資本の導入と外国映画の席捲とによって「民主的な文化」「働く者の文化」としての日本映画を抑圧し、「働く者の手による祖国復興」を切り崩そうとする試みへの抵抗という文脈において主張されていたのである。

(15) すぐ後に触れるように、撮影所に南里金春ら新たな組合反対派（七名）が台頭し、彼らが組合を「文化闘争」等の「政治的色彩をおびたスローガンをかかげている」と批判したのに対し、「映画とゆう文化産業にたずさ《ママ》はっている吾々の闘争が、『文化闘争』であっては悪のい《ママ》か」（「闘争日報」第三一号　一九四八年五月二八日）と反論していることは象徴的である。

(16) なお、五月二三日元社長大沢善夫は、大映の永田雅一とともに公職追放を解かれるが、東宝問題について「いま直ちにどうすると言うこともないが、一応これで発言権も出来たから、何等かの対策を考へて、紛争解決に努力したいと思っている。今度の成行を見るに組合側のゆきすぎで反省さるべき点も多いが、企業の分割と人員の整理を並行して強行しようとする会社側のやり方にも解せない点が多く、特に自ら進んで企業弱体化を意味する分割を志願するのは、不可解だ。東宝のような進歩的組合に対し、一方的な大量馘首を断行しようとすれば、紛争が起るのは当然で、企業再建についても、組合側との協議に依り、必ず合理的な解決の方法が発見出来る筈だ」と述べたという（「合同通信」一九四八年五月二五日「闘争日報」第三二号　一九四八年五月二八日により再引用）。組合幹部が、この後東宝の大株主でもある大沢に積極的なアクションを期待して接触を図り、いろいろ相談することになるのは、こうした大沢の比較的組合に寛容な態度にあった。しかし、争議全体を通して大沢自身が表舞台に出て何か具体的に行動を起こすということは、結局なかった。

(17) 会社側資料によれば、六月一八日「組合幹部数名が所長と会見し、①友誼団体は所内に入れない②被解雇者は特別委員会（両者から選出されたもの）の決定迄就業しない③今回の紛争を最も妥当な形に於て終結するための方策を講ずること④六月分給料、専属料、生活補給金等を直ちに支給すること、等の要旨の試案を提示し、多少妥協的態度を示して来た。会社は之に対して慎重審議の上、回答を用意したが、右試案は正式に組合機関にかけて決定したものではなく、此の試案の内容が会社側より新聞紙上に発表されたため、組合は同試案を撤回して試案による交渉は打ち切りとなった。」（「東宝撮影所労働争議の概況」一九四八年九月　八頁）という。会社が求めていた、支援団体の立入り禁止と被解雇者の就業禁止を受け容れることと引き換えに、給料の支払いを求めるという組合の働きかけが、会社のいうように仮にあったとすれば、それは経済的窮状が強まっていくなかでの組合役員の動揺を物語っている。

(18) 全映演の伊藤雅一によれば、この民主化クラブによる従業員組合の結成大会直後、技術研究所に「責任者に会いたい」と「藤本真澄と関口敏雄の二人が、マネージメント・スタッフの代表として訪ねてきた」が、民クの役員に面談を拒否されて帰る際、「せっかく、いま撮影所再開の話が進んでいる時であるから、脱退することだけは、なんとかして、止めてほしい」と「いい残して帰っていった」（前掲、伊藤雅一　二二一頁）という。組合分裂がもたらす争議へのマイナスの影響に対する、マネ・スタたちの危惧を示して印象的である。

また、この撮影所での民主化クラブの結成は、会社による働きかけというよりも岸田九一郎ら撮影所の日映演組合員による内発的な動きによるものであり、その芽は早く、すでに五月頃から彼らが伊藤雅一などに相談しつつ順次結成を進めていったものである（伊藤雅一　一七二〜二〇〇頁）。実際にも、会社の争議解決に関する未定稿の極秘文書は、①「撮影所の争議は持久戦に入った。このまま持続すれば結局は会社の勝となるが、それでは会社の打撃は大きい。速かに解決するにはもっと強力な反共政策を採ると共に他面被解雇者が真面目に努力するならば就業し得る機会を与へる必要がある。」②「争議以来共産党は増加したと言ふ。このまま会社の勝となっても依然共産党が圧倒的勢力を有し共産党本部の指令を受けて会社は昨年同様の苦杯を嘗める虞がある。従って今後も少し共産党活動を抑制する必要がある。」③「組合には今や分裂運動がある、然し撮影所内に犬猿ただならざる組合が二つ出来ては一昨年の分裂の時以上に始末がわるく殆んど作業は出来ない、現幹部派は撮影所から排除することが必要である。」④「作業休止や工場閉鎖を持続して居ては仮処分も不法侵入防止の官憲の発動も出来ない。官憲の発動の為にはそれが作業開始の要件である如き態勢をとる必要がある。」（秘三「撮影所争議根本的解決策要綱（未定稿）」一九四八年六月一八日）と述べて、組合の再分裂は「一昨年の分裂以上に始末がわる」い、としてそれを否定し、「現幹部派」の排除そのものを第一義としている。その上で、共産党活動の排除の必要性や仮処分に際して官憲の発動を可能にする「要件」などに触れていることが、注目される。

(19) 七月一八日付け久保「日記」は、「闘争すでに百日。一昨年のやうに又ウジ虫どのも分裂さわぎ。気候の暑さのためもあり相当深いつかれはかくし切れない。闘争方針もデッドロックにつき当った感じ、である。中央の交渉委員、伊藤、香取、久保、志村、今井の五人。この任務はまことにつらひ。」「ハンストでもやらうかと執行部の苦悩は身体に痛いやうな思ひである。民同と言ふヒレツなウジ虫等にけ〔＝は〕げしいいかりを感ずる。」と記され、闘争の長期化による「相当深いつかれ」のもと、民主化クラブの台頭とその勢力拡大が組合に衝撃を与えた様子をうかがい知ることができる。その上で、この撮影所内での新たな組合分裂が、組合の闘争指導のあり方に対する反発によるだけではなく、むしろ闘争の長期化による組合員の経済的窮迫が大きな要因となったことを看過してはならない。共産党撮影所細胞機関紙に載せられた一組合員の「去りし友へ」という呼びかけは、こうした事情を痛切に物語って印象深い。「君は、遂に吾々と袂をわかって民主クラブへ行ってしまった。君とは今度の事に関して三度ばかり話し合ったが、君はやっぱり思う道へ進んだのだ。君と僕とは会社の帰り道話合ったのが最後だった。君も今度の事では随分苦しんだことと思う。自分の家庭の事、妻の事、生れ出ずる子供の事など、君の悩み苦しんだ事がありありと顔に現れていた。僕の友情が足りなかったばかりに、君を遂にあらぬ方向へゆかしてしまったのだ。君から困窮した状態を訴えられたとき、僕がもっと真剣に考え、全力を尽して君の為に相談にのっていたら、君も思い止まってくれたかも知れない。そう思うと僕は深く反省の思いを押えることが出来ない。私は残念でたまらないのだ。君は『経済的に困ると言い、撮影所従組に行けば三〇〇〇円くれる』と言った。又民主化クラブは正しいとも言ったが、ほんとうに正しいと思うかと僕が念を押したら、君はうつろなまなこをして、かすかにうなずいた。うそだ。君は良心では否認しながらも生活の苦しさに負けたのだ。君がほんとうに民主化クラブが正しいと思う程、君の良心はくさってはいないと思う。平常温和な、何事にもひかえめな君の性格を、ボス共が甘言を以て利用したのだ。君の良心は、かかる行動を否認しながらも現実の苦しさの前に、もろくも君のたましいを売ってしまったのだ。如何なる理由にもせよ、君達は再び歴史を後退させようとしている。君達の行動が、どんなに勤労階級に不利益をもたらし、且つ又ファシズムへの道に通ずるかを冷静に考えたろうか？　僕は君の『空虚な目』『苦悩にみちたヨウボウ』を見たとき、何も云えなかった。君の傷ついた所には、余りにも冷酷な気がしたのだ。然し今となっては、君の行動を断じて許すことは出来ない。勤労階級の裏切り人達と一緒に行動することを是認することは出来ない。君が民俱へ行く最後のとき、君の現在の行動が正しいか、僕たちの行動が正しいかは、長い歴史の過程のなかで批判されるであろうと云って別れた。君も僕も、歴史の審判を静かに待とう。」（林四郎（効果）「去りし友へ」共産党東宝撮影所細胞機関紙『星』第七四号　一九四八年七月二四日）。

さらにニューフェイスだった杉葉子の次のような述懐は、組合分裂に不可避の人間関係の崩壊と組合指導の問題点を浮き彫りにしている。「東宝争議は激化していきましたが、ニューフェイス同期の友達が、分裂した組合にいってしまった時、とても複雑な気持ちでした。成城の駅から撮影所へ歩いて向かう間に行きあったりすると、とても気まずいのです。昨日まで兄弟姉妹同然だった友人が向うから来る。むこうもわかっている。ただ、なんて言ったらいいのかわからないの。いつものように仲良く話しでもすると、『イヌとなにを話す』と周りから言われたりするものですから。交渉・抗議をする時など、わたしたちは女優は先頭に立たされ、会社の偉い方にむかって『イヌめ！』って叫ばされたこともありました。そういう事はいやでした。世の中が三角になったような圧迫感も感じました。」（「スタッフに聞く六－二　杉葉子さん『東宝争議の思い出』」今井正監督を語り継ぐ会編『今井正通信』第一〇号　二〇〇四年七月一日　三頁）

(20) 大河内一男は、戦後直後、経済危機下においては労働組合員は「冷静な経営者のごとくあらねばならない」として、次のように述べている。「現在の労働組合は分配主義的理念の克服と生産主義的理念の自覚とに逼られてゐる。労働組合がその分配主義的な闘争に活動を集中したのは、多くは経済の安定期においてであり、産業社会に於ける富の蓄積に対して労働者の生活条件が及ばない場合に可能であ」ったが、「変革期に於ける労働組合」は、「生産力の保持、その低下の防止のために敢闘しなければなら」（大河内一男　一九四七　二六三頁）ず、「社会的富の再分配を中心課題とする労働組合より、再生産軌道の再開を任務とする労働組合へ、分配主義の組合より生産主義の組合へ——当面の労働組合は、このような任務を社会から負はされてゐる」(二三六〜二三七頁)と。ただし、大河内の特徴は、「現在の労働組合の第一課題は、この生産再開に協力する事であり、経営者の側に於ける生産怠業的態度がこれを阻んでゐるとするなら、断然自ら起って生産そのものを管理するのでなければならない。」(二三五頁)と、組合による生産管理や経営参加を認めるところにあり、これが北岡とは異なっていた。

(21) 伊藤雅一は、この所長の訴えについて「北岡所長の情勢分析は——撮影所が、代々木の共産党の出店みたいになっており、直接共産党そのものによって組織化され、武装化された防塞となっていた情勢では、まことに認識の浅いものであった」とし、その「容共的声明は、日映演フラクションが、歯牙にもかけようのなかった会社側陣営に対して、渡りに船と逆に利用されるところとなった」と述べている(前掲、伊藤雅一 一九六五 二〇七〜二〇八頁)。実際、馬淵威雄は後年、北岡を評して、「北岡さんが撮影所に行ったら、これまたいい人でね、『話してみれば組合の幹部もなかなかいいことというよ。僕はあの人の意見に賛成だ』なんていいだしてね、まったくもう人柄がいいんですから。そうすると、組合の方は、北岡先生はもう陥落したと、悪いのはもう、渡辺(社長)と馬淵(労務担当)二人だ、あの二人をやっつければわけなく勝てるっていうんで、それいけっていうんで、ますます気勢をあげてるでしょう。北岡さんも、二〜三ヵ月でオレも解決すると思ったけれどもしないから、やっぱりだめだなあということで、じゃ会社やめるというんですよ。今頃責任とってやめられたんじゃあ、こっちも共同責任で困るといったんですが、だってあんな状態で君どうにもならないから、オレはやめさせてくれといってきた、辞表を持ってたんだから。そんな短気なことをいわずに、争議が終わるまでとにかくじっとしてくれといった。」(東條由紀彦・山本潔 一九九八 六一頁)と北岡が組合側に一時傾いたと証言している。

(22) 伊藤雅一は「当時撮影所再開案は、〔…〕渡辺社長、馬淵労務担任(この裏には田辺加多丸会長)を中心とする抜本的再開案と、北岡所長の容共的再開案(この裏には、北岡所長とは別個に、伊藤武郎を通じての元大沢社長派)の二つの流れが、東宝の重役陣のなかにあった」(前掲、伊藤雅一 二二一頁)と、経営内の二つのラインの存在を指摘している。実際、伊藤が指摘するように、元社長大沢善夫は、東宝の経営に表立っては介入しないものの雑誌のインタビューに対して次のように応答して、組合側に近い考えを表明している。

「率直にいえば、こんどの紛争は、会社側も悪いが組合側も行きすぎの点があって、どちらにも責任があるのだと思います。一方的な首きりというのもずい分乱暴な話で、これでは組合が承知しないのも当然なような気がします。そして組合の方も、共産党員の連中が組合運動に夢中の余り、火あそびがすぎて、企業の再建を真剣に考えていなかったといえるのです。機械的に企業の分割を行うのも賛成できません。その結果企業が弱体化するのは分り切っているのに、何故進んでそれを敢てしようとするのか不可解です。」

「大体映画の製作費を六五〇万円とか七五〇万円にすれば、それで黒字になるという計算はおかしいと思います。画家が絵を描くのに、カンバス代も入れて三〇〇円とか五〇〇円で仕上げるというのがおかしいのとにていると思います。製作費は一、〇〇〇万円かけようが、あるいは二、〇〇〇万円かけようが、それで立派に利潤を上げて行くのが映画企業です。もちろん作品一本一本についていえば、おのずから費用の限度というものはあるでしょうが、それも一律にはきめられないはずです。作品によって凹凸はあっても、全体としてのバランスがとれればどんな映画でもかまわない、日本映画ができなければ外国映画で間に合わせればよい、という考え方には同意できないのです。われわれは立派な日本映画がつくりたいから事業を始めたのですから。」「紛争の一つの解決点を求めるとすればこの際組合の指導者は一応進退を決すべきでしょう。組合を分裂させ、組合員同志の間で感情対立のミゾを深くし、社員同志が相争うというような立場におとしいれた責任をいさぎよくとるべきだと思います。その代り会社側もあんな乱暴な整理案を撤回すべきです。日本映画を早く再建するために東宝撮影所をあんな状態で放って置くわけには行きません。」(「大沢善夫氏にきく—映画企業の再建」『キネマ旬報』第三六号　一九四八年六月下旬号　二〇頁)。ここでは、組合幹部の退任と引き換えに解雇の撤回を求めているが、それ以外はほぼ組合側に近い発言である。また次の雑誌インタヴューは一層組合側に近い主張を展開している。

「・近頃の日本映画は面白くなくなった。このまま東宝がつぶれれば、いよいよ駄目になる。『戦争と平和』にしても、いろいろ問題にはされたが、立派な作品だよ。〔…〕東宝が製作を止めたとたんに、そのアイデアピクチュアのパーセンテージがうんと低下してきているのは事実だ。こういう点からも撮影所の再開については何らかの形で外部からのプレッシュアが加はることも考へられる。」「僕の考えでは映画企業には過度の資本力の集中などはない。東宝にも松竹にも現実にモノポリーであるという要素は何もないという意見で、従ってもっと資本力を集中する必要こそあれ、このうえ企業を細分することはないと思う。興行資本の持ち逃げというところに問題があるが、東宝を以前のように宝塚と東宝に分割するのも一案であろう。」「・僕らの時代には、森、佐生、金指氏など永年その道で飯を食ってきたエキスパートがいた。僕らの退陣のとき滝村、池永、森田など、その次に考えられる最上のエキスパートをスタッフに配して田辺さんにバトンを渡したわけで、それは当時として考えられる最上の処置だったと思う。しかし結局、それらの人達と田辺さんの意見が全然合わなかったことが決定的だった。僕等はみんな製作畠の人間だし、田辺さんは違う。その辺に見透しの誤りはあった。」「・確かに共産党の連中の行きすぎという事も言えるが、根本的には撮影所というものは、一流の技能者が集まらねばならない。それが共産党員であろうが、外国人であろうが、そんな事はどうだってよい。『戦争と平和』のスタッフは共産党員が多かったかも知れない。然し、彼等がその前に立派な技能者であったからこそ、あれだけの映画が出来たのだ。僕がハリウッドで一番感心した点は、ハリウッドが第一流の才能を集め、又技術が第一流である故に尊敬されている。国籍などは問題でない。

日本の撮影所だって、あいつは共産党員だから、あいつは酒を呑みすぎる、女道楽だなどと言っていては、いい映画は出来ない。そういう偏見を打破しなければ問題は押しすすめられない。彼等は芸術家なのだから、よく話せば判る。それを判らせなかった点にマネージメントの失敗があったといえばいえようね。」「・現在のように組合を分裂させたというだけでも現在の組合幹部は責任を負うべきだ。然し後に誰がいるか?これも甚だ人物難だ。宮島、宮森、伊藤みんな人物としては立派だ。之等の連中が止めて誰が後の交渉を引きついで行くか、その点では現在の日映演は立派だ。全映演の連中なぞ、経済闘争、経済闘争というが話をするのは金の事ばかりだ。俺達はストをやらなかったから、それだけ余計の金を呉れ、そんなこと二日も三日もねばりこんで話に来る。こんなのも実際困ったものだよ。何ぞといえばすぐ金だから。会社から金を取ることばかり考えている。そういう訳にはゆかないのだ。組合というのはマジョリテイというものがあって、全映演だけにストをやらないからと言って金を余計にやれるというものではないという事をいくら説明しても、マジョリテイという事がわからない。だから僕としては、あの時に組合を認めた事は間違いだった。」(「大沢善夫氏に訊く　東宝問題解決の重点」「合同通信」一九四八年七月二〇日号　東宝撮影所分会組織宣伝部資料により再引用)。

ここには、大沢の映画企業の経営者としての見識が余すことなく述べられている。とりわけ、すぐれた映画をつくるためには一流の技術者が必要なのであって、たとえその技術者が共産党員であったとしても、そのこと自体は問題ではない、という彼の考え方は改めて注目に値するといってよい。組合が大沢に接近し、その発言と行動に期待を抱いたゆえんが知られよう。

なお、久保「日記」七月二四日付けは、「[昨日]闘争委員会終ったのは三時半。皆立ち去ったあと残ったのは香取さんと僕。大道具で相当生活に参って来て、職場丈の決議に向ふと言ふ報告、そこでひとまづ戦対部に状勢報告を二人でやった。部屋へ帰ると、大道具の方で物々しい論争の声。とにかく一応彼等の要求を出しきってから充分に説得すると言ふ考へに落ちた。彼等の会議も終ったらしいので、部屋へ入って少しく話してゐるところへ、藤さんが今直ぐ教育映画室(ここが執行部会議室)へ来てくれと言ふ電話を伝へて来た。行って見ると執行部半数ほど集まってゐる。浦島氏、安恵氏と野坂さんとの会議報告――渡辺の退陣が決定的になって来た事。M・Sと芸術者会議との共同声明が決定的瞬間である事。月曜日には相当はっきりするであらう事。正式交渉はそれ故、一寸静観して欲しい事。これは正式には発表して欲しくない事。余りにも勝利の伝えられ方が突発的であって未だに信ぜられぬ程であるが、とにかく、大道具、美術部の人々にそのリンカクを伝え」た、と記している。その後の経過からみれば、この組合側浦島・安恵と撮影所支配人野坂との会議の報告は、必ずしも確かな情報によるものとはいいがたいが、しかし経営内部の二つのラインの顕在化と渡辺社長の退陣説が、この当時盛んに取り沙汰されていたことは否定しがたい。

(23) 七月三〇日の渡辺社長、馬淵労務担当、杉山経理担当らとマネ・スタとの会談で社長は、①「八月一五日を終戦目標としている。」②「東宝映画を製作しなければならないように世論が昂って来ている」③「都労委が簡単に終わると思っていたら長びいた。一一条違反にはならぬとは思うが決定を待ってはいられない。」④「撮影所をプロダクション化する」⑤「会社と組合の意志が通じるまで待っていたら時間がかかるから早く終戦処理をやりたい」⑥「民クの動きに足場を求めたい」⑦「組合のいう事は皆ウソだと思ってくれ」⑧「重役会は一致しているから、オール東宝のマネージメントも一致してくれ。」などと述べ、また杉山経理担当は①「会社の経理状態は片肺飛行（製作なしの言葉）である。」②「資金難・金融難におそわれている。赤字は二億円〔…〕運行は五千万円（月）でやって来たが之ではやって行けない。撮影所再開により資金をつくらねばならぬ。」③「赤字の原因はマル公の収入に対してヤミの支出である。」④「結局この方法ではいけないのでよい映画を作って収入増加を計らねばならだめである、自力で行かねばならぬ。」と語り、さらに馬淵労務担当は①「争議は大ヅメである。然し一度誤れば重大な段階に立つ危険がある」②「撮影所の再開は非常に急ぐ。八月一五日前にもやりたい。日映演とは産別脱退或いは組合の変形《ママ》がない限り交渉しない。」③「東宝系と宝塚系の問題は気にしないでほしい。何時も会社が負ける時は重役間或いはマネージメントの対立がある時だ。会社は団結しているからマネジメントも団結して責任を感じてやってほしい。」などと述べたという（日映演東宝分会連合会「東宝全国情報」第一二号）。民主化クラブの結成に力を得、それに依拠しつつ、財政的逼迫から撮影所再開＝争議決着を急ぎたいとする、会社の焦りが看取できる。ちなみにこの社長らとマネ・スタの会談は、七月二二日と二四日にも開催されている。

　なお、七月二六日のマネ・スタと芸術家グループによる会社との会談について、宮島義勇は「撮影所では芸術家グループが再度会議を開き、代表として今井、滝沢、谷口、井手が『製作開始、撮影所再開』の要請を持って本社を訪れた。会社側は彼らを口説くことが出来ると期待して会談に応じたが、『製作再開にあたって、信頼できるスタッフは、日映演以外にはいないではないですか』と反論され、話は物別れに終った。」（前掲、宮島義勇　二九八頁）と述べて、本文において引用した会社側の記述とは反対の内容になっている。

(24)「新演伎座」は、もともとは戦時下、衣笠貞之助、長谷川一夫、山田五十鈴が中心となって創設した劇団であったが、長谷川は新東宝移籍後、数ヵ月を経ずして独立し、再びこの「新演伎座」を組織して独自に東宝と提携しながら映画製作をはじめた。衣笠貞之助は、争議中組合の許可を得て、その財政活動の一環として長谷川主宰のこの「新演伎座」において「小判鮫」（前後編）を撮影中であった。業界誌は「この作品は同座の社長長谷川一夫が、昨年来の不振をばん回するために、その所属する新東宝を離れて、再び衣笠貞之助演出の下に、しかも東宝スタッフが東宝に協力して撮るというのが注目される。彼れの新東宝への不信が、暗黙の中に示されているからである。」しかも「衣笠が新作品の演出に当って東宝撮影所のスタッフを希望したことと、組合側がこれに応じたこととは、とくに撮影所の今後の新しい方向として注目される。」「組合側もこんどの問題が長びく模様から、たんにスト一点張りでなく、一方資金かせぎの意味ではなおさら、また組合員たちの仕事欲をある程度みたす意味でも、このいわくつきの作品に参加し」たのであり、「一歩まちがえばスキャップ行為になりかねないのだが、闘争を貫徹するためには、止むをえない手段だともみられよう。」（「閉鎖断行以後の撮影所」『キネマ旬報』第三七号　一九四八年七月上旬号　二六頁）と評している。ただし、この『小判鮫』はストの影響もあって予想外に製作日数を要したため、大幅な経費増に見舞われ、また製作提携していた東宝が一九四九年三月に映画製作を中止したこともあって多額の負債をかかえることとなり、一九五二年三月の劇団解散の遠因をなした（長谷川一夫　一九五七　二五五〜二五六頁、長谷川一夫　一九七三　一七二〜一七三頁、矢野誠一　二〇〇四　一二五〜一二七頁）。

（25）伊藤雅一のいうこのストーリーとは別に、組合機関紙「書記局回報」は、「伊藤雅一は一〇日午前二時日映演と撮従との約束を破って所内をうろうろしていたのを誰何され慌てふためき、自ら身体に障害を惹起した。これをふくろたたきにあったなぞと誇大に宣伝した。」（「書記局回報」第二二号　一九四八年八月一四日）と伊藤のいう組合暴行説を否定し、また組合発行のビラは「ビクビクもので撮影所に入って頑張っては見たものの気味が悪くて浮腰になったボス伊藤雅一君は、技研にいる民同の大ボス吉田に連絡して指示を仰ごうと、ノロノロ中央広場に現はれた。防エイ《ママ》に当っていた仲沢君が目ざとく之を発見し、忽ち防エイ隊の人々に取囲まれた。〔中略〕全力をつくして会社の御用をつとめた労働者の敵を目の当たり〔に〕見たら、誰だって煮えくりかえる程腹の立つのは当たり前だから、二・三度背中をこづかれる位の事はあったらう。これ丈の事で、伊藤君は真蒼になって手足もワナワナふるわせ、足許定まらず、元来た方へ逃げ出しにかかり、植木につまづいて、コンクリートの上へ、ズデンドウとひっくりかえる醜態をさらした。」（日映演東宝撮影所分会「白色デマから真相を守れ！　血迷った反共組合〝撮従ボス〟の真意は何か？」〔組合発行ビラ〕一九四八年八月一一日）と自ら転んで怪我をしたと記している。さらに宮島義勇は「午前二時頃、会談の状況を東宝労連の他の交渉委員と控室で聞いていた彼が舞台課にいる連中に連絡するため、中央広場を横切っていこうとして第二ステージの前あたりまで来た時、防衛隊にぶつかり、警告を受けた。その時彼は逃げようとして石に躓き、転倒して胸部を強く打って吐血したらしいが、彼は『防衛隊に暴行を受けた』と話している。双方の言い分は違うが、彼が他の病気から吐血し、顔を血だらけにして倒れていたことは確かだった。」（前掲、宮島義勇　三二一頁）と述べて、これもまた組合による暴行という伊藤の主張を否定している。なお、東宝労連「『赤色テロ事件の真相』労連特報より（八月一一日付）」なる文書は、最初に伊藤に体当たりしてきたのが俳優の沼崎勲だという部分（前掲、伊藤雅一　二六六頁）は記されていないが、おおむね伊藤雅一の述べているところと同一である。また東宝労連は、この事件後「就業命令をもつわれわれ組合員が働いて生活権を守りたいために入所する事は正当の行為であって、これを退去せしめんとして暴力を加へ、しかも作業開始の団体交渉に行ったわれわれの組合幹部を多数の共産党員が衆人環視《ママ》の中で暴行傷害した事実は正常なる法治国家にあり得べからざる事件であり、この狂暴なる惨虐的事件の行動に敢て出た日映演側は全く正規な組合の闘争及運動から逸脱せる」「超国家的ファシスト的結社である」とする批判声明を出した（東宝労連「東宝撮影所紛争に関する声明」一九四八年八月、日付判読不能）。

(26) 具体的には岩崎昶と山本嘉次郎がＧＨＱのＣＩＥに、豊田四郎、滝沢英輔、谷口千吉が松竹大船撮影所に、山本薩夫、今井正、井手俊郎が日活多摩川撮影所に、小田基義、江口又吉が新東宝に、そして黒澤明と米山彊が東京地裁にそれぞれ事情を説明し理解と協力を要請するために訪問した（「書記局回報」第二一号）。

(27) 仮処分決定書の「主文」は次の通りである。「別紙目録の不動産に対する被申請人〔組合〕の占有を解いて、申請人〔会社〕の委任する東京地方裁判所執行使にその保管を命ずる。執行使は申請人の申出により、右不動産を申請人に使用させなければならない。執行使は被申請人の申出により、右不動産中被申請人組合事務所にあてている部分を同事務所として被申請人に使用させなければならないし、そのほかの部分についても、申請人の業務執行に妨げない限り、被申請人組合員の立入りを許さなければならない。被申請人は、申請人が右不動産に於て業務を行う場合、これに妨害を加えてはならない。これに反する場合においては、執行使は妨害排除のために適当の処置をとることができる。」（東京地方裁判所民事部第一四部裁判長裁判官新村義広　裁判官柳川真佐男　守屋美孝「決定書　昭和二三年（ヨ）第九六一号」一九四八年八月一三日）

この仮処分執行が組合に拒否されたことに対して、馬淵労務担当は記者に対し「仮処分に当っては日本タイプの前例もあるので、執行吏と会社代理人だけでやってもらったが、執行を妨害されたからといって直ちに警察力を頼る考えはない。」（「朝日新聞」一九四八年八月一五日）と言明する。が、その後の二度目の仮処分の執行が警察権力はおろか米軍までもが出動するきわめて大がかりなものであったことは、この馬淵の言明の不誠実を示して余りある。

(28) 宮島義勇によれば、マネ・スタは「すでに渡辺、馬淵に絶縁声明を出している芸術家グループから『その態度があいまいだ』と強烈な指摘を受け」、「結局、製作再開のためには日映演の協力なしには不可能という意見を明確にしたのは八人で、他の一六人は未だ態度保留だった。」（前掲、宮島義勇　三二五頁）とされ、会社の記述とやや異なっている。

(29) 末弘は、また労組の経営参加についても「現在の我国における如く経営そのものの中に資本家的不合理が内包されており、しかも経済は全面的に破局に瀕し、単に労働条件の維持改善を要求する程度のことでは労働者の生活欲求が満足せしめられる見込みがない以上、彼等の要求が経営参加にまで及ぶのは当然である。」としてこれを認め、その政治活動についても「今後に於てなお政府がインフレ対策に成功せず、生産再開製作にも成功せずして、経済の破局が一層深刻化すれば、企業の多くは破産するの外なく、またもしその破産を避けようとすれば結局産業合理化を名として大量の労働者解雇を決行するの外ないであろう。しかし、そうなればさなきだに既に巨大の失業軍をもつ我国は更に深刻な失業問題に当面することとなるのは当然である。而してこれ等の諸問題に互いに密接に連関しつつ徹底した政治的措置によってのみこれを解決し得るものなること勿論である。したがって、この際の労働者が彼等の生命を守るために政治行動に出で、これによって問題の政治的解決を図ろうとするのは当然であり、彼等の行動を対使用者の経済行動に限局し得ないのも当然である。」（末弘厳太郎　一九四六　一六一、一六四頁）と認めていた。しかし他方では、「労働組合は自主的なものでなければならない。雇主に支配されるような労働組合、いわゆる御用組合であってはならないし、また労働組合が或る政党によって支配されることも、あるいはまた政府の力に支配されることも労働組合の本質に反する。労働組合は、外から何ら支配されないで自分の手で行動しなければならない。日本の労働組合が本当に組合員全体の意思によって或る政党を支持するというのであれば、これは一向に差支えないが、労働組合が或る政党の命令で動くということは労働組合の本質に反するのである。」（末弘厳太郎　一九四七　二〇九～二一〇頁）と述べていたことは留意に値する。経済危機下での労働組合の機能の多様性を認めるとともに、その自立性と自治とを最大限に重視する末弘の、近代合理主義の枠組みをやや超える柔軟な労使関係観が認められる。

　その末弘が占領下の、しかも激しい労働攻勢と厳しい経営側の対応のなかにあっていかに労働委員会の中立性を守ろうとしていたかは、当時の労働記者村上寛治の次の証言によって知ることができる。「清水：組合の矢おもて《ママ》に立ったのは労働委員会だったとか、末弘さんがＧＨＱに評判がよくなかったとかお話しがありましたが、他方では労働委員会はＧＨＱや政府とも違った独立性の確立にも苦労しなければならなかったということですか……。村上：それは政府や経営者やＧＨＱの抵抗はあったと思うんです。しかし、形としては民主的な中立の機関として発足した。これを政治権力がどういうふうに扱っていくか、末弘さんは末弘さんなりの思惑があったと思う。労働委員会は中立機関なんだという筋を通していったのは、末弘さんの学者なりのしんの強さだったんだな。それに、官公庁や国鉄とか全逓など、当時は大いにあばれた労働組合の相手方が政府なんだな。それで中立性ということがとくに重要だった」（全国労働委員会連絡協議会事務局編　一九六六　四九頁）。

（30）この同じ八月一八日の「朝七時五分、動画整理室戸棚から原因不明の発火があ」り、「防エ《ママ》隊の適切な処置で約一五分後には消しとめ、消防自動車がかけつけて来たときには完全に鎮火していた」が、「此の頃、組合除名者南里金春は現像場の煙突に水色の旗〔東宝労連の旗〕を立てて火事を見ていた。その煙突につるしたプラカード〔には〕『共産党の焦土戦術はやめろ』」（『書記局回報』第二五号）と書かれていたという事件があった。組合は、この事件は、「分裂派が弾圧を誘導するための挑発である」として警視庁、検察庁、都労委に抗議に行くが、そこで得られた情報や報道関係者からの情報などを総合的に判断して「夕方になって、仮処分執行強行が必ず明日行われることを確認」（前掲、宮島義勇　三三五頁）する。

（31）野田真吉はこの細胞会議での議論について、次のように証言している。「東撮労組〔日映演東宝撮影所分会のこと〕闘争委員会で党員だった者だけが集まって党員グループ会議を開き、彼我の情勢報告と分析をおこない、今後の戦略をふくめて、直面している弾圧攻勢に対処する戦術を討議した。私も参加していた。まず、現在の労組員の闘志ではその結果は別として瞬発的な決戦に突入することはできる。だが、労組員が張りつめているとはいえ、長い争議のなかに労組員は個人的な生活の労苦と闘争参加による緊張の持続に心身ともに極限にきている。闘争の妥結をバリケード戦術の結着で一気にもってゆこうという気分が言うと言わないにかかわらず底流している。などの現状分析的な報告から、さまざまな意見がだされた。タテマエ、面子論的な意見が当然でてきた。弾圧には実力で徹底的に抵抗すべきだ。ここまでもりあがってきた労組員の闘志をくじくようなことをしてはいけない、いいかげんな妥協的後退は労組員に対する裏切りに等しいなどのバリケード死守的な見解がでた。討論がつづき、結論としては敵がもっともねらっている打撃目標は暴力的弾圧を強行して、今、結集し、団結している労組勢力を壊滅することである。挑発的な弾圧に、彼等は労組が対戦することに期待をかけ、望んでいる。また、対決してくると信じている。対決すれば彼等の思うツボである。彼等はそれによって権力をフルに行使し、徹底的にうちのめし、四散、消滅させることができる。悲惨な結果をもたらした日共の影響下にある労組指導部を攻撃し、労せず断罪することができ、結集した労組勢力と労組幹部との分断ができる。さらに左翼的な労組に対する攻撃の宣伝材料ともなる。このような敵の策謀に対抗するには現状況ではまだ余力をもち、充分に闘える労組勢力と広範な支援、支持者に守られている諸条件から、敵の主要目標に肩すかしを喰わすこと、つまり、労組の勢力を温存し、まき返しをはかるのが長い目でみた闘いの現段階における闘いではないか。─ということであった。そのために、現在とっている労組の反撃、迎撃態勢をゆるめることなく、強化して、敵の勢力を撮影所に集中、結集させる。そのことで彼等の暴力的実態を白日の下にさらさせる。労組は敵がねらっている目的を逆手にとって、一時の撤退作戦によって無益な味方の消耗をさけ、まき返しの闘いを前進しながら、争議を有利な妥結にもっていく。というのが結論の大略であった。これは、かわされた討論をまとめた宮島議長の意見であったと思う。一同は彼の意見に最終的に同意した。」と。なお、野田の「後聞したところ」によると、「党本部の方では、〔この〕労組の闘争方針について異議があったらしく、幹部のHが伝達にきた。だが、細胞指導部は労組の実状を現実的に正しくつかんでいることと、文化的な闘いの状況とその内実をしっているのは労組員とともに闘っているわれわれだから、われわれにまかしてもらいたいといって追い帰したことがあったそうである。」（野田真吉　一九八〇　九九〜一〇〇頁）という。

野田のこの証言は、宮島義勇によって「僕の記憶よりはっきりした証言」として、その回想録にも引用されている（前掲、宮島義勇　三三六〜三三七頁）が、他方、この細胞会議については全くこれと異なるストーリーが存在する。劉隼・東條由紀彦は、伊藤武郎からの聴き取りによるとして、仮処分執行当日の一時的撤退は、その前日の細胞会議に出席した共産党書記長徳田球一の指示によるものだ、と次のように述べている。「八月一九日直前の細胞会議には当時の日本共産党書記長徳田球一が参加している。徳田はいかなる経路によってであるかは、明らかにしなかったが、次に予想される仮処分執行に占領軍が出動することをあらかじめ知っていた。その上で徳田は、東宝争議に対して、これまでのような外部からの支援が困難であることを説明した。当時はいわゆるマッカーサー書簡と政令二〇一号によって特に公務員労働者は重大な岐路に立たされていた。その中で、半ば非合法活動であり共産党にも大きな負担をかける職場離脱闘争がすでに始まっていた。主として、デモンストレーション効果しかない東宝争議にこれ以上の支援を続ける余裕はなくなっていることを徳田は説明した。争議はもはや収拾すべき段階に入っている、そのために『若干の出血』はやむを得ない。当初の二七〇名全員をやめさせるわけにはいかないが、五〇名になるか、一〇〇名になるかは状況次第だが、何名かの退職によって争議を妥結させる段階に来ている。それが徳田の説明であった。そのために徳田は、予想される占領軍の出動に対して、実力で対抗してはならないと指示した。」（劉隼・東條由紀彦　一九九八　三六頁）と。ここでは、執行当日の一時退去の「指示」のみならず、組合幹部「何名かの退職」による「争議の妥結」までもが徳田球一によって「説明」されたということになっている。が、このストーリーの根拠とされる伊藤の証言には、先の野田の証言—細胞会議の議論の結論を受けた党本部が、それに反対の意向を伝えてきたものの「われわれにまかしてもらいたいといって追い帰した」という事実との混同があるように思われる。確かに、党本部はすでに本文で触れたように、争議の途中の七月段階でその終結を組合に勧めたという経緯はあったが、実際の争議決着二ヵ月も前の、しかも仮処分執行前夜という緊迫した時点での細胞会議において、徳田が組合幹部の自発的退職による争議終結の仕方まで「説明」したというのは、いかにもリアリティに欠ける。実際、後に触れるが、東宝の共産党細胞の責任者である山形雄策は、争議の決着は党本部の指示によってではなく、東宝細胞自身の意思決定によると証言している（山形雄策　一九八〇　六二頁）。またそもそも徳田が執行前夜のこの細胞会議に出席したという事実およびそこで仮処分執行時の一時退去を「指示」したということ自体、最も確度の高い先の野田真吉証言はむろんのこと、この論文の筆者である劉・東條による伊藤への聴き取り証言以外—少なくとも活字化されている既存の伊藤の証言では確認できない。その上で、もし伊藤が右のような証言をしたとすれば、可能性として考えられるのは、伊藤が徳田と個人的に会談してそのような「指示」や「説明」を受けた、ということである。伊藤がそれを細胞会議での徳田の「指示」や「説明」として記憶ちがいをしていることは、多分にありうるといってよい。この個人的会談の可能性を否定することはできないが、ただ充分留意すべきは、伊藤武郎はこの争議について他の誰よりも多くの証言を数十年にわたってさまざまに語っているがために、それだけに時代によって内容が異なったり、思いちがいがあったりと他の誰よりもまた偏差を避けがたいのが実態である、ということである。

（32）当日、日本の警察だけではなく米軍が出動した経緯は、必ずしも明確ではない。渡辺銕蔵によれば「六月頃司令部の労働課に呼ばれて、争議解決に援助はいらぬかと聞かれたことがあるが、私は自力で解決すると答へた。」しかし「この〔最初の仮処分の執行が失敗に終わったという〕事情を知って占領軍司令部が始めて怒り出した。先づ三宅正太郎〔会社側〕弁護士が呼び付けられ、更に警視総監が呼び出されて、諸君は法廷侮辱といふことを知ってをるか、日本の憲法は何のためにあるのかとひどく油を絞られた上、力が足りなければ助力すると言はれて、始めて日本の官憲が再度の仮処分執行に着手した。」という（渡辺銕蔵　一九五六　三三二～三三三頁）。他方、馬淵威雄の後年の証言によれば、当時、野に下っていた吉田茂がこの争議に強い関心と危惧を抱き、その側近が米軍の第八軍司令部に行き事情を説明していたことが背景にあったとされる。すなわち「二三年（八月一九日）のあの仮処分のとき、あのときは、横浜に本部があった第八軍、アイケルバーガー（司令官・中将）ですけれど、そのときはたしか吉田（茂）さんは野党だったですね。内閣は芦田さんですか。吉田さんが非常に心配しまして、マッカーサーがこんなことではしょうがないじゃないかと、いっていたと側聞《ママ》しております。私、直接知らないんですが。と申しますのは、仮処分を出すとき、あれはわれわれが懇請したわけでもなんでもないんでして、実は、あれを、吉田さんの密命を帯びて、占領軍の方へ行って、労働争議といったって、これはもう騒擾事件だ、それをいつまでもマッカーサーはほっておくのかと、労働政策があやまっているんじゃないか、というようなことをはっきり言いに行ったのが、麻生太賀吉（吉田茂の女婿）と白州二〔＝次〕郎（終戦連絡事務局次長）なんです。この二人がやはり、占領軍の方とかなり深く関係していまして、そして、騒擾事件として東宝問題を……。私も、麻生君にも白州君にも何回か会いましたけれど、あの二人が横浜（第八軍司令部）にいったりして、いろいろ日本における労働争議の実態というものは、共産党の革命の道具として労働組合を利用しているのであって、これはやはり一皮むかないと日本の労使関係があなたの考えているような国際的な労働組合に発展しないし、従って日本の労使関係もうまくいかないというようなことを、アイケルバーガーに言っていったわけですね。」（東條由紀彦・山本潔　五七頁）と。

　そして馬淵はさらに「仮処分が一度失敗に終わったものですから、そこで、いらしたのかどうかしりませんが、アイケルバーガー（アメリカ第八軍司令官、中将）のところへ、きっと渡辺さんがいらしたと思うんです。それは今いった麻生さん、白州さんの紹介だったと思います。私もいっしょにおともするはずだったんですが、私はいけなかったんです。〈山本〉それは、仮処分の決定が出て、昭和二三年八月一三日に、執行吏がきて追い返されたあとですね。そのときは、執行吏が追い返されるという事態に、日本の警察とか裁判所とか、そこは、どういう反応を示したのでしょうか。〈馬淵〉だからね、手ぬるいといえば手ぬるいんでしょうが、仮処分がうまく執行できないなんてことは、予測していなかったんじゃないでしょうか。裁判所も執行吏のほうもね。いってみたら、物理的な現象がおきて、ただもうまいったなあということ。〈山本〉そのことについて、裁判所なり執行吏として、こういうふうにしようというようなことはなかったのですか。〈馬淵〉全然です。〈山本〉占領軍の対応、第八軍が応援にくるだろうということは、あるていど予測されたんですか、それともいってみて、うまくいくかどうかわからないけれどとにかく、ということですか。〈馬淵〉わかったのはね、もう一週間前ぐらいですよ。次には占領軍がでるというのがわかったのはね。」（同六四頁）と述べ、渡辺社長が吉田の側近を介して米第八軍司令官アイケルバーガーに会いに行ったと推測している。が、先にその回想録を引いたように、渡辺自身は直接米軍司令部には行ったとはいっていない。米軍の出動は、おそらく吉田の意を体したその側近による米第八軍への働きかけによるものというべきであろう。実際にも、すでにみたように米第八軍はこの争議の過程で何度か組合幹部と会社役員を呼び出して、争議の事情を聴取しているし、伊藤武郎は、「これ〔八月一九日〕より旬日の先。私は横浜の第八軍の本部に、ウィリアム・チェイス少将から招致された。ここは例の北岡所長が足繁く通っていた所で、それらが何であるかは組合のピケ隊から手に取るように情報が入っていた。果して一日も早く争議を中止しろというのである。『それらは占領軍の命令か』私の反問に対して『サジェスチョンである』と言葉少なに呟いた。白皙なその顔色の中に、弾圧近しと読み取って私は暗い気持で帰って来た。」（伊藤武郎　一九五四　一八七頁）と述べ、仮処分執行前に第八軍による「弾圧近し」と感じた事実を明らかにしている。その上で、米第八軍が出動した大義名分は、「撮影所の付近に居住する多くのアメリカ人及びその使用者を保護すること」（AP通信によるチェイス少将の発言、亀井文夫　一九四八ａ　二四頁）であるが、実際には「米人家族はすでに事前に避難命令を受けていた」（岩崎昶　一九七四　一六七頁）。米軍の出動が占領軍の労働政策の明確な転換を明かす指標といってよい。

なお、この八月一九日の仮処分執行については、きわめて多くの証言と新聞報道があるが、日本の新聞は、GHQの検閲のため米軍の出動については報道していない。執行当日の状況について、ここでは久保「日記」と会社側文書およびよく知られているロイターの配信記事の一部を引いておこう。

「歴史的なこの日、雨ばれの朝はあくまで晴れわたってゐた。この日仮執行が行はれる事はほぼ確実であった。青山学院集結の部隊はだんだんに増加してゐると報告が入った。朝になった。ゆっくり眠る方針で起きたのは七時、執行部会の始まったのは八時頃。家族会でも昨夜は会社にとまってゐたので、美術部へやって来た妻と朝食を終ってから、木村氏が来て、出血作戦回避の戦術打合せをやってそれから執行部に出た。ここでは警視総監の勧告文がすでに出た事が報ぜられ次いで土屋闘争委員長へ九時に成城署の署長が面会を求めて来た。執行部その他全員が戦闘配置につき、表門のホースも水が入れられる。やがてM・Pが自動小銃で乗りつけ、ついで軽装甲者〔＝車〕、タンクだんだんに物々しい空気の中に時間はすぎて行った。九時二〇分頃、表門で勧告文が手渡され、五、六分の猶予しか与えられないまま仮執行を平和りに受ける事に決定。次いで、執行使到着。全組合員一時裏のヨーチ《ママ》園に退去の件をおしつけられ、十二時までにインターを高らかに歌ひつつ退去を完了。中共の延安への長い苦難の退去を思はすやうな勝利の感情高らかな退却であった。インターを歌ひ、がっちりスクラムをくんだ四列縦隊が裏門を出たのは、しんがりであった執行部が出終った時、正に十二時、制限時間てっきり《ママ》であった。裏門には、シーマンタンク、砲は何サ〔＝セ〕ンチか、キャップをとって、がんと裏門に向けられ、その後に、トラック満載の警官が延々とつづき、その下をインター高らかな行進であった。幼チ園に全員到着。執行部を直ちに召集。現執行部タイホあるやも知れず、第二執行部は直ちにアヂトに去れと言ふ指令、われわれは四辻毎に交通をしゃ断してゐる警官をさけつつ、○○○《ママ》に到着。あやしげな敵のピケらしきものをよけつつ、裏の畑地から入り込み、一応の作戦計画を作り、アジビラを作成しつつあるものの他は休憩してゐた。度々連絡あり、三時すぎ、仮執行は終了、全員撮影所に帰るから、第二執行部も帰って来いと言ふ指令、幼チ園に帰った。丁度交渉に当った土屋、浦島等の報告、声明書のロウ読、次の闘争への指針の確認等が終るところであった。敵によって取りはらはれたバリケードの無い裏門へ意気揚々と引上げて来た全員の顔はほがらかであった。明日からの戦ひは防衛戦はいらず、今夜はゆっくり眠らう、これがタンクまでおし出した大弾圧の結果かと思ふと、一場の夢かとも思ふ不思議な感慨であった。この日の動員は警官千八百。シャーマンタンク三台、軽装甲車四台、M・P五、六〇名、歩兵一個小隊、日本警官の表門突破のためのケンイン車（タンク改造）、電話線の切断部隊、ハシゴ、カケヤ、おの、それから放送用の自動車三台、かんこく文はこの拡声器で読み上げられたが、インターにかき消されて了った。電話線切断の時、共同通信は伝書鳩まで使用したさうである。交通シャ断の場合は一キロ四方と言はれてゐる。それから飛行機が二台使用されてゐた。尚、ジャパンタイムスと会社馬淵の言により、実際の動員はタンク二〇台に及んでる由。集結地点は会社へ自動車で四五分程度の距離にあった事が記されてゐた。」（久保「日記」八月一九日付け）

「この日警官隊はタンク改造の牽引車を正門正面に据へ場合によって正門をブチ破り突入の体勢を整へており警備は完全なる武装下にある外米軍重戦車装甲自動車多数のトラックに満載された武装兵士が出動周辺を包囲し砲門機関銃を所内に向け飛行機二台が絶えず警戒飛行をつづける物々しさでありトラックの列は撮影所より新東宝門前迄続いてゐた。小田急成城駅は同日乗降客を禁止し同駅より撮影所間は交通遮断戒厳令下に入った。」（「本社通報　労務情報」第八二号　一九四八年八月二〇日）。

「米軍の示威運動はこの日早朝スタヂオの周辺に到着した六台のジープ騎兵銃をもったMPによってはじまった。つづいて一ヶ分隊の歩兵と六台の装甲車が到着し、スタヂオ外側をあちこち哨戒した。そして間もなく三台の戦車がただちに表門に位置をしめた。日本警官隊の主力が到着したのは米軍が配置についてからずいぶん時間を経過してからであった。警官達は米国製のトラックにのり、ピストルをつけ、棒をもち、かけやととびぐちを用意していた。彼等はかつて日本陸軍の使った鉄かぶとをかぶっていた。攻撃の先鋒は表門にピッタリとつけられた改装した日本戦車であった。〔…〕内部の争議団に対して最後通牒が発せられると同時にこの改装戦車はエンヂンのうねりをたてて今にもバリケードを破かいせんものと身構えていた。警官隊の攻撃準備完了と共に第一騎兵師団のH・F・T・ホフマン准将は彼の従える米軍の指揮にたった。頭上の偵察機には当師団の最高司令官W・C・チェイス少将がのり全行動を統括した。」（ロイター・A・A・P英国日本占領軍機関紙「ビーコン」所載、日映演東宝撮影所分会「世論は『東宝争議の大弾圧』をどうみるか？」〔ビラ、日付なし〕により再引用）

(33) 亀井はその時の情景をすぐ後に次のように述べている。「僕は、この狂気じみた人々に反省をうながしたいと思って、バルコニーから降り、早速一枚の大きなポスターを書きなぐって、身構えた警官隊のそばにゆき、黙ってそのポスターを示した。——『暴力では、文化は破壊されない！』ところが、彼らはまるで家畜のような愚鈍な眼をして、何ら反応のない無表情さであった。文化が何であるかを理解し得ない人々だったにちがいない。もしそれが解る人々なら、いかに上長の命とはいえ、今どき鉄かぶとを冠ぶさせられ、ピストルを持たされ、六尺棒とかけや、とびくちを持たされて、のこのこ文化労働者の弾圧にかり立てられて来ることを、承知する気にはなれなかった筈だ。」（亀井文夫　一九四八a　二五頁）。さらにその三〇年後、彼はその時の心境を「身を引く前の対峙する時間がかなりある訳だよ。」「で、その時だよ、ぼくはふっと思いついてね。」「ホラ〝暴力では文化は破壊されない〟って言う言葉を書いてくれって言ったんだよ。とっさに思いついた一つの言葉だよな。もっとも根（ルーツ）にあったものは慶応義塾のあの〝ペンは武器よりも強し〟だと思うんだが。で彼が書いたのを貰って、急いでスクリプターの菊池さんと一緒に表門から出て、警官に見せるように掲げて、ずうっと歩いたんだよ。何故そういう事をしたかって言うと、相手の張り切った気持ちを出来るだけくじきたい訳だろ。それと同時にうっかり言葉をかけると個人的な感情でやりとりがいつの間にかワッとなるとまずいから、出来るだけ冷静にして相手に受けとめさせる必要があると思って、無言劇だよ。」（亀井文夫　一九七八　一五〜一六頁）と語っている。

(34) 撮影所から撤退するという執行部の方針は、かなりの反対を巻き起こした。渡会伸（録音）はいう。「あそこを撤退するかどうかという大会を持った時は相当もめましたね。最初たしか一五分という時間をくぎって猶予すると。でこっちは大会開いてるんだからって三〇分から四五分位かかったと思いますよ。それで中でものすごくもめましてね。ぼくの記憶では撤退するって言った時に大部分の人はほっとしましたよね、正直なところ。しかし特に朝鮮総連の人達がすごく怒りましたね。やっぱりここは死守すべきだと。彼等は今までいつも命をはってやってきてる訳ですからね、そんな事ビクともしない訳で。それに対してそうじゃないって事も言い切れない訳です、組合としても。そういうのも尤もだと、だけどむこうは圧倒的な武力を持っているし人数も……。みんなが納得して整然と撤退するって決めるまでにはそう簡単にはいきませんでしたね。」（渡会伸　一九七八　五七頁）と。また最後まで撤退反対を主張した朝鮮人連盟の人びとについて野田真吉は、「私の担当はオープンステージの朝連の人たちのところであった。彼等はその辺にあったセット用の材木の切れ端をもって、有刺鉄線でつくられた境界線の向うの畑に散開している自動小銃をかまえた占領軍の兵隊たちとにらみあっていた。私が現場にかけつけ朝連の指揮者と話しあいをはじめると、兵隊たちの身構えが急に変り、銃口をもち上げた。私の報告に指揮者と私の周りに数名の朝連の人があつまってきた。初めは急変した労組の方針に納得がいかず、矢つぎ早やに詰問されて私は困ってしまった。結局、話しあいは二〇分ほどかかり、『労組のことは労組が自主的に決めるものだから、われわれ支援者は労組の方針に従う』というところで承諾してもらった。」と述べている（前掲、野田真吉　一九八〇　一〇一頁）。

もっとも、前日の細胞会議に出席していない一般組合員のなかには当日撤退することを感じ取っていた者もいた。関西支社の寺田昌業は「その翌日〔八月一九日〕ぼくはさっき云った戦〔術〕対〔策部〕へノコノコ上って行ったんです。でいろいろ話をしたんですが、その時望月衛〔撮影所分会執行委員、戦術対策部員　後千葉大学教授〕さんが、今でも忘れないが、『うんいよいよ来るなあ、門の前に塩でもまいておこうかと思ってるんだ。』こう云ったんですね。それでぼくは、あゝこれは肩すかしをやるな、やると方針がきまったな、とよんだ訳ですよ。で、この情報を大阪へ伝えなきゃいかんという事で、〔退去〕直前にあそこを出たんです。その時は個人的には非常に複雑な気持でしたね。やっぱりこわいものみたさという事もあるし、中にがんばっていたいと。緊張した空気だから何がおこるかわからん、まぁ肩すかしするなと思ったけども、ああいう時はちょっとした出来事から本当に流血の騒ぎがおこらないともかぎらないし、若干の恐怖の気持もあったし。それに一応の使命があるにしても、〔撮影所を〕出て行くというのは何となく後ろめたい気持がするもんですよ。そんなような複雑な気持で裏門から出て行って、成城の駅へ歩いて行ったんです。その時はもうどんどん警官隊がいきましたよ。」（寺田昌業　一九七九　一七〜八頁）と述べている。

なお、野田真吉は、先の証言においてこの時の撤退戦術について「東宝労組の内部的条件からみても、当時の占領軍軍政下の政治状況、さらに敗戦直後の混乱した経済状況、労働運動の未成熟な混迷の段階からみても、撤退戦術がギリギリの抵抗戦術であったとあの時点で思ったし、現在も思っている。もちろん、この戦術には東宝労組が結成以来、原則的に労組活動と相関する広い意味の政治的参加、文化闘争との統一をめざし、闘っていたとはいえ、労組員の一般的意識が労組活動を企業内闘争の枠内にとらえていた傾向を色濃く反映していたといえる。つまり、撤退戦術は争議妥結への志向を中心的に内在していたといえる。」（前掲、野田真吉　一〇二頁）と述べて、撤退戦術それ自体が、すでに組合員に潜在していた「妥結への志向」をあらわしたものであるとの認識を示している。

(35) 亀井文夫はこの仮処分執行直後に書いた文章で、「僕らの隊伍の先頭に立ったのは、五所平之助であった。この、日本映画の中でも抒情派の作家として、いわば最も非行動的だと思われていたこの巨匠が、既に前頭に霜をいただいた齢で、しかも病弱の身を引っさげて、この隊伍の先頭に立ってインターナショナルを歌ったことは、ぼくには大きな驚きであった。いや、驚くぼく自身がおかしいのだ。日本の支配権力は、この抒情派の映画詩人からすら、製作の自由とよろこびを奪うほど、ファシズムの道に踏み込んでしまったのだ。ぼくらは、今こそ、ファシズムから民主的映画を護る為に、『闘うヒューマニスト』にならなければならない。」と述べている（前掲、亀井文夫　一九四八ａ　二六頁）。また当日、撮影所にはいなかった山本嘉次郎は、後に「丁度そのとき、五所平之助君が所内にいたので、五所君を先頭に立て涙をのみつつ、整然と退出して行った。こうして城明渡しをした、というのである。そのため、五所君は一時、赤の指導者のような誤解を受けたことがあった。そのとき私がいれば、私が先頭にされたかもしれない。こういう大がかりな弾圧は、結果的には、大変良かったと考えている。日本の警官隊だけで、棍棒、警棒などで雪崩れ込んで来たら、それこそ流血の大惨事となったことだろう。三井炭鉱のときのような事態を生じたことは間違いない。米軍の作戦は功を奏したのである。」（山本嘉次郎　一九六五　二九〇頁）と述べている。

他方、撮影所から退却した時の気持を「久我美子さん、岸旗江さん、赤木蘭子さんがこもごも語るのをき」けば、以下のようである。「一生のうち、こんな思いをさせられたのは始めてでした。この気持をどんなことがあっても、日本の労働者につたえてがんばります。ファシズムとはどんなものかをはっきり知りました。」（久我）、「行進が終って思わず二人で抱きあって泣きました。私たちはあの地をかんで進む大型自動車のまえにねころんで防ごうとも真剣に考えたのです。これほど怒りにもえたことはありません。」（岸）、「息づまるような空気のうちに警官を一ぱいのせたトラックや大型自動車を見たとき、その一台一台をどんなに憎しみをもってながめたことでしょう。この時『死んでもやるぞ』という誓いをあらたにしたのです。そしてさらに芸術家として、労働者としての自覚をたかめました。会社側はこれからも組合を分裂さすために手段をえらばず襲ってくるでしょう。しかし私達の団結は勝利を確信しています。」（赤木）（産別会議情報宣伝部編　一九四八　一八四〜一八五頁）。

(36) 「来なかったのは軍艦だけ」というこの日の状況を象徴するキャッチ・フレーズについて、宮島義勇は「この言葉は望月衛氏が当日の感想として最初に話したといわれ、亀井文夫君が考えたともいわれている。だが八月一九日に撮影所にいたものなら誰でも言える言葉で、赤木蘭子君が東京の抗議集会で勇敢に訴えてから急速に広がった。組合もこの言葉を積極的に広げていった。」と述べている（前掲、宮島義勇　三五八頁）。実際にも、望月衛は「あのときのキャッチ・フレーズのことだけど、私のネームが入っていないのが残念なんだけれども〝軍艦だけはこなかった〟というのは、私が作ったんですよ。」（望月衛　一九六九　二四六頁）と述べて、自らの命名としている。他方、亀井文夫は「赤木蘭子とぼくとで、新宿の保線区（国鉄労組）へ行ったんだよ。〔…〕弾圧の直後にね。それでみんな写真に興味持つんだよ。軍隊が出動したって事でえらい興味持つんだ。そんな事かつてない事だからね、軍隊が組合の争議をそう言う形で弾圧かけるって事は。でいろいろしゃべって、あれも来たこれも来たって━。実際裏門の方には機関銃隊が来たんだよ。正門が戦車隊で、それからジープに乗ってぐるぐる廻るのがいて。それから飛行機が、あれはチェス《ママ》とか云って日本空爆を指揮した有名な軍人だよ。〔…〕そういう事を説明して、で、来なかったのは軍艦だけだって言ったんだよ。それを赤木蘭子が聞いて記憶に残ったらしくて、どこかかなり大きな講堂か何かの演説会で『来なかったのは…』とやったのですっかりひろがってしまった。」（亀井文夫　一九七八　一六～一七頁）と述べている。

　ところで、谷川建司はその著書において「第三次争議への決着の付け方だけでなく、前年のいわゆる『二・一ゼネスト』に対するマッカーサーの中止命令にしてもそうだが、それらを、冷戦の緊張が高まりつつあったアメリカが『行きすぎた民主化＝日本の赤化』を恐れて鎮圧した、と述べるのは確かにわかりやすい説明だし、事実、当時の国際情勢がアメリカとソ連の関係悪化の方向にあったことは間違いなく歴史の事実として存在する。だが、占領軍のとった行動をすべて、背景としての冷戦の進展と結びつけて説明しようとするのは安易に過ぎる」として、「軍事的占領である以上は、その目的を阻害する恐れのある事態を阻止するというのは当然なこととして最初から一貫して認識されていた大原則だったとも言える。占領する側の立場に立てば、ゼネストによる経済の麻痺や、撮影所明け渡しを定めた地裁の仮処分を無視した占拠の続行、という明らかに治安を乱す行為が認められてしまったのでは、GHQによる占領目的の実現を望むことは不可能だ、という論理に行き着くはずではないだろうか。」（谷川建司　二〇〇二　二三九～二四〇頁）と述べている。この批判は、二・一ストとその一年半後の東宝第三次争議における撮影所占拠を、等しく「明らかに治安を乱す行為」と断じているところに特徴がある。確かに、前者は占領目的に反する輸送・通信部門を中心としたゼネストであり、それを組織した産別会議と共産党はそれを通して吉田内閣打倒・人民民主政府樹立を企図していたことは明らかであったから、その影響の甚大さと政治的意図に対してGHQが禁止の態度を取り、その中止を最終的にはマッカーサーによる公式の命令として実現させたものであることは明らかである（Cohen,T.　一九八三　第一五章、斉藤一郎　一九七二　第八～一〇章、長谷川浩　一九七六　第九～一〇章、竹前栄治　一九七〇　一七五～一九二頁、竹前栄治　一九八二　一五七～一七三頁、竹前栄治　一九八三　一二六～一三八頁）。ただ、その場合であっても、ＧＨＱが日本の民主化の一環として労働組合助成策を取りながら、その結果として不可避的に派生する労働争議などを今度は軍事的な観点から取り締まるというＧＨＱの占領政策自体にはらまれていた矛盾の存在には留意しておく必要がある。

これに対して全国規模の二・一ストとは異なり、東宝争議での職場占拠は、非基幹産業における一事業所の、しかも当時他の争議においても同様に採られた解雇反対のための争議手段にしか過ぎず、およそ占領目的を阻害したり「明らかに治安を乱す行為」とはいいがたい。いかに映画企業の争議として世間の耳目を集めたとしても、またたとえ会社によって撮影所引き渡しの仮処分が申請されたとしても、職場占拠だけではその執行を認めるのに充分な法的根拠に欠けていたのであって、だからこそ仮処分執行の条件をつくりだすために伊藤雅一が意図的・作為的に流血事件を惹き起こして騒擾状態を作り出したことは、すでに本文で触れた通りである。すなわち東宝争議については、谷川が不用意に二・一ストと同列視して占領目的に反する「明らかに治安を乱す行為」だと断じ、占領軍の介入を「当然なこと」だとするのは、歴史認識としては明らかに誤りであるといわねばならない。米軍が介入してきたのは、日経連、吉田茂ら経営陣を強く支持する支配的層の懇請によるところが少なくないのであって、米軍介入の根拠が今日もなお不確かなのはその証左である。むろん、すべてを「冷戦の進展と結び付けて説明するのは安易に過ぎる」が、二・一ストから一年半後の東宝争議での仮処分執行は、一九四八年七月の公務員の労働基本権の大幅な制限を内容とするマッカーサー書簡とそれによる「政令二〇一号」の発布や翌四九年の労働法改訂へと至る、占領労働政策の転換あるいはＧＨＱ民政局の支持を受けていた芦田内閣の総辞職とタカ派ウィロビーＧ－２（General Staff Section Personnel 参謀部第二部）部長の支持を得ていた吉田茂の再登板という、その後に起こる日本の政治環境の転換と無関係にあるとはとうていいいがたい。

(37) もっとも、仮処分執行後の抗議ストの突入が、地域によって異なるとはいえ、必ずしもスムーズにいかなかったことは、次の証言に明らかである。「複雑な気持で〔撮影所の〕裏門から出て行って、成城の駅へ歩いて行ったんです。その時はもうどんどん警官隊がいきましたよ。で、成城の駅から電車に乗って、その頃日映演の本部が御成門の産別会館にあったんですが、そこへかけつけて、勿論もういろんな情報入ってます。その情報を聞いてから大阪へ電話かけたんです。で、これこれなんでそちらでも抗議スト組織してほしい、二四時間か四八時間か出来るだろうって云ったら、そんな騒ぎじゃないんだ、今一時間か二時間かでもめているんだと、そう陶山君が云うんですよ。何云ってんだと云ったら、いやとにかく正午までは劇場閉めるから、正午からあけさせてくれと云うことで、あゝそれならそれで十二時間だとなのれよ、というような事云って、それで二〇日の晩にこちら〔東京〕たって〔大阪に〕帰ったんです。そして総会やって抗議ストを決議して、で、二二日が日曜日の夜で、二三日の月曜日に十二時までという事でやったんですよ。ところがやってみると、時限ストの方がむつかしいんですよ。二四時間だと称して一日休むのは割合に楽でしょ、まあ前の晩から準備しますけど。ところがお客さん待たせておいて、十二時にパーンとあけるのは仲々ねー。だから、おいこれは時限ストの方がよっぽど強力な組織がいるぞ、つて話したことありましたけどね。まあその程度のことしか出来なかったのが実情ですね。」（寺田昌業　一九七九　一八頁）。

(38) 久保「日記」八月二五日付けは、「明日は又都労委へ組合側代表が招ばれてゐる。今度こそ解決への見通しが可能とならう。長い戦ひであった。死を決っ《ママ》した闘いであった。とにかく生きてゐられた事をこよなく喜びとしてゐる。」と記され、都労委への期待を強く滲ませている。

(39) 馬淵威雄は、九月一六日にはこの末弘「覚書」が会社側に手渡されなかったと主張するが、馬淵が自ら執筆・発行している「本社通報　労務情報」の九月一七日付け第八八号にはこの「覚書」が掲載されているから、一六日時点でそれをすでに入手していたことになる。こうした馬淵の引き延ばし策は、組合によれば、予定されている「株主総会までに結論を出されては困るということ、そして一日のばしにのばそうという会社」の「卑劣な手段」のゆえであるという（「書記局回報」第二一号　一九四八年九月二七日）。

(40) 末弘「覚書」について議論した都労委総会において問題となったのは、「解雇理由に関する会社の説明が人によって必ずしも一致しないのみならず、時によって動揺したことである」という「覚書」の部分であり、この点について「会社側の渡辺社長、馬淵重役は飽くまでも赤字経営克服策としての必然的人員整理である強調したのに対し、北岡撮影所長は赤字克服によるものと日映演の行きすぎが真の偽らざる原因であると北岡所長独自の所信を披瀝し注目を惹いた。」とされる（前掲、労働省編　一九四八　四四四頁）。ほぼ最終の段階に至っても、依然経営陣の意見が「一致しな」かったことは、ほとんど戯画的でさえあるといってよい。

　実際にも田邊と北岡との関係は次第にギクシャクするようになり、北岡は争議決着後の一九四九年三月に東宝を辞めることとなる。その経緯を北岡は「争議の終わり頃から私と本社、殊に実権者、会長田辺加多丸さん（渡辺さんは争議専門で実権はなかった）との間には感情の阻隔《ママ》があった。私は時々『会社幹部は労働者に対〔し〕愛情がない』などと言った。それは私を助けて呉れた関口敏雄君や藤本君なども同感であったけれども、彼等は本社の生えぬきだから誰も悪口は言わない。私は飛入り者だから一種の嫉妬心があり、それに本社はスパイを放って私の言動を本社に密告するのである。そこで私は田辺会長の勧告を受けて、砧撮影所長を辞し、平取締役となったが、〔中略〕三月末会社の取締役を辞し」た、と述べている（前掲、北岡寿逸　一九七六　一一〇〇頁）。また馬淵威雄は、非宝塚系のＰＣＬ出身の経営陣と組合が一定の連絡を取っていたことを示唆している。「〈山本〉旧ＰＣＬの経営陣の中に、組合と対応するような動きがあったわけですか。〈馬淵〉ですから、当然、私は実証はありませんが、そういう動きはあったと思います。私のところにずいぶん密告してきて、こういうことがあった、ああいうことがあったと、だれとだれが会っていますよ、早く、がんばっている経営者を退治してしまえ。そのあとオレがでるから、とおっしゃってる方があちこちにいらっしゃるというような、うわさ話は、毎日のごとく聞かされながら、ずっとやっていたわけです。私自身考えてみても全くそのとおりだと、私も実は思って、これは済んだら良かれ悪しかれちゃんとけじめをつけなくちゃいかんなあと、私は思っていた」（東條由紀彦・山本潔　一九九八　六二頁）。

(41) もっとも、すでに触れたように、興行部門でストライキを打つことは、地域によっても異なるが、必ずしも容易ではなかった。この点について、改めて二つの証言を引いておこう。「営業のストライキは大変むずかしい。特に小屋主に一五％の家賃をはらって営業だけやっている地方館のストライキはむずかしい。撮影所のように一〇〇〇人以上の人が集っているのとはちがって、僅か一〇名から一五、六名の人たちが、中央とのレンラク《ママ》もとだえがちで全体の情勢のつかみにくい地方都市で、たった一館だけストライキにはいることが、どんなにむずかしいことか！　下手をすれば小屋主と対立してしまうし、市民の冷い批判にさらされる。地方に散在する一つ一つの小屋の従業員が、闘争の正しさを信じて、小屋主との関係にしばられながらも、何回も困難なストを決行することは英雄的な勇気を必要とする！　私は、津にも、四日市にも岡崎にも、松阪え《ママ》も、金沢えも行って、そういう人たちに会った。〔中略〕私は旭川、サッポロ、仙台、青森でもそう云う人たちと語り合った。」（マルヤマ・ショウジ「地方館の人たち」日本共産党東宝撮影所機関紙『星』第六七号　二周年記念号　一九四八年七月六日　五～六頁）。「ぼくの印象ではね、やっぱりストライキっていうのは、実際にものすごいダメージを与えるのは劇場ですからね、ストライキすると金が入らないから。だから劇場でストライキをやらせようと思っても、劇場の組合の構成っていうのは現場のたとえばモギリだとか案内係だとか、まあボイラーマンだとか掃除のおばさんだとか、そういう人達が組合の幹部にならないんですよ。たいてい営業部だとかセールス関係、それから支社だったら経理とか総務関係、そういうようなどっちかっていうとホワイトカラーの人が組合の幹部になるでしょう。」「とにかく劇場でストライキをやるかやらんかということを決める時には、まあ営業の立場からいうとしない方がいい訳で、だけど組合の線からは、しないと撮影所に義理がたたないというジレンマがあるんですね。〔劇場の組合員には〕出来ればストライキをしないですましたいっていう気分があるんじゃないかと思う。だからそういうのが微妙に報告やなんかにあって。名古屋の場合なんかは委員長だとか書記長がいい人だったから、そういうことはなかったんだけど、東京近辺の劇場なんかに行くと、かなりそういうニアンス《ママ》の違いがあって、だから撮影所からオルグがくっついてると、あんまり変な風に誘導報告出来ない訳ですね。そんな事でぼくらくっつけられていたんだと思う。それにしても渋谷東宝なんか仲々ストライキしなくてね。岩間君なんかも一緒に行ってストライキをやらせようと思うんだけど、何回投票しても決議しない訳。中央委員会の方からはもうストライキ指令が出てるのに、職場の投票ではいつも否決されちゃうんですね。それで休憩して、いろんな女の子をくどいてね、夜中に、でまた総会やり直しでやっとストライキ決議して劇場しめちゃったってこともあるんですがね。ぼくも地方の劇場で、とにかくストライキをまずやらせるってことが主要な目的で行ったんだけれど、そういうことが大体わかって来たものだから、名古屋なんかじや劇場の下の方を先づ組織しようというんでね、これはじめ河崎保君なんかともよく相談して、やっぱり核になるやつ作らなきゃいけないっていうんで、組合の線とは違うんだけど青共なんかを作ったりしていったんです。ぼくら斗争のいろはも知らなかったんだけども、だんだんわかってくる訳ですね、やっぱりその頃から職場要求で斗った劇場は強かったですね。例えばモギリやら案内の人の靴がすごく痛んで来て、そういうのはみんな自前ではいている訳なんですね。音がしない様に運動靴みたいのはいてる訳だけれど、それが痛んで来ると自前でまた買わなきゃならないでしょ、そういうのを会社に要求させたりする訳です。」「生理のための綿が当時は物資が足りなくてそういうものを支給しろとか、いろんな職場要求を引き出して、そいつを団体交渉の時にぶつけて対決させて、ストライキにもって行くという、つまり中央のストライキの方針だけをスパッと入れないといかんという事じゃなくて、わりと正攻法にもっていったんで、まあぼくの担当していた所はいつもうまくいってたんですね。」（小松乙彦　一九八〇　六～七頁）。

(42) 具体的には、日劇が入場税三、七〇〇万円の滞納による差し押さえを避けるために、渋谷東宝その他を抵当に第一生命から国債五、〇〇〇万円を借り、それを野村證券に三、五〇〇万円で売り渡し、第一封鎖預金で受け取ったものを現金に換えて納税したが、この「第一封鎖解除に不正がある」として、「資金調整法違反、金融緊急措置令違反、贈賄」の嫌疑で告発したものである（前掲、宮島義勇　三八三頁）。

(43) 中井、三浦らベテランカメラマンの組合離脱については、同じ撮影部の小松浩が、「三浦さんも中井さんもカメラマンとしては優秀な撮影技術を持っておられ、一流のカメラマンでした。争議が続きましたから、このままでは仕事が出来なくなるのではないかと、随分悩んでおられたようでしたし、新東宝の分裂の時から、共産党に対してよりも、一部の党員に対して不信感を持っておられ、いろいろな事がからんで、日映演にいたのでは仕事が出来なくなるのではないかと、弱気になったのだろうと思います。単純に組合の問題だけでは済まされないと思いますが、真面目な人たちを日映演から脱退させた原因には、吾々の主張は正しかったと思いますが、早急すぎて強引に押しきり、包容力に欠けていたと思います。」（小松浩　一九七八　三六頁）と述べている。

同じく撮影部の男沢浩は、繰り返された組合分裂について、組合の運営の仕方や対応が硬直的で弱い者を包み込んでいく柔軟性に欠けていたという問題点を指摘している。「あの頃のこと振り返ってみると、もう少しこう柔軟性があってよかったような気がしますね。すぐに黒か白かきめちゃって。撮影部なんて云うのは敵味方みたいなのがはげしくて、弱い味方もつつみ込んで斗うようなことが足りなかったんじゃないか。それと、何かもう明日にでも革命がおこるんだというような雰囲気で。あれは演出効果が良すぎたんですね。」「撮影部の仲の良い連中なんかも随分民同の方へ行ったんですが、あ、いう連中なんかといろいろ話してみると、気持は同じなんだけれど、どうしても生活に負けちゃうんだって云ってましたけどね。ぼくはあの頃から、やっぱりそういう弱い部分っていうのは、一番考えなくちゃいけないなあって思ってましたね。たとえば、組合の定期大会なんていうのがあって、いろんな発言があるでしょ。それを議長なんかが、決められたスケジュールにのって議事を進めるというあれがあるから、ちょっと脱線したり、弱い方へ雰囲気が持っていかれそうな発言があると、そいつを押え込んじゃうっていう傾向があったんですよね。良くないと思ってましたね。で、そういう時に立って押さえ込むような発言をする威勢のいい奴が、先にコロリといっちゃってることが多かったですね。そういうものに対してはぼくはすごく腹が立つんですね。」「東京支部へ行って、単独座館なんかの組合をあちこち歩いてみて痛感しましたね。そういう所へぼくらが寝泊りして一緒になってやってると、どこからかえらい人が来てね、演説ぶって帰って行く、そうするとそういうのが逆効果になったりして。えらそうなこと云って、こっちのいろんなことを聞いて貰おうと思っているのに、その話を聞いてくれないって云うことでね。」「一番問題なのは、とにかく敵を作り過ぎるみたいなやり方が、それだけはまずかったんじゃないかと思いますね。きめつけてしまってね。新東宝の分裂が防げたかどうか、また防げたとしても、あの場合決して良い方向に進んだと思えないけれども、それよりもあとの民同をつくり出したね。それはどこの組合でも民同が出来てきた訳だけれども、あれを最少限に防ぐ手だてはあったと思うんですけれどね。まあその間の、一年二年という間が組合としては怠慢だったと思うんですよ。生活を守るっていう斗いが組まれてなかったですね。なにかはでな方向にばかり進んでいってしまってね。その辺に不安を感じた連中が脱落して行ったという気がしますね。撮影部なんて半分位民同へ行ったですけどね。その連中だって、本当に仲間を裏切ってすまないって気持がいっぱいなんですよね。もうとにかくかんべんしてくれって云うようなね。だから、そこまで追いやったっていう責任はあると思うんですよ」(男沢浩　一九八〇　二五～二六頁)。

他方、山形雄策は、撮影部の分裂原因として深刻化する生活の窮迫と闘争の展望のなさを挙げている。「勿論生活が非常に苦しくなって来た、直接の現実の生活問題が基本でしょうけど、もう一つはやっぱり展望でしょうね。つまりこれからさきどうなるんだろうという事で選択したんじゃないですか。分裂派の一番の弱点っていうのは、製作関係の主要なスタッフ監督や技術者がいない訳ですよ。で撮影部なんていうのはこれは宮島がいて、宮島がどの程度の支配的存在だったかわからないけれども、はたから見てると彼の力が大きかっただけに、たとえば技師クラスでいえば、面と向かっては殆んどたちむかえないけれども、腹の中じゃいろんな事考える、彼より先輩の技師は沢山いる訳ですよ。事実あの段階で離れたのはそのクラスの人と、もう一つは助手でチーフクラスの連中には確かに迷ったのいる筈でしょ。あっちへ行けば技師になれるということもあったろうし。だからこれから先のこと考えると、どうもいくらなんでもここまで攻めつけられれば、要するに負けると。負けないまでも勝てないと。事実それまでの争議はずっと勝ってるんですからね、かなりのゆとりを持って。で現実の状況から云って、いわゆる負けない斗いは続けているけれども、勝つ見込みがたたないとなれば、いっそ会社側についた方がいいと……。只その場合にも色わけはあるんですよね。つまり完全に反共的な立場をとってる分裂組合と、もう一つは日映演は脱退したけれど中立系の人達とがね。その中立の部分に、斗争方針に反対でもないんだけれどもついていけないという人達がかなりあったんじゃないですかね。事実、あの段階では、例の畳まで売るっていうほど生活の窮乏が深刻化してきた訳ですから。第一次の争議からずっと連続して、これだけ長く頑ばってもどうにも見通しがないんじゃということを、考える人がいても不思議はないですね。」（山形雄策　一九八〇　六一頁）。

(44) 伊藤武郎は、また争議六年後の文章では「その頃極めて少数の指導者を集めて協議しここで一つがつんと打撃を加える態勢だけをつくって和を申入れようと腹を決めた。渡辺御大と非公式会談をもつことにした。それも先方から言い出させた形にしなければまずい。この作戦はうまくいって先方からの申出で私ともう一人宮島義勇（カメラマン）とで会うことになった。その日は、全国の立ち得る劇場はすべてストに立つ態勢が出来ていた。〝有力な指導者十数名の首を承認してもよい〟と切り出したときの渡辺社長のニンマリと笑ったそのうれしそうな顔は今でも思い出す。この会談は約二時間程で終ったが争議は急転直下終結することになった。」（伊藤武郎　一九五四　一八八頁）と述べている。

他方、亀井文夫は、幹部二〇名が退職する経緯について「それはやっぱり取引したんじゃないの、組合として。要するに解決しろってこと言われた訳だよ。これは一番強く言ったのは徳田球一じゃないかな。丁度あの時に吉田政権なんか生れるのかな、とにかくより反動的な政権が生れる訳だよ。そうするとあんな形で、アメ売って生活していたって、これはじり貧になるばかりだ。だからなんとか早く解決して、戦力を残せって言う訳だ。」（前掲、亀井文夫　一九七八　一八頁）と、共産党本部からの指示での妥結を示唆しているが、これについては、東宝細胞の責任者であった山形雄策が「亀井が徳球が決めたんだろうなんて云ってるけども、具体的にはそれ位東宝の党組織で決めてますよ。あんなてっぺんのところで解る訳ないんだから。」（山形雄策　一九八〇　六二頁）とはっきりと否定している。

(45) ちなみに馬淵威雄執筆の会社の社内報は、「日映演幹部二〇名の自発的退社申出によって交渉再開の端緒を得た。会社日映演両者最高幹部会議は一八日徹夜続けられた結果さきに会社が提示した諸条件を受諾する旨組合幹部より申出あり会社は日映演と一九日正式交渉を再開し同日午後九時別紙『争議解決に関する覚書』に仮調印をみるに至った。」（「本社通報・労務情報」特報　一九四八年十月二〇日）と、「自発的退社申出」としている。しかし、馬淵自身は後年この点について「解決は、それは共産党というのは非常にスマートでしてね。伊藤武郎以下何十人かの共産党と目されている連中が一緒に来まして、私はその場に呼ばないんですよ。社長に会いたいといって来たようですね。ぼくは知らなかった。関口（敏雄）君（撮影所総務部長）というのがいて、それが、渡辺さんとこに立ち会ってて、それが大変だ大変だと、僕のところにいってきたんですが、それが彼等だけの辞表をもってきて、これで、恐れ入りましたわれわれはやめます、と辞表を出したんです。何十人かの。そしたら、渡辺さんは、とび上がらんばかりに喜んで、『ヨッ事件解決だ、ありがとう』と言ったもんだから。」と述べて、この妥結のための会談には、馬淵自身は出席しておらず渡辺社長が対応し、関口総務担当が立ち会ったことになっている。またその会談の時期についても、「伊藤君なんかが、自分たちはやめます、あとのやつはよろしくたのむ、助けてくれ、みたいな話をして帰ったのは、ずっと前の話です。仮処分（八月一九日）の直後です。それからまた正式のテーブルにのせまして、あなたがたがやめるのはけっこうです、あとはだれが執行委員長になって、どうするんですかと、土屋精之ですか、その連中が出てきまして、ああじゃないこうじゃないということになって、いわゆる普通の合理化問題に入りまして、初期の目的を達成して調印したのが十月一八日です。その間も僕は一人で苦労した、一人でというと語弊がありますがね。」（東條由紀彦・山本潔　六六頁）と述べて、主要幹部二〇名の退職による争議決着の話は、仮処分執行の直後つまり八月一九日直後から出ていたとしている。この点では、先に触れた劉・東條論文での伊藤武郎からの聴き取り証言とある程度符合するが、しかし仮処分直後にそのような具体的な話がすでに出ていたのなら、それから二ヵ月もの間会社も組合も経済的困難のもと争議を続けていなければならない根拠は希薄となろう。仮処分後に組合が争議決着のあり方について考えたとしても、それが具体的に組合幹部の自発的退社によるというかたちをとるのは、争議が膠着状態に陥り、経済的窮迫が限度に達しつつあるという状況のもとでの決断というべきであり、馬淵のこの説明には思い違いがあるように思われる。また、争議決着の際の態様も、「伊藤武郎以下何十人かの共産党と目されている連中が一緒に来」て、直接渡辺社長と対で話し合って決め、田邊や馬淵は関係していないというこの馬淵の説明も、本文で触れたような状況証拠をもってすれば、馬淵の明らかな思い違いというべきであり、また渡辺の喜びはトップ会談の結果を聞いた後の反応というべきであろう。

　実際にも、宮島義勇と演劇部の機関紙とほぼ同じような説明は、関西支社の寺田晶業の次のような証言によっても確認される。「以前は営業の組合の中心だった堀場伸世氏がその時労務部長だったと思いますが、これはそれぞれよく知り合っている仲だという事で、堀場さんと伊藤さんの接渉《ママ》が十八日位から始まったと思います。まあその前からいろいろあったのかもしれませんけどね。それで例の二十人問題になるんだけども、十八日の日にね、予備交渉をやるんだという事で、むこうは田辺会長と馬淵さん、こちらは伊藤、宮島でいくんだというようなことで……。こういう段階になったら、もう方針は決まってたんでしょ。決まってたけど、そんなオープンで討議出来るような事じゃないですよね。二十人クビ差し上げますからまとめましょうてな事は、オープンじゃ出来ない。だから勿論正式の会議で決めるというような事はなかった筈ですよ。少くともそういう会議は記憶にない。只ね、いく前にぼくは呼ばれましてね、伊藤さんと宮島さんから。でこういう事でまとめたいと思うんだよと。営業関係で君だけに云うんだがと。他の人がきいたかどうかぼくは知りませんがね。そりゃ二十人は多すぎるって云った。まあここまで来れば、なにがしかの犠牲はしょうがない。だけど二十名は多すぎるじゃないのって云ったんですよ。そしたらそれもそうだなあって云ってましたけどね。ぼくの記録によると、五時半から七時半までそういう予備交渉やって、一旦帰って来て、また九時半から夜中の一時半までやってんです。そこで大筋が決まった訳ですね。空気の悪い電気ビルの三階の窓のない部屋で、やっとこういう事で話の大筋がまとまったよ、と云って、二人帰って来た訳ですよ」(寺田　一九七九　一九頁)。ここでは、堀場が最初に接触したのは宮島ではなく伊藤ということになっており、この点と「二十人クビ差し上げる」という点を除けば、おおむね宮島らの説明と一致している。

他方、争議解決直後の『週刊朝日』は、田邊会長の話として次のように記している。「東宝田辺会長は争議が解決したあと急転妥結のウラをこう語っている。『僕は伊藤君(日映演中央委員長)と二人きりで話した際彼にこういったのだ。〝会社も組合も引くに引かれぬ状態にある。どうだキミ勝安房守にならないか?さしずめ渡辺社長は西郷隆盛というところだが、江戸市民(組合員)を戦火から救うためにはどうしたらいいか、もう一度考えてみないか〟といったら伊藤君もそれはよく判っていますヨ』といっていたがそれから、二、三日して『組合幹部二〇名が辞めるが、これで争議全体を解決する意思はないか』と切り出してきたのだ」と。そして「その日——日映演が全国ストに突入する前日の十月一八日の夜、組合側伊藤委員長、宮島義男(日映演東宝連合会議長、カメラマン)両氏から田辺会長、渡辺社長、馬淵副社長との五者会談の席上で組合側が〝勝安房〟になったので〝西郷隆盛〟も満悦して『それなら会社の面目も立つ』と一たん切れた団体交渉を同月一九日朝から復活してトントンびょうしに妥結まで進んだわけだ。」「本社の堀場労務部長が組合のハラを探ぐりだし奔走してボス会談まで持って行ったのが解決のいと口となった。」(「東宝争議噂聞書」『週刊朝日』一九四八年十一月一四日号)と。ここでは堀場部長が奔走してトップ会談をセットしたという点はすでに引いた宮島らの証言と一致しているが、田邊の言として、幹部二〇名の辞職は伊藤・宮島が申し出たものだとしているところが異なっている。しかし注目すべきは、田邊が伊藤と「二人きりで話した際」伊藤に「勝安房守にならないか」と勧め、争議決着の仕方について話し合ったとされている点である。この話し合いが、いわゆる四者会談の「二、三日」前とされている点を除けば、少なくともこの田邊と伊藤の「二人きり」の会談が最終決着の導火線となったことを示すものとして、きわめて重要である。

なお、この幹部二〇名の自発的退職による争議決着の仕方に対して、八住利雄が組合幹部による「独断専行」だとして反対したことは留意しておくべきであろう。田中友幸によれば、八住は「組合幹部二〇名の退陣を条件に会社の人員整理案を一時的に撤回させた、組合幹部の独断専行に対して、正直に疑問と不満を表明している。当時の異様な興奮の雰囲気の中では大変に勇気のいる発言であり、印象深く記憶に残っている。」（田中友幸　一九九二　三〇六頁）と。

(46) 劉隼・東條由紀彦（一九九八）は、組合自らが自発的退職者二〇名の名前を特定し会社に提出したとして、組合は「十月一七日からの最後のスト指令を背景に最終的決断を行なう。すなわち、最終的退職者の氏名を組合側から提案することによって解決を図ろうとしたのである。十月一八日の夜、共産党グループ会議に於て、自発的退職者二〇名の名簿を作成し、深夜経営側との秘密会談がもたれ、経営側もこれを了承し、当該二〇名以外の再雇用を約束することによって、争議は急遽収拾されることになったのである。」（四三頁）と述べている。しかし、これはすでに本文で述べたように間違いである。

(47) 以上の「覚書」は、会社が内部ですでに決めていた「東宝再建並に争議解決に関する会社の根本方針」（日付なし）および「争議妥結条件」（同）にほぼ則ったものであり、会社の意志が貫かれたかたちとなっている。なお、組合機関紙「闘争日報」第八九号「書記局回報」第三六号合併号は、自発的辞職者二〇名のなかに米山彊の名を記載しているが、これは頓宮勉の誤りである。この点は、会社の「本社通報・労務情報」特報（一九四八年十月二〇日）の記載が正しい。

他方、この覚書調印の日の馬淵威雄の組合に対する対応について久保一雄は、その日記に「これ等〔伊藤武郎等〕の感激すべき、同志愛の幾多の記憶に反して、この日、仮調印を終るまでに、朝から夜まで、敵の馬淵のその毒々しさも亦一生私の記憶を去らぬであらう。こいつは、どんな星の下に、どんな育ち方をした奴だらうとは誰れしも何度も言ふ言葉であった。〔覚書調印の場で〕渡辺〔社長〕と伊藤さんが握手するので、〔われわれは握手する気持が無かったが、新聞社やニュースの連中に強いられてやったのであるが〕私は馬淵と向ひ合ってゐたので彼と握手せざるを得なかったが、その手を石鹸で洗ひ度い気持で、こんな不愉快な握手も一生に一度であったらう。」と記し、馬淵の品性に対する久保ら組合員の嫌悪感を率直に表白している（久保「日記」一九四八年十月二二日付け）。また同じ日の「日記」に、久保は伊藤武郎の談として「田邊〔会長〕のエピソードとして伊藤さんの語った事は、伊藤さんが大沢〔前社長〕さんの秘書をやってゐた頃〔戦前〕、何かの事で田邊の方の仕事を受持たされさうになった時、彼は、伊藤君は大沢氏のところへ盆暮に何か持って行くかと訊ねたさうだ、訊かれた人がそんな事はやらん様ですと答へると田辺は即座に、それでは俺は要らぬと言ったさうである。封建性の標本の様なぢぢいである。」（同）と、田邊会長の同じく品性を疑うエピソードを記している。

なお人物評として渡辺社長については、望月衛が鶴見俊輔の質問に答えて、「何しろね、顔みてからが頑固ですよね。それから、交渉にならないんですよ、すぐに猛り狂っちゃうから。それに現在の考えをいわないで、自分が戦争中は反戦だったということをいくらおっしゃっても通用しないんですよ。すべての人がみんな変っているんですよ。私達サーベルさげてたのが組合の役員やって交渉しているんですよ、それが、オレハ昔は軍人ダッタといってどうしますか。おれは東大で教えてた、おれは反戦でもってつかまったこともある、といったって、そんなこといいから今はどうなんだ、私の首をどうしてくれる、ということですよ。」(望月衛　一九六九　二四〇〜二四一頁)と述べ、同じく北岡所長についても「あの人も、自分はジュネーブに労働会議で行ったんだとか、人口問題では進歩的だとか、そういうことをしきりにおっしゃったけれども、今のこの問題については、そんなキャリアがあったって、あそこに大きなシフトがあったわけなんで、その後どうなったかということですよ。同じものをもってこられたんじゃ困る。組合員の方だって、私だってえらい転身ですよ。それから『隼戦闘隊』とかなんとか作った連中がいまや共産党員でやってるでしょ。」(同二四一〜二四二頁)と述べて、両者の現実感覚のなさを揶揄している。

(48) 五月に「経営権確保に関する意見書」を発表して東宝の経営陣を強く支援した日経連は、争議の決着に際して「今回の争議は未曾有の長期におよび会社の受けた損害も少なくなかったとはいえ両者ともにこれにより深き反省の機会を得、労資協力の機縁ともなり会社の経営は確固不動の基盤に立つに至ったことは今回の争議の収穫と認めらるべきであろう。」とする「東宝争議終結に関する声明書」を発表した(前掲、日経連創立十周年記念事業委員会編　一九五八　一〇七頁)。

(49) 小林一三は、第三次争議の決着について「東宝渡辺社長来訪。東宝争議は一先づ片付いたけれど、余程油断がならぬ形勢だと思ふけど、それ程、私ほど神経質ではないやうに思ふ。根本的に内部を立直さなければ駄目だと思ふ。」(前掲、小林一三　一九九三十一月一二日　六五六頁)とその日記に記し、渡辺の危機意識の希薄さを危惧しつつ、より一層の「内部」の「立直」しの必要性を説いている。一九五〇年の東宝の本格的なレッドパージを示唆するものである。実際にも、この争議結果から引き出しうる重要な論点は、会社が当初予定していた「過剰人員」の整理という目的は、すでに争議の早い時点で自発的退職や依願退職というかたちで数量的には達成されたものの、被馘首者二七〇名のうち幹部二〇名を除く組合活動家は依然残ったということであり、それが一九五〇年の東宝レッドパージを惹起した要因であることは否みがたい。

(50) 山形雄策はこの点について、「あの際〔=妥結の際〕の討議っていうのはあんまり記憶してないんですが、只計算はかなりしたの覚えてますよ。つまり二〇名の退職で最初のクビキリ案が一応ご破算になると。本当は全東宝ですけれども、撮影所に限っていえば、二七〇名のクビキリがご破算になれば、とにかく組合の戦力っていうのは大部分が残される訳でしょう。党は勿論二〇名は全部党員ですからね、相当な打撃ですけれども、まあ二〇名クビ切られたって、とにかく党の活動家がどんどん出て来ている訳だから、これも亀井が、活動家たってたいした活動家じゃないからすぐにあとが出て来るみたいなこと云ってますけどね、それ程じゃないにしても激しいきびしい争議っていうのは、短期間に新らしい戦力を伸ばしていきますから、だから中堅の幹部っていうのは沢山出て来ているし、問題はまあ最高指導部がいなくなるってことだけど、これだって頭が胴から切り落される程致命的なことでもないという訳で。そこで極端に云えば、クビキリが出りゃ一番さきにマークされるという人達の中から、いろんな状況を勘案して二〇名を決めていくということになるでしょ。で私達のクラスっていうとおかしいけど、闘争が勝てなきゃ始めっからクビになることがはっきりしてる者は、別にあらためて今更どうこういうこともない。そういう連中が少なくとも一〇人近くはいる訳ですよね。だから亀井が徳球が決めたんだろうなんて云ってるけども、具体的にはそれは東宝の党組織で決めてますよ。あんなてっぺんのところで解る訳ないんだから。でまたあれこそ上から割当なんていう話じゃないですよね。只あの発想自体っていうのは最初に誰が云い出したかよく解らないけれども、その基になっている大きな方針、つまり出来るだけ闘争力をたくわえて、犠牲を少なくして闘いを終結するっていう方針は、これは始めから一貫してる訳ですよ。これが戦術として大成功するのは、いわゆる仮処分の時の撤収作戦ですよね。だからいっそうつばぜり合いになった最終段階にですね、むこうも動きがとれなくなってる訳ですからね、こっちがどう先手かけて打開の主導権を握るかってことですよね。なにしろむこうは党をなんとかしたい一心で、遮二無二攻撃を強めてきたものの、最大の極め手と考えた仮処分を、するりとかわされて、せっぱつまり焦ってる。そこへ会社側が党勢力の代表と考えている、宮島と伊藤武郎が乗りこんできて、組合から白紙委任された形で、党独自の提案、幹部の退職という切り札を拡げて見せる、という戦術的発想は、いわゆる組合フラクションのがわから出されただけに、そもそも宮島義勇あたりのアイデァ《ママ》じゃないかと、私は考えるのですよ。」（山形雄策　一九八〇　六二頁）と述べている。二〇名の辞職という妥結の条件が、宮島義勇のアイディアによる東宝の党フラクションから出たものだとするこの山形の推測は、すでに触れた宮島の証言に照らして誤っているが、組合勢力の温存という発想が妥結の際にも機能したということは、まちがいはない。

しかしながら、この思惑は結局外れることとなる。第三次争議によって主要幹部が東宝を去った後の組合勢力の退潮は覆いがたく、一九五〇年の会社による人員整理を契機とした第四次争議においては、充分に有効な抵抗を組織できないままに若干の再雇用と引き換えに解雇をのまざるをえなくなる。翌一九五一年、日映演は松竹支部の脱退を契機に単一組織を解消して連合体としての映演労連と改組し、さらに翌一九五二年、新東宝などを加えて映演総連となるのである（間島三樹夫　一九七七　八八〜九〇頁）。

(51) 組合は争議決着後、藤本真澄プロで完成した『女の一生』(亀井文夫) を争議解決金の代わりとして会社から譲り受け、その配給収入・興業収入をもって『暴力の街』(製作　伊藤武郎、演出　山本薩夫) を自主製作する。これを通して伊藤らは、一九五〇年四月新星映画社を創設し、戦後の独立プロダクションの魁となる (北川鉄夫編　一九七〇　四五頁)。

なお、GHQのCCDの担当者は、この争議決着について「東宝撮影所争議の決着」というメモで、労使が取り交わした「覚書」の内容を紹介した上で、伊藤ら自発的退職者は解雇者を救うために辞めた「殉教者」としてその組合内の地位を高めたと述べ、今回の決着は組合資金が少なくなり、政権交代によって組合に対する政府の締め付けがより厳しくなると考えた共産党員の決断によるものだとの認識を示している (「Box 番号八六一八　CCD　新聞・映画・放送第一地区　記録メモランダム」一九四八年十月二一日付け)。またCCDは東宝争議の決着の主な内容をCIS (Civil Intelligence Section 民間諜報局) 宛てに送っており、それがG－2の「内部メモランダム」に掲載される (Box 番号八六一八　G-2　Inter-Office Memorandum 日付なし) など、東宝争議についての占領軍の関心の高さを示している。

他方、都労委は、争議が妥結した十月一九日まで通算二五回におよぶ小委員会と総会を開催して東宝の労組法違反の事案を審理してきたが、同日組合が「覚書」にしたがって申し立てを取り下げたために、審理を打ち切った。しかし東宝労連による日映演を労組法第二条違反とする提訴および会社側の見解に対しては審理を続け、翌一九四九年一月二〇日の総会に末弘厳太郎会長起草の「東宝事件報告書 (案)」を提出し、これら一連の東宝問題に対して都労委としての結論を下した。その要旨は、次のようなものであった。

(一) 日映演の二条違反提訴に関する報告

第一点　会社が組合の弱体化、特に共産党関係の重要人物を解雇することによって組合の弱体化を図り、組合との関係を合理化せんとする意図をもっていたことは認められる。しかし、会社にかかる意図があっても、もし過去の組合の行動が労組法の所謂「正当」の範囲を越えていたとすれば、同条違反は成立しないという見解のもとに、その点に関する事実を究明した結果、渡辺社長就任以前における組合の行動は、当時の団協で組合に相当の経営参加権が認められていた関係もあり、一般的に「正当」の範囲を越えるものとみなし得ないが、渡辺社長就任後、特に二三年一月一日以降は団協の期間終了後改訂のため交渉することを相互に協定し、旧団協の有効期間を延長したのであるから、組合としても互譲的態度を示すべきであったのに、その態度は甚だ一方的であった。従って会社が被解雇者の選定に関し、此の間の事情を考慮に入れたのは一応尤もであると考えられるが、馘首者の具体的な選定が当を得ているかどうかについては、個人審査の結果相当の疑が残された。個人審査の結果、会社の発表している解雇理由は全体として信を置き難く、砧撮影所および演劇関係において、会社が特に単に組合幹部のみでなく日映演組合員を排除し、又はこれに差別待遇を与える意図をもっていた事実が或る程度認められた。

第二点　会社が演劇部門に結成された演従とユニオン・ショップ協定を結ぶことは差支えないが、協約当時すでに会社に雇われていたものを無理に演従に加入させることを企て、その後も日映演に残る意志を表示したものを解雇し、その他これに不利益な取扱いを与えんとした事実は認められる。

第三点　会社が五日以降、特に日映演組合員に限り出社を拒否する態度をとり、殊に七月以降撮従との協定に関連して、日映演組合員に差別待遇を与えたことは、日映演の五月以降の行動に「正当」の範囲を越えるものもありとすれば、不当な争議行為と見なし得ないが、八月中旬の仮処分執行後日映演もその争議行為を仮処分命令の範囲に止めていたと思われるにも拘らず、日映演脱退者に対し給付を為したことは、当時正常な業務の再開が不可能な状況にあった故、労務の対価としてではなく、日映演脱退の代価の如く思われるものがある。さらに会社は、附帯作業（守衛、運転手、電話交換手等）の従業員の使用につき、必要部署にはロックアウトの当初より部分的に日映演所属の従業員を使用していたにも拘らず、同種の従業員で出社就業を希望したものに対し、日映演残留の故を以て出社を拒否したことがあるが、この点に不当の差別待遇の疑が濃厚に認められた。

（二）日映演を労組法二条違反なりとする東宝労連並びに会社の主張に対する結論

日映演組合中、共産党員もしくは共産党シンパが多く、このため組合としての主張行動に共産党的色彩が強く、会社の経営権に対して不当の圧迫を加える傾向のあったことは、充分認められるが、労組法二条に所謂「主として政治活動を目的とするもの」とは政党ないし政治団体と認むべきものをいうのであって、従ってかりに特定の組合が政治団体の影響を強く受けているため、その主張行動が事実上その政治団体の主張と一致する点が多くとも、その主たる目的が経済目的である以上それだけの理由でその組合を二条違反のものとは認め難い（川田侃　一九七一　一二八～一二九頁により再引用）。

ここから明らかなように、「報告書」は、会社による日映演組合に対する弱体化の意図を認定したのみならず、日映演にとどまった演劇部組合員への不利益処遇や仮処分執行後の日映演脱退者に対する不当な賃金支払い（＝日映演組合員に対する不当な差別待遇）を認定し、また日映演組合を労組法第二条違反とは認めないとするなど、組合側の主張をほぼ全面的に認めた内容であった。末弘厳太郎の公正な判断を看取できるが、しかしこの最終結論が、争議決着後三ヵ月を経過して争議に対する直接の影響＝実効性がなくなった時点で出されたというところに、彼の政治的配慮を読み取ることができる。しかも末弘にとって苦慮したことは、当時の労組法が会社の不当労働行為に対しては刑事責任を課していたために、争議中に右のように組合の主張を認めれば、同学の先輩である渡辺社長や後輩にあたる北岡所長に刑事罰を課さざるをえなくなることであった。末弘が、争議中は「覚書」を提示するにとどめて労使の歩み寄りに期待し、結論を先送りしたのは、こうした私的な事情もあったであろうことは想像にかたくない。

終章

（1）ＣＩＥの「出版物分析」なる内部ジャーナルは、『東洋経済新報』に掲載された渡辺社長の文章とともに、この『ダイヤモンド』誌の論評をほぼ全文翻訳して、争議に対する経営側の視点を紹介・評価している（Box 番号八五九四　ＣＩＥ　調査分析部　メディア分析班「出版物分析（Publications Analysis）」第二〇八号　一九四八年九月二四日）。

（2）五所平之助は、後に岸松雄とのインタヴューにおいて「五所さんは本当に党員（共産党員）じゃなかったんですか。」と問われて「と、とんでもない。僕はいっぺんだって党員になったことなんかありゃしませんよ。東宝で仕事をするなら、組合に入れ、と言うのでね、仕方なしに入ったままでなんです。でもいったん入った以上、組合員としての義務がありますからね。組合のやる通りに動いた。」（岸松雄　一九五五　一五八～一五九頁）と答え、あるいは「『今ひとたびの』のあと、東宝との契約になって、非常に好意的な、いい条件でした。そうしましたら、会社の監督会のほうから組合に入れと、みんな入っているんだからと。私は反対だったの。われわれが組合に入るのは少し違うんじゃないかと。でも平家でなければ人でないような、組合員でなければ人でないような時代でしょう。長谷川一夫さんまでがプラカード持って本社の周りをまわるという、そんな風潮だったの。それで入ったんですよ。でも入った以上は組合員として、義務も果たす、それが私の信条だったの。それで東宝争議のときは赤旗ふるってことになったんですよ。」（佐藤忠男編　一九七七　二〇四～二〇五頁）と述べて組合員としての責務から闘いを支えたと語っている。

（3）また他社の演出家もこの点では同じような認識をもっていた。

島耕二（大映）「良い映画ということには、会社側の見解と演出家としての見解と違うところもあろうが、映画ほど綜合的な芸術はないので、その職場で働いている人々の技術をもっと尊重する態度を経営者は取らなくてはいけないと思う。渡辺さんは組合員の主張についてもっと真剣に考え、理解することが必要だ。」（島耕二　大映東京　演出　前掲、自由懇話会編　四一～四二頁）

吉村公三郎（松竹）「日本の一般の人に映画企業の実態が理解されていない。映画はカンズ《マ》メ《マ》工場とは違い、一定の原料を買い入れて、其処から一定の製品をつくるというような計算はなり立たない、というのは、普通の工場では資本とか生産手段であるものが、映画企業の場合には、人の形をしている芸術的才能とか技術というものなので人力に依存する比重が他の産業に比べて非常に大きい。

而も人は決して計算でわり切れるものではないから、十銭玉を入れるとキャンデーがころがり出るような具合に映画製作はいかぬという点を理解して貰いたいと思う。実際に映画をつくるのは、機械ではなく特定の技術、配光、録音、装置といった技術が映画をつくる機械なのだ。東宝の資本家は此の点非常な認識不足があると思う。技術の過少評価が、紛争のひとつの原因であるといえよう。映画企業に働く人間は物心両面から大事にしなくてはいけない。」（同六三頁）。

（4）今井正は、東宝争議の七年後に岸松雄の質問に答えて、「僕は観客の心のうちにねむっているもの、そいつを揺りおこして眼をさまさせることを考えている。観客は自分たちの心のうちにねむっているものに気がつかないでいる。その気のつかないでいるもの、ねむっているもの、それは一体何か。僕たちはそれをハッキリとつかみ出して見せる事が必要だと思うんです。とにかく会社のいう通り易々諾々と、つまらんものをとっているのはいけない。いけませんよ、本当に。」（岸松雄　一九五五　三二〇頁）と述べている。

（5）すでに東宝の第一次争議の際、ある慧眼な雑誌記者はこの点について見抜いていた。「この争議は単に金の問題だけではなく、映画そのものを良くするためのものでもある、儲けるだけ儲けて重役たちだけが過分の配当にありつくために内容は文化的ではなくとも経費をなるべくかけないで、人気のある俳優の名前で客を釣るやうなものばかり作ったり、誰でもゲラゲラ笑ふやうな安っぽい手軽な喜劇ばかり作らされたりするやうなことは止めたい、たとへ重役だからと云って、そのやうな映画を作れと言う命令を出しても、厭だと言って断れるだけの力を従業員の方でも持たなければ、映画を見に来る観客へも相すまないと言う要求も入ってゐるのが今度の争議であって、ほんとはこれは争議と言うよりも映画界の粛正なのである。」「映画は金儲けのためにするものではない、映画は遊びでもない。映画はこれからこそほんとうに国民の求める映画でなければならない、そのやうな映画をぜひわれわれに作らせて呉れ、思ひ切ってわれわれの作りたいものを作らせて見て呉れ、と言って国民に訴へてゐるのが今日の映画人の姿である。」（林勝俊「映画従業員争議の本心」『近代映画』第二巻五～六号　一九四六年五～六号　一五頁）と。

　その上で、先に第五章注（8）で指摘したように、この争議が始まる直前の一九四八年三月、ＣＣＤの映画と演劇部門担当者が、東宝の組合の「よい映画」「自由と民主主義」的な「演劇」をつくりたいとする製作姿勢を高く評価していたことを想起するべきであろう。ＧＨＱスタッフの東宝の組合と芸術家たちに対する高い評価の軸心に、「よい映画」を創出したいという芸術家たちの強い志向性が据えられていることが重要である。

東宝争議関連年表

	映画・東宝	労働	経済	政治
一九四五年	9・22 GHQ映画製作方針発表 11・9 松竹大船撮影所従組結成 11・17 GHQ封建的映画上映禁止 11・27 全映結成準備会 11・30 映画公社解散 12・2 映画法廃止 12・12 東宝撮影所従組結成	10・23 読売新聞争議 12・11 京成電鉄争議 12・26 日本鋼管鶴見製鉄所争議	9・30 大日本産業報告会、大日本労務報告会解散 10・27 四大財閥解体決定 11・2 GHQ財閥財産凍結・解体を指令	8・14 ポツダム宣言正式受諾 8・15 天皇「終戦の詔勅」録音放送 8・16 東久邇内閣成立 9・2 降伏文書調印 11・9 日本自由党結成 12・1 日本共産党第四回大会、占領軍を解放軍と規定 12・22 労働組合法公布（一九四六年三月一日施行）
一九四六年	1・12 全映結成 2・14 東宝従組結成 2月 米映画上映開始 3・23 **東宝第一次争議** 4・28 日映演結成 4月 伊丹万作「戦争責任の問題」発表 5月 東宝ニューフェイス募集	1・27 関東地協結成 2・17 三菱美唄争議 2・27 国鉄労組総連合会結成 5・1 第一七回中央メーデー 5・12 米よこせデモ 5・19 食糧メーデー 6・13 第二次読売争議	2・1 第一次農地改革実施 2・17 金融緊急措置令公布施行 3・5 物価統制令公布施行 4・30 経済同友会設立	1・26 野坂参三帰国歓迎国民大会 2・28 公職追放令公布施行 3・5 チャーチル「鉄のカーテン」演説 4・10 第二二回衆議院議員総選挙 5・3 極東国際軍事裁判開廷 5・22 第一次吉田内閣成立 6・13 政府「社会秩序保持に関する

7月 デヴィット・コンデGHQ退任 8・17 松竹争議 10・5 東宝配給部員組合脱退 **10・15 東宝第二次争議** 10・18 大映争議 10・20 日映演主催グランド・ページェント 10・26 松竹京都撮影所スト 11・20 東宝「十人の旗の会」等組合脱退	**一九四七年** 3・20 新東宝映画製作所設立 5・7 全映演結成 7月 東横映画製作開始 10月 映画人公職追放指定
6・25 産別会議結成準備大会 8・1 総同盟結成大会 8・19 産別会議結成大会 10・8 産別十月闘争 11・11 産別会議吉田内閣退陣要求	1・18 全官公労共闘ゼネスト宣言 1・31 全官公労共闘ゼネスト中止 3・10 全労連結成 5・6 電産結成 5・14 産別会議中執「自己批判」決定 6・5 国鉄労組結成 7・10 産別会議臨時大会「自己批判」不採択
8・16 経団連設立 8・22 持株整理委員会発足 10・21 第二次農地改革令公布 11・20 日本商工会議所設立 12・27 傾斜生産方式決定	1・25 復興金融公庫発足 4・19 経営者団体連合会設立 7・4 経済実相報告書発表
声明」 9・27 労働関係調整法公布（十月一三日施行） 11・3 日本国憲法公布（一九四七年五月三日施行） 12・18 GHQ／CIE「労働政策に関する一六原則」発表	1・1 吉田首相「不逞の輩」発言 1・31 マッカーサー二・一ゼネスト中止指令 4・1 教育基本法・学校教育法施行 4・20 第一回参議院議員選挙 5・20 吉田内閣総辞職 5・24 片山内閣成立 6・5 米マーシャル・プラン発表 9・1 労働省発足 10・31 労働基準法等公布（十一月一日施行）

	1947	一九四八年
	12・1 入場税一五〇％に引上げ 12・1 映画製作者連合会設立 12・16 東宝組合生産復興会議開催 12・29 東宝経営陣交代	3・25 東宝中央経協決裂 3・31 東宝演劇分会日映演脱退 3月 映画芸術協会発足 4・1 東宝全映演新団体協約締結 4・8 **東宝第三次争議** 4・14 東宝名古屋分会約五〇名日映演脱退 4・30 東宝五月一日以降撮影所休業発表 6・1 東宝撮影所閉鎖発表（組合占拠） 7・5 東宝撮影所民主化クラブ結成 7・16 民主化クラブ東宝撮影所従組結成 8・19 地裁東宝撮影所仮処分執行 9・16 都労委「末弘覚書」発表 9・30 東宝団体交渉開始
	11・7 国鉄反共連盟結成 11・15 大山郁夫帰国歓迎国民大会 12・17 産別会議細谷事務局長脱党	2・13 産別民主化同盟結成 3・15 国鉄反共連盟、民主化同盟に改称 3・25 全官公三月攻勢 4・22 日本タイプ争議仮処分執行 5・8 新聞単一産別会議脱退 7・3 全官公七月攻勢
		4・12 日経連設立 5・14 日経連「経営権確保」意見書発表 5・17 第一回経済復興委員会総会
	12・18 過度経済力集中排除法公布施行	2・10 片山内閣総辞職 3・10 芦田内閣成立 4・1 炭鉱国家管理法施行 6・22 政府物価改訂第一次発表 7・20 政府経済安定一〇原則発表 7・22 マッカーサー公務員の争議禁止書簡 7・31 政令二〇一号（公務員の争議等禁止）公布施行 9・10 以降昭和電工事件捜査進む

10・18 東宝組合代表との頂上会談
10・19 東宝組合全国無期限スト突入、東宝労使「覚書」に調印
争議決着
11・7 東宝組合大会役員改選、「覚書」正式調印
11・22 東宝撮影所再開、「女の一生」撮影再開
12・1 東宝教育映画株式会社発足

12・10 産別民主化同盟第二回大会新産別結成方針を可決

10・7 芦田内閣総辞職（昭電疑獄による）
10・15 第二次吉田内閣成立
11・12 極東軍事裁判戦犯二五名に有罪判決
12・18 米対日自立復興九原則指令
12・28 労働省「民主的労組・労働関係助長のための規約・協約指導方針」通牒

あとがき

かつて黒澤明は、戦前友人と入った映画館で、女性の観客が洋画の上映の時にはスクリーンを見つめながら、邦画が映し出されるともってきた本に目を落としてスクリーンを見なかったのをみて、いつかあのような女性にも顔を上げさせる映画をつくりたいとその友人と話し合ったことがある、と語っている。小学生の頃のチャンバラ映画を除けば、私もほとんど日本映画を見ることなく、もっぱらヨーロッパ映画ばかりを見て一九六〇年代を過ごした。記憶にある例外は、幼くして父を亡くした小学生の私を慰撫するために、母が『黄色いからす』という、今にして思えば五所平之助の作品であったが、戦地から復員した父とその子との不安定な関係を描いた映画を見に映画館に連れて行ってくれたことである。が、その後、とくに話題になったものを除けば、日本映画を積極的に見たことは、私にはあまりない。

それが、十数年前、偶然にもテレビの深夜放送で、ＣＭに寸断されながら見た成瀬巳喜男の遺作『乱れ雲』の衝撃が、私の日本映画に対する認識を一変させた。それ以来、私は古い日本映画に関心をもって少しずつ見るようになり、とくにここ七〜八年前から映画関係の本を読みながら、映画について私にはどのようなアプローチが可能なのかを考えるようになった。労働研究に携わってきた者として、むろん私は東宝争議については一定の認識をもち、また以前から充分に気になるテーマではあったが、フィールド・ワークをベースとした労使関係の現状分析を研究対象としてきた私には、映画というまったく未知の分野の、しかも歴史研究の対象でもあるこの争議をあえて取り上げることには、いささかの躊躇があった。が、成瀬ショックに導かれて日本映画を見、また映画関係の本を読み進むうちに、労働研究者としてはオーソドックスではあるけれど、やはり東宝争議を対象に、しかしいわゆる争議研究とはやや異なる視角から分析することができないか、と考えるようになった。すべての研究がそうであるように、一定の水準を確保するためには、当然にも精度の高さが要求されるから、フィルム・スタディーズに門外漢の私には、たとえ映画にかかわる研究をするとしても、この対象を取り上げる以外には許されないように思われたからである。が、それにもまして私を衝き動かしたのは、この争議について調べるうちに、この争議が映画という文化生産に固有の問題を提起していることに気がついたからであった。

こうして、二〇〇三年四月からイギリスでの一年間の研究の機会を得たのを機に、私は本来の外国研究をさておいて、海を越えて持ち込んだ大きな段ボール箱一杯の資料を読みながら、執筆の準備に追われた。私は、今、その年の初秋エドワード・サイードの訃報を聞きながら、かの地で一行でも書き進めたいと独り焦りながら資料に向かっていたことを、想い出す。近年の大学の業務の多忙さは、私のような一介の研究者にも否応なく襲ってきたから、この機会を逃がすと、もはやまとまって仕事をする時間はないかもしれないという、ほとんど脅迫に似た観念に突き動かされながら、しきりに焦っていたことを、想い起こす。しかし、結局体調を崩して、その年の十一月にイギリスを去り、あまり多くを執筆できないままに帰国の途につかざるをえなかった。帰国後、多くの中断によって同じ資料をはじめから何度も読み返すという、まったく効率の悪い作業ではあったけれど、少しずつ書き進め、ともかくもここに上梓することができた。

このような研究ではあったが、少なからぬ人びとの助力がなければとうてい不可能であった。何よりも、本書が依拠した資料の中心部分を整理し、まとめて公の場に納めて下さった、山本潔、東條由紀彦両氏の努力に敬意を表したい。また宮島義勇の回想録を編集・出版し、その個人所蔵資料を譲って下さった映画史家、故山口猛氏に感謝申し上げる。氏は、二年前に急逝され、本書を読んでいただくことができなくなった。このことが、私にとって最も心残りである。そして日記という文字通りのプライベートな書き物を快く見せて下さった、美術監督久保一雄氏のご子息、久保治男氏のご厚情に対しても心から御礼を申し上げたい。さらに争議当時の貴重な写真を貸して下さった株式会社日本ドキュメントフィルムの阿部隆氏に対しても、御礼を申し上げる。これらの方々のご協力がなければ、本書は成り立たなかった。

その上で、映画やメディア関係の研究会にも無縁に、独り資料と文献ばかりを読んでいた私の、プリミティヴな議論に付き合っていただき、文献を紹介して下さった藤井仁子氏に感謝したい。氏は、鋭いまなざしで、映画研究の現状を語って下さった。その厳しい批判眼に本書が耐えられるかどうか、私には一抹の不安がある。

そして最後になって恐縮であるが、本書の出版を快く引き受けて下さった新曜社の堀江洪社長、著者としてのこだわりのゆえに、異例に注の多い、まことに煩瑣な編集作業を丹念に担当して下さった高橋直樹氏に対して厚く御礼申し上げる。

本書は、私の勤務校である立教大学の出版助成を得て刊行される。また本書に結実した研究に対し立教大学研究奨励金（二〇〇二～二〇〇四年度）を受けた。関係各位に感謝したい。

自由でありたいとだけ願って生きてきた私にとって、この大学が内包する自由の気風は、今日の日本の危うい現実のなかでは、一つの救いである。

二〇〇六年九月

井上雅雄

Anderson, Joseph I. and Richie Donald　1982　*The Japanese Film : Art and Industry* (*expanded edition*). Princeton : Princeton University Press.

Balio,Tino　1993　*Grand Design : Hollywood As a Modern Business Enterprise 1930-1939*. New York : Charles Scribner's Sons.

Bordwell, David. Staiger, Janet and Thompson, Kristin　1985　*The Classic Hollywood Cinema : Film Style & Mode of Production to 1960*. London : Routledge & Kegan Paul.

Cohen, Theodore　1983/1983　*The Third Turn : MacAthur, the Americans and the Rebirth of Japan*. 大前正臣訳『日本占領革命：GHQからの証言』上・下　ティビーエス・ブリタニカ

Dower, John W.　1999/2001　*Embracing Defeat : Japan in the Wake of World War*. W. W. Norton and Company/The New Press. 三浦陽一・高杉忠明・田代泰子訳『敗北を抱きしめて』上・下　岩波書店

Galbraith Ⅳ, Stuart　2001　*The Emperor and the Wolf*. New York : Faber and Faber Inc.

Hirano, Kyoko　1992　*Mr. Smith Goes to Tokyo : The Japanese Cinema under the American Occupation 1945-1952*. Washington and London : Smithsonian Institution Press.

Hoggart, Richard　1957/1974　*The Uses of Literacy*. Chatto and Windus. 香内三郎訳『読み書き能力の効用』晶文社

Horne, Gerald　2001　*Class Struggle in Hollywood 1930-1950*. Austin : University of Texas Press.

Nielsen, Mike and Mailes, Gene　1995　*Hollywood's Other Black List : Union Struggles in the Studio System*. London：British Film Institute Publishing.

Nolletti, Arthur, Jr.　2005　*The Cinema of Gosho Heinosuke : Laughter through Tears*. Bloomington：Indiana University Press.

Renoir, Jean.　1947/1977　*Ma Vie et Mes Films*. Wm Collins Sons & Co. Ltd. 西本晃二訳『ジャン・ルノワール自伝』みすず書房

Sklar, Robert　1975/1995　*Movie-Made America : A Cultural History of American Movies*, Random House. 鈴木主税訳『アメリカ映画の文化史』上・下　講談社学術文庫　講談社

Standish, Isolde　2005　*A New History of Japanese Cinema : A Century of Narrative film*. New York : The Continuum International Publishing Group Inc.

科学社
森　岩雄　1975『私の芸界遍歴』青蛙房
森　岩雄　1976『映画製作の実際』紀伊国屋書店
森　岩雄　1981『随想集』森雪子・岩翁会
八住利雄　1988a「シナリオ史序説　戦後篇　第28回」『月刊シナリオ』1988年9月号
八住利雄　1988b「シナリオ史序説　戦後篇　第31回」『月刊シナリオ』1988年12月号
矢野誠一　2004『二枚目の疵――長谷川一夫の春夏秋冬』文藝春秋
山形雄策　1948「この2ヶ年は何を語る――星と細胞の成長をふり返って」日本共産党東宝撮影所細胞機関紙『星』2周年記念号№.67　1948年7月6日
山形雄策　1980「証言28『東宝争議』と私」前掲『来なかったのは軍艦だけ』第5号
山田五十鈴　1953『映画とともに』三一書房
山口　猛　2002『「天皇」と呼ばれた男　別冊［注解］』愛育社
山本嘉次郎　1965『カツドウヤ水路』筑摩書房
山本嘉次郎　1968「戦車まで出た東宝争議」『文藝春秋』1968年6月特別号
山本　潔　1991「資料解題」労働争議史研究会編『日本の労働争議―― 1945～80年』東京大学出版会
吉岡重三郎　1938『映画』ダイヤモンド社
吉村公三郎　1949「『女の一生』の分析――真冬の京都から」『映画季刊』第2集1949年2月、小川徹他編『現代日本映画論体系第1巻　戦後映画の出発』冬樹社1971年　所収
吉村公三郎　1976『映画のいのち』玉川大学出版部
労農記者懇話会　1947『労働運動見たまま』第1集　時事通信社
労働省編　1948『資料　労働運動史　昭和23年版』
劉隼・東條由紀彦　1998「東宝争議（1948）の再検討」埼玉大学経済学会『社会科学論集』第94号　1998年6月
渡辺邦男・伊藤武郎　1957「対談　映画二筋道」『キネマ旬報』第186号　1957年9月下旬号
渡辺銕蔵　1948a「労資問題の解決」『キネマ旬報』第30号　1948年3月下旬号
渡辺銕蔵　1948b「資本家の立場――倒れる前の大手術」『キネマ旬報』第34号　1948年5月下旬号
渡辺銕蔵　1948c「共産党支配下の労働組合」『東洋経済新報』第2335号　1948年8月14日
渡辺銕蔵　1956『反戦反共40年』自由アジア社
渡会　伸　1978「証言18　今も続いている闘い」前掲『来なかったのは軍艦だけ』第3号

長谷川一夫　1957　『芸道三十年』萬里閣新社
長谷川一夫　1973　『舞台・銀幕六十年』日本経済新聞社
長谷川浩　1976　『二・一スト前後と日本共産党』三一書房
長谷川浩　1984　『占領期の労働運動』上巻　亜紀書房
原田健一　2005　「映画というメディアを捉えるための方法論――映画研究のための理論的パースペクティブ」『メディア史研究』第 18 号　2005 年 6 月　ゆまに書房
平野共余子　1998　『天皇と接吻――アメリカ占領下の日本映画検閲』草思社
ピーター・B. ハーイ　1995　『帝国の銀幕』名古屋大学出版会
廣澤　榮　1987　「東宝撮影所の 1945」今村昌平・佐藤忠男他編『講座　日本映画　第 5 巻　戦後日本映画の展開』岩波書店
廣澤　榮　1989　『私の昭和映画史』岩波新書　岩波書店
廣澤　榮　1992　「やあさんの 1946」シナリオ作家協会編『八住利雄　人とシナリオ』日本シナリオ協会
福田純・染谷勝樹　2001　『東宝映画 100 発 100 中　映画監督福田純』ワイズ出版
藤田若雄　1953　『協約闘争の理論』労働法律旬報社
藤田若雄　1963　『労働組合と労働協約』白桃書房
堀川弘通　2000　『評伝　黒澤明』毎日新聞社
前田　実　1996　『ある映画キャメラマンの一生懸命』シネ・フロント社
間島三樹夫　1977　「映画の労働運動」山田和夫監修『映画論講座第 4 巻　映画の運動』合同出版
馬淵威雄　1948a　「理想と現実」『労働評論』1948 年 5 月号
馬淵威雄　1948b　「苦闘百九十五日――東宝争議を顧みて」『経営者』第 2 巻第 4 号　1948 年 12 月号
松永安左エ門　1980　「半世紀の友情」阪急電鉄株式会社編集・発行『小林一三翁の追想』
松根宗一　1968　「東宝争議と砧撮影所長」東洋経済新報社製作・三宅千里・鴻発行『三宅晴輝の足跡』
三宅晴輝　1954　『小林一三伝　日本財界人物伝全集第 5 巻』東洋書館
宮下静江・遠藤ゆう子・石倉香代　1978「証言 15　演劇部の分裂そのⅡ」前掲『来なかったのは軍艦だけ』第 3 号
宮島義勇（山口猛編）　2002　『「天皇」と呼ばれた男――撮影監督宮島義勇の昭和回想録』愛育社
宮森　繁　1972　「東宝争議について」労働運動研究会編『占領下の労働争議』労働旬報社、後に宮森繁（2002）に所収
宮森　繁　2002　『東宝争議追想――来なかったのは軍艦だけ』光陽出版社
望月　衛　1969　「望月衛――東宝争議のころ」鶴見俊輔編『語りつぐ戦後史Ⅰ』思想の

谷川建司　2002　『アメリカ映画と占領政策』京都大学学術出版会
田邊加多丸　1947　「見透しは充分ある」『キネマ旬報』第23号　1947年11月下旬号
土屋精之　1979　「証言24　七十年の間の三年間」前掲『来なかったのは軍艦だけ』第4号
中央労働委員会　1946　「経営協議会指針」藤田若雄『協約闘争の理論』労働法律旬報社 1953年　所収
中央労働委員会事務局編　1956　『労委十年の歩みを語る』
中古智・蓮實重彦　1990　『成瀬巳喜男の設計』筑摩書房
辻　恭平　1974　「東宝争議の一断面――『映画界のレッドパージ』前章」佐藤忠男編『映画史研究』No.5
寺田昌業　1979　「証言21　『あの頃』の回想（一つの詩と真実）」前掲『来なかったのは軍艦だけ』第4号
東條由紀彦　1991　「東宝争議（1948）――『生産復興』と『産別型団結』の終焉」労働争議史研究会編『日本の労働争議1945～80年』東京大学出版会
東條由紀彦・山本潔　1998　「東宝争議（1948年）の研究　資料篇：馬淵威雄（労務担当重役）よりの聴取り記録」埼玉大学経済学会『社会科学論集』第94号
東寶映画株式会社　1942　『東寶映画拾年史抄』
東宝株式会社　1947　『東宝の新労働協約について』
東宝株式会社　1954　『東宝二十年史抄』
東宝株式会社　1972　『東宝30年史』
東宝50年史編纂委員会編　1982　『東宝50年史』東宝株式会社
「特輯全国映画芸術家会議・報告」　1946　『映画製作』第1巻第2号　1946年9月
永井柳太郎　1979　「統一老優の遍歴見聞譚（5）」『俳優館』第32号　1979年12月
永井柳太郎　1980a　「同（6）」『同』第33号　1980年6月
永井柳太郎　1980b　「同（7）」『同』第34号　1980年11月
永井柳太郎　1981　「同（8）」『同』第35号　1981年3月
新沼杏三　1977　「証言9」前掲『来なかったのは軍艦だけ』第2号
日経連創立十周年記念事業委員会編　1958　『十年の歩み』日本経営者団体連盟
日経連30年史刊行会編　1981　『日経連30年史』日本経営者団体連盟
根岸耕一　1930　『映画界の横顔』超人社
野田真吉　1980　「証言31　東宝争議の私史的回想　覚え書き」前掲『来なかったのは軍艦だけ』第5号、後に野田真吉『映像――黄昏を暁と呼びうるか』泰流社 1991年に所収
筈見恒夫　1947a『映画五十年史　新版』鱒書房
筈見恒夫　1947b　「映画芸術性の確立」同『映画とともに』淡路書房1948年　所収

産別会議情報宣伝部編　1948　『官憲の暴行』三一書房
産別会議史料整理委員会編　1958　『産別会議小史』労働運動史研究会編『産別会議――その成立と運動の展開』労働旬報社 1970 年　所収
城田孝子　1976　「証言 1 」前掲『来なかったのは軍艦だけ』第 1 号
城田孝子・廣澤榮　1986　「スクリプターの 47 年」今村昌平・佐藤忠男他編『講座　日本映画　第 4 巻　戦争と日本映画』岩波書店
時事通信社編　1947　『映画・芸能年鑑　昭和 22 年』時事通信社
清水　晶　1994　『戦争と映画』社会思想社
自由懇話会編　1948　『東宝旋風の真相』自由懇話会
末弘厳太郎　1946　「日本再建と労働組合の使命」『労働評論』1946 年 7 月号、同『労組問答』財団法人政治経済研究所 1949 年　所収
末弘厳太郎　1947　「労働組合の現状と将来」1947 年 11 月 8 日政治経済研究所創立 1 周年記念講演要旨、同『労組問答』所収
末弘厳太郎　1948　「仮処分と労働組合の抵抗」『法律時報』1948 年 6 月号、同『労組問答』所収
スザンネ・シェアマン　1997　『成瀬巳喜男　日常のきらめき』キネマ旬報社
『世界の映画作家 31』　1976　『日本映画史』キネマ旬報社
全国労働委員会連絡協議会事務局編　1966　『労働委員会の 20 年――回顧と展望』
全日本産業別労働組合会議　1946　「団体協約案」藤田若雄『協約闘争の理論』労働法律旬報社 1953 年　所収
鈴木晰也　2001　『人生仕方ばなし　衣笠貞之助とその時代』ワイズ出版
「第 2 回全国映画芸術家会議：議事録」　1947　『映画製作』第 3 号、南博編『戦後資料　文化』日本評論社 1973 年　所収
高橋新一　1976　「証言 3」前掲『来なかったのは軍艦だけ』第 1 号
高見　順　1965　『高見順日記』第 8 巻　勁草書房
竹前栄治　1970　『アメリカ対日労働政策の研究』日本評論社
竹前栄治　1982　『戦後労働改革』東京大学出版会
竹前栄治　1983　『証言日本占領史―― GHQ 労働課の群像』岩波書店
高峰秀子　1976a　『わたしの渡世日記』（上）　朝日新聞社
高峰秀子　1976b　『わたしの渡世日記』（下）　朝日新聞社
田中純一郎　1980a　『日本映画発達史』（Ⅱ）　中央公論社
田中純一郎　1980b　『日本映画発達史』（Ⅲ）　中央公論社
田中友幸　1992　「八住さんと巨人軍」シナリオ作家協会編『八住利雄　人とシナリオ』日本シナリオ作家協会
田辺耕二　1976　「証言 4」前掲『来なかったのは軍艦だけ』第 1 号

亀井文夫　1948b「両立か対立か――映画の芸術性と企業性」『キネマ旬報』第36号　1948年6月下旬号
亀井文夫　1978「証言13　暴力では文化は破壊されない」前掲『来なかったのは軍艦だけ』第3号
亀井文夫（谷川義雄編）　1989『たたかう映画――ドキュメンタリストの昭和史』岩波書店
川田　侃　1971「東宝争議（1948年）」東京大学社会科学研究所編・発行『戦後初期労働争議調査――調査報告第13集』
北岡寿逸　1976『我が思い出の記』（著・発行）
岸　松雄　1955『私の映画史』池田書店
岸　松雄　1970『人物・日本映画史　I』ダヴィッド社
北川鉄夫編　1970『日本の独立プロ』映画『若者たち』全国上映委員会発行
工藤美代子　1985『聖林《ハリウッド》からヒロシマへ――映画カメラマン・ハリー三村の人生』晶文社
久野収・鶴見俊輔　1956『現代日本の思想』岩波新書　岩波書店
黒澤　明　1948「東宝の紛争」『新日本文学』第2巻第7号　1948年銷夏（7月）号
黒澤　明　1970「全自作を語る」『世界の映画作家3　黒澤明編』キネマ旬報社
黒澤　明　1990『蝦蟇の油』同時代ライブラリー　岩波書店
河野秋和　1979「証言19　我が青春えの想い」前掲『来なかったのは軍艦だけ』第4号
小松乙彦　1980「証言25　東宝争議は終っているか」前掲『来なかったのは軍艦だけ』第5号
小松　浩　1978「証言16　撮影部の内情」前掲『来なかったのは軍艦だけ』第3号
小林一三　1946「公平なる分配の考え方」『小林一三全集』第2巻　ダイヤモンド社　1961年　所収
小林一三　1949『逸翁らくがき』梅田書房『同』第5巻　ダイヤモンド社 1962年　所収
小林一三　1955『宝塚漫筆』実業之日本社『同』第2巻　ダイヤモンド社 1961年　所収
小林一三　1991『小林一三日記』第2巻　阪急電鉄株式会社
五所平之助　1948「私の撮影日記帳から――『面影』の追想と反省」『キネマ旬報』第47号　1948年12月上旬号、後に岩崎昶編『映画・こうして作られる』同友館　1949年に「ロケーション日記――『汐騒抄』より」として一部訂正の後、所収
斉藤一郎　1972『二・一スト前後――戦後労働運動史序説』〔復刻版〕社会評論社
佐藤忠男　1995『日本映画史』第2巻　岩波書店
佐藤忠男編　1977『お化け煙突の世界――映画監督五所平之助の人と仕事』ノーベル書房

伊藤武郎・山内久　1987「独立プロデューサー」今村昌平・佐藤忠男他編『講座　日本映画　第5巻　戦後映画の展開』岩波書店
伊藤武郎他　1971「来なかったのは軍艦だけ　座談会『東宝争議』の記録」『季刊現代と思想』第5号　1971年9月
伊藤雅一　1965『霧と砦——東宝大争議の記録』連合通信社
今井　正　1983「今井正監督　わが人生、わが映画　インタヴュー」東京国立近代美術館フィルムセンター編『フィルムセンター80　今井正監督特集』
今井　正　1986「戦争占領時代の回想」今村昌平・佐藤忠男他編『講座　日本映画　第4巻　戦争と日本映画』岩波書店
岩崎　昶　1948a「映画の自由のために」『文化闘争』1948年6月号、同『日本の映画』日本民主主義文化連盟1948年　所収
岩崎　昶　1948b「東宝問題以後」『キネマ旬報』第47号　1948年12月上旬号
岩崎　昶　1948c「映画批評家の責任」『映画評論』1948年5月号、小川徹編『現代日本映画大系　第1巻　戦後映画の出発』冬樹社1971年　所収
岩崎　昶　1958a『現代日本の映画』中央公論社
岩崎　昶　1958b『映画芸術の歴史』三笠書房
岩崎　昶　1961『映画史』東洋経済新報社
岩崎　昶　1975『占領されたスクリーン——わが戦後史』新日本出版社
植草圭之助　1985『わが青春の黒澤明』文春文庫　文藝春秋
牛原虚彦　1968『虚彦映画譜50年』鏡浦書房
大河内一男　1947『日本資本主義と労働問題』白日書院
大河内一男編　1966『資料・戦後20年史　4　労働』日本評論社
岡田　晋　1967『日本映画の歴史』ダヴィッド社
小川　正　1986『シネマの裏窓』恒文社、同書はその後一部増補改訂して『マッカーサーとチャンバラ』1995年同社として刊行されている。
尾崎秀樹編　1981『プロデューサー人生——藤本真澄　映画に賭ける』東宝株式会社出版事業室
小津安二郎　1948「幅のある芸術」(文責記者)『キネマ旬報』第36号　1948年6月下旬号
男沢　浩　1980「証言26　無題」前掲『来なかったのは軍艦だけ』第5号
加藤厚子　2003『総動員体制と映画』新曜社
家族会(撮影所)　1977「証言10」前掲『来なかったのは軍艦だけ』第2号
柿田清二　1992『日本映画監督協会の50年』協同組合日本映画監督協会
亀井文夫　1948a「暴力では文化は破壊されない」『日本週報』第97-98号1948年10月15日

参考文献

＊本文において出典を示した会社および組合の第1次資料については、紙幅の関係からここには掲示しない。以下は、本文において引用し、著者名と発行年を指示した第2次文献である。

青山敏夫　1946「全日本映画従業員組合同盟の結成」『キネマ旬報』第2号　1946年5月1日号

浅野辰雄　1946「娯楽主義との闘ひ」『映画製作』第1巻第1号　1946年7月1日

荒金義喜　1968『大澤善夫』大善株式会社

網倉志郎　1978「証言14　演劇部の分裂　そのⅠ」石川柾子編・発行『東宝争議研究資料集　来なかったのは軍艦だけ』第3号

池部　良　1995『そして夢にはじまった　第2巻　石楠花の巻』毎日新聞社

池部　良　1996『そして夢にはじまった　第3巻　紫陽花の巻』毎日新聞社

池部　良　2004『心残りは…』文春文庫　文藝春秋

石巻良夫　1928「日本映画商事要綱」『日本映画事業総覧　昭和3・4年版』国際映画通信社、復刻　岩本・牧野監修『映画年鑑　昭和編Ⅰ③　昭和3・4年版』日本図書センター　1994年

市川崑・森遊机　1994『市川崑の映画たち』ワイズ出版

井手俊郎　1948「白昼の決闘の中から――一プロデューサーの感想」『キネマ旬報』第37号　1948年7月上旬号

伊藤武郎　1948「組合の立場――東宝争議の真相とわれわれの態度」『キネマ旬報』第34号　1948年5月下旬号

伊藤武郎　1954「戦車出撃の東宝スト」『文藝春秋　臨時増刊　読本：現代史』1954年10月号

伊藤武郎　1975a「軍艦だけ来なかった『東宝争議』」三国一郎編『昭和史探訪』第5巻　番町書房

伊藤武郎　1975b「大ページェントのころのこと」『悲劇喜劇』1975年2月号　第292号

伊藤武郎　1980「証言30　第二次東宝争議の思い出」前掲『来なかったのは軍艦だけ』第5号

伊藤武郎　1986a「東宝争議（1948年）」河西宏祐編『戦後日本の争議と人間』日本評論社

伊藤武郎　1986b「会社は関係ない、映画は創造するやつがいればできるんだ――伊藤武郎インタヴュー」『季刊リュミエール』No.4　1986年夏、筑摩書房

ま　行

や　行

ら　行

わ　行

た 行

な 行

は 行

さ　行

事項索引

あ 行

か 行

や　行

わ　行

さ　行

た　行

な　行

は　行

ま　行

人名索引

著者紹介

井上雅雄（いのうえ まさお）

1945年　北海道生まれ。
東京大学大学院経済学研究科博士課程修了（経済学博士）。
佐賀大学、新潟大学を経て、現在　立教大学教授。

主要著書
　『日本の労働者自主管理』東京大学出版会　1991年
　『社会変容と労働―「連合」の成立と大衆社会の成熟―』木鐸社　1997年
　『労使関係の比較研究』共編著　東京大学出版会　1993年

新曜社

文化と闘争
東宝争議 1946-1948

初版第1刷発行　2007年2月28日©

著　者　井上雅雄

発行者　堀江　洪

発行所　株式会社　新曜社
〒101-0051　東京都千代田区神田神保町2-10
電話（03）3264-4973（代）・FAX（03）3239-2958
URL：http://www.shin-yo-sha.co.jp/

印　刷　長野印刷商工　Printed in Japan
製　本　イマキ製本
ISBN978-4-7885-1037-1 C1074

関連書より

Y・イシャグプール 著／三好信子訳
ル・シネマ 映画の歴史と理論
人は映画を見るとき何を見るのか。映画的体験の本質を具体的作品に即して明快に説く。
四六判172頁
本体1800円

P・ブルッカー 著／有本健・本橋哲也 訳
文化理論用語集 カルチュラル・スタディーズ＋
文化理論生成の現場に読者を誘いこむ「読ませる」用語集。基本概念300個以上を集成。
A5判336頁
本体3800円

中筋直哉 著
群集の居場所 都市騒乱の歴史社会学
日露戦争勝利に沸く東京で人々は何を求めたのか。群衆と都市騒乱の相貌を切りひらく。
A5判298頁
本体4200円

鶴見俊輔・上野千鶴子・小熊英二 著
戦争が遺したもの 鶴見俊輔に戦後世代が聞く
戦前・戦後を生き抜いた行動する知識人が、戦後世代の鋭い質問に応えてすべてを語る。
四六判406頁
本体2800円

小熊英二 著
〈民主〉と〈愛国〉 戦後日本のナショナリズムと公共性
これまで語られることのなかった戦争の記憶と「戦後」の姿が、いま鮮烈によみがえる。
A5判968頁
本体6300円

武田春人 著
財閥の時代 日本型企業の源流をさぐる
幕末の政商から戦後の企業集団の成立まで。その戦略と行動を追い、経済発展を読み解く。
四六判352頁
本体2800円

（表示価格に税は含みません）

新曜社